豫北晋语语音研究

支建刚 著

清华语言学博士丛书

中西書局 上海辭書出版社

图书在版编目(CIP)数据

豫北晋语语音研究 / 支建刚著. — 上海: 中西书局, 2020.8
(清华语言学博士丛书)
ISBN 978 - 7 - 5475 - 1717 - 8

Ⅰ. ①豫… Ⅱ. ①支… Ⅲ. ①晋语—方言研究—河南 Ⅳ. ①H172.2

中国版本图书馆 CIP 数据核字(2020)第 094211 号

豫北晋语语音研究

YUBEI JINYU YUYIN YANJIU

支建刚 著

责任编辑 郎晶晶
助理编辑 刘 博
装帧设计 梁业礼
上海世纪出版集团
出版发行 中西书局(www.zxpress.com.cn)
上海辞书出版社(www.cishu.com.cn)
地 址 上海市陕西北路 457 号(邮编 200040)
印 刷 上海天地海设计印刷有限公司
开 本 890×1240 毫米 1/32
印 张 13.75
字 数 362 000
版 次 2020 年 8 月第 1 版 2020 年 8 月第 1 次印刷
书 号 ISBN 978 - 7 - 5475 - 1717 - 8 / H · 105
定 价 68.00 元

丛书编委会

顾　问

丁邦新　陆俭明

主　编

蒋绍愚

副主编

张美兰

编　委

（按姓名音序排列）

蔡维天　曹志耘　陈保亚　方一新

冯胜利　何大安　邢向东　张伯江

张　赪　张　敏

本书获以下科研项目支持:

2014年度国家社会科学基金青年项目“晋冀豫三省交界地带晋语的地理格局与历史演变研究”(项目编号14CYY007)

2013年度教育部人文社会科学研究青年基金项目“官话方言中Z变韵的类型及其演变研究”(项目编号13YJC740151)

总　　序

近二十年来，我国博士生培养事业有了很大进展，在各个领域都培养出了一大批优秀的博士生；在语言学领域也是这样。这些新培养出来的博士生，大多视野开阔，思想敏锐，既有扎实的专业基础，又有强烈的创新意识，是我国语言学事业继往开来的生力军。博士论文和出站报告是他们刻苦攻读、悉心研究所取得的成果，有些优秀的博士论文达到了学术前沿的水平，体现了语言学研究的新思路、新成就。面对这些学术新人和学术新成果，我们由衷地感到高兴。

众所周知，一门学问要能生根，要能茁壮地成长发展，必须不断挖掘和发现新的材料，必须不断进行理论更新，必须不断涌现大批新的研究人员。语言学是一个既古老又相对年轻的学科。中国是拥有语言富矿的国家，汉语历史悠久，语言多种多样；有优良的语言研究传统，新的语言研究成果不断涌现。现在由于国力日益强盛，更引发各国青年人学习汉语的热潮。这对我国语言学科发展来说，既是一种机遇，又是一种挑战。只要我们海峡两岸暨香港、澳门地区语言学同仁合力研究，让我国语言学科走到世界学术的尖端，这是可望也可及的目标。正是从这一思想出发，并为了使得这些学术新成果更快地和读者见面，为了帮助这些新人更迅速地成长，以便为语言学注入新的活力，我们创办了这个《清华语言学博士丛书》。现在计划每年出版一辑，每辑选收1—5种海峡两岸暨香港、澳门地区语言学博士的优秀论文、出站报告和其他著作。我们希望《丛书》能聚集一批优秀的年轻学者，这些年轻人将来能带领中国的语言学迈着稳健的步伐前进。

《清华语言学博士丛书》创办以来，得到了海峡两岸暨香港、澳门地区语言学界同仁和有关单位的大力支持。很多著名的语言学家担任了顾问和编委，很多博士生踊跃投稿，很多专家不辞辛劳负责审稿。清华大学提供了经费，上海中西书局负责出书。大家的热忱支持进一步坚定了我们办好《清华语言学博士丛书》的决心，我们一定使之成为展示我国语言学新思想、新成果的平台，成为语言学新苗茁壮成长的园地。

希望大家对《清华语言学博士丛书》不断提出意见和建议。让我们共同努力，把《清华语言学博士丛书》办好！

蒋绍愚

2013年6月

序

河南是中华文化的重要发祥地,也是汉语历史发展和地域传播的重要地区。研究汉语的历史就无法忽略河南方言,就像研究汉字的历史就无法忽略殷墟甲骨一样。不过,中国文字博物馆早已矗立在河南安阳的殷墟附近,现在都已经成为一个旅游景点了,但河南方言的调查研究却一直很少有人问津,外界对它所知甚少。

河南省北部邻近山西、河北一带(刚才提到的安阳也在其中),分布着一支颇具特色的方言,在《中国语言地图集》里划为晋语区。晋语在汉语方言里面貌特异,独树一帜,研究难度很大。支建刚不畏艰难,选择了豫北地区的晋语作为博士论文的调查研究对象。他在该地区的19个县市确定了50个调查点,进行长期的实地调查,获得了大量第一手资料。

论文在实地调查的基础上,全面描述了豫北晋语语音的基本面貌,揭示了它的众多重要的语音特点和演变情况,例如入声调舒化、入声韵的类型、知庄章三组声母的分合、阴声字读鼻音韵等现象,并用三章的篇幅分别讨论了异调分韵、儿变韵母、子变韵母三个韵母演变问题。异调分韵是以往较少注意到的现象,作者归纳出"低元音—高元音""复元音—单元音"和"鼻尾韵—鼻化韵"等分韵类型,并注意到在儿化、连读变调中的异调分韵现象。儿变和子变是晋语特别是豫北晋语里普遍存在的现象,同时也是研究难点问题。作者在前人研究的基础上,通过大量调查,归纳出豫北晋语的儿变类型、合音方式,并研究了儿变韵母的发展演变过程。在子变韵母方面,作者梳理了其分布特点,分析了其语音特点,并重点探讨了合音成分这个难点问题,认为应该将[u]类子变韵与[ə]类子变韵分开对待,前者产生时间较早,后者是后起层次。论文末尾还附录了大量的豫北晋语字音材料。

支建刚的博士论文获得了专家的高度评价,先后被评为北京语言大学优秀博士学位论文、北京市优秀博士学位论文,此次又荣幸地入选《清华语言学博士丛书》,我作为他的指导教师,也颇感欣慰。

说起支建刚,我不免想起他那柔弱的身躯,想起他在独龙江实习调查时睡不着觉、吃不下饭的痛苦模样,想起他一个人窝在北语语言所资料室的深处日夜奋战的情景。他是一个有想法、有追求的人。在如今这个充满机遇和挑战的时代,我相信,"正当其时"的他,一定能够有更大的作为。

是为序。

曹志耘

2017年6月29日

序

支建刚的博士学位论文《豫北晋语语音研究》即将以专著形式公开出版,我由衷祝贺他。

2010 年 10 月 1 日,支建刚抵达日本小松机场,我去接他。我没见过他,之前的了解仅限于他向金泽大学提交的申请表上的信息:山西襄汾人,男,未婚。当时我在主持一个专业教育项目——“日本及中国文化研究”,每年有三个助学金名额,能报名的限于与我校有校际关系的中国院校的学生,进修期为一年。实际上,报名的多数是研究日本文学或历史的硕士生,而我也请曹志耘先生派来研究中国方言的博士生,前一年来的是张勇生(现任江西师范大学文学院副教授),支建刚是第二位。

支建刚在金泽大学学习的一年期间,每天都来学校看书或整理调查资料,研究生学习室的一张小桌是他自己的小空间。他除了 2011 年 2 月至 4 月之间回中国参加北语的开题报告并调查方言以外,都在学校里埋头学习,连金泽市内的名胜古迹也没去过。这就证明他是个意志坚强的人,但同时也说明他的压力很大。原本三年之内写完博士学位论文已经是很不简单的事了,而中间一年还要在国外进修就更不简单了。再者,他原来是来自天津师范大学的在职博士生，故压力比其他博士生还要大。另有一种压力是我给他的。他来之前我在项目条款中增补了一条，即“凡是参加此项目的学生，必须学习2学分的日语”。这是出于让留学生获得日语阅读能力以便扩大研究视野的用意。因此他每天早上都得上日语口语课。有幸的是，经过半年的努力，他最终修完了2学分的日语。

支建刚认为自己是个“保守”的人，对他的这种认识我并无异议，其实这个词并不是贬义的，而是作为学人或多或少都需要具备的素质。他在金泽进修期间正值我编纂《汉语方言解释地图（续集）》（2012年2月，东京：好文出版）的时期，他对校订等工作很有帮助，自己也承担了“鸽子”“布谷鸟”这两个词条的撰写工作。在画图及撰写解说文字的过程中，我几次给他提意见，然而，我的意见若缺少点论据，他就断然不会接受，总是坦白地说“我不明白”。他的学术作风与其说是保守的，倒不如说是谨慎的。这也充分反映在《豫北晋语语音研究》一书中。

豫北的方言，我最早接触到的是高本汉《中国音韵学研究》附录中所列的怀庆方言，即现在的沁阳方言。此乃汉字音的罗列，没有什么感想。后来，我读到了徐承俊《温县土话与普通话简说》（《方言与普通话集刊5》，1958年）一文。虽然是篇方言普查时期的简报，但是由于也报道了若干和变韵有关的现象，令人感觉该方言是很有特色的北方土话。后来学习了贺巍先生有关获嘉和济源方言的研究，才理解了变韵是一种表达语法功能的手段（《获嘉方言韵母的分类》，《方言》1982年第1期；《济源方言记略》，《方言》

1981年第1期)。前几年出版的陈卫恒先生的著作《音节与意义暨音系与词汇化、语法化、主观化的关联:豫北方言变音的理论研究》(北京语言大学出版社,2011年)专门探讨生成变韵现象的动因及机制,调查地区正好与支建刚的博士论文一致。陈书与支书各有千秋,也可以说是有互补价值的。

支建刚调查的方言点是50个,这是他所说的15个"重点调查点"和35个"一般调查点"的合计。另外,他还补充调查了其他几个地点,以寻找解决子变韵专题的线索。他说,"如果笼统地以市区方言为代表,那就掩盖了很多有价值的现象"。这是很重要的观点。若用我自己的话说,就是方言特征的变体在地理空间上的分布能反映出其时间上的变化过程。例如,从有关儿变韵的图5－1可以看出,该地区北部存在"儿尾"(即自成音节的"儿")和"边音韵尾式"(即以ɭ收尾的)儿化,且分别都与"元音卷舌式"儿化共存;往南到了中部地区,就只存在"元音卷舌式"儿化;然后往西到了西部地区则出现"舌面元音式"(亦可称做"非卷舌式")儿化和"鼻音韵尾式"儿化的共存状态,但是西部地区也有几点保留了"元音卷舌式"儿化。再如,从子变韵分布图(图6－1),可以看出子尾类和子变韵的南北对立。这两幅地图表现出词尾逐渐变成变韵,进而也生成各种变韵类型的过程。同一方言中不同变韵类型的共存说明,某一变化逐渐传播以致已变与未变两种状态叠加并有所分工。

支建刚的研究表明,儿变韵和子变韵均为创新特征,而不是存古现象。上举《温县土话与普通话简说》等早期的研究已经发现该地区存在复辅音现象,如土块叫"tukla"(按,该文以汉语拼音标音)，然而，该文认为这一现象来自古汉语的说法我们不能接受。按照支建刚的见解，此乃元音卷舌式的儿化特征向左扩展所致。

如从宏观的角度看豫北方言，我的印象里它是介于晋语与官话之间的过渡方言。这种方言区由于地域内外的方言接触频繁，也会产生许多创新特征，变韵现象则是其典型的表现。豫北方言虽然还保留着入声，也因此划为晋语，但是应该指出，这一群方言中有相当部分也渗透着官话的成分。譬如，支书第三章在讨论“擦音游离现象”时说：

> 我们可以看到，以郑州、开封为起点，经过卫辉城郊、淇县朝歌，然后到达汤阴城关、安阳文峰，知庄章的读音呈现出由[tʂ tʂʰ ʂ]经[tʂ tʂʰ s]到[ts tsʰ s]逐步过渡的特点；同样，以长垣、滑县为起点，经过卫辉城郊、淇县朝歌，然后到达辉县城关、淇县黄洞，知庄章的读音也呈现出由[tʂ tʂʰ ʂ]经[tʂ tʂʰ s]到[ts tsʰ s]逐步过渡的特点。

郑州和开封都位于该地区的南面，长垣和滑县都位于东面，豫北方言在知庄章的读音上受到了这些中原官话方言的影响。接下来我拿声调调值的地理分布补充论点。下面是支书第一章所举三个代表点方言的声调调值：

	阴平	阳平	上声	去声	入声
安阳文峰	44	53	31	212	4
卫辉城郊	24	52	55	313	13
沁阳沁园	53	323	412	24	13

现不考虑入声的有无,卫辉城郊方言的舒声调值系统既遍及河南省的广大地区,也分布在河北省南部及山东省西部和中部,往东甚至到达山东省东南部的沿海地区,总体来看形成连续性分布。其特征是,阴平为升调或低曲折调,阳平为高降调,上声为高平调,去声是中降调或低降调,有些也带有升的尾巴(据张启焕等《河南方言研究》、钱曾怡《济南方言词典》及1994年《日照县志》等)。这是平山久雄称为"济南式"的调值系统(《平山久雄语言学论文集》,第209—211页)。请看以下方言的声调:

	阴平	阳平	上声	去声
长垣	24	42	55	312
郑州	24	42	55	31
济南	213	42	55	21
日照	213	42	55	21

众所周知,汉语方言的声调调值易于变化,故济南式这种单一的调值系统形成如此广大的分布领域,这反而算是不常规的现象。上举卫辉城郊的调值说明的是官话方言的渗透,而安阳文峰和沁阳沁园的调值说明的是官话方言的辐射一到豫北地区就变形,在其方言的内部逐渐变化,以致产生几种调值系统,这就算是过渡方言的特点。

希望支建刚今后也从微观和宏观两方面去进行更为深入的研究。

支建刚现在已经回到天津师范大学教书。他作为老师的素质,我能十二分保证。还记得当时因故请他为日本同学上过几次汉语课,我每次都去旁听。他一进教室就变成严肃的"支老师"了:嗓门清脆,字写得整齐,也能很好地掌握学生的习得情况,令我十分佩服。另外,他回天津不久,我就接到了他成家的消息,这令我甚为欣慰,因为公私都已安定。他的胃病想必已不会再犯了。

岩田礼

2017年7月23日

内 容 摘 要

自李荣先生1985年将晋语从官话方言中分立出来,“山西省及其毗连地区有入声的方言”的研究取得了长足的发展。相较而言,山西省的晋语研究热火朝天,而其“毗连地区”的晋语研究略显薄弱。本书以豫北晋语的语音为研究对象,选取19个市县中的50个方言点进行田野调查,采用历史比较和绘制方言地图的研究方法,在整体介绍语音特点的基础上,对部分语音演变进行探讨,进而专题描写异调分韵、儿变韵母、子变韵母等语音现象,并对子变韵的合音成分进行了分析。全书主要由八部分组成。

第一章　绪论。介绍豫北晋语的范围,交代地理和历史背景;梳理以往的研究历史,述评目前的研究现状;确定本书的研究内容,说明选点情况和材料来源。

第二章　豫北晋语的语音特点。本章主要描写豫北晋语单字音的共时平面系统和特点。首先介绍三个代表性方言的音系,然后从声调、声母、韵母三方面进行分述。豫北晋语声调的特点主要有:阴平和入声的调型在分布态势上极为相似;阳平和去声的调型分布态势基本相似;五个声调的调型分布图在中部过渡地带都有一条分界线。声母的系统性特点主要集中在古知庄章的分合上，合一型主要分布于中东部地区及沁阳沁园，两分型主要分布于西部地区。韵母方面以入声韵最具代表性，除了三组型、两组型入声韵外，豫北晋语还有其他晋语没有的四组型入声韵。此外，曾开一入的主流不归入高元音组，也是豫北晋语区别于其他晋语的重要特征之一。

第三章 豫北晋语的语音演变。本章主要讨论豫北晋语中入声的舒化、知庄章的演变及阴声字读鼻音韵三个现象；另外对部分特字进行了描写和适当解释，绘制了部分特字地图，直观展现其语音分布特征。关于豫北晋语的入声舒化，我们认为调值拉长自主舒化是豫北晋语清入字舒化后归入阴平的主要方式；大部分方言次浊入舒化后多归入去声是冀鲁官话等方言在调类上施加影响的结果；全浊入舒化是由于“全浊”因素在内外因两方面起作用的结果。关于古知庄章的演变，我们认为百年来沁阳方言由两分型变为合一型是方言自主音变的结果，半世纪间获嘉方言由两分型变为合一型是受到了中原官话等权威方言的影响；卫辉城郊等地的擦音游离现象，是底层的舌尖音[ts tsʰ s]受到周边强势方言的影响向卷舌音[tʂ tʂʰ ʂ]转变的中间阶段。关于阴声字读鼻音韵现象，我们认为应该分清系统音变与例外音变。豫北晋语中阴声字例外变读鼻音韵的现象，实质是元音韵尾弱化后经过重新分析的结果。

第四章 豫北晋语的异调分韵。本章逐点系统介绍了新乡小冀、获嘉亢村、获嘉城关、获嘉徐营、济源下冶、济源邵原、济源王屋等方言的异调分韵现象。它们的主要特点有：部分方言的后低元音可以通过高化前化的方式产生“低元音—高元音”型分韵；存在“复元音—单元音”和“鼻尾韵—鼻化韵”的分韵类型；个别方言存在少量儿化后依然异调分韵的现象；少数方言部分异调分韵的单字在做连读上字时仍然保留异调分韵的读法。我们认为异调分韵的具体原因还有待继续深入探索。

第五章 豫北晋语的儿变韵母。本章主要介绍了豫北晋语的儿变类型、合音方式和儿变过程三个问题。就儿变类型讲，有元音卷舌式、舌面元音式、鼻音韵尾式和边音韵尾式，具体到单个方言往往是多种类型兼有。从合音方式讲，有拼合式、融合式、叠加式及扩展式等，其中叠加式较为隐蔽，往往需要通过区域性的宏观对比才能发现。另外，林州及其周边方言儿变引起介音变化的现象，原因在于卷舌特征的左扩展。从儿变过程看，部分方言的儿变韵以洪细、开齐合撮、声母等条件非同步发展，个别字的儿变韵也有特立独行的现象。

第六章 豫北晋语的子变韵母。本章宏观介绍豫北晋语子变韵的分布特点和语音特点，进而对其合音成分进行讨论。豫北晋语的子变韵以韵母变化为主，子变调很少；口元音韵对应的子变韵多为单字韵之外的语音形式；鼻音韵对应的子变韵多与单字韵同模；塞尾韵对应的子变韵绝大部分不具有独立的语音形式；相同的单字韵存在不同层次的子变韵。关于合音成分，我们认为应该将[ə]类子变韵与[u]类子变韵分开对待，前者是后起层次的子变韵，现实方言中有正在发生演化的实例；后者的产生时间相对较早，林州南部部分方言的“子”缀读音[ɔ]和[lɔ]是其合音成分的现实来源。

第七章 余论。讨论延津方言的系属问题。延津方言的入声调与入声韵均已消失，以往研究将其归入晋语的原因，很可能是误将高元音后增生衍音的现象等同于入声韵，而周边方言入声调与阴平调调型调值相近也是重要的干扰因素。延津方言应该归入中原官话郑开片。

附录。包括三部分内容。附录一是豫北晋语 50 个方言点的声调对照表;附录二为豫北晋语 14 个重点调查点的字音对照表,共选录 1 008个汉字;附录三是 50 个方言点的发音人情况。

关键词:豫北晋语;语音特点;语音演变;异调分韵;儿变韵母;子变韵母

目　　录

第四章　豫北晋语的异调分韵

第五章　豫北晋语的儿变韵母

第六章　豫北晋语的子变韵母

第七章　余　　论

图表目录

第一章

绪　论

1.1　概　况

1.1.1　豫北晋语的范围

晋语是指"山西省及其毗连地区有入声的方言"(李荣 1985)。晋语分布于山西省(除南部 28 个市县和北部广灵县外)82 个市县,河北省西部邻近山西的 32 个市县,内蒙古自治区中西部黄河以东 39 个市县旗,陕西省北部 19 个市县及河南省黄河以北除中原官话以外的 19 个市县。这些区域分别归属于晋语并州片、吕梁片、上党片、五台片、大包片、张呼片、志延片和邯新片。(《中国语言地图集》1987: B7;沈明 2006)

豫北晋语指分布于河南省黄河以北地区有入声的方言。该片方言毗连山西省东南地区,主要处于太行山与黄河故道相夹地带。据沈明(2006)《晋语的分区(稿)》,豫北晋语所辖 19 个市县分别为:安阳市、安阳县、林州、汤阴、鹤壁、淇县、卫辉、新乡市、新乡县、延津、辉县、获嘉、焦作、沁阳、修武、博爱、武陟、温县和济源,即晋语邯新片获济小片。总面积约为 16 309 平方公里,使用人口约为 1 140 万。

晋语获济小片处于晋语和中原官话接触的前沿地带,东侧、南面为中原官话郑开片、洛嵩片,西侧为中原官话汾河片,北面为晋语上党片及晋语邯新片磁漳小片。豫北晋语的范围及其周边语言环境见图 1－1。

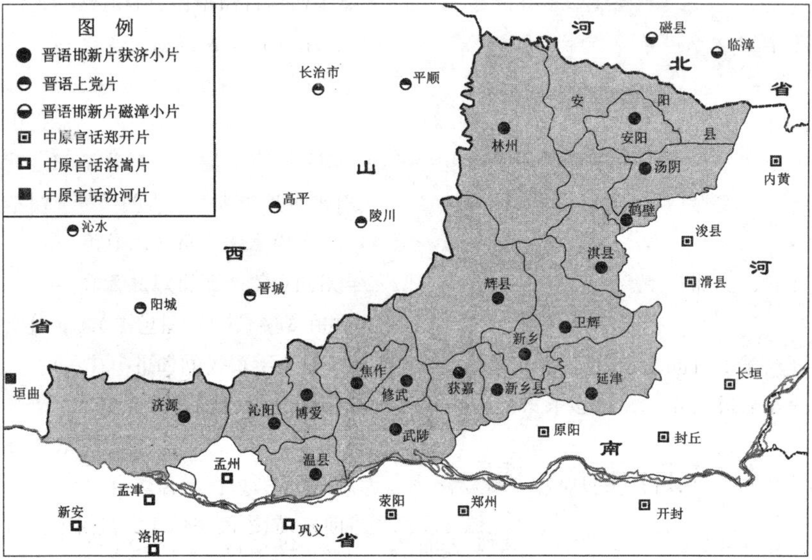

图 1－1 豫北晋语的范围及其周边语言环境

说明：本图根据最新的晋语及中原官话分区标准绘制而成，具体参见沈明（2006）《晋语的分区（稿）》、贺巍（2005）《中原官话分区（稿）》。本书豫北晋语示意图的底图截取自曹志耘先生（2008）《汉语方言地图集》（中国国家测绘局国家基础地理信息系统［NFGIS］1∶400 万的全国地图数据），部分市县的边界按照最新行政区划进行了相应修改。

根据我们的实地调查，济源市西部的邵原、下冶两镇入声消失，只有阴平、阳平、上声、去声四调，与其西侧的垣曲方言呈无入声连片分布状况。垣曲方言属于中原官话汾河片，“古入声清音声母、次浊音声母字今多读阴平，古入声的全浊音声母字今读阳平。这是中原官话的共性”（《中国语言地图集》1987：B7）。但邵原方言古清入、次浊入声字今多归上声，全浊入多归阳平。这种特征与中原官话汾河片的共性不符，与北京官话、冀鲁官话、胶辽官话、兰银官话、西南官话的总体情况也不吻合。结合地域因素，我们只能暂时将其与垣曲方言一起归入中原官话汾河片绛州小片。

另外，济源下冶方言古清入、次浊入声字今多归阴平，全浊入多归阳平。虽然下冶位于黄河北岸，但它与垣曲之间却隔着入声自主舒化的邵原。因此，结合语言和社会双重因素，我们认为济源下冶方言应该与黄河对岸的洛阳地区一起归入中原官话洛嵩片。

延津县只有西北部的部分村镇保留入声，大体指县西北邻近卫辉市、新乡市的东屯镇及榆林乡的少部分村庄。延津县城无入声，榆林乡政府所在地无入声。延津县绝大部分区域应归入中原官话郑开片。后文将对上述情况做深入探讨。

卫辉市庞寨乡东部的柳卫村和夹堤村王街，没有入声调和入声韵，口音接近浚县，应归入中原官话郑开片。(《卫辉市志》1993：621)

为保证讨论主体的完整性，本书的研究范围为沈明(2006)所说的豫北晋语区，即上述19市县的所有地区，包括延津县、济源邵原、济源下冶等，论述时仍以“豫北晋语区”统称。

1.1.2 地理概况

刘勋宁(1995)说:“晋语是北方话里的山里话。”总体而言，豫北晋语也是北方话里的山里话。但它不仅背靠大山，而且还面朝大河。大山是指太行山，大河是说黄河，此外还有北界的漳河，这三者形成了豫北晋语的天然屏障。

按照一般习惯，人们把太行山分为三段，即北太行、南太行和西太行。具体来说，位于河北境内的部分为北太行，位于河南境内的部分为南太行，而西太行则位于山西境内。南太行绵延于豫北晋语区的林州、安阳县、鹤壁、淇县、辉县、卫辉、修武、焦作、博爱、沁阳、济源等11市县，呈现出陡峭的单面山形态，且山前有丘陵，山间多小盆地。这样的自然条件造成了豫北晋语相对于豫北中原官话的保守性。

黄河上中下游的分界线有多种说法，《河南省志》第四卷《黄河志》(邵文杰1991)将黄河中游和下游的分界线确定为黄河南岸郑州荥阳的桃花峪。据此标准，黄河过三门峡后进入中游末段之济源、孟州、温县、武陟地界，这一段(除济源外)河道变宽，黄泛区扩大，至武陟境内，“河势南趋，相距甚遥，滩面约千余丈矣”(清道光九年《武陟县志》),因此不便架桥,历史上两岸来往较少。自桃花峪起的下游河段,是黄河河道变换最大最频繁的区域。但我们从清人刘鹗《历代黄河变迁图考》的考证可以看出,自周代至宋代,黄河故道基本以“武浚线”和“原滑线”为界北上,保持一千多年不变。

武浚线包括:武陟—获嘉—新乡—卫辉—浚县。

原滑线包括:原阳—武阳—延津—胙城①—滑县。

周代至宋代的这段河道恰好成为豫北山前的“护城河”,也基本上成为豫北晋语与中原官话的分界线。

豫北晋语区虽处山河包围之中,却没有与外界浑然隔绝。南太行山是河南、山西两省的天然界山,这里有很多河流发源和流经,使连绵的山脉形成不少中断的山口或水口。这些山口、水口就成为晋豫两省太行山沿麓人民沟通的重要孔道。历史上,南太行两麓人民乃至中原、华北与山西沟通的重要渠道有陉、关、河、商道等多种,具体如下:

四陉:轵关陉(侯马—济源)、太行陉(长治—沁阳)、白陉(长治—辉县)、滏口陉(长治—安阳)。

四关:虹梯关(平顺—林州)、壶关(壶关—林州)、天井关(泽州—沁阳)、紫霞关(陵川—辉县)。

河流:黄河(垣曲—济源)、沁河(阳城—沁阳)、丹河(晋城—博爱)。

古羊肠坂道:晋城—沁阳。

晋豫古商道:起自沁水,途径阳城、周村、岸村、南上坡、望头、南岭上、冶底、上犁川、东岭口、新房洼、天水岭等地,从碗子城出山西境,入豫北博爱县。

轵关陉是连接河内地区与晋南盆地的重要通道,早在周代时既已开通,晋国称霸中原、会盟各国时必经此道。公元前 205 年,刘邦曾自汉中由蒲津渡黄河、沿轵道下河内。魏景初 2 年(238),司马懿在

① 胙城县,历史上为独立建制,自隋开皇至清雍正,历时 1 130 余年。

汲，奉诏经轵关西还长安。

太行陉穿越了南太行山岭在沁阳以北的一个豁口，然后过天井关到泽州，这是河内与上党之间的最捷之径。

白陉从辉县薄壁镇横穿太行山主脉，过紫霞关，到陵川境内，进而可达长治。这条通道沿途险峻，较难通行，它是连接豫北与上党的辅助陉道。

滏口陉连接长治、潞城、黎城到河北涉县，然后经滏口关可达安阳。它在太行八陉中地势起伏最小，便于交通。

公元 206 年，曹操北征高干时，曾行太行道，经羊肠坂。羊肠坂是自山西经过王莽岭通往豫北进而可达汴梁的咽喉要道。曹操曾作《苦寒行》记录经此小道行军的艰难，“北上太行山，艰哉何巍巍。羊肠坂诘屈，车轮为之摧”。

另据《济源交通志》（济源市交通志编纂委员会 2002），有一条穿越太行山直达山西高原的重要通道——北方大道。这条道路形成于商代，从商都西亳（今偃师）北上，过孟津、经邘（今沁阳一带），穿越太行山，北达于唐（今山西太原）。还有隋大业三年开辟的太行山直达济源的直道。直道的开通使洛阳入晋有了捷径，全程自洛阳北行，在白坡过黄河，经济源过轵关要塞，走太行山直道，再经濩泽（今山西阳城）、上党直至晋阳。

此外，济源境内西部、北部为山区，南部、东南部为丘陵，大小山头 2 985 座，山丘面积占五分之四以上。以往西部、南部等地与县治所在地联系多有不便，人们结合黄河及远端河道较窄较低的特点，在坡头、大峪、下冶、邵原一带都通过架设索道与对岸的洛阳等地进行沟通。

历史上，这些渠道是晋豫两省、济洛两地人民交流交往的重要生命线。天顺人和时，他们相互来往贸易、交友结亲、谋生就业；战争灾荒时，他们互为避难流居、逃生保命的目的地。正是这些交往，使得豫北晋语与山西晋语、豫北晋语与中原官话保持着千丝万缕的联系。

1.1.3 历史沿革

豫北晋语区处于黄河中游，是中华民族的发祥地之一，它孕育了许多古老的华夏文明。在这片区域，流传着大量创世神话，如盘古开天辟地、女娲抟土造人、伏羲画八卦、神农尝百草、黄帝战蚩尤，以及大禹治水、愚公移山等，这些神话传说描绘了原始先民在豫北地区生存、生活、创造、斗争的悠久历史。

奴隶社会时期，贯穿夏商周三代，豫北地区一直处于重要的地缘位置。夏朝第六代君王少康曾迁都“原”，在今济源市区西北部火车站一带。公元前1300年商王盘庚迁都于殷，即今安阳市郊小屯一带，历经八代十二王，历时254年，约占商代的一半时间。据夏商周断代工程研究结果，公元前1046年周武王联合诸部与商纣王大战于牧野，即今新乡北部地区（淇县以南、卫河以北）。周灭商后，封康叔建立卫国，以朝歌为都，即今淇县县城，历时403年。

战国时，豫北晋语区主要分属赵、魏、韩三国，今林州市大部属赵国，济源市西部、沁阳北部属韩国，其余地区属魏国。秦时大部分属河内郡，少部之安阳东北部、汤阴东部属邯郸郡。两汉大致沿袭秦时行政分布，豫北晋语区大部属河内郡，济源西部归河东郡，安阳东北部及汤阴东部属冀州刺史部。三国魏时，安阳及汤阴属冀州，济源西部属司州河东郡，其余为司州河内郡管辖。西晋时统属司州，其中安阳、汤阴及鹤壁部分地区属魏郡，林州、淇县、辉县、卫辉、新乡、获嘉属汲郡，修武、武陟、焦作、温县、博爱、沁阳及济源东部属河内郡，济源西部属河东郡。隋时，林州及安阳大部属魏郡，鹤壁、汤阴、淇县、辉县属汲郡，其余地区属河内郡。（谭其骧1982）

自唐代始，豫北晋语区各县的归属格局大致不变，主要隶属于相州/彰德、卫州/卫辉、怀州/怀庆三大州/府/路。唐时，相州、卫州属河北道，怀州和济源属都畿道。北宋时，相州、卫州、怀州属河北西路，孟州的济源、温县则属于京西北路。金代，相州、卫州属河北西路，怀州、孟州属河东南路。元代，怀庆、卫辉、彰德三路才统一隶属中书省管辖。而到明初，黄河以北怀庆、卫辉、彰德三府才与黄河以南地区统属河南，此后明清两代，除河北部分地区划入彰德府外，基本行政格局得以沿袭。（谭其骧 1982）具体如表 1－1 所示：

表 1－1　唐以后豫北晋语区各市县隶属情况

<table>
<tr><th></th><th>安阳</th><th>林州</th><th>汤阴</th><th>鹤壁</th><th>淇县</th><th>卫辉</th><th>辉县</th><th>新乡</th><th>获嘉</th><th>修武</th><th>武陟</th><th>焦作</th><th>博爱</th><th>沁阳</th><th>温县</th><th>济源</th></tr>
<tr><td>唐</td><td colspan="4">相州</td><td colspan="4">卫州</td><td colspan="6">怀州</td><td colspan="2">河南府</td></tr>
<tr><td>北宋</td><td colspan="4">相州</td><td>安利军</td><td colspan="4">卫州</td><td colspan="5">怀州</td><td colspan="2">孟州</td></tr>
<tr><td>金</td><td colspan="4">相州</td><td>浚州</td><td colspan="4">卫州</td><td colspan="5">怀州</td><td colspan="2">孟州</td></tr>
<tr><td>元</td><td colspan="4">彰德路</td><td colspan="5">卫辉路</td><td colspan="7">怀庆路</td></tr>
<tr><td>明</td><td colspan="4">彰德府</td><td colspan="5">卫辉府</td><td colspan="7">怀庆府</td></tr>
<tr><td>清</td><td colspan="4">彰德府</td><td colspan="5">卫辉府</td><td colspan="7">怀庆府</td></tr>
</table>

概言之，豫北地区在明代之前与黄河以南之河南地区隶属不同，这一地区大多时间与河北其他地区同属一个行政大区，济源西部地区早期多归河东郡管辖。

民国时期。1927 年析沁阳地置博爱县，1932 年南京国民政府调整地方行政区划，河南省下设行政督察区，安阳县、汤阴县、林县、淇县、汲县属第 3 区，新乡县、沁阳县、博爱县、修武县、武陟县、辉县、获嘉县、延津县、温县、济源县属第 2 区。

1949 年后，主要的变化有四个。第一，鹤壁析出，成为地级市。1957 年，于汤阴县地置鹤壁市，为省辖市；1986 年，淇县、浚县划归鹤壁市管辖。第二，焦作升格为地级市，辖原怀庆府所属区域。1910 年，清政府置焦作镇，隶属修武县；1945 年建置焦作市，后改为县、矿区；1956 年撤销矿区，改置焦作市；1959 年，修武、博爱两县划归焦作市领导；1982 年，焦作市成为省辖市；1983 年，修武县、博爱县划归焦作市管辖；1986 年，沁阳、温县、武陟、济源划归焦作市管辖。第三，1994 年，林县改为林州市。第四，1997 年济源成为省辖市，脱离焦作。

1.2 豫北晋语研究综述

1.2.1 豫北晋语研究的历史

1.2.1.1 相关文献记载

关于豫北地区的人文历史很早就有记录，而且数量很多，仅《诗经》中就有《邶风》①、《鄘风》②、《卫风》③等多处记载。比如"瞻彼淇奥，绿竹猗猗。……瞻彼淇奥，绿竹青青。……瞻彼淇奥，绿竹如箦"（《诗经·卫风·淇奥》），描写出淇水两岸无比美丽的自然风光；比如"毖彼泉水，亦流于淇。有怀于卫，靡日不思"（《诗经·邶风·泉水》），表达了主人公对于无法回到故国的无限愁思；比如"淇水汤汤，渐车帷裳。女也不爽，士贰其行"（《诗经·卫风·氓》），抒发了青年男女感情生活的不如意。

地域生活造就了地域方言，关于方言的采集和探讨工作，先秦就有很多輶轩使者在做。而关于豫北方言较早的记录可见于《尔雅》，这本成书于战国末年的著作中收录了不少方言俗语，如《尔雅·释诂》中使用通语"大"来训释宋、鲁、陈、卫难懂的"嘏"。而后扬雄的《輶轩使者绝代语释别国方言》则记录了更多"卫"地的方言词汇，如称杀为刘、老为耋、美为艳、信为恂、寄为庇、蝉为螗蜩，等等。

《释名·释天》载："风，兖豫司冀横口合唇言之。风，氾也，其气博氾而动物也。"《释名》的作者刘熙生活于东汉桓帝、灵帝时期，其时兖州、豫州、司隶校尉部所辖区域相连，今天的豫北晋语区属于当时的司隶校尉部河内郡。

---

① 邶，周代国名，在今汤阴县西南。

② 鄘，周代国名，在今卫辉北。

③ 卫，周代国名，据《汉书·地理志》："卫地，营室、东壁之分野。今之东郡及魏郡黎阳，河内之野王、朝歌，皆卫分也。"其范围自今河北南部、山东西部聊城及临邑纵深到达河南沁阳一带。

清代的部分方志中记录了一些语音、词汇现象。比如乾隆壬申(1752)《林县志》载有大量称谓词,兹列举数例如下:

(1) 侄曰侄子　侄妻曰侄儿媳妇

(2) 女曰闺女　其婿曰姐夫

(3) 姊曰姐姐　其婿曰姐夫

(4) 婿呼妇翁曰爹亦曰外父妇之母曰娘亦曰外母

道光乙未(1835)重修本《辉县志》(见于波多野太郎 1972:13-17)亦有不少,例如:

(1) 的脑　头也

(2) 晒寒地　一年一种者为晒寒地　晒音如煞　一岁再种者曰畲地　畲音如茶

(3) 各星　小雨也

"晒音如煞"说明当时的蟹摄字很可能为单元音韵母。今辉县城关、辉县南村、辉县上八里、辉县吴村皆然。

民国24年(1935)《河南获嘉县志》卷九风俗载:

好话不避音臂人,避人没好话。

民国24年(1935)《汲县今志》载:

河南人性弛缓。语言滞涩。多平声而少入声。惟汲县,淇县,陕县,洛阳等处。备具四声。汲人谈吐时。对于实物。多加尾音。如呼豆为豆得。茄为茄得。铇为铇得。碗为碗得。筷为筷得。小女孩为小妮得。鸡为鸡得。椅为椅得,橙子为橙得是。

民国25年(1936)再版本《河南》(上下篇)对方言做了大篇幅的记载(见于波多野太郎 1972:65-67),涉及豫北晋语的亦不在少数,如对《汲县今志》所载内容做了侧面阐释:

河南语言声多平而少入,刚直而不委婉;如读"北"为ㄅㄟ,

"墨"为ㄇㄟ,"合"为ㄏㄛ之类是也。① 凡入声多与平声相混淆;虽有时似入声,亦延缓不能急口收藏;盖人性弛缓,语言滞涩,故鲜短促之声。汲淇陕洛等县,虽有入声,地域不广。

继而又谈及变音、重音等问题:

……亦有变易其音,或重复其音者;如安阳呼"孙"为"孙儿","官"为"官儿",一字延缓为二音;……淇县呼"麦"为"密欧"合音,则皆字之变音;"兄"曰"哥哥","姊"曰"姐姐",则为重音。

最早运用现代科学方法调查研究豫北晋语的当属瑞典人高本汉。高氏于1910年底至1911年初调查了"Houaik'ing*(Houaik'ing fou)"②方言,即"怀庆*(怀庆府)"方言,成果见于《中国音韵学研究》(高本汉 2003/1940)。这本著作除了在第二卷、第三卷中对"怀庆*(怀庆府)"方音做了零星引证、解释外,还在第四卷"方言字汇"中收录了1 264个字音(未计脚注中的字数),且十之九五与今《方言调查字表》(2004)相同,这是1910年前后"怀庆*(怀庆府)"方言系统性的呈现,为我们研究百年来豫北方言的演变提供了珍贵语料。

1.2.1.2 豫北晋语的分区历史

1933年,《申报地图》之《语言区域图》将豫北晋语归入华北官话区。1939年,《申报地图》之《语言区域图》又将华北官话区修订为北方官话区。1948年因之。(项梦冰,曹晖 2005:107)

民国25年(1936)再版本《河南》将河南方言划分为五区,涉及豫北晋语的有以下三条:

(1)开封道全境;河北道内黄、汤阴以南,阳武、原武以东;河洛道渑池、嵩县以东;汝阳道淮河以北,桐柏山以西;皆用河南普

---

① "北"为ㄅㄟ,即[pei];"墨"为ㄇㄟ,即[mei],"合"为ㄏㄛ,即[xo]。

② 见于法文元本第231页。中文译本第145页翻译为"怀庆*(怀庆府)[今沁阳]"。

通语言。

(2) 武安至辉县北境,地接山西,音亦相近。其发音与物名多有异于普通语者。

(3) 沁阳附近诸县,与开封土音相反;盖一则撮合其口,较之正音颇觉细小;一则哆张其口,若惟恐其音之细者;如沁阳读"县"似"ㄒㄝ"(笔者按:即"县"似[ɕiɛ]),"三"似"ㄙㄝ"(笔者按:即"三"似[sɛ]),皆不如汴音之粗重;与镇平县晁陂一带颇相似。武陟、温、孟、济源、沁阳为其中枢,而新乡、获嘉、辉县、洛阳亦多相似之音。

以上记载说明三个问题:第一,民国时,将武安、涉县、临漳、林州、安阳、辉县北部(今盘上地区)方言划为一区;第二,沁阳、武陟、温县、济源、孟县、新乡、获嘉、辉县划为一区,是为豫北晋语核心区;第三,洛阳音与豫北晋语音多有相似。

黄伯荣、廖序东(1979),詹伯慧(1985),翟时雨(1986)都将豫北晋语归入北方方言。

《中国语言地图集》(1987)将林县方言划归晋语磁漳小片,同时将山西之晋城、阳城划入获济小片。

《中国大百科全书·语言文字》(1988)将林州及其附近区域归入西北官话,豫北其余区域归入华北官话。

张启焕等(1993)将以安阳为代表的有入声的19市县方言归为河南话第四片,称为安阳片。这是首次将豫北晋语19市县方言划为一个整体。

陈章太、李行健(1996)吸收了《中国大百科全书》的划分思想,将林州、安阳及辉县北部划入晋方言区,而将豫北其他区域统一划入(普通话基础方言)北部方言区。

刘勋宁(1995)提出新的分区方案,将基础汉语方言(北方话)分为秦晋方言和官话,豫北晋语归入秦晋方言。

沈明(2006)将豫北19市县有入声的方言划为晋语邯新片获济

小片。

1.2.2 豫北晋语研究的现状

1.2.2.1 豫北晋语研究的成绩

从汉语方言研究的宏观格局来看，河南方言的研究相对落后，研究队伍小，代表成果少，与周边的山西、山东、陕西乃至河北方言研究都无法相比。就晋语研究的整体情况而言，豫北晋语的调查及讨论最为薄弱。

20 世纪 80 年代以前，豫北晋语的研究成果很少。1957 年至 1959 年，原开封师院（今河南大学）接受河南省方言普查任务，以县市为单位调查了 123 个地点，于 1960 年油印出版《河南方言概况》，随后又写成新乡、安阳等地区学习普通话手册。这些著作都是以普查方言、服务推普为目的的。《概况》一书概括介绍了各市县方言的声韵调系统，并以分区的形式介绍了豫北晋语区的音韵特点，书后附二十幅地图，较为直观地表现出豫北晋语在整个河南方言中的特点。

20 世纪 80 年代以后，豫北晋语的研究取得一定进展。1979 年《方言》杂志创刊和 1981 年汉语方言学会的成立，极大地促进了汉语方言的调查和研究，豫北晋语的研究也取得不少成果，具体表现在三个方面：

第一，整体性研究进一步提高。20 世纪 80 年代，张启焕、陈天福、程仪等学者多次参加河南省一些市县方言志的编写工作，并核实了一些调查点的音系，在此基础上对《河南方言概况》进行修改完善，于 1993 年出版了《河南方言研究》，这是河南方言迄今唯一较为全面的研究报告。该书对河南各市县方言的声韵调进行了一一呈现，并介绍了豫北晋语区代表点——安阳方言的同音字表，这些成果都为后继研究者提供了重要参考。其次，河南省地方史志办公室于 1995 年编辑出版的《河南省志 · 方言志》将豫北晋语划为河南方言安沁片，对安阳市的语音特点进行了重点介绍，并对新乡市、沁阳市、林州市、安阳市的方言词汇做了大量描写。另外,陈鹏飞(2004)的《豫北晋语语音演变研究》是对豫北晋语语音现象的专题讨论,涉及入声韵和阳声韵的音变、知庄章组声母的分合以及 D 变韵和 Z 变韵等“与语法相关的语音弱化”现象。

第二,单点的描写取得突破。自 1979 年始,贺巍先生在《中国语言学报》《方言》《语文研究》等刊物上陆续发表了有关获嘉方言语音、词汇、语法现象的多篇文章,并在此基础上修改完善,于 1989 年出版了《获嘉方言研究》。该书全面而翔实地描写了获嘉方言的字音、变音、词汇、语法等材料,是豫北晋语单点研究的典范。二十多年来,许多晋语研究者都以此书作为豫北晋语研究的必备参考,《中国语言地图集》及《中国语言地图集》第 2 版都以这部著作为绘制和讨论依据。《获嘉方言研究》最大的特点是结合豫北晋语的实际情况,不拘泥于单字音系统,而是以单字音研究为基础,对儿变韵、子变韵、D 变韵、合音等语音现象进行全面描写。这种研究思路,比较符合豫北晋语的实际情况,并且能最大限度地发掘其语言价值。这种研究应该成为我们开启豫北晋语研究大门的一把钥匙和一个模板。其次,林州方言的描写研究也较为充分。陈章太、李行健(1996)主编的《普通话基础方言基本词汇集》描写了林州方言音系,整理了同音字表,并报道了大量方言词汇;陈鹏飞(2007)的《林州方言志》对林州方言的单字语音系统、派生语音系统(儿变韵、名词变韵、地名变韵、合音等)、词汇、语法、篇章都有描写。这两个成果为深入研究林州方言提供了丰富的语料支持。此外,贺巍(2003:183-214)对济源方言的语音、词汇、语法进行了初步描写,但相对于获嘉、林州两地还略显单薄,需要进一步补充完善。

第三,变韵研究得到推进和深化。“子变韵”描写较为细致周详的当属贺巍的《济源方言记略》(1981)和《获嘉方言研究》。在此基础上,诸家就其来源及演化展开积极讨论。王福堂(1999/2005)《汉语方言语音的演变和层次》、王洪君(1999/2008)《汉语非线性音系学：汉语的音系格局与单字音》、王洪君(2004)《从山西闻喜的小方言差异看Z变音的衰变》等循着“子”的线索试图找出“子变韵”的演化链条，而赵日新(2007)《中原地区官话方言弱化变韵现象初探》则跳出“子”的窠臼，认为“子变韵很可能就是儿化韵”。陈卫恒(2011a)的《音节与意义暨音系与词汇化、语法化、主观化的关联：豫北方言变音的理论研究》则主要从豫北方言的变音入手探讨音系与词汇化、语法化和主观化的关联等理论方面的问题。

第四，语法研究渐受重视。豫北晋语语法研究从最初的语法概况和词性研究到稍后的动词结构和体的研究，体现出语法研究不断的深入和进步。具体成果如：宋玉柱(1982)《林县方言的几个语法特点》、王森(1996)《济源方言形容词的级》、陈鹏飞(2005)《林州方言“了”的语音变体及其语义分工》、谷向伟(2007a)《林州方言的“V来/V上来”和“V来了/V上来了”》、谷向伟(2007b)《河南林州方言的“动”和“动了”》、左玉瑢(2008)《河南鹤壁方言的现在和过去进行体》等。

1.2.2.2　豫北晋语研究的不足

豫北晋语处于晋语边缘地带，一方面受到中原官话的就近影响，如古全浊声母入声字舒化后多归阳平；另一方面又受到普通话的强势影响，如单字音系与普通话逐步趋同，单字音没有突出特点，研究和讨论空间狭小。几十年来，豫北晋语的研究取得了一定进展，这些成果成为后续研究的重要借鉴。但是相对于周边方言如火如荼的研究态势，豫北晋语研究仍有诸多亟待填补的空白与需要注意的地方。

第一，单点方言的描写材料仍显匮乏。总体来看，除获嘉、林州两点外，其他17个市县方言的语音、词汇、语法的描写成果都很少。其中，延津、沁阳、修武、温县尚无任何研究成果发表，济源、新乡、卫辉、淇县、汤阴、博爱、鹤壁、武陟、辉县的研究成果寥寥，这造成晋语研究者在进行方言对比时常常感觉捉襟见肘。因此，当前豫北晋语研究的最重要的工作是下大力气对单点方言进行深入细致的描写报道，只有单点的材料描写详尽了，才有利于整个豫北晋语平面上的系统对比与深层探讨。

第二，农村和山区方言没有得到充分重视。一般的方言调查限于财力、时间等原因，多选择各市县城区所在地为代表点，这种以点概面的做法极大地影响了研究的深入。对于豫北晋语而言，各市县城区方言的单字音系统差异较小，这极易造成该地区方言无甚研究价值的错误判断。其实豫北晋语区很多县城与农村、县城与山区的方言差异还是很大的。比如说，济源市区方言属于晋语，而济源西部的下冶、邵原两地方言属于中原官话，其差别显而易见。再如修武城关的蟹摄与咸山摄各自独立，如埋[꜀mæ]≠瞒[꜀mɛ]，而位于山区的修武西村蟹摄与咸山摄合流，如埋=瞒[꜀mᴇ]。因此，如果笼统地以市区方言为代表，那就掩盖了很多有价值的现象。随着汉语方言的逐渐趋同和方言研究的不断进步，未来调查的选点方式更讲求多点细化的策略，因此采用“一个中心（县城）、多个基本点（农村）”的地理语言学选点方式，收获将会更大，而且有利于语言现象的合理解释。

第三，变韵系统的描写和讨论尚需努力加强。豫北晋语中存在单字韵、儿变韵、子变韵、D 变韵等多个韵母系统，它们各自相互独立，其中单字韵相对简单，变韵纷繁复杂。以修武城关方言为例，宕摄单字韵为[ɑŋ iɑŋ uɑŋ]，它们对应的儿变韵为[æ̃ iæ̃ uæ̃]，对应的子变韵为[ɔ̃ŋ iɔ̃ŋ uɔ̃ŋ]；再如获嘉城关方言，通摄单字韵[uŋ]对应的儿变韵为[uə̃r]，对应的子变韵为[yːŋ]，对应的 D 变韵为[uɔ̃]。因此，如何在复杂的多韵母系统中认清某个韵母的性质，这是个破费思量的难题。我们认为在摸清单点（如获嘉城关、济源玉泉）方言情况的基础上，大面积的横向对应与对比能够自然地解决单点调查时无法回答的疑问。比如说焦作王褚的“鞋底儿[ɕiɛ^{24} tiɤ^{523}]”，它到底是儿变韵还是子变韵？如果对比济源玉泉的情况，马上就会很清晰地将其认定为儿变韵。因此说，点面结合与横向对比是研究豫北晋语变韵特点的有效手段。要实现这个目标，系统调查尤其是逐点推进式的大面积调查就显得尤为重要。

第四，词汇调查和研究有待大力推进。豫北晋语词汇研究的薄弱首先体现在单点方言的描写工作做得太少，除了获嘉、林州及济源（少量）外，其他地点基本没有相应成果。豫北晋语内部的词汇差异其实是比较大的，例如“玉米”在济源境内就有“茭茭”（玉泉）、“茭草”（五龙口）、“玉茭”（邵原、王屋）、“玉蜀黍”（下冶）等四种说法；再如同样是“聊天”，济源邵原等地说“云（一会儿）”，到了卫辉城郊等地说“喷（一会儿）”。此外，部分特征词在地域上的分布也很有意思。例如，豫北晋语大部分地区表应允时只说“中”，但到了西部的济源王屋“中”和“行”两者皆可，再往西进入山西境内就多说“行”了。方言词汇的充分调查和研究，将使得豫北晋语由晋语核心区向中原官话过渡的面貌更加清晰。

第五，需要适当选择典型方言进行语法调查和研究。众所周知，方言语法的调查难度比较大，加之豫北晋语的很多语法现象经历了语法化过程，这给调查和研究又增加了许多困难。鉴于整个豫北晋语内部的差别不大，我们认为可以适当选择少数几个具有代表性的方言点进行深入的调查研究，这虽是无奈之举，但却是最可行的选择。

总之，目前豫北晋语的研究还很薄弱，还需要更多学者投入更多精力持续关注，还需要大量系统的语料描写和多角度多层面的理论解释。

1.3 研究内容、选点和材料

1.3.1 研究内容

本书的研究内容定位在以下几个方面：

第一，以语音系统描写为基础，对其特点进行历时比较研究。本研究将在描写市县城区方言的基础上，选择农村和山区方言进行“点面”结合的调查描写，力求摸清豫北晋语语音系统的特点及其分布状况，进而对部分现象的历史演化进行解释。

第二,充分发掘不同类型的儿变韵母,理清儿变形成与归并的层次。豫北晋语的儿变存在元音卷舌式、舌面元音式、鼻音韵尾式和边音韵尾式等类型,这些类型可能对于研究儿变卷舌前后的发展历史具有举足轻重的作用。

第三,总体介绍子变韵的分布及其特点,呈现子变韵的相关语料,为深入研究子变韵的形成和演化提供材料支持。子变韵的产生及其本质至今还是一个谜团,究其部分原因是描写不够充分,缺少某些演变链条。对于子变韵,本研究坚持的原则是描写为主、量力解释。

概言之,本研究的主要内容包括语音系统和变音系统两部分,以单字音系统的特点为基础,进而讨论儿变韵、子变韵等变音系统的相关问题。

1.3.2　选点情况

基于以上研究目标,本研究调查地点的选择采取"1 县城+N 农村"的方式,具体原则是:选择各市县在政治、经济、文化上具有代表性的城关方言和分韵特点丰富的获嘉亢村为重点调查点,共 15 个;再根据各市县方言内部分区情况,结合豫北晋语整体区域内的平均分布原则,确定部分乡镇政府所在地为一般调查点,共 35 个。它们分别是:

重点点(15 个):

安阳文峰	林州城郊	鹤壁淇滨	淇县朝歌	卫辉城郊
新乡平原	辉县城关	获嘉城关	获嘉亢村	修武城关
焦作王褚	武陟木城	温县温泉	沁阳沁园	济源玉泉

以上各点除林州城郊、获嘉亢村外,均为市县政府所在地或者城区。林州市城郊乡发音人的居住地距离市政府所在地有 3 里远,与市区口音一致。获嘉亢村位于获嘉县城以南 17 公里处,该方言有丰富的异调分韵现象,故作为重点点进行考察。此外,鹤壁市淇滨区为新迁市政府驻地,调查地点大赉店镇位于鹤壁市(新城)区与浚县交界地带,以前属浚县辖地,受中原官话影响较大。

一般点(35 个):

安阳铜冶	安阳马家	安阳吕村	林州任村	林州东姚
林州临淇	汤阴城关	汤阴五陵	鹤壁山城	淇县黄洞
新乡小冀	获嘉徐营	卫辉庞寨	卫辉狮豹头	延津城关
延津榆林	延津胙城	修武岸上	修武西村	辉县南村
辉县上八里	辉县吴村	武陟詹店	武陟小董	博爱清化
博爱寨豁	温县番田	温县武德	沁阳常平	沁阳紫陵
沁阳柏香	济源王屋	济源坡头	济源下冶	济源邵原

其中安阳铜冶、安阳马家、安阳吕村属于安阳县辖地,安阳县政府在安阳市城区内;汤阴县城关镇、延津县城关镇、博爱县清化镇为各县县政府所在地;鹤壁市山城区(与鹤山区)为鹤壁市老城区;新乡小冀属新乡县辖地,新乡县政府原先在新乡市区内,小冀镇新近成为县政府所在地。

为行文方便,全书在论述中均取消"区、乡、镇"字样,大的行政单位使用五号宋体,小的行政单位使用六号宋体,例如"安阳文峰、林州城郊"写作"安阳文峰、林州城郊"。在地图中,市县级政府所在地使用市县名称(新乡县小冀镇使用小冀),其余使用乡镇名称。具体布点情况如图 1-2。

1.3.3 材料来源

本研究所选 50 个方言点的材料均为笔者实地调查所得,其中焦作师专的程敏敏讲师参加了温县温泉方言的调查,中国社会科学院语言研究所夏俐萍副研究员参加了新乡平原方言的调查,平顶山学院的卓俊科讲师参加了辉县城关方言的调查,山东师范大学文学院的王红娟副教授参加了修武城关方言的调查。淇县朝歌的调查由天津师范大学王临惠教授与笔者共同完成。获嘉城关、济源玉泉、林州城郊以笔者调查材料为主,同时参考:

贺　巍(1989)《获嘉方言研究》,北京:商务印书馆;

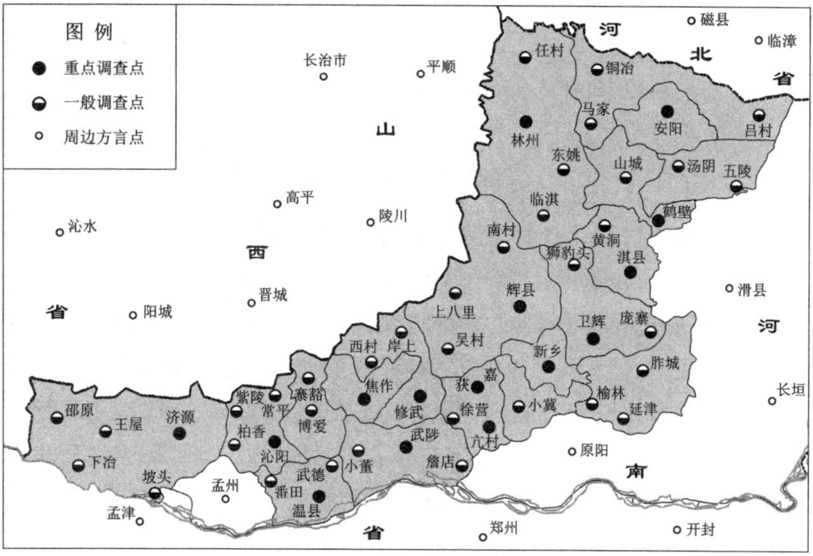

图 1-2 豫北晋语语音调查布点图

贺 巍(2003)《官话方言研究》,北京:方志出版社;

陈鹏飞(2007)《林州方言志》,天津:天津社会科学院出版社。

除此之外,选择郑州、洛阳、原阳、开封市、开封县、封丘、汶上、定陶、内黄等中原官话进行对比。开封县的材料由笔者调查所得,封丘的材料由王临惠教授提供,其他材料来自:

卢甲文(1992)《郑州方言志》,北京:语文出版社;

贺 巍(1993)《洛阳方言研究》,北京:社会科学文献出版社;

陈章太,李行健(1996)《普通话基础方言基本词汇集(原阳音系)》,北京:语文出版社;

刘冬冰(1997)《开封方言记略》,《方言》第4期;

宋恩泉(2005)《汶上方言志》,济南:齐鲁书社;

王淑霞，张艳华(2005)《定陶方言志》，长春：时代文艺出版社；

包旭玲(2006)《河洛地区方言音韵研究》，北京大学博士研究生学位论文；

李学军(2012)《河南内黄方言音系》，《方言》第1期。

本研究的材料调查和整理工作分为四个阶段：

第一阶段，预调查。鉴于获嘉方言在整个豫北晋语研究中的重要地位，我们选择该方言点为我们预调查的目标，调查内容包括《方言调查字表》上3 818个字及儿变韵、子变韵、D变韵、合音等。

根据获嘉县城方言的预调查结果，结合《获嘉方言研究》《济源方言记略》《从山西闻喜的小方言差异看Z变音的衰变》等已发表的材料，制定出《豫北晋语语音调查表》，该调查表包括儿变韵、子变韵、动词变韵、形容词变韵、副词变韵、合音及小地名等内容。

第二阶段，重点点调查。使用《方言调查字表》《豫北晋语语音调查表》对15个重点点进行调查。

调查结束后，总结单字音系统的语音规律，归纳变音的特点，确定本研究的调查重点，制定《豫北晋语语音调查简表》，该表的主要内容包括：单字音(包括音系字、规律字、特字等，共558个)、儿变韵、子变韵，后两者每个韵调查3至5个词条，以保证能够得到完整的变音系统。

第三阶段，一般点调查。采用《豫北晋语语音调查简表》，对35个一般点进行调查。个别调查点如有未涵盖到的重要语音现象，遂补充调查条目进行调查。

第四阶段，完成数据库建设。建立四个数据库，分别为："豫北晋语重点点单字音语料库""豫北晋语一般点单字音语料库""豫北晋语儿变音语料库""豫北晋语子变音语料库"。

第二章

豫北晋语的语音特点

本章主要介绍豫北晋语语音的共时特点、地理分布,并适当说明与部分语音现象相关的自然环境和人文背景。

2.1 代表点音系

本节在15个重点调查点中选择三个代表性方言进行音系介绍,以便于读者对豫北晋语的整体面貌有所了解,同时也作为后续章节描写和讨论的参照与基础。三个代表性方言分别为安阳文峰、卫辉城郊、沁阳沁园,它们分属于豫北安阳、新乡、焦作三个主要的地级市。安阳文峰指安阳市文峰区,是安阳市政府所在地;卫辉城郊即卫辉市城郊乡,它与汲水镇共同组成了卫辉市市区;沁阳沁园指沁阳市沁园办事处,为沁阳市区所辖的四个办事处之一。从地域上看,三个代表点分别位于豫北晋语的北部、中部和西部地区,基本上呈均匀分布,它们的方言特点在各自所在区域内具有代表性;从历史上看,安阳在唐宋为相州州治,明清为彰德府府治;卫辉在隋唐为卫州州治,明清为卫辉府府治;沁阳在唐宋为怀州州治,明清为怀庆府府治。安阳、卫辉、沁阳是豫北地区三个重要的政治、文化中心,其方言具有足够的代表性。

对于部分音值特殊的情况,我们在进行说明时适当交代了相关的语音现象及周边方言的情况,以便于理解和对比。

2.1.1 安阳文峰方言音系

（1）声母 22 个，包括零声母在内：

p 布步	pʰ 怕盘	m 门明	f 飞峰父	v 文瓦喂王	
t 到道	tʰ 太甜	n 南农			l 楼连
ts 猪抓 砖早	tsʰ 沉吵 臣仓		s 声社 杀三	z 肉容	
tɕ 尖奸 就旧	tɕʰ 七欺 秦勤	ȵ 女年	ɕ 箱香 斜鞋		
k 沟柜	kʰ 开狂		x 河汉	ɣ 鹅安	
∅ 衣五武野圆					

说明：

古知庄章精洪组声母和日母今读[ts tsʰ s z]，但“初髓随槌糙皂站顺双送讼如纫唠壤”等读[tʂ tʂʰ ʂ ʐ]声母或有[tʂ tʂʰ ʂ ʐ]变体，属于少数情况。

（2）韵母 48 个，包括自成音节的[l̩]在内：

ɿ	制事四	i	例细比	u	步初目	y	举狱
a	他怕杂	ia	假崖峡	ua	花挂刷		
o	波破摸			uo	多禾勺		
		iɛ	茄姐鞋碟			yɛ	瘸穴
ɤ	河科车舌						
ai	盖排			uai	怪帅		
ei	配废眉胃			uei	对脆桂累		
ɑu	毛吵烧	iɑu	交表料				
ou	抖抽	iou	流油				
æ̃	贪染办反	iæ̃	闲鞭甜见	uæ̃	团拴船	yæ̃	远悬
ə̃	针啃认文	iə̃	品新	uə̃	存顺	yə̃	军损

ɑŋ 忙唱放胖	iɑŋ 凉讲	uɑŋ 装黄筐窗	
əŋ 朋证冷梦	iŋ 凭杏清丁	uŋ 轰同共	yŋ 永凶
ɐʔ 热腊北麦	iɐʔ 甲歇跌结	uɐʔ 说哕	yɐʔ 月缺
ɑʔ 插抹恶客		uɑʔ 脱落戳国	yɑʔ 脚确
ɛʔ 十实织百	iɛʔ 急笔力踢		yɛʔ 律菊
oʔ 福服		uoʔ 入骨独绿	
l̩ 儿二耳			

说明：

1）[o]及[uo]中的[o]为典型的后半高圆唇元音。需要注意，豫北晋语大部分方言果摄一等（不包括开一见系）读[uʌ]、[uɑ]或[uɐ]韵。有子变韵的地区，[uʌ]、[uɑ]或[uɐ]对应的子变韵为[uo]。

2）[iɛ]、[yɛ]中的[ɛ]为典型的前半低展唇元音。补充说明，豫北晋语假开三、果摄三等读[iɛ]、[yɛ]韵的分布范围不大，大部分方言读[iɜ]、[iɐ]、[yɜ]、[yɐ]韵。主元音音色不同。

3）[ɤ]拼[ts ts^{h} s z]时发音部位略低、略前。

4）[ɑu]、[iɑu]的韵尾略低，不到[u]。

5）[æ̃ iæ̃ uæ̃ yæ̃]有微弱前鼻尾音，语流中近[an ian uan yan]。

6）[ɐʔ]的发音部位略微靠后靠上，近[ʌʔ]。

7）[ɑʔ]的发音部位略微靠前，容易与[ɐʔ]产生混淆；但[uɑʔ]、[yɑʔ]的音色清晰，与[uɐʔ]、[yɐʔ]的区分度较高。

8）[iɛʔ]、[yɛʔ]中的[ɛ]是过渡音，实际为[$^{\varepsilon}$]。

9）入声塞尾有所弱化，可记作[^{ʔ}]。但在语流中较为明显。

（3）单字调 5 个，不包括轻声：

阴平[44]　　猪专安抽偏婚飞，押屋
阳平[53]　　穷陈唐神徐文云，白局活
上声[31]　　古走短口丑草死粉老买

去声[212]	柱社父，变菜害漏，六玉
入声[4]	搭北竹确出七实获力药

2.1.2 卫辉城郊方言音系

（1）声母 21 个，包括零声母在内：

p 布败	p^h 怕贫	m 毛灭	f 风芳父		
t 到大	t^h 听头	n 奴难			l 老李
tʂ 张寨真贼	$tʂ^h$ 超馋吹菜		s 师伤寺嫂	z 柔融	
tɕ 酒九贱件	$tɕ^h$ 千牵全权	ȵ 捏泥	ɕ 笑休习鞋		
k 锅跪	k^h 啃葵		x 黄昏	ɣ 硬挨	
ø 忘月影远游					

说明：

古知庄章精洪组声母合一读[tʂ $tʂ^h$ s]。"数"做名词时读[ʂ]声母，"宗综织布机上的～"有[ts]变体，特例。

（2）韵母 46 个，包括自成音节的[l̩]在内：

ɿ 势师式	i 厉米医席	u 布初毒	y 吕玉
ʅ 制刺直			
a 大马罚	ia 牙佳狭	ua 夸挂滑	
ɣʌ 哥合		uʌ 多破活	
	iɜ 茄姐鞋叠		yɜ 靴绝
ɿɐ 蛇舌			
ʅɐ 遮车撤			
æi 抬柴白		uæi 外拐帅	
ei 杯废美肥		uei 对岁桂吹	
ɑu 宝闹赵	iɑu 巧苗条		

ou 偷愁	iou 秋丢		
an 谈慢闪半	ian 减点连先	uan 短关砖	yan 全玄
ən 沉根身分	in 林巾	uən 顿春	yn 群云
ɑŋ 帮张方扛	iɑŋ 两江	uɑŋ 床光王双	
əŋ 灯蒸冷风	iŋ 冰幸京灵	uŋ 横东虫	yŋ 兄穷
ɐʔ 答八黑折	iɐʔ 掐业裂铁	uɐʔ 脱落郭桌	yɐʔ 雪决药角
əʔ 湿日直尺	iəʔ 立七逼劈	uəʔ 骨出木六	yəʔ 屈足
ḷ 儿二耳			

说明：

1）[ɤʌ]、[uʌ]的发音特点是前重后轻，前长后短，因此也可记作[ɤːʌ]、[uːʌ]。[ʌ]的发音部位介于[ə]、[ʌ]、[ɐ]、[ɑ]四者之间，音色相对模糊。单字音中的[ɤʌ]、[uʌ]在语流中为[ɤ]、[uo]，这种差别与发音状态有关。单字时发音状态松弛，收音完整充分；语流中需要连续发音，因此来不及收音，就得迅速转至下一音节。

2）[iɜ]、[yɜ]的实际发音接近于[iːɜ]、[yːɜ]，[ɜ]的音色较弱。[ɜ]在听感上有从[ɛ]向[ɐ]滑动的感觉，这可能是长音不断短化造成的结果。

3）[ʅɐ]只拼[s]声母，[ʅɐ]只拼[tʂ tʂʰ]声母。

4）[ɑu iɑu]的韵尾发音部位略低。

5）[ou iou]中的[o]在阴平、阳平、上声中为过渡音，音色不是很清晰，动程很小；在去声中音色较为清晰。

6）[an ian uan yan]在读去声时鼻尾稍弱，其他调无此特点。

7）[iəʔ uəʔ yəʔ]中的[ə]为过渡音，实际为[ᵊ]。

8）入声塞尾有所弱化，可记作[ˀ]。

（3）单字调5个，不包括轻声：

阴平[24]	高专低开初天三，挖粥
阳平[52]	穷才平神扶娘文，白局舌

上声[55]	古走短口草好粉五女老
去声[313]	近厚社,菜汉阵饭,肉玉
入声[13]	竹出黑接缺歇月麦读服

说明:

1) 阴平的开头比 2 略高,也可记作[34]。

2) 上声的末尾有降的趋势。

2.1.3 沁阳沁园方言音系

(1) 声母 22 个,包括零声母在内:

p 布棒	p^h 怕盘	m 忙面	f 府费饭	v 文	
t 到豆	t^h 贴台	n 拿南			l 来礼
ts 追债针总	ts^h 抽柴臣仓		s 沙烧睡蒜	z 忍容	
tɕ 进斤净竞	$tɕ^h$ 浅前轻群	ȵ 女娘	ɕ 下乡小象		
k 改柜	k^h 夸狂		x 回欢	ɣ 饿袄	
Ø 晚议怨永羊					

说明:

古知庄章精洪组声母合一读[ts ts^h s]。少数字存在[ts ts^h]与[tʂ $tʂ^h$]自由变读的现象,擦音[s]没有卷舌变体。

(2) 韵母 47 个:

ɿ 制池字	i 厉弟技	u 土柱	y 锯育
a 大麻杂	ia 架鸭	ua 瓜话挖	
ɤɑ 鹅课		uɑ 罗锅托	
ɿɜ 车蛇	iɜ 写街截		yɜ 靴绝
æi 开派		uæi 快摔	
ei 贝赔备肥		uei 推税桂亏	
ɑo 扫包招	iɑo 敲庙跳		

ou 头搜	iou 流秋		
æ̃ 南山闪烦	iæ̃ 变嫌尖眼	uæ̃ 宽弯软	yæ̃ 权悬
ẽ 深痕尘门	iẽ 临近	uẽ 孙春	yẽ 军训
ɑŋ 狼商房棒	iɑŋ 香江	uɑŋ 庄黄狂窗	
əŋ 登绳争捧	iŋ 冰明钉营	uŋ 宏东冲	yŋ 兄穷
ɐʔ 热北摘涉	iɐʔ 接贴灭捏	uɐʔ 说	yɐʔ 雪缺削确
ɑʔ 搭八摸客	iɑʔ 掐瞎药角	uɑʔ 脱落戳国	
əʔ 湿质尺福	iəʔ 立七媳滴	uəʔ 骨出读六	yəʔ 屈菊
ɭ͜ə 儿二耳			

说明：

1）[ɤɑ]、[uɑ]的发音特点是前重后轻、前长后短，其中[ɑ]的发音部位略微靠上。补充说明，[uɑ]韵的子变韵为[uo]。

2）[iɜ]、[yɜ]可记作[iːɜ]、[yːɜ]，[ɜ]在听感上有从[ɛ]向[ɐ]滑动的感觉。

3）[ɑo]、[iɑo]韵的动程较小。

4）[əŋ]、[iŋ]（可视作主元音弱化的[iəŋ]）韵的主元音在部分去声字中的发音部位略低。

5）[iəʔ uəʔ yəʔ]中的[ə]不同于卫辉城郊，音色十分清楚，在音节中占主要地位。

6）入声的塞尾已经弱化，实际可记作[ˀ]。

7）[ɭ͜ə]中的[ə]是在发完[ɭ]后顺便带出的后衍音。

（3）单字调5个，不包括轻声：

阴平[53]	高猪低开粗婚三，掬托
阳平[323]	陈床唐神娘难，活白局
上声[412]	古纸走短口草体好老有
去声[24]	近厚，盖放阵害帽，肉剧

入声[$\underline{13}$]　　急骨黑插秃铁业灭读习

说明：

1）阴平为高降[53]调，尾音略高于3，但有时候读为高平[55]调。

2）部分入声字存在[$\underline{13}$]调和短[3]调两个自由变体。[$\underline{13}$]调的调长存在年龄差异，70岁以上的为典型的短调，60岁左右的调长有所拉长，但仍比其他舒声调短。

2.2　声调的特点

2.2.1　声调概况

豫北晋语区各方言的调类分合情况较为简单，内部一致性较强。大部分方言平分阴阳，清上、次浊上读上声，全浊上归去，入声不分阴阳独立成调；少数方言平分阴阳，清上、次浊上读上声，全浊上归去，清入、次浊入多归阴平或上声，全浊入多归阳平。从声调数目上看，可分为四调类和五调类两种情况。四调类方言包括阴平、阳平、上声、去声等4个声调，分布于5个方言点；五调类方言包括阴平、阳平、上声、去声、入声等5个声调，分布于45个方言点。豫北晋语各方言的声调数目分布情况如图2－1。

四调类方言根据清入、次浊入归派方向的不同，可以分为两种类型：

1）延下型：清入、次浊入舒化后多归阴平。具体分布于延津城关、延津胙城、延津榆林、济源下冶4个方言点。

2）邵原型：清入、次浊入舒化后多归上声。具体分布于济源邵原1个方言点。

除去属于四调类方言的5个方言点外，其他45个方言点均属五调类方言。不再赘列。

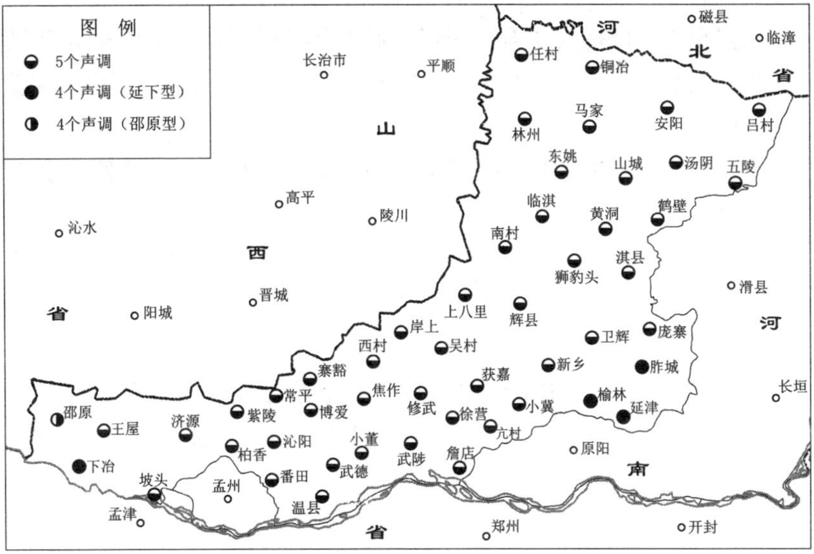

图 2－1　豫北晋语声调数目分布图

2.2.2　声调调型分布

豫北晋语大部分方言的调类一致，这便于我们对具体调类的调型进行横向对比，以观察其分布及内部关系。

我们使用调型分布图来展现各方言之间的对比情况，具体操作规范有：

第一，对五度制标调法的五度做统一处理。规定 5 度、4 度为高，3 度为中，2 度、1 度为低。基于这种处理的高降、中降、低降、高升、中升、低升等调型不再考虑其究竟降或升到什么程度，只关注其调型特征。

第二，根据调型同言线进行分区以说明区域性的调型分布特征。调型同言线的画法依据连片分布的同类调型进行。这里我们简称为“同类调型”原则。“同类调型”指高降、中降、低降为同类；

高升、中升、低升为同类;高降升、中降升、低降升等曲折调为同类。这里的“分区”只是为了显示小范围内的调型特征,与方言学意义上的“方言区划”不同。另外,每个区域指定一个代表点,便于称说与定位。

第三,地图中采用的图标形状与具体调型调值保持某种意义上的形近特征。

第四,地图图例中有两类数字,括号中的数字为方言点分布数量,其后为各方言的具体调值。

(1) 阴平

豫北晋语各方言阴平调的调型有 7 种情况,分别为高降、中降、高平、中平、高升、中升、低升。根据同类调型原则,可划分为 7 个区域,见图 2-2。

7 个区域的代表点分别为: 1 区,林州;2 区,安阳;3 区,卫辉;4

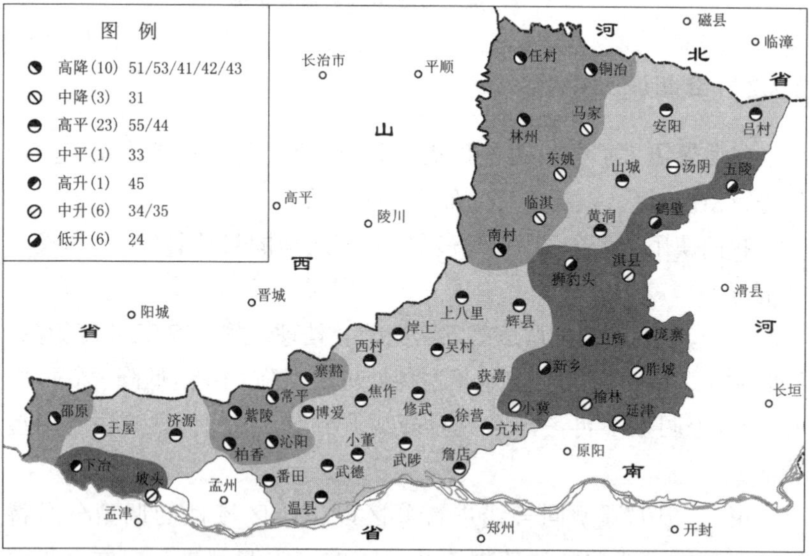

图 2-2　豫北晋语阴平调型分布图

区,修武;5 区,沁阳;6 区,下冶;7 区,邵原。

相关说明:

1) 1 区的北部为高降调,与北邻河北磁县的[43]调一致。

2) 3 区的阴平为[24]或[35],与中原官话的郑州、开封、长垣、内黄等一致。

3) 5 区沁阳的阴平为高降[53]调,但有时候读为高平[55]调,这可能受到了周边 4 区(和普通话)高平调的影响。

4) 6 区的阴平为高升[45]或中升[34]调,其中济源下冶阴平调的主体是平的,尾部略有上扬。

5) 7 区邵原阴平为[51]调,与垣曲之[53]同为高降,但降幅有所不同。

(2) 阳平

阳平调的调型有高降和降升两种情况,它们分为 4 个区域,见图 2-3。

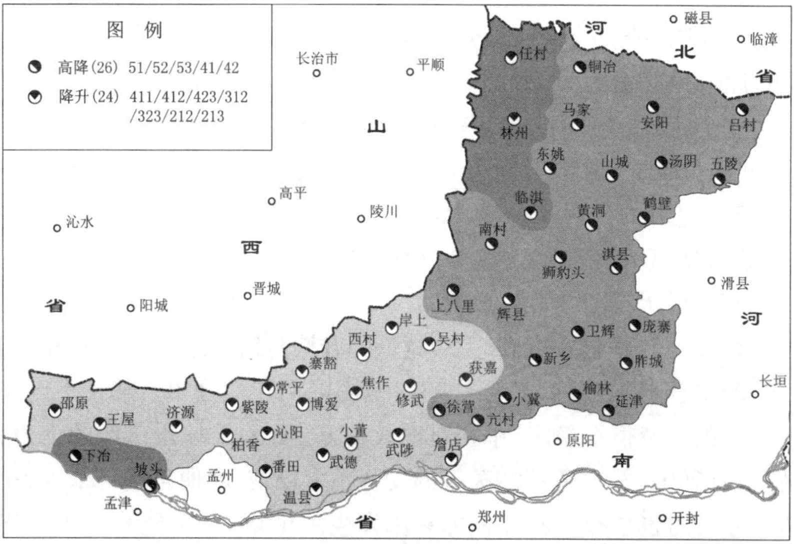

图 2-3　豫北晋语阳平调型分布图

4 个区域的代表点分别为：1 区，林州；2 区，卫辉；3 区，沁阳；4 区，下冶。

相关说明：

1) 1 区任村、林州、临淇三点都为中/高降升的曲折调，与河北磁县[313]、涉县[312]呈连片分布态势。

2) 2 区都为高降调，与中原官话郑州、开封、洛阳、滑县等一致。东姚的高降调与林州其他三点不同，却与东边的山城等地一致，这可能与东姚的地理位置及周边环境有关。东姚位于鹤壁山城通往林州市区的必经之地，其周边多为山地丘陵地势。因此，东部地区高降调的扩散波可能刚到东姚。

3) 3 区获嘉的阳平调末尾有所拉长，记为[411]，不是典型的降升调，却是实在的曲折调，可以看出在 2 区、3 区交界地带的调值"折合"特征。

4) 4 区下冶、坡头为高降调，与孟州及中原官话洛嵩片连片分布。

(3) 上声

上声调的调型有 4 种情况，分别为高平、中降、高降、降升。根据同类调型原则，可以分为 7 个区域。其中，高平调分布于邵原、坡头、卫辉及其周边 3 个区域；降升调分布于任村、博爱及其周边 2 个区域；降调（高降和中降）分布于安阳及其周边、获嘉及其周边 2 个区域。见图 2-4。

7 个区域的代表点分别为：1 区，任村；2 区，安阳；3 区，卫辉；4 区，获嘉；5 区，博爱；6 区，坡头；7 区，邵原。

相关说明：

1) 1 区仅任村一个点，上声读低降升调与周边方言皆不相同。

2) 2 区与磁县[42]、涉县[53]呈高降调连片分布。林州市区及其周边的上声很不稳定，单字有时读[212]。关于林州市区的上声，陈鹏飞（2007）描写道："城关镇的发音不太稳定，即便是同一个人，在发单字音时也会有非此即彼的现象发生。"他认为"可能是由于受到北区方言的影响造成的"。《林县志》（林县志编纂委员会编，1989）方

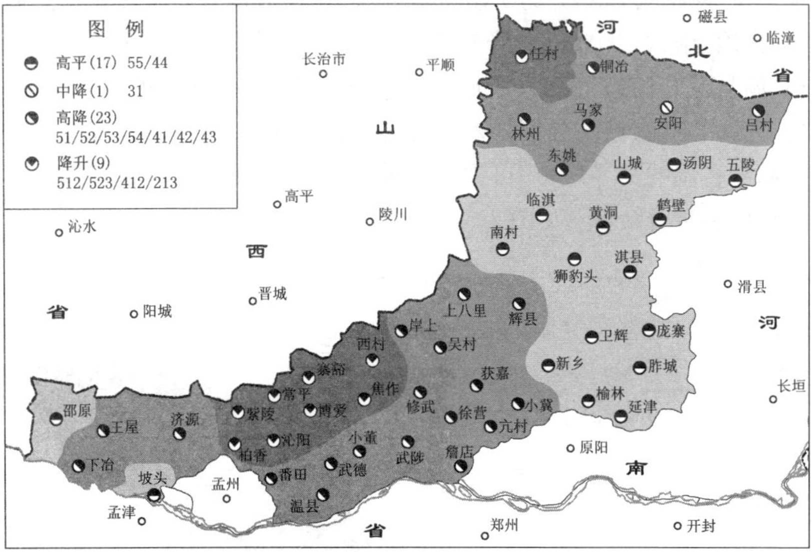

图 2－4　豫北晋语上声调型分布图

言部分也写道:“上声的调值不太稳定,城关人多数字读为曲折调424,少数字读为中降调42。但是,一进入词组后,上声字绝大部分读为中降调。因此把上声字的调值记为42。”东姚的[54]调似乎受到了东边高平调的影响,以致降的幅度有所减小。

3) 3 区与郑州、开封等中原官话区一致,都为高平调。

4) 4 区小冀处于 3 区与 4 区的边界地带,[54]调可能是高平与高降折合的结果,显示出过渡性的特点。

5) 5 区修武西村的高降升与焦作相同,不与修武县城相同。西村四面环山,在 50 个方言调查点中经济最为落后。与县城相比,它距离焦作更近。

6) 7 区邵原高平调[44]与垣曲中平[33]同为平调。

(4) 去声

去声的调型有 4 种情况,分别为高平、低升、低降、降升。根据同类调型原则,可以划分为 7 个区域。其中,低升调分布于焦作及其周边、铜冶、南村三个区域;降升调分布于卫辉及其周边、下冶及其周边、温县及其周边等三大区域。我们将低降[21]调的狮豹头、上八里、亢村、延津、坡头分别划入邻近的降升调区域,因为它们都位于曲折调与直调的交界地带,可视作从曲折调到直调的过渡或者曲折调与直调的折合结果。见图 2-5。

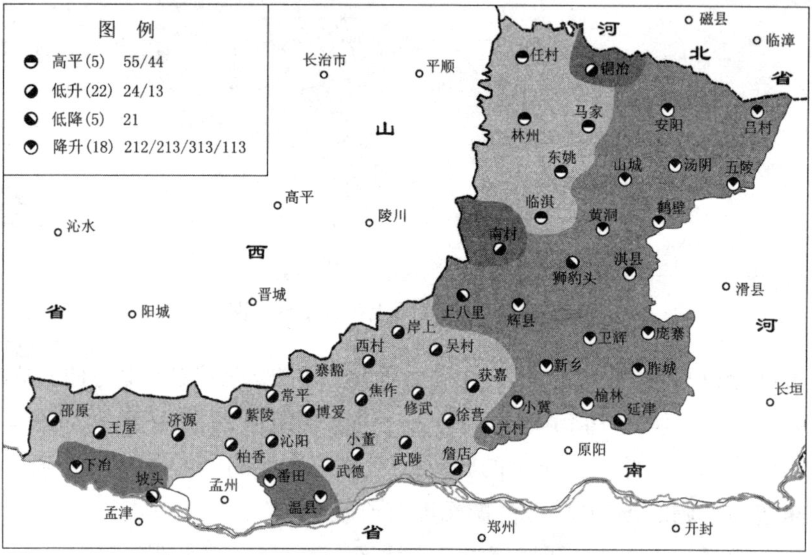

图 2-5 豫北晋语去声调型分布图

7 个区域的代表点分别为: 1 区,铜冶;2 区,林州;3 区,卫辉;4 区,南村;5 区,焦作;6 区,温县;7 区,下冶。

相关说明:

1) 1 区铜冶与 4 区南村较为独立。铜冶为北岭环绕,南村被十八盘山阻隔,两者的去声调可能都因地理特征而具有一定的独立性。

2) 2 区与磁县[55]、涉县[55]连片分布着高平调。

3）6 区温县的去声为[113]，起始部分略高于 1，但低于 2。

（5）入声

豫北晋语区 45 个方言点有入声调，其调型有 5 种情况，分别为短高平、短中平、短高升、短低升、短中降。根据同类调型原则，并将无入声的方言纳入，可划分为 7 个区域。见图 2－6。

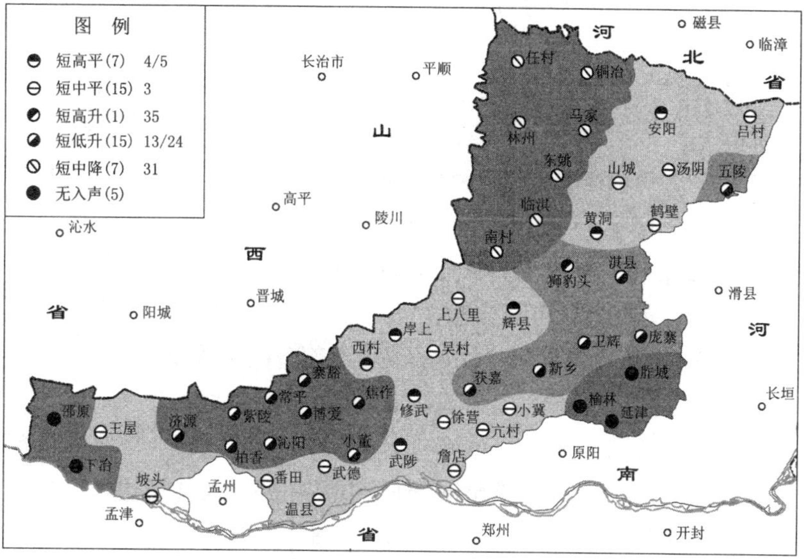

图 2－6　豫北晋语入声调型分布图

7 个区域的代表点分别为：1 区，林州；2 区，安阳；3 区（包括五陵），卫辉；4 区，延津；5 区，温县；6 区，沁阳；7 区，邵原。

相关说明：

1）1 区统一为中降调，符合当地人的一般意识，即安阳铜冶、安阳马家两地话比较接近林州。

2）5 区修武、亢村除了短高调[4]、短中调[3]外还有低升变体[24]或[13]，这是入声调值拉长的内在演变及周围 3 区、6 区外在影响的共同结果。

3）5 区武德处于温县的边界地带，隔沁河与博爱、沁阳、小董相望。其调型以中平[3]为主，少数字有[24]变体，与沁河以北低升调为主的情形有所不同。这说明，行政区划和河流对边界地带方言的归向起着较大作用。

4）6 区沁阳、博爱、寨豁、焦作有少数字存在短中平的变体，这可能是豫北晋语入声调的底层。

综合五幅地图来看有以下一些特点：

1）阴平和入声的调型分布大势极为相似。第一，阴平的 1 区与入声的 1 区范围完全相同，且调值相同或调型相同；第二，阴平的 2 区、3 区与入声的 2 区、3 区主体范围一致，且调型一致；第三，以沁阳为中心的近山地带都是一块独立的区域。

2）阳平和去声的调型分布态势基本相似。第一，阳平的 2 区与去声的 3 区范围大致相同。第二，阳平的 3 区与去声的 5 区范围大致相同。第三，阳平的 1 区与去声的 2 区大部分区域重叠。

3）五幅调型分布图的中部地带都有一条分界线。这些分界线就是具体调型的同言线，它们局部重合、局部交叉，北部在辉县南村、辉县城关、辉县上八里一带形成拉锯，南部主要在获嘉及其周边地区形成拉锯。详见下节。

4）调型分区的结果在很大程度上与自然地理环境有关。林州全境与周边铜冶、马家、南村等地处于太行山及其余脉包围之中，沁阳、紫陵、常平、寨豁等地邻近或处于太行山地区，以上两个地区的声调系统都呈现出“对内相对一致、对外相对独立”的特征。另外，安阳马家与鹤壁山城除阳平外，其他调型均不相同，体现出鳌子山在两地间的天然分隔作用。济源邵原的阴平、上声、入声等调相对独立，也与济源中部的山脉相隔有关。

2.2.3 声调特征对比

关于声调调值的研究尚无成熟的理论，但只重调类、不重调值、只讲区别、不求准确的做法，对于声调研究理论的深入探讨和声调调值的演变研究没有好处。语言变化往往是沿着一个连续体排列分布的，而不是截然对立地出现在连续体的两极。调类有变化，调型有变化，调值也会有变化，而且调值变化在先。调型和调值的变化属于量变，它们的变化会慢慢促成调类上的质变。调型和调值的微观变化往往会体现在地理分布上。

2.2.3.1　调型同言线交叉地带的声调具有明显的过渡特征

根据以上五幅调型分布图反映的情况可以看出，豫北晋语相同调类的调型呈现出局部一致的特点，如果将五幅地图叠加，那不同调类在具体区域的调型同言线就会交叉甚至重合，这说明处于多线交叉地带的声调具有明显的过渡特征。

豫北晋语区内部有两个声调过渡区，分别是中部调型同言线交叉形成的中部过渡区和北部由山区转向平原的北部过渡区。

（1）中部过渡区。豫北晋语五个调类在中部地区都有调型同言线穿过，它们交叉重叠的地带形成了豫北晋语内部最重要的过渡区。中部过渡区具体涉及辉县城关、辉县上八里、辉县吴村、获嘉城关、获嘉徐营、获嘉亢村及新乡小冀等方言点。过渡区的北半部分主要在辉县西部区域，体现为阴平、上声、入声的调型一致，而阳平、去声以吴村、上八里为界两分；南半部分在获嘉县境及新乡县西部区域，总体情形较为复杂，体现为获嘉城关、获嘉徐营、获嘉亢村、新乡小冀在不同调类调型上或与武陟詹店以西区域相同，或与新乡平原以东区域相同。豫北晋语中部过渡区及其周边方言声调对比情况，见表 2－1（部分方言点的入声调存在两个变体，斜杠前的为主，下同）。

过渡区北半部分的吴村处于辉县与修武交界地带，因此包括声调等很多语言特征近似修武。

中部过渡区的形成主要与获嘉及其周边地区的历代行政区划多有变动有关。自汉至晋，获嘉县治在今新乡市。汉武帝时析汲县之新中乡立获嘉县，隶属司隶部河内郡；三国魏属朝歌郡；晋仍属司州

表 2-1 豫北晋语中部过渡区及其周边方言声调表

		清平	浊平	清上	次浊上	全浊上	去声	入声
		阴平	阳平	上声		去声		入声
北半部分	修武岸上	55	323	51		13		4
	辉县吴村	55	323	51		24		3
	辉县上八里	44	41	53		21		3
	辉县城关	44	42	52		213		4
南半部分	卫辉城郊	24	52	55		313		13
	新乡平原	24	52	44		212		24
	新乡小冀	34	41	54		212		3
	获嘉亢村	44	41	53		21		3/13
	获嘉徐营	44	41	53		13		3
	获嘉城关	44	411	52		13		24
	武陟詹店	55	412	41		13		3
	武陟木城	44	323	53		13		4

汲郡。隋代,获嘉县治才迁往今地。隋开皇四年,废修武郡,移获嘉以治之,属河内郡隶冀州部。贞观元年,以获嘉属怀州,隶河北道河内郡;五代属怀州河内郡;宋仁宗天圣四年自怀州改隶卫州,属河北路汲郡;金属河东南路卫州;此后元明清皆属卫辉路/府。

获嘉先属怀州,后改卫州,加之本就处于两州/府交界地带,使得当地的“腔调”具有明显的过渡色彩。

(2) 北部过渡区。北部过渡区主要处于林州东姚、安阳马家、安阳铜冶一带。这三个方言点的阴平、去声(铜冶除外)、入声与林州任村、林州城郊调型一致,阳平与安阳文峰、安阳吕村、鹤壁山城、汤阴城关等地调型一致,东姚的上声[54]则表现出由西到东折合过渡的特点。具体声调见表 2-2。

林州东姚、安阳马家、安阳铜冶的声调处于林州与东部之安阳文峰、鹤壁山城、汤阴城关的过渡区域,这可以从地理与历史两方面来观察。

表 2-2 豫北晋语北部过渡区及其周边方言声调表

		清平	浊平	清上	次浊上	全浊上	去声	入声
		阴平	阳平	上声		去声		入声
西部	林州任村	41	312	213		55		31
	林州城郊	41	312	52		44		31
过渡区	安阳马家	31	42	51		44		31
	安阳铜冶	53	42	51		24		31
	林州东姚	31	41	54		55		31
东部	安阳文峰	44	53	31		212		4
	安阳吕村	55	51	42		212		3
	鹤壁山城	44	41	55		212		3
	汤阴城关	33	52	44		213		3

从地势因素看。第一,林州位于太行山及其余脉包围之中,整个区域呈现西北高、东南低的特点,东界有山口可与安阳沟通;第二,安阳铜冶、马家处于清凉山、塔山与北岭、南岭的包围之中,时至今日与县境中部、东部平原的交流沟通都得绕行水冶才能实现。

从历史归属看。首先,据史志及《水经注》考证,魏、晋之前的林州境域比现在面积广得多。北魏永安元年(公元 528 年),置林虑郡,辖林虑县、临淇县、共县(辉县)、魏德县(汤阴县宜沟一带)。东魏以后境域逐步缩小。金兴定三年(公元 1219 年),由安阳县西部水冶一带分置出辅岩县,归属林州管辖。元至元 6 年(公元 1269 年),撤辅岩县入安阳县,划永和以东(原属临漳县)入安阳,安阳县境才基本稳定。可见,安阳西部地区在行政归属上时有变动。其次,历史上林州与安阳毗连地区多呈犬牙交错、此出彼入态势。据民国 21 年《林县志》载,林县有插花地(俗称扣地)六处在安阳境内,这些插花地造成"甲县之地插入乙县境内,四面皆系邻疆,中间若干村户遥寄孤悬与本管县境不相连属"。因此,这一带的方言自然相互交融,东西特征皆有。

2.2.3.2 沁阳等太行山脚地带的声调具有相对独立的特征

根据调型分布图可以看出，豫北晋语五个调类在中部地区都有调型同言线。调型同言线以西的区域呈现出两种情况：当阳平、去声时，绝大部分方言的调型一致；当阴平、上声、入声时，在沁阳、博爱、焦作等山脚地带存在一个范围不等的独立区域，它们具有相对独立的特征。综合对比五幅地图，并考虑所涉方言少部分邻近太行山脚、大部分位于太行山里的特点，我们认为这种独立特征反映了该地区方言声调的相对保守性，即自然地理环境的封闭导致这些方言与外界相对隔离，并且体现在了调型调值上。其中，阴平调型分布图所涉的沁阳沁园、沁阳紫陵、沁阳常平、沁阳柏香、博爱寨豁等 5 个方言点相对保守；除以上 5 个方言点外，上声和入声调型分布图所涉的博爱清化、焦作王褚、武陟小董、济源玉泉、修武西村等 5 个方言点次之，我们视作由保守转开放的过渡；再往外扩，辉县吴村、武陟木城、温县温泉等方言的声调特征相对开放。具体声调对比情况见表 2－3。

表 2－3　沁阳及其周边方言声调表

		清平	浊平	清上	次浊上	全浊上	去声	入声
		阴平	阳平	上声		去声		入声
相对保守	沁阳沁园	53	323	412		24		13/3
	沁阳紫陵	43	323	512		24		13
	沁阳常平	41	212	512		24		24
	沁阳柏香	43	323	512		24		13
	博爱寨豁	42	323	512		24		24/3
过渡	博爱清化	44	323	512		24		24/3
	焦作王褚	55	213	523		24		13/3
	武陟小董	55	212	52		24		24
	济源玉泉	44	212	53		13		13
	修武西村	55	323	512		24		4

续　表

		清平	浊平	清上	次浊上	全浊上	去声	入声
		阴平	阳平	上声		去声		入声
相对开放	辉县吴村	55	323	51		24		3
	修武城关	44	312	52		24		4/24
	武陟木城	44	323	53		13		4
	武陟詹店	55	412	41		13		3
	温县温泉	55	312	52		113		3
	温县武德	55	323	51		13		3/24
	温县番田	55	412	51		212		3
	济源王屋	55	212	52		24		3

沁阳及周边山脚地带独立区域的形成主要与太行山脉有关，其次沁阳、博爱两县与温县间的沁河也起了一定作用。另外，尽管沁阳为明清时怀庆府的府治，但从声调特征上看，其语言影响力并不很大。

2.2.3.3　豫北晋语边缘地带的声调具有外向系联特征

外向系联，指调类调型与施之影响的外部区域基本相同因而可以视为一个整体的情形。豫北晋语声调的外向系联有西中北三处，西指济源西南部地区，中为延津地区，北是林州及其周边地区。

（1）济源西南部声调的外向系联

济源境内的下冶等地，其声调调型与济源城区大异其趣，相反与黄河对岸的孟津、偃师、巩义等地较为一致。这种情形与临近的孟州相同。济源段黄河沿岸方言的声调情况见表2－4。

表2－4　济源段黄河沿岸方言声调表

		清平	浊平	清上	次浊上	全浊上	去声	清入	次浊入	全浊入
黄河北	济源下冶	45	52	43		212		45		52
	济源坡头	34	41	55		21		3/13		
	孟　州	55	42	54		31		55		42

续 表

		清平	浊平	清上	次浊上	全浊上	去声	清入	次浊入	全浊入
黄河南	新 安	24	31	45		52		24		31
	孟 津	24	31	45		213		24		31
	偃 师	24	42	54		21		24		42
	巩 义	24	41	55		31		24		41

关于黄河对区域方言的影响，邢向东（2009b）、王临惠（2011）在考察秦晋沿黄河方言的情况后认为：黄河“在方言之间的联通作用大于阻隔作用”，它“对两地方言的声调并不起阻隔的作用”。这一结论同样适用于黄河中游的济源段。

济源下冶等地所处的环境是北有山地丘陵，南有黄河天堑，二者都大大地影响了对外交流。古时，当地人选择在黄河上开设渡口以满足对外交流、货物运输的需要。清乾隆26年《济源县志》载有4个渡口，自西向东为长里渡、毛田渡、关阳渡、河清渡。1949年以前，济源沿黄河58公里长的水域，分布着毛田、小沟、牛湾、长泉、关阳、洛峪、交兑、蓼坞、泰山、坡头等十几个渡口（《济源交通志》2002：177），沿河民户大多从事水运业。1949年之后，两岸人民在黄河上架设索桥，使交流更为常态化。

济源西南部民众的外向交流方式，说明古时人们在面对大山、大河的同时阻隔时，更容易选择水路交通，而这种选择促成了方言的外向系联。

（2）延津方言声调的外向系联

豫北晋语有入声调，而延津城关、延津胙城、延津榆林三个方言点的入声调舒化，清入、次浊入多归入阴平，全浊入多归入阳平。调类分合上与中原官话完全相同，调型上大体一致，仅延津胙城、延津榆林的去声例外。延津及其周边方言的声调情况见表2－5。

以往研究都认为延津方言存在入声调，所以将延津方言视作豫北晋语的一部分。这也许是不同时期方言面貌的反映。从历时角度

表 2-5　延津及其周边方言声调表

		清平	浊平	清上	次浊上	全浊上	去声	清入	次浊入	全浊入
晋语	淇县朝歌	35	52	55		212		24		
	卫辉庞寨	24	52	55		212		13		
	新乡小冀	34	41	54		212		3		
中原官话	延津胙城	35	51	55		212		35		51
	延津榆林	35	51	55		212		35		51
	延津城关	35	52	55		21		35		52
	原　阳	35	42	33		312		35		42
	郑　州	24	41	55		31		24		41
	中　牟	24	41	55		31		24		41

考虑，可能正是延津方言的外向系联最终促使它倒向了中原官话一边。

（3）林州方言声调的外向系联

林州境内诸点的声调大多与河北涉县、磁县近似，这种情况在阴平、入声上甚至延伸至周边的南村。具体声调对比情况见表 2-6。

表 2-6　林州及其北邻方言声调表

		清平	浊平	清上	次浊上	全浊上	去声	入声
		阴平	阳平	上声		去声		入声
河南	林州城郊	41	312	52		44		31
	林州临淇	31	412	55		44		31
	林州东姚	31	41	54		55		31
	林州任村	41	312	213		55		31
河北	涉　县	31	312	53		55		32
	磁　县	43	313	42		55		31

林州与涉县、磁县声调近似，可以从两方面观察。首先，行政隶属上。明代，涉县、磁县同属彰德府；清代，涉县属彰德府，磁县属直隶广平府。其次，民间交往上。林州东南西三面环山，北有漳河与河

北涉县、磁县相望。1989 年的《林县志》载，古时人们多沿浊漳河南岸，过栈道，由古城村过河抵涉县。冬春河上架木桥，秋夏涉水过河。正是政治与民间双重因素的影响，使得林州方言与涉县、磁县方言在声调上呈现出紧密联系的特点。

2.3 声母的特点

2.3.1 古全浊声母的今读

（1）规律性今读

中古並、奉、定、从、澄、崇、船、群、邪、禅、匣等 11 个全浊声母在今豫北晋语中全部清化，逢塞音、塞擦音时，平声送气，仄声不送气。这与周边中原官话郑开片、洛嵩片的情形一致。豫北晋语古全浊声母今读实例见表 2－7。

表 2－7 豫北晋语古全浊声母的今读

	並母		定母		从母		群母	
	平	仄	平	仄	平	仄	平	仄
例字	平	病	头	读	钱	罪	群	旧
安阳文峰	꜁pʰiŋ	piŋ꜄	꜁tʰou	꜁tu	꜁tɕʰiæ̃	tsuei꜄	꜁tɕʰyə̃	tɕiou꜄
卫辉城郊	꜁pʰiŋ	piŋ꜄	꜁tʰou	tuəʔ꜆	꜁tɕʰian	tʂuei꜄	꜁tɕʰyn	tɕiou꜄
焦作王褚	꜁pʰiŋ	piŋ꜄	꜁tʰou	tuəʔ꜆	꜁tɕʰie	tsuei꜄	꜁tɕʰyẽ	tɕiou꜄
沁阳沁园	꜁pʰiŋ	piŋ꜄	꜁tʰou	tuəʔ꜆	꜁tɕʰiæ̃	tsuei꜄	꜁tɕʰyẽ	tɕiou꜄
济源玉泉	꜁pʰiŋ	piŋ꜄	꜁tʰou	tuəʔ꜆	꜁tɕʰiɛn	tsuei꜄	꜁tɕʰyẽ	tɕiou꜄

（2）例外性今读

极少数仄声字读作送气声母。如："造制～"，古从母上声字，在林州城郊、淇县朝歌、获嘉城关、焦作王褚、济源玉泉、济源坡头等方言点读作[tsʰɑo꜄]/[tʂʰɑu꜄]；"撞～人"，古澄母去声字，在温县温泉、获嘉城关、淇县朝歌、林州城郊等方言点读作[tʂʰuɑŋ꜄]；"柩"，古群母去声字，在鹤壁淇滨、获嘉城关、获嘉亢村、修武城关、武陟木城、温县温泉、济源玉泉等方言点读作[tɕʰiouᵓ]；“捕”，古並母去声字，在鹤壁淇滨、淇县朝歌、沁阳沁园、修武城关等方言点读作[ᶜpʰu]。

另外，地名中也反映了古全浊声母今逢塞音仄声送气的现象。最为典型的当属“汤阴”一例。汉高祖二年（公元前205年）置荡阴县，后来改荡阴为汤阴，关于具体时间目前有两个线索：其一，据《河南省区县沿革简表》（不著纂修人、未刊年代）载隋以前为“荡阴”，开皇6年改为现在的写法；其二，据《太平寰宇记》载“唐贞观元年（公元627年），以水微温又改名汤阴”。汤，古义热水、开水，与温水有别。因此第二条的改名理由恐不可靠。最有可能的还是语音上的因素。荡，古定母上声字，清化后读送气声母，今武汉、南昌、梅县等方言均是如此。“汤阴”很可能是后人循音改字的结果。

少数邪禅母字在北京话中读塞擦音声母，但在豫北晋语中读清擦音声母。例如：辞，邪母字，今获嘉城关方言白读[꜀sɿ]；囚，邪母字，今淇县朝歌、济源玉泉、获嘉城关读[꜀ɕiou]；泅，邪母字，今淇县朝歌读[꜀ɕiou]；常，禅母字，今济源玉泉、济源坡头、济源王屋、济源下冶、济源邵原、沁阳沁园、沁阳常平、沁阳柏香、焦作王褚、温县温泉、温县番田、温县武德、武陟木城、武陟詹店、武陟小董、修武城关、修武西村、辉县吴村、博爱清化、博爱寨豁等地用于姓氏时读[ʂ-]/[s-]声母，用作副词时读[tʂʰ-]/[tsʰ-]声母。

个别邪禅母字在北京话中读擦音声母，但在豫北晋语中读塞擦音声母。例如：殊，禅母字，除鹤壁淇滨、延津城关、辉县城关读[ʂ-]/[s-]声母外，其他47个方言点均（至少白读）读[tʂʰ-]/[tsʰ-]/[tʂ-]声母。饲，邪母字，今沁阳沁园白读[꜀tsʰɿ]，文读[꜀sɿ]。嗣，邪母字，今焦作王褚读[꜀tsʰɿ]。

2.3.2　古轻唇声母的今读

（1）非敷奉母的今读

淇县黄洞方言的非敷奉母今读[x]声母，与晓匣母洪音字声母相同。具体实例如下：

非母：府ᶜxu｜废 xueiᵓ｜飞꜀xuei｜否ᶜxu｜法 xuᴀʔ꜆｜反ᶜxuan｜分꜀xuən｜放 xuɑŋᵓ

敷母：麸꜀xu｜肺 xueiᵓ｜费 xueiᵓ｜副 xuᵓ｜泛 xuanᵓ｜翻꜀xuan｜芳꜀xuɑŋ｜丰꜀xuŋ

奉母：父 xuᵓ｜肥꜁xuei｜负 xuᵓ｜乏꜁xua｜饭 xuanᵓ｜佛求~꜁xu｜房꜁xuɑŋ｜服 xuoʔ꜆

黄洞的情况在豫北晋语中属于孤例，其他 49 个方言点均无此类读音。淇县黄洞地处太行山余脉环绕之中，地理上四面环山，“绝对”封闭，该方言的使用人口只有大约 1.3 万人。结合周边方言非敷奉母皆读[f]的语言环境，我们认为黄洞方言读[x]应该不是自身演变的结果，有可能是晋语腹地移民的结果。山西方言里 14 个市县有此情形，可参看侯精一、温端正(1993：23)。

(2) 微母的今读

豫北晋语古微母的今读存在着区域性的差异，主要表现为四种情况：

1) 全读[v]声母。这种情况集中分布于豫北晋语的西部地区，具体方言点有：

济源玉泉　济源王屋　济源坡头　济源邵原　济源下冶
温县温泉　温县番田　博爱清化　博爱寨豁　沁阳常平
沁阳紫陵　沁阳柏香　武陟小董　焦作王褚

2) 全读零声母。这种情况主要集中分布于豫北晋语的中部地带，具体方言点有：

汤阴五陵　鹤壁淇滨　淇县朝歌　淇县黄洞　卫辉狮豹头
卫辉城郊　卫辉庞寨　辉县吴村　获嘉城关　获嘉徐营
获嘉亢村　延津城关　延津胙城　延津榆林　修武岸上

武陟詹店

3）[u]作单元音韵母时，读零声母；其他韵母时，读[v]声母。这种情况集中分布于豫北晋语的北部地区，具体方言点有：

安阳文峰　安阳铜冶　安阳吕村　汤阴城关　林州城郊
林州任村　林州东姚　鹤壁山城　辉县城关　辉县南村
辉县上八里

4）没有明显规律，部分读[v]声母，部分读零声母，或者兼有两读。具体方言点有：

安阳马家　林州临淇　新乡平原　新乡小冀　修武城关
修武西村　沁阳沁园　温县武德　武陟木城

豫北晋语微母字四种情况的读音实例见表2－8。

表2－8　豫北晋语微母字的读音

		雾	武	味	微	万	问	闻	物
1）	焦作王褚	vuᵓ	ᶜvu	veiᵓ	ᶜvei	vẽᵓ	vẽᵓ	꜁vẽ	vəʔ꜆
	博爱清化	vuᵓ	ᶜvu	veiᵓ	꜁vei	væ̃ᵓ	və̃ᵓ	꜁və̃	vəʔ꜆
	温县温泉	vuᵓ	ᶜvu	veiᵓ	ᶜvei	vanᵓ	vənᵓ	꜁vən	vəʔ꜆
	济源玉泉	vuᵓ	ᶜvu	viᵓ	ᶜvi	vænᵓ	vẽᵓ	꜁vẽ	vəʔ꜆
	济源邵原	vuᵓ	ᶜvu	viᵓ	ᶜvi	vænᵓ	və̃ᵓ	꜁və̃	ᶜvu
	沁阳紫陵	vuᵓ	ᶜvu	veiᵓ	ᶜvei	vɛ̃nᵓ	və̃ᵓ	꜁vei/꜁və̃	voʔ꜆
	武陟小董	vuᵓ	ᶜvu	veiᵓ	ᶜvei	væ̃ᵓ	vənᵓ	꜁vən	vəʔ꜆
2）	鹤壁淇滨	uᵓ	ᶜu	ueiᵓ	ᶜuei	uanᵓ	uənᵓ	꜁uən	uᵓ
	淇县朝歌	uᵓ	ᶜu	ueiᵓ	꜀uei	uanᵓ	uənᵓ	꜁uən	uᵓ
	卫辉城郊	uᵓ	ᶜu	ueiᵓ	ᶜuei	uanᵓ	uənᵓ	꜁uən	uᵓ
	获嘉城关	uᵓ	ᶜu	uæɛᵓ	ᶜuei	uẽᵓ	uɜnᵓ	꜁uẽ	uəʔ꜆
	获嘉亢村	uᵓ	ᶜu	uæɛᵓ	꜀uei	uɛnᵓ	uɐnᵓ	꜁uən	uəʔ꜆
	延津城关	uᵓ	ᶜu	ueiᵓ	꜀uei	uanᵓ	uənᵓ	꜁uən	꜀u
	修武岸上	uᵓ	ᶜu	ueiᵓ	꜀uei	uæɛᵓ	ueiᵓ	꜁uei	uəʔ꜆
	汤阴五陵	uᵓ	ᶜu	ueiᵓ	꜀uei	uanᵓ	uənᵓ	꜁uən	uᵓ

续 表

		雾	武	味	微	万	问	闻	物
3)	安阳文峰	u꜄	꜂u	vei꜄	꜀vei	væ̃꜄	və̃꜄	꜁və̃	u꜄
	汤阴城关	u꜄	꜂u	vei꜄	꜀vei	vãn꜄	vən꜄	꜁vən	u꜄
	林州城郊	u꜄	꜂u	vei꜄	꜀vei	va꜄	vəŋ꜄	꜁vəŋ	u꜄
	鹤壁山城	u꜄	꜂u	vei꜄	꜀vei	vã꜄	vən꜄	꜁vən	u꜄
	辉县城关	u꜄	꜂u	vei꜄	꜀vei	væ̃꜄	və̃n꜄	꜁və̃n	vəʔ꜆
4)	新乡平原	u꜄	꜂u	uei꜄	꜂uei	vãn꜄	uən꜄/vən꜄	꜁vən	꜀u
	修武城关	u꜄	꜂u	uei꜄	꜀uei	uɛ̃꜄	uei꜄	꜁və̃	vəʔ꜆/uəʔ꜆
	沁阳沁园	u꜄	꜂u	vei꜄/uei꜄	꜀uei	væ̃꜄	vẽ꜄	꜁vẽ	uəʔ꜆
	武陟木城	vu꜄	꜂vu	vei꜄/uei꜄	꜂uei	væ̃꜄/uæ̃꜄	və̃꜄	꜁və̃	vəʔ꜆

（3）个别非组字今读双唇音声母

如淇县黄洞“孵”读[pu꜄]，“甫”读[꜂pʰu]。“束缚”在获嘉城关说[ʂuəʔ꜆ pɐʔ꜆]，在安阳文峰说[suoʔ꜆ · po]。

2.3.3 精组与见晓组的今读

精组与见晓组的今读主要表现为尖团分混与细音腭化两个问题，这两个问题多有交叉。我们先介绍系统性较强的尖团分混现象，后交代除尖团分混外与腭化相关的问题。

2.3.3.1 尖团分混

豫北晋语大多数方言点不分尖团。少数方言点分尖团，它们是：

林州城郊　林州任村　林州临淇　林州东姚　安阳铜冶
安阳马家　延津城关　济源坡头　济源下冶

这些方言点的尖音和团音的形式较为常见，即古精组在今齐齿呼和撮口呼韵母前读为[ts]组，古见晓组在今齐齿呼和撮口呼韵母前读为[tɕ]组。豫北晋语尖团分立的实例见表2－9。

表 2－9　豫北晋语的尖团分立

	酒精	九见	全从	权群	箱心	香晓	节精	结见
林州城郊	꜂tsiou	꜂tɕiou	꜁tsʰya	꜂tɕʰya	꜀siɑŋ	꜀ɕiɑŋ	tsiɐʔ꜆	tɕiɐʔ꜆
林州任村	꜂tsiou	꜂tɕiou	꜁tsʰya	꜂tɕʰya	꜀siɑŋ	꜀ɕiɑŋ	tsiɐʔ꜆	tɕiɐʔ꜆
林州临淇	꜂tsiou	꜂tɕiou	꜁tsʰyᴀ	꜂tɕʰyᴀ	꜀siɑŋ	꜀ɕiɑŋ	tsiɐʔ꜆	tɕiɐʔ꜆
林州东姚	꜂tsiou	꜂tɕiou	꜁tsʰyᴀ	꜂tɕʰyᴀ	꜀siɑŋ	꜀ɕiɑŋ	tsiaʔ꜆	tɕiaʔ꜆
安阳铜冶	꜂tsiou	꜂tɕiou	꜁tsʰya	꜂tɕʰya	꜀siɑŋ	꜀ɕiɑŋ	tsiɐʔ꜆	tɕiɐʔ꜆
安阳马家	꜂tsiou	꜂tɕiou	꜁tsʰya	꜂tɕʰya	꜀siɑŋ	꜀ɕiɑŋ	tsiɐʔ꜆	tɕiɐʔ꜆
延津城关	꜂tsiou	꜂tɕiou	꜁tsʰyan	꜂tɕʰyan	꜀siɑŋ	꜀ɕiɑŋ	꜀tsiɜ	꜀tɕiɜ
济源坡头	꜂tsiou	꜂tɕiou	꜁tsʰyã	꜂tɕʰyã	꜀siɑŋ	꜀ɕiɑŋ	꜀tsiɛ	꜀tɕiɛ
济源下冶	꜂tsiou	꜂tɕiou	꜁tsʰyã	꜁tɕʰyã	꜀siɑŋ	꜀ɕiɑŋ	꜀tsiɛ	꜀tɕiɛ

豫北晋语尖团分立的现象集中分布于林州及其附近、延津、济源南部三个地区，即都处于豫北晋语的边缘地带。从更大范围看，它们被洛阳、郑州、开封、濮阳以上河南、邯郸、邢台以上河北、黎城、平顺、壶关、陵川、阳城以上山西等尖团分立地区包围着。以上是共性。同时，三个地区的尖团分立现象也存在差异性，具体情况是：

林州全境及安阳铜冶、安阳马家一带的尖团分立与晋东南、冀西南的尖团分立连片分布，可视做腹地的晋东南方言在音类上存在牢固的分流迹象，音值上存在多种对立类型，如：(1) 尖[ts tsʰ s]：团[c cʰ ç]；(2) 尖[ts tsʰ s]：团[c cʰ ɕ]；(3) 尖[ts tsʰ s]：团[tɕ tɕʰ ɕ]；(4) 尖[tʃ tʃʰ ʃ]：团[tɕ tɕʰ ɕ]；(5) 尖[tɕ tɕʰ ɕ]：团[c cʰ ç]。(王利 2008a：14) 加之林州又有大山作屏障，因此该区域的尖团分立是较为强势的。

济源坡头、济源下冶与延津城关的情形相似，在豫北晋语一侧都没有大片腹地做支撑，但它们却与中原官话核心区关系密切。济源坡头、济源下冶与黄河对岸的洛阳、渑池、新安、孟津、巩县及其以南大片区域呈现出连片分布的尖团分立现象，但由于隔河孤立存在，仅可视作河洛方言(洛嵩片)尖团分立扩散波的末端。延津城关与封丘、长垣、原阳及黄河对岸的郑州、开封市、荥阳、中牟等地区也呈现出连片分布的尖团分立现象,但它处于郑汴方言(郑开片)尖团分立扩散波的边沿。因此,济源坡头、济源下冶、延津城关三处的尖团分立较为弱势,极易变成不分尖团。

另外,济源邵原、济源王屋及济源坡头三点的精组深臻摄开口三等舒声字今读开口呼,其声母与见晓组深臻摄开口三等字今读有所不同。以济源邵原为例:津[꜀tsẽ]≠巾[꜀tɕiẽ],秦[꜁tsʰẽ]≠勤[꜁tɕʰiẽ],进[tsẽᵓ]≠近[tɕiẽᵓ],心[꜀sẽ]≠欣[꜀ɕiẽ],等等。由于目前判断尖团音的标准多落脚在介音[i]、[y]上,因此,以上现象算不算尖团分立,姑且存疑。

2.3.3.2　细音腭化

汉语方言中端系与见系细音字的腭化是较为常见的现象。与北京话相比,豫北晋语中的精组、见晓组细音字有超前腭化和保守未腭化两种情况。

(1) 超前腭化

超前腭化现象分见于精组与见晓组的部分字中,以臻、通摄精组较多。精组的实例见表 2-10。

表 2-10　精组细音字的超前腭化现象

	损 臻合一心	笋 臻合三心	榫 臻合三心	松 通合三邪	嵩 通合三心	足 通合三精	俗 通合三邪	肃 通合三心	宿 通合三心
鹤壁淇滨	ᶜɕyn	ᶜɕyn	ᶜɕyn	꜀ʂuŋ	꜀ʂuŋ	꜀tɕy	꜀ɕy	ɕyᵓ	꜀ɕy
淇县朝歌	ᶜɕyn	ᶜɕyn	ᶜɕyn	꜀ɕyŋ	꜀ɕyŋ	tɕyəʔ꜆	ɕyəʔ꜆	ɕyəʔ꜆	ɕyəʔ꜆
卫辉城郊	ᶜɕyn	ᶜɕyn	ᶜɕyn	꜀ɕyŋ	꜀ɕyŋ	tɕyəʔ꜆	ɕyəʔ꜆	ɕyəʔ꜆	ɕyəʔ꜆
修武城关	ᶜɕyə̃	ᶜɕyə̃	ᶜɕyə̃	꜀ɕyŋ	꜀ɕyŋ	tɕyəʔ꜆	ɕyəʔ꜆	ɕyəʔ꜆	ɕyəʔ꜆
温县温泉	ᶜɕyn	ᶜɕyn	ᶜɕyn	꜀ɕyŋ	꜀ɕyŋ	tɕyəʔ꜆	ɕyəʔ꜆	ɕyəʔ꜆	ɕyəʔ꜆
济源玉泉	ᶜɕyẽ	ᶜɕyẽ	ᶜɕyẽ	꜀ɕyŋ	꜀ɕyŋ	tɕyəʔ꜆	ɕyəʔ꜆	ɕyəʔ꜆	ɕyəʔ꜆

此外还有部分地点的部分字超前腭化，如：

济源玉泉：村꜀tɕʰyẽ | 纵 tɕyŋ꜄ | 从꜁tɕʰyŋ | 颂 ɕyŋ꜄ | 诵 ɕyŋ꜄ | 讼 ɕyŋ꜄

温县温泉：皴꜀tɕʰyn | 从꜁tɕʰyŋ

焦作王褚：颂 ɕyŋ꜄ | 诵 ɕyŋ꜄ | 讼 ɕyŋ꜄

修武城关：从꜁tɕʰyŋ | 颂 ɕyŋ꜄ | 诵 ɕyŋ꜄ | 讼 ɕyŋ꜄

武陟木城：诵 ɕyŋ꜄

见晓组超前腭化的实例较少。例如：副词“刚”读[꜀tɕiaŋ]。这在北方很多方言中较为常见。

（2）保守未腭化

泥母细音字的声母在官话及晋语很多方言中都已腭化为[ȵ]，豫北晋语唯安阳吕村一点尚未腭化。例如：泥꜁ni | 女꜂ny | 娘꜁niaŋ | 宁 niŋ꜄ | 年꜁niã。

精组个别字较为保守，依然没有腭化。例如：“嚼”在获嘉城关、修武城关读[꜁tsuʌ]，安阳文峰读[꜁tsuo]；“剿”在沁阳沁园读[꜂tsʰao]，温县温泉读[꜀tsʰau]，武陟木城读[꜀tsʰaɔ]，淇县朝歌读[꜁tʂʰau]，获嘉城关读[꜀tsʰɔ]。

见晓组个别字较为保守，依然没有腭化或者处于文白竞争阶段。例如：大部分方言的“杏”读[xəŋ꜄]，“卡~住”白读[꜂kʰa]，文读[꜂tɕʰia]。

2.3.4 知系声母的今读

2.3.4.1 知庄章组声母的分合

豫北晋语很多方言知庄章三组声母的读法存在新老差异，我们以 1952 年以前出生的老派发音人为考察对象，考察范围是 15 个重点调查点。总体来看，古知庄章可分为合一型和二分型两种情况。

（1）合一型

古知庄章三组声母不论开合都读同一组声母。根据具体音值，可细分为4种情况。

1）今读[ts tsʰ s]，与精组洪音字合流。这种情况分布于安阳文峰、汤阴城关、辉县城关、沁阳沁园等方言点。

2）今读[tʂ tʂʰ s]，与精组洪音字合流。这种情况分布于淇县朝歌、卫辉城郊等方言点。

3）今读[tʂ tʂʰ ʂ]，与精组洪音字合流。这种情况分布于获嘉城关方言。

4）今读[tʂ tʂʰ ʂ]，不与精组洪音字[ts tsʰ s]合流。这种情况分布于林州城郊方言。

具体读音情况见表2－11。

表2－11　豫北晋语知庄章合一型读音

	知二=庄=知三=章				彻=崇=昌			生=书	
	站	盏	展	战	抽	愁	臭	梳	书
安阳文峰	tsæ̃꜄	꜂tsæ̃	꜂tsæ̃	tsæ̃꜄	꜀tsʰou	꜁tsʰou	tsʰou꜄	꜀su	꜀su
淇县朝歌	tʂan꜄	꜂tʂan	꜂tʂan	tʂan꜄	꜀tʂʰou	꜁tʂʰou	tʂʰou꜄	꜀su	꜀su
卫辉城郊	tʂan꜄	꜂tʂan	꜂tʂan	tʂan꜄	꜀tʂʰou	꜁tʂʰou	tʂʰou꜄	꜀su	꜀su
辉县城关	tsæ̃꜄	꜂tsæ̃	꜂tsæ̃	tsæ̃꜄	꜀tsʰou	꜁tsʰou	tsʰou꜄	꜀su	꜀su
林州城郊	tʂa꜄	꜂tʂa	꜂tʂa	tʂa꜄	꜀tʂʰou	꜁tʂʰou	tʂʰou꜄	꜀ʂu	꜀ʂu
获嘉城关	tʂɛ̃꜄	꜂tʂɛ̃	꜂tʂɛ̃	tʂɛ̃꜄	꜀tʂʰou	꜁tʂʰou	tʂʰɔo꜄	꜀ʂu	꜀ʂu
沁阳沁园	tsæ̃꜄	꜂tsæ̃	꜂tsæ̃	tsæ̃꜄	꜀tsʰou	꜁tsʰou	tsʰou꜄	꜀su	꜀su

（2）二分型

根据具体音值，可细分为4种情况。

1）开口知组二等、庄组、止摄三等章组（宕摄庄组、江摄知庄组除外）今读[ts tsʰ s]，与精组洪音字合流；开口知组三等、章组（止摄除外）、宕摄庄组、江摄知庄组与合口字合流，今读[tʂ tʂʰ ʂ]。这种情况分布于修武城关、焦作王褚、武陟木城、济源玉泉等方言点。

2）开口知组二等、庄组、止摄三等章组（宕摄庄组、江摄知庄组除外）今读[ts tsʰ s]，与精组洪音字合流；开口知组三等、章组（止摄除外外)、宕摄庄组、江摄知庄组与合口字合流，今读[tʂ tʂʰ f/ ʂ]。其中今读擦音的船、生、书、禅四母大部分读[f]，少部分读[ʂ]。这种情况具体指温县温泉方言。

3) 知庄章三组声母(止开三章组除外)不论开合均与精组洪音(止摄除外)合流，今读[tʂ tʂʰ ʂ /s]。止开三章组和止摄精组洪音今读[tʂ tʂʰ ʂ]/[ts tsʰ s]。其中，今音为擦音的非止开三生、书、禅等母，多数读[ʂ]，少数读[s]，部分存在自由变体；今音为擦音的止开三书、禅等母，多数读[s]，少数读[ʂ]，部分存在自由变体。止开三章组读[ts tsʰ s]的如“支肢只旨指至示施尸屎始是氏视时市”等，自由变读[tʂ tʂʰ ʂ]/[ts tsʰ s]的如“止趾址眵翅试侍匙”等。这种情况具体指鹤壁淇滨方言。

4) 开口知庄章(宕摄庄组、江摄知庄组除外)与精组洪音合流，大部分今读[ts tsʰ s]，少部分今读[tʂ tʂʰ ʂ]；开口宕摄庄组、江摄知庄组今读[tʂ tʂʰ ʂ]；合口知庄组非通摄今读[ts tsʰ s]，通摄今读[tʂ tʂʰ ʂ]。这种情况具体指新乡平原方言。

从总体情况看，新乡平原的知庄章和精组洪音底层合一读[ts tsʰ s]，少部分字读[tʂ tʂʰ ʂ]可能是受到周边方言影响的结果。

具体读音情况见表 2－12。

表 2－12　豫北晋语知庄章二分型读音

	站知二	展知三	瞅初	臭昌	杀生开	石禅开	梳生合	税书合
修武城关	tsɛ꜄	꜂tʂɛ	꜁tsʰou	tʂʰou꜄	sɐʔ꜆	ʂəʔ꜆	꜀ʂu	ʂuei꜄
焦作王褚	tsɛ̃꜄	꜂tʂɛ	꜂tsʰou	tʂʰou꜄	sʌʔ꜆	ʂʅəʔ꜆	꜀ʂu	ʂuei꜄
武陟木城	tsæ̃꜄	꜂tʂæ̃	꜂tsʰou	tʂʰou꜄	sʌʔ꜆	ʂʅəʔ꜆	꜀ʂu	ʂuei꜄
济源玉泉	tsæn꜄	꜂tʂæn	꜂tsʰou	tʂʰou꜄	sɐʔ꜆	ʂəʔ꜆	꜀ʂu	ʂuei꜄
温县温泉	tsan꜄	꜂tʂan	꜂tsʰou	tʂʰou꜄	sɑʔ꜆	ʂʅəʔ꜆	꜀ʂu	fei꜄
鹤壁淇滨	tʂan꜄	꜂tʂan	꜂tʂʰou	tʂʰou꜄	꜀ʂa	꜁ʂʅ	꜀ʂu	ʂuei꜄/suei꜄
新乡平原	tsãn꜄	꜂tsãn	꜂tsʰou	tsʰou꜄	sɐʔ꜆	sʅəʔ꜆/ʂəʔ꜆	꜀su	suei꜄

豫北晋语知庄章的分合及读音类型归纳如表 2－13(兼与精组洪

音对比)。

表 2－13 豫北晋语知庄章的分合及读音类型

<table>
<tr><th rowspan="2">方言点</th><th colspan="6">开口</th><th colspan="3">合口</th><th rowspan="2">精组洪音</th></tr>
<tr><th>知二</th><th>庄组</th><th>止摄章组</th><th>知三</th><th>章组</th><th>庄宕江知江</th><th>知</th><th>庄</th><th>章</th></tr>
<tr><td>安阳文峰</td><td colspan="9">ts tsʰ s</td><td>ts tsʰ s=</td></tr>
<tr><td>汤阴城关</td><td colspan="9">ts tsʰ s</td><td>ts tsʰ s=</td></tr>
<tr><td>辉县城关</td><td colspan="9">ts tsʰ s</td><td>ts tsʰ s=</td></tr>
<tr><td>沁阳沁园</td><td colspan="9">ts tsʰ s</td><td>ts tsʰ s=</td></tr>
<tr><td>淇县朝歌</td><td colspan="9">tʂ tʂʰ s</td><td>tʂ tʂʰ s=</td></tr>
<tr><td>卫辉城郊</td><td colspan="9">tʂ tʂʰ s</td><td>tʂ tʂʰ s=</td></tr>
<tr><td>获嘉城关</td><td colspan="9">tʂ tʂʰ ʂ</td><td>tʂ tʂʰ ʂ=</td></tr>
<tr><td>林州城郊</td><td colspan="9">tʂ tʂʰ ʂ</td><td>ts tsʰ s≠</td></tr>
<tr><td>修武城关</td><td colspan="3">Ⅰts tsʰ s</td><td colspan="6">Ⅱtʂ tʂʰ ʂ</td><td>ts tsʰ s=Ⅰ</td></tr>
<tr><td>焦作王褚</td><td colspan="3">Ⅰts tsʰ s</td><td colspan="6">Ⅱtʂ tʂʰ ʂ</td><td>ts tsʰ s=Ⅰ</td></tr>
<tr><td>武陟木城</td><td colspan="3">Ⅰts tsʰ s</td><td colspan="6">Ⅱtʂ tʂʰ ʂ</td><td>ts tsʰ s=Ⅰ</td></tr>
<tr><td>济源玉泉</td><td colspan="3">Ⅰts tsʰ s</td><td colspan="6">Ⅱtʂ tʂʰ ʂ</td><td>ts tsʰ s=Ⅰ</td></tr>
<tr><td>温县温泉</td><td colspan="3">Ⅰts tsʰ s</td><td colspan="6">Ⅱtʂ tʂʰ f/ʂ</td><td>ts tsʰ s=Ⅰ</td></tr>
<tr><td>鹤壁淇滨</td><td colspan="2">tʂ tʂʰ ʂ/s</td><td colspan="2">tʂ tʂʰ ʂ/ts tsʰs</td><td colspan="5">tʂ tʂʰ ʂ/s</td><td>tʂ tʂʰ ʂ/s①</td></tr>
<tr><td>新乡平原</td><td colspan="5">ts tsʰ s(tʂ tʂʰ ʂ)</td><td>tʂ tʂʰʂ</td><td colspan="3">非通摄 ts/通摄 tʂ</td><td>ts tsʰ s②</td></tr>
</table>

总体来看,合一型主要分布于中东部地区及沁阳沁园,二分型主要分布于西部地区。

2.3.4.2 日母字的今读

中古日母字在豫北晋语中的读音可分为止摄开口字和非止摄开口字两种情况来观察。

---

① 精组非止摄洪音今读[tʂ tʂʰ ʂ/s],止摄洪音今读[tʂ tʂʰ ʂ]/[ts tsʰs]。

② 精组洪音字大部分今读[ts tsʰ s],少部分今读[tʂ tʂʰ ʂ]。

(1) 止摄开口日母字

止摄开口日母字主要有“儿而耳饵尔二贰”等,其发音在豫北晋语中基本一致。如果从音值上严格区分的话,有两种情况:

第一,读为自成音节的舌尖后浊边音[ɭ̩]。其中,林州城郊、林州任村、林州东姚、林州临淇及其周边地区的[ɭ]最为“重浊”,发音时舌尖背面大面积紧贴硬腭,音色阻滞而沉闷;淇县朝歌、鹤壁淇滨等地的[ɭ]稍微“轻浅”,发音时舌尖轻抵硬腭,较为省力。

第二,以[ɭ]为声母,韵母是一个不很明显的央元音[ə],即“ɭ+元音”的结构。如新乡平原、辉县城关、修武城关、焦作王褚、沁阳沁园等地。其实,[ə]是在除阻阶段带出的后衍音,并不是真正的韵母。

(2) 非止摄开口日母字

豫北晋语非止开三日母字的声母读音有四种情况:

1) 读[ʐ]。如林州城郊、获嘉城关、焦作王褚、修武城关、济源玉泉、获嘉亢村、武陟木城、鹤壁淇滨等方言点。其中鹤壁淇滨部分字有[ʐ]/[z]两种变读。

2) 读[z]。如安阳文峰、汤阴城关、淇县朝歌、辉县城关、卫辉城郊、沁阳沁园等方言点。

3) 大部分读[z],少部分读[ʐ]。如新乡平原。

4) 读[ʐ]和[v]。如温县温泉。具体指开口字和部分口语中不常用的合口字(如“乳儒戎芮茸”等)读[ʐ]声母;常用合口字(如“擩如软闰褥”等)及开口字“入”读[v]声母。

豫北晋语非止开三日母字的读音见表2-14。

表2-14 豫北晋语非止开三日母字的读音

	惹假	日臻	染咸	让宕	如遇	软山	入深	绒通
林州城郊	ᶜʐʅɜ	ʐʅᵓ	ᶜʐa	ʐɑŋᵓ	꜀ʐu	ᶜʐua	ʐuəʔ꜆	꜀ʐuŋ
鹤壁淇滨	ᶜʐʅɜ/ᶜzɿɜ	ʐʅᵓ/zɿᵓ	ᶜʐan	ʐɑŋᵓ	꜀ʐu	ᶜʐuan	꜀ʐu	꜀ʐuŋ
焦作王褚	ᶜʐʅɜ	ʐʅəʔ꜆	ᶜʐɛ̃	ʐã ŋᵓ	ʐuəʔ꜆	ᶜʐuɛ̃	ʐuəʔ꜆	꜀ʐuŋ

续 表

	惹假	日臻	染咸	让宕	如遇	软山	入深	绒通
济源玉泉	ᶜʐʅɐ	ʐəʔ꜆	ᶜʐæn	ʐɐŋᵓ	꜁ʐʮ	ᶜʐuæn	ʐuəʔ꜆	꜁ʐuŋ
安阳文峰	ᶜzɤ	zʅᵓ	ᶜzæ̃	zɑŋᵓ	꜁zu	ᶜzuæ̃	zuoʔ꜆	꜁zuŋ
卫辉城郊	ᶜzʅɐ	zəʔ꜆	ᶜzan	zɑŋᵓ	꜁zu	ᶜzuan	zuəʔ꜆	꜁zuŋ
沁阳沁园	ᶜzʅɜ	zəʔ꜆	ᶜzæ̃	zɑŋᵓ	꜁zu	ᶜzuæ̃	zuəʔ꜆	꜁zuŋ
新乡平原	ᶜzʅɜ	zʅᵓ	ᶜzãn	ʐɑŋᵓ	꜁zu	ᶜzuãn/ᶜʐuãn	ʐuəʔ꜆	꜁ʐuŋ
温县温泉	ᶜʐʅɜ	ʐʅəʔ꜆	ᶜʐan	꜁ʐɑŋ	vəʔ꜆	ᶜvan	vəʔ꜆	꜁ʐuŋ

另外,"闰润"在安阳文峰、鹤壁淇滨、淇县朝歌、卫辉城郊、新乡平原、获嘉城关、获嘉亢村等方言中读零声母,为特殊情况。

2.3.5 古影疑母开口字的今读

(1) 古影疑母开口一二等字(包括"讹牛"等)读[ɣ-]声母。具体实例见表2-15。

表2-15 豫北晋语影疑母开口一二等字的读音

	矮影	袄影	欧影	安影	鹅疑	藕疑	岸疑	昂疑
林州城郊	ᶜɣai	꜁ɣɑu	꜀ɣou	꜀ɣa	꜁ɣɯʌ	ᶜɣou	ɣaᵓ	꜁ɣɑŋ
淇县朝歌	ᶜɣai	ᶜɣɑu	꜀ɣou	꜀ɣan	꜁ɣɤʌ	ᶜɣou	ɣanᵓ	꜀ɣɑŋ
武陟木城	ᶜɣæɛ	ᶜɣɑɔ	ᶜɣou	꜀ɣæ̃	꜁ɣɤʌ	ᶜɣou	ɣæ̃ᵓ	꜀ɣɑŋ
济源玉泉	ᶜɣæɛ	ᶜɣɑo	꜀ɣou	꜀ɣæn	꜁ɣɤʌ	ᶜɣou	ɣænᵓ	꜀ɣɐŋ

这类情况也广泛存在于晋语上党片的长治、潞城、黎城、平顺、壶关、屯留、长子、晋城、阳城、陵川、高平等市县。(侯精一,温端政 1993:20)

(2) 三四等疑母字(除"牛")大部分读零声母,部分方言的少数字读[ȵ-]声母,如逆、凝平声、倪、孽、虐、疟等。具体读音见表2-16。

表 2-16　豫北晋语部分三四等疑母字的读音

	安阳文峰	林州城郊	淇县朝歌	卫辉城郊	新乡平原	温县温泉	济源玉泉
逆	i꜄	i꜄	i꜄	꜁i	꜁i	꜁i	꜁i
倪	꜁ȵi	꜁ȵi	꜁i	꜁i	꜁ȵi	꜁ȵi	꜁i
凝平声	꜁ȵiŋ	꜁ȵiŋ	꜁iŋ	꜁iŋ	꜁iŋ	꜁iŋ	꜁iŋ
孽	iɐʔ꜆	iɐʔ꜆	꜀ȵiɜ/ȵiɐʔ꜆	꜀iɜ	ȵiɐʔ꜆	iɐʔ꜆	iɐʔ꜆
虐	yɐʔ꜆	yɐʔ꜆	yɐʔ꜆	yɐʔ꜆	yɐʔ꜆	ȵyɐʔ꜆	iɐʔ꜆
疟	yɐʔ꜆	yɐʔ꜆	yɐʔ꜆	yɐʔ꜆	yɐʔ꜆	yɐʔ꜆	iɐʔ꜆

少数字读作[ȵ-]声母的情况，可能是受到普通话的影响或者直接借自普通话，也可能是受到晋语上党片和中原官话汾河片等方言的影响。

2.4　韵母的特点

2.4.1　阴声韵

2.4.1.1　果摄

豫北晋语果摄字的读音较为特殊，以主元音为切入点可以分为安阳文峰型、沁阳沁园型和交叉型三种类型。

（1）安阳文峰型

安阳文峰型果摄字的主元音为[o]、[ɤ]、[ɛ]，且韵母系统中有介音[i]、[u]、[y]。其中果摄一等非见系多读[uo]韵，果摄一等见系多读[ɤ]韵，果摄三等读[iɛ]或[yɛ]韵。这种类型与北京话一致，复元音都是后响式的，介音是个过渡音。该类型分布于安阳文峰、安阳吕村、汤阴城关等 3 个方言点。不再赘述。

（2）沁阳沁园型

沁阳沁园型果摄字的主元音为[u]、[ɤ/ɯ]、[i]、[y]，韵母中的[i]、[u]、[y]并非介音。具体来说，该类型果摄字的韵母[*uɑ]、 [*ɤɑ]、[*iɜ]、[*yɜ]（“*”表示该类音值因方言略有不同，举一赅全。下文同。）的实际音值为[*uːɑ]、[*ɤːɑ]、[*iːɜ]、[*yːɜ]。发音过程中，韵腹[u]、[ɤ]、[i]、[y]等高元音不但长而且重，后面的低元音短而弱，听感上能够明显感觉到音节的重心在高元音上。这种类型分布于豫北晋语的41个方言点，如下：

安阳铜冶　安阳马家　林州东姚　林州临淇　鹤壁淇滨
淇县朝歌　淇县黄洞　卫辉庞寨　卫辉城郊　卫辉狮豹头
新乡平原　新乡小冀　获嘉城关　延津城关　延津榆林
延津胙城　获嘉亢村　获嘉徐营　修武城关　修武岸上
修武西村　辉县南村　辉县城关　辉县吴村　辉县上八里
焦作王褚　武陟木城　武陟詹店　武陟小董　博爱清化
博爱寨豁　温县温泉　温县番田　温县武德　沁阳沁园
沁阳常平　沁阳紫陵　沁阳柏香　济源玉泉　济源王屋
济源邵原

沁阳沁园型果摄一等非见系的读音有：[uɑ]（如沁阳沁园）、[uɐ]（如鹤壁淇滨）、[uʌ]（如获嘉城关）；果开一见系的读音有：[ɤɑ]（如淇县黄洞）、[ɤɐ]（如新乡平原）、[ɤʌ]（如博爱清化）；果合一见系的白读音有[uɑ]、[uɐ]、[uʌ]等，文读音只少量出现在部分点的“戈科课和禾讹”几字中，读同果开一。如沁阳沁园“禾”白读[꜁xuɑ]，文读[꜁xɤɑ]；卫辉狮豹头“科”白读[꜀k^huʌ]，文读[꜀k^hɯʌ]。

沁阳沁园型果开三的读音有：[iɐ]（如济源玉泉）、[iɜ]（如卫辉城郊）。果合三的读音有：[yɑ]（如淇县黄洞）、[yɐ]（如新乡小冀）、[yɜ]（如温县温泉）、[yʌ]（如延津城关）、[uʌ]（只出现在“靴”中，如辉县南村）。

（3）交叉型

交叉型果摄一等字的主元音为[u]、[ɤ]，果摄三等字的主元音为[ɛ]，即一等无介音，三等有介音。这种类型分布于林州城郊、林州任村、汤阴五陵、鹤壁山城、济源坡头、济源下冶等6个方言点。

交叉型果摄一等非见系的读音有：[uɑ]（如济源坡头）、[uɐ]（如汤阴五陵）、[uʌ]（如鹤壁山城）。果摄一等见系字的读音可依单复韵母情况，细分为Ⅰ型和Ⅱ型。交叉Ⅰ型的见系开口一等及部分合口一等字为单元音韵母[ɤ]，如汤阴五陵、林州任村。交叉Ⅱ型的见系开口一等字为复元音韵母，具体有：[ɯʌ]（如林州城郊）、[ɤʌ]（如鹤壁山城、济源下冶）、[ɤɑ]（如济源坡头）。

交叉型果摄三等字的韵母为：[iɛ]、[yɛ]。林州城郊、林州任村的“靴”读[ɕuʌ]，是特例。

各类型果摄一等字的韵母情况见下表2－17。

表2－17 豫北晋语果摄一等字的韵母

	安阳文峰型		交叉Ⅰ型		交叉Ⅱ型		沁阳沁园型					
	安阳文峰		汤阴五陵		林州城郊		沁阳沁园		新乡平原		获嘉城关	
	开	合	开	合	开	合	开	合	开	合	开	合
帮组	—	o	—	uɐ	—	uʌ	—	uɑ	—	uʌ	—	uʌ
端组	uo	uo	uɐ	uɐ	uʌ	uʌ	uɑ	uɑ	uʌ	uʌ	uʌ	uʌ
泥组	uo	uo	uɐ	uɐ	uʌ	uʌ	uɑ	uɑ	uʌ	uʌ	uʌ	uʌ
精组	uo	uo	uɐ	uɐ	uʌ	uʌ	uɑ	uɑ	uʌ	uʌ	uʌ	uʌ
见组	ɤ	uo/ɤ	ɤ	uɐ/ɤ	ɯʌ	uʌ/ɯʌ	ɤɑ	uɑ/ɤɑ	ɤɐ	uʌ/ɤɐ	ɤʌ	uʌ/ɤʌ
晓组	ɤ	uo	ɤ	uɐ	ɯʌ	uʌ	ɤɑ	uɑ/ɤɑ	ɤɐ	uʌ	ɤʌ	uʌ
影组	ɤ	uo	—	uɐ	—	uʌ	ɤɑ	uɑ	—	uʌ	—	uʌ

此外，果开一“他大哪那”四字的韵母有：[ɑ]（如安阳吕村）、[ɒ]（如安阳铜冶）、[ɔ]（如林州城郊）、[o]（如林州临淇）、[ɑ̃]（如辉县南村）以及[a]（如焦作王褚）、[ᴀ]（如温县温泉）。这些读音可以形成一个完美的链条：[*ɑ]>[ɑ]>[ɒ]>[ɔ]>[o]。

2.4.1.2 假摄

豫北晋语假摄二等字的主元音有前央元音型和后元音型两种；假合二在部分方言中没有[u]介音；假开三精影组与章日组主元音不同，大部分方言没有介音。

（1）假摄二等

假摄二等依据主元音的音值可以分为前央元音型和后元音型。

前央元音型，指主元音为[a]或[ʌ]。分布于豫北晋语的安阳文峰、鹤壁淇滨、新乡平原、焦作王褚、济源玉泉等40个方言点。这是豫北晋语的主要类型。

后元音型，指主元音为[ɑ]、[ɒ]、[ɔ]、[o]、[ɑ̃]等。分布于前央元音型之外的其他10个方言点，具体情况如下：

[ɑ]：淇县朝歌、安阳吕村、辉县上八里。其中淇县朝歌主元音伴有强烈的嘎裂声。

[ɒ]：安阳铜冶、安阳马家。

[ɔ]：林州城郊、林州任村。

[o]：林州临淇、林州东姚。

[ɑ̃]：辉县南村。

其中林州城郊、林州任村、林州东姚、林州临淇、安阳铜冶、安阳马家的假摄合口二等字读同开口韵。具体读音见表2－18。

表2－18 林州及其周边方言假摄合口二等字的读音

	耍	瓜	寡	夸	瓦名词	花	化	划~船	洼
林州城郊	꜂ʂɔ	꜀kɔ	꜂kɔ	꜀kʰɔ	꜂vɔ	꜀xɔ	xɔ꜄	꜁xɔ	꜀vɔ
林州任村	꜂ʂɔ	꜀kɔ	꜂kɔ	꜀kʰɔ	꜂vɔ	꜀xɔ	xɔ꜄	꜁xɔ	——
林州东姚	꜀ʂo	꜀ko	꜂ko	꜀kʰo	꜂vo	꜀xo	xo꜄	xo꜄	꜀vo
林州临淇	꜂ʂo	꜀ko	꜂ko	꜀kʰo	꜂o	꜀xo	xo꜄	꜁xo	——
安阳铜冶	꜂ʂɒ	꜀kɒ	꜂kɒ	꜀kʰɒ	꜂vɒ	꜀xɒ	xɒ꜄	꜁xɒ	vɒ꜄
安阳马家	꜂ʂɒ	꜀kɒ	꜂kɒ	꜀kʰɒ	꜁vɒ	꜀xɒ	xɒ꜄	꜁xɒ	꜀vɒ

豫北晋语假摄二等字的主元音形成了一条完美的演化链条：[a]→[ɑ]/[ɒ]→[ɔ]→[o]。

（2）假开三

假开三精影组与章日组主元音不同。先说精影组，后说章日组。

1）依据主元音的读音，可以将豫北晋语精影组假开三的情况分为两类：

① [ɛ]作主元音，韵母为[iɛ]，[i]为介音。这种情况分布于安阳文峰、汤阴城关、安阳吕村、汤阴五陵、林州城郊、林州任村、鹤壁山城、济源坡头、济源下冶，共计9个方言点，主要是豫北晋语的最北端和易受洛阳方言影响的济源沿黄河方言。

② [i]作主元音，韵母为[iᴀ]（如淇县黄洞）、[iɜ]（如沁阳沁园）、[iɐ]（如新乡小冀）。严格意义上讲，[iᴀ]、[iɜ]、[iɐ]应为[iːᴀ]、[iːɜ]、[iːɐ]，发音时前长后短、前重后轻、前清楚后模糊。这种情况是豫北晋语的主流，分布于卫辉城郊、焦作王褚、沁阳沁园、济源玉泉、获嘉城关、延津城关等41个方言点。

2）依据主元音的读音，也可以将豫北晋语章日组假开三的情况分为两类：

① [ɤ]作主元音，为单元音韵母。这种情况分布于安阳文峰、安阳吕村、汤阴城关、汤阴五陵、林州任村、鹤壁山城，共计6个方言点。

② [ʅ]/[ɿ]作主元音，韵母为[ʅᴀ]/[ɿᴀ]、[ʅɐ]/[ɿɐ]、[ʅɜ]/[ɿɜ]。这些韵母也可以记为[ʅːᴀ]/[ɿːᴀ]、[ʅːɐ]/[ɿːɐ]、[ʅːɜ]/[ɿːɜ]，发音时[ʅ]/[ɿ]为重音承载者，后面的元音较轻、较模糊。这种情况是豫北晋语的主流，分布于鹤壁淇滨、淇县黄洞、辉县城关、新乡平原、修武城关、武陟木城、温县温泉、济源玉泉、济源邵原等44个方言点。

豫北晋语假开三精影组与章日组字的读音见表2-19。

表2-19　豫北晋语假摄开口三等字的读音

	精影组						章日组			
	姐精	写心	斜邪	爷以	野以	夜以	遮章	车昌	社禅	惹日
卫辉城郊	ᶜtɕiɜ	ᶜɕiɜ	⊆ɕiɜ	⊆iɜ	ᶜiɜ	iɜᵓ	⊂tʂʅɐ	⊂tʂʰʅɐ	sɿɐᵓ	ᶜzɿɐ
新乡平原	ᶜtɕiɜ	ᶜɕiɜ	⊆ɕiɜ	⊆iɜ	ᶜiɜ	iɜᵓ	⊂tsɿɜ	⊂tsʰɿɜ	sɿɜᵓ	ᶜzɿɜ
获嘉城关	ᶜtɕiɜ	ᶜɕiɜ	⊆ɕiɜ	⊆iɜ	ᶜiɜ	iɜᵓ	ᶜtʂʅɜ	⊂tʂʰʅɜ	ʂʅɜᵓ	ᶜʐʅɜ
焦作王褚	ᶜtɕiɜ	ᶜɕiɜ	⊆ɕiɜ	⊆iɜ	ᶜiɜ	iɜᵓ	ᶜtʂʅɜ	⊂tʂʰʅɜ	ʂʅɜᵓ	ᶜʐʅɜ
沁阳沁园	ᶜtɕiɜ	ᶜɕiɜ	⊆ɕiɜ	⊆iɜ	ᶜiɜ	iɜᵓ	⊂tsɿɜ	⊂tsʰɿɜ	sɿɜᵓ	ᶜzɿɜ

续　表

	精影组						章日组			
	姐精	写心	斜邪	爷以	野以	夜以	遮章	车昌	社禅	惹日
济源玉泉	꜂tɕiɐ	꜂ɕiɐ	꜁ɕiɐ	꜁iɐ	꜂iɐ	iɐ꜄	꜀tʂʅɐ	꜀tʂʰʅɐ	ʂʅɐ꜄	꜂ʐʅɐ
安阳文峰	꜂tɕiɛ	꜂ɕiɛ	꜁ɕiɛ	꜁iɛ	꜂iɛ	iɛ꜄	tsɐʔ꜆	꜀tsʰɤ	sɤ꜄	꜂zɤ
汤阴城关	꜂tɕiɛ	꜂ɕiɛ	꜁ɕiɛ	꜁iɛ	꜂iɛ	iɛ꜄	꜀tsɤ	꜀tsʰɤ	sɤ꜄	꜂zɤ
鹤壁山城	꜂tɕiɛ	꜂ɕiɛ	꜁ɕiɛ	꜁iɛ	꜂iɛ	iɛ꜄	꜀tʂɤ	꜀tʂʰɤ	sɤ꜄	꜂zɤ

李新魁(1984)认为,元代三等韵的照系字还保留着[i-]介音,"遮者车奢蛇惹"读[tʂʅiɛ]组音节结构较为普遍。[ʅ]是由于卷舌声母与前高元音[i]不很相合而产生的,它可以起到调合发音的作用。后来,[i]被前面的[ʅ]同化,[tʂʅiɛ]遂变成了[tʂʅɛ]。今豫北晋语假开三章日组字大部分读[ʅɜ]、[ʅɐ],很可能经历了这种过程。

2.4.1.3　遇摄

豫北晋语部分方言遇摄合口三等知系字韵母读作[ʮ],具体分布于以下23个方言点:

延津城关　延津榆林　新乡小冀　焦作王褚　修武城关
修武西村　修武岸上　辉县南村　辉县吴村　辉县上八里
获嘉城关　武陟木城　武陟詹店　武陟小董　博爱清化
博爱寨豁　沁阳常平　沁阳紫陵　济源玉泉　济源坡头
济源王屋　济源下冶　济源邵原

具体读音见表2-20。

表2-20　豫北晋语遇合三知系字的韵母读音

	猪知	除澄	书书	厨澄	住澄	树禅	乳日	数生,名
焦作王褚	꜀tʂʮ	꜁tʂʰʮ	꜀ʂʮ	꜁tʂʰʮ	tʂʮ꜄	ʂʮ꜄	꜂ʐʮ	ʂʮ꜄
修武城关	꜀tʂʮ	꜁tʂʰʮ	꜀ʂʮ	꜁tʂʰʮ	tʂʮ꜄	ʂʮ꜄	꜂ʐʮ	ʂʮ꜄
武陟木城	꜀tʂʮ	꜁tʂʰʮ	꜀ʂʮ	꜁tʂʰʮ	tʂʮ꜄	ʂʮ꜄	꜂ʐʮ	ʂu꜄
武陟詹店	꜀tʂʮ	꜁tʂʰu	꜀ʂʮ	꜁tʂʰu	tʂʮ꜄	ʂʮ꜄	꜂ʐʮ	ʂu꜄

续 表

	猪知	除澄	书书	厨澄	住澄	树禅	乳日	数生,名
新乡小冀	꜀tʂʮ	꜁tʂʰu	꜀ʂʮ	꜁tʂʰu	tʂu꜄	ʂu꜄	꜂ʐu	ʂu꜄
延津城关	꜀tʂʮ	꜁tʂʰʮ	꜀ʂʮ	꜁tʂʰʮ	tʂʮ꜄	ʂʮ꜄	꜂ʐʮ	ʂu꜄
获嘉城关	꜀tʂu	꜁tʂʰu	꜀ʂʮ/꜀ʂu	꜁tʂʰu	tʂu꜄	ʂʮ꜄	꜂ʐu	ʂu꜄
辉县南村	꜀tʂʮ	꜁tʂʰʮ	꜀ʂʮ	꜁tʂʰu	tʂu꜄	ʂʮ꜄	꜂ʐu	ʂu꜄
辉县吴村	꜀tʂʮ	꜁tʂʰʮ	꜀ʂʮ	꜁tʂʰʮ	tʂʮ꜄	ʂʮ꜄	꜂ʐu	ʂu꜄
博爱清化	꜀tʂʮ	꜁tʂʰʮ	꜀ʂʮ	꜁tʂʰʮ	tʂʮ꜄	fu꜄	꜂ʐʮ	fu꜄/ ʂu꜄
沁阳常平	꜀tʂʮ	꜁tʂʰu	꜀ʂʮ	꜁tʂʰu	tʂʮ꜄	ʂʮ꜄	꜂ʐʮ	ʂu꜄
济源玉泉	꜀tʂʮ	꜁tʂʰʮ	꜀ʂʮ	꜁tʂʰʮ	tʂu꜄	ʂʮ꜄	꜂ʐʮ	ʂu꜄
济源邵原	꜀tʂʮ	꜁tʂʰʮ	꜀ʂʮ	꜁tʂʰʮ	tʂʮ꜄	ʂʮ꜄	꜂ʐu	ʂu꜄
济源坡头	꜀tʂʮ	꜁tʂʰʮ	꜀ʂʮ	꜁tʂʰʮ	tʂʮ꜄	ʂʮ꜄	꜂ʐu	ʂu꜄

以上现象可看成高元音的继续高化,或者叫做高元音的舌尖化,它是基于舌面元音的后起音变。

这种读音情况在与豫北晋语一河之隔的中原官话洛嵩片中较为多见,且覆盖地域更广。据包旭玲(2006: 104 - 109)调查,巩义、偃师、新安、伊川、嵩县、栾川、宜阳、洛宁、义马、渑池、卢氏、陕县都有分布。

2.4.1.4 蟹止摄

(1) 蟹开二见系

蟹摄开口二等皆佳怪蟹韵牙喉音字在豫北晋语大部分方言中读[iɐ]、[iɜ]、[iɛ]韵,仅在济源坡头读[iai]韵母,即韵腹韵尾读同蟹开一。从周边方言来看,黄河对岸的中原官话洛嵩片存在大量的同类现象,晋东南晋语中没有这种情况。请看表 2 - 21。

表 2 - 21 济源坡头及其周边方言蟹开二见系字的读音

	坡头	偃师	孟津	新安	渑池	洛宁	灵宝	长治	晋城
街见	꜀tɕiai	꜀tɕiæ	꜀tɕiɛ	꜀tɕiæ	꜂tɕiæ	꜂tɕiæ	꜀tɕiæ	꜀tɕiᴇ	——
阶见	꜀tɕiai	꜁tɕiæ	꜀tɕiɛ	꜁tɕiæ	꜂tɕiæ	꜂tɕiæ	꜀tɕiæ	꜀tɕiᴇ	꜀tɕiɛ

续　表

	坡头	偃师	孟津	新安	渑池	洛宁	灵宝	长治	晋城
界见	tɕiai꜄	tɕiæ꜄	tɕiæ꜄/tɕiɛ꜄	tɕiæ꜄	tɕiæ꜄	tɕiæ꜄	tɕiæ꜄	tɕiᴇ꜄	tɕiɛ꜄
鞋匣	꜁ɕiai	꜁ɕiæ	꜁ɕiɛ	꜁ɕiæ	꜁ɕiæ	꜁ɕiæ	꜁xæ	꜁ɕiᴇ	꜁ɕiɛ
解见	꜂tɕiai	꜁tɕiæ	꜂tɕiæ/꜂tɕiɛ	꜂tɕiæ	꜂tɕiæ	꜂tɕiæ	꜂tɕiæ	꜂tɕiᴇ	꜂tɕiɛ
蟹匣	ɕiai꜄	ɕiæ꜄	ɕiɛ꜄	ɕiæ꜄	tɕiæ꜄	tɕiæ꜄	꜀xæ	ɕiᴇ꜅	꜀ɕiɛ
矮影	꜂ɣai	꜁æ	꜂æ	꜂æ	꜂ŋæ	꜂æ	꜂ŋæ	꜂æ	꜂ᴇ

周祖谟(1993)在《敦煌变文与唐代语音》中考证的唐代蟹开二见系字的押韵情况如下：

八相变文：(才)来阶哉腮(333)　来哉偕(335)

下女夫词：阶崖(276)

这说明,唐代蟹开二见系与蟹开一、蟹开二非见系处于同步发展阶段。王力(2004：179)说:“自从佳皆喉音字插入了韵头 i 之后,很快地就起异化作用,排斥了韵尾 i,同时韵头 i 也使主要元音的发音部位提前,变为 e。”今济源坡头方言的[i]介音已经产生,其未来发展方向是向着洛嵩片方言的情形变化,复元音[ai]单元音化为[æ],然后[æ]在[i]介音的拉动下继续高化为[ɛ]。整个演变过程为：[ai]→[iai]→[iæ]→[iɛ]。

(2) 蟹摄一二等非见晓组

本部分的讨论范围限定在蟹开一、蟹开二非见晓组、蟹合二及蟹合一的“会~计块外”等字。为叙述方便,仍以蟹摄一二等称说。

蟹摄一二等的具体音值有三种情况。

1) 部分方言读作[a]、[ɐ]、[æ]、[ᴇ]等单元音韵母(以开口而论)。这种情况分布于辉县城关、辉县南村、辉县上八里、辉县吴村、获嘉城关、修武城关、修武西村、焦作王褚、沁阳常平、沁阳紫陵等 10 个方言点。具体读音见表 2-22。

表 2－22　蟹摄一二等今读单元音韵母现象

	派	台戏~	栽	埋	债	快	矮	歪
辉县城关	pʰæ꜄	꜁tʰæ	꜀tsæ	꜁mæ	tsæ꜄	kʰuæ꜄	꜂ɣæ	꜀væ
辉县南村	pʰa꜄	꜁tʰa	꜀tʂa	꜁ma	tʂa꜄	kʰua꜄	꜂ɣa	——
辉县上八里	pʰɐ꜄	꜁tʰɐ	꜀tʂɐ	꜁mɐ	tsɐ꜄	kʰuɐ꜄	꜀ɣɐ	꜀vɐ
辉县吴村	pʰæ꜄	꜁tʰæ	꜀tʂæ	꜁mæ	tʂæ꜄	kʰuæ꜄	꜀ɣæ	꜀uæ
获嘉城关	pʰɐ꜄	꜁tʰɐ	꜀tʂɐ	꜁mɐ	tʂɐ꜄	kʰuɐ꜄	꜀ɣɐ	꜀vɐ
修武城关	pʰæ꜄	꜁tʰæ	꜀tsæ	꜁mæ	tsæ꜄	kʰuæ꜄	꜂ɣæ	꜀uæ
修武西村	pʰᴇ꜄	꜁tʰᴇ	꜀tsᴇ	꜁mᴇ	tsᴇ꜄	kʰuᴇ꜄	꜂ɣᴇ	꜀uᴇ
焦作王褚	pʰæ꜄	꜁tʰæ	꜀tsæ	꜁mæ	tsæ꜄	kʰuæ꜄	꜀ɣæ	꜀uæ
沁阳常平	pʰæ꜄	꜁tʰæ	꜀tsæ	꜁mæ	tsæ꜄	kʰuæ꜄	꜂ɣæ	——
沁阳紫陵	pʰæ꜄	꜁tʰæ	꜀tsæ	꜁mæ	tsæ꜄	kʰuæ꜄	꜂ɣæ	꜀uæ

蟹摄读单元音韵母在晋语并州片、吕梁片、上党片、五台片及张呼片中都比较常见。（钱曾怡 2010：356）这可能是豫北晋语较为古老的底层读音。

2）部分方言存在异调分韵现象。具体指蟹摄一二等的读音因声调不同而两分，即阴平与上声同韵、阳平与去声同韵。具体读法因方言而异。这种情况分布于新乡小冀、获嘉亢村、获嘉徐营、济源王屋、济源下冶、济源邵原等 6 个方言点。具体读音见表 2－23。

表 2－23　蟹摄一二等的异调分韵现象

	栽	柴	买	菜	歪	怀	拐	快
新乡小冀	꜀tsai	꜁tsʰæ	꜂mai	tsʰæ꜄	꜀uai	꜁xuæ	꜂kuai	kʰuæ꜄
获嘉亢村	꜀tsai	꜁tsʰæ	꜂mai	tsʰæ꜄	꜀uai	꜁xuæ	꜂kuai	kʰuæ꜄
获嘉徐营	꜀tsai	꜁tsʰɐ	꜂mai	tsʰɐ꜄	꜀uai	꜁xuɐ	꜂kuai	kʰuɐ꜄
济源王屋	꜀tsɛ	꜁tsʰæ	꜂mɛ	tsʰæ꜄	꜀vɛ	꜁xuæ	꜂kuɛ	kʰuæ꜄
济源下冶	꜀tse	꜁tsʰæɛ	꜂me	tsʰæɛ꜄	꜀ve	꜁xuæɛ	꜂kue	kʰuæɛ꜄
济源邵原	꜀tsᴇ	꜁tsʰæ	꜂mᴇ	tsʰæ꜄	꜀vᴇ	꜁xuæ	꜂kuᴇ	kʰuæ꜄

异调分韵的现象集中于两个地区，一个在新乡小冀、获嘉亢村、获

嘉徐营周围，另一个在济源下冶、济源邵原、济源王屋一带。前者是古卫辉府与怀庆府的交界地带，后者是中原官话与豫北晋语的过渡区域。

3）大部分方言点读复元音韵母[ai]、[æɛ]或[æi]。这种情况分布于1）、2）之外的其他34个方言点。具体读音见表2－24。

表2－24　蟹摄一二等今读复元音韵母现象

	抬	来	开	排	柴	外	怀	拐
安阳文峰	⊆tʰai	⊆lai	⊂kʰai	⊆pʰai	⊆tsʰai	vaiᵓ	⊆xuai	ᶜkuai
淇县朝歌	⊆tʰai	⊆lai	⊂kʰai	⊆pʰai	⊆tʂʰai	uaiᵓ	⊆xuai	ᶜkuai
卫辉城郊	⊆tʰæi	⊆læi	⊂kʰæi	⊆pʰæi	⊆tʂʰæi	uæiᵓ	⊆xuæi	ᶜkuæi
武陟木城	⊆tʰæɛ	⊆læɛ	⊂kʰæɛ	⊆pʰæɛ	⊆tsʰæɛ	uæɛᵓ	⊆xuæɛ	ᶜkuæɛ
济源玉泉	⊆tʰæɛ	⊆læɛ	⊂kʰæɛ	⊆pʰæɛ	⊆tsʰæɛ	uæɛᵓ	⊆xuæɛ	ᶜkuæɛ

整体对比看，这种情况的读音在北部地区动程较长，如安阳文峰、汤阴城关、鹤壁山城等，在中西部地区动程较短，如卫辉城郊、武陟木城、沁阳沁园、济源玉泉等。

（3）蟹止摄读鼻音韵

蟹合一明母字"梅枚媒煤每妹昧"和止开三明母字"眉楣霉美媚寐"在部分方言中读为鼻尾韵或鼻化韵，与深臻摄合流。这种情况分布于温县温泉、温县武德、温县番田、沁阳沁园、沁阳紫陵、沁阳柏香、博爱寨豁、济源玉泉、济源王屋、济源下冶、济源邵原、辉县上八里等12个方言点。具体读音见表2－25。

表2－25　蟹止摄读鼻音韵的现象

	梅蟹合一	眉止开三	美止开三	每蟹合一	妹蟹合一	昧蟹合一	门臻合一	闷臻合一
温县温泉	⊆mən	⊆mən	ᶜmən	ᶜmən	——	mənᵓ	⊆mən	mənᵓ
温县武德	⊆mən	⊆mən	ᶜmən	ᶜmən	mənᵓ	mənᵓ	⊆mən	mənᵓ
温县番田	⊆mẽ	mẽᵓ	ᶜmẽ	ᶜmẽ	mẽᵓ	mẽᵓ	⊆mẽ	mẽᵓ
沁阳沁园	⊆mẽ	⊆mẽ	ᶜmẽ	ᶜmẽ	mẽᵓ	mẽᵓ	⊆mẽ	mẽᵓ
沁阳紫陵	⊆mə̃	⊆mə̃	ᶜmə̃	ᶜmə̃	mə̃ᵓ	mə̃ᵓ	⊆mə̃	mə̃ᵓ

续　表

	梅蟹合一	眉止开三	美止开三	每蟹合一	妹蟹合一	昧蟹合一	门臻合一	闷臻合一
沁阳柏香	꜁mə̃	꜁mə̃	꜂mə̃	꜂mə̃	mə̃꜄	mə̃꜄	꜁mə̃	mə̃꜄
博爱寨豁	꜁mə̃	꜁mə̃	꜂mə̃	꜂mə̃	mə̃꜄	mə̃꜄	꜁mə̃	mə̃꜄
济源玉泉	꜁mẽ	꜁mẽ	꜂mẽ	꜂mẽ	mẽ꜄	mẽ꜄	꜁mẽ	mẽ꜄
济源王屋	꜁mẽ	꜁mẽ	꜂mẽ	꜂mẽ	mẽ꜄	mẽ꜄	꜁mẽ	mẽ꜄
济源下冶	꜁mɛ̃	꜁mɛ̃	꜂mə̃	꜂mə̃	mɛ̃꜄	mɛ̃꜄	꜁mɛ̃	mɛ̃꜄
济源邵原	꜁mə̃	꜁mə̃	꜂mə̃	꜂mə̃	mə̃꜄	mə̃꜄	꜁mə̃	mə̃꜄
辉县上八里	꜁mə̃	꜁mə̃	꜂mə̃	꜂mə̃	mə̃꜄	mə̃꜄	꜁mə̃	mə̃꜄

济源下冶方言的深臻摄存在异调分韵现象，因此蟹止摄明母字也有相应的异调分韵现象，即阴平[45]调和上声[43]调时读[ə̃]韵，阳平[52]调和去声[212]调时读[ɛ̃]韵。

（4）蟹止摄非组

蟹止摄非组字（除“尾巴”都说“[i]巴”外）在豫北晋语大部分方言中读[ei]韵，仅济源玉泉、济源王屋、济源坡头、济源下冶、济源邵原、延津城关例外。

济源境内的5个方言点非敷奉母读[i]韵，微母底层读[i]韵，个别字白读[i]韵，文读[ei]韵。微母字虽少，却表明整个非组处于同步发展阶段。这种情况在黄河对岸的河洛方言腹地广泛存在。具体实例对比如表2－26。

表2－26　济源段黄河沿岸方言蟹止摄非组字的读音

	废	肺	飞	匪	费	肥	微	尾	味
济源玉泉	fi꜄	fi꜄	꜀fi	꜀fi	fi꜄	꜁fi	꜂vi	꜂vi	vi꜄
济源邵原	fi꜄	fi꜄	꜀fi	꜀fi	fi꜄	꜁fi	꜂vi	꜂vi	vi꜄
偃　师	fi꜄	fi꜄	꜀fi	꜁fi	fi꜄	꜁fi	꜀vei	꜁vi	vi꜄
孟　津	fi꜄	fi꜄	꜁fi	꜂fi	fi꜄	꜁fi	꜂vi	꜂vi	vi꜄
洛　阳	fi꜄	fi꜄	꜀fi	꜂fi	fi꜄	꜁fi	꜁vi	꜂vi	vi꜄
伊　川	fi꜄	fi꜄	꜀fi	꜂fi	fi꜄	꜁fi	꜂vi	꜂vi	vi꜄

延津城关非敷奉读[i]韵,微母读[ei]韵。这与周边封丘、原阳、开封市、郑州情况相同。具体读音如表2－27。

表2－27　延津城关及其周边方言蟹止摄非组字的读音

	废	肺	飞	匪	费	肥	微	尾	味
延津城关	fi꜄	fi꜄	꜀fi	꜂fi	fi꜄	꜁fi	꜀uei	꜂i/꜂uei	uei꜄
封丘王村	fi꜄	fi꜄	꜀fi	꜂fi	fi꜄	꜁fi	꜁uei	꜂i/꜂uei	uei꜄
原　阳	fi꜄	fi꜄	꜀fi	꜂fi	fi꜄	꜁fi	꜂uei	꜂uei	uei꜄
开封市	fi꜄	fi꜄	꜀fi	꜂fi	fi꜄	꜁fi	꜂uei	꜂i	uei꜄
郑　州	fi꜄	fi꜄	꜀fi	꜂fi	fi꜄	꜁fi	꜂uei	꜂i/꜂uei	uei꜄

通过以上两种情况,我们可以看出:第一,洛阳与郑州、开封一带方言相比较为保守。第二,河洛方言某些语言现象往往扩散到黄河一线就受到阻隔,只有个别现象渗透到了豫北晋语区;开封、郑州方言的扩散波影响到了黄河北岸,但仅限于中原官话区,较少深入豫北晋语区。豫北晋语相对独立。

(5) 其他

止开三帮组(除明母)在北京话中读[ei]韵的有"碑卑被悲辔备"几字,在豫北晋语中还有"披臂彼避丕婢"等,范围略有扩大。但"披臂彼避丕婢"读[ei]韵并非整齐划一。"披"在整个豫北晋语中基本说[p^{h}ei];"丕"除沁阳沁园、武陟木城等少数地点外,大多说[p^{h}ei];"臂"在卫辉城郊、焦作王褚、温县温泉、获嘉城关、修武城关等地说[pei];"彼"在卫辉城郊、济源玉泉、温县温泉、新乡平原、获嘉城关、获嘉亢村、鹤壁淇滨、淇县朝歌等地说[pei];"避"在温县温泉说[pei];"婢"在卫辉城郊、沁阳沁阳、新乡平原等地说[pei]。

此外,鐾,鹤壁淇滨说[pei꜄],淇县朝歌说[pei꜄];篱,用于"笊篱"一词时的说法有:安阳铜冶[tʂɑu^{24} ly^{21}]、林州东姚[tʂɑu^{55} ly^{21}]、沁阳常平[tʂɔ^{24} ly^{212}]、温县武德[tsɔ^{13} lyəʔ^{0}]、辉县上八里[tʂɑu^{21} lyəʔ^{3}]、汤阴五陵[tʂɑu^{212} lyɛ^{0}]、淇县朝歌[tʂɑo^{212} luei^{55}];履,在卫辉城郊、新乡平原、获嘉

亢村、鹤壁淇滨等方言中说[li]，符合这些方言止开三发展的规律。

2.4.1.5　效摄

效摄的情况较为简单，主要有 3 种音值类型。

（1）单元音型，指效摄读[ɔ]韵母（举开口呼赅齐齿呼，下同）。具体分布于获嘉城关、修武城关、修武西村、修武岸上、武陟小董、博爱寨豁、沁阳常平、沁阳紫陵、沁阳柏香、温县武德等 10 个方言点。

（2）异调分韵型，指韵母根据声调不同而一分为二，其中阴平和上声同韵，阳平和去声同韵。具体分布于济源下冶、济源邵原、获嘉亢村、新乡小冀等 4 个方言点。

（3）复元音型，指效摄读[ɑu]、[ɑo]、[ɑɔ]等韵母。具体分布于（1）、（2）之外的其他 36 个方言点。

豫北晋语效摄字的三种读音类型见表 2－28。

表 2－28　豫北晋语效摄字的读音类型

		高	熬	早	赵	焦	桥	巧	笑
复元音型	安阳文峰	꜀kɑu	꜁ɣɑu	꜂tsɑu	tsɑu꜄	꜀tɕiɑu	꜁tɕʰiɑu	꜂tɕʰiɑu	ɕiɑu꜄
	卫辉城郊	꜀kɑu	꜁ɣɑu	꜂tʂɑu	tʂɑu꜄	꜀tɕiɑu	꜁tɕʰiɑu	꜂tɕʰiɑu	ɕiɑu꜄
	沁阳沁园	꜀kɑo	꜁ɣɑo	꜂tsɑo	tsɑo꜄	꜀tɕiɑo	꜁tɕʰiɑo	꜂tɕʰiɑo	ɕiɑo꜄
单元音型	获嘉城关	꜀kɔ	꜁ɣɔ	꜂tʂɔ	tʂɔ꜄	꜀tɕiɔ	꜁tɕʰiɔ	꜂tɕʰiɔ	ɕiɔ꜄
	修武城关	꜀kɔ	꜁ɣɔ	꜂tsɔ	tʂɔ꜄	꜀tɕiɔ	꜁tɕʰiɔ	꜂tɕʰiɔ	ɕiɔ꜄
	沁阳紫陵	꜀kɔ	꜁ɣɔ	꜂tsɔ	tʂɔ꜄	꜀tɕiɔ	꜁tɕʰiɔ	꜂tɕʰiɔ	ɕiɔ꜄
分韵型	新乡小冀	꜀kɑu	꜁ɣɔ	꜂tsɑu	tʂɔ꜄	꜀tɕiɑu	꜁tɕʰiɔ	꜂tɕʰiɑu	ɕiɔ꜄
	获嘉亢村	꜀kɑo	꜁ɣɔ	꜂tsɑo	tʂɔ꜄	꜀tɕiɑo	꜁tɕʰiɔ	꜂tɕʰiɑo	ɕiɔ꜄
	济源邵原	꜀kɔ	꜁ɣɑo	꜂tsɔ	tʂɑo꜄	꜀tɕiɔ	꜁tɕʰiɑo	꜂tɕʰiɔ	ɕiɑo꜄

其中，卫辉城郊部分平声、上声字单念时读[ɔ]韵，无明显规律，语流中都为[ɑu]韵。统一处理为[ɑu]韵。

从整体情况看，豫北晋语北部安阳、鹤壁地区读复元音，自卫辉、新乡往西呈单元音、复元音交错的态势，复元音的动程一般较小。我们判断，动程较小的复元音很可能是单元音[ɔ]受强势方言影响后逐步拉长的结果。

2.4.2 阳声韵

2.4.2.1 概述

（1）韵尾类型

豫北晋语50个方言点的古阳声字韵母的收尾情况可归为22种类型，见表2－29。表中“n”“ŋ”表示韵母带此鼻尾，“~”表示鼻化，“~n”“~ŋ”表示韵母有鼻尾且主元音鼻化，“—”表示无鼻尾、无鼻化，“少”表示辖字较少，“合”表示合口呼。

表2－29 豫北晋语古阳声韵今读的韵尾情况

	咸	深	山	臻	宕	江	曾	梗	通
安阳文峰型	~	~	~	~	ŋ	ŋ	ŋ	ŋ	ŋ
林州城郊型	—	ŋ	—	ŋ	ŋ	ŋ	ŋ	ŋ	ŋ
汤阴城关型	~	n	~	n	ŋ	ŋ	ŋ	ŋ	ŋ
卫辉城郊型	n	n	n	n	ŋ	ŋ	ŋ	ŋ	ŋ
辉县吴村型	—	~	—	~ —少	ŋ	ŋ	ŋ	ŋ	ŋ
修武城关型	—	~	—	~ —合	ŋ	ŋ	ŋ	ŋ	ŋ
修武西村型	—	—	—	—	ŋ	ŋ	ŋ	ŋ	ŋ
沁阳沁园型	~	~	~	~ —少	ŋ	ŋ	ŋ	ŋ	ŋ
沁阳紫陵型	~n	~	~n	~ —少	~ŋ	~ŋ	ŋ	ŋ	ŋ
沁阳常平型	~n	~	~n	~ —合	ŋ	ŋ	ŋ	ŋ	ŋ
济源玉泉型	n	~	n	~ —少	ŋ	ŋ	ŋ	ŋ	ŋ
辉县南村型	—	n	—	n	ŋ	ŋ	ŋ	ŋ	ŋ
获嘉徐营型	—	~n	—	~n —合	ŋ	ŋ	ŋ	ŋ	ŋ
焦作王褚型	~ —	~	~ —	~ —少	~ŋ	~ŋ	ŋ	ŋ	ŋ
武陟小董型	~ —	n	~ —	n —少	ŋ	ŋ	ŋ	ŋ	ŋ
武陟詹店型	—	n	—	n —少	ŋ	ŋ	ŋ	ŋ	ŋ
温县温泉型	n	n	n	n —少	ŋ	ŋ	ŋ	ŋ	ŋ
温县武德型	~	n	~	n —少	ŋ	ŋ	ŋ	ŋ	ŋ

续　表

	咸	深	山	臻	宕	江	曾	梗	通
济源坡头型	~	—	~	—	ŋ	ŋ	ŋ	ŋ	ŋ
新乡小冀型	n ~	n	n ~	n	ŋ ˜ŋ	ŋ ˜ŋ	ŋ	ŋ	ŋ
获嘉城关型	~	~ n	~	~ n	ŋ	ŋ	ŋ	ŋ	ŋ
获嘉亢村型	˜n	n	˜n	n	ŋ ˜ŋ	ŋ ˜ŋ	ŋ	ŋ	ŋ

我们将臻摄少部分字读口元音韵的现象作为重要参数，原因在于它有可能是探寻臻摄在豫北晋语中西部地区演变的重要线索，这个线索处于“少数读口元音韵——合口呼读口元音韵——全部读口元音韵”三者组成的演化链条的起始端或者末端，对于还原该地区臻摄的底层特征可能具有重要作用。

1）分布情况

安阳文峰型：安阳文峰　济源下冶

林州城郊型：林州城郊　林州任村　林州东姚　林州临淇　安阳铜冶　安阳马家

汤阴城关型：汤阴城关　安阳吕村　鹤壁山城　辉县城关

卫辉城郊型：卫辉城郊　卫辉庞寨　汤阴五陵　鹤壁淇滨　淇县朝歌　淇县黄洞　延津城关　延津胙城　延津榆林　新乡平原　卫辉狮豹头

辉县吴村型：辉县吴村　辉县上八里

修武西村型：修武西村　修武岸上

沁阳沁园型：沁阳沁园　博爱清化　博爱寨豁　武陟木城

沁阳紫陵型：沁阳紫陵　沁阳柏香

济源玉泉型：济源玉泉　济源王屋　济源邵原　温县番田

其他，辉县南村、修武城关、新乡小冀、获嘉城关、获嘉亢村、获嘉徐营、焦作王褚、武陟小董、武陟詹店、温县温泉、温县武德、沁阳常平、济源坡头等方言各自单独为一类型。

2）相关说明

① 汤阴城关型的特点是咸山摄无韵尾，主元音鼻化，深臻摄读[n]尾，宕江曾梗通读[ŋ]尾。其中辉县城关深臻摄主元音带有弱鼻化。

② 卫辉城郊型的特点是咸深山臻读[n]尾，宕江曾梗通读[ŋ]尾。其中新乡平原咸山摄主元音有鼻化色彩。

③ 辉县吴村型的深臻摄无鼻尾，深摄主元音鼻化，臻摄大部分元音鼻化，少部分不鼻化。臻摄少部分不鼻化的实例有：

辉县吴村：坤꜀kʰuei | 闽ᶜmi | 民꜁mi | 抿ᶜmi；

辉县上八里：奔꜀pei | 问 veiᵓ | 顺 sueiᵓ | 坤꜀kʰuei | 抿ᶜmi。

④ 沁阳沁园型的特点是咸深山三摄无鼻尾，主元音鼻化。臻摄大部分读同深摄，少数字无鼻尾、无鼻化，如沁阳沁园：奔꜀pei | 尊꜀tsuei | 抿ᶜmi；武陟木城：门꜁mei | 闷 meiᵓ | 论 lueiᵓ | 皴꜀tsʰuei | 民꜁mi | 敏ᶜmi。

⑤ 沁阳紫陵型的深摄无鼻尾，主元音鼻化。臻摄大部分读同深摄，少数字无鼻尾、无鼻化，如沁阳紫陵：尊꜀tʂuei | 孙꜀ʂuei | 敏ᶜmi | 闽ᶜmi | 民꜁mi | 抿ᶜmi | 闻꜁vẽ / ꜁vei。

⑥ 获嘉徐营的深摄读[n]尾，且主元音鼻化；臻摄开齐撮三呼读同深摄，合口呼臻合三非敷奉三母字读同深摄，其余无鼻尾、无鼻化，读口元音韵，实例见表 2－36。

⑦ 焦作王褚的咸山深臻四摄均无鼻尾，臻摄大部分元音鼻化，少数明母字无鼻化，如：民꜁mi | 抿ᶜmi | 闽ᶜmi | 敏ᶜmi | 门꜁mei | 闷 meiᵓ。

⑧ 武陟小董的臻摄大部分读[n]尾，少数字无鼻尾无鼻化，如：奔꜀pei | 坤꜀kʰuei | 敏ᶜmi | 尊꜀tsuei | 孙꜀suei | 闽ᶜmi | 民꜁mi | 抿ᶜmi | 闷 meiᵓ | 焖꜀mei | 论 lueiᵓ。

⑨ 武陟詹店臻摄大部分读[n]尾，少数明母字无鼻尾无鼻化，如：门꜁mei | 闷 meiᵓ | 焖꜀mei | 抿ᶜmi | 闽ᶜmi。

⑩ 温县温泉的臻摄大部分读[n]尾，少数明母字无鼻尾无鼻化，

如“闽民悯敏抿”读[mi]。

⑪ 新乡小冀的特点是咸山宕江摄的韵尾依声调不同而有所差异，声调为阴平[34]、上声[54]时，咸山摄读[n]尾，宕江摄读[ŋ]尾；声调为阳平[41]、去声[212]时，咸山摄无鼻尾，宕江摄读[ŋ]尾，主元音都鼻化。

⑫ 获嘉城关深臻摄去声洪音字读[n]尾，其余无鼻尾，主元音鼻化。

⑬ 获嘉亢村的宕江摄读[ŋ]尾，阴平[44]、上声[53]时，主元音无鼻化；阳平[41]、去声[21]时，主元音鼻化。

（2）鼻尾的消变

1）从鼻尾的数量看，古阳声韵有三个鼻音韵尾[* -m]、[* -n]和[* -ŋ]，今豫北晋语中保留[-n]、[-ŋ]两个鼻尾的有 31 个方言点，保留[-ŋ]一个韵尾的有 19 个方言点。前者将后者分割为三块，分别为：

北部：安阳文峰　安阳铜冶　安阳马家　林州城郊　林州任村
　　　林州东姚　林州临淇

中部：沁阳沁园　博爱清化　博爱寨豁　焦作王褚　武陟木城
　　　修武城关　修武岸上　修武西村　辉县吴村　辉县上八里

西部：济源下冶　济源坡头

以上“中部”实际区域在豫北晋语的中部偏西地区。

2）就分布的情况看，只保留[-ŋ]尾的北部、中部地区位于豫北晋语的内侧，保留[-n]、[-ŋ]两尾的多位于豫北晋语的外侧。这似乎说明，语言环境越保守，鼻尾越少。晋语只保存一个[-ŋ]尾的现象很普遍（侯精一 1999：18），豫北晋语内侧的情形与晋语的总体情况保持一致。

3）从不同的韵摄看，豫北晋语阳声韵的消变序列是：咸山>臻>深>宕江>曾梗通（“>”表示“快于”）。咸山摄的鼻尾最先变化，29 个方言点的鼻尾消失，21 个方言点保留[-n]尾，后者中的 11 个方言点(卫辉城郊型)集中分布于外侧鹤壁、卫辉、延津等地区；深臻摄紧随咸山摄之后，20 个方言点的鼻尾消失，24 个方言点保留[-n]尾，6 个方言点收[-ŋ]尾；宕江摄在个别方言中鼻尾弱化，主元音鼻化，其变化处于起步阶段；曾梗通摄最为顽固，无一弱化。

需要注意的是，豫北晋语深臻摄并非完全同步发展。这种非同步发展体现在臻摄部分字在中西部方言中往往脱离大部队，读为口元音韵，由此造成今读阴阳并存的对立状态。这种情况在修武城关、沁阳常平、获嘉徐营三点尤为突出，前两者合口呼全读口元音韵，获嘉徐营除"非敷奉"母外的合口呼读口元音韵。这说明臻摄鼻尾消失先于深摄，而且以合口呼首当其冲。

在咸山摄内部，韵尾的弱化、消失往往从细音开始，然后波及洪音，如焦作王褚、武陟小董细音读口元音韵，洪音读鼻化韵。这一点与山西汾河流域方言鼻尾消变的情况较为一致。(王临惠 2003：80)但异调分韵的方言不属此类，新乡小冀方言严格按声调分化，阴平、上声时读鼻尾韵，阳平、去声时读鼻化韵。就这种情况而言，声调规则应该是高于洪细规则的。

4）从方言间的对比看，鼻尾弱化消失的速度也是不一样的。发展最快的是修武西村型，其次是辉县吴村型、焦作王褚型、济源坡头型，再者是修武城关型、沁阳沁园型、安阳文峰型，然后是林州城郊型、获嘉徐营型、武陟詹店型等，最慢的是卫辉城郊型。修武西村型咸深山臻四摄无鼻尾无鼻化，宕江曾梗通读[-ŋ]尾；辉县吴村型、焦作王褚型、济源坡头型宕江曾梗通摄读[-ŋ]尾，咸山深臻摄有的读鼻化韵有的读口元音韵；修武城关型、沁阳沁园型、安阳文峰型的宕江曾梗通摄读[-ŋ]尾，咸山深臻摄读鼻化韵(少数情况忽略不计)。卫辉城郊型所有阳声韵都带鼻尾，且该类型 11 个方言点连片分布。总体来看，最里层的修武西村、修武岸上鼻尾消失最快，外层的卫辉城郊型 11 点鼻尾保留最为稳固。

2.4.2.2　咸山摄

豫北晋语咸山摄的读音情况较为复杂，我们以洪细及四声条件下主元音是否相同为线索，将其分为主元音相同和主元音不同两种情况。

(1) 主元音相同

主元音相同的情况可细分为鼻尾鼻化类和韵尾消失类。其中，韵尾消失类可分为独立型、外合型、外扰型。具体介绍如下：

1) 鼻尾鼻化类

鼻尾鼻化类指咸山摄或读鼻尾韵或读鼻化韵的情况。这种类型在豫北晋语中分布范围最广。两种情况的分布地点列举如下（音标举开赅四呼，括号中为方言点数量）：

鼻尾韵(17)：

汤阴五陵[an]　鹤壁淇滨[an]　淇县朝歌[an]
淇县黄洞[an]　卫辉城郊[an]　卫辉狮豹头[an]
卫辉庞寨[an]　新乡平原[ãn]　获嘉亢村[ɛ̃n]
延津城关[an]　延津胙城[an]　延津榆林[an]
温县温泉[an]　济源王屋[ɛn]　沁阳常平[ɛ̃n]
沁阳紫陵[ɛ̃n]　沁阳柏香[ɛ̃n]

新乡平原咸山摄有弱鼻化色彩，获嘉亢村有鼻化有鼻尾，鼻化色彩略重。

鼻化韵(8)：

安阳文峰[æ̃]　安阳吕村[ã]　汤阴城关[ã]　鹤壁山城[ã]
辉县城关[æ̃]　获嘉城关[ɛ̃]　沁阳沁园[æ̃]　济源坡头[ã]

两种情况的具体实例见表2－30。

其中，安阳文峰读单字时为[æ̃ iæ̃ uæ̃ yæ̃]韵，语流中与[an ian uan yan]韵接近。

从总体情况看，新乡平原、延津城关以北地区主元音多为前、低元音[a]，获嘉城关以西地区主元音多高化为[æ]/[ɛ]。

表 2－30　豫北晋语咸山摄鼻尾鼻化类读音

		山	暗	咸	变	软	短	全	元
鼻尾韵型	鹤壁淇滨	꜀san	ɣan꜄	꜁ɕian	pian꜄	꜂ʐuan	꜂tuan	꜁tɕʰyan	꜁yan
	淇县朝歌	꜀san	ɣan꜄	꜁ɕian	pian꜄	꜂zuan	꜂tuan	꜁tɕʰyan	꜁yan
	延津城关	꜀ʂan	ɣan꜄	꜁ɕian	pian꜄	꜂ʐuan	꜂tuan	꜁tsʰyan	꜁yan
	温县温泉	꜀san/꜀ʂan	ɣan꜄	꜁ɕian	pian꜄	꜂van	꜂tuan	꜁tɕʰyan	꜁yan
鼻化韵型	安阳文峰	꜀sæ̃	ɣæ̃꜄	꜁ɕiæ̃	piæ̃꜄	꜂zuæ̃	꜂tuæ̃	꜁tɕʰyæ̃	꜁yæ̃
	汤阴城关	꜀sã	ɣã꜄	꜁ɕiã	piã꜄	꜂zuã	꜂tuã	꜁tɕʰyã	꜁yã
	获嘉城关	꜀ʂɛ̃	ɣɛ̃꜄	꜁ɕiɛ̃	piɛ̃꜄	꜂ʐuɛ̃	꜂tuɛ̃	꜁tɕʰyɛ̃	꜁yɛ̃
	沁阳沁园	꜀sæ̃	ɣæ̃꜄	꜁ɕiæ̃	piæ̃꜄	꜂zuæ̃	꜂tuæ̃	꜁tɕʰyæ̃	꜁yæ̃

2）韵尾消失类

韵尾消失类，指咸山摄读口元音韵母的情况。其中读单元音韵母的有 8 个方言点（音标举开赅四呼）：

安阳铜冶[a]　修武城关[ɛ]　林州城郊[a]　林州临淇[ᴀ]

安阳马家[a]　修武西村[ᴇ]　林州任村[a]　林州东姚[ᴀ]

读复元音韵母的有 4 个方言点：

修武岸上[æɛ]　辉县南村[ai]　辉县吴村[ai]

辉县上八里[æɛ]

具体读音见表 2－31。

表 2－31　豫北晋语咸山摄韵尾消失类读音

		伞	蓝	半	尖	酸	官	悬	缘
单元音型	修武西村	꜂sᴇ	꜁lᴇ	pᴇ꜄	꜀tɕiᴇ	꜀suᴇ	꜀kuᴇ	꜁ɕyᴇ	꜁yᴇ
	林州城郊	꜂sa	꜁la	pa꜄	꜀tsia	꜀sua	꜀kua	꜁ɕya	꜁ya
	林州东姚	꜂sᴀ	꜁lᴀ	pᴀ꜄	꜀tsiᴀ	꜀suᴀ	꜀kuᴀ	꜁ɕyᴀ	꜁iᴀ
	安阳铜冶	꜂sa	꜁la	pa꜄	꜀tsia	꜀sua	꜀kua	꜁ɕya	꜁ya

续　表

		伞	蓝	半	尖	酸	官	悬	缘
复元音型	修武岸上	ᶜsæɛ	꜁læɛ	pæɛᵓ	꜀tɕiæɛ	꜀suæɛ	꜀kuæɛ	꜁ɕyæɛ	꜁yæɛ
	辉县南村	ᶜsai	꜁lai	paiᵓ	꜀tɕiai	꜀ʂuai	꜀kuai	꜁ɕyai	꜁iai
	辉县吴村	ᶜʂai	꜁lai	paiᵓ	꜀tɕiai	꜀ʂuai	꜀kuai	꜁ɕyai	꜁iai
	辉县上八里	ᶜsæɛ	꜁læɛ	pæɛᵓ	꜀tɕiæɛ	꜀ʂuæɛ	꜀kuæɛ	꜁ɕyæɛ	꜁iæɛ

其中修武岸上的齐齿呼动程和开口度较小，也可记作[iᴇ]韵（与修武西村相同），其他开口呼、合口呼、撮口呼为[æɛ uæɛ yæɛ]韵。

咸山摄鼻韵尾消失后读单元音韵母与读复元音韵母走的是不同的路子，今读单元音韵母的方言点可能经历了鼻尾、鼻化、鼻化消失，然后高化的过程，即[an]→[ã]→[a]→[ᴇ]；今读复元音韵母的方言点可能经历了[an]→[ai]的过程，[æɛ]只是发[ai]时省力的表现。

咸山摄鼻韵尾消失后容易与阴声韵发生联系，其中修武岸上、修武西村的咸山摄与蟹止摄韵母合流，是为外合型。林州城郊、安阳铜冶、辉县南村等地咸山摄韵母对同音系的蟹摄、假摄产生干扰，造成相关元音的高化、鼻化等，是为外扰型。详细论述见后文3.3小节。

（2）主元音不同

主元音不同是指因洪细或声调不同造成的韵母主元音不一致的情况。具体可细分为洪细分韵类和异调分韵类。

1）洪细分韵类

“洪细”都是就今方言韵母读音而言的。洪音包括开口呼和合口呼，细音包括齐齿呼和撮口呼。咸山摄的洪细分韵实际是指开口呼、合口呼与齐齿呼、撮口呼的主元音不相同的现象。豫北晋语的洪细分韵主要分布于以下11个方言点（音标举开齐赅合撮）：

获嘉徐营[æ/iᴇ]　　武陟木城[æ̃/iɛ̃]　　武陟小董[æ̃/iᴇ]

武陟詹店[æ/iɛ]　　温县番田[æn/iɛn]　　博爱清化[æ̃/iᴇ̃]

博爱寨豁[æ̃/iɛ̃]　　温县武德[æ̃/iᴇ̃]　　焦作王褚[ɛ̃/ie]
济源玉泉[æn/iɛn]　　济源邵原[æn/iɛn]

具体实例见表2－32。

表2－32　豫北晋语咸山摄的洪细分韵

	洪音				细音			
	暗	展	范	蒜	盐	潜	权	元
焦作王褚	ɣɛ̃ᵓ	ᶜtʂɛ̃	fɛ̃ᵓ	suɛ̃ᵓ	꜁ie	꜀tɕʰie	ᶜtɕʰye	꜁ye
获嘉徐营	ɣæᵓ	ᶜtʂæ	fæᵓ	suæᵓ	꜁iᴇ	꜀tɕʰiᴇ	ᶜtɕʰyᴇ	꜁yᴇ
武陟木城	ɣæ̃ᵓ	ᶜtʂæ̃	fæ̃ᵓ	suæ̃ᵓ	꜁iɛ̃	꜀tɕʰiɛ̃	ᶜtɕʰyɛ̃	꜁yɛ̃
武陟小董	ɣæ̃ᵓ	ᶜtʂæ̃	fæ̃ᵓ	suæ̃ᵓ	꜁iᴇ	ᶜtɕʰiᴇ	꜁tɕʰyᴇ	꜁yᴇ
武陟詹店	ɣæᵓ	ᶜtʂæ	fæᵓ	suæᵓ	꜁iɛ	ᶜtɕʰiɛ	꜁tɕʰyɛ	꜁yɛ
博爱清化	ɣæ̃ᵓ	ᶜtʂæ̃	fæ̃ᵓ	suæ̃ᵓ	꜁iᴇ̃	꜀tɕʰiᴇ̃	꜁tɕʰyᴇ̃	꜁yᴇ̃
博爱寨豁	ɣæ̃ᵓ	ᶜtʂæ̃	fæ̃ᵓ	suæ̃ᵓ	꜁iɛ̃	ᶜtɕʰiɛ̃	꜁tɕʰyɛ̃	꜁yɛ̃
温县番田	ɣænᵓ	ᶜtʂæn	fænᵓ	suænᵓ	꜁iɛn	ᶜtɕʰiɛn	꜁tɕʰyɛn	꜁yɛn
温县武德	ɣæ̃ᵓ	ᶜtʂæ̃	fæ̃ᵓ	suæ̃ᵓ	꜁iᴇ̃	꜀tɕʰiᴇ̃	ᶜtɕʰyᴇ̃	꜁yᴇ̃
济源玉泉	ɣænᵓ	ᶜtʂæn	fænᵓ	suænᵓ	꜁iɛn	ᶜtɕʰiɛn	ᶜtɕʰyɛn	꜁yɛn
济源邵原	ɣænᵓ	ᶜtʂæn	fænᵓ	suænᵓ	꜁iɛn	꜀tɕʰiɛn	꜁tɕʰyɛn	꜁yɛn

注：武陟木城的鼻化极其微弱。

从主元音的高低看，细音往往高于洪音，说明[i]介音对主元音起到了高化拉动作用；从分布区域看，洪细分韵主要分布于焦作及其附近地区（获嘉徐营）。

总体来看，豫北晋语大部分方言咸山摄洪细条件下的主元音是相同的，这说明[i]介音起不起高化拉动作用需要视具体方言而定。

2）异调分韵类

异调分韵类，指个别方言的咸山摄韵母根据声调不同而有所差异。这种情况分布于新乡小冀、济源下冶两个方言点。新乡小冀的咸山摄在阴平[34]、上声[54]时，韵母主元音为[ɛ]，在阳平[41]、去声

［212］时，韵母主元音为［æ］，开齐合撮四呼皆然。济源下冶的咸山摄在阴平［45］、上声［43］时，韵母主元音为［æ］，在阳平［52］、去声［212］时，韵母主元音为［a］，开齐合撮四呼皆然。具体实例如表2－33：

表2－33　新乡小冀等方言咸山摄的异调分韵

	阴平	阳平	上声	去声	阴平	阳平	上声	去声
新乡小冀	滩 t^{h}ɛn^{34}	盐 iæ̃^{41}	晚 uɛn^{54}	劝 tɕyæ̃^{212}	烟 iɛn^{34}	谈 t^{h}æ̃^{41}	权 tɕ^{h}yɛn^{54}	万 uæ̃^{212}
济源下冶	三 sæ̃^{45}	全 ts^{h}yã^{52}	软 ʐuæ̃^{43}	县 ɕiã^{212}	联 lyæ̃^{45}	环 xuã^{52}	潜 tɕ^{h}iæ̃^{43}	暗 ɣã^{212}

详细情况见本书第四章。

2.4.2.3　深臻摄

中古深摄（［-m］尾）、臻摄（［-n］尾）在豫北晋语中的读音情况比较复杂，我们侧重介绍它们的主要读音类型和特点，概论中提及的少数字的读音情况不再考虑。

（1）主要今读类型

豫北晋语中深臻摄的今读可以分为鼻尾型、鼻化型、部分口元音型、纯元音型、异调分韵型。前三种主要类型分述如下：

1）鼻尾型

鼻尾型，即深臻摄今读［-n］尾或［-ŋ］尾的类型。这种类型的共同点是主元音在各方言中整齐划一，开口呼为［ə］，齐齿呼为［i］，合口呼为［u］/［ə］，撮口呼为［y］；不同点就在于部分方言读［-n］尾，部分方言读［-ŋ］尾。两种情况的方言点及其数量分列如下：

［-n］尾（20）：

安阳吕村　汤阴城关　汤阴五陵　鹤壁淇滨　鹤壁山城
淇县朝歌　淇县黄洞　卫辉城郊　卫辉庞寨　卫辉狮豹头
新乡平原　延津城关　延津胙城　延津榆林　辉县南村
武陟詹店　武陟小董　温县温泉　温县武德　辉县城关

［-ŋ］尾（6）：

林州任村　林州城郊　林州东姚　林州临淇　安阳铜冶
安阳马家

鼻尾型的具体实例见表2－34。

表2－34　豫北晋语深臻摄的鼻尾型读音

		深	心	粉	云	忍	金	春	群
[-n]尾	汤阴城关	꜀tsʰən	꜀ɕin	꜂fən	꜁yn	꜂zən	꜀tɕin	꜀tsʰuən	꜁tɕʰyn
	鹤壁山城	꜀tʂʰən/꜀sən	꜀ɕin	꜂fən	꜁yn	꜂zən	꜀tɕin	꜀tsʰuən	꜁tɕʰyn
	淇县黄洞	꜀tsʰən	꜀ɕin	꜂xuən	꜁yn	꜂zən	꜀tɕin	꜀tsʰuən	꜁tɕʰyn
	延津胙城	꜀tʂʰən	꜀ɕin	꜂fən	꜁yn	꜂ʐən	꜀tɕin	꜀tʂʰuən	꜁tɕʰyn
	武陟詹店	꜀tʂʰən	꜀ɕin	꜂fən	꜁yn	꜂ʐən	꜀tɕin	꜀tʂʰuən	꜁tɕʰyn
	温县武德	꜀tsʰən	꜀ɕin	꜂fən	꜁yn	꜂ʐən	꜀tɕin	꜀tsʰuən	꜁tɕʰyn
[-ŋ]尾	林州任村	꜀tʂʰəŋ	꜀siŋ	꜂fəŋ	꜁yŋ	꜂ʐəŋ	꜀tɕiŋ	꜀tʂʰuŋ	꜁tɕʰyŋ
	林州城郊	꜀tʂʰəŋ/꜀ʂəŋ	꜀siŋ	꜂fəŋ	꜁yŋ	꜂ʐəŋ	꜀tɕiŋ	꜀tʂʰuŋ	꜁tɕʰyŋ
	林州东姚	꜀tʂʰəŋ	꜀siŋ	꜂fəŋ	꜁yŋ	꜂ʐəŋ	꜀tɕiŋ	꜀tʂʰuŋ	꜁tɕʰyŋ
	林州临淇	꜀tʂʰəŋ	꜀siŋ	꜂fəŋ	꜁yŋ	꜂ʐəŋ	꜀tɕiŋ	꜀tʂʰuŋ	꜁tɕʰyŋ
	安阳铜冶	꜀tʂʰəŋ	꜀siŋ	꜂fəŋ	꜁yŋ	꜂ʐəŋ	꜀tɕiŋ	꜀tʂʰuŋ	꜁tɕʰyŋ
	安阳马家	꜀tʂʰəŋ	꜀siŋ	꜂fəŋ	꜁yŋ	꜂ʐəŋ	꜀tɕiŋ	꜀tʂʰuŋ	꜁tɕʰyŋ

以上两种情况都表现出区域性的内部一致性。读[-n]尾的方言，除西部温县温泉、温县武德、武陟詹店、武陟小董等少数点外，主要分布于安阳东部、汤阴、鹤壁、淇县、卫辉、延津、辉县东部及新乡市，也就是豫北晋语东部的连片区域；读[-ŋ]尾的方言则集中于林州全境及安阳县西部地区，并与晋东南的沁县、武乡、襄垣、长治市、长治县、壶关等地一致。

2）鼻化型

鼻化型的主元音有[ə]和[e]两种情况，具体包括方言点及其数量分列如下：

[ə̃]类(8)：

安阳文峰　武陟木城　博爱清化　博爱寨豁　沁阳紫陵
沁阳柏香　济源邵原　辉县上八里

[ẽ]类(6)：

焦作王褚　沁阳沁园　辉县吴村　温县番田　济源玉泉
济源王屋

鼻化型的具体实例见表2－35。

表2－35　豫北晋语深臻摄的鼻化型读音

		深	心	粉	云	忍	金	春	群
[ə̃]类	安阳文峰	꜀tsʰə̃	꜀ɕiə̃	꜂fə̃	꜁yə̃	꜂zə̃	꜀tɕiə̃	꜀tsʰuə̃	꜁tɕʰyə̃
	辉县上八里	꜀tsʰə̃	꜀ɕiə̃	꜂fə̃	꜁yə̃	꜂zə̃	꜀tɕiə̃	꜀tʂʰuə̃	꜁tɕʰyə̃
	武陟木城	꜀tʂʰə̃	꜀ɕiə̃	꜂fə̃	꜁yə̃	꜂ʐə̃	꜀tɕiə̃	꜀tʂʰuə̃	꜁tɕʰyə̃
	博爱清化	꜀tʂʰə̃	꜀ɕiə̃	꜂fə̃	꜁yə̃	꜂ʐə̃	꜀tɕiə̃	꜀tʂʰuə̃	꜁tɕʰyə̃
	济源邵原	꜀tʂʰə̃	꜀sə̃	꜂fə̃	꜁yə̃	꜂ʐə̃	꜀tɕiə̃	꜀tʂʰuə̃	꜁tɕʰyə̃
[ẽ]类	焦作王褚	꜀tʂʰẽ	꜀ɕiẽ	꜂fẽ	꜁yẽ	꜂ʐẽ	꜀tɕiẽ	꜀tʂʰuẽ	꜁tɕʰyẽ
	沁阳沁园	꜀tsʰẽ/꜀sẽ	꜀ɕiẽ	꜂fẽ	꜁yẽ	꜂zẽ	꜀tɕiẽ	꜀tʂʰuẽ/꜀tsʰuẽ	꜁tɕʰyẽ
	辉县吴村	꜀tʂʰẽ	꜀ɕiẽ	꜂fẽ	꜁yẽ	꜂ʐẽ	꜀tɕiẽ	꜀tʂʰuẽ	꜁tɕʰyẽ
	温县番田	꜀tʂʰẽ	꜀ɕiẽ	꜂fẽ	꜁yẽ	꜂ʐẽ	꜀tɕiẽ	꜀tʂʰuẽ	꜁tɕʰyẽ
	济源王屋	꜀tsʰẽ	꜀sẽ	꜂fẽ	꜁yẽ	꜂ʐẽ	꜀tɕiẽ	꜀tʂʰuẽ	꜁tɕʰyẽ

博爱清化的“心”又读[꜀ɕiei]；辉县吴村的鼻化较弱，听感上与止摄读音[ei]较为接近，可能受了周边修武岸上、修武西村等地的影响。这两种主元音不同的情况没有明显的地域分布规律，但综合起来看，鼻化韵的情况主要分布于豫北晋语的西部地区。

3）部分口元音型

部分口元音型，指臻摄合口呼读口元音韵，深臻摄开齐撮三呼读鼻尾韵或鼻化韵。具体分布于修武城关、沁阳常平、获嘉徐营等3个方言点。实例如表2－36：

表 2-36 豫北晋语深臻摄部分读作口元音韵

	深开	春合	心齐	顺合	忍开	坤合	勤齐	孙合	群撮	温合
修武城关	꜀tʂʰə̃	꜀tʂʰuei	꜀ɕiə̃	ʂuei꜄	꜂ʐə̃	꜀kʰuei	꜁tɕʰiə̃	꜀suei	꜁tɕʰyə̃	꜀uei
沁阳常平	꜀tʂʰẽ	꜀tʂʰuei	꜀ɕiẽ	ʂuei꜄	꜂ʐẽ	꜀kʰuei	꜁tɕʰiẽ	꜀ʂuei	꜁tɕʰyẽ	꜀uei
获嘉徐营	꜀tʂʰə̃n	꜀tʂʰuei	꜀ɕiə̃n	ʂuei꜄	꜂ʐə̃n	꜀kʰuei	꜁tɕʰiə̃n	꜀suei	꜁tɕʰyə̃n	꜀uei

以上三个方言相比,获嘉徐营臻摄合口三等略有特殊。非敷奉三母字不与微母及其他合口字相同,韵母为鼻尾鼻化韵。具体实例如下:

非敷奉母:分꜀fə̃n | 坟꜁fə̃n | 粉꜂fə̃n | 粪 fə̃n꜄ | 愤 fə̃n꜄

其他声母:文꜁uei | 闻꜁uei | 问 uei꜄ | 奔꜀pei | 本꜂pei | 门꜁mei | 盆꜁pʰei |
滚꜂kuei | 寸 tsʰuei꜄

以上情况较为特殊,其中原因尚待继续探索。

此外,概论中提及豫北晋语西部很多方言都存在个别深臻摄字读为纯元音韵母的情况,这些字除"民抿敏闽"外基本上属于臻摄合口字。它们可能是臻摄合口字底层读为口元音韵母的遗留。

(2) 济源方言的深臻摄

济源境内各方言点的深臻摄开口三等舒声字读音较有特点。

其一,济源邵原、济源王屋、济源坡头以及济源玉泉(个别字)的精组、来母字没有体现三等性质的[i]介音,具体实例如下("‖"前深摄,"‖"后臻摄):

济源邵原

精组:侵꜀tsʰẽ | 寝꜀tsʰẽ | 心꜀sẽ ‖ 津꜀tsẽ | 进 tsẽ꜄ | 亲꜀tsʰẽ |
秦꜁tsʰẽ | 尽用尽 tsẽ꜄ | 辛꜀sẽ | 新꜀sẽ | 薪꜀sẽ | 信相信 sẽ꜄

来母:林꜁lẽ | 淋꜁luẽ | 临꜁lẽ | 檩꜂lẽ | 赁 lẽ꜄ ‖ 鳞꜁lẽ

济源王屋

精组:心꜀sẽ | 寻꜁sẽ | 浸꜀tsʰẽ ‖ 亲꜀tsʰẽ | 辛꜀sẽ | 进 tsẽ꜄ | 新꜀sẽ |
薪꜀sẽ

来母：林꜁lẽ | 淋꜁lẽ | 临꜁lẽ | 檩꜂lẽ | 赁 lẽ꜄ ‖ 邻꜁lẽ | 鳞꜁lẽ | 磷꜁lẽ | 吝꜁lẽ

济源坡头

精组：心꜀sei ‖ 津꜀tsei | 亲꜀tsʰei | 秦꜁tsʰei | 新꜀sei | 进 tsei꜄ | 信 sei꜄

来母：淋꜁luei ‖ 邻꜁lei | 鳞꜁lei

济源玉泉

精组：津꜀tsẽ

其二，济源下冶方言个别生母字与周边方言截然不同，存在[i]介音。我们只调查出来三个字：森[꜀ɕiə̃] | 参人~[꜀ɕiə̃]/[꜀sə̃] | 渗[ɕiɛ̃꜄]/[sɛ̃꜄]。

不少学者认为中古三等介音是后起的，上述第一种情况支持这种观点。济源所处地域极为封闭，方言中保留了很多古汉语特点，精组、来母深臻摄开口三等字没有[i]介音，很可能是存古现象。但为什么只涉及精组、来母和深臻摄？对于不同的声母和韵母，三等介音的产生有无先后序列性？值得讨论。

2.4.3　入声韵

豫北晋语各方言的入声字大部分读入声，少部分舒化。以距离太行山的远近来看，保留入声读法的字数从内侧向外侧逐渐减少，内侧的林州、辉县、修武、焦作、博爱、济源（包括外侧温县及获嘉）整体上多于外侧的安阳、汤阴、鹤壁、淇县、卫辉、新乡、武陟。内侧的林州保留入声读法的字数最多，济源次之；外侧的鹤壁保留入声读法的字最少，新乡第二少。延津方言入声字均已舒化。本部分不将视点放在字数多少上。

根据古入声韵在各方言中的今读情况，可将豫北晋语的入声韵分为四组型、三组型和两组型，其中大部分方言为两组型。具体分述如下。

2.4.3.1　四组型入声韵

四组型入声韵单独存在于安阳文峰方言中,共 12 个韵母,具体如表 2－37:

表 2－37　安阳文峰方言的四组型入声韵

Ⅰ组	ɐʔ	iɐʔ	uɐʔ	yɐʔ
Ⅱ组	ɑʔ		uɑʔ	yɑʔ
Ⅲ组	ɛʔ	iɛʔ		yɛʔ
Ⅳ组	oʔ		uoʔ	

其中,Ⅰ组主要来自咸山摄三四等(除合口三等非组外)、曾开三庄组、曾开一和梗开二非见系。Ⅱ组主要来自咸山摄一二等及合口三等非组、宕江摄、曾摄一等和梗摄二等见系。Ⅲ组主要来自深摄、臻开三、部分臻合三、曾开三(除庄组外)、梗开三四等、部分通合三。Ⅳ组主要来自臻合一、部分臻合三、通合一、部分通合三及"入弱若"等字。笼统来看,Ⅰ组与Ⅱ组的来源形成互补,Ⅲ组与Ⅳ组的来源形成互补。实例如下:

Ⅰ组:北 pɐʔ꜇ | 折 tsɐʔ꜇ | 接 tɕiɐʔ꜇ | 贴 tʰiɐʔ꜇ | 说 suɐʔ꜇ | 哕 ʐuɐʔ꜇ | 雪 ɕyɐʔ꜇ | 决 tɕyɐʔ꜇

Ⅱ组:磕 kʰɑʔ꜇ | 杀 sɑʔ꜇ | 国 kuɑʔ꜇ | 获 xuɑʔ꜇ | 戳 tsʰuɑʔ꜇ | 脚 tɕyɑʔ꜇ | 雀 tɕʰyɑʔ꜇

Ⅲ组:直 tsɛʔ꜇ | 吃 tsʰɛʔ꜇ | 急 tɕiɛʔ꜇ | 踢 tʰiɛʔ꜇ | 立 liɛʔ꜇ | 掬 tɕyɛʔ꜇ | 屈 tɕʰyɛʔ꜇ | 律 lyɛʔ꜇

Ⅳ组:福 foʔ꜇ | 服 foʔ꜇ | 骨 kuoʔ꜇ | 哭 kʰuoʔ꜇ | 竹 tsuoʔ꜇ | 绿 luoʔ꜇ | 弱 zuoʔ꜇ | 入 zuoʔ꜇

梗开二帮组及"略掠灭"等字的韵母在安阳文峰方言中归入Ⅲ组,这与三组型入声韵的方言(见下文)多归入Ⅰ组不同,在整个豫北晋

语中显得较为特殊。例如：百 pɛʔ꜆ | 柏 pɛʔ꜆ | 伯 pɛʔ꜆ | 迫 pʰɛʔ꜆ | 拍 pʰɛʔ꜆ | 魄 pʰɛʔ꜆ | 陌 mɛʔ꜆ | 略 lyɛʔ꜆ | 掠 lyɛʔ꜆ | 灭 miɛʔ꜆等。这些字发展的下一步，很可能是失落塞尾变成鹤壁淇滨方言今天的面貌。鹤壁淇滨的实例如：百꜀pɛ | 柏꜀pɛ | 伯꜀pɛ | 迫꜀pʰɛ | 拍꜀pʰɛ | 魄꜀pʰɛ 等。再扩大范围来看，中原官话郑开片梗摄开口二等字大都读［ɛ］韵（贺巍 2005），它们可能经历过安阳文峰这个阶段。

2.4.3.2 三组型入声韵

三组型入声韵主要集中分布于安阳（除安阳文峰）和焦作（2 个点位于周边）两个地区，前者涉及 2 县 3 个方言点，后者涉及 7 市县 16 个方言点，两大区域相互独立，区内各点连片分布。三组型在各方言中的来源大致相同，但主元音音值及开合齐撮的消变存在不同。具体音值及分布情况见表 2－38。

表 2－38 豫北晋语三组型入声韵的音值及分布情况

	Ⅰ组				Ⅱ组				Ⅲ组				方言点
	开	齐	合	撮	开	齐	合	撮	开	齐	合	撮	
1	ɐʔ	iɐʔ	uɐʔ	yɐʔ	ʌʔ	iʌʔ	uʌʔ	yʌʔ	ɛʔ	iɛʔ	uɛʔ	yɛʔ	汤阴城关
2	ɐʔ	iɐʔ	uɐʔ	yɐʔ	ɒʔ	iɒʔ	uɒʔ	yɒʔ	ɛʔ	iɛʔ	uɛʔ	yɛʔ	安阳吕村、汤阴五陵
3	ɐʔ	iɐʔ	uɐʔ	yɐʔ	ʌʔ		uʌʔ	yʌʔ	əʔ	iəʔ	uəʔ	yəʔ	获嘉亢村
4	ɐʔ	iɐʔ	uɐʔ	yɐʔ	ɑʔ		uɑʔ	yɑʔ	əʔ	iəʔ	uəʔ	yəʔ	获嘉徐营
5	ɐʔ	iɐʔ	uɐʔ	yɐʔ	ᴀʔ		uᴀʔ		əʔ	iəʔ	uəʔ	yəʔ	修武西村
6	ɐʔ	iɐʔ	uɐʔ	yɐʔ	ᴀʔ	iᴀʔ	uᴀʔ	yᴀʔ	əʔ	iəʔ	uəʔ	yəʔ	焦作王褚
7	ɐʔ	iɐʔ	uɐʔ	yɐʔ	ɑʔ	iɑʔ	uɑʔ	yɑʔ	əʔ	iəʔ	uəʔ	yəʔ	温县温泉、温县武德、温县番田、武陟詹店、武陟小董
8	ɐʔ	iɐʔ		yɐʔ	ʌʔ	iʌʔ	uʌʔ		əʔ	iəʔ	uəʔ	yəʔ	武陟木城
9	ɐʔ	iɐʔ	uɐʔ	yɐʔ	ɑʔ		uɑʔ		əʔ	iəʔ	uəʔ	yəʔ	博爱清化、博爱寨豁
10	ɐʔ	iɐʔ	uɐʔ	yɐʔ	ɑʔ	iɑʔ	uɑʔ		əʔ	iəʔ	uəʔ	yəʔ	沁阳沁园
11	æʔ	iæʔ	uæʔ	yæʔ	ɑʔ	iɑʔ	uɑʔ		əʔ	iəʔ	uəʔ	yəʔ	沁阳常平
12	æʔ	iæʔ	uæʔ	yæʔ	ɑʔ	iɑʔ	uɑʔ	yɑʔ	əʔ	iəʔ	uoʔ	yəʔ	沁阳紫陵
13	æʔ	iæʔ	uæʔ	yæʔ	ɑʔ	iɑʔ	uɑʔ		əʔ	iəʔ	uoʔ	yəʔ	沁阳柏香

其中,安阳吕村属于安阳县。汤阴城关两个发音人的情况不同,1942 年出生的为[ʌʔ iʌʔ uʌʔ yʌʔ],1953 年出生的为[oʔ ioʔ uoʔ yoʔ],今从早不从晚、从老不从新。焦作王褚、修武西村的主元音略后于[ᴀ],记作[ᴀ]。焦作王褚、武陟木城、温县温泉等方言开口三等知系字有[ʅɐʔ]、[ʅɑʔ]、[ʅəʔ]韵母,此处统一处理为[ɐʔ]、[ɑʔ]、[əʔ]。

(1) Ⅰ组　该组主要来自咸山摄三四等(除合口三等非组外)、曾开三庄组、曾开一和梗开二非见系。具体实例如表 2-39(括号中为不合规律的例外,下同)。

表 2-39　豫北晋语三组型入声韵中Ⅰ组的读音

	咸开三四		山摄三四			曾开一三			梗开二	
	接	贴	折	说	雪	侧	北	塞	拆	麦
安阳吕村	tɕiɐʔ꜆	tʰiɐʔ꜆	tsɐʔ꜆	suɐʔ꜆	ɕyɐʔ꜆	tsʰɐʔ꜆	pɐʔ꜆	sɐʔ꜆	tsʰɐʔ꜆	mɐʔ꜆
汤阴城关	tɕiɐʔ꜆	tʰiɐʔ꜆	tsɐʔ꜆	suɐʔ꜆	ɕyɐʔ꜆	tsʰɐʔ꜆	pɐʔ꜆	sɐʔ꜆	tsʰɐʔ꜆	mɐʔ꜆
汤阴五陵	tɕiɐʔ꜆	tʰiɐʔ꜆	tʂɐʔ꜆	suɐʔ꜆	ɕyɐʔ꜆	tʂʰɐʔ꜆	pɐʔ꜆	sɐʔ꜆	tʂʰɐʔ꜆	mɐʔ꜆
获嘉亢村	tɕiɐʔ꜆	tʰiɐʔ꜆	tʂɐʔ꜆	ʂuɐʔ꜆	ɕyɐʔ꜆	(tsʰʌʔ꜆)	pɐʔ꜆	sɐʔ꜆	tsʰɐʔ꜆	mɐʔ꜆
焦作王褚	tɕiɐʔ꜆	tʰiɐʔ꜆	tʂɐʔ꜆	ʂuɐʔ꜆	ɕyɐʔ꜆	tsʰɐʔ꜆	pɐʔ꜆	sɐʔ꜆	tsʰɐʔ꜆	mɐʔ꜆
温县温泉	tɕiɐʔ꜆	tʰiɐʔ꜆	tʂʅɐʔ꜆	fɐʔ꜆	ɕyɐʔ꜆	tsʰɐʔ꜆	pɐʔ꜆	sɐʔ꜆	tsʰɐʔ꜆	mɐʔ꜆
武陟木城	tɕiɐʔ꜆	tʰiɐʔ꜆	tʂʅɐʔ꜆	(ʂuʌʔ꜆)	ɕyɐʔ꜆	tsʰɐʔ꜆	pɐʔ꜆	sɐʔ꜆	tsʰɐʔ꜆	mɐʔ꜆
博爱清化	tɕiɐʔ꜆	tʰiɐʔ꜆	tʂɐʔ꜆	fɐʔ꜆	ɕyɐʔ꜆	tsʰɐʔ꜆	pɐʔ꜆	sɐʔ꜆	tʂʰɐʔ꜆	mɐʔ꜆
沁阳沁园	tɕiɐʔ꜆	tʰiɐʔ꜆	tsɐʔ꜆	suɐʔ꜆	ɕyɐʔ꜆	tsʰɐʔ꜆	pɐʔ꜆	sɐʔ꜆	tsʰɐʔ꜆	mɐʔ꜆
沁阳紫陵	tɕiæʔ꜆	tʰiæʔ꜆	(꜀tʂʅɜ)	ʂuæʔ꜆	ɕyæʔ꜆	tsʰæʔ꜆	pæʔ꜆	sæʔ꜆	tsʰæʔ꜆	mæʔ꜆

山西忻州、原平、河曲等地入声韵今有三组对立,分别为低元音[*aʔ]组、中元音[*ɔʔ(ɛʔ)]组、高元音[*əʔ]组。王洪君(1990)在讨论这几个方言的高元音[*əʔ]组时总结到:"曾开一入归入高的一组是山西方言一致的特征。"从刘育林(1990)、邢向东(2002)、李建校(2006)的研究来看,陕北晋语曾开一入也归入高的一组,与山西方言保持一致。豫北晋语所有方言曾开一入的主流并不归入高的一组(即不归入Ⅲ组),个别方言个别字的例外仅限于:济源玉泉"北"

[pəʔ꜆]，沁阳沁园、温县温泉、武陟木城“黑”[xəʔ꜆]。因此说，豫北晋语与山西方言、陕北晋语在曾开一入的归向上截然不同，这是它们之间的一个重要区别。

（2）Ⅱ组　该组主要来自咸山摄一二等及合口三等非组、宕江摄、曾摄一等和梗摄二等见系。其中半数以上的方言开齐合撮四呼不全，个别如焦作王褚、温县温泉等方言虽然四呼俱全，但撮口呼辖字极少。温县温泉方言仅有以下几例：雀 tɕʰyɑʔ꜆ | 鹊 tɕʰyɑʔ꜆ | 削 ɕyɑʔ꜆ | 觉 tɕyɑʔ꜆ | 确正~tɕʰyɑʔ꜆ | 乐音~yɑʔ꜆。四呼不全的部分多归入相应的Ⅰ组。拿武陟木城方言来说，开齐合[ʌʔ iʌʔ uʌʔ]三呼缺少相应的撮口呼与之相配，这部分字已经率先归入Ⅰ组[yɐʔ]韵了，例如：答 tʌʔ꜆ | 掐 tɕʰiʌʔ꜆ | 落 luʌʔ꜆ | 乐音~yɐʔ꜆。Ⅱ组的具体实例如表 2－40。

表 2－40　豫北晋语三组型入声韵中Ⅱ组的读音

	咸摄		山摄一二		宕摄		江摄		曾一	梗二
	磕	法	杀	刮~风	恶	雀	剥	戳	国	获
安阳吕村	kʰɒʔ꜆	fɒʔ꜆	sɒʔ꜆	kuɒʔ꜆	ɣɒʔ꜆	tɕʰyɒʔ꜆	pɒʔ꜆	tsʰuɒʔ꜆	(kuɐʔ꜆)	—
汤阴城关	kʰʌʔ꜆	fʌʔ꜆	sʌʔ꜆	kuʌʔ꜆	ɣʌʔ꜆	tɕʰyʌʔ꜆	pʌʔ꜆	tsʰuʌʔ꜆	(kuɐʔ꜆)	xuʌʔ꜆
汤阴五陵	kʰɒʔ꜆	fɒʔ꜆	sɒʔ꜆	kuɒʔ꜆	ɣɒʔ꜆	tɕʰyɒʔ꜆	pɒʔ꜆	tʂʰuɒʔ꜆	(kuɐʔ꜆)	xuɒʔ꜆
获嘉亢村	kʰʌʔ꜆	fʌʔ꜆	sʌʔ꜆	kuʌʔ꜆	ɣʌʔ꜆	(tɕʰyɐʔ꜆)	pʌʔ꜆	tʂʰuʌʔ꜆	kuʌʔ꜆	xuʌʔ꜆
焦作王褚	kʰAʔ꜆	fAʔ꜆	sAʔ꜆	kuAʔ꜆	ɣAʔ꜆	tɕʰiAʔ꜆	pAʔ꜆	tʂʰuAʔ꜆	kuAʔ꜆	xuAʔ꜆
温县温泉	kʰɑʔ꜆	fɑʔ꜆	sɑʔ꜆	kuɑʔ꜆	ɣɑʔ꜆	tɕʰyɑʔ꜆	pɑʔ꜆	tʂʰuɑʔ꜆	kuɑʔ꜆	xuɑʔ꜆
武陟木城	kʰʌʔ꜆	fʌʔ꜆	sʌʔ꜆	kuʌʔ꜆	ɣʌʔ꜆	(tɕʰyɐʔ꜆)	pʌʔ꜆	tʂʰuʌʔ꜆	kuʌʔ꜆	xuʌʔ꜆
博爱清化	kʰɑʔ꜆	fɑʔ꜆	sɑʔ꜆	kuɑʔ꜆	ɣɑʔ꜆	(tɕʰiɐʔ꜆)	(pɐʔ꜆)	tʂʰuɑʔ꜆	kuɑʔ꜆	xuɑʔ꜆
沁阳沁园	kʰɑʔ꜆	fɑʔ꜆	sɑʔ꜆	kuɑʔ꜆	ɣɑʔ꜆	(tɕʰyɐʔ꜆)	pɑʔ꜆	tsʰuɑʔ꜆	kuɑʔ꜆	xuɑʔ꜆
沁阳紫陵	kʰɑʔ꜆	fɑʔ꜆	sɑʔ꜆	kuɑʔ꜆	ɣɑʔ꜆	tɕʰiɑʔ꜆	pɑʔ꜆	tʂʰuɑʔ꜆	kuɑʔ꜆	xuɑʔ꜆

王洪君（1990）从山西方言三组型入声韵的内部分歧得出入声演化的两条途径：一条是失落塞尾，另一条是韵类合并。失落塞尾的实例如：清涧（低元音、中元音两组无塞尾，较高元音组有塞尾）、偏关（低元音组无塞尾，中、较高元音组有塞尾）、忻州（低、中、较高三组均

有塞尾),三个地点代表了塞尾失落的不同阶段;韵类合并的实例如:清涧(中元音四呼俱全,开口呼区分前后)、忻州(中元音四呼俱全,不区分前后)、原平(中元音无齐撮两呼)、河曲(中元音无开合两呼),四个地点可看作韵类合并的不同阶段。

从以上豫北晋语各方言点的情况看,汤阴城关、安阳吕村、汤阴五陵、焦作王褚、温县温泉、温县武德、温县番田、武陟詹店、武陟小董、沁阳紫陵等10点四呼俱全,获嘉亢村、获嘉徐营无齐齿呼,武陟木城、沁阳沁园、沁阳常平、沁阳柏香无撮口呼,修武西村、博爱清化、博爱寨豁无齐撮两呼。这些方言入声韵演化走的是韵类合并这一途径。合并的方向是Ⅰ组韵母;合并的过程以齐撮两呼为先,然后才是开合两呼,即先细音、后洪音;合并的结果是这些方言变成两组型入声韵。可以看出,Ⅱ组的主元音都为后元音。可以说,在韵类合并中后元音最不稳定。

(3) Ⅲ组 该组主要来自深臻通摄、曾摄开口三等(除庄组外)、梗摄开口三四等入声字。具体实例如表2-41。

表2-41 豫北晋语三组型入声韵中Ⅲ组的读音

	深摄		臻摄		通摄		曾开三		梗开三四	
	十	急	骨	屈	竹	掬	直	识	踢	吃
安阳吕村	sɛʔ꜆	tɕiɛʔ꜆	kuɛʔ꜆	tɕʰyɛʔ꜆	tʂuɛʔ꜆	tɕyɛʔ꜆	tsɛʔ꜆	sɛʔ꜆	tʰiɛʔ꜆	tsʰɛʔ꜆
汤阴城关	sɛʔ꜆	tɕiɛʔ꜆	kuɛʔ꜆	tɕʰyɛʔ꜆	tsuɛʔ꜆	tɕyɛʔ꜆	tsɛʔ꜆	sɛʔ꜆	tʰiɛʔ꜆	tsʰɛʔ꜆
汤阴五陵	sɛʔ꜆	tɕiɛʔ꜆	kuɛʔ꜆	tɕʰyɛʔ꜆	tʂuɛʔ꜆	tɕyɛʔ꜆	tʂɛʔ꜆	sɛʔ꜆	tʰiɛʔ꜆	tʂʰɛʔ꜆
获嘉亢村	ʂəʔ꜆	(꜁tɕi)	kuəʔ꜆	tɕʰyəʔ꜆	tʂuəʔ꜆	tɕyəʔ꜆	tʂəʔ꜆	ʂəʔ꜆	tʰiəʔ꜆	tʂʰəʔ꜆
焦作王褚	ʂʅəʔ꜆	(꜁tɕi)	kuəʔ꜆	tɕʰyəʔ꜆	tʂuəʔ꜆	tɕyəʔ꜆	tʂʅəʔ꜆	ʂʅəʔ꜆	tʰiəʔ꜆	tʂʰʅəʔ꜆
温县温泉	ʂʅəʔ꜆	(꜁tɕi)	kuəʔ꜆	tɕʰyəʔ꜆	tʂuəʔ꜆	(꜀tɕy)	(꜁tʂʅ)	ʂʅəʔ꜆	tʰiəʔ꜆	tʂʰʅəʔ꜆
武陟木城	ʂʅəʔ꜆	tɕiəʔ꜆	kuəʔ꜆	tɕʰyəʔ꜆	tʂuəʔ꜆	tɕyəʔ꜆	tʂʅəʔ꜆	ʂʅəʔ꜆	tʰiəʔ꜆	tʂʰʅəʔ꜆
博爱清化	ʂəʔ꜆	tɕiəʔ꜆	kuəʔ꜆	tɕʰyəʔ꜆	tʂuəʔ꜆	tɕyəʔ꜆	tʂəʔ꜆	ʂəʔ꜆	tʰiəʔ꜆	tʂʰəʔ꜆
沁阳沁园	səʔ꜆	tɕiəʔ꜆	kuəʔ꜆	tɕʰyəʔ꜆	tsuəʔ꜆	(꜀tɕy)	tsəʔ꜆	səʔ꜆	tʰiəʔ꜆	tsʰəʔ꜆
沁阳紫陵	ʂəʔ꜆	tɕiəʔ꜆	kuoʔ꜆	tɕʰyəʔ꜆	tʂuoʔ꜆	tɕyəʔ꜆	tʂəʔ꜆	ʂəʔ꜆	tʰiəʔ꜆	tʂʰəʔ꜆

本组的合口呼在音值上有脱离大部队的情况,如沁阳紫陵、沁阳柏

香等方言的开口、齐齿、撮口三呼为[əʔ iəʔ yəʔ]，而合口呼为[uoʔ]，其原因可能是受到[u]介音的影响所致。

三组型入声韵在晋语中并不多见，因此显得颇为重要。我们根据已有研究成果（王洪君 1990；侯精一等 1993；白静茹 2005；沈明 2006；李建校 2006；等），将所涉市县小结如下：

山西：忻州、岚县、定襄、原平、五台、河曲、阳曲、蒲县、屯留、高平

陕北：佳县、吴堡、米脂、榆林、横山、靖边

豫北：安阳县、汤阴、获嘉、修武、焦作、武陟、温县、沁阳、博爱

对比来看，以曾开一入是否归入高元音组为标准，山西、陕北的三组型关系密切，豫北晋语自主发展。

2.4.3.3　两组型入声韵

豫北晋语入声韵的主要类型是两组型。它分布于鹤壁、新乡两地区及济源市、林州市的 25 个方言点。依据两组来源的不同，可以分为两组 A 型和两组 B 型。

（1）两组 A 型

两组 A 型有Ⅰ组（低元音组）和Ⅱ组（高元音组）两组入声韵。其中Ⅱ组来自深臻通摄、曾摄开口三等（除庄组外）、梗摄开口三四等入声字。两组 A 型分布于除济源坡头外的其他 24 个方言点，各点在归类上没有分歧，具体音值及分布地点见表 2－42。

表 2－42　豫北晋语两组 A 型入声韵的音值及分布情况

	Ⅰ组				Ⅱ组				方言点
	开	齐	合	撮	开	齐	合	撮	
1	ɐʔ	iɐʔ	uɐʔ	yɐʔ	əʔ	iəʔ	uəʔ	yəʔ	林州城郊、安阳马家、淇县朝歌、新乡平原、修武城关、修武岸上、济源玉泉、济源王屋、辉县城关、卫辉城郊、辉县上八里

续　表

	Ⅰ组				Ⅱ组				方　言　点
	开	齐	合	撮	开	齐	合	撮	
2	ɐʔ	iɐʔ	uɐʔ	yɐʔ			uəʔ		鹤壁淇滨
3	aʔ	iaʔ	uaʔ	yaʔ	əʔ	iəʔ	uəʔ	yəʔ	林州临淇、新乡小冀、获嘉城关、辉县吴村、卫辉狮豹头
4	ᴀʔ	iᴀʔ	uᴀʔ	yᴀʔ	əʔ	iəʔ	uəʔ	yəʔ	卫辉庞寨
5	ɐʔ	iɐʔ	uɐʔ	yɐʔ	ʌʔ	iʌʔ	uʌʔ	yʌʔ	林州任村
6	aʔ	iaʔ	uaʔ	yaʔ	æʔ	iæʔ	uoʔ	yæʔ	林州东姚
7	ɐʔ	iɐʔ	uɐʔ	yɐʔ	æʔ	iæʔ	uæʔ	yæʔ	安阳铜冶
8	ɐʔ	iɐʔ	uɐʔ	yɐʔ	ɛʔ	iɛʔ	uʌʔ	yɛʔ	鹤壁山城
9	ᴀʔ	iᴀʔ	uᴀʔ	yᴀʔ	æʔ	iæʔ	uoʔ	yæʔ	淇县黄洞
10	ᴀʔ	iᴀʔ	uᴀʔ	yᴀʔ	æʔ	iæʔ	uæʔ	yæʔ	辉县南村

其中，鹤壁淇滨方言[əʔ]组只辖一字“不[puəʔ꜆]”，其余入声字均属[ɐʔ]组。副词“不”保留入声韵是本读还是语法的作用，不好判断。

1）Ⅰ组　该组来自咸山摄、宕江摄、曾摄一等、曾开三庄组、梗摄二等入声字。与三组型入声韵对照来说，两组型Ⅰ组的来源等于三组型Ⅰ组和Ⅱ组的总和。具体实例见表2－43。

表2－43　豫北晋语两组A型入声韵中Ⅰ组的读音

	咸山			宕江			曾一	曾三	梗二	
	搭	捏	缺	郭	弱	确	国	色	百	摘
林州城郊	tɐʔ꜆	niɐʔ꜆	tɕʰyɐʔ꜆	kuɐʔ꜆	ʐuɐʔ꜆	tɕʰyɐʔ꜆	kuɐʔ꜆	sɐʔ꜆	pɐʔ꜆	tʂɐʔ꜆
淇县朝歌	tɐʔ꜆	ȵiɐʔ꜆	tɕʰyɐʔ꜆	kuɐʔ꜆	zɐʔ꜆	tɕʰyɐʔ꜆	kuɐʔ꜆	sɐʔ꜆	pɐʔ꜆	tʂɐʔ꜆
新乡平原	tɐʔ꜆	(꜀ȵiɜ)	tɕʰyɐʔ꜆	kuɐʔ꜆	ʐuɐʔ꜆	tɕʰyɐʔ꜆	kuɐʔ꜆	sɐʔ꜆	pɐʔ꜆	tʂɐʔ꜆
修武城关	tɐʔ꜆	ȵiɐʔ꜆	tɕʰyɐʔ꜆	kuɐʔ꜆	ʐuɐʔ꜆/ʐɐʔ꜆	tɕʰyɐʔ꜆	kuɐʔ꜆	sɐʔ꜆	pɐʔ꜆	tsɐʔ꜆
济源王屋	tɐʔ꜆	ȵiɐʔ꜆	tɕʰyɐʔ꜆	kuɐʔ꜆	ʐuɐʔ꜆	tɕʰyɐʔ꜆	kuɐʔ꜆	sɐʔ꜆	pɐʔ꜆	tsɐʔ꜆

续　表

	咸山			宕江			曾一	曾三	梗二	
	搭	捏	缺	郭	弱	确	国	色	百	摘
辉县城关	tɐʔ꜆	ȵiɐʔ꜆	tɕʰyɐʔ꜆	kuɐʔ꜆	zuɐʔ꜆	tɕʰyɐʔ꜆	kuɐʔ꜆	sɐʔ꜆	pɐʔ꜆	tsɐʔ꜆
鹤壁淇滨	(꜀ta)	(꜀ȵiɜ)	tɕʰyɐʔ꜆	(꜀kuɐ)	(꜀ʐuɐ)	tɕʰyɐʔ꜆	kuɐʔ꜆	sɐʔ꜆	(꜀pɛ)	tʂɐʔ꜆
获嘉城关	taʔ꜆	(꜀ȵiɜ)	tɕʰyaʔ꜆	kuaʔ꜆	ʐaʔ꜆	tɕʰyaʔ꜆	kuaʔ꜆	ʂaʔ꜆	paʔ꜆	tʂaʔ꜆
卫辉庞寨	tᴀʔ꜆	ȵiᴀʔ꜆	tɕʰyᴀʔ꜆	kuᴀʔ꜆	zuᴀʔ꜆	tɕʰyᴀʔ꜆	kuᴀʔ꜆	sᴀʔ꜆	pᴀʔ꜆	tʂᴀʔ꜆
林州任村	tɐʔ꜆	(꜀ȵiɛ)	tɕʰyɐʔ꜆	kuɐʔ꜆	ʐɐʔ꜆	tɕʰyɐʔ꜆	kuɐʔ꜆	ʂɐʔ꜆	pɐʔ꜆	tʂɐʔ꜆
林州东姚	taʔ꜆	ȵiaʔ꜆	tɕʰyaʔ꜆	kuaʔ꜆	ʐaʔ꜆	tɕʰyaʔ꜆	kuaʔ꜆	ʂaʔ꜆	paʔ꜆	tʂaʔ꜆
安阳铜冶	tɐʔ꜆	ȵiɐʔ꜆	tɕʰyɐʔ꜆	kuɐʔ꜆	ʐɐʔ꜆	tɕʰyɐʔ꜆	kuɐʔ꜆	ʂɐʔ꜆	pɐʔ꜆	tʂɐʔ꜆
鹤壁山城	tɐʔ꜆	ȵiɐʔ꜆	tɕʰyɐʔ꜆	kuɐʔ꜆	(zuʌʔ꜆)	tɕʰyɐʔ꜆	kuɐʔ꜆	sɐʔ꜆	pɐʔ꜆	tʂɐʔ꜆
淇县黄洞	tᴀʔ꜆	ȵiᴀʔ꜆	tɕʰyᴀʔ꜆	kuᴀʔ꜆	zᴀʔ꜆	tɕʰyᴀʔ꜆	kuᴀʔ꜆	sᴀʔ꜆	pᴀʔ꜆	tsᴀʔ꜆
辉县南村	tᴀʔ꜆	ȵiᴀʔ꜆	tɕʰyᴀʔ꜆	kuᴀʔ꜆	ʐᴀʔ꜆	tɕʰyᴀʔ꜆	kuᴀʔ꜆	sᴀʔ꜆	pᴀʔ꜆	tʂᴀʔ꜆

山西晋语的入声韵大体是“两组8韵”型。沈明(1995：35－38)把山西晋语两组入声韵的方言分为离石型、长治型、太原型和大同型。依此分类来看，宕江归入咸山且内部没有等的界限的有太原型和大同型，两者中梗摄二等全读[*aʔ]组(即Ⅰ组)的只有大同型，其中与豫北晋语距离较近的有黎城、平顺、壶关、沁县、武乡、襄垣、晋城、阳城、陵川等。这些方言与豫北晋语的差异最小，仅在于曾摄一等入声韵的读音上。曾一入与梗二入不同，为大同型；曾一入与梗二入相同，则为豫北晋语。曾一入与梗二入是否相同是判断晋豫两省太行山两麓晋语的有效标准。

另外，豫北晋语不像离石型那样保持咸山一二等的区别，而是选择了合流，其情形与太原型、大同型一致。但个别字如“活山合一≠滑山合二”，二者在整个豫北晋语区都读舒声，可能是受到周边官话方言咸山区别一二等的影响。“刮”字白读[*kuaʔ꜆]同于一等，文读[*kua]异于一等，也可以很好地说明这一点。

2）Ⅱ组　该组来自深臻通摄、曾摄开口三等(除庄组外)、梗摄开口三四等入声字。具体实例见表2－44。

表2－44　豫北晋语两组A型入声韵中Ⅱ组的读音

	深摄		臻摄		通摄		曾开三		梗开三四	
	习	入	质	橘	绿	菊	直	食	脊	尺
林州城郊	siəʔ꜆	ʐuəʔ꜆	tʂəʔ꜆	tɕyəʔ꜆	luəʔ꜆	tɕyəʔ꜆	tʂəʔ꜆	ʂəʔ꜆	tsiəʔ꜆	tʂʰəʔ꜆
淇县朝歌	ɕiəʔ꜆	zuəʔ꜆	tʂəʔ꜆	tɕyəʔ꜆	luəʔ꜆	tɕyəʔ꜆	(꜁tʂʅ)	səʔ꜆	tɕiəʔ꜆	tʂʰəʔ꜆
新乡平原	ɕiəʔ꜆	ʐuəʔ꜆	tʂəʔ꜆	tɕyəʔ꜆	luəʔ꜆	tɕyəʔ꜆	tʂəʔ꜆	ʂəʔ꜆/səʔ꜆	(꜀tɕi)	tʂʰəʔ꜆
修武城关	ɕiəʔ꜆	ʐuəʔ꜆	tʂəʔ꜆	tɕyəʔ꜆	luəʔ꜆	tɕyəʔ꜆	tʂəʔ꜆	ʂəʔ꜆	tɕiəʔ꜆	tʂʰəʔ꜆
济源王屋	ɕiəʔ꜆	ʐuəʔ꜆	tʂəʔ꜆	tɕyəʔ꜆	luəʔ꜆	tɕyəʔ꜆	(꜁tʂʅ)	(꜁ʂʅ)	tɕiəʔ꜆	tʂʰəʔ꜆
辉县城关	ɕiəʔ꜆	zuəʔ꜆	tsəʔ꜆	tɕyəʔ꜆	luəʔ꜆	tɕyəʔ꜆	tsəʔ꜆	səʔ꜆	tɕiəʔ꜆	tsʰəʔ꜆
鹤壁淇滨	(꜀ɕi)	(꜀ʐu)	(꜀tʂʅ)	(꜀tɕy)	(꜀ly)	(꜀tɕy)	(꜁tʂʅ)	(꜁ʂʅ)	(꜀tɕi)	(꜀tʂʰʅ)
获嘉城关	ɕiəʔ꜆	ʐuəʔ꜆	tʂəʔ꜆	tɕyəʔ꜆	luəʔ꜆	tɕyəʔ꜆	tʂəʔ꜆	ʂəʔ꜆	tɕiəʔ꜆	tʂʰəʔ꜆
卫辉庞寨	ɕiəʔ꜆	zuəʔ꜆	tʂəʔ꜆	tɕyəʔ꜆	luəʔ꜆	tɕyəʔ꜆	tʂəʔ꜆	səʔ꜆	tɕiəʔ꜆	tʂʰəʔ꜆
林州任村	siʌʔ꜆	ʐuʌʔ꜆	tʂʌʔ꜆	tɕyʌʔ꜆	luʌʔ꜆	tɕyʌʔ꜆	tʂʌʔ꜆	ʂʌʔ꜆	tsiʌʔ꜆	tʂʰʌʔ꜆
林州东姚	siæʔ꜆	ʐuoʔ꜆	tʂæʔ꜆	tɕyæʔ꜆	luoʔ꜆	tɕyæʔ꜆	tʂæʔ꜆	ʂæʔ꜆	tsiæʔ꜆	tʂʰæʔ꜆
安阳铜冶	siæʔ꜆	ʐuæʔ꜆	tʂæʔ꜆	tɕyæʔ꜆	luæʔ꜆	tɕyæʔ꜆	tʂæʔ꜆	ʂæʔ꜆	tsiæʔ꜆	tʂʰæʔ꜆
鹤壁山城	ɕiɛʔ꜆	zuʌʔ꜆	tʂɛʔ꜆	tɕyɛʔ꜆	luʌʔ꜆	tɕyɛʔ꜆	tʂɛʔ꜆	(꜁sɿ)	tɕiɛʔ꜆	tʂʰɛʔ꜆
淇县黄洞	ɕiæʔ꜆	zuoʔ꜆	tsæʔ꜆	tɕyæʔ꜆	luoʔ꜆	tɕyæʔ꜆	tsæʔ꜆	sæʔ꜆	tɕiæʔ꜆	tsʰæʔ꜆
辉县南村	ɕiæʔ꜆	ʐuæʔ꜆	tʂæʔ꜆	tɕyæʔ꜆	luæʔ꜆	tɕyæʔ꜆	tʂæʔ꜆	sæʔ꜆	tɕiæʔ꜆	tʂʰæʔ꜆

Ⅱ组各点的主元音音值以较高的[ə]为主，少部分方言为前中低元音[ɛ]/[æ]，个别方言如林州任村为后中元音[ʌ]。

（2）两组B型

两组B型今有[ɐʔ iɐʔ uɐʔ]和[ɑʔ iɑʔ uɑʔ yɑʔ]两组韵母。这种类型仅分布于济源坡头1个方言点。与两组A型方言相比，济源坡头方言的深臻通摄、曾摄开口三等（除庄组外）、梗摄开口三四等入声韵（即两组A型Ⅱ组）全部舒化，其余咸山摄、宕江摄、曾摄一等、曾开三庄组、梗摄二等入声韵母分化为两组。两者在咸山摄、曾摄一等上没有明确的分类界限，因此其来源大致为：[ɐʔ]组来自部分咸山摄、部分曾摄一等和曾开三庄组、梗摄二等入声字；[ɑʔ]组来自宕江摄、部分咸山摄、部分曾摄一等。具体实例如下：

［ɐʔ］组：塔 tʰɐʔ꜆ | 捏 ȵiɐʔ꜆ | 说 ʂuɐʔ꜆ | 摘 tsɐʔ꜆ | 镊 ȵiɐʔ꜆

［ɑʔ］组：八 pɑʔ꜆ | 夹 tɕiɑʔ꜆ | 弱 ʐuɑʔ꜆ | 鹊 tsʰyɑʔ꜆ | 杀 sɑʔ꜆ | 末 muɑʔ꜆ | 脚 tɕyɑʔ꜆

济源坡头的情况在豫北晋语中虽属孤例，但却具有重要的类型意义。该方言深臻通摄、曾摄开口三等（除庄组外）、梗摄开口三四等入声韵（即两组 A 型Ⅱ组）全部舒化，说明其前身应该是三组型入声韵。这种三组型入声韵的演化是高元音［*əʔ］组先失落塞尾，然后下一步才可能是韵类合并。这种演化路径与豫北晋语大多三组型方言先Ⅰ组、Ⅱ组韵类合并的情况不同。

第三章

豫北晋语的语音演变

本章的主要内容是：对豫北晋语中入声的舒化、知庄章的演变及阴声字读鼻音韵三个现象进行尝试性的理论探讨；对豫北晋语中的部分特字进行描写和适当解释，并绘制部分特字的语音特征分布图。

3.1 入声舒化方式的讨论

入声舒化是入声调演变的方式之一。豫北晋语中，除了延津城关、延津胙城、延津榆林、济源下冶、济源邵原等 5 个方言点入声字全部舒化外，其他 45 个方言点的古入声字部分仍读入声，部分舒化。但各方言清入、次浊入和全浊入的舒化情况有所不同，具体的舒化方式各有殊异。下面我们以《方言调查字表》上的 609 个入声字为考察对象，依据清入、次浊入、全浊入的次序逐个介绍其舒化现象并讨论其舒化方式。与数据相关的情况主要以 14 个重点点（不包括淇县朝歌）为统计对象。

3.1.1 清入的舒化

3.1.1.1 舒化概况

清入字舒化后的分派情况在官话次方言的划分中扮演着重要的角色，也是考量官话对晋语影响的一个重要切入点。豫北晋语清入字的舒化主要有以下三种情况：

（1）延津城关、延津胙城、延津榆林、济源下冶的清入字全部舒化，大部分归入阴平。

（2）济源邵原方言的古清入字全部舒化，大部分归入上声。

（3）其他大部分方言清入字部分读入声，部分舒化，舒化后的分派呈现出两种情形：第一，以归入阴平的最多。例如鹤壁淇滨、新乡平原、安阳文峰、卫辉城郊、获嘉城关、焦作王褚、修武城关、武陟木城、温县温泉、获嘉亢村、沁阳沁园、济源玉泉等。第二，以归入去声的最多。例如林州城郊、辉县城关等。

豫北晋语各重点方言点的清入字舒化后的分派比例见表3－1，其中舒入两读的字计入舒化字，舒舒两读的记作两个字。

表3－1 豫北晋语清入字舒化后的分派情况

	舒化总数	阴平		阳平		上声		去声	
		数量	比例	数量	比例	数量	比例	数量	比例
鹤壁淇滨	274	199	72.63%	21	7.66%	18	6.57%	36	13.14%
新乡平原	112	57	50.89%	23	20.54%	13	11.61%	19	16.96%
安阳文峰	87	33	37.93%	18	20.69%	7	8.05%	29	33.33%
卫辉城郊	73	23	31.50%	22	30.14%	8	10.96%	20	27.40%
获嘉城关	51	19	37.25%	11	21.57%	10	19.61%	11	21.57%
获嘉亢村	71	28	39.44%	21	29.58%	5	7.04%	17	23.94%
焦作王褚	33	13	39.40%	9	27.27%	4	12.12%	7	21.21%
修武城关	59	22	37.29%	14	23.73%	10	16.95%	13	22.03%
武陟木城	67	32	47.76%	16	23.88%	6	8.96%	13	19.40%
温县温泉	70	22	31.43%	20	28.57%	10	14.29%	18	25.71%
沁阳沁园	75	27	36.00%	19	25.33%	11	14.67%	18	24.00%
济源玉泉	29	10	34.48%	10	34.48%	4	13.80%	5	17.24%
林州城郊	32	11	34.38%	5	15.62%	2	6.25%	14	43.75%
辉县城关	59	19	32.20%	6	10.17%	6	10.17%	28	47.46%

以焦作王褚为例，在我们统计的340个清入字中，33个已经舒化，307个没有舒化，舒化字归入阴平、阳平、上声、去声的比例分别为39.40%、27.27%、12.12%、21.21%，具体分派情况为：［阴平］鸭腌揖萨楔钵豁挖焯伯屐粥叔｜［阳平］劫胁急别哲匹卒博琢｜［上声］眨撒饺粟｜［去声］轧泄率错忆亿郁。

以上清入舒化派入四声的比例是现阶段的情况，从这种阶段性的特征我们可以看出，清入舒化的开始阶段，即舒化字数较少的时候，归入阴平的比例只是略微比阳平、上声、去声多。从单个方言来看，这个阶段清入舒化的方向似乎并不是很明确，既有可能认为是清入多派入阴平，也有可能认为是入派四声；但从豫北晋语的整体看，绝大多数方言的清入舒化后都是派入阴平的比例最高，这足以说明清入舒化后的基本取向。到了清入舒化较为充分的阶段，随着舒化字数的增多，这种取向就会体现为比例上的绝对优势，这在鹤壁淇滨、新乡平原方言中体现得较为明显。

林州城郊、辉县城关两点的情况略有特殊，与晋东南晋语入声舒化后多归入去声的情况相似。我们认为这是方言自主音变的结果，因为找不到周边强势方言影响的痕迹。

3.1.1.2 舒化方式

为了便于讨论，我们先来看豫北晋语各方言的入声与阴平的调型对比关系，见图3－1。

将上文“舒化概况”中介绍的现象与图3－1相结合，有以下几个问题需要解决：

第一，入声与阴平调型相同且调值接近的大部分方言，它们的清入是如何舒化的？

第二，沁阳沁园、焦作王褚等方言的入声与阴平调型不同，但为何清入舒化后以归入阴平的最多？

第三，林州城郊、辉县城关的入声与阴平调型相同且调值接近，但为何清入舒化后以归入去声的最多？

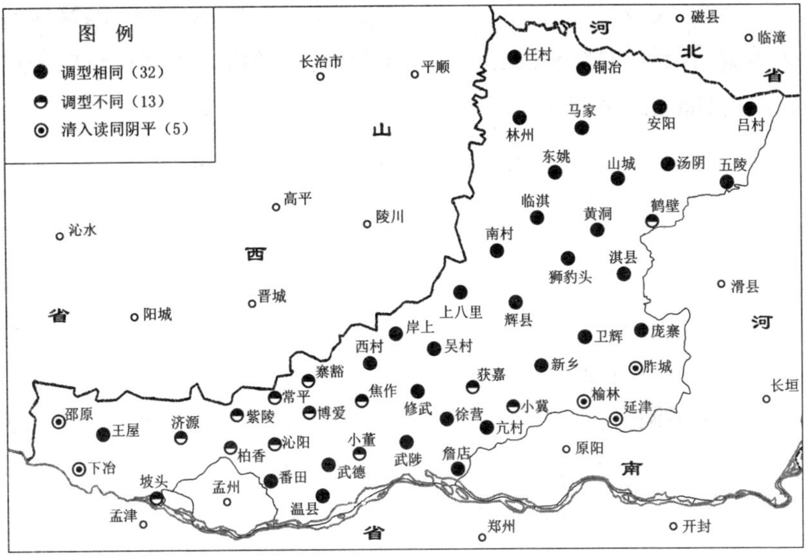

图 3－1　豫北晋语入声与阴平的调型关系

下面我们逐个对以上问题进行回答。

(1) 调值拉长自主舒化是豫北晋语清入字舒化后归入阴平的主要方式。调值拉长自主舒化是指方言在自主发展过程中，入声韵尾消失，短调逐步拉长，进而依据调型相同、调值接近原则归入相应舒声调。豫北晋语入声与阴平调型相同且调值接近的大部分方言，其清入舒化是通过这种方式实现的。

豫北晋语处于周边无入声的中原官话、冀鲁官话等方言的包围当中，入声调拉长进而舒化是大势所趋。当拉长以后，是独立成调还是就近归并，这就要取决于具体方言的声调系统了。从上图可以看出，豫北晋语大部分方言的入声调与阴平调调型相同、调值接近，这为清入舒化提供了最佳出路，归入阴平可谓顺理成章。当然也可以反过来理解，由于阴平调与清入调调型相同、调值接近，使得拉长后的入声调没有独立成调的空间，不得不选择与阴平归并的道路。

这种情况在豫北晋语东部与中原官话的接触地带表现得最为明

显。汤阴五陵、淇县朝歌、卫辉狮豹头、卫辉城郊、卫辉庞寨、新乡平原等地的入声调与阴平调都为升调，调值几无差别，这使得入声调拉长后无从选择，只能与阴平归并。请看表3－2。

表3－2　汤阴五陵等方言入声调与阴平调的对比

	汤阴五陵	淇县朝歌	卫辉狮豹头	卫辉城郊	卫辉庞寨	新乡平原
清入调	$\underline{24}$	$\underline{24}$	$\underline{35}$	$\underline{13}$	$\underline{13}$	$\underline{24}$
阴平调	24	35	24	24	24	24

其中，新乡平原入声调的调长介于短调与舒声调之间，听感上几乎等于阴平调，其下一步的发展会与延津城关、延津胙城、延津榆林等地一样，入声调长完全等于阴平调长，从而实现归并。反过来看，延津境内三个方言点很可能经历过新乡平原、淇县朝歌的阶段，即它们过去的入声调很可能是[$\underline{35}$]短调，随着[$\underline{35}$]短调逐步拉长，最终实现与阴平[35]调的归并。

济源邵原方言清入字舒化后大部分归入上声也是调值拉长的自然结果。该方言清入字舒化后选择了独立发展的道路，既不与豫北晋语一致，也不与中原官话相同。周边方言清入字的具体情况分别为：东边，济源王屋方言大部分读入声，少部分舒化的归入阴平；南边，隔河相望的中原官话洛嵩片新安方言舒化后归入阴平；西边，中原官话绛州小片垣曲方言，舒化后归入去声；北边，晋语上党片阳城方言大部分读入声，部分入声字“舒化后不论声母清浊，多归入去声”（王利 2008b）。济源邵原及其周边方言的声调情况见表3－3。

表3－3　济源邵原及其周边方言的声调情况

		浊平	清平	清上	次浊上	全浊上	去声	清入	次浊入	全浊入
东	济源王屋	212	55	52		24		3		
南	新　安	31	24	45		52		24		31
中	济源邵原	423	51	44		24		44		423

续 表

		浊平	清平	清上	次浊上	全浊上	去声	清入	次浊入	全浊入
西	垣曲老城区	212	31	44		53				212
	垣曲古城镇	212	53	44		53=阴平				212
北	阳城	13	11	31		53		12		

贺巍(1981)描写的济源城关方言的入声为短[33]调,今济源王屋的入声为短[3]调,可以推测,济源邵原方言原来的入声调可能也是个或中或高的短平调,清入舒化时应该走了调值拉长、调型相近而归并上声[44]的路子。简言之,入声舒化前的调型、调值决定了邵原方言古清入舒化后的归调方向。

豫北晋语大部分方言入声与阴平调型相同调值相近,是清入舒化后归入阴平的主要原因。这种舒化是方言自主发展的结果。

(2)调类影响被动舒化是豫北晋语清入字舒化后归入阴平的次要方式。调类影响被动舒化是指周边权威方言的舒化规则扩散并影响到具体方言时,不管其调值调型如何,一律按权威方言的调类归并到相应舒声调。这里的"被动"是指舒化方向上的被动,相对于自主选择舒化方向而言。沁阳沁园、焦作王褚等方言的入声与阴平调型不同,其清入舒化后多归入阴平,就是受周边中原官话及豫北晋语调类影响的结果。

以焦作王褚方言来说,其阴平调为[55],入声调以短[13]调为主,部分字存在变体短[3]调。阴平与入声两者调型不同,调值相差甚远,因此调值拉长自主舒化的路子行不通。比较合理的解释是受到了周边强势方言的影响,这种影响往往会超越具体方言调值系统的制约,在调类上发挥作用。焦作王褚方言清入字舒化的时间应该不会太长,目前只有 33 个字舒化,其舒化的初期阶段应该没有明确的方向,因此阴平、阳平、上声、去声都会有分派。当周边中原官话"清入舒化派入阴平"规则扩散到焦作王褚方言时,归入阴平的比例逐渐增大,从而使清入舒化有了一个大致的方向,而且它会随着舒化字数的增多而日渐清晰。

从目前焦作王褚方言清入字舒化后39.40%归入阴平、27.27%归入阳平、12.12%归入上声、21.21%归入去声的分派比例看，中原官话施之于焦作王褚方言的影响并不是很深，时间也不很长，它只能是豫北晋语清入字舒化后归入阴平的次要方式。

(3) 调类合并共同舒化是豫北晋语少数方言清入字舒化后多归去声的原因所在。调类合并共同舒化是指两个以上古入声调类合并以后朝着共同的方向进行舒化的方式。调类合并共同舒化表面上看似共同舒化，其实有主有次，一般会以某个古入声调的舒化为导向，其他调类循着它的方向进行舒化。比如中原官话，一般我们认为清入引领舒化方向，而较为游移的次浊入往往跟着清入的步伐前进，清入为主，次浊入为次。

林州城郊、辉县城关的入声与阴平调型相同且调值接近，但清入舒化后以归入去声的最多。这种情况既不属于调值拉长自主舒化，也不属于单纯的调类影响被动舒化。当调类调值都不发挥作用的时候，其视点可能需要放在更高的调类之间。我们注意到，林州城郊、辉县城关两方言的次浊入舒化后较多归入去声，较少归入阴平。具体来说，林州城郊有21字归入去声，1字归入阴平，辉县城关有26字归入去声，6字归入阴平。（具体字见下文3.1.2.1）同时，离林州不远的冀鲁官话的古次浊入舒化后多归入去声。基于以上方言事实，我们认为在林州城郊、辉县城关两方言的清入、次浊入合并后，由于地理上接近于冀鲁官话，造成了次浊入主导舒化方向、清入跟着演变的情况。这种次浊为主、清入为次的舒化方式，实质上也属于调类影响被动舒化的范围。

3.1.2 次浊入的舒化

3.1.2.1 舒化类型

古次浊入在豫北晋语中的归派情况可以分为两种类型：鹤壁淇滨

型和安阳文峰型。

鹤壁淇滨型：指古次浊入声字舒化后多归入阴平的类型。具体如鹤壁淇滨、新乡平原等方言。鹤壁淇滨古次浊入声字舒化后大部分归入阴平，其次归入去声；新乡平原也是归入阴平的最多，但仅比归入其他三声的总和略多。鹤壁淇滨、新乡平原古次浊入舒化后归入阴平（‖前）和去声（‖后）的字如下：

鹤壁淇滨：纳拉腊蜡镴聂镊蹑猎叶页业立笠粒入辣抹灭列烈裂热孽捏末沫捋劣悦阅袜密蜜栗没律率莫寞摸诺落烙骆洛络乐略掠若弱虐疟墨默力陌麦脉历农~木鹿禄陆绿录（67 字）‖捺日杌物勿幕酪亦易液腋溺历经~目穆牧六肉育玉欲慾浴（23 字）

新乡平原：拉聂镊蹑猎叶页业粒辣捏末沫捋袜杌律率物勿莫寞诺骆络略掠若默腋狱（31 字）‖捺栗日幕域易液溺历经~历农~目牧肉育玉欲慾浴（18 字）

鹤壁淇滨型次浊入舒化后多数归入阴平，其发展方向与周边中原官话相同。

安阳文峰型：指古次浊入声字舒化后大部分归入去声。具体如安阳文峰、林州城郊、卫辉城郊、辉县城关、获嘉城关、修武城关、焦作王褚、武陟木城、温县温泉、沁阳沁园、济源玉泉及获嘉亢村等方言。各方言古次浊入舒化后归入去声（‖前）和阴平（‖后）的字如下：

安阳文峰：捺日逸杌物勿幕诺酪跃墨翼域逆亦译易液腋觅役目穆牧六肉玉狱欲慾（30 字）‖拉莫寞摸（4 字）

林州城郊：逸杌物勿幕匿翼逆译易液腋溺疫役目牧肉玉狱浴（21 字）‖日（1 字）

卫辉城郊：物勿捺瘌幕匿域易液腋历经~历农~目牧肉育玉欲~望欲食~浴（20 字）‖拉页孽沫杌摸墨狱（8 字）

辉县城关：日逸莫幕鄂跃匿翼域逆亦易液腋溺疫役穆牧六肉育玉欲慾浴（26 字）‖拉捺栗杌褥狱（6 字）

获嘉城关：栗幕酪跃域易液腋溺牧六肉玉欲慾浴（16 字）‖叶页

袜机诺狱(6字)

获嘉亢村：捺栗日幕寞诺酪跃匿域液觅溺目穆牧六肉育玉欲慾浴(23字)‖叶页袜机墨拍狱(7字)

修武城关：捺日幕诺酪鄂跃匿域亦译易液腋溺疫役六肉育玉狱欲慾浴(25字)‖栗袜褥(3字)

焦作王褚：捺劣栗幕跃匿域逆易液觅溺牧育玉狱(16字)‖褥(1字)

武陟木城：捺瘌栗日逸勿幕酪跃域亦易液腋溺牧六肉育玉狱欲慾浴(24字)‖页袜褥(3字)

沁阳沁园：捺瘌栗逸幕跃翼域亦译易液溺疫役穆牧肉育玉狱欲慾浴(24字)‖拉叶页觅(4字)

温县温泉：捺瘌幕跃匿域易液腋穆牧肉育褥玉狱欲慾浴(19字)‖拉页沫箧麦(5字)

济源玉泉：捺逸幕诺跃匿域易液溺牧育玉狱(14字)‖拉(1字)

安阳文峰型与周边中原官话的情形大不相同,其舒化方向与冀鲁官话、胶辽官话及北京官话一致。

3.1.2.2 舒化方式

次浊入的舒化有两种类型,它们代表着不同的舒化方式。

鹤壁淇滨型的次浊入舒化后多数归入阴平,同时该类型方言的清入舒化后也是多数归入阴平,说明次浊入与清入走的是先调类合并、然后共同舒化的路子。

安阳文峰型可细分为两种情况：其一,林州城郊、辉县城关的次浊入舒化后多归入去声,而它们的清入舒化后也以归入去声的最多,说明它们走的是调类合并共同舒化的路子。前文已经讨论。其二,安阳文峰、卫辉城郊、获嘉城关、修武城关、焦作王褚、武陟木城、温县温泉、沁阳沁园、济源玉泉及获嘉亢村等方言的次浊入舒化后多归入去声,但它们的清入舒化后以归入阴平的最多,说明次浊入与清入的舒化路径不同。我们认为,这些方言次浊入舒化后多归入去声仍然是冀鲁官话等方言影响的结果，这可以从历史和语言两方面得到解释。从历史上看，明代以前，豫北地区属于河北管辖；而明代以后，河南的彰德府亦包括今河北的临漳、涉县、武安乃至磁县等地。这种历史和行政上的因素使得豫北与冀西南地区的文化、民俗及语言保持着千丝万缕的联系。从语言上看，距离临漳等地不远的馆陶、邱县、平乡等冀鲁官话，次浊入舒化后归入去声的比例分别为55%、65%、77%，而归入阴平的比例分别为33%、27%、12%。"再往北的石家庄市（北郊）、献县、顺平县……次浊声母入声字读去声的比例都高达90%左右。"（刘淑学 2000：29）因此，周边冀鲁官话次浊入舒化归入去声的高比例足以对豫北晋语形成影响，使其受"调类影响"而"被动舒化"。

3.1.3　全浊入的舒化

3.1.3.1　舒化概况

相比清入和次浊入，豫北晋语的全浊入舒化比例更高。以《方言调查字表》上145个古全浊入声字来看，豫北晋语中全部舒化的有延津城关、延津胙城、延津榆林、济源下冶、济源邵原等5个方言点；舒化比例过半的有鹤壁淇滨、卫辉城郊、新乡平原、安阳文峰、辉县城关、获嘉亢村、武陟木城、沁阳沁园、温县温泉等9个方言点；舒化比例在一半以下的有林州城郊、获嘉城关、修武城关、焦作王褚、济源玉泉等5个方言点。

古全浊入舒化后的主要方向是派入阳平。除了全部舒化的延津城关、延津胙城、延津榆林、济源下冶、济源邵原等方言点如此外，部分舒化的方言点也呈现出同样的特点。如鹤壁淇滨方言，除去不说的8个字和未舒化的"特或惑获"4个字外，其余133个古全浊入声字舒化，其中派入阳平的为87个，占到65.4%。

古全浊入少部分派入阴平、上声、去声，但大多为不太常用的字。择举安阳文峰、卫辉城郊、沁阳沁园三点实例如下：

安阳文峰：[阴平]洽泊雹瀑淑‖[上声]蜀‖[去声]杰弼倔剧~烈

剧戏~掷射寂曝续

卫辉城郊：[阴平]饽泊雹浊帛赎‖[上声]沓闸洽‖[去声]踱剧~烈剧戏~射~箭划~破曝续

沁阳沁园：[阴平]饽泊雹‖[上声]沓洽昨宅赎犊蜀‖[去声]蛰术述踱芍剧~烈剧戏~藉掷曝淑续

不太常用的字往往是后期以读书音等方式进入方言的，拿以上三点的古全浊入派入去声的情况来说，很可能是直接从普通话借入的结果。

3.1.3.2　舒化方式

除江淮官话外，今大部分官话方言的入声已经全部舒化，其中以古全浊入的分派最具一致性，基本都派入阳平。李荣(1985)、刘勋宁(1995)曾就官话方言入声的演变规律做过精到的总结，我们将其稍做修改作为讨论基础，具体见表3－4。

表3－4　官话方言入声演变情况①

<table>
<tr><th></th><th>北京官话</th><th>胶辽官话</th><th>冀鲁官话</th><th>中原官话</th><th>兰银官话</th><th>西南官话</th><th>江淮官话</th></tr>
<tr><td>古清音</td><td>阴阳上去</td><td>上声</td><td>阴平</td><td rowspan="2">阴平</td><td rowspan="2">去声</td><td rowspan="3">阳平</td><td rowspan="3">入声</td></tr>
<tr><td>古次浊</td><td colspan="3">去　声</td></tr>
<tr><td>古全浊</td><td colspan="5">阳　平</td></tr>
</table>

豫北晋语各方言的古全浊入，无论是全部舒化还是部分舒化，绝大部分都派入阳平，情形与北京官话、胶辽官话、冀鲁官话、中原官话、兰银官话一致，舒化的方式可能也存在某些共同点。

刘勋宁(1995)说："根据入声分化类的多寡，官话方言十分清楚地分为三类：即西南官话和江淮官话为一类，古入声或保留为入声，或归入阳平。中原官话和兰银官话为一类，古入声字据声母清浊一

---

① 此表只表示官话方言入声舒化的基本规律，实际的例外情况不少，如：冀鲁官话的顺平大部分清入归上声，晋州大部分清入归阳平；中原官话汾河片绛州小片的清入和次浊入大多归去声；西南官话有86个方言点仍旧保留入声。

分为二，全浊为阳平，清声母和次浊声母或归阴平，或归去声。其他四个官话为一类，次浊声母也分化开来，成为一分为三的局面。”这是以表 3－4 的竖列或者横坐标为视点来谈的。如果反过来以表 3－4 的横列或纵坐标为视点来看，当古入声调类三分且各自独立舒化时，形成的方言是北京官话、胶辽官话和冀鲁官话；当古入声调类两分且以两条路径舒化时，形成的方言是中原官话和兰银官话；当古入声调类合一，或统一舒化或保留入声，形成的方言是西南官话和江淮官话。从古入声调类三分到两分，其共同点都在于全浊入的舒化是独立进行的，这种独立说明它在古入声调类中占有独特的地位，它的舒化具有独特的方式，不然就不可能在北京官话、胶辽官话、冀鲁官话、中原官话、兰银官话等如此广阔的范围内取得高度一致。毫无疑问，这种大范围的高度一致性超越了各种方言复杂的调值系统，是调值拉长自主舒化方式无法实现的。

就豫北晋语而言，大部分方言的古全浊入正处在舒化过程中，形式是独立进行，方向是归入阳平。如果从入声调与阳平调的调型调值上寻找这种归向的线索，基本是徒劳无功的，因为大多数方言的入声调与阴平调调型一致、调值接近。那么究竟是什么因素造成了全浊入舒化后派入了阳平。我们认为，豫北晋语全浊入舒化走的是“调类影响被动舒化”的路子，即只要是全浊的，舒化时大部分就会派入阳平，而造成这种舒化方式的原因就在于这部分入声的“全浊”身份。首先，“全浊”造成了全浊入在豫北晋语各方言内部与清入、次浊入的发展道路完全不同。目前豫北晋语中不分阴阳入，只有一个入声调，但从已经舒化的情况看，现在调值相同的清入和全浊入，未来的舒化方向应该也是不同的。这充分说明，古全浊入与清入的发展道路从过去到未来都是相对独立的，不管声母清浊的对立是否消失，清浊因素对入声的发展方向都会起作用。调值合一只是全浊入与清入两条独立的发展线路在某个时间的交点，是表层现象。合一过后，两者依旧按照自己的既定方向前进。其次，“全浊”

也是周边中原官话的“全浊入舒化归阳平”规则扩散至豫北晋语时发挥作用的内因。当早期中原官话古全浊声母保留浊音音值的时候，部分入声字开始舒化且派入阳平，后继的其他字舒化时也循此方向次第进行，于是全浊入舒化归阳平的规则就逐渐形成了。当这个规则凭借权威手段进行扩散时能不能发挥作用，还得取决于豫北晋语各方言内部的全浊入是否呼应。没有呼应的情况可从次浊入上窥知一二。今豫北晋语大部分方言次浊入舒化后多归入去声，当中原官话次浊入舒化多归阴平的规则扩散至这一区域时，没有或者至少目前没有得到“承认”。

当然，全浊入舒化的方向在豫北晋语及大多数官话方言中能够整齐划一，可能与其很早就开始舒化有很大关系。这种很早开始并不要求一定要很早完成，可能部分字就能决定整体的舒化方向。

3.2　知庄章组声母的演变

3.2.1　从两分型到合一型

3.2.1.1　沁阳方言知庄章百年间的演变

高本汉在20世纪初（1910年底或1911年初）曾对沁阳方言进行过调查，并且将其描写的大量字音收录在《中国音韵学研究》第四卷“方言字汇”中。我们于2010年8月对沁阳沁园（城区）方言进行了重点调查。两者相差恰好百年。本部分旨在对比百年来沁阳方言知庄章组声母的读音，揭示其中的演化特点。

20世纪初沁阳方言的知庄章组声母为两分型。其中，开口知组二等、庄组、止摄三等章组（宕摄庄组、江摄知庄组除外）读[ts ts^{h} s]母，与精组洪音开口字合流；开口知组三等、章组（止摄除外）、宕摄庄组、江摄知庄组与合口字读[tʂ tʂ^{h} ʂ]母，与精组洪音合口字合流。（下文将以上两种情况简称知二庄、知三章）我们将高氏的记音情况加以总结,具体见表 3-5("○"表示无字,"—"表示高氏未记录出相应字)。

表 3-5 20 世纪初沁阳方言知庄章组声母的读音情况

	果摄		假摄		遇摄	蟹摄		止摄		效摄	流摄	咸摄	
	开口	合口	开口	合口	合口	开口	合口	开口	合口	开口	开口	开口	合口
ts tsʰ s	○	○	知二庄	—		庄		庄章		知二庄	庄	知二庄	○
tʂ tʂʰ ʂ	○	○	章	—	知庄章	知三章	章	知三	知庄章	知三章	知三章	知三章	○

	深摄	山摄		臻摄		宕摄		江摄	曾摄		梗摄		通摄
	开口	开口	合口	开口	合口	开口	合口	开口	开口	合口	开口	合口	合口
ts tsʰ s	庄	庄		庄			○		庄	○	知二庄	○	
tʂ tʂʰ ʂ	章	知三章	知庄章	知三章	知章	知庄章	○	知二庄	知三章	○	知三章	○	知庄章

注:有两字例外。搀,初母字,读[tʂʰan꜀];删,生母字,读[ʂan꜀]。

百年后的今天,沁阳方言的知庄章组声母变为合一型,并且与精组洪音字合流,统读[ts tsʰ s]母。一百年来沁阳方言知庄章组字的读音对比情况见表 3-6。

表 3-6 百年来沁阳方言知庄章组字的读音对比

	开口						合口		
	摘知二	抄初	诗书	知知三	车昌	爽生	篆澄	锄崇	顺船
1910 年	tsaʔ	tsʰau	sɿ	tʂʅ	tʂʰʅa	ʂuaŋ	tʂuan꜀	tʂʰu	ʂuen꜀
2010 年	tsɐʔ	tsʰɑo	sɿ	tsɿ	tsʰɿɜ	suɑŋ	tsuæ̃	tsʰu	suẽ

从两分型与合一型的关系看,开口的知二庄、知三章两分在北方方言中较为多见,据王洪君(2007)研究,山西方言中有 57 个像《中原音韵》一样保持了这种模式,另外北京官话、胶辽官话、中原官话、兰银官话中许多方言也是如此。这说明两分型是知庄章较为古老的层次。豫北晋语的济源玉泉、温县武德、武陟木城、焦作王褚、博爱清化等方

言也属于这种古老的类型。今天的沁阳沁园方言知庄章变为合一型，是百年间发生的事情，所以是新生的层次。但这种新生的层次，与周边中原官话郑州、开封等地的合一型读[tʂ tʂʰ ʂ]不同，与晋语并州片的太原、清徐、文水、榆次、灵石、阳曲及上党片的长治、屯留、武乡、长子、襄垣、沁县等方言读[ts tsʰ s]一致，说明沁阳沁园方言走的是晋语特有的道路。

20世纪初沁阳方言知庄章组字的声母读音有两点显得较为特殊。第一，止摄开口章组字读舌尖音；第二，开口的宕摄庄组、江摄知庄组读同合口。

止摄开口章组字读舌尖音较为特殊，是因为它脱离了章组的大部队，投靠了知二庄。这种情况在当时的山西文水、兴县方言中也存在（余跃龙等 2009；张楚等 2011），在今天的中原官话汾河片、关中片、秦陇片、郑曹片、陇中片、南疆片、洛徐片中都有分布（钱曾怡 2010：171）。当时的沁阳方言止摄开口章组字读[ts]组，与今天的知庄章读[ts]组一致，说明止摄开口章组走在了知三和止摄外其他章组的前头，它是打破知二庄和知三章对立格局的排头兵，也是知庄章合流的促成者。

开口的宕摄庄组、江摄知庄组不随知二庄读音的大趋势，却与合口同读[ʈʂ]组声母，所以也很特殊。这种情况在同时期的山西文水、兴县方言中均不存在，但在今天的中原官话洛徐片、秦陇片、陇中片、南疆片中都有分布。（钱曾怡 2010：171）高氏记录的沁阳方言宕摄庄组、江摄知庄开口字有：

> 宕摄庄组：庄 ʈʂuaŋ | 创床 ʈʂʰuaŋ | 爽 ʂuaŋ
>
> 江摄知庄：桩撞 ʈʂuaŋ | 双 ʂuaŋ | 卓捉 ʈʂo | 朔 ʂuaʔ

以今天知庄章读[ts]组声母的情况衡量，以上读音可以说明两个问题：第一，开口的宕摄庄组、江摄知庄组是知二庄组读音演变的滞后分子；第二，[u]介音（或者韵母的后圆特征）可能是造成开口的宕摄庄组、江摄知庄组读音滞后的原因所在。关于第二点，20 世纪初沁阳方言精组洪音字的声母读音也可作为音理佐证。当时精组洪音字的读音情况见表 3－7、表 3－8：

表 3－7　百年前沁阳方言精组洪音合口字读音情况

	u	ui	ueɳ	uaɳ	uŋ	uəʔ	o
tʂ	租	最醉罪	尊	钻	鬃宗纵	卒族	左作昨座
tʂʰ	粗	催翠	忖存		聪	猝	锉错
ʂ	苏	碎岁髓虽随遂	孙	酸	送宋	速	锁

注：其中“左作昨错”为开口字。

表 3－8　百年前沁阳方言精组洪音开口字读音情况

	ai	ɿ	au	ou	aɳ	aŋ	əŋ	aʔ
ts	灾在	紫资兹自字	遭早	走	赞惭錾		增赠	则
tsʰ	材菜	辞慈雌次	曹草	凑	参灿蚕残	苍藏	曾	
s	赛	斯私司祀	扫	叟	三散	桑	僧	

精组洪音字的声母主要以有无[u]介音为条件两分(“左作昨座错锉锁”可视作[u]不太突出)，有[u]介音的读[tʂ tʂʰ ʂ]，无[u]介音的读[ts tsʰ s]。显然，百年间的演变就是前者由[tʂ tʂʰ ʂ]向[ts tsʰ s]的转变。

另外，今天沁阳沁园方言中存在部分知庄章组字自由变读[ts]组与[tʂ]组的情况。穷尽罗列如下：

楂[꜀tsa]/[꜀tʂa]	岔[tsʰa꜄]/[tʂʰa꜄]	著[tsu꜄]/[tʂu꜄]
助[tsu꜄]/[tʂu꜄]	拄[꜂tsu]/[꜂tʂu]	处[꜁tsʰu]/[꜁tʂʰu]
柱[tsu꜄]/[tʂu꜄]	主[꜂tsu]/[꜂tʂu]	滞[tsɿ꜄]/[tʂʅ꜄]
置[tsəʔ꜆]/[tʂəʔ꜆]	拽[tsuæi꜄]/[tʂuæi꜄]	罩[tsɑo꜄]/[tʂɑo꜄]
肘[꜂tsou]/[꜂tʂou]	拙[꜁tsuɑ]/[꜁tʂuɑ]	椿[꜀tsʰuẽ]/[꜀tʂʰuẽ]
春[꜀tsʰuẽ]/[꜀tʂʰuẽ]	张[꜀tsɑŋ]/[꜀tʂɑŋ]	壮[tsuɑŋ꜄]/[tʂuɑŋ꜄]

障[tsaŋᵓ]/[tʂaŋᵓ]　　盅[꜀tsuŋ]/[꜀tʂuŋ]　　掌[ᶜtsaŋ]/[ᶜtʂaŋ]
桩[꜀tsuaŋ]/[꜀tʂuaŋ]　仲[꜀tsuŋ]/[꜀tʂuŋ]

对比高氏的记音，20 世纪初沁阳方言的“助处主滞置肘拙椿春张壮仲”均读卷舌音，“罩”字读舌尖音。其他字未记录。总体来看，读[tʂ]组的情况很可能是保留了原先底层的读法，不大可能是新生的。

3.2.1.2　获嘉方言知庄章半世纪的演变

贺巍(1989)在 1963 年对获嘉方言进行过详细描写，当时的发音人 68 岁。我们于 2011 年对获嘉城关方言进行了重新调查，发音人 61 岁。两次调查的时间相差 48 年，两个发音人的出生时间相差 55 年，半世纪间知庄章组字的声母读音有所不同。

获嘉 1963 年知庄章的读音情况是：开口知组二等、庄组、止摄三等章组(宕摄庄组、江摄知庄组除外)与精组洪音字合流，今读[ts tsʰ s]；开口知组三等、章组(止摄除外)、宕摄庄组、江摄知庄组与合口字合流，今读[tʂ tʂʰ ʂ]。具体情况见表 3-9。

表 3-9　20 世纪 60 年代获嘉方言知庄章组声母的读音情况

	果摄		假摄		遇摄	蟹摄		止摄		效摄	流摄	咸摄	
	开口	合口	开口	合口	合口	开口	合口	开口	合口	开口	开口	开口	合口
ts tsʰ s	○	○	知二 庄			庄		庄章		知二 庄	庄	知二 庄	○
tʂ tʂʰ ʂ	○	○	章	庄	知庄 章	知三 章	知庄 章	知三	知庄 章	知三 章	知三 章	知三 章	○
	深摄	山摄		臻摄		宕摄		江摄	曾摄		梗摄		通摄
	开口	开口	合口	开口	合口	开口	合口	开口	开口	合口	开口	合口	合口
ts tsʰ s	庄	庄		庄			○		庄	○	知二 庄	○	
tʂ tʂʰ ʂ	知三 章	知三 章	知庄 章	知三 章	知庄 章	知庄 章	○	知二 庄	知三 章	○	知三 章	○	知庄 章

我们 2011 年调查的获嘉城关方言知庄章的读音情况是：知庄章

三组声母不论开合都与精组洪音字合流，今读[tʂ tʂʰ ʂ]。半个世纪以来获嘉方言知庄章组字的读音对比情况见表3－10。

表3－10　半世纪间获嘉方言知庄章组字的读音对比

	开口						合口			
	摘知二	珍知三	床崇	常禅	师生	诗书	轴澄	初初	春昌	顺船
1989	tsɐʔ꜇	꜀tʂən	꜁tʂʰuaŋ	꜁tʂʰaŋ	꜀sɿ	꜀sɿ	꜁tʂu	꜀tʂʰu	꜀tʂʰun	ʂun꜄
2011	tʂaʔ꜇	꜀tʂən	꜁tʂʰuɐŋ	꜁tʂʰɐŋ	꜀ʂʅ	꜀ʂʅ	꜁tʂu	꜀tʂʰu	꜀tʂʰuẽ	ʂuɜn꜄

获嘉方言与沁阳方言的知庄章组声母相比，共同点在于二者的底层和表层类型一致。底层类型指的是1963年的获嘉方言与1910年的沁阳方言都是知二庄、知三章的两分型，都存在开口止摄章组、宕摄庄组、江摄知庄组读音例外的情况。表层类型指的是目前获嘉、沁阳方言都由两分型变为了合一型。不同点在于体现相同表层类型的具体音值有所不同。古知庄章在今获嘉方言中读[tʂ tʂʰ ʂ]，在今沁阳方言中读[ts tsʰ s]。由此引发的问题是，底层同样是开口止摄章组读[ts]组、宕摄庄组和江摄知庄组读[tʂ]组，在获嘉方言与沁阳方言中的发展方向却是不同的。前文已述，沁阳方言的开口止摄章组是章组整体变读[ts]组的排头兵，宕摄庄组、江摄知庄组是知二庄组读音演变的滞后分子；那么，获嘉方言的止摄章组是否是章组读音发展的滞后分子，宕摄庄组、江摄知庄组是否是知二庄变读[tʂ]组的排头兵？我们认为，问题不是那么单纯。开口的止摄章组读[ts]组、宕摄庄组和江摄知庄组读[tʂ]组在很多官话方言中广泛存在，说明这些知二庄、知三章之间的例外情况已经产生很长时间，是较为古老的层次，同时也是方言自主发展的结果。这从河南沁阳、山西文水、山西兴县百年来知庄章共同演变为[ts]组可以得到证明。获嘉方言本来的发展方向也是向着[ts]组前进的，当开口的止摄章组、宕摄庄组和江摄知庄组与沁阳方言处于相同阶段时，外界的影响中断了方言的自主变化，使得知二庄、知三章的地位倒置，因此造成止摄章组由原先章组

中的排头兵变为了滞后者，宕摄庄组和江摄知庄组由原先知二庄的滞后者变为了排头兵。

外界的影响首先可能来自邻近的中原官话，今郑州、开封、原阳、封丘等方言的知庄章都读[tʂ]组声母，它们促使获嘉方言在两分变合一的过程中选择了这种读音形式。获嘉（2011）与周边方言知庄章声母的读音情况见表3－11。

表3－11　获嘉与周边方言知庄章组声母的读音

	站知二	盏庄	展知三	战章	抽彻	愁崇	臭昌	梳生	书书
获嘉城关	tʂɛ̃ᵓ	ᶜtʂɛ̃	ᶜtʂɛ̃	tʂɛ̃ᵓ	꜀tʂʰou	꜁tʂʰou	tʂʰɔoᵓ	꜀ʂu	꜀ʂu
原　阳	tʂanᵓ	ᶜtʂan	ᶜtʂan	tʂanᵓ	꜀tʂʰəu	꜁tʂʰəu	tʂʰəuᵓ	꜀ʂu	꜀ʂʮ
封丘王村	tʂanᵓ	ᶜtʂan	ᶜtʂan	tʂanᵓ	꜀tʂʰəu	꜁tʂʰəu	tʂʰəuᵓ	꜀ʂu	꜀ʂu
郑　州	tʂanᵓ	ᶜtʂan	ᶜtʂan	tʂanᵓ	꜀tʂʰou	꜁tʂʰou	tʂʰouᵓ	꜀ʂu	꜀ʂu
开封县	tʂanᵓ	ᶜtʂan	ᶜtʂan	tʂanᵓ	꜀tʂʰou	꜁tʂʰou	tʂʰouᵓ	꜀ʂu	꜀ʂu

其次，教育方面的因素也可能起了作用。我们（2011）的调查人出生于1950年，入学时正好赶上全国推广普通话，这个工作对官话地区知庄章的读音影响尤其显著。

3.2.2　擦音游离现象

上文讨论了知庄章由两分型向合一型的转变情况，本部分旨在介绍合一型内部由一套音值向另一套音值演变的中间阶段。

3.2.2.1　概说

通常情况下，一个语音系统中塞音、塞擦音都有相同部位的擦音与之匹配，从而形成塞音与擦音、塞擦音与擦音的正则搭配状态。如北京话[ts]、[tsʰ]配[s]，[tɕ]、[tɕʰ]配[ɕ]，[k]、[kʰ]配[x]。当塞音与擦音、塞擦音与擦音处于非同步发展的时候，往往会出现塞音或塞擦音与擦音不匹配的状态。比如拿知系字来说，当知彻澄、庄初、章昌和部分崇船禅今读某部位的塞擦音声母时，生、书和部分崇船禅今读另一部位的擦音声母，这就造成了系统不匹配。最典型的当属很多北方话中知庄章合口字[tʂ]、[tʂ^{h}]配[f]或[ts]、[ts^{h}]配[f]的形式。桑宇红(2008,2010)以擦音为视点将知系字塞擦音与擦音不匹配的现象称作擦音游离现象。我们认为可以用“擦音游离”概括这一现象，并暂且借用以便讨论。

桑宇红(2010)分南方和北方两种情况对知庄章的擦音游离现象进行了介绍，在北方部分总结到：连同合一型擦音游离现象，北方方言的擦音游离情况概括起来主要有五种情况，具体见下表3－12(引自桑宇红2010)。

表3－12　北方方言中的五种擦音游离现象

	知庄章			
	开口		合口	
	二等	三等	二等	三等
阜阳	ts ts^{h} s/f			
阳谷	tʂ tʂ^{h} ʂ/f			
乌鲁木齐	ts ts^{h} s	tʂ tʂ^{h} ʂ	tʂ tʂ^{h} ʂ/f	
张掖	tʂ tʂ^{h} ʂ		k k^{h} ʂ/f	
广济	ts ts^{h} s/f		k k^{h} s /f	

根据我们的调查，豫北晋语的知庄章组字也存在擦音游离现象。其中，既有桑文提到的第三种[tʂ tʂ^{h} ʂ/f]情况，也有我们要补充的第六种情况，即[tʂ]、[tʂ^{h}]配[s]的类型。

3.2.2.2　温县温泉等地的擦音游离现象

豫北晋语西部地区的温县温泉、温县武德、博爱清化存在擦音游离现象。中古知庄章三组字在这些方言中的演变情况如下：开口知二、庄组、止摄三等章组与精组洪音字合流(宕摄庄组、江摄知庄组例外)，今读[ts ts^{h} s]；开口知三、章组(止摄例外)，今读[tʂ tʂ^{h} ʂ]；合口字与宕摄开口庄组、江摄知庄组字合流，温县温泉、博爱清化今读[tʂ tʂ^{h} f/ ʂ]，温县武德今读[ts ts^{h} f/s]。其中，合口条件下(包括开口的“漱霜孀双”），部分生、书、船、禅母字读[f]声母，形成[tʂ tʂʰ f]或[ts tsʰ f]的读音情况，打破了相同发音部位的塞擦音与擦音搭配的正则状态，造成了塞擦音与擦音的不匹配。具体实例如表 3－13。

表 3－13　温县温泉等地知庄章组字的擦音游离现象

	开口						合口		
	摘知二	抄初	衫生	知知三	车昌	升书	忠知	崇崇	树禅
温县温泉	tsɐʔ꜆	꜀tsʰɑu	꜀san	꜀tʂʅ	꜀tʂʰʅɜ	꜀ʂəŋ	꜀tʂuŋ	꜂tʂʰuŋ	fu꜄
温县武德	tsɐʔ꜆	꜀tsʰɔ	꜀sæ̃	꜀tʂʅ	꜀tʂʰʅɜ	꜀ʂəŋ	꜀tsuŋ	꜁tsʰuŋ	fu꜄
博爱清化	tsɐʔ꜆	꜀tsʰɑu	꜀sæ̃	꜀tʂʅ	꜀tʂʰʅɜ	꜀ʂəŋ	꜀tʂuŋ	꜁tʂʰuŋ	fu꜄

这种擦音游离现象属于桑宇红（2010）所说的北方官话二分型中的“知二庄与知三章对立型”，其中，温县温泉、博爱清化与乌鲁木齐为代表的第三种情况大致相同。此外，温县温泉等地的擦音游离现象，有其具体的个性特点与关联特征。

（1）部分生书船禅母字存在[f]、[ʂ/s]两读的现象。实例如下。

温县温泉：束 fəʔ꜆/ʂuəʔ꜆｜属 fəʔ꜆/ʂuəʔ꜆｜双 fɑŋ꜄/ʂuɑŋ꜄

温县武德：双꜀fɑŋ/꜀suɑŋ｜竖 fɑʔ꜆/su꜄

博爱清化：双꜀fɑŋ/꜀ʂuɑŋ｜耍꜂fa/꜂ʂua｜水꜂fei/꜂ʂuei｜数꜂fu/꜂ʂu｜拴꜀fæ̃/꜀ʂuæ̃｜涮 fæ̃꜄/ʂuæ̃꜄｜刷 fɑʔ꜆/ʂuɑʔ꜆｜顺fə̃꜄/ʂuə̃꜄｜所꜂fo/꜂suʌ｜竖 fu꜄/ʂʮ꜄｜税 fei꜄/ʂuə̃꜄｜率 fai꜄/ʂuai꜄｜术 fəʔ꜆/ʂuəʔ꜆｜叔꜀fu/꜀ʂu｜熟꜁fu/꜁ʂu｜属 fəʔ꜆/ʂuəʔ꜆｜说 fɐʔ꜆/ʂuɐʔ꜆

根据这些两读的情况，可以看出[f]与[ʂ]不是先后演变关系，而是文白异读性质的层次关系。这种文白竞争在博爱清化方言中较为突出，两读并存现象较多；在温县温泉和温县武德方言中相对缓和，生书船禅母字多数读[f]声母，少数读[ʂ]声母，只有少数字有两读现象。不过，随着新老更替等因素的影响，文读声母势必将逐步替代白读声母。

（2）部分日母字今读[v]声母。例如：

温县温泉：如 vəʔ꜀ | 擩 ꜂vu | 入 vəʔ꜀ | 软 ꜂van | 润 vən꜄ | 闰 vən꜄ | 辱 vəʔ꜀ | 褥 vu꜄

温县武德：软 ꜂væ̃

博爱清化：闰 vən꜄

温县温泉等地游离的擦音既包括清擦音也包括浊擦音，由此形成[tʂ tʂʰ f v]或[ts tsʰ f v]的搭配类型。但总体而言，日母字今读[v]声母辖字较少，大部分字（除止开三）读[ʐ]声母。

（3）博爱清化的古精组洪音字今读[ts tsʰ s]，但少量心母、清母合口字读[f]声母。例如（毋荆 2011：83；《博爱县志》1994：612）：

算 fan꜄ | 蒜 fan꜄ | 碎 fei꜄ | 岁 fei꜄ | 塑 fu꜄ | 苏 ꜀fu | 酥 ꜀fu | 酸 ꜀suæ̃/꜀fæ̃ | 醋 fu꜄

该方言知庄章组字在合口条件下今读[tʂ tʂʰ f/ʂ]，而精组洪音合口字今读[ts tsʰ f/s]，精组字的游离擦音[f]是如何形成的，暂不清楚。

综上，温县温泉等地的擦音游离现象较为常见，其实质是擦音与塞擦音的非同步发展，当塞擦音读作[tʂ tʂʰ]/[ts tsʰ]的时候，由于擦音[f]地位稳固，[ʂ]/[s]一时无法将其替代，因此造成了[tʂ tʂʰ]/[ts tsʰ]配[f]的情况。

3.2.2.3 卫辉城郊等地的擦音游离现象

豫北晋语的卫辉城郊、卫辉庞寨、淇县朝歌、汤阴五陵等地知庄章组声母合一读[tʂ tʂʰ s]，存在擦音游离现象。具体来说，知彻澄、庄初、章昌及部分崇船禅今读塞擦音[tʂ tʂʰ]，而生、书和部分崇船禅今读擦音[s]。需要注意的是，这四个方言点的精组洪音字声母呈同样的发展状态，精清从及邪母“词祠辞”三字读塞擦音[tʂ tʂʰ]，心邪（除“词祠辞”）母读擦音[s]。具体读音情况见表3－14（含精组洪音）。

表3－14　卫辉城郊等地知庄章组字的擦音游离现象

	知庄章						精洪		
	摘知二	瞅初	双生	竹知三	春昌	试书	钻精	崔清	索心
卫辉城郊	tʂɐʔ꜆	꜂tʂʰou	꜀suɑŋ	tʂuəʔ꜆	꜀tʂʰuən	sɿ꜄	꜀tʂuan	꜀tʂʰuei	suɐʔ꜆
卫辉庞寨	tʂAʔ꜆	꜂tʂʰou	꜀suɑŋ	tʂuəʔ꜆	꜀tʂʰuən	sɿ꜄	꜀tʂuan	꜀tʂʰuei	suAʔ꜆
淇县朝歌	tʂɐʔ꜆	꜂tʂʰou	꜀suɑŋ	tʂuəʔ꜆	꜀tʂʰuən	sɿ꜄	꜀tʂuan	꜀tʂʰuei	suɐʔ꜆
汤阴五陵	tʂɐʔ꜆	꜂tʂʰou	꜀suɑŋ	tʂuɛʔ꜆	꜀tʂʰuən	sɿ꜄	꜀tʂuan	꜀tʂʰuei	suɒʔ꜆

以上4个方言点知系字声母读音的形成，理论上存在三种可能：其一，底层形式读[ts tsʰ s]，在外界强势方言[tʂ tʂʰ ʂ]的影响下，逐步变成了[tʂ tʂʰ s]；其二，底层形式读[tʂ tʂʰ ʂ]，在外界强势方言[ts tsʰ s]的影响下，逐步变成了[tʂ tʂʰ s]；其三，知二庄、知三章在由两分型向合一型变化时，变成了[tʂ tʂʰ s]。第三种理论上的可能首先要被排除，因为从整个汉语方言知二庄、知三章读音的合流类型及周边豫北晋语、中原官话和冀鲁官话知庄章的读音类型（王洪君2007；王临惠2013）来看，知二庄在由[ts tsʰ s]向[tʂ tʂʰ ʂ]转变时，[s]不太可能逆势而胜、独自保全。三种理论可能如图3－2所示。

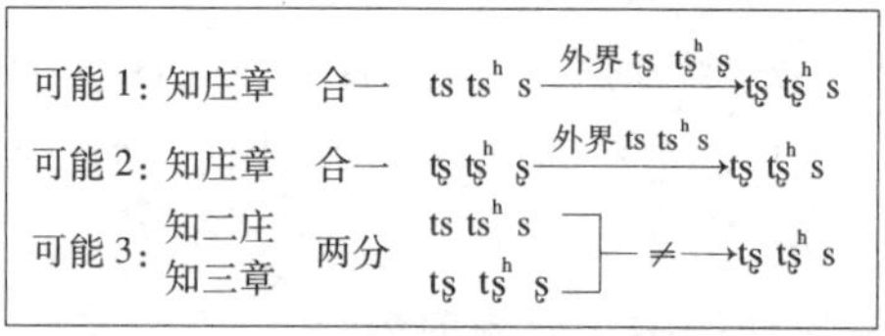

图3－2　卫辉城郊等地擦音游离现象形成的三种可能

我们认为，卫辉城郊等地知庄章读为[tʂ tʂʰ s]，是这些方言在周边强势方言[tʂ tʂʰ ʂ]读音的影响下由舌尖音[ts tsʰ s]向卷舌音[tʂ tʂʰ ʂ]转变的中间阶段。从卫辉城郊等4个方言点的周边语言环境看，南边和东边的郑州、开封、原阳、封丘、延津、浚县、滑县、长垣等方言的知庄章为[tʂ tʂʰ ʂ]合一型①，西边和北边的辉县城关、卫辉狮豹头、淇县黄洞、汤阴城关、安阳文峰、安阳吕村等方言的知庄章为[ts tsʰ s]合一型。两相对比，南边和东边的方言多处于中原官话的核心及周边地带，加之知庄章的读音类型与北京话一致，因此它们较安阳、辉县等地的方言强势，具有扩散和渗透至晋语边缘地带的绝对实力。我们可以看到，以郑州、开封为起点，经过卫辉城郊、淇县朝歌，然后到达汤阴城关、安阳文峰，知庄章的读音呈现出由[tʂ tʂʰ ʂ]经[tʂ tʂʰ s]到[ts tsʰ s]逐步过渡的特点；同样，以长垣、滑县为起点，经过卫辉城郊、淇县朝歌，然后到达辉县城关、淇县黄洞，知庄章的读音也呈现出由[tʂ tʂʰ ʂ]经[tʂ tʂʰ s]到[ts tsʰ s]逐步过渡的特点。这种逐步过渡的特点表明[tʂ tʂʰ ʂ]的影响力在由（豫北晋语的）南往（豫北晋语的）北、由（豫北晋语的）外向（豫北晋语的）里逐步减弱。北部的汤阴城关、安阳文峰等地保持[ts tsʰ s]丝毫未变，是因为地理上相隔距离较为遥远，行政隶属上向来不同；靠里的辉县城关、淇县黄洞等地坚守[ts tsʰ s]岿然不动，是由于地势上太行余脉和丘陵盆地的天然阻隔。卫辉城郊、卫辉庞寨、淇县朝歌、汤阴五陵等地恰恰处在由[tʂ tʂʰ ʂ]转[ts tsʰ s]的过渡地区，这些方言的知庄章组声母底层读音应该是[ts tsʰ s]，它们在中原官话[tʂ tʂʰ ʂ]扩散波的影响下，塞擦音已经变化为卷舌音，而擦音尚未发生变化。卫辉城郊等地知庄章组字擦音游离的周边语言环境见表3－15。

表3－15　卫辉城郊等地知庄章组字擦音游离的周边语言环境

		罩知二	展知三	瞅初	车昌	山生	升书	梳生	说书
tʂ tʂʰ ʂ	郑　州	tʂau⊃	ᶜtʂan	⊆tʂʰou	⊂tʂʰʅɛ	⊂ʂan	⊂ʂəŋ	⊂ʂu	⊂ʂuo
	开封县	tʂɔ⊃	ᶜtʂan	ᶜtʂʰou	⊂tʂʰɛ/⊂tʂʰə	⊂ʂan	⊂ʂəŋ	⊂ʂu	⊂ʂuə
	原　阳	tʂao⊃	ᶜtʂan	ᶜtʂʰəu	⊂tʂʰɤ	⊂ʂan	⊆ʂəŋ	⊂ʂu	⊂ʂuo
	延津城关	tʂɑo⊃	ᶜtʂan	ᶜtʂʰou	⊂tʂʰʅɜ	⊂ʂan	⊂ʂəŋ	⊂ʂu	⊂ʂuʌ

① 原阳的情况据胡士云的“原阳音系”，见于陈章太、李行健（1996）。浚县、滑县、长垣的情况据张启焕等（1993：278）。

续 表

		罩知二	展知三	瞅初	车昌	山生	升书	梳生	说书
tʂ tʂʰ s	卫辉城郊	tʂɑuᵓ	ᶜtʂan	ᶜtʂʰou	꜀tʂʰʅɐ	꜀san	꜀səŋ	꜀su	suɐʔ꜆
	卫辉庞寨	tʂɑuᵓ	ᶜtʂan	ᶜtʂʰou	꜀tʂʰʅɜ	꜀san	꜀səŋ	꜀su	suᴀʔ꜆
	淇县朝歌	tʂɑuᵓ	ᶜtʂan	ᶜtʂʰou	꜀tʂʰʅɜ	꜀san	꜀səŋ	꜀su	suɐʔ꜆
	汤阴五陵	tʂɑuᵓ	ᶜtʂan	ᶜtʂʰou	꜀tʂʰɤ	꜀san	꜀səŋ	꜀su	suɐʔ꜆
ts tsʰ s	辉县城关	tsɑuᵓ	ᶜtsæ̃	ᶜtsʰou	꜀tsʰʅɐ	꜀sæ̃	꜀səŋ	꜀su	suɐʔ꜆
	淇县黄洞	tsɑuᵓ	ᶜtsan	ᶜtsʰou	꜀tsʰʅᴀ	꜀san	꜀səŋ	꜀su	suᴀʔ꜆
	汤阴城关	tsɑoᵓ	ᶜtsã	ᶜtsʰou	꜀tsʰɤ	꜀sã	꜀səŋ	꜀su	suɐʔ꜆
	安阳文峰	tsɑuᵓ	ᶜtsæ̃	ᶜtsʰou	꜀tsʰɤ	꜀sæ̃	꜀səŋ	꜀su	suɐʔ꜆

因此,从整个周边方言大环境来看,卫辉城郊等地的擦音游离现象,实质上是知庄章声母由一套音值向另一套音值转变的中间过渡阶段。

另外,在[tʂ tʂʰ s]型与[ts tsʰ s]型、[tʂ tʂʰ ʂ]型与[ts tsʰ s]型之间存在着一些过渡性更强的方言,它们的知庄章读音往往不是那么整齐,这是观察音变动向的绝好阵地。

[tʂ tʂʰ s]型与[ts tsʰ s]型之间的过渡性方言如卫辉狮豹头、鹤壁山城。卫辉狮豹头的古知庄章组声母,今读塞擦音时大多为[ts tsʰ],少数为[tʂ tʂʰ],部分字[ts]组、[tʂ]组自由变读;今读擦音时都为[s]。[ts]组、[tʂ]组自由变读的字如:猪꜀tsu/꜀tʂu | 枝꜀tsɿ/꜀tʂʅ | 丑ᶜtsʰou/ᶜtʂʰou | 川꜀tsʰuan/꜀tʂʰuan | 床꜁tsʰuɑŋ/꜁tʂʰuɑŋ | 争꜀tsəŋ/꜀tʂəŋ | 察tsʰaʔ꜆/tʂʰaʔ꜆等。鹤壁山城的古知庄章组声母,今读塞擦音时大多为[tʂ tʂʰ],少数为[ts tsʰ],部分字[tʂ]组、[ts]组自由变读;今读擦音时都为[s]。[tʂ]组、[ts]组自由变读的字如:柱tʂuᵓ/tsuᵓ | 烛꜁tʂuʌ/꜁tsuʌ | 柴꜁tʂʰai/꜁tsʰai | 笊tʂɑuᵓ/tsɑuᵓ | 捉tʂuɐʔ꜆/tsuɐʔ꜆ | 直tʂɛʔ꜆/꜁tsɿ等。鹤壁山城可归入准[tʂ tʂʰ s]型。

卫辉狮豹头、鹤壁山城自由变读的情况说明了[tʂ]组与[ts]组处于竞争的状态。前者的塞擦音大多为[ts tsʰ],说明[tʂ]组的扩散波刚刚到达，尚未起势。以此预估淇县黄洞，其未来很可能也要面临与卫辉狮豹头同样的情况。后者的塞擦音大多为[tʂ tʂʰ]，说明[ts]组已经在竞争中败下阵来，行将消失。以此反观淇县朝歌，很可能现在鹤壁山城的情况就是它以前曾经存在过的状态。于是我们可以看到一个逐渐变化的链条：淇县黄洞——卫辉狮豹头——鹤壁山城——淇县朝歌。这个链条的起始端是[ts tsʰ s]，第二环节是[ts]组多[tʂ]组少，第三环节是[tʂ]组多[ts]组少，第四环节是[tʂ tʂʰ s]，终端应该就是延津城关的[tʂ tʂʰ ʂ]。

[tʂ tʂʰ ʂ]型与[ts tsʰ s]型之间的过渡性方言如鹤壁淇滨。鹤壁淇滨的古知庄章组声母，今读塞擦音时绝大多数为[tʂ tʂʰ]，少数为[ts tsʰ]，部分字存在两读，例如：遮꜀tʂʅɜ/꜀tsɿɜ | 车꜀tʂʰʅɜ/꜀tsʰɿɜ | 制tʂʅ꜄/tsɿ꜄ | 翅tʂʰʅ꜄/tsʰɿ꜄ | 致tʂʅ꜄/tsɿ꜄ | 址꜂tʂʅ/꜂tsɿ 等。今读擦音时，止摄章组多数为[s]，少数为[ʂ]；止摄章组以外的，多数为[ʂ]，少数为[s]。不少字存在[ʂ]、[s]自由变读，例如：沙꜀ʂa/꜀sa | 蛇꜁ʂʅɜ/꜁sɿɜ | 苏꜀ʂu/꜀su | 晒ʂai꜄/sai꜄ | 税ʂuei꜄/suei꜄ | 扫꜂ʂɑu/꜂sɑu | 兽ʂou꜄/sou꜄ | 三꜀ʂan/꜀san | 肾ʂən꜄/sən꜄等。

从鹤壁淇滨、浚县与汤阴城关三个近邻组成的小范围看，浚县的知庄章今读[tʂ tʂʰ ʂ]合一型，汤阴城关的知庄章今读[ts tsʰ s]合一型，中间鹤壁淇滨的知庄章为[tʂ]组与[ts]组竞争性共存状态，且[tʂ]组强于[ts]组，这很明确地说明了整个扩散波的发起者是[tʂ tʂʰ ʂ]。

考察时贤已有的研究成果，也支持我们得出相同的结论。《河南方音概况》和《河南方言研究》都是以1957年至1959年河南方言普查材料为基础编写而成的，这两本著作里记录的卫辉方言知庄章组字的读音均为[ts tsʰ s]。另外，《卫辉市志》(1993：621－622)、《汤阴县志》(1987：536)所描写的卫辉、汤阴方言的知庄章组字均读[ts tsʰ s]声母。《淇县志》(1996：928)记录该方言知庄章组字“普遍混读”[ts tsʰ s]与[tʂ tʂʰ ʂ]两组音，但舌尖后音较少。陈卫恒(2010)在讨论淇县方言卷舌声母的产生过程时，跳出单字音系，强调儿化音对于单字音的影响，也正好说明知庄章变读卷舌声母是最新动向。因此说，卫辉城郊、淇县朝歌与汤阴城关方言知庄章组字的底层读音一致，都是[ts ts^h s]，而现阶段的[tʂ $tʂ^h$]是新近音变的结果。“向中原官话、普通话靠齐，是这些处在与官话区方言接触前沿的晋方言的共同发展趋向。”（陈卫恒 2010）

综上，卫辉城郊、卫辉庞寨、淇县朝歌、汤阴五陵等地的知庄章组声母今读[tʂ $tʂ^h$ s]，是这些方言的底层读音形式[ts ts^h s]在中原官话等强势方言[tʂ $tʂ^h$ ʂ]的影响下，塞擦音先变、擦音未变的结果。它是知庄章声母由舌尖音[ts ts^h s]向卷舌音[tʂ $tʂ^h$ ʂ]转变的中间过渡状态。这种过渡状态只是音系中阶段性的现象，游离擦音的辖字终会通过词汇收缩的方式慢慢变少直至消失，最终实现音系的重新整合，达到整齐平衡。

3.2.3 演变类型与周边关系

3.2.3.1 两分型

两分型由知二庄、知三章两分的方言组成，具体包括焦作王褚、修武城关、博爱清化、武陟木城、温县武德、济源玉泉、获嘉亢村等豫北晋语西部地区的方言。百年前的沁阳沁园、五十年前的获嘉城关也属于这种类型。两分型所处的地理位置相对封闭，所受外来因素影响较少，它们的演变多依据方言自身的特点进行，属于自主性发展。结合周边方言来看，西边的垣曲、南边的中原官话洛嵩片大部分方言都属于两分的类型（王洪君 2007；包旭玲 2006），它们与豫北晋语的两分型连片分布，互为联系。豫北晋语与中原官话洛嵩片知庄章组声母的今读情况见表 3－16。

豫北晋语及中原官话洛嵩片知庄章的两分型与《中原音韵》知二庄、知三章两分①的特点一致，说明它们与《中原音韵》音系所代表的方言也属于同一种类型，这个类型至少已经有 700 年的历史。

① 王洪君（2007）认为，对于历史音系的拟测和汉语方言史的重构来说，《中原音韵》知庄章声母“两分”还是“合一”，其音值是卷舌音还是舌叶音，其实并不那么重要；重要的是《中原音韵》的知庄章组字音有知二庄、知三章两分的对立。

表 3-16　豫北晋语与洛嵩片知庄章两分型的读音

		知二≠知三		初≠昌		生≠禅		生合=书合	
		罩	肘	搀	唱	色	十	摔	税
豫北晋语	焦作王褚	tsɑɔ꜄	꜂tʂou	꜀tsʰɛ̃	tʂʰã ŋ꜄	sɐʔ꜆	ʂʅəʔ꜆	꜀ʂuæ	ʂuei꜄
	武陟木城	tsɑɔ꜄	tʂou꜄	꜀tsʰæ̃	tʂʰɑŋ꜄	sɐʔ꜆	ʂʅəʔ꜆	꜀ʂuæɛ	ʂuei꜄
	温县温泉	tsɑu꜄	꜂tʂou	꜀tsʰan	tʂʰɑŋ꜄	sɐʔ꜆	ʂʅəʔ꜆	꜀fai	fei꜄
	济源玉泉	tsɑo꜄	꜂tʂou	꜀tsʰæn	tʂʰɐŋ꜄	sɐʔ꜆	ʂəʔ꜆	꜀ʂuæɛ	ʂuei꜄
洛嵩片	洛　阳	tsɔ꜄	꜂tʂəu	꜀tsʰan	tʂʰaŋ꜄	꜀sæ	꜁ʂʅ	꜀ʂuæ	ʂuei꜄
	嵩　县	tsɔ꜄	꜂tʂou	꜀tsʰɛ̃	tʂʰaŋ꜄	꜀sæ	꜁ʂʅ	꜀ʂuæ	ʂuei꜄
	渑　池	tsɔ꜄	tʂou꜄	꜂tsʰæ̃	tʂʰaŋ꜄	꜂sæ	꜁ʂʅ	꜂ʂuæ	ʂuei꜄
	偃　师	tsɔ꜄	꜁tʂou	꜀tsʰã	tʂʰaŋ꜄	꜀sæ	꜁ʂʅ	꜀ʂuæ	ʂuei꜄

在两分型内部还存在一小片异质层。这里的异质层是指温县温泉、博爱清化、温县武德等方言合口的生、书和部分船禅母读[f]的层次。它可能是合口的知庄章读[pf pfʰ f]组声母的遗留,也可能是来自合口的生、书和部分船禅母的[f]单独产生后保留至今的结果(与之匹配的[pf pfʰ]未及产生)。这两种可能的共同点在于:汉语方言中[f]的发音简单,容易存在于各种音系里,因此稳定性和普适性较强;而[pf pfʰ]的发音烦琐,标记性太强,所以稳定性和普适性较弱。这些特点决定了[f]容易产生,且不易消失;[pf pfʰ]不易产生,但容易消失。至于[f]层在豫北晋语小范围内存在的原因,我们认为与外来移民有关。明初,豫北怀庆、卫辉、彰德、开封等府都是重要的山西移民接收地。据曹树基(1997:264)研究,洪武朝怀庆府的移民比例高达50%,这是人口重建式的移民,而非人口补充式的移民,并且"河南地区接纳的移民成分是相当简单的,大部分的民籍移民来自山西,只有少部分的移民来自江西、山东和其他地区"。兹列举数条地方志、谱牒、碑刻中关于山西移民温县、博爱的记载如下:

(1)"洪武二年,徙山西之民于温县。今考各碑碣墓铭之类,其原籍由洪洞迁来者十居七八。"(1933 年《温县志稿》:265)

(2)“大明洪武四年，始祖讳清江妣王氏自山西平阳府洪洞县凤凰村，聚之洪洞广济寺大槐树荫，徙跋河邑，千载寺应官府设司驻员，迎迁分办。”(康熙55年博爱《李氏家谱》，见于王兴亚，马怀云 2005)

(3) 王氏始祖王海字宗之，母郎氏，明洪武初“由山西洪洞县携四子迁巩之南河。公意未安，因留妻与长子、次子寄寓，复率三子、四子北渡来相宅，遂定居于温县南王镇，及赴巩移眷口，而南河亦就安帖，乃两许家焉……”(清道光23年修温县《王氏家谱》，见于张青 2000：98)

(4)“其先山西洪洞人，国初占籍温东十里许，曰平皋。”(明温县何永庆撰《朱裳墓表》，见于王兴亚 2000)

(5)“其先洪洞人，永乐初迁温。”(清温县侯重喜《参议张公墓表》，见于王兴亚 2000)

移民历史的确凿记载，加上晋南洪洞、临汾、运城、闻喜等大部分市县[pf]类声母广泛分布的语言事实，说明温县、博爱等地的[f]层有可能属于外来层。

关于[pf pf^h f]组声母的产生时间，王临惠(2003：71)认为：“pf类声母生成的时间最早当不超过元代。……乾隆己酉年(公元1789年)周大儒纂修的《虞乡县志》(虞乡今属永济)里有‘船读作樊’等。”董绍克(1996)考证了元初太原词人李寿卿《度柳翠》中月明和尚的一段自白：“有人来问贫僧如何是佛，我说你说的便是；有人来问贫僧如何是道，我道你道的便是。”他认为这段话“用了谐音双关的修辞手法，是以‘说’谐‘佛’，以‘佛道’之‘道’谐‘说道’之‘道’。这说明当时‘说’和‘佛’的读音是相同的。”徐通锵(2008：405)根据白涤洲对关中方言知照系字音值的描写①认为：“在本世纪的30年代由ʈʂ、$ʈʂ^h$变

① “周至知照系读 pf^t pf^{th} 时上齿紧抵下唇，舌尖位于上齿龈，发破裂音，盖 ʈʂ $ʈʂ^h$ 变 pf pf^h 之过渡音也。”(白涤洲 1954：6)

来的 pf、pf^h 还没有丧失演变过程中的过渡痕迹,说明此类音变的时间距今不会太遥远。”雒鹏(2001)认为兰州方言的 pf 类声母出现于 20 世纪初期至 40 年代前后。综合来看,汉语方言中的 pf 类声母(抑或只有其中的[f]声母)至少在元初已经产生,而且这种音变一直持续到 20 世纪 40 年代。

3.2.3.2　合一型

合一型方言的古知庄章三组声母无论开合今读一套声母,具体有[ts ts^h s]、[tʂ $tʂ^h$ ʂ]、[tʂ $tʂ^h$ s]等形式,主要分布于东部地区的安阳文峰、汤阴城关、林州城郊、淇县朝歌、卫辉城郊、辉县城关、获嘉城关和西部地区的沁阳沁园。王洪君(2007)曾将山西方言知庄章组字的字音分合归为Ⅰ、Ⅱ、Ⅲ三大类型。Ⅰ为知庄章两分型:开口知二庄与精组洪音合并、知三章独立,合口部分或全部归并为一;Ⅱ为知庄章合一型:知庄章开口合口均归并为一组并与精组对立;Ⅲ为知庄章精四组合一型:开口四组合一,合口或有差异。这种分类同样适用于豫北晋语、中原官话和冀鲁官话等很多方言。根据知庄章与精组洪音字的关系,豫北晋语的合一型方言又可以分为Ⅱ型和Ⅲ型两个次类,其中,Ⅱ型分布于林州城郊;Ⅲ型分布于安阳文峰、汤阴城关、辉县城关、淇县朝歌、卫辉城郊、获嘉城关和沁阳沁园。那么,豫北晋语中的Ⅱ型和Ⅲ型是什么关系呢?王洪君(2007)在分析山西方言时指出,理论上“Ⅰ型只要知三章再并入知二庄精,即成Ⅲ型;Ⅱ型只要知庄章再进一步与精合流,也成Ⅲ型。但考虑到Ⅰ型、Ⅱ型在地域上的分布,Ⅲ型大多应该从Ⅰ型发展而来”。就豫北晋语而言,Ⅲ型中的沁阳沁园方言,周围都是豫北晋语和中原官话洛嵩片的二分型(Ⅰ型)方言,如焦作王褚、武陟木城、温县温泉、济源玉泉、洛阳、渑池、灵宝等,它很可能与山西方言的情形一样,是从Ⅰ型方言发展而来的。但Ⅲ型中的其他方言则不然,安阳文峰、汤阴城关、辉县城关、淇县朝歌、卫辉城郊、获嘉城关等方言的北侧、东侧、南侧连片分布着Ⅱ型中原官话和晋语,很少见到Ⅰ型方言,这与山西Ⅲ型方言的周边环境完全不同。因此,从方言演化角度看,豫北晋语的Ⅲ型(除沁阳沁园)很可能是从Ⅱ型发展而来的。也就是说,Ⅱ型和Ⅲ型(除沁阳沁园)拥有知庄章合一这一共同基础。根据贺巍(2005)、沈明(2006)的分区标准,结合张启焕等(1993:336)、钱曾怡(2001:118)和《河北省志·方言志》(河北省地方志编纂委员会 2005)的研究成果,豫北晋语Ⅲ型(除沁阳沁园)方言周边的Ⅱ型方言主要有:

中原官话郑开片:郑州　开封　濮阳　滑县　浚县　长垣
封丘　原阳　南乐　清丰　兰考　通许
中牟　荥阳　尉氏　新郑

中原官话兖菏片:菏泽　郯城　临沂　苍山　费县　平邑
东平　郓城　巨野　甄城　梁山
阳谷以上山东　范县　台前以上河南

晋语的磁漳小片:磁县　临漳　邯郸　武安　成安　永年
肥乡　鸡泽　沙河　南和　广平城关以西
邢台县城关以西　曲周东里町以西

兖菏片除了Ⅱ型方言外,其余绝大多数为Ⅲ型方言,例如:兖州、枣庄、邹城、曲阜、宁阳、汶上、泗水、滕州、微山、嘉祥、济宁、金乡、单县、定陶等。如果再扩大范围,冀鲁官话石济片聊泰小片的大多数山东方言也属于Ⅱ型,且与以上中原官话连片分布,气势蔚为壮观。具体地点不再赘列。

豫北晋语与中原官话知庄章合一型的读音情况见表 3-17。

表 3-17　豫北晋语与中原官话知庄章合一型的读音

		知二=庄=知三=章				彻=崇=昌			生=书	
		站	榨	肘	整	超	床	春	缩	识
豫北晋语	安阳文峰	tsæ̃꜄	tsa꜄	꜂tsou	꜂tsəŋ	꜀tsʰɑu	꜁tsʰuɑŋ	꜀tsʰuə̃	suoʔ꜆	sɛʔ꜆
	林州城郊	tʂa꜄	tʂɔ꜄	꜂tʂou	꜂tʂəŋ	꜀tʂʰau	꜁tʂʰuɑŋ	꜀tʂʰuŋ	ʂuəʔ꜆	ʂəʔ꜆
	淇县朝歌	tʂan꜄	tʂɑ꜄	꜂tʂou	꜂tʂəŋ	꜀tʂʰɑu	꜁tʂʰuɑŋ	꜀tʂʰuən	suəʔ꜆	səʔ꜆
	获嘉城关	tʂɛ̃꜄	tʂᴀ꜄	꜂tʂou	꜂tʂəŋ	꜀tʂʰɔ	꜁tʂʰuɐŋ	꜀tʂʰuẽ	ʂuaʔ꜆	ʂəʔ꜆
	沁阳沁园	tsæ̃꜄	tsa꜄	꜂tsou	꜂tsəŋ	꜀tsʰɑo	꜁tsʰuɑŋ	꜀tsʰuẽ	suɑʔ꜆	səʔ꜆

续　表

		知二=庄=知三=章				彻=崇=昌			生=书	
		站	榨	肘	整	超	床	春	缩	识
中原官话	郑　州	tʂan꜄	tʂa꜄	꜂tʂou	꜂tʂəŋ	꜀tʂʰau	꜁tʂʰuaŋ	꜀tʂʰuən	꜀ʂuo	꜀ʂʅ
	封丘王村	tʂan꜄	tʂa꜄	꜂tʂəu	꜂tʂəŋ	꜁tʂʰau	꜁tʂʰuaŋ	꜀tʂʰuən	꜀ʂuo	꜁ʂʅ
	内　黄	tsan꜄	tsa꜄	꜂tsou	꜂tsɤŋ	꜀tsʰau	꜁tsʰuaŋ	꜀tsʰuɤn	꜀suo	꜂sɿ
	定　陶	tʂã꜄	tʂa꜄	꜂tʂou	꜂tʂəŋ	꜀tʂʰɔ	꜁tʂʰuɑŋ	꜀tʂʰuẽ	——	꜀ʂʅ
	汶　上	tsã꜄	꜁tsɑ	tsəu꜄	꜂tsəŋ	꜀tsʰɔ	꜁tsʰuɑŋ	꜀tsʰuə̃	꜂suə	꜀sɿ

合一型包括三种音值形式，既有[ts tsʰ s]、[tʂ tʂʰ ʂ]，也有过渡阶段的[tʂ tʂʰ s]。但这些都是表层特征，是容易变化的。最重要的还是知庄章深层结构上的合一。有据可查，这种深层结构上的合一已经有很久的时间了。明代濮城（今河南范县濮城镇）人桑绍良著有《青郊杂著》一书（1581 年定稿），该书“音系中体现实际口语的地方是它的声母系统、声调系统和韵母系统的主要部分，所表现的口语应当是作者的家乡方言即当时的濮州话”（耿振生 1991）。《青郊杂著》中知庄章三组声母统一归角音“知徹审”，并与精组归“商音”相别，说明当时的范县方言知系与照系已经合并，与现代范县城关、范县濮城的知庄章合一情形一致。据此可以推测，以范县及周边中原官话郑开片方言为中心，向西到达豫北晋语区，向东到达中原官话兖荷片甚至冀鲁官话聊泰小片，如此分布广阔的知庄章合一型，很可能已经形成 400 多年。

清初文学家蒲松龄的《日用俗字》可对以上推论提供佐证。《日用俗字》写于 1704 年，缘起是作者“有感于农村日常生活用字使用不便而旧的《庄农杂字》之类又不能令人满意，为了帮助人们更好地进行日常书写”，遂“把农村日常生活用字串编成歌谣，以便诵读、记忆”（张树铮 2005：104）。张树铮（2005：105）认为：“从语言学的角度看，该书是一份反映 17 世纪末山东淄川方言的宝贵资料。”今淄川方言知庄章合一读[tʂ tʂʰ ʂ]（孟庆泰，罗福腾 1994），那清初的情况又如何呢？张文通过《日用俗字》中知庄章三组声母混用的现象，特别是有庄组二等与章组相混的例子，得出“知庄章三组声母的合并就是肯定的了”。如果确实如此，那以淄川为代表的冀鲁官话石济片聊泰小片知庄章合一的层次，也已经300多年了。

知系与照系合并是明代官话区的一大语音特征，豫北晋语东部地区合一型的形成当不会比周边方言太晚。

3.3　阴声字读鼻音韵现象

汉语方言中阴声字读鼻音韵（包括鼻化韵和鼻尾韵）的现象在中原官话、江淮官话、西南官话、晋语、吴语、赣语、闽语、粤语、客家话、湘语、乡话等方言中都有发现（丁邦新1987；曹志耘2008；乔全生2008；张燕芬2010；罗昕如2012；等），因其在鼻音声母条件下较为多见，不少学者认为这种现象是鼻音声母的顺同化所致，而对于非鼻音声母的情况则往往当作例外看待。我们认为，阴声字读鼻音韵现象的原因尚未彻底研究清楚。本部分在前贤时彦的研究基础上，试就豫北晋语中的同类现象进行尝试性探讨。

3.3.1　现象介绍

豫北晋语中的阴声字读鼻音韵现象主要分布于所辖区域内的中西部地区，包括辉县、获嘉、修武、焦作、武陟、博爱、温县、沁阳、济源等市县；东部北部地区仅少数方言或部分方言的个别字存在此类现象。

3.3.1.1　现象

（1）辉县南村方言假摄二等字读鼻化韵[ã iã uã]。例如：爬꜁pʰã｜炸~弹 tʂã꜄｜茶꜁tʂʰã｜牙꜁iã｜耍꜂ʂuã｜瓜꜀kuã｜寡꜂kuã｜夸꜀kʰuã｜跨kʰuã꜄｜花꜀xuã｜化 xuã꜄｜瓦꜂vã 等。

（2）遇合一泥母“奴努怒”三字有读鼻尾韵[uŋ]的现象。这种情况分布在豫北晋语西部地区的焦作王褚、博爱清化、沁阳沁园、温县温泉、济源玉泉等20个方言点。具体分布情况见图3－3。

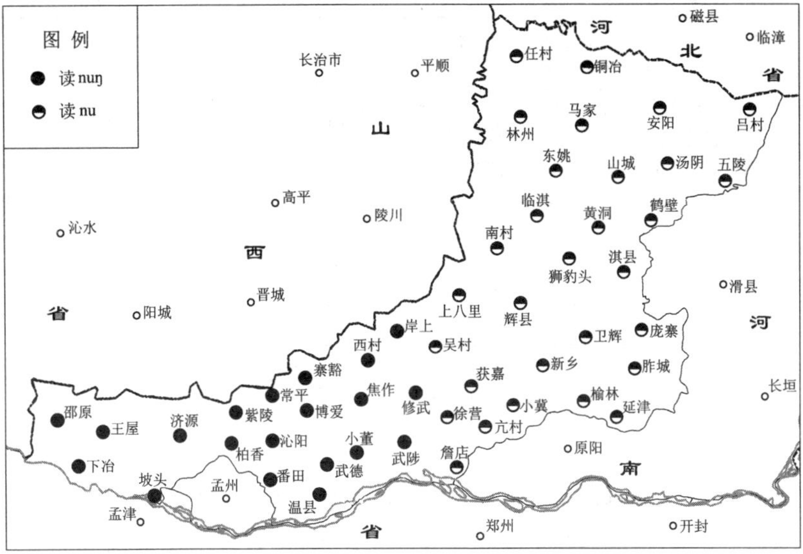

图 3-3 豫北晋语“奴努怒”的读音分布

(3) 部分非鼻音声母的蟹止摄字存在变读鼻音韵的现象。除了上文 2.4.1.4 介绍的蟹合一明母字“梅枚媒煤每妹昧”和止开三明母字“眉楣霉美媚寐”外，济源玉泉、济源邵原、济源王屋、济源下冶、沁阳沁园、沁阳紫陵、博爱清化、博爱寨豁、武陟小董、温县番田等方言部分心母、禅母、日母、晓母、影母及以母蟹止摄字也有读为鼻音韵的情况。具体实例见表 3-18。

表 3-18 蟹止摄非鼻音声母字读鼻音韵的现象

字	声	读 音	分 布 地 点
垒	来	[ᶜluə̃]	沁阳紫陵
虽	心	[꜀suẽ]	沁阳沁园、济源玉泉
挥	晓	[꜀xuẽ]	沁阳沁园、济源玉泉
辉	晓	[꜀xuẽ]	济源玉泉
税	书	[ʂuən꜄]/[ʂuə̃꜄]	武陟小董、博爱清化、博爱寨豁、济源邵原

续 表

字	声	读 音	分 布 地 点
税	书	[ʂuẽᵓ]/[ʂuɛ̃ᵓ]	温县番田、济源王屋、济源下冶
睡	禅	[sẽᵓ/suẽᵓ]	沁阳沁园
谁	禅	[꜀sə̃]	博爱寨豁
瑞	禅	[zuẽᵓ]/[ʐuẽᵓ]	沁阳沁园、济源玉泉
慰	影	[ᶜuẽ]	济源玉泉
芮蕊	日	[zuẽᵓ]	沁阳沁园
锐	以	[zuẽᵓ]	沁阳沁园

（4）蟹开二明母“迈”字在部分方言中读鼻音韵。具体方言点和读音如下：

汤阴城关[mãᵓ]　汤阴五陵[manᵓ]　鹤壁山城[mãᵓ]
淇县朝歌[manᵓ]　卫辉狮豹头[manᵓ]　卫辉庞寨[manᵓ]
延津胙城[manᵓ]　焦作王褚[mɛ̃ᵓ]　沁阳沁园[꜀mæ̃]
沁阳柏香[꜀mɛ̃n]　温县温泉[꜀man]　温县武德[꜀mæ̃]
博爱清化[mæ̃ᵓ]　博爱寨豁[꜀mæ̃]　济源王屋[mɛnᵓ]
济源下冶[mãᵓ]　济源邵原[mænᵓ]

3.3.1.2　特点

（1）辉县南村方言与其他方言阴声字读鼻音韵现象的性质有所不同。辉县南村方言的变读涉及所有假摄二等字，它们鼻化后在音系中独立成韵，应当属于系统变读现象，例如：查假[꜀tʂʰã]≠缠山[꜀tʂʰai]≠常宕[꜀tʂʰɑŋ]；其他方言只发生在少部分字中，且阴声字读鼻音韵后，均与音系中相应阳声韵合流，无独立成韵现象，是规律之外的例外变读现象，例如温县武德：奴遇[꜀nuŋ]=浓通[꜀nuŋ]，迈蟹[꜀mæ̃]=瞒山[꜀mæ̃]。

（2）阴声字变读鼻音韵现象在鼻音声母与其他声母条件下都有发生，明母泥母的多，其他声母的相对少。鼻音声母容易顺同化影响后面的韵母，其他声母的情况看似例外，但也恰恰说明阴声字变读鼻音韵现象并非完全是鼻音声母作用的结果。

(3) 从变读后的鼻音韵看,韵腹既有偏央、偏高的元音[ə u e],也有偏低的元音[a ɑ æ ɛ]。这说明阴声字读鼻音韵与主要元音的高低不存在必然的相关关系。

(4) 豫北晋语阴声字例外变读鼻音韵是后起现象。高本汉于20世纪初曾对豫北怀庆(今沁阳)方言进行过调查,今天读作鼻音韵的几个阴声字当初都是口元音韵,也就是说这种例外变读发生在近百年间,属于后起现象。具体读音对比情况见表3－19。

表3－19　百年来沁阳方言几个阴声字的读音变化

	奴	迈	虽	挥	睡	蕊	锐
1910年	nu	mai	ʂui	xui	ʂui	ʐui	ʐui
2010年	nuŋ	mæ̃	suẽ	xuẽ	sẽ/suẽ	zuẽ	zuẽ

石绍浪(2011)在分析黄孝片方言明母阴声字读鼻音尾现象时也认为:"[-ŋ]尾的增生是一个较新的音变。"孙玉文(2007)持近似观点,认为"黄冈话中'木沐目穆牧睦没'等字读[moŋ]是入声韵变成阴声韵以后才出现的例外音变"。

(5) 豫北晋语阴声字例外变读鼻音韵很可能是自变现象。毗连豫北晋语区的晋城、阳城、高平等方言也存在同类现象,但仅限于少数字,例如:晋城的"奴努怒"读[nuoŋ],"墓"读[moŋ꜄];阳城的"墓"读[muŋ꜄],"努"读[꜂nuŋ];高平的"奴努怒"读[nuə̃ŋ],"挥辉"读[꜀xuə̃ĩ],等等。但从规模和范围上看,这些方言都不足以影响豫北晋语。视野再放开,也未发现有一个足够强势的方言去影响其他方言产生此类音变,因此该现象不太可能是受外界影响的结果,很可能是源自方言内部的自变现象。

3.3.2　成因考察

3.3.2.1　已有相关讨论

关于阴声字今读鼻音韵现象的相关报道已有不少。早在清代,戴震及其弟子孔广森等人就提出“阴阳对转”理论来解释古音学上不同韵部互相押韵的现象。但严格讲，阴阳对转是对“阳声韵失去鼻音韵尾变为阴声韵、阴声韵加上鼻音韵尾变为阳声韵”现象的概括，不能算是对语音变化原因的解释。现代学者对此类现象也多有讨论，然而直到目前“这些比较零散的现象虽然知道大致的范围，但产生的原因还有待解释”（丁邦新 1987）。

目前关于古阴声字今读鼻音韵现象的讨论，主要有以下几种观点：

（1）元音韵尾转辅音韵尾。李国正（1984）分析了四川 140 个市县流摄一三等唇音字（如“某亩牡贸否浮”）读鼻音尾的现象，认为流摄唇音字读鼻音尾的原因在于“u 是后高元音，不可能继续高化，因而极易带出一个部位接近的音而变为复元音。由于这些复元音韵母的韵腹（ʊ、o、ə）都不是前元音，发音时往往在舌根部位比较着实，气流比较强，长期强化的结果，u 就变成了同部位的鼻辅音 ŋ”。与此相近，瞿建慧（2010：139）指出：“辰溆片部分方言点蟹摄开口一二等韵与咸山摄舒声韵合流、流摄字与通摄舒声字韵母合流的现象说明：前元音韵尾-i 与前鼻音韵尾-n，后元音韵尾-u/ɯ 与后鼻音韵尾-ŋ 是可以转换的。”“流摄字读同通摄舒声字不一定需要鼻音声母同化的作用。”

（2）鼻音声母影响。丁邦新（1987）认为李国正（1984）分析四川话流摄字读鼻音尾时，没有看到通摄的“木、目”和效摄的“帽、貌”，所以提出与李不同的看法。丁先生认为湖北、云南官话中的“木目母亩某貌帽”等字“共同特点是以 u 为主要元音或韵尾”，它们是“受双唇鼻音声母影响而产生的-ŋ 韵尾”。但对于云南宾川部分流摄字、洱源假摄字、弥渡蟹止摄部分合口字读鼻化韵的现象，丁先生认为变读鼻化的理由还看不出来。张燕芬（2010）在考察“汉语方言地图集数据库”95 个方言的阴声字读鼻音韵现象后认为，除了双唇鼻音声母外，其他鼻音声母也容易影响后面的韵母。罗昕如（2012）也认为湖南方言古阴声韵、入声韵字今读鼻韵现象主要源于鼻音声母的同化影响，但对于声母不读鼻音的，“暂时只能看作例外”。

（3）央高元音后易产生鼻韵尾。除了鼻音声母的影响外，张燕芬（2010）还认为“除[u]以外的其他央、高元音（笔者按，如[ə/o/ɯ/u/ɤ]）也有可能促使鼻音韵尾产生”。但张文所列实例显示，有部分以低元音为韵腹的字也读鼻音韵；此外，缙云的流摄字读鼻音韵的现象在各种声母条件下都有发生。这两种情况张文未做解释。

（4）文白系统的演变和层次。晋西、陕北一些晋语里果摄字今读鼻音韵，其主要元音有偏央偏高的[ə ɤ]，也有偏低的[ɑ ɒ a ɔ]。（黑维强 1997；沈明 2011）沈明（2011）从文白系统上考虑问题，她认为秦晋黄河沿岸部分方言果摄和宕江合流、部分方言果摄与曾梗（深臻）合流的现象经历了两个变化过程：一，宕江、曾梗丢失鼻韵尾[-ŋ]，分别合流到果摄[*o]、[*ə]。二，受官话方言宕江、曾梗读鼻音韵的影响，宕江果、曾梗果作为一类一起加上鼻音成分变成了[*ɑ̃]、[*əŋ]。之后深臻合流到曾梗，于是果=曾梗深臻。其中第一步属于演变，第二步属于层次。

（5）其他原因。李国正（1984）认为四川方言中个别庄母字（指“皱绉”）读鼻音尾属于孤立的特殊现象，是由于忌讳产生的变音。因为“‘咒’在四川人心目中是一个很厉害的字眼，不到痛心疾首的地步，谁也不愿说这个字，而‘皱’‘绉’口头上常会提到，容易与‘咒’发生误会，只好仿唇音字的例子，变 u 为 ŋ 替‘咒’字让路”。

综合比较以上研究者的研究对象，我们会发现：李国正（1984）、瞿建慧（2010）、张燕芬（2010）和罗昕如（2012）的研究对象较为一致，都属于规律之外的例外音变，是方言中的少数现象。沈明（2011）研究对象的性质比较统一，虽然某些方言的白读可能残缺不全，但仍属于层次性、系统性的问题，有规律可循。但丁邦新（1987）的研究对象略掺入了系统音变，如云南洱源假摄字的读音。

通过以上分析，我们认为：第一，汉语方言中阴声字读鼻音韵的现象并不相同。因此，在分析原因时需要将系统音变与例外音变分开对待，不可混同。第二，对于例外音变而言，鼻音声母不是必要条件。豫北晋语、浙江缙云及云南宾川的情况说明，各种声母条件下阴声字读鼻音韵都有可能发生。第三，对于例外音变而言，解释鼻音尾产生的原因不能落到主要元音的高低上。湖南新晃“写”读[çiɛn]、衡阳“派”读[p^han]、辰溪乡话“买卖”读[man]及福建很多地区的“毛”读[mŋ̍]是无法用后、高元音容易产生鼻音韵尾的理论解释的。

3.3.2.2 阴声字系统变读鼻化韵的成因

所谓系统变读，指符合某一音韵地位或语音条件的所有字发生的规律性变读现象。例如晋西陕北部分方言果摄洪音字、云南洱源假摄字、山西襄垣蟹效摄上声字读鼻音韵的现象，都属于系统变读。因为即使有些方言的文白系统不完整，有些方言存在异调分韵现象，但它们都是有规律可循的系统性现象。豫北晋语中只有辉县南村方言的假摄二等字发生了系统变读鼻化韵的现象。下面讨论其形成原因。

辉县南村方言假摄二等字读鼻化韵[ã iã uã]，而蟹摄开口一二等读[a]韵，咸山摄读[ai iai uai yai]韵。这种情况恰好反映了该地区假摄、蟹摄、咸山摄读音的三个特点：第一，假摄主元音不断后化、高化；第二，蟹摄有单元音化趋势；第三，咸山摄丢失鼻音尾。具体请看表3－20中辉县南村及其周边方言假摄、蟹摄、咸山摄韵母的对比情况（以开口呼为例）。

表3－20 辉县及其周边方言假摄、蟹摄、咸山摄韵母对比

	假 摄	蟹 摄	咸山摄		假 摄	蟹 摄	咸山摄
安阳铜冶	ɒ	ai	a	辉县南村	ã	a	ai
安阳马家	ɒ	ai	a	辉县上八里	ɑ	ɐ	æɛ
林州城郊	ɔ	ai	a	辉县吴村	a	æ	ai
林州任村	ɔ	ai	a	修武岸上	A	æɛ	æɛ
林州东姚	o	ai	A	修武西村	a	E	E
林州临淇	o	ai	A				

结合地理分布情况，从上表可以得出，咸山摄丢失鼻尾主要有两种方式：第一种是鼻尾直接消失，如安阳铜冶、安阳马家、林州城郊、林州任村、林州东姚、林州临淇等；第二种是鼻尾转化为元音韵尾，如辉县南村、辉县上八里、辉县吴村、修武岸上等。修武西村则是在第二种方式基础上继续单元音化的结果。当咸山摄鼻尾直接消失时，其读音与假摄形成竞争，其结果是势力庞大的咸山摄占据假摄的位置，迫使假摄先后化，然后高化。这种音系内的变化（音位数量不变、位置移动）是肇端于咸山摄而波及假摄的连锁反应，是咸山摄促发假摄元音变化的音移现象。（徐通锵 2008：202）当咸山摄鼻尾转化为元音韵尾时，其读音与蟹摄发生直接关系，对此各方言的表现不同。修武岸上、修武西村的蟹摄选择坚守阵地，最后咸山摄与其合流，实现了音系的整合；辉县吴村、辉县上八里的蟹摄通过单元音化，避免了与咸山摄的正面冲突；而辉县南村的蟹摄选择与假摄展开竞争，最后迫使假摄主元音后化。实际上，假摄主元音后化为[ɑ]已经完全可以，因为这已经完成了咸山摄、蟹摄、假摄的重新洗牌，[ai]、[a]、[ɑ]形成了新的音位对立，音系格局实现了调整。但林州城郊、辉县南村等地却没有就此停止，前者选择继续高化，后者则选择鼻化，其目的都是为了保持音位自身的独立性，以避免音同或音近等问题对交际造成干扰。

冉启斌（2005）引用 Moll（1962）、Ohala（1975）等人的研究成果，指出，“中、低元音在发音时软腭降低的可能性更大”。冯颖雅（2001，转引自冉启斌 2005）也认为，“各类元音中低元音最容易鼻音化”。因此，低元音[ɑ]易于鼻化是具有发音生理基础的。

综上而言，辉县南村方言的假摄二等字系统变读鼻化韵的现象，是咸山摄韵尾丢失迫使假摄、蟹摄产生被动音移的结果，而假摄主元音的鼻化则是保持其自身音位独立性的进一步选择。

3.3.2.3　阴声字例外变读鼻音韵的成因

例外变读，指规律之外的个别音变现象，是相对于系统变读而言的。例如：丁邦新(1987)分类中的第一类“受双唇鼻音声母影响而产生的-ŋ 韵尾”、第二类“中古流摄字韵尾变为鼻化音”、云南弥渡蟹止摄部分合口字读鼻音韵的现象，李国正(1984)提到的四川 140 个市县流蟹摄读鼻音尾的情况，以及瞿建慧(2010)、张燕芬(2010)、罗昕如(2012)的相关报道，都属于例外变读。豫北晋语西部地区的“奴努怒”和蟹止摄合口字读鼻音韵，也属于这种情况。

下面对豫北晋语阴声字例外变读鼻音韵的成因进行尝试性解释。我们将问题分解为三：第一，分析例外音变时应该从哪个音素切入？第二，例外音变的原因是什么？第三，例外音变的机制是什么？

第一，韵尾是分析例外音变成因的切入点。从豫北晋语和其他方言的情况看，鼻音和非鼻音声母条件下，低元音和高元音条件下，都有阴声字变读鼻音韵的情况。因此，声母、主元音都不是分析阴声字变读鼻音韵的切入点。此外，豫北晋语“挥谁垒睡”、云南宾川“秋流酒袖[ioũ]”、弥渡“灰雷水对[ueĩ]”的例外音变涉及四声，也说明声调不是产生例外音变的条件。我们认为，最有可能造成阴声字变读鼻音韵的成分是韵尾。例如蟹止摄不读鼻音韵的字，韵母为[ei uei]，而其韵尾[i]变[n]是完全可能的；再如遇合一除“奴努怒”外，韵母皆读[u]。[u]既可视作主元音和韵尾的综合体，也可以在特定声调和语气条件下处理为[uː]甚至[uu]。我们同意瞿建慧(2010：139)的观点，也认为“前元音韵尾-i 与前鼻音韵尾-n，后元音韵尾-u/ɯ与后鼻音韵尾-ŋ 是可以转换的”。下文进一步分析这种音变的原因和机制。

第二，韵尾弱化是阴声字例外变读鼻音韵的原因所在。汉语方言中声母、声调、韵母的弱化都是常见现象。很多合音字往往是前字韵母弱化(消失)、后字声母声调弱化(消失)后的结合体，例如北京话“甭”“叵”等。另外，前响复元音、后响复元音等术语也告诉我们，音节乃至韵母中的各部分是有轻重之别的。如果音节中的韵尾弱化了，那它存在消失和转变两种可能。例如豫北晋语中的咸山摄，在林州城郊走的是消失的路子，读[a ia ua ya]韵；而在辉县南村、辉县吴村走的是转变的路子，读[ai iai uai yai]韵。

我们认为，豫北晋语阴声字例外变读鼻音韵是韵尾弱化并转变的结果。

为了说明以上观点，我们还得引入鼻化度的概念。鼻化度就是语音发音时鼻音化的程度。传统观点认为，元音就是元音，鼻音就是鼻音，两者的性质完全不同。但现代语言学尤其是实验语音学告诉我们，元音也有不同程度的鼻化度；鼻音处于音节首位与末位，其鼻化度也有所不同。时秀娟等（2010）对北京话[a i u y ɤ ɿ ʅ]7个一级元音的研究表明，“鼻化度虽然是鼻音能量大小的反映，但它也存在于非鼻音之中”“鼻音、口音的区分是定性分析的结果”“从定量分析的角度看，鼻音和口音处于两极，中间存在有一个鼻化度从高到低逐渐变化的连续统”，北京话“从舌面元音到舌尖元音，都没有鼻化度数值为0的情况”。

对于音节末尾的鼻音，王力（1955）曾经讲道，“严格地说，汉语元音后面的辅音只算半个”。吴宗济（1986）认为，鼻音韵尾[-n]和[-ŋ]“是一种不太纯粹的鼻音，与元音之间的界限常常缺少‘断层’想象，界限不够明显”。冉启斌（2005）也认为，“汉语的鼻音韵尾具有弱化的倾向”，尤其“在语流中表现得更为明显”。

以上分别介绍了元音的鼻化度问题和鼻音韵尾的弱化问题，那么弱化的元音韵尾与弱化的鼻音韵尾之间会是一种什么关系？我们认为，弱化的元音韵尾在发音音量上较弱，在发音时间上较短，其结果会造成听感上的模糊状态，使人感知的是模糊音色或含混音质。这种模糊音色与元音的内在鼻化度结合，就会接近于弱化（鼻化度降低）的鼻音韵尾，从而造成音类上的混淆。徐世荣（1980：60）就曾认为，“鼻音本有‘次元音’之称，说明它的发音情况本来接近元音”，鼻音韵尾“简直是和单元音是同等的”。这种情况在现实方言中可以得到证实。王洪君(2004)在描写闻喜方言的Z变韵时有这样一条说明:“阳声韵,不论是鼻化极弱以致可有可无的æ̃类韵,还是稳定的鼻化韵ẽĩ类韵或鼻尾的ʌŋ类韵,Z变形式都是原韵尾失落,主元音强化并延长至两时间格,新增的ũ占末一时间格。ũ的唇部位的紧张很弱,与闭塞较松、无辅音性的ŋ很接近。”豫北晋语中很多阳声韵的Z变韵是零形式变韵,正是基于“ũ的唇部位的紧张很弱,与闭塞较松、无辅音性的ŋ很接近”演变的结果。另外,我们可以将豫北晋语与云南弥渡蟹止摄合口字的读音联系起来考虑。原先它们可能都是[ei uei]韵,后来韵尾弱化、音色模糊,听起来就很像弥渡的[eĩ ueĩ],再后来就变成了豫北晋语中的[en uen]或[ẽ uẽ]了。整个过程为:[ei]→[eĩ]→[en]。为什么第二步能变成第三步,下文讲其中的机制问题。

第三,重新分析是阴声字例外变读鼻音韵的重要机制。先举一个例子。曹志耘先生(2007)在为《处州方言的地理语言学研究》作的序中提到一个非常有趣的事儿:

> 记得李荣先生有一次曾经问我:“你的方言里‘处州’的‘处’读上声还是读去声?”这个字从来不单说,连读时则发生变调。所以我只好根据连调规则去判断。

于是曹志耘师就列出汤溪话非述宾式结构里阴上、阴去加阴平的连调规则,最后判断出汤溪话“处州”的“处”应该是阴去字。这种有趣的事儿,在方言调查工作中是经常会碰到的,发音人一时无法确定的现象,往往会根据一些线索去“判断”,这种“判断”就属于重新分析。

重新分析是语法化的重要机制,也是词汇、汉字使用和演变过程中存在的重要现象。我们认为,在语音的演变中同样存在着重新分析现象。拿我们调查方言语音来说,调查者得到的字音,要么是发音人直接转说书本习得的字音,要么是发音人从语流中截取的单字音片段。截取的片段可能是文读音,也可能是白读音。当截取的片段是调查者需要的,而且是语流中的弱化现象时,发音人面对这些平时不太在意的现象就会模棱两可。面对调查者“到底是什么”的追问时,发音人就会“被迫”认定一个“具体”的发音,这种认定就是基于当地人母语感觉的重新分析。就本部分研究的内容来说,语音重新分析的前提是音节或音素处于弱化的阶段,可以做出两可的认知判断;语音重新分析的条件是遵循具体方言的音系格局和语音规则;语音重新分析的结果是将听觉感知的东西纳入主观已经存在的范畴之中。这种分析要么恢复语音弱化前的面貌,要么得到反向强化从而改头换面。总之不是 A 就是 B,一般出不了当地人的音系格局。当然,以上说的是最典型的情况,在实际方言中,这一阶段可能会在人们的无意识中跳过,当研究者调查时,面对的是已经经过重新分析的固化的语音现象。王福堂(2005：16)指出:“语音系统中某些因演变而产生的凌乱不成系统的语音成分,在进一步的音变过程中有可能和音值相近的语音成分合并,整化成一个系组。”重新分析后固化的语音现象,必定是被具体音系格局通过语音规则整化后的结果。重新分析实现了音系的系统化。

以豫北晋语来看,某些蟹止摄合口字[ei]→[eĩ]后,其音值介于[ei]与[en]之间,这些字被重新分析后,语言使用者就会根据音值相近原则将其归入具体方言的[en]、[ẽ]、[ən]或[ə̃]韵中,从而与深臻摄合流。“奴努怒”的音变也是同理的。

综合以上论述我们认为,豫北晋语中阴声字例外变读鼻音韵的现象,实质是元音韵尾弱化后经过重新分析的结果。

总之,汉语方言中阴声字变读鼻音韵现象的性质并非完全相同,需要区分是系统变读还是例外变读。豫北晋语中的阴声字系统变读鼻化韵是假摄字主元音发生音移后进一步保持自身独立性的选择,这种现象只存在于辉县南村方言中,属于孤例,在整个晋语甚至官话方言中也较为少见。相对而言,豫北晋语中的阴声字例外变读鼻音韵现象虽然涉及字数少，但分布范围较大，其实质是元音韵尾弱化后经过重新分析的结果。这种现象以鼻音声母条件下较为多见，说明鼻音声母的顺向同化作用较强，而这种顺向同化的发生恰恰说明变化前音节结构内部的不平衡，即其底层音节结构为“强+弱”式，这种音节结构是阴声字例外变读鼻音韵的内在原因和根本原因。

3.4　特字与特字地图

本节所收特字包括历时层面不符合具体方言古今语音演变规律和共时层面比较特殊而不成系统的字。“语音特殊”和“不成系统”是收录的主要原则。本节主要包括两方面的内容：第一，对特字的语音形式和分布情况进行介绍，并依具体“字”况进行适当解释。所有特字分为声调特字、声母特字、韵母特字，并各按《方言调查字表》的顺序进行排列。特字列就，首先依据《方言调查字表》说明相应的古声调、古声母、古韵母类别，然后介绍豫北晋语中的今音情况。第二，对应于部分特字的介绍与解释，绘制特字地图，直观展现特字的语音分布特点。所有地图集中放置于“3.4.4　特字地图”中，编号顺序与论述部分一致。

3.4.1　声调特字

（1）且，清上字。今豫北晋语有上声、入声、阴平三种读法。其中，安阳文峰、卫辉城郊等24个方言点读上声；林州城郊、修武城关等20个方言点读入声；延津城关、济源下冶等6个方言点读阴平。具体分布见图3-4。

读入声、阴平的方言，“且”与“切~菜”同音。今读阴平的方言应该经过了舒声促化后再舒化的过程。同类情况在其他方言中也有，如“且”在北京话说[$^{\subset}$tɕ^{h}ie]或[tɕ^{h}ie$^{\supset}$]，济南话说[$_{\subset}$tɕ^{h}ie]，北京的去声和济南的阴平都应该是舒声促化后再舒化的结果。它们符合北京官话清入派入四声、冀鲁官话清入派入阴平的大规律。

（2）需，清平字。今豫北晋语有阴平、阳平、上声、入声四种读法。其中，安阳文峰、安阳铜冶、安阳马家、林州城郊、林州任村、林州临淇、林州东姚、延津城关、延津胙城、博爱寨豁、沁阳柏香、温县番田、济源玉泉、济源下冶等 14 个方言点读阴平；济源坡头读阳平；修武岸上有入声和上声两读；卫辉城郊、卫辉庞寨、淇县朝歌、淇县黄洞、新乡平原、新乡小冀、获嘉城关、获嘉亢村等 8 个方言点读入声；其余 26 个方言点读上声。具体分布见图 3－5。

"需"读入声是舒声促化，读上声则是促化后再舒化的结果。这种情况可在修武岸上得到印证，该方言老派读入声，新派读上声。"需"读上声，找不到周边强势方言影响的线索，应该是方言自主变化的结果。

（3）轨，清上字。今林州城郊、淇县朝歌读上声，其他安阳文峰、鹤壁淇滨、卫辉城郊、新乡平原、获嘉城关、获嘉亢村、辉县城关、修武城关、焦作王褚、武陟木城、沁阳沁园、温县温泉、济源玉泉等 13 个重点调查点读阴平。今济南方言也读阴平［꜀kuei］，太原方言也有阴平［꜀kuei］的异读。原因不详。

（4）匪，清上字。今安阳文峰、安阳铜冶、安阳马家、汤阴城关、林州城郊、林州任村、延津城关、延津胙城、博爱寨豁、沁阳常平等 10 个方言点读上声，其余 40 个方言点读阴平。具体分布见图 3－6。

匪，在衡水、魏县、邯郸等地也读阴平。可能与"非"字有关，也可能与连调固化有关。

（5）潜，浊平字。今豫北晋语有阴平、阳平、上声、去声四种读音。其中，安阳吕村、汤阴城关、汤阴五陵、淇县朝歌、辉县吴村、新乡平原、延津城关、获嘉城关、获嘉亢村、获嘉徐营、修武城关、修武岸上、焦作王褚、武陟木城、博爱清化、温县武德、沁阳柏香、济源邵原等 18 个方言点读阴平；安阳马家、辉县南村、辉县上八里、沁阳沁园等 4 个方言点读阳平；温县温泉、修武西村读去声。其他 26 个方言点读上声。具体分布见图 3－7。

"潜"在北方方言中绝对是个特字。今济南、西安、太原都读阴平;北京话中上声的读法也很常用。原因不详。

(6) 权,浊平字。今安阳文峰、辉县城关、辉县吴村、修武城关、修武西村、武陟詹店、武陟小董、博爱清化、博爱寨豁、沁阳常平、温县番田、济源下冶、济源邵原等 13 个方言点读阳平,其他 37 个方言点读上声。具体分布见图 3－8。

"权"在济南方言中读上声,豫北晋语的大部分情况与其相同。

(7) 雹,全浊入声字。今豫北晋语 15 个重点调查点统一读阴平。该字在河北魏县、张家口、鹿泉等地也读阴平。北京话的"冰雹"在豫北晋语中多说"冷蛋儿"或者"冷圪蛋",因此"雹"字不太常用,人们将其读为阴平,可能与"包"字有关。

(8) 统,清去字。今鹤壁淇滨、卫辉城郊、焦作王褚、温县温泉、获嘉亢村读阴平;安阳文峰、林州城郊、淇县朝歌、辉县城关、新乡平原、武陟木城、修武城关、沁阳沁园读上声;获嘉城关、济源玉泉有阴平和上声两读。

"统"读阴平可能与"通通"有关。拿普通话来说,"统统"与"通通"都是表示全部义的副词,二者词性词义相同,可能会对语音造成一定程度地干扰。

3.4.2 声母特字

(1) 鼠,书母字。今鹤壁淇滨、林州城郊、修武城关、济源玉泉等 27 个方言点读[ʂ]声母;安阳文峰、淇县朝歌、辉县城关、沁阳沁园等 15 个方言点读[s]声母;焦作王褚、博爱清化、武陟小董、温县温泉、济源王屋等 5 个方言点[$tʂ^h$]、[ʂ]变读;博爱寨豁读[$tʂ^h$]声母;安阳铜冶读[ʐ]声母;安阳马家单字读[ʂ]声母,在"老鼠"一词中,"鼠"的声母脱落为零声母。具体分布见图 3－9。

安阳铜冶读[ʐ]声母与安阳马家读零声母的情况类似,二者可能都是[ʂ]弱化的结果。"老鼠"的后字在语流中往往说的比较轻,因此容易弱化,弱化的第一步是变为[ʐ],弱化的最终结果是声母脱落。

（2）铸，章母字。今延津城关、获嘉城关、武陟詹店、武陟小董、博爱清化、济源坡头白读均说[tɕy]。这种读音在北方其他方言中也较为常见。

（3）输，书母字。当用作形容词表“输赢”义时，除武陟木城、鹤壁淇滨、林州任村为[ʂ]声母外，温县温泉、温县武德为[v]声母，其余45个方言点（至少有一个音）读[ʐ]/[z]声母。具体分布见地图3－10。

（4）殊，禅母字。今豫北晋语有[tʂʰ]、[tsʰ]、[ʂ]、[tʂ]、[s]五种读音。其中，林州城郊、获嘉城关、沁阳沁园等32个方言点读[tʂʰ]母；安阳文峰、汤阴城关、淇县黄洞、新乡平原读[tsʰ]母；鹤壁淇滨、延津城关读[ʂ]母；林州任村、汤阴五陵、淇县朝歌读[tʂ]母；安阳吕村[tʂʰ]与[tsʰ]变读；林州临淇、修武岸上、武陟木城、武陟詹店、沁阳紫陵、济源玉泉、济源下冶等7个方言点[tʂʰ]与[ʂ]变读；辉县城关读[s]母。具体分布见图3－11。

我们认为“殊”读[tʂ]母可能是声母弱化的结果。[tʂʰ]比[tʂ]的发音要费力很多，因此作为“特殊”的后字，“殊”在语流中的发音往往很轻，极易丢失送气成分。

（5）械，匣母字。今豫北晋语15个重点点均为[tɕ]声母。

（6）牸，从母字。今获嘉城关说[sɿᵓ]。民国21年《林县志》卷十风土载：“牛，雄曰牤牛，雌曰牸牛，俗名师牛，牸之讹也。”“牸”读如“师”，声母变为擦音。

（7）照，章母字。今济源玉泉说[ʐɑoᵓ]，焦作王褚老派说“照照”为[ʐɔᵓ · ʐɔ]。

（8）洽，匣母字。今获嘉城关说[꜀ɕiᴀ]，温县温泉说[꜀ɕia]。

（9）蝙，帮母字。今安阳文峰、林州城郊、获嘉城关为送气[pʰ]母，其他地点多读不送气[p]母。据邢向东（2009a）考察，“蝙”在秦晋方言中除少数方言外都读送气音。由此看，“蝙”在豫北晋语少数地点中保留了晋语特色,大部分地点受秦晋之外的方言影响较大。

(10) 遍,帮母字。用于“遍地”一词时,今济源玉泉说“[pʰiɛn꜄]”。据李旭(2008:107),河北涿州、廊坊、定兴、高碑店、霸州、望都、元氏等地旧读均为送气的[pʰ]母。以上皆不合《广韵》方见切。

(11) 嫩,泥母字。今豫北晋语15个重点点均为[l]声母。高本汉《中国音韵学研究》所记百年前的沁阳音为[nəɲ]。豫北晋语泥母、来母的今读两分,“嫩”读[l]母是表层音值间相互干扰的结果。

(12) 酿,泥母字。今豫北晋语各方言点的读音有:新乡平原[꜀iaŋ]、卫辉城郊[꜀iaŋ]/[꜀zaŋ]、济源玉泉[꜂ʐɐŋ]、温县温泉[꜂ʐaŋ]、武陟木城[꜁ʐaŋ]、淇县朝歌[zaŋ꜄],其他重点调查点均为[ȵ]声母。据《汉语方音字汇》(北京大学中国语言文学系语言学教研室编2003:318)、邢向东(2002:181),“酿”读[ʐ]/[z]声母的地点有济南、西安、太原、成都、合肥、长沙、潮州、神木、绥德、吴堡、临县、朔州、忻州等,分布范围很大;“酿”读零声母的有双峰[iɒŋ꜅]、广州[jœŋ꜅]等,分布范围较小。

关于泥母字读[ʐ]/[z]声母,邢向东(2002:181)还补充到,神木等地把“黏”读[꜁ʐɛ],万镇话把“碾”读[꜂ʐʅə],也属同类音变现象。这种现象在晋南也有分布,如襄汾襄陵把“黏”读[꜁ʐan],说“糖黏[꜁ʐan]牙”“糯子黏[꜁ʐan]得多哩”等;把“碾”读[ʐan꜅],说“用碾[ʐan꜅]轱辘把麦碾碾[ʐan꜅ ·ʐan]”。邢先生认为,“‘黏酿’读[ʐ]声母并非孤立现象,而是中古汉语娘母字不规则变化的残迹”,具体来说是“娘母曾经是独立的,后来,大多数字归并到泥母,而少数字则混入日母了”。我们同意这种观点,并且认为这种情况发生的时间应该很早。

(13) 匿,泥母字。今济源邵原说[꜁mi]。可能是用于“匿名”一词时,后字声母逆向影响的结果。

(14) 拯,章母字。今卫辉城郊、新乡平原、温县温泉、济源玉泉说

[ᶜtʂʰəŋ]。据李旭(2008：109)，河北涿州、廊坊、定兴、徐水、霸州、保定、望都、平南、窦妪等地旧读均为送气声母[tʂʰ]。“拯”是个口语中不太常用的字，它读送气声母可能与“丞”有关。

(15) 扔，日母字。今济源玉泉说[꜀ləŋ]。

(16) 硬，疑母字。今焦作王褚、获嘉城关等 32 个方言点读[ɣ]声母；安阳文峰、安阳铜冶、安阳马家、安阳吕村、林州城郊、林州任村、林州临淇、汤阴五陵、新乡平原等 9 个方言点读零声母；汤阴城关、鹤壁淇滨、鹤壁山城、林州东姚、辉县城关、淇县朝歌、卫辉狮豹头、济源下冶等 8 个方言点文读零声母，白读[ɣ]声母；济源坡头既读[ȵ]声母，又读[ɣ]声母。具体分布见图 3 - 12。

安阳等北部地区读零声母的情况与北京话一致，它们与大部分地区读[ɣ]声母的情况是两个地域层次，不存在演化关系。济源坡头的两读也是两个层次，[ȵ]层可能更古老。

(17) 杏，匣母字。今新乡平原、沁阳沁园等 25 个方言点读[x]声母；安阳文峰、辉县城关等 20 个方言点读[ç]声母；淇县朝歌、焦作王褚、修武城关、武陟詹店、获嘉亢村等 5 个方言点[x]、[ç]皆有。[x]乃匣母白读音。其实，“杏”字不算是特字。此处，我们赋予它特殊的地位，通过它可以了解匣母文白读在豫北晋语中的整体情况。具体分布见图 3 - 13。

(18) 蚣，见母字。“蜈蚣”在获嘉城关说“蜈[·kʰuŋ]”；在温县温泉、武陟木城说“蜈[꜀suŋ]”，从《集韵》思融切或思恭切。

(19) 触，昌母字。今卫辉城关、新乡平原、获嘉城关、修武城关、焦作王褚、武陟木城、济源玉泉说[tʂuəʔ꜆]，辉县城关、沁阳沁园说[tsuəʔ꜆]，安阳文峰说[tsuoʔ꜆]，鹤壁淇滨说[꜀tʂu]；林州城郊、淇县朝歌、温县温泉说[tʂʰuəʔ꜆]，获嘉亢村说[꜁tʂʰu]。

3.4.3　韵母特字

(1) 做，遇摄暮韵合口字；作，宕摄铎韵入声字。《方言调查字表》在“做”字后还注有一个异体字“作”。今普通话二字同音。二者在豫北晋语 15 个重点点中的字音对比情况见表 3－21：

表 3－21　豫北晋语“做”“作”两字读音对比

	做	作		做	作		做	作
安阳文峰	tsuɑʔ꜆	tsuɑʔ꜆	卫辉城郊	tʂu꜄	tʂuɐʔ꜆	武陟木城	tsu꜄/꜀tsuʌ	tsuʌʔ꜆
鹤壁淇滨	tʂu꜄	꜀tʂuɐ	新乡平原	tsu꜄	tʂuɐʔ꜆	焦作王褚	tsu꜄	tsuʌʔ꜆
林州城郊	tsuəʔ꜆	tsuɐʔ꜆	获嘉城关	tʂu꜄	tʂuaʔ꜆	沁阳沁园	tsuɑʔ꜆/tsou꜄	tsuɑʔ꜆
辉县城关	tsu꜄	tsuɐʔ꜆	获嘉亢村	tsu꜄	tsuʌʔ꜆	温县温泉	tsou꜄	tsuɑʔ꜆
淇县朝歌	tʂu꜄	tʂuɐʔ꜆	修武城关	tsu꜄	tsuɐʔ꜆	济源玉泉	tsou꜄	tsuɐʔ꜆

据李蓝（2003），“做”字在官修韵书中首次出现于《集韵》，它是作为“作”字读去声暮韵“宗祚切”时的“俗字”列出的。《集韵》“宗祚切”与《广韵》“臧祚切”相当，折合成普通话应读［tsu꜄］。今豫北晋语大部分方言也读［u］韵。“做”字的韵母分布情况见图 3－14。

（2）否，流摄有韵开口字。今豫北晋语 15 个重点调查点均读［u］韵。

（3）谋，流摄尤韵开口字。除辉县城关读［ou］韵外，其他 14 个重点点均读［u］韵。“否谋”两字，高本汉《中国音韵学研究》中记录的百年前的沁阳音也为［u］韵。

（4）联，山摄仙韵开口字。安阳文峰、新乡平原、焦作王褚等 27 个方言点读齐齿呼；修武城关、武陟小董、济源玉泉等 18 个方言点读撮口呼；沁阳沁园、博爱清化、温县温泉、延津城关、获嘉亢村等 5 个方言点有齐齿呼和撮口呼两种读法。具体分布见图 3－15。

（5）缘，山摄仙韵合口字。安阳文峰、沁阳沁园等 16 个方言点读撮口呼；安阳吕村有撮口呼和齐齿呼两种读法；其余 33 个方言点读齐齿呼。具体分布见图 3－16。

（6）吞，臻摄痕韵开口字。今鹤壁淇滨、济源玉泉读合口呼，其他 13 个重点点均读开口呼。豫北晋语大部分方言符合《广韵》的“吐根切”。

（7）弱，宕摄药韵入声字。温县温泉说“不弱”为“不[ʐɑŋ]”。

（8）贼，曾摄德韵开口字。林州临淇读合口呼[꜀tsuei]。

（9）贞，梗摄清韵开口字。今辉县城关读[ə̃n]韵、获嘉亢村读[ən]韵，其他13个重点点均读[əŋ]韵。高本汉《中国音韵学研究》记录的百年前的沁阳音也为[əŋ]韵。

（10）粥，通摄屋韵入声字。今博爱清化、济源玉泉等11个方言点读[uəʔ]韵；沁阳紫陵读[uoʔ]韵；济源邵原和济源下冶2个方言点读[u]韵；武陟詹店读[u]/[ou]两韵；其余35个方言点读[ou]韵。具体分布见图3－17。

3.4.4　特字地图

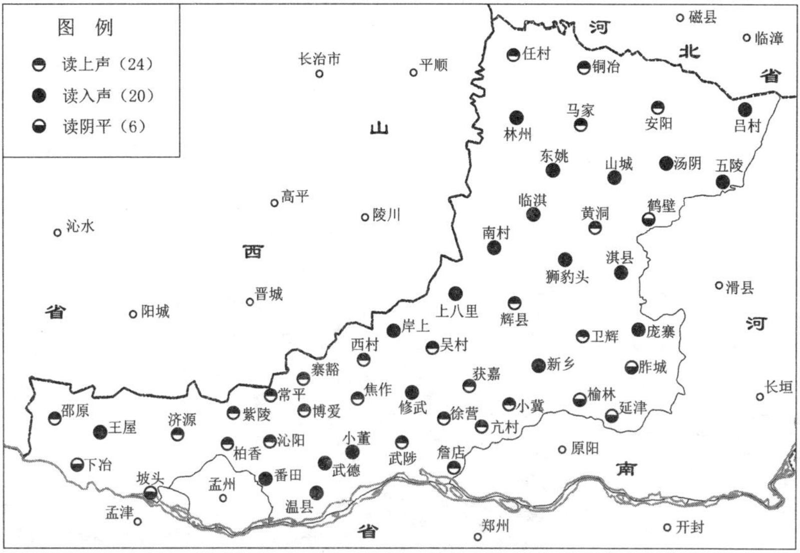

图3－4　特字“且”的声调

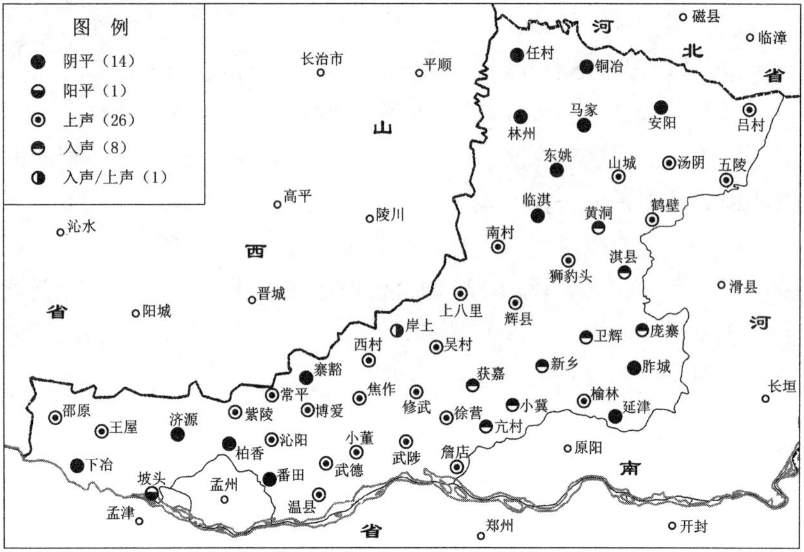

图 3-5　特字"需"的声调

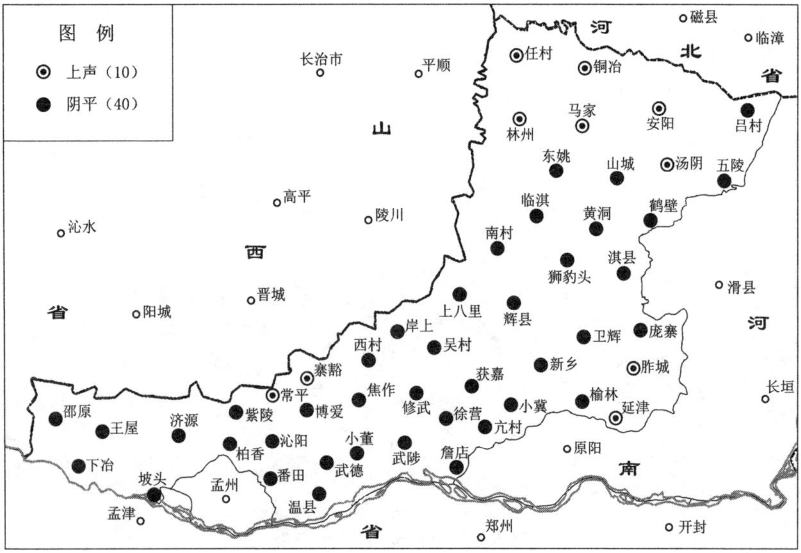

图 3-6　特字"匪"的声调

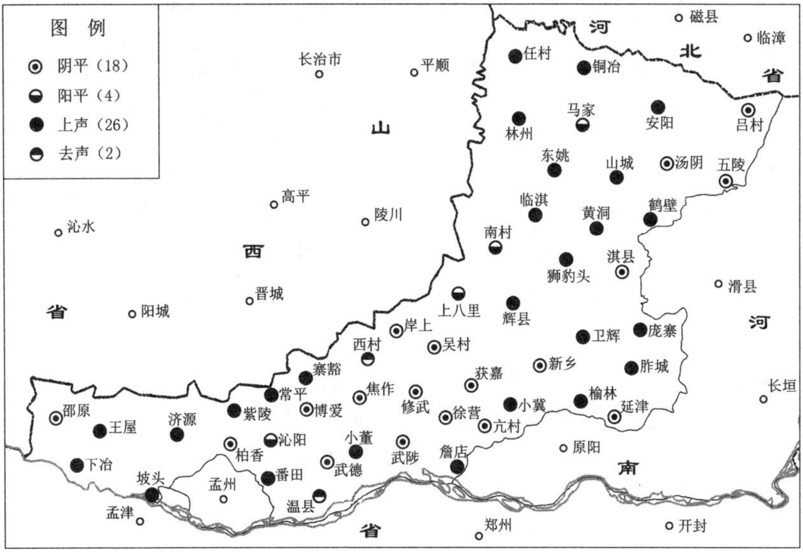

图 3－7　特字“潜”的声调

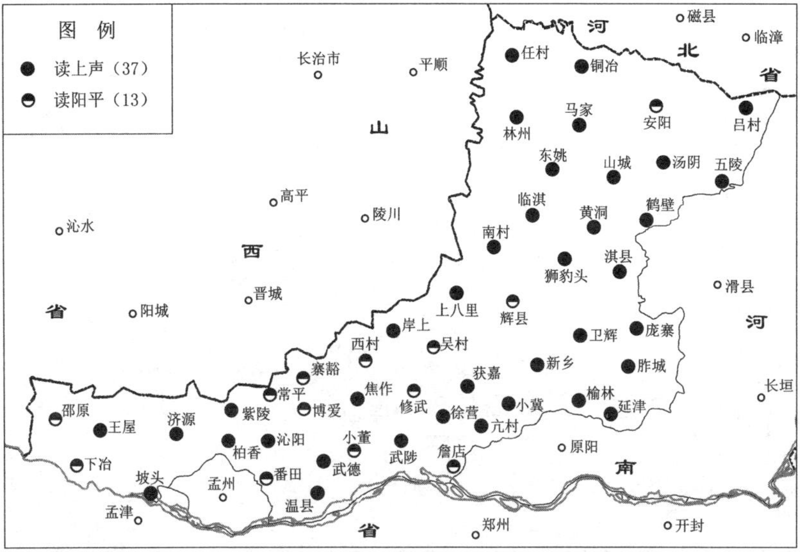

图 3－8　特字“权”的声调

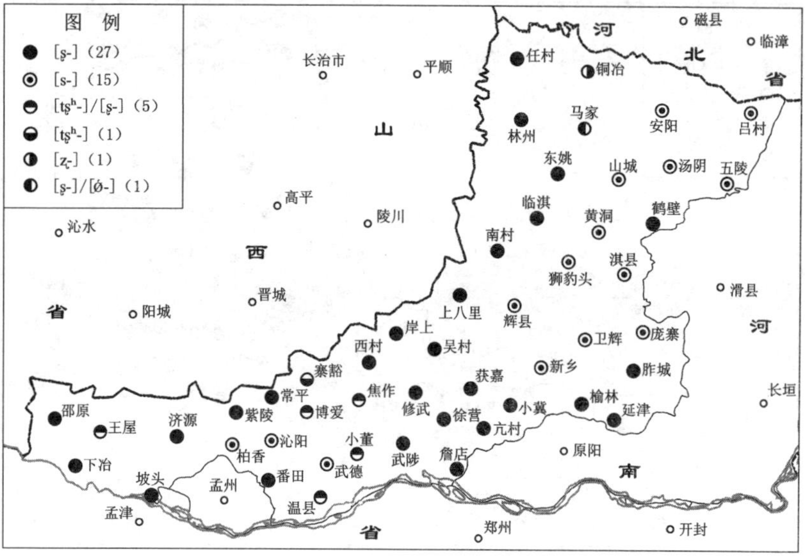

图 3－9　特字“鼠”的声母

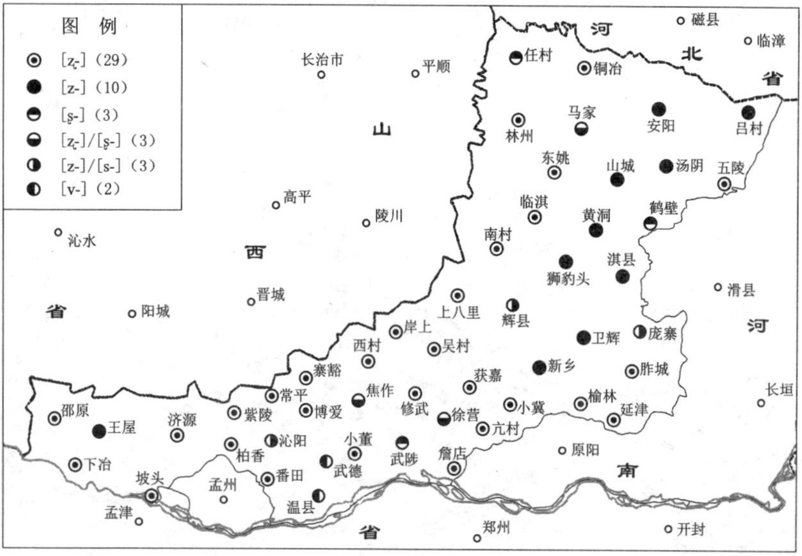

图 3－10　特字“输形容词”的声母

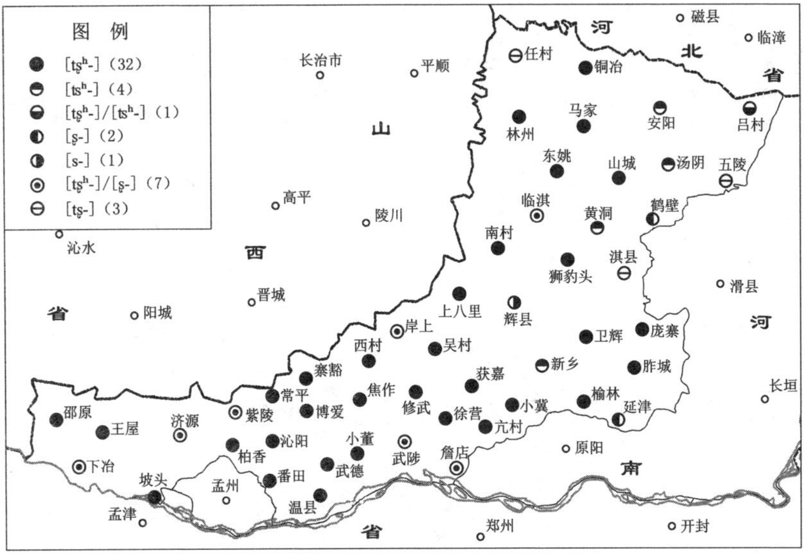

图 3－11　特字"殊"的声母

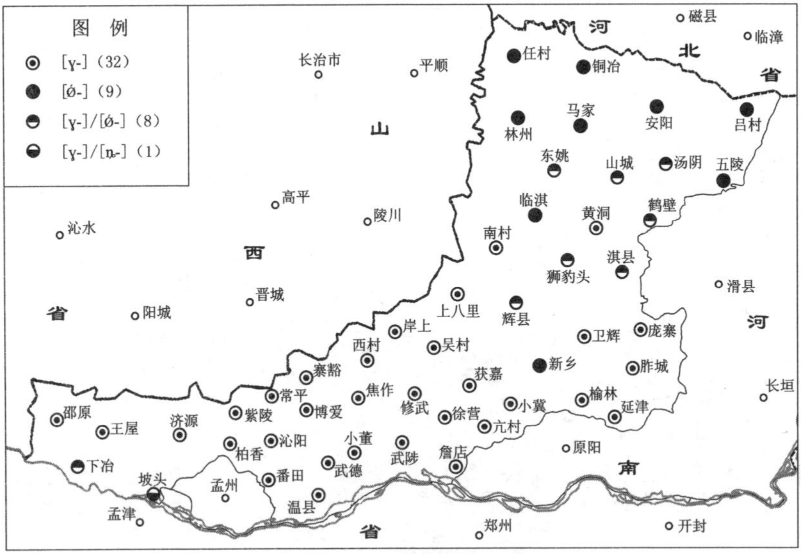

图 3－12　特字"硬"的声母

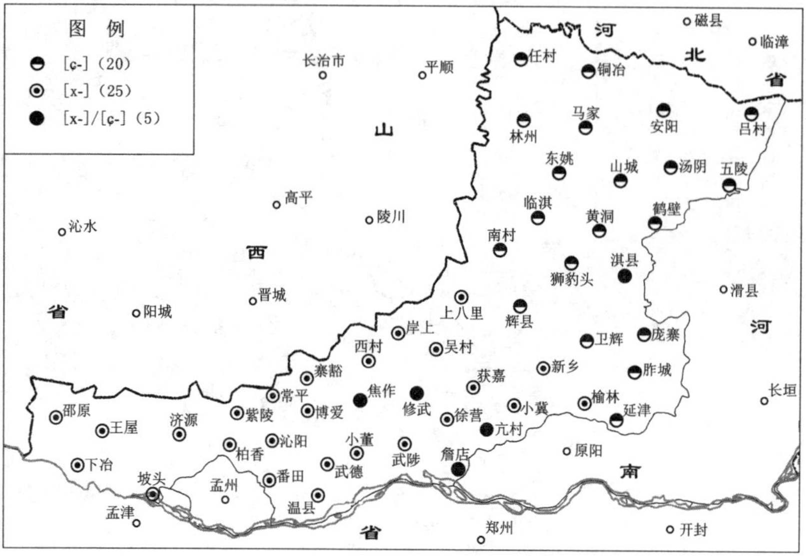

图 3－13　特字“杏”的声母

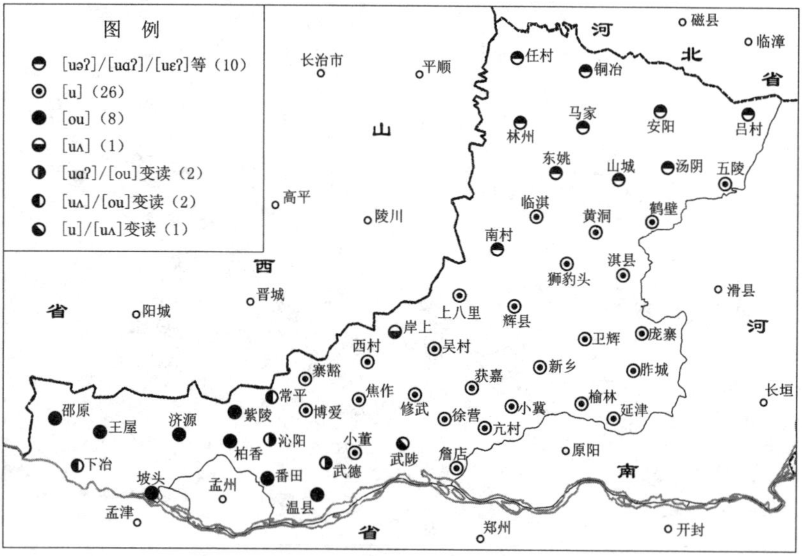

图 3－14　特字“做”的韵母

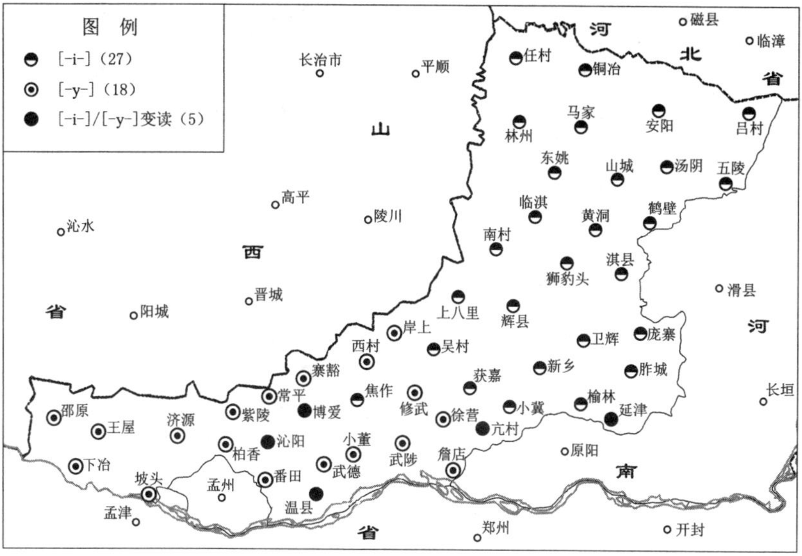

图 3－15　特字“联”的介音

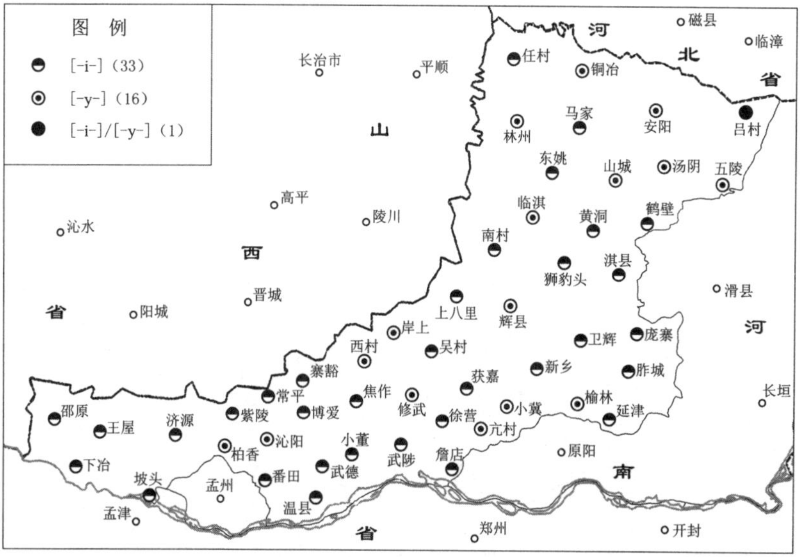

图 3－16　特字“缘”的介音

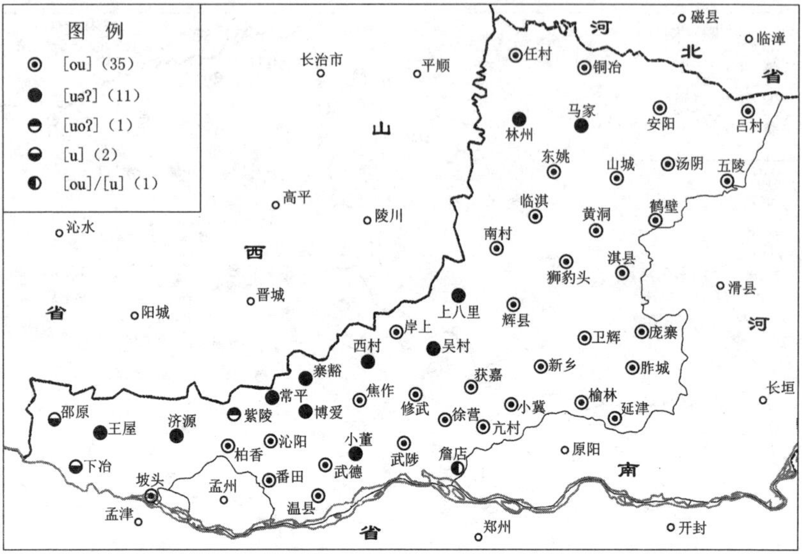
图 例
[ou]（35）
[uəʔ]（11）
[uoʔ]（1）
[u]（2）
[ou]/[u]（1）
河
北
省
山
西
省
河
南
省
磁县
临漳
任村
铜冶
长治市
平顺
马家
林州
安阳
吕村
东姚
山城
汤阴
五陵
高平
陵川
临淇
黄洞
鹤壁
沁水
南村
狮豹头
淇县
滑县
晋城
上八里
辉县
阳城
岸上
卫辉
庞寨
西村
吴村
新乡
胙城
寨豁
获嘉
常平
焦作
修武
榆林
长垣
邵原
紫陵
博爱
徐营
小冀
延津
王屋
济源
亢村
沁阳
小董
柏香
武陟
詹店
原阳
下冶
番田
武德
坡头
孟州
温县
孟津
郑州
开封

图 3－17　特字“粥”的韵母

第四章

豫北晋语的异调分韵

目前在北京官话、中原官话、晋语、吴语、徽语、湘语、乡话、闽语、粤语、平话中都发现了声调使韵母音值产生分化的现象，许多研究者根据方言特点及自己的研究视角，将其命名为“元音跟着声调变”（高本汉 1940：689）、“本韵—变韵”（陈泽平 1984）、“韵随调转”（闭克朝 1991）、“异调变韵”（李如龙 1996）、“紧音—松音”（梁玉璋等 1996：66）、“调值分韵”（曹志耘 2009a，b），等等。本书基于豫北晋语声调使韵母音值产生分化的共时平面特征，结合前人的研究成果，采用“异调分韵”的说法来概括此类现象。叙述时将具体调值标于音标右上方，以便于读者全面了解异调分韵的各项要素。

4.1 现象介绍

豫北晋语的异调分韵现象主要分布于获嘉及其周边（包括新乡小冀、获嘉亢村、获嘉城关、获嘉徐营）和济源西部（包括济源下冶、济源邵原、济源王屋）两大区域。异调分韵中的“调”是就阴平、阳平、上声、去声四调而言的，入声调没有引起韵母分化的现象，故不在讨论之列；异调分韵中的“韵”因不同方言而异，具体涉及的韵摄和分韵的类型各具特色。出于系统呈现单点方言异调分韵整体面貌的考虑，我们采用逐点叙述的方式来介绍。

(1) 新乡小冀

新乡小冀的异调分韵在豫北晋语中最为丰富，除了果摄、假摄、遇摄外，其他 13 摄都有此类现象。具体包括两种情况：

其一，蟹摄开口一二等（二等见系除外）、蟹摄合口一二等部分见系、效摄、咸摄、山摄、宕摄、江摄字，在阴平[34]、上声[54]时的韵母与阳平[41]、去声[212]时的韵母不同。如表 4－1。

表 4－1　新乡小冀方言的异调分韵（1）

韵　摄	韵母对比	阴平 34	上声 54	阳平 41	去声 212
蟹　摄	ai—æ	猜 tsʰai^{34}	采 tsʰai^{54}	才 tsʰæ^{41}	菜 tsʰæ^{212}
	uai—uæ	乖 kuai^{34}	拐 kuai^{54}	怀 xuæ^{41}	怪 kuæ^{212}
效　摄	ɑu—ɔ	掏 tʰɑu^{34}	讨 tʰɑu^{54}	淘 tʰɔ^{41}	套 tʰɔ^{212}
	iɑu—iɔ	敲 tɕʰiɑu^{34}	巧 tɕʰiɑu^{54}	桥 tɕʰiɔ^{41}	翘 tɕʰiɔ^{212}
咸山摄	ɛn—æ̃	滩 tʰɛn^{34}	毯 tʰɛn^{54}	谈 tʰæ̃^{41}	炭 tʰæ̃^{212}
	uɛn—uæ̃	弯 uɛn^{34}	晚 uɛn^{54}	丸 uæ̃^{41}	万 uæ̃^{212}
	iɛn—iæ̃	烟 iɛn^{34}	演 iɛn^{54}	盐 iæ̃^{41}	咽 iæ̃^{212}
	yɛn—yæ̃	圈 tɕʰyɛn^{34}	权 tɕʰyɛn^{54}	全 tɕʰyæ̃^{41}	劝 tɕʰyæ̃^{212}
宕江摄	ɑŋ—ɐ̃ŋ	汤 tʰɑŋ^{34}	躺 tʰɑŋ^{54}	唐 tʰɐ̃ŋ^{41}	烫 tʰɐ̃ŋ^{212}
	iɑŋ—iɐ̃ŋ	香 ɕiɑŋ^{34}	想 ɕiɑŋ^{54}	祥 ɕiɐ̃ŋ^{41}	象 ɕiɐ̃ŋ^{212}
	uɑŋ—uɐ̃ŋ	窗 tʂʰuɑŋ^{34}	闯 tʂʰuɑŋ^{54}	床 tʂʰuɐ̃ŋ^{41}	创 tʂʰuɐ̃ŋ^{212}

从异调分韵呈现出的韵母对比格局看，以上情况可以分为三种类型。

1)"复元音-单元音"型①：蟹摄、效摄逢阴平[34]、上声[54]时为复元音韵母，逢阳平[41]、去声[212]时变成了单元音韵母。

2)"鼻尾韵-鼻化韵"型：咸山摄逢阴平[34]、上声[54]时为鼻尾韵，逢阳平[41]、去声[212]时鼻尾消失，主元音鼻化且低化。这种

① 这里需要注意两点：第一，每种类型的前后排列顺序具有类型意义，不能随便变动。后文同此。第二，这里的复元音、单元音不包括介音在内，一是为了便于称说，二是因为介音不参与异调分韵。

情况也可归入“高元音-低元音”型。

3）“低元音-高元音”型：宕江摄逢阴平[34]、上声[54]时韵母主元音为后低元音，逢阳平[41]、去声[212]时主元音高化前化①，同时鼻尾弱化，其中去声尤弱。当然，这里的“低元音”“高元音”是相对而言的概念。

其二，蟹止摄合口（除蟹摄合口一二等部分见系外）、流摄、深摄、臻摄、曾摄、梗摄、通摄字，在阴平[34]、阳平[41]、上声[54]时的韵母与去声[212]时的韵母不同。如表4－2。

表4－2　新乡小冀方言的异调分韵(2)

韵　摄	韵母对比	阴平 34	阳平 41	上声 54	去声 212
蟹　摄	uei—uæe	灰 xuei^{34}	回 xuei^{41}	悔 xuei^{54}	会 xuæe^{212}
止　摄	ei—æe	飞 fei^{34}	肥 fei^{41}	美 mei^{54}	费 fæe^{212}
流　摄	ou—ɔu	抽 tʂʰou^{34}	愁 tʂʰou^{41}	丑 tʂʰou^{54}	臭 tʂʰɔu^{212}
	iou—iɔu	优 iou^{34}	油 iou^{41}	有 iou^{54}	又 iɔu^{212}
深臻摄	ən—ɐn	身 ʂən^{34}	神 ʂən^{41}	沈 ʂən^{54}	渗 ʂɐn^{212}
	uən—uɐn	温 uən^{34}	（闻 vən^{41}）	滚 kuən^{54}	顿 tuɐn^{212}
	in—iɐn	音 in^{34}	银 in^{41}	引 in^{54}	印 iɐn^{212}
	yn—yɐn	晕 yn^{34}	云 yn^{41}	允 yn^{54}	运 yɐn^{212}
曾　梗 通　摄	əŋ—ɑŋ	升 ʂəŋ^{34}	绳 ʂəŋ^{41}	省 ʂəŋ^{54}	胜 ʂɑŋ^{212}
	uŋ—uɑŋ	通 tʰuŋ^{34}	同 tʰuŋ^{41}	桶 tʰuŋ^{54}	痛 tʰuɑŋ^{212}
	iŋ—iɑŋ	清 tɕʰiŋ^{34}	晴 tɕʰiŋ^{41}	请 tɕʰiŋ^{54}	庆 tɕʰiɑŋ^{212}
	yŋ—yɑŋ	兄 ɕyŋ^{34}	雄 ɕyŋ^{41}	永 yŋ^{54}	用 yɑŋ^{212}

这种情况都属于“高元音-低元音”型，主要表现为去声[212]时的主元音比非去声时的主元音舌位降低、开口度增大。[in yn uŋ iŋ yŋ]几韵的主元音可视作弱化的或者说不太凸显的[ə]。

（2）获嘉亢村

获嘉亢村方言的异调分韵较新乡小冀的略少，但也很丰富。除了

① 阳平、去声时主元音的实际发音部位介于[a]与[ɐ]之间，今记作[ɐ]。

果摄、假摄、遇摄、咸摄、山摄之外，其他 11 摄都存在异调分韵现象。具体也是包括两种情况：

其一，蟹摄开口一二等（二等见系除外）、蟹摄合口一二等部分见系、效摄及宕江摄字，在阴平［44］、上声［53］时的韵母与阳平［41］、去声［21］时的韵母不同。如表 4－3。

表 4－3 获嘉亢村方言的异调分韵（1）

韵 摄	韵母对比	阴平 44	上声 53	阳平 41	去声 21
蟹 摄	ai—æ	猜 tsʰai^{44}	采 tsʰai^{53}	才 tsʰæ^{41}	菜 tsʰæ^{21}
	uai—uæ	乖 kuai^{44}	拐 kuai^{53}	怀 xuæ^{41}	怪 kuæ^{21}
效 摄	ɑo—ɔ	掏 tʰɑo^{44}	讨 tʰɑo^{53}	淘 tʰɔ^{41}	套 tʰɔ^{21}
	iɑo—iɔ	敲 tɕʰiɑo^{44}	巧 tɕʰiɑo^{53}	桥 tɕʰiɔ^{41}	窍 tɕʰiɔ^{21}
宕江摄	ɑŋ—ẽŋ	汤 tʰɑŋ^{44}	躺 tʰɑŋ^{53}	唐 tʰẽŋ^{41}	烫 tʰẽŋ^{21}
	iɑŋ—iẽŋ	香 ɕiɑŋ^{44}	想 ɕiɑŋ^{53}	祥 ɕiẽŋ^{41}	象 ɕiẽŋ^{21}
	uɑŋ—uẽŋ	窗 tʂʰuɑŋ^{44}	闯 tʂʰuɑŋ^{53}	床 tʂʰuẽŋ^{41}	创 tʂʰuẽŋ^{21}

其中，蟹摄、效摄的异调分韵属“复元音-单元音”型；宕江摄的异调分韵属“低元音-高元音”型。

其二，蟹止摄合口（除蟹摄合口一二等部分见系外）、流摄、深臻摄、曾梗通摄字，在阴平［44］、阳平［41］、上声［53］时的韵母与去声［21］时的韵母不同。如表 4－4。

表 4－4 获嘉亢村方言的异调分韵（2）

韵 摄	韵母对比	阴平 44	阳平 41	上声 53	去声 21
蟹 摄	uei—uæɛ	灰 xuei^{44}	回 xuei^{41}	（毁 xuei^{53}）	会 xuæɛ^{21}
止 摄	ei—æɛ	飞 fei^{44}	肥 fei^{41}	翡 fei^{53}	费 fæɛ^{21}
流 摄	ou—ɔo	抽 tʂʰou^{44}	愁 tʂʰou^{41}	丑 tʂʰou^{53}	臭 tʂʰɔo^{21}
	iou—iɔo	优 iou^{44}	油 iou^{41}	有 iou^{53}	又 iɔo^{21}
深臻摄	ən—ɐn	身 ʂən^{44}	神 ʂən^{41}	沈 ʂən^{53}	渗 sɐn^{21}
	uən—uɐn	温 uən^{44}	闻 uən^{41}	稳 uən^{53}	问 uɐn^{21}

续 表

韵 摄	韵母对比	阴平 44	阳平 41	上声 53	去声 21
深臻摄	in—iɐn	音 in^{44}	银 in^{41}	引 in^{53}	印 iɐn^{21}
	yn—yɐn	晕 yn^{44}	云 yn^{41}	笋 ɕyn^{53}	运 yɐn^{21}
曾 梗 通 摄	əŋ—ʌŋ	升 ʂəŋ^{44}	绳 ʂəŋ^{41}	省 səŋ^{53}	胜 ʂʌŋ^{21}
	uŋ—uʌŋ	通 t^{h}uŋ^{44}	同 t^{h}uŋ^{41}	桶 t^{h}uŋ^{53}	痛 t^{h}uʌŋ^{21}
	iŋ—iʌŋ	清 tɕ^{h}iŋ^{44}	晴 tɕ^{h}iŋ^{41}	请 tɕ^{h}iŋ^{53}	庆 tɕ^{h}iʌŋ^{21}
	yŋ—yʌŋ	兄 ɕyŋ^{44}	雄 ɕyŋ^{41}	永 yŋ^{53}	用 yʌŋ^{21}

以上异调分韵属于“高元音-低元音”型。另外，该方言“后悔”说“后[xuæɛ^{21}]”，后字调变韵变，故蟹摄上声位置以“毁”代“悔”；[ʌŋ uʌŋ iʌŋ yʌŋ]的主元音比[ʌ]靠前。

（3）获嘉城关

获嘉城关是获嘉县政府所在地，异调分韵情况单一，且所涉韵摄较获嘉亢村少。具体来说，蟹摄合口（部分一二等见系除外）、止摄合口、流摄、深臻摄、曾梗通摄字，在阴平[44]、阳平[411]、上声[52]时的韵母与去声[13]时的韵母不同。如表4-5。

表4-5 获嘉城关方言的异调分韵

韵 摄	韵母对比	阴平 44	阳平 411	上声 52	去声 13
蟹 摄	uei—uæɛ	灰 xuei^{44}	回 xuei^{411}	（毁 xuei^{52}）	会 xuæɛ^{13}
止 摄	ei—æɛ	飞 fei^{44}	肥 fei^{411}	美 mei^{52}	费 fæɛ^{13}
流 摄	ou—ɔo	抽 tʂ^{h}ou^{44}	愁 tʂ^{h}ou^{411}	丑 tʂ^{h}ou^{52}	臭 tʂ^{h}ɔo^{13}
	iou—iɔo	优 iou^{44}	油 iou^{411}	有 iou^{52}	又 iɔo^{13}
深臻摄	ẽ—ɜn	身 ʂẽ^{44}	神 ʂẽ^{411}	沈 ʂẽ^{52}	渗 ʂɜn^{13}
	uẽ—uɜn	温 uẽ^{44}	闻 uẽ^{411}	稳 uẽ^{52}	问 uɜn^{13}
曾 梗 通 摄	əŋ—ʌŋ	升 ʂəŋ^{44}	绳 ʂəŋ^{411}	省 ʂəŋ^{52}	胜 ʂʌŋ^{13}
	uŋ—uʌŋ	通 t^{h}uŋ^{44}	铜 t^{h}uŋ^{411}	桶 t^{h}uŋ^{52}	痛 t^{h}uʌŋ^{13}
	iŋ—iʌŋ	清 tɕ^{h}iŋ^{44}	晴 tɕ^{h}iŋ^{411}	请 tɕ^{h}iŋ^{52}	庆 tɕ^{h}iʌŋ^{13}
	yŋ—yʌŋ	拥 yŋ^{44}	雄 ɕyŋ^{411}	永 yŋ^{52}	用 yʌŋ^{13}

获嘉城关的异调分韵都可视为“高元音-低元音”型，变韵的情况只发生在去声里，与新乡小冀、获嘉亢村的第二种情况一致。其中，深臻摄逢阴平[44]、阳平[411]、上声[52]时无鼻尾，逢去声[13]时变成鼻尾韵。但仅限于开口呼和合口呼，齐齿呼和撮口呼不存在异调分韵现象。

（4）获嘉徐营

获嘉徐营方言仅蟹摄存在异调分韵现象，逢阴平[44]、上声[53]时为复元音韵母，逢阳平[41]、去声[13]时为单元音韵母，即属于“复元音-单元音”型。如表4－6。

表4－6 获嘉徐营方言的异调分韵

韵　摄	韵母对比	阴平44	上声53	阳平41	去声13
蟹　摄	ai—ɐ	栽 tsai^{44}	采 ts^{h}ai^{53}	才 ts^{h}ɐ^{41}	菜 ts^{h}ɐ^{13}
	uai—uɐ	乖 kuai^{44}	拐 kuai^{53}	怀 xuɐ^{41}	怪 kuɐ^{13}

（5）济源下冶

济源下冶的异调分韵很丰富。具体包括两种情况：

其一，蟹摄开口一二等（二等见系除外）、蟹摄合口一二等部分见系、效摄、咸摄、山摄、深摄、臻摄字，在阴平[45]、上声[43]时的韵母与阳平[52]、去声[212]时的韵母不同。如表4－7。

表4－7 济源下冶方言的异调分韵（1）

韵　摄	韵母对比	阴平45	上声43	阳平52	去声212
蟹　摄	e—æɛ	栽 tse^{45}	买 me^{43}	柴 ts^{h}æɛ^{52}	菜 ts^{h}æɛ^{212}
效　摄	ɔ—ɑo	掏 t^{h}ɔ^{45}	讨 t^{h}ɔ^{43}	淘 t^{h}ɑo^{52}	套 t^{h}ɑo^{212}
	iɔ—iɑo	妖 iɔ^{45}	舀 iɔ^{43}	摇 iɑo^{52}	要 iɑo^{212}
咸山摄	æ̃—ã	三 sæ̃^{45}	敢 kæ̃^{43}	蓝 lã^{52}	慢 mã^{212}
	uæ̃—uã	官 kuæ̃^{45}	短 tuæ̃^{43}	船 tʂ^{h}uã^{52}	蒜 suã^{212}
	iæ̃—iã	烟 iæ̃^{45}	渑 ȵiæ̃^{43}	盐 iã^{52}	变 piã^{212}
	yæ̃—yã	冤 yæ̃^{45}	远 yæ̃^{43}	元 yã^{52}	愿 yã^{212}

续　表

韵　摄	韵母对比	阴平 45	上声 43	阳平 52	去声 212
深臻摄	ə̃ —ɛ̃	深 tʂʰə̃^{45} / ʂə̃^{45}	忍 ʐə̃^{43}	尘 tʂʰɛ̃^{52}	恨 xɛ̃^{212}
	uə̃ —uɛ̃	孙 suə̃^{45}	准 tʂuə̃^{43}	魂 xuɛ̃^{52}	顿 tuɛ̃^{212}
	iə̃ —iɛ̃	心 siə̃^{45}	敏 miə̃^{43}	勤 tɕʰiɛ̃^{52}	近 tɕiɛ̃^{212}
	yə̃ —yɛ̃	熏 ɕyə̃^{45}	损 ɕyə̃^{43}	巡 ɕyɛ̃^{52}	迅 ɕyɛ̃^{212}

其中,蟹摄、效摄的异调分韵属于“单元音-复元音”型;咸山摄、深臻摄的异调分韵属于“高元音-低元音”型。

其二,曾梗摄开口、通摄帮组字,逢阴平[45]、阳平[52]、上声[43]时主元音为[ə],逢去声[212]时主元音低化为[ɜ],属于“高元音-低元音”型。如表 4－8。

表 4－8　济源下冶方言的异调分韵(2)

韵　摄	韵母对比	阴平 45	阳平 52	上声 43	去声 212
曾梗通摄	əŋ—ɜŋ	升 ʂəŋ^{45}	绳 ʂəŋ^{52}	等 təŋ^{43}	梦 mɜŋ^{212}
	iŋ—iɜŋ	清 tɕʰiŋ^{45}	晴 tɕʰiŋ^{52}	请 tɕʰiŋ^{43}	庆 tɕʰiɜŋ^{212}

(6) 济源邵原

济源邵原的蟹摄开口一二等(二等见系除外)、蟹摄合口一二等部分见系、效摄字存在异调分韵现象,在阴平[51]、上声[44]时的韵母与阳平[423]、去声[24]时的韵母不同。如表 4－9。

表 4－9　济源邵原方言的异调分韵

韵　摄	韵母对比	阴平 51	上声 44	阳平 423	去声 24
蟹　摄	ᴇ —æ	栽 tsᴇ^{51}	买 mᴇ^{44}	柴 tsʰæ^{423}	菜 tsʰæ^{24}
效　摄	ɔ—ɑo	掏 tʰɔ^{51}	讨 tʰɔ^{44}	淘 tʰɑo^{423}	套 tʰɑo^{24}
	iɔ—iɑo	敲 tɕʰiɔ^{51}	巧 tɕʰiɔ^{44}	桥 tɕʰiɑo^{423}	窍 tɕʰiɑo^{24}

其中,蟹摄的异调分韵属“高元音-低元音”型,效摄的异调分韵属“单元音-复元音”型。

(7) 济源王屋

济源王屋方言仅蟹摄开口一二等(二等见系除外)、蟹摄合口一二等部分见系字存在异调分韵现象,逢阴平[55]、上声[52]时韵母为[ɛ],逢阳平[212]、去声[24]时韵母为[æ],形成"高元音-低元音"型分韵。如表4-10。

表4-10 济源王屋方言的异调分韵

韵 摄	韵母对比	阴平55	上声52	阳平212	去声24
蟹 摄	ɛ—æ	栽 $tsɛ^{55}$	买 $mɛ^{52}$	柴 $ts^hæ^{212}$	菜 $ts^hæ^{24}$
	uɛ—uæ	乖 $kuɛ^{55}$	拐 $kuɛ^{52}$	怀 $xuæ^{212}$	快 $k^huæ^{24}$

从异调分韵的类型上看,济源西部地区只有"高元音-低元音"型和"单元音-复元音"型,这两种类型或许大体可以从调值的长短、高低上得到解释,即长调对应长、复元音,短调对应短、单元音;高调对应高、单元音,低调对应低、复元音。当然,异调分韵很可能是长短高低共同起作用的结果。获嘉及其周边地区除了"高元音-低元音"型外,还包括"复元音-单元音"型、"鼻尾韵-鼻化韵"型、"低元音-高元音"型,后三种类型从调值的长短、高低上难以找到周全的答案。如果将五种类型统一考量,那造成异调分韵的原因又是什么,这是有待深入解决的难点所在。

4.2 主要特点

豫北晋语的异调分韵属于语音系统内部的音值调节,分韵的实质是不同声调条件下韵母变体的互补分布。这种调节变化在去声里发生得最多,其次就是阳平,其特点是如果阳平条件下韵母变化了,那去声的韵母一定变化;这种调节变化涉及的韵摄在各方言中有所不同,但共同之处是蟹摄字中都有发生;另外整个音系中凡合口字存在异调分韵的,那开口字必定存在异调分韵。这些应该是观察该区域内异调分韵的切入点。

(1) 异调分韵的声调特点

豫北晋语的异调分韵起因于去声和阳平调。从两种声调条件(“阴平=上声≠阳平=去声”“阴平=上声=阳平≠去声”)看,韵母变化很可能首先发生在去声里,而后扩及阳平。因为获嘉城关仅有去声引起的异调分韵;同时,新乡小冀宕江摄的鼻尾在去声条件下最弱,接近[ɐ̃]韵,说明去声时比阳平时韵母变化的程度更深。从去声、阳平分别作用的对象看,去声在所有的方言里可以引起从较高到低的主元音发生变化,而阳平在新乡小冀、获嘉亢村、获嘉徐营只能引起比央[ə]低的主元音发生变化。从具体调值上看,去声调有低降升[212]、低降[21]、低升[13]/[24]三种情况,它们都是“音强较弱”的调值,容易引起韵母的音值调节。这与湘语(曹志耘 2009a;瞿建慧 2009)、粤语(谢建猷 2007)、平话(闭克朝 1991)等很多方言中的情况相同;阳平调有高降[41]/[52]、高降升[423]和低降升[212]等,其中高降[41]调对央[ə]及更高的主元音不发生作用,而高降[52]调对部分央[ə]及更高的主元音不发生作用,如济源下冶曾梗通摄的[əŋ]、[iŋ]韵等,这两者间的细微差别是讨论异调分韵成因时应该特别注意的。

(2) 异调分韵的韵母特点

从异调分韵最丰富的新乡小冀方言可以看出,果摄、假摄、遇摄、止摄开口韵母是豫北晋语异调分韵的最后堡垒,即异调分韵发生在非[ɿ ʅ i u y ʮ]等高元音和非[a]元音为韵母及非[u ɯ ɤ]为韵腹的韵母中。大部分异调分韵呈现出“高元音—低元音”“单元音—复元音”和“无鼻尾—有鼻尾”的类型或格局。但少部分情况例外,新乡小冀、获嘉亢村、获嘉徐营(仅蟹摄)的蟹摄、效摄在阴平和上声时韵母为复元音[ai]、[ɑu]/[ɑo],而在阳平和去声条件下为单元音[æ]/[ɐ]、[ɔ];新乡小冀咸山摄在阴平和上声时韵母为鼻尾韵[ɛn],而在阳平和去声条件下为鼻化韵[æ̃];新乡小冀、获嘉亢村宕江摄的韵腹在阴平、上声时为后低元音[ɑ],而在阳平和去声条件下采取了高化前化的调节方式，变为[ɐ]，并且鼻化。以上三点在豫北晋语的异调分韵中略显特殊，与汉语其他方言的异调分韵现象相比也颇具特点。

豫北晋语的异调分韵只表现在音值的差异上，去声、阳平条件下的韵母变体，往往是新的音值，绝大多数情况下不构成韵类的合流归并及相互干扰。这与百年前高本汉（1940：623，683，689）报道的文水方言中“元音跟着声调变”的情况相同，但与晋语隰县方言、襄垣方言及中原官话永济方言韵类分流合并的复杂情形不同。（侯精一等 1993：470，520，645）个别方言如获嘉亢村的蟹摄[ai]与止摄[æɛ]的音值极为接近，“然其界画仍可推寻而得，终不泯也”（周祖谟 1942）。唯一的例外是，新乡小冀方言曾梗通摄的去声读[ɑŋ iɑŋ uɑŋ yɑŋ]韵，而宕江摄去声读[ẽŋ iẽŋ uẽŋ]韵，前者恰好填补了后者韵母变化后留下的空格。

（3）异调分韵在语流中的特点

豫北晋语的异调分韵主要发生在单字音中，一般儿化后无论声调如何都读同一儿化韵。但获嘉亢村有特殊现象。止摄、深臻摄单字音异调分韵的，儿化后也有分韵现象，主要表现为去声的主元音较其他三声低。例如表4－11：

表4－11　获嘉亢村方言儿化中的异调分韵（1）

杯儿 pər^{24}	壶嘴儿 xu^{21} tsuər^{53}	配对儿 p^{h}æɛ^{24} tuɜr^{21}	几辈儿 tɕi^{55} pɜr^{21}
脸盆儿 liẽn^{55} p^{h}ər^{41}	后门儿 xɔo^{24} mər^{41}	几份儿 tɕi^{55} fɜr^{21}	刀刃儿 tɑo^{24} ʐɜr^{21}
皮筋儿 p^{h}i^{21} tɕiər^{55}	话音儿 xua^{21} iər^{24}	捎信儿 sɑo^{53} ɕiɜr^{21}	没劲儿 mu^{41} tɕiɜr^{21}
门墩儿 mən^{21} tuər^{24}	嘴唇儿 tsuei^{55} tʂ^{h}uər^{41}	驴打滚儿 ly^{41} ta^{24} kuər^{53}	拐棍儿 kuai^{55} kuɜr^{21}

获嘉亢村方言的遇摄合口呼更为特殊，单字音中不分韵，儿化中却分韵。具体表现为去声的儿化主元音较其他三声的低，例如表4－12：

表4－12　获嘉亢村方言儿化中的异调分韵（2）

水珠儿 ʂuei^{21} tʂuər^{24}	小锄儿 ɕiɑo^{55} tʂ^{h}uər^{41}	有谱儿 iou^{21} p^{h}ər^{55}
小兔儿 ɕiɑo^{55} t^{h}uɜr^{21}	小路儿 ɕiɑo^{55} luɜr^{21}	数数儿 ʂu^{55} ʂuɜr^{21}

需要补充说明，其实儿化后异调分韵的现象很早就受到了学界关注。1960 年出版的《昌黎方言志》所列的北京话儿化韵母表中，[ie]、[ye]两韵的儿化韵就是异调分韵的，其主要特点是阴平、阳平时与上声、去声时的主要元音音值不同。例如：（两）截儿[iɜr]≠姐儿[iər]（们），（木）橛儿[yɜr]≠（尥）蹶儿[yər]。（详见《昌黎方言志》河北省昌黎县县志编纂委员会等编 1960：34－35，113－114）

另外，豫北晋语异调分韵的音节作为连读下字时仍保留分韵现象，这与闽语及大多方言中的情况一致；但作为连读上字时，也有保留分韵的情况，不管调值是否发生变化。如上文获嘉亢村方言的"配对儿、后门儿"。这种现象在新乡小冀方言中更为多见。请看表 4－13 儿化例子中的前字：

表 4－13　新乡小冀方言连读上字的异调分韵

拐棍儿 kuai^{55} kuər^{212}	台阶儿 t^{h}æ^{41} tɕiɛr^{34}	拐弯儿 kuai^{55} uɛr^{34}	菜市儿 ts^{h}æ^{34} sər^{212}
刀把儿 tɑu^{34} par^{212}	冒气儿 mɔ^{34} tɕ^{h}iər^{212}	有事儿 iou^{55} sər^{212}	豆芽儿 tɔu^{34} iar^{41}
水管儿 ʂuei^{55} kuɛr^{54}	配对儿 p^{h}æe^{34} tuər^{212}	金鱼儿 tɕin^{34} yər^{41}	信封儿 ɕiɐn^{21} fə̃r^{34}
帮忙儿 pɑŋ^{55} mə̃r^{41}	洋码儿 iə̃ŋ^{21} mar^{54}	成群儿 tʂ^{h}əŋ^{34} tɕ^{h}yər^{41}	镜框儿 tɕiɑŋ^{34} k^{h}uə̃r^{212}

这较之"福州话的单字音以调类为条件分别读本韵或变韵，但在语流中，变韵调音节作为连读上字时也读本韵音值。……在同一韵母中，本韵音值处于主导地位，变韵音值处于从属地位"（陈泽平 1984）的情况表现出新的特点。

（4）异调分韵的周边环境

豫北晋语的异调分韵发生在获嘉及其周边、济源西部两大区域，在地域上有其共同特性，即都处于行政上和语言上的交界地带。

行政上，获嘉及其周边地区的归属自古多所不定、屡有更革，时而属于河内/怀庆，时而属于卫辉；而济源为豫省边邑，西北皆与晋界毗连，自周代起就开通了轵关陉，它是连接河内地区与晋南盆地的重要通道。

语言上，分韵最为丰富的新乡小冀、获嘉亢村位于豫北晋语衔接中

原官话的最前沿,该片区域的方言存在很多交叉过渡的特点:

其一,豫北晋语中部地区(获嘉、修武及辉县西部一带)阳平、去声调型的分界线从这里穿切而过。具体说,阳平在获嘉城关及其以西以北地区主要为低降升调,在获嘉徐营、获嘉亢村及其以东地区为高降调;去声在获嘉城关、获嘉徐营及其以西以北地区为低升调,在获嘉亢村及其以东地区为低降升调。

其二,豫北晋语中部地区入声韵母三组与两组的分界线从获嘉东部斜插而过。获嘉徐营、获嘉亢村及其以西地区属于三组型,获嘉城关、新乡小冀及其以东地区属于两组型。

其三,豫北晋语中部地区平舌儿化与卷舌儿化的分界线从获嘉西部斜插而过。获嘉徐营及其以西地区分布着平舌型儿化,获嘉城关、获嘉亢村及其以东地区分布着卷舌型儿化。济源西部则是由豫北晋语转为中原官话的过渡地带。根据我们的调查,王屋镇及其以东地区仍旧保留入声,而济源西部的邵原镇、下冶镇入声已经消失。除了入声在这里从有变无外,子变韵的数量也逐渐减少,到了西边的垣曲方言则通过长元音及子变调的方式来表示子变韵,这是周边晋语同类现象的余波。(米青 1988)

此外,垣曲方言宕江摄舒声字与曾梗摄合流(如:当=登[꜀tʌŋ],旁=朋[꜁pʰʌŋ],广=巩[꜂kuʌŋ],亮=令[liəŋ꜄]),可能与济源下冶曾梗通摄的异调分韵存在某种联系。

这些因素提醒我们,豫北晋语的异调分韵现象可能与地域上和语言上的过渡特征存在着一定的联系。

4.3 成因讨论

异调分韵的现象自古就应该有,只是这种现象不易分辨,因而常常被忽略,在古代只知音类不懂音值的情况下,更不会有明确记录。周祖谟(1942)在《宋代汴洛语音考》中关于止蟹二摄有这样一段论述:

蟹摄广韵齐韵独用,佳皆同用,灰咍同用,去声祭霁同用,泰独用,卦怪夬同用,队代同用,废独用,今宋人诗韵除齐祭废与止摄字合为一类外,其余诸韵皆通用无别,惟佳韵之佳崖涯三字及夬韵之话字读入假摄而已。以今音推之,宋代蟹摄字当读 ai,uai 两类。其去声字有与止摄合口字相协者,则由于止摄去声合口受声调之影响,元音与本摄相近,故得合用。如北京归读 kuei;而贵读 kuɛi 是也。然其界画仍可推寻而得,终不泯也。

据此判断,宋代汴洛方言中应该已有较为明显的异调分韵现象。

第一个对异调分韵进行现代语言学意义上记录的是高本汉的《中国音韵学研究》(2003/1940: 565,568)。高氏在第四卷"方言字汇"中对止摄合口字的音值做了以下说明:

北京阴阳平是-ui,上去是-uei。西安、三水恰恰相反:平 uei 而上去 ui。所以如果行首代表字北京读ᶜkuei,其余同声母的平声字就应该改读作꜀kui,反之如果代表字是平声 kui,上去字则改读作 kuei。

高本汉也将以上现象称为"随调变法"(高本汉 2003/1940: 568)。

民国以后,人们对此类现象的介绍逐步增多,目前来说已相当可观,系统总结的有远藤光晓(1994)和曹志耘(2009a),可以参看。

(1) 已有讨论

随着异调分韵现象描写的不断增多,人们开始讨论引起这种分韵现象的原因,主要的观点有以下几种:

1) 生理说。日本学者远藤光晓(1994)延续有坂秀世 1940 年提出的观点,认为"声调引起元音变化"源于舌头与喉头的连动关系,即在"发低音时 SH(胸骨舌骨肌)活动以导致舌骨乃至舌位向后下方的移动"。这种连动关系实质是对声调高低分韵的生理解释。这种观点存在一定的局限,正如瞿建慧(2010: 150)所说,它"只能解释低调引起的变韵现象，却不能说明辰溆片、泸溪乡话和广西横县平话存在的高调引发变韵情况”。

2）音强平衡说。李如龙（1996）在分析闽语中的异调变韵时认为，“把较高的元音变为较低的元音或增加较低的元音变为复元音，以增大元音的响度。这就造成了语音（元音）的强化。发生这种强化作用的调类，往往是些低调、短调或曲折调，其调值的音势较弱，引起元音的强化，显然是一种补偿作用，用以保持音节强度的平衡”。这种观点的前提是语言中音节的强度相对平衡，处于互制互动关系中的声、韵、调如果出现某个弱化，那其他部分就会补强，以达到总体音强平衡的结果。

3）调值调型轮转说。平山久雄（1998，转引自陈泽平 2012）曾用调值调型轮转变化的理论解决福州方言的变韵问题。陈泽平（2012）认为，由于绕的圈子比较大，不太有说服力。

4）分调类的词汇扩散式音变。具体持有此观点的学者不详。（归纳自陈泽平 2012）

5）调值分韵说。曹志耘（2009a）认为，汉语方言中原本同一个韵母在不同声调里有不同读音的现象，是由于声调的长短、高低等因素使韵母产生的分化。作者在文末总结道：“综观今天汉语方言中的调值分韵现象，长调导致韵母元音复化、韵尾增生（可合称“长化”），低调导致韵母元音低化、复化，显然是两种主要的音变机制。……概括地说，调值分韵是具有长、低特点的调值使韵母音值发生强化。”瞿建慧（2010：149）在解释湘语辰溆片的异调分韵时也认为，“曲折调变韵的原因应当从声调的时长来寻找”。

6）待解说。陈泽平（2012）在谈到闽东方言的变韵时认为：“闽东各处发现有变韵的方言越来越多，变韵调调值五花八门，有高有低、有升有降、有曲调、有平调、有长调、有短调。想简单地从五度调值表中去概括变韵调值的共同区别性特征，拿出一个适用于各点方言的统一答案，这种设想肯定是要令人失望的。”至于变韵的成因，作者坦言“我们这里也还拿不出答案”。但陈文建议“也许应该避免使用全面归纳各种变韵调调值的简单方法”。

对于豫北晋语而言，济源西部地区的“高元音-低元音”型和“单元音-复元音”型异调分韵，基本可以从调值的长短、高低上得到解释，这说明调值分韵现象在某些方言中确实存在。但对于获嘉及其周边区域的“复元音-单元音”型、“鼻尾韵-鼻化韵”型、“低元音-高元音”型异调分韵，我们从调值长短高低上无法得到完满解释，其真正原因还得继续探寻。

（2）关于声调与韵母的实验研究结果

本部分旨在总结一些现有的关于声调与韵母的研究成果，以期对异调分韵现象的解释工作有所帮助。

1）关于声调五度值的感知分布。凌峰、李葆怡（2009）认为：“1. 五度值的分布并不一定是线性等分或者对数等分的。2. 五度值分布可能因语言而异，具有任意性。”比如“粤语的五度的宽度大小不等，2 度最宽”。

2）关于声调的承载对象。林茂灿（1997）认为：“普通话单念声调信息主要由主要元音及其邻近过渡所携带，也就是说，不仅浊辅音声母和介音中 F_0（基频），而且鼻音韵尾和元音韵尾中 F_0 都跟声调信息无关。”

3）关于声调的本质。以北京话的上声来说，我们一般认为它是个曲折调。但王力（1979）认为：“北京话的上声基本上是个低平调”，“调头的降、调尾的升，都是次要的”。石锋、冉启斌（2011）再次强调：“普通话上声的本质是低平调。”这就是说，我们对于声调、对于韵母有分化作用的声调还知之甚少。

4）关于声调的时长。根据冯隆（1985）、王萍（2009）等人的研究，目前关于北京话时长的基本共识是：上声［213］时长最长，去声［51］时长最短。因此，调值跨度与时长没有必然联系。

5）关于单元音与复元音的时长。目前的实验研究表明，复元音并不比单元音明显长。“当念复合元音的时候……两个(或三个)元音成分的分量(发音器官的紧张度、响度、有时还跟高低、长短等有关系)往往不相等,只有一个成分特别显著。”(罗常培,王均 2009：118)

我们认为要想彻底解释异调分韵现象,对于既有观点和潜在观点,以上五个问题都是不容回避的。

(3) 一些建议

上文列举了五种讨论异调分韵的观点,我们认为都无法同时圆满解决豫北晋语中的“高元音-低元音”型、“低元音-高元音”型、“单元音-复元音”型、“复元音-单元音”型、“鼻尾韵-鼻化韵”型的分韵。同时我们目前也无法提出解释力更强的观点,只能提出一些建议和想法。

陈泽平(2012)认为:“变韵以调类为条件,声调分类的依据就是调值差异,变韵发生的机制必然是与构成特定调值的某个成素有关”,这个成素“是构成这种声调特质的成分之一,未必只是相对音高或长短,5 度标调法也许不足以表达这种调值成素”。那么这个“成素”到底是什么?我们将声调进一步分解来寻找答案。

声调是汉语音节的重要组成部分,是语流中最小的独立韵律单位,但不是不可再分的韵律单位。关于组成声调的成分,诸家的分法也有所不同。下面介绍几种。

刘俐李(2004：118)谈到,构成音节声调(即单字调)的更小韵律成分叫调素。汉语的一个独立音节通常由三个成线性排列的调素构成,居中的是核心调素,前后的两个则是边缘调素。核心调素决定字调的基本面貌,其时长长于边缘调素,且比较稳定。边缘调素是构成字调的辅助成分,它们的脱落不影响字调的辨认。

石锋、王萍(2006)通过对北京话四声的研究,区分出每个声调调位的稳态段(特征段)和动态段(不稳定段)。稳态段由声调特征点构成,更多的承载着声调的调位信息,在与其他调位区别时发挥主要作用;动态段承载的调位信息少,与其他调位区别时发挥次要作用。稳态段稳定程度高，变化的可能性小；动态段稳定程度低，变化的可能性大。因此说“每个声调的不同部位的重要性是不同的”。

王洪君（2008：222－247）使用自主音段声调学的观点来分析汉语方言的声调。主要观点如下：

声调的最小单位是单值音高的平调，斜调（升调或降调）是两个平调的组合体，曲折调是三个音高的组合体；汉语的正常音节不管是单韵母还是复韵母都是双摩拉结构。一个摩拉一般承负一个声调特征（即一个单值音高的平调），但有较大的停顿的词界（如曲折调的折点）可以多承负一个声调特征。曲折调、全升或全降的斜调其实都含有三个不同的声调特征，由于汉语的正常音节是两个摩拉结构，所以第三个声调特征其实是与TBU（作者按：即声调承负单位）没有固定连接的浮游调。汉语中可能有浮游调，还可能有浮游摩拉。浮游摩拉只在单念或连调域的末字等可以拉长的情况下出现，在不能拉长的连读前字位置上失落。浮游摩拉一定伴随着浮游调。

作者以浮游调与浮游摩拉的关系来分析福州方言的异调变韵，认为松调韵比紧调韵多出的声调特征是浮游的，多出的摩拉也是浮游的。

基于以上研究，我们认为边缘调素、调位的动态段、浮游声调（特征）可能是同类性质的东西，即都是声调的非核心成分，它的变化可能引起韵母产生相应的变化。这或许可以作为探寻异调分韵成因的一个努力方向。

第五章

豫北晋语的儿变韵母

儿化是汉语方言中较为常见的形态变化形式，它是语流中造成的合音固化现象。儿变韵母即儿化韵母，本书采用儿变韵母的提法，一是出于全书结构上的考虑，“基本韵母—儿变韵母—子变韵母”的称说形式更为协调；二是因为儿化韵是由基本韵母和“儿”尾合音生成的，因此它是一种变韵。儿变韵母分布于官话、晋语、吴语、徽语、赣语、粤语及闽语等汉语方言中（参见王福堂 2005：150），但具体的形式却多有不同。北京话的儿变韵是卷舌元音尾韵，如“兔儿”[tʰur]；西南官话南滨李庄话的儿变韵是边音尾韵，如“花儿”[xuəl]；晋语神木话的儿变韵为平舌元音尾韵，如“花卷儿”[xua tɕyʌɯ]；吴语金华话的儿变韵为鼻化韵，如“兔儿”[tʰũ]；徽语黟县话的儿变韵为鼻音尾韵，如“包儿”[pun]。这些不同形式的儿变韵是由不同形式或不同层次的“儿”字音决定的。

豫北晋语的“儿”音读[ɭ]或[ɭə]，但儿变韵母的形式却五花八门。钱曾怡（1995）曾经归纳了汉语方言中的四种儿变韵：元音卷舌式、舌面元音式、鼻辅韵尾式和边音韵尾式，这些在豫北晋语中都有分布。为论述方便，我们采用钱曾怡（1995）的分类标准，并根据豫北晋语儿变韵的实际情况，将鼻辅韵尾式稍做修改，称为鼻音韵尾式。由此，豫北晋语的儿变韵类型主要有：元音卷舌式、舌面元音式、鼻音韵尾式和边音韵尾式。

5.1　概　　况

豫北晋语大部分方言的儿变较为复杂，单个方言内往往兼有多种儿变形式，只有少数方言像普通话那样为单纯的[r]类儿变。根据各方言所包括的儿变类型的不同，我们将豫北晋语分为六种情况。同时对涉及方言点较多的4种主要情况进行举例说明，列举出它们的基本韵母与儿变韵母的对应情况，作为本章介绍和讨论的参照与基础。

（1）儿尾与元音卷舌式儿变共存

这种情况是指部分基本韵母只能后带儿尾，没有相应儿变韵；部分基本韵母有元音卷舌式儿变。具体分布于安阳文峰、安阳吕村、汤阴城关等3个方言点。儿尾与元音卷舌式儿变并存表明这些方言的儿变正处于产生阶段。

以汤阴城关方言为例。该方言有基本韵母48个，儿变韵母14个，具体对应关系见表5-1（“○”表示无儿变韵，下同）。

表5-1　汤阴城关方言儿变韵与基本韵对应关系

○(<ɿ)	○(<i)	○(<u)	○(<y)
ɤr(<ɤ)			
or(<o ʌʔ)		uor(<uo uʌʔ)	yor(<yãn yʌʔ)
	iɛr(<iɛ iɐʔ)		yɛr(<yɛ yɐʔ)
○(<ɑo)	○(<iɑo)		
○(<ou)	○(<iou)		
ɐr(<a ai ãn ʌʔ ɐʔ)	iɐr(<ia iãn iɐʔ iɛʔ)	uɐr(<ua uai uãn)	
ər(<ei ən ɛʔ)	iər(<in iɛʔ)	uər(<uei uən)	yər(<yn yɛʔ)
○(<ɑŋ)	○(<iɑŋ)	○(<uɑŋ)	
○(<əŋ)	○(<iŋ)	○(<uŋ)	○(<yŋ)
	○(<iʌʔ)	○(<uɐʔ)	
		ur(<uɛʔ)	
○(<ʅ)			

“○”表示无儿变韵，包含两个意思。第一，[uɐʔ iʌʔ]韵辖字较少，未调查出相应儿变韵；第二，其余各基本韵母无相应儿变韵，只有

儿尾。另外,[εʔ iεʔ uεʔ yεʔ]韵所辖的部分字有儿变韵,部分字带儿尾。不管是儿变还是儿尾,入声韵在语流中都会发生相应变化。例如:打食儿 ta^{44} ʂʅ^{52} ər^{0} | 小吃儿 ɕiɑo^{31} tʂʰər^{24} | 一出儿 i^{33} tʂʰu^{33} ər^{0} | 小秃儿 ɕiɑo^{31} tʰur^{24}。

总体来看,基本韵母为高元音或后鼻韵尾时,都没有相应儿变韵。

(2) 元音卷舌式与边音韵尾式儿变共存

这种情况是指部分基本韵母对应的是[r]式儿变韵,部分基本韵母对应的是[ɭ]式儿变韵。汉语方言中的典型代表是山东寿光方言。豫北晋语元音卷舌式与边音韵尾式儿变并存的方言有 12 个,它们主要分布于地理环境较为封闭的林州及其周边地区,分别是:

安阳马家　安阳铜冶　林州城郊　林州任村　林州东姚
林州临淇　鹤壁山城　淇县黄洞　淇县朝歌　延津榆林
卫辉庞寨　卫辉狮豹头

以林州城郊方言为例。该方言有基本韵母 40 个,儿变韵母 14 个,具体对应关系见表 5-2。

表 5-2　林州城郊方言儿变韵与基本韵对应关系

ɐr(<ɔ ɑŋ ɐʔ)	iɐr(<iɔ iɑŋ iɐʔ)	uɐr(<ɔ uɑŋ)	○(<yε)
εr(<a ʅɐ ɯʌ ai ɐʔ)	iεr(<ia iε iɐʔ)	uεr(<ua uai)	yεr(<ya)
or(<uʌ ɑo)		uor(<uʌ ɑo uɐʔ)	yor(<iɑo yɐʔ)
ɭ(<ʅ ʅ ei əŋ əʔ)	iɭ(<i iŋ iəʔ)	uɭ(<u uei ou uŋ uəʔ)	yɭ(<y iou yŋ yəʔ)
○(<ɭ)			

[yε]韵辖字太少,没有调查出相应的儿变韵;[ɭ]韵辖字多不儿变。

豫北晋语所有方言的"儿"读[ɭ]/[ɭə],所以边音韵尾式儿变韵应该是该地区相对古老的儿变层次。元音卷舌式应该是后起层次。

(3) 只有元音卷舌式儿变

这种情况与北京话的情形一样,所有的基本韵对应的都是[r]式儿变。具体分布于以下 14 个方言点:

汤阴五陵　鹤壁淇滨　卫辉城郊　济源下冶　辉县城关
辉县南村　辉县上八里　新乡平原　新乡小冀　延津城关
延津胙城　获嘉城关　获嘉亢村　济源坡头

以卫辉城郊方言为例。该方言有基本韵母46个，儿变韵母25个，具体对应关系见表5－3。

表5－3　卫辉城郊方言儿变韵与基本韵对应关系

ʅər(<ɿ ʅ)		ur(<u uəʔ)	
ar(<a ɐʔ)	iar(<ia iɐʔ)	uar(<ua uɐʔ)	
or(<uʌ)		uor(<uʌ)	yor(<yɐʔ)
ɤr(<ɤʌ ʅɐ)			
	iɛr(<iɜ)		yɛr(<yɜ)
○(<ɿɐ)			
ɔr(<ɑu ou)	iɔr(<iɑu iou)		
ɐr(<æi an)	iɐr(<ian)	uɐr(<uæi uan)	yɐr(<yan)
ər(<ei əʔ ən)	iər(<i iəʔ in)	uər(<uei uən)	yər(<y yəʔ yn)
ɐ̃r(<ɑŋ əŋ)	iɐ̃r(<iɑŋ iŋ)	uɐ̃r(<uɑŋ uŋ)	yɐ̃r(<yŋ)
○(<ʅ)			

[ɿɐ ʅ]两韵没有相应儿变韵。[iɛr yɛr]两儿变韵的主元音比[ɛ]略低略后，[ɐr iɐr uɐr yɐr ɐ̃r iɐ̃r uɐ̃r yɐ̃r]八个儿变韵的主元音比[ɐ]舌位略高。

(4) 舌面元音式与鼻音韵尾式儿变共存

这种情况是指某些方言的口元音韵和前鼻尾韵（包括相应鼻化韵）对应的是舌面元音式儿变，后鼻尾韵或相应鼻化韵对应的是鼻音韵尾式儿变。具体分布于以下19个方言点：

辉县吴村　获嘉徐营　修武城关　修武西村　修武岸上
焦作王褚　武陟木城　武陟詹店　武陟小董　博爱清化
博爱寨豁　沁阳沁园　沁阳常平　沁阳紫陵　沁阳柏香
温县温泉　温县武德　济源玉泉　济源王屋

以修武城关方言为例。该方言有基本韵母45个，儿变韵母21个，具体对应关系见表 5－4。

表 5－4　修武城关方言儿变韵与基本韵对应关系

ʅɯ(<ʅ)	iɤ(<i iə̃ iəʔ)		○(<y yəʔ)
ʅɯ(<ʅ əʔ)			
ɛ(<a ɐʔ)	iɛ(<ia)	uɛ(<ua)	
ɤ (<æ ɔ ɛ ɐʔ)	iɤ (<iɜ iɔ iɛ iɐʔ)	uɤ (<uʌ ɐʔ uæ uɛ uɐʔ)	yɤ (<yɜ yɛ yɐʔ)
ɯɤ (<ɯʌ)			
ʅɤ (<ʅɜ)			
ɯ(<ei ou ə̃)	iɯ(<iou iə̃)	uɯ(<u uəʔ uei)	yɯ(<yə̃)
æ̃ (<ɑŋ əŋ)	iæ̃ (<iɑŋ iŋ)	uæ̃ (<uɑŋ uŋ)	yæ̃ (<yŋ)
ɭ͜ɯ(<ɭ͜ə)			

[y yəʔ]没有调查出相应的儿变韵；从系统格局看，[əʔ]应该有[ʅɯ]、[ɯ]两个儿变韵，后者未调查出来；[ɭ͜ə]及其儿变韵[ɭ͜ɯ]，均无动程。

舌面元音式儿变与鼻音韵尾式儿变在汉语方言中较为少见，但却是豫北晋语的主要儿变类型。具体实例见下节。

(5) 舌面元音式、鼻音韵尾式及元音卷舌式儿变共存

这种情况只分布于温县番田一点。

(6) 元音卷舌式与鼻音韵尾式儿变共存

这种情况只分布于济源部原一点。

豫北晋语各方言的儿变类型分布情况详见下文图 5－1(简单起见，类型分布图中用“+”号表示共存之义)。

5.2　儿 变 类 型

本节主要以具体实例分类型介绍豫北晋语的舌面元音式、元音卷舌式、鼻音韵尾式、边音韵尾式儿变及其分布区域。其中，淇县黄洞、获嘉亢村等方言的部分元音卷舌式儿变带有闪音，不再单列类型；济源坡头部分儿变音节中存在一个近音，儿变韵虽以舌面元音收尾，但总体上看是卷舌成分不断前移的结果，故归入元音卷舌式介绍。

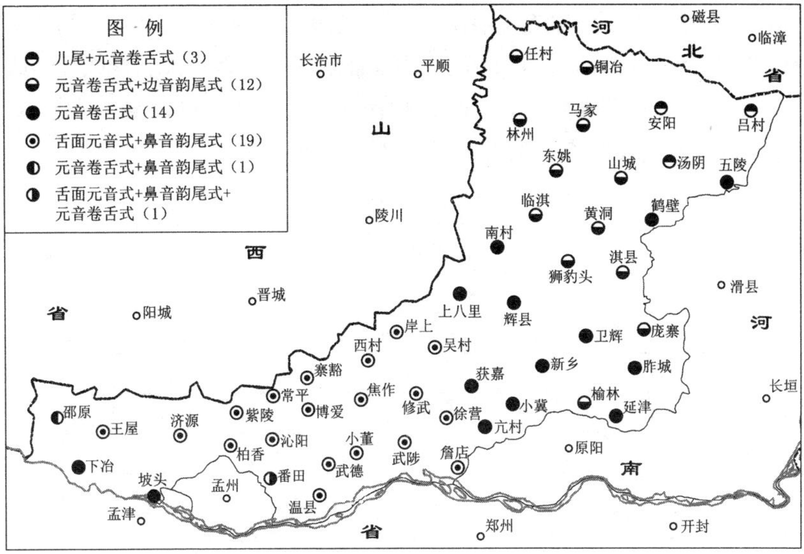

图 5－1　豫北晋语各方言儿变类型分布图

5.2.1　舌面元音式

豫北晋语的舌面元音式儿变分布于焦作各区县（孟州非晋语，除外）、辉县西部、获嘉西部及济源中东部地区，具体方言点有：

焦作王褚	修武城关	修武西村	修武岸上	武陟木城
武陟小董	武陟詹店	博爱清化	博爱寨豁	沁阳沁园
沁阳柏香	沁阳紫陵	沁阳常平	温县温泉	温县武德
温县番田	获嘉徐营	辉县吴村	济源王屋	济源玉泉

从变韵后主元音的具体音值看，有[ɯ]、[ɤ]、[ø]、[ʏ]、[ʊ]、[æ]、[ɛ]、[ɐ]、[a]等多种形式。主元音为较高元音的基本韵儿变后多为[ɯ ʏ ʊ]形式，主元音为较低元音的基本韵儿变后多为[ɤ ø æ ɛ ɐ a]形式。需要说明的是，每种形式的分布范围各有不同，例如[ɯ]形式的，主要分布于焦作王褚、修武城关、武陟木城、武陟小董、武陟詹店、博爱清化、博

爱寨豁、沁阳沁园、沁阳柏香、温县温泉、温县武德、温县番田、获嘉徐营、辉县吴村。再如[ʏ]形式的，主要分布于焦作王褚、修武城关、修武西村、修武岸上、武陟小董、博爱清化、博爱寨豁、沁阳柏香、沁阳紫陵、沁阳常平、济源王屋、济源玉泉。

举几个代表性方言的儿变韵实例如表5-5：

表5-5 豫北晋语的舌面元音式儿变韵

	修武城关	修武岸上	焦作王褚	博爱清化	沁阳沁园	温县温泉
果合非见	uɤ	ø uø	uɤ	uɤ	uɤ	uɤ
假非三等	ɛ iɛ uɛ	æ iæ uæ	æ iæ uæ	æ iæ uæ	ɐ iɐ uɐ	a ia ua
遇 摄	uɯ -	uʊ -	uɯ -	uɯ -	uɯ -	uɯ -
蟹 摄	ɤ uɤ	ø uø	ɤ uɤ	ɤ uɤ	ɤ uɤ	ɤ uɤ
效 摄	ɤ iɤ	ø iø	ɤ iɤ	ɤ iɤ	ɤ iɤ	ɤ iɤ
流 摄	ɯ iɯ	ʊ -	ɯ iɯ	ɯ -	ɯ iɯ	ɯ -
咸山摄	ɤ iɤ uɤ yɤ	ø iø uø yø	ɤ iɤ uɤ yɤ	ɤ iɤ uɤ yɤ	ɤ iɤ uɤ yɤ	ɤ iɤ uɤ yɤ
深臻摄	ɯ iɯ uɯ yɯ	ʊ iʊ uʊ yʊ	ɯ ĩʏ uɯ ỹʏ	ɯ ĩʏ - ỹʏ	ɯ uɯ - -	ɯ uɯ - -

注：因各方言基本韵的音值不同，故这里采用韵摄统一代表；“-”表示未调查出相应儿变韵，比如遇摄单字韵今读[u]、[y]，缺后者的儿变韵；修武岸上的[ø]舌位略低一些。

有的方言仅少数基本韵（如修武西村曾梗通摄[əŋ iŋ uŋ yŋ]、沁阳紫陵宕江摄[ẽŋ iẽŋ uẽŋ]）的儿变例外，其余都属于舌面元音式。以修武西村来说，基本韵共43个，儿变韵为舌面元音式的有39个。具体实例如下：

儿变韵	基本韵	儿变实例
[ɿʊ]	[ɿ]	写字儿 ɕiɐ^{512} tsɿʊ^{24} | 小刺儿 ɕiɔ^{512} ts^{h}ɿʊ^{24} | 有事儿 iou^{512} sɿʊ^{24}
[ʅʊ]	[ʅ əʔ]	没治儿 məʔ^{4} tʂʅʊ^{24} | 煤池儿 mei^{24} tʂ^{h}ʅʊ^{323} | 打食儿 ta^{55} ʂʅʊ^{323}
[ʊ]	[ei ou]	几辈儿 tɕi^{55} pʊ^{24} | 小偷儿 ɕiɔ^{512} t^{h}ʊ^{55} | 门口儿 mei^{24} k^{h}ʊ^{512}
[iʊ]	[i iei iou]	小鸡儿 ɕiɔ^{512} tɕiʊ^{55} | 小皮球儿 ɕiɔ^{512} p^{h}i^{24} tɕ^{h}iʊ^{323} | 话音儿 xua^{21} iʊ^{55}

[uʊ]	[u uei uəʔ]	兔儿 tʰuʊ^{24}｜壶嘴儿 xu^{24} tsuʊ^{512}｜门墩儿 mei^{323} tuʊ^{55}｜一出儿 i^{21} tʂʰuʊ^{55}
[yʊ]	[yei yəʔ]	木头榫儿 məʔ^{4} tʰou^{0} ɕyʊ^{512}｜小曲儿 ɕiɔ^{55} tɕʰyʊ^{55}
[iʏ]	[i iəʔ]	小米儿 ɕiɔ^{24} miʏ^{512}｜冒气儿 mɔ^{24} tɕʰiʏ^{24}｜吹笛儿 tʂʰuei^{55} tiʏ^{323}
[æ]	[a ɑŋ ɐʔ ᴀʔ]	刀把儿 tɔ^{31} pæ^{24}｜一行儿 i^{55} xæ^{24}｜没法儿 məʔ^{4} fæ^{55}｜腊八儿 lɐʔ^{4} pæ^{55}
[iæ]	[ia iɑŋ]	豆芽儿 tou^{24} iæ^{323}｜搞价儿 kɔ^{512} tɕiæ^{24}｜没想儿 məʔ^{4} ɕiæ^{512}
[uæ]	[ua uɑŋ]	画画儿 xua^{24} xuæ^{24}｜马褂儿 ma^{512} kuæ^{24}｜蛋黄儿 tᴇ^{24} xuæ^{323}｜庄儿 tʂuæ^{55}
[ʅø]	[ʅɐ]	小车儿 ɕiɔ^{512} tʂʰʅø^{55}
[ø]	[ɯʌ uʌ ɔ ᴇ ɐʔ ᴀʔ]	小河儿 ɕiɔ^{55} xø^{323}｜薄膜儿 puʌ^{24} mø^{323}｜小刀儿 ɕiɔ^{512} tø^{55}｜小篮儿 ɕiɔ^{55} lø^{323}｜门搭儿 mei^{323} tø^{55}｜球拍儿 tɕʰiou^{323} pʰø^{55}｜肉末儿 ʐou^{21} mø^{55}
[iø]	[iɐ iɔ iᴇ iɐʔ]	搭界儿 tɐʔ^{4} tɕiø^{24}｜纸条儿 tsɿ^{55} tʰiø^{323}｜西边儿 ɕi^{55} piø^{55}｜小脚儿 ɕiɔ^{512} tɕiø^{55}
[uø]	[uʌ uᴇ uɐʔ uᴀʔ]	有座儿 iou^{512} tsuø^{24}｜走火儿 tsou^{24} xuø^{512}｜几段儿 tɕi^{55} tuø^{24}｜水管儿 ʂuei^{24} kuø^{512}｜磨卓儿 muʌ^{323} tʂuø^{55}｜墙豁儿 tɕʰiɑŋ^{323} xuø^{55}
[yø]	[y yɐ yᴇ yɐʔ]	小锯儿 ɕiɔ^{55} tɕyø^{24}｜王瘸儿 uɑŋ^{24} tɕʰyø^{323}｜院儿 yø^{24}｜汤圆儿 tʰɑŋ^{55} yø^{323}｜小雪儿 ɕiɔ^{512} ɕyø^{55}

[l̩ø]　　[l̩]　　　　小二儿 ɕiɔ⁵⁵ l̩ø²⁴

修武西村的儿变韵有四套：[ʅʊ ʅʊ ʊ iʊ uʊ yʊ]、[iɤ]、[æ iæ uæ]、[ʅø ø uø yø l̩ø]。其中，[ʅʊ ʅʊ ʊ iʊ uʊ yʊ]在老派中使用，新派将其说成[ʅɯ ʅɯ ɯ iɯ uɯ yɯ]。

汉语方言中存在很多舌面元音式儿变韵，例如洛阳、神木、密云部分乡镇、涞源老派、昌黎北区、青龙、抚宁、卢龙、秦皇岛、迁西等（贺巍 1984；邢向东 1996；江海燕 2000；张世方 2003），但像豫北晋语这样连片分布的却不多见。那么，汉语中的舌面元音式儿变与元音卷舌式儿变到底哪个先产生的？方言中的舌面元音式儿变史又是什么样的？这些都是值得探讨的课题。

5.2.2　元音卷舌式

元音卷舌式是北方方言中最为常见的儿变形式，也是豫北晋语中分布范围最广的儿变形式。这种形式的儿变分布于安阳市、安阳县、汤阴、林州、鹤壁、淇县、卫辉、新乡市、新乡县、获嘉、辉县、延津及济源南部和西部地区。其中，全部儿变为元音卷舌式的方言点有：

汤阴五陵　鹤壁淇滨　卫辉城郊　新乡平原　新乡小冀
辉县城关　辉县南村　辉县上八里　延津城关　延津胙城
获嘉城关　获嘉元村　济源坡头　济源下冶

部分儿变为元音卷舌式的方言点有：

安阳文峰　安阳吕村　安阳马家　安阳铜冶　汤阴城关
鹤壁山城　卫辉庞寨　卫辉狮豹头　林州城郊　林州任村
林州临淇　林州东姚　淇县朝歌　淇县黄洞　延津榆林
温县番田　济源邵原

部分方言实例如表 5－6（横线表示只有儿尾或儿变为非元音卷舌式）：

表 5－6　豫北晋语的元音卷舌式儿变韵

	卫辉城郊	延津城关	获嘉城关	济源邵原	汤阴城关	淇县朝歌
刀把儿	tɑu^{24} par^{313}	tɑu^{35} pɐr^{21}	tɑu^{52} pɑr^{34}	tɑo^{51} par^{212}	tɑo^{33} pɐr^{213}	tɑo^{35} pɐr^{212}
有座儿	iou^{55} tʂuor^{313}	iou^{55} tsuɐr^{21}	iou^{55} tʂuor^{212}	iou^{44} tsuor^{212}	iou^{44} tʂuor^{213}	iou^{55} tʂuor^{212}
小车儿	~ tʂ^{h}ɤr^{24}	siɑu^{55} tʂ^{h}ɤr^{35}	ɕiɑu^{21} tʂ^{h}ɤr^{34}	ɕiɑo^{44} tʂ^{h}ɤr^{51}	ɕiɑo^{31} tʂ^{h}ɤr^{33}	ɕiɑo^{55} tʂ^{h}ɤr^{35}
鞋带儿	ɕiᴇ^{52} tɐr^{313}	ɕiɐ^{21} tɐr^{21}	ɕiɜ^{41} tɤr^{212}	ɕiɐ^{423} tɤr^{24}	ɕiɛ^{52} tɐr^{213}	ɕiɜ^{52} tɐr^{21}
小鬼儿	ɕiɑu^{21} kuər^{55}	siɑu^{21} kuər^{55}	ɕiɑu^{34} kuər^{51}	ɕiɑo^{44} kuər^{44}	ɕiɑo^{31} kuər^{31}	ɕiɑo^{52} kuər^{55}
纸条儿	tsʅ^{24} t^{h}iɔr^{52}	tʂʅ^{55} t^{h}iɔr^{52}	tʂʅ^{55} t^{h}iɔr^{41}	tsʅ^{44} t^{h}iɤr^{212}	——	tsʅ^{55} t^{h}iɔr^{52}
猪肝儿	tʂu^{24} kɐr^{24}	tʂu^{35} kɐr^{35}	tʂu^{34} kɤr^{34}	tʂu^{24} kɤr^{51}	tsu^{33} kɐr^{33}	tʂu^{55} kɐr^{35}
后院儿	xou^{24} yɐr^{313}	xou^{35} yɐr^{21}	xɔu^{34} yɤr^{212}	xou^{24} yɤr^{212}	xou^{24} yor^{213}	xou^{35} yɐr^{21}
捎信儿	sɑu^{24} ɕiər^{313}	ʂɑu^{35} ɕiər^{21}	ʂɔ^{41} ɕiər^{212}	——	sɑo^{33} ɕiər^{21}	——
拐棍儿	kuæi^{55} kuər^{313}	kuai^{31} kuər^{21}	kuai^{55} kuər^{212}	——	kuai^{44} kuːər^{213}	kuai^{55} kuər^{21}
药方儿	yɐʔ^{13} fɐ̃r^{24}	yo^{35} fɑ̃r^{35}	yaʔ^{3} fʌ̃r^{34}	iʌ^{44} fɐ̃r^{51}	——	yʌ^{21} fɐ̃r^{35}
没空儿	muəʔ^{3} k^{h}uɐ̃r^{313}	mu^{52} k^{h}uɑ̃r^{21}	məʔ^{3} k^{h}uʌ̃r^{212}	——	——	məʔ^{3} k^{h}uɐ̃r^{21}
没法儿	muəʔ^{3} far^{24}	mu^{52} fɐr^{35}	məʔ^{3} fɑr^{34}	mu^{21} far^{44}	mɛʔ^{3} fɐr^{24}	mei^{52} far^{35}
三角儿	~ tɕyor^{24}	san^{55} tɕyər^{35}	ʂɛ̃^{55} tɕyor^{34}	sæn^{51} tɕiɤr^{44}	sãn^{33} tɕyor^{44}	san^{55} tɕyor^{35}

豫北晋语的元音卷舌式儿变有以下几个特点：

（1）总体来看，儿变韵较北京话少，且安阳、鹤壁地区较新乡地区少。少的有10个，如安阳文峰[or uor ɤr iɛr ɐr iɐr uɐr yɐr ər uər]；多的有25个，如卫辉城郊，详见表5－3。

（2）儿变韵系统无鼻音成分的方言点主要集中在安阳、鹤壁两地区，具体有：

安阳文峰　安阳吕村　安阳铜冶　安阳马家　汤阴城关
汤阴五陵　林州城郊　林州任村　林州东姚　林州临淇
鹤壁淇滨　鹤壁山城　淇县黄洞　济源下冶　济源坡头

例如汤阴五陵[ɑŋ iɑŋ uɑŋ]和[əŋ iŋ uŋ yŋ]两组基本韵的儿变韵：

药方儿 yɒʔ^{3} fɐr^{24}　没想儿 mɛʔ^{3} ɕiɐr^{51}　镜框儿 tɕiŋ^{24} k^{h}uɐr^{24}
信封儿 ɕin^{21} fər^{24}　树影儿 su^{21} iər^{51}　鸟笼儿 ȵiɑu^{55} luər^{51}
小龙儿 ɕiɑu^{55} luər^{51}

儿变韵保留鼻音成分、变成鼻化卷舌韵的方言点主要集中在新乡地区，具体有：

卫辉城郊　卫辉庞寨　卫辉狮豹头　获嘉城关　获嘉亢村
新乡平原　新乡小冀　淇县朝歌　辉县城关　辉县南村
辉县上八里　延津城关　延津胙城　延津榆林　济源邵原
温县番田

例如辉县城关[ɑŋ iɑŋ uɑŋ]和[əŋ iŋ uŋ yŋ]两组基本韵的儿变韵：

药方儿 yaʔ^{4} fãr^{44}　没想儿 məʔ^{4} ɕiãr^{52}　镜框儿 tɕiŋ^{24} k^{h}uãr^{212}
信封儿 ɕin^{21} fə̃r^{44}　树影儿 su^{21} iə̃r^{52}　没空儿 məʔ^{4} k^{h}uə̃r^{24}
哭穷儿 k^{h}uəʔ^{4} tɕ^{h}yə̃r^{42}

（3）有入声韵尾的韵母，儿变时韵尾丢失，与相应舒声韵的儿变韵合流。例如新乡小冀：

小吃儿 ɕiɑu^{21} tʂ^{h}ər^{34}　　煤池儿 mei^{34} tʂ^{h}ər^{41}

小秃儿 ɕiɑu^{21} t^{h}uər^{35}　　小兔儿 ɕiɑu^{55} t^{h}uər^{212}

腊八儿 laʔ^{3} pAr^{35}　　刀把儿 tɑu^{34} pAr^{212}

皮夹儿 p^{h}i^{41} tɕiAr^{34}　　当家儿 tɑŋ^{44} tɕiAr^{34}

（4）部分方言中，以低元音为韵腹的基本韵，儿变后合流的程度很高。例如鹤壁山城，[A iA uA]、[ai uai]、[ã iã uã yã]、[ɑŋ iɑŋ uɑŋ]四组韵母儿变后合为一套韵母[ɐr iɐr uɐr yɐr]。请看：

刀把儿 tɑu^{44} pɐr^{21}　　衣架儿 i^{44} tɕiɐr^{21}　　韭花儿 tɕiou^{41} xuɐr^{44}

壶盖儿 xu^{41} kɐr^{21}　　小孩儿 ɕiɑu^{55} xɐr^{41}　　肉块儿 zou^{55} k^{h}uɐr^{21}

猪肝儿 tsu^{44} kɐr^{44}　　冒烟儿 mɑu^{21} iɐr^{44}　　几段儿 tɕi^{55} tuɐr^{21}

后院儿 xou^{44} yɐr^{21}　　药方儿 yɐʔ^{3} fɐr^{44}　　没想儿 məʔ^{3} ɕiɐr^{41}

镜框儿 tɕiŋ^{44} k^{h}uɐr^{41}

淇县朝歌、卫辉城郊、卫辉狮豹头、卫辉庞寨、延津城关、延津胙城、延津榆林的效摄、流摄韵母儿变后合为一套韵母[ɔr iɔr]。该地区是子变韵由[ou]尾转[ɑu]尾的过渡区域，两种形式的子变韵可能与效流摄韵母的儿变韵合流也存在某种关系。延津城关的儿变韵实例如下：

羊羔儿 iɑŋ^{52} kɔr^{35}　　小刀儿 siɑu^{55} tɔr^{35}　　小桥儿 siɑu^{55} tɕ^{h}iɔr^{52}

材料儿 ts^{h}ai^{52} liɔr^{21}　　山沟儿 ʂan^{35} kɔr^{35}　　网兜儿 uɑŋ^{55} tɔr^{35}

煤球儿 mei^{52} tɕ^{h}iɔr^{52}　　小刘儿 siɑu^{55} liɔr^{52}

（5）获嘉亢村方言效摄[ɑo ɔ iɑo iɔ]韵的儿变韵母中有闪音，其中尤以细音中最为明显。例如：

小刀儿 ɕiɑo^{31} t^{ɾ}ɔr^{24}　　树梢儿 ʂu^{21} s^{ɾ}ɔr^{24}　　羊羔儿 iɑŋ^{41} k^{ɾ}ɔr^{24}

小炒儿 ɕiɑo^{31} ts^{hɾ}ɔr^{31}　　纸条儿 tsɿ^{55} t^{h}i^{ɾ}ɔr^{41}　　裤腰儿 k^{h}u^{21} i^{ɾ}ɔr^{24}

树苗儿 ʂu^{24} miˤɔr^{41} 小桥儿 ɕiɑo^{55} tɕʰiˤɔr^{41}

（6）淇县黄洞方言[a ia ua]韵母的儿变韵非同步发展，仅细音情况下有闪音。例如：

刀把儿 tɑu^{44} pɐr^{21} 洋码儿 iɑŋ^{35} mɐr^{51} 画画儿 xua^{35} xuɐr^{21}
马褂儿 ma^{55} kuɐr^{21} 豆芽儿 tou^{35} iˤɐr^{51} 衣架儿 i^{44} tɕiˤɐr^{21}
搞价儿 kɑu^{55} tɕiˤɐr^{21} 当家儿 tɑŋ^{44} tɕiˤɐr^{44}

以上两点与河南泌阳方言凡韵母为齐齿呼、撮口呼的儿变韵都带儿化闪音的情形部分相同（李宇明 1996），即齐齿呼、撮口呼的儿变韵可能较开口呼、合口呼更容易带闪音。

5.2.3 鼻音韵尾式

贺巍（1981）所记的济源方言宕江摄有三套韵母，即基本韵母[aŋ iaŋ uaŋ]、儿变韵母[æ̃ iæ̃ uæ̃]、Z 变韵母[ɔ̃ iɔ̃ uɔ̃]。根据我们对豫北晋语的调查，目前也倾向于将第二类韵母[æ̃ iæ̃ uæ̃]认定为儿变韵母。另外，张娟（2005）、张慧丽（2011）将温县县城、武陟木城深臻曾梗通摄韵母的小称分别记作[əŋ iŋ uəŋ yəŋ]、[ɤ̃ iɤ̃ uɤ̃ yɤ̃]，并且后者将其归入“韵母交替式”儿化。我们不讨论是否是“韵母交替式”，但我们同意张慧丽（2011）将这类小称韵处理为儿变韵，理由见 5.4.3。本部分所说的鼻音韵尾式儿变包括前鼻尾式、后鼻尾式和鼻化式。

宕江摄韵母的鼻音韵尾式儿变一般为前鼻尾式或鼻化式，具体分布于以下 17 个方言点：

辉县吴村 获嘉徐营 修武城关 修武岸上 焦作王褚
武陟木城 武陟詹店 武陟小董 博爱清化 博爱寨豁
沁阳沁园 沁阳常平 沁阳紫陵 沁阳柏香 温县温泉
温县武德 济源玉泉

以博爱清化方言来说，该方言宕江摄基本韵为[ɑŋ iɑŋ uɑŋ]，儿变韵为[an ian uan]。实例如下：

药方儿 iɐʔ^{4} fan^{44}　　帮忙儿 pɑŋ^{44} man^{323}　　肠儿 tʂʰan^{323}

小箱儿 ɕiɑu^{51} ɕian^{44}　小羊儿 ɕiɑu^{44} ian^{323}　　没想儿 məʔ^{4} ɕian^{51}

蛋黄儿 tan^{24} xuan^{323}

曾梗通摄韵母的鼻音韵尾式儿变包括后鼻尾式、前鼻尾式和鼻化式，具体分布于以下 19 个方言点：

获嘉徐营	武陟詹店	修武城关	修武岸上	修武西村
辉县吴村	博爱清化	博爱寨豁	焦作王褚	武陟木城
武陟小董	沁阳沁园	沁阳柏香	温县温泉	温县番田
温县武德	济源玉泉	济源王屋	济源邵原	

其中，获嘉徐营、武陟詹店、修武城关、修武岸上的曾梗通摄韵母与宕江摄韵母的儿变韵归并合流；修武西村的曾梗通摄韵母与宕江摄韵母的儿变韵虽没有合流，但它们与修武岸上的儿变音值相同。具体实例见表 5－7。

表 5－7　豫北晋语的鼻音韵尾式儿变韵

	获嘉徐营	武陟詹店	修武城关	修武岸上	修武西村
信封儿	ɕiə̃n^{21} fẽn^{44}	ɕin^{21} fæ̃^{55}	ɕiə̃^{312} fæ̃^{44}	ɕiei^{21} fʌ̃^{55}	ɕiei^{55} fʌ̃^{55}
药方儿	yɑʔ^{3} fẽn^{44}	iɑʔ^{3} fæ̃^{55}	iɐʔ^{3} fæ̃^{44}	iɐʔ^{3} fʌ̃^{55}	——
树影儿	ʂu^{21} iẽn^{53}	ʂʮ^{13} iæ̃^{41}	ʂʮ^{24} iæ̃^{52}	su^{13} iʌ̃^{51}	ʂu^{24} iʌ̃^{512}
没想儿	məʔ^{3} ɕiẽn^{53}	mu^{55} ɕiæ̃^{41}	məʔ^{3} ɕiæ̃^{52}	məʔ^{3} ɕiʌ̃^{51}	——
没空儿	məʔ^{3} kʰuẽn^{13}	mu^{55} kʰuæ̃^{13}	məʔ^{3} kʰuæ̃^{24}	məʔ^{3} kʰuʌ̃^{13}	məʔ^{4} kʰuʌ̃^{24}
蛋黄儿	tæɛ^{13} xuẽn^{212}	tæ^{13} xuæ̃^{212}	tɛ̃^{24} xuæ̃^{312}	tæɛ^{13} xuʌ̃^{323}	——
哭穷儿	kʰu^{55} tɕʰyẽn^{212}	——	kʰu^{44} tɕʰyæ̃^{312}	kʰu^{55} tɕʰyʌ̃^{323}	kʰu^{55} tɕʰyʌ̃^{323}

注：武陟詹店的“哭穷”没有儿变形式；修武西村的“药方儿”“没想儿”“蛋黄儿”为舌面元音式儿变韵，故不列入。

焦作王褚、武陟木城、武陟小董、沁阳沁园、沁阳柏香、温县温泉、温县番田、温县武德、济源玉泉、济源王屋、济源邵原等地的曾梗通摄韵母与深臻摄韵母的儿变韵全部或部分合流。以武陟小董方言为例，深臻曾梗通摄韵母儿变的主流情况如表 5－8：

表 5-8 武陟小董方言鼻音韵尾式儿变的合流

<table>
<tr><th>基本韵</th><th>儿变韵</th><th>儿 变 实 例</th></tr>
<tr><td>[ən]</td><td rowspan="2">[ə̃ŋ]</td><td>脸盆儿 liæ^{52} p^{h}ə̃ŋ^{212} | 树根儿 ʂu^{21} kə̃ŋ^{55} | 刀刃儿 tɔ^{52} ʐə̃ŋ^{24}</td></tr>
<tr><td>[əŋ]</td><td>信封儿 ɕin^{21} fə̃ŋ^{55} | 板凳儿 pæ̃^{52} tə̃ŋ^{24} | 线绳儿 ɕiæ^{24} ʂə̃ŋ^{212}</td></tr>
<tr><td>[in]</td><td rowspan="2">[iə̃ŋ]</td><td>皮筋儿 p^{h}i^{21} tɕiə̃ŋ^{55} | 话音儿 xua^{21} iə̃ŋ^{55} | 捎信儿 sɔ^{55} ɕiə̃ŋ^{24}</td></tr>
<tr><td>[iŋ]</td><td>酒瓶儿 tɕiou^{52} p^{h}iə̃ŋ^{212} | 点名儿 tiæ^{52} miə̃ŋ^{212} | 房顶儿 fɑŋ^{24} tiə̃ŋ^{52}</td></tr>
<tr><td>[uən]</td><td rowspan="2">[uə̃ŋ]</td><td>拐棍儿 kuai^{52} kuə̃ŋ^{24} | 没准儿 məʔ^{3} tʂuə̃ŋ^{52} | 村儿 ts^{h}uə̃ŋ^{55}</td></tr>
<tr><td>[uŋ]</td><td>鸟笼儿 n̠iɔ^{52} luə̃ŋ^{212} | 酒盅儿 tɕiou^{52} tʂuə̃ŋ^{55} | 没空儿 məʔ^{24} k^{h}uə̃ŋ^{24}</td></tr>
<tr><td>[yn]</td><td rowspan="2">[yə̃ŋ]</td><td>小裙儿 ɕiɔ^{52} tɕ^{h}yə̃ŋ^{212} | 成群儿 tʂ^{h}əŋ^{24} tɕ^{h}yə̃ŋ^{212} | 木头榫儿 məʔ^{3} t^{h}ou^{0} ɕyə̃ŋ^{52}</td></tr>
<tr><td>[yŋ]</td><td>蚕蛹儿 ts^{h}æ̃^{24} yə̃ŋ^{52} | 麦垄儿 mɐʔ^{3} lyə̃ŋ^{52}</td></tr>
</table>

但也存在部分例外情况，如[uən]韵的儿变还有少量舌面元音式：门墩儿 mən^{212} tuɯ^{55} | 嘴唇儿 tsuei^{55} tʂ^{h}uɯ^{212} | 驴打滚儿 ly^{24} ta^{21} kuɯ^{52}。

5.2.4 边音韵尾式

有的研究者曾经有这样的疑问：河南很多地区的“儿”读[ɭ]，为何没有相应形式的儿变韵？邢向东(2010，见钱曾怡 2010：394)也提道：“总的来说，儿化韵收 ɭ 尾的方言不是很多，而既有卷舌韵，又有 ɭ 尾韵的儿化现象，目前仅看到寿光方言的报道。”正如邢先生所言，汉语方言中儿变韵收[ɭ]尾的确实较少，由于调查不充分等原因，报道出来的就更少了。另外，这种类型的儿变韵在方言系统中已不具备能产性，音值上也处于逐渐弱化的过程，因此调查工作极具迫切性。

豫北晋语存在边音韵尾式儿变，但分布面积不大，且多分布于农村地区。根据我们的调查，边音韵尾式分布于林州城郊、林州任村、林州临淇、林州东姚、安阳马家、安阳铜冶、鹤壁山城、淇县朝歌、淇县黄洞、卫辉狮豹头、卫辉庞寨、延津榆林等地，其他地区的个别儿变也有弱化的边音韵尾式。其中安阳铜冶、鹤壁山城、淇县朝歌、卫辉庞寨、延津榆林等地边音韵尾式弱化，[ɭ]的音色与[r]极其接近，但舌位不同，前者舌尖后轻抵上腭，气流从舌尖两旁送出。以上方言都是元音卷舌式与边音韵尾式并存。

不同方言的边音韵尾式儿变所涉基本韵母不同，其中林州市境内各点最多。以林州城郊为例，[ɿ ʅ i u y ei uei ou iou əŋ iŋ uŋ yŋ əʔ iəʔ uəʔ yəʔ]等基本韵的儿变韵为边音韵尾式。具体实例如下：

<table>
<tr><th>基本韵</th><th>儿变韵</th><th>儿变实例</th></tr>
<tr><td>[ɿ]</td><td>[ɭ]</td><td>写字儿 siɛ^{51} tsɭ^{44} | 小刺儿 siɑo^{51} ts^{h}ɭ^{44} |
铁丝儿 t^{h}iɐʔ^{3} sɭ^{41}</td></tr>
<tr><td>[ʅ]</td><td>[ɭ]</td><td>有事儿 iou^{51} ʂɭ^{44} | 树枝儿 ʂu^{24} tʂɭ^{41} |
锯齿儿 tɕy^{44} tʂ^{h}ɭ^{51} | 没治儿 məʔ^{3} tʂɭ^{44}</td></tr>
<tr><td>[ei]</td><td>[ɭ]</td><td>几辈儿 tɕi^{51} pɭ^{55}</td></tr>
<tr><td>[əŋ]</td><td>[ɭ]</td><td>脸盆儿 lia^{51} p^{h}ɭ^{21} | 树根儿 ʂu^{24} kɭ^{41} |
信封儿 ɕiŋ^{44} fɭ^{21} | 线绳儿 ɕia^{24} ʂɭ^{312}</td></tr>
<tr><td>[əʔ]</td><td>[ɭ]</td><td>打食儿 tɔ^{44} ʂɭ^{312}</td></tr>
<tr><td>[i]</td><td>[iɭ]</td><td>小鸡儿 siɑo^{44} tɕiɭ^{41} | 小米儿 siɑo^{24} miɭ^{51} |
豆皮儿 tou^{24} p^{h}iɭ^{312}</td></tr>
<tr><td>[iŋ]</td><td>[iɭ]</td><td>捎信儿 ʂɑo^{21} ɕiɭ^{44} | 脚印儿 tɕyɐʔ^{3} iɭ^{44} |
闹铃儿 nɑo^{24} liɭ^{312} | 树影儿 ʂu^{24} iɭ^{21}</td></tr>
<tr><td>[iəʔ]</td><td>[iɭ]</td><td>门鼻儿 məŋ^{312} piɭ^{44}</td></tr>
<tr><td>[u]</td><td>[uɭ]</td><td>小兔儿 siɑo^{51} t^{h}uɭ^{44} | 后路儿 xou^{44} luɭ^{44} |
数数儿 ʂu^{51} ʂuɭ^{44}</td></tr>
<tr><td>[uei]</td><td>[uɭ]</td><td>鸡腿儿 tɕi^{24} t^{h}uɭ^{51} | 壶嘴儿 xu^{24} tsuɭ^{51} |
配对儿 p^{h}ei^{44} tuɭ^{44} | 衣柜儿 i^{41} kuɭ^{24}</td></tr>
<tr><td>[ou]</td><td>[uɭ]</td><td>网兜儿 vɑŋ^{44} tuɭ^{41} | 山沟儿 ʂa^{44} kuɭ^{41} |
门口儿 məŋ^{24} k^{h}uɭ^{51}</td></tr>
<tr><td>[uŋ]</td><td>[uɭ]</td><td>拐棍儿 kuai^{51} kuɭ^{44} | 村儿 ts^{h}uɭ^{41} |
没空儿 məʔ^{3} k^{h}uɭ^{41} | 酒盅儿 tɕiou^{44} tʂuɭ^{41}</td></tr>
</table>

[uəʔ]　[uɭ]　主心骨儿 tʂu^{44} siŋ^{41} kuɭ^{51}

[y]　[yɭ]　金鱼儿 tɕiŋ^{24} yɭ^{312} | 小锯儿 siɑo^{51} tɕyɭ^{44} |
小闺女儿 siɑo^{44} ku^{24} ȵyɭ^{51}

[iou]　[yɭ]　小皮球儿 siɑo^{51} p^{h}i^{24} tɕ^{h}yɭ^{312} |
煤球儿 mei^{24} tɕ^{h}yɭ^{312}

[yŋ]　[yɭ]　小裙儿 siɑo^{44} tɕ^{h}yɭ^{312} | 小龙儿 siɑo^{44} lyɭ^{312} |
哭穷儿 k^{h}uəʔ^{3} tɕ^{h}yɭ^{312}

[yəʔ]　[yɭ]　小曲儿 siɑo^{44} tɕ^{h}yɭ^{51} | 一律儿 i^{44} lyɭ^{21}

结合以上材料来看，这种形式的儿变主要发生在韵腹元音都是高元音或半高元音（[ə]元音以上）的情况下（[iəʔ uəʔ yəʔ]的主元音是[i u y]，[əʔ]的主元音可视为[ʅ]），它们使韵尾部位升高接触上腭而成为卷舌边音。卫辉狮豹头、卫辉庞寨边音韵尾式儿变不发生在宕江曾梗通摄韵母中，也可说明这一点。卫辉狮豹头基本韵与儿变韵的对应情况见表5-9。

表5-9　卫辉狮豹头部分基本韵与儿变韵的对应关系

基本韵	ɿ	ʅ	i	u	y	ei	uei	ən	in
儿变韵	ɭ	ɭ	iɭ	uɭ	yɭ	ɭ	uɭ	ɭ	iɭ
基本韵	uən	yn	ɑŋ	iɑŋ	uɑŋ	əŋ	iŋ	uŋ	yŋ
儿变韵	uɭ	yɭ	ɑ̃r	iɑ̃r	uɑ̃r	ɑ̃r	iɑ̃r	uɑ̃r	yɑ̃r

[əŋ iŋ uŋ yŋ]韵的主元音为[ə i u y]，但它们的儿变都是非边音韵尾式的，原因可能在于它们遵循更高的或其他的（例如表5-7中修武城关等方言的情形）规则制约，最终得以与[ɑŋ iɑŋ uɑŋ]韵的儿变合流。

边音韵尾式儿变还有待更大范围的描写和更深层次的研究。它可能是中原地区儿变韵的一个重要层次。

5.3　合音方式

从合音的方式看，豫北晋语的儿变韵主要通过拼合、融合、叠加、扩展四种方式生成。具体分述如下。

5.3.1　拼合式

拼合式儿变是指“儿”尾与前一音节韵腹元音拼合在一起，合音以后原“儿”尾成为整个音节的韵尾。这种形式的儿变可以明显地辨析出原来的儿尾。（可参考王福堂 2005：154）

（1）直接拼合。卫辉庞寨假摄字的基本韵为[a ia ua]，其儿变韵通过在基本韵上直接加卷舌动作形成。例如：

裤衩儿 k^hu^{21} $tʂ^har^{55}$　当家儿 $tɑŋ^{52}$ $tɕiar^{24}$　韭花儿 $tɕiou^{55}$ $xuar^{24}$

再如武陟詹店止摄开口字基本韵为[i ɿ ʅ]，直接加[ɯ]就成为儿变韵。例如：

写字儿 $ɕiɛ^{55}$ $tsɿɯ^{13}$　铁丝儿 $t^hieʔ^3$ $sɿɯ^{55}$　没治儿 $məʔ^3$ $tʂʅɯ^{13}$
豆皮儿 tou^{24} $p^hiɯ^{212}$

（2）韵尾丢失，韵腹或变或不变。例如汤阴五陵[ai ian ən əŋ]等基本韵儿变时韵尾丢失，韵腹有的改变，有的不变。请看：

壶盖儿 xu^{51} $kɐr^{212}$　西边儿 $ɕi^{24}$ $piɐr^{24}$　脸盆儿 $lian^{55}$ $p^hər^{51}$
信封儿 $ɕin^{21}$ $fər^{24}$

（3）韵尾丢失，主元音鼻化。例如沁阳紫陵[əŋ iŋ uŋ yŋ]等韵母儿变时与[ʏ]拼合，同时韵尾丢失，主元音鼻化。请看：

九成儿 $tɕiou^{51}$ $tʂ^hə̃ʏ^{323}$　点名儿 $tiɛ̃n^{51}$ $mĩʏ^{323}$
没空儿 $məʔ^3$ $k^hũʏ^{24}$　蚕蛹儿 $ts^hɛ̃n^{24}$ $ỹʏ^{512}$

（4）加央元音[ə]。延津城关方言[i u y]韵儿变时都要在其后加央元音[ə]。例如：

小鸡儿 siɑu^{55} tɕiər^{35}　小米儿 siɑu^{52} miər^{55}　金鱼儿 tɕin^{35} yər^{52}
柳絮儿 liou^{55} syər^{35}　小兔儿 siɑu^{55} t^{h}uər^{21}　水珠儿 ʂuei^{55} tʂuər^{35}
后路儿 xou^{35} luər^{21}　数数儿 ʂu^{55} ʂuər^{21}

武陟小董方言的[(əŋ) iŋ uŋ yŋ]韵儿变时加央元音[ə]或者说是央元音[ə]凸显,并且鼻化。这种现象与第(3)点中沁阳紫陵的情况关系密切,是经过演变的拼合式,具体详见后文"再演化"部分。实例如下：

信封儿 ɕin^{21} fə̃ŋ^{55}　九成儿 tɕiou^{52} tʂ^{h}ə̃ŋ^{212}　房顶儿 fɑŋ^{24} tiə̃ŋ^{52}
树影儿 ʂu^{24} iə̃ŋ^{52}　鸟笼儿 ȵiɔ^{52} luə̃ŋ^{212}　酒盅儿 tɕiou^{52} tʂuə̃ŋ^{55}
蚕蛹儿 ts^{h}æ̃^{24} yə̃ŋ^{52}　麦垄儿 mɐʔ^{3} lyə̃ŋ^{52}

（5）直接变成[ər]或[ʅ]。基本韵儿变时,"儿"音直接取代原韵母。例如辉县南村、林州任村[ɿ ʅ]韵的儿变就属于此种情况。例如：

辉县南村：　写字儿 ɕiɐ^{44} tʂər^{13}　铁丝儿 t^{h}iAʔ^{3} ʂər^{42}
　　　　　　树枝儿 ʂu^{13} tʂər^{42}　锯齿儿 tɕy^{13} tʂ^{h}ər^{53}
林州任村：　写字儿 siɛ^{31} tsʅ^{44}　铁丝儿 t^{h}iɐʔ^{3} sʅ^{41}
　　　　　　树枝儿 ʂu^{24} tʂʅ^{41}　锯齿儿 tɕy^{24} tʂ^{h}ʅ^{213}

辉县南村的"儿"读[ḷ],以上音变中的[ər]可能是外来的。

5.3.2　融合式

融合式儿变韵是指合音后"儿"尾和前一语素的韵母融合成另一种语音形式,其中的"儿"尾无法再加辨认。(王福堂 2005：154－155)

汉语方言中,单字音与儿变音的发展不同步、不同基本韵的儿变属于不同层次等现象都较为常见。但如果放开眼界,同时以历时的观点来看,可能很多儿变中的"儿"还是可以辨认出来的,毕竟儿化的形式还是有限的。所以,说到融合式儿变,必须得有时间和空间上的限定。本部分的介绍范围限定在：只要从豫北晋语及其周边方言的共时层面，无法辨认出儿变韵中的“儿”是[ər]、[ɭ]或[ɯ]①等语音形式的，它就属于融合式儿变韵。

豫北晋语的舌面元音式儿变很多都属于融合式，韵母或主元音为[ʊ ɤ ø æ ɛ ɐ a]等的儿变形式都属于这个范围。比如济源王屋方言假摄[a ia ua]韵的儿变：

刀把儿 tɑo^{55} pæ^{212}　搞价儿 kɑo^{52} tɕiæ^{212}　韭花儿 tɕiou^{52} xuæ^{55}
狗娃儿 kou^{55} uæ^{212}

参与合音的“儿”很可能不是[æ]，其原始形式难以寻觅。

再如修武岸上，该方言的[uʌ ʅɜ iɜ æɛ iæɛ uæɛ yæɛ ɔ iɔ]等韵母的儿变韵都以[ø]作主元音，具体实例如下：

基本韵	儿变韵	儿变实例	
uʌ	uø	眼窝儿 iᴇ^{51} uø^{54}	有座儿 iou^{51} tʂuø^{13}
		走火儿 tsou^{13} xuø^{51}	
uʌ	ø	老婆儿 lɑu^{55} p^{h}ø^{323}	薄膜儿 po^{13} mø^{323}
		小磨儿油 ɕiɑu^{21} mø^{13} iou^{323}	
ʅɜ	ʅø	小车儿 ɕiɑu^{51} tʂ^{h}ʅø^{55}	
iɜ	iø	台阶儿 t^{h}æɛ^{323} tɕiø^{55}	搭界儿 tɐʔ^{3} tɕiø^{13}
		穿小鞋儿 tʂ^{h}uæɛ^{55} ɕiɑu^{55} ɕiø^{323}	
æɛ	ø	小孩儿 ɕiɑu^{55} xø^{323}	讲台儿 tɕiɑŋ^{55} t^{h}ø^{323}
		猪肝儿 tʂʮ^{55} kø^{55}	盘儿 p^{h}ø^{323}
iæɛ	iø	冒烟儿 mɑu^{21} iø^{55}	纸钱儿 tsɿ^{13} tɕ^{h}iø^{323}
		西边儿 ɕi^{55} piø^{55}	

① 紧邻豫北晋语区的洛阳、孟津等方言的“儿”读[ɯ]。

uæɛ	uø	线拐儿 ɕiᴇ^{13} kuø^{51}	肉块儿 ʐou^{13} kʰuø^{13}
		船儿 tʂʰuø^{323}	几段儿 tɕi^{51} tuø^{13}
yæɛ	yø	后院儿 xou^{13} yø^{13}	汤圆儿 tʰɑŋ^{55} yø^{323}
		花卷儿 xuᴀ^{13} tɕyø^{51}	
ɔ	ø	菜包儿 tsʰæɛ^{21} pø^{55}	灯泡儿 təŋ^{55} pʰø^{55}
		小刀儿 ɕiɑu^{21} tø^{55}	
iɔ	iø	纸条儿 tsɿ^{55} tʰiø^{323}	树苗儿 ʂu^{13} miø^{323}
		小桥儿 ɕiɑu^{55} tɕʰiø^{323}	

[ø]成为以上儿变韵的主元音,而且涉及基本韵较多,说明融合程度较高。但它是以什么样的"儿"尾合音而来的,似较难考证。

5.3.3 叠加式

豫北晋语大部分地区原先没有卷舌儿变韵,很多方言是在平舌儿变韵的基础上加上卷舌色彩形成了如今共时平面的特征,我们把这种现象叫做叠加式儿变。这里以蟹摄、效摄、咸山摄为例来介绍。焦作及济源东部地区蟹摄、效摄、咸山摄韵母的儿变韵都为舌面元音式,其主元音为[ɤ]或[ø],前者占多数。在这一地区的周边,如获嘉城关、济源邵原、辉县上八里等很多方言的蟹摄、效摄、咸山摄韵母的儿变韵是在[ɤ]的基础上直接加卷舌成分,从而构成元音卷舌式儿化。具体对比关系如表 5-10("○"表示为其他儿变韵)。

表 5-10 叠加式儿变韵与舌面元音式儿变韵的对比

	蟹摄		效摄		咸山摄			
获嘉徐营	ɤ	uɤ	ɤ	iɤ	ɤ	iɤ	uɤ	yɤ
修武城关	ɤ	uɤ	ɤ	iɤ	ɤ	iɤ	uɤ	yɤ
焦作王褚	ɤ	uɤ	ɤ	iɤ	ɤ	iɤ	uɤ	yɤ
武陟木城	ɤ	uɤ	ɤ	iɤ	ɤ	iɤ	uɤ	yɤ

续　表

	蟹　摄		效　摄		咸　山　摄			
济源玉泉	ɤ	uɤ	ɤ	iɤ	ɤ	iɤ	uɤ	yɤ
济源邵原	ɤr	uɤr	ɤr	iɤr	ɤr	iɤr	uɤr	yɤr
获嘉城关	ɤr	uɤr	○	○	ɤr	iɤr	uɤr	yɤr
辉县上八里	ɤr	uɤr	ɤr	iɤr	ɤr	iɤr	uɤr	yɤr
延津榆林	ɤr	uɤr	○	○	○	○	○	○
林州临淇	ɤr	○	ɤr	iɤr	○	○	○	○

我们以获嘉徐营和获嘉城关两地近距离的实例对比来观察其中的关系，或许更能说明问题。请看表5－11：

表5－11　获嘉徐营和获嘉城关两类儿变韵的对比

	鞋带儿	肉块儿	床单儿	纸钱儿	小船儿	后院儿
获嘉徐营	ɕiɐ^{41} tɤ^{13}	ʐou^{13} k^{h}uɤ^{13}	tʂ^{h}uaŋ^{41} tɤ^{44}	tsɿ^{44} tɕ^{h}iɤ^{212}	ɕiau^{44} tʂ^{h}uɤ^{212}	xou^{13} yɤ^{13}
获嘉城关	ɕiɜ^{41} tɤr^{212}	ʐɔu^{34} k^{h}uɤr^{212}	tʂ^{h}uaŋ^{41} tɤr^{44}	tʂʅ^{44} tɕ^{h}iɤr^{212}	ɕiau^{44} tʂ^{h}uɤr^{41}	xɔu^{34} yɤr^{212}

这两个方言点，正好处于儿变类型的转换地带，一个属于“舌面元音式与鼻音韵尾式儿变共存”区，一个属于“元音卷舌式儿变”区。但两者具有相同的儿变韵底层，这个底层决定了方言内部哪些基本韵的儿变韵相同，而目前获嘉城关的儿变韵只是底层形式上叠加卷舌音值的结果，不具有合并韵类的效力。

对于单点的儿变韵，研究者往往会以儿变引起韵母调节的观点来认识问题。只有进行大范围的方言对比时，才能发现叠加式儿变韵的存在。

5.3.4　扩展式

扩展式是左扩展式的简称，是相对于拼合式、融合式和叠加式只对韵尾造成影响而言的。左扩展式儿变韵的卷舌色彩常常越过主元音，甚至扩展至介音前，从而对音节的介音、声母等部分产生影响，造成介音和声母的改变。

（1）济源坡头方言既有最为常见的元音卷舌式儿变，也有儿化特征左扩展造成音节结构变化的儿变韵。

常见的元音卷舌式儿变发生在[ɿ ʅ ʮ i u y ɤɑ uɑ ʅɜ iɛ yɛ ai iai uai ei iei uei yei ã iã uã yã əŋ iŋ uŋ yŋ ɐʔ iɐʔ uɐʔ uɑʔ yɑʔ]等韵母中，卷舌特征[r]位于音节末尾，例如：

树枝儿 ʂu^{21} tsər^{34}　小兔儿 siɑu^{55} tʰur^{21}　布袋儿 pu^{21} tɐr^{55}

脚印儿 tɕyo^{41} iər^{21}　蛹儿 yər^{55}

韵母[iᴀ uᴀ iɑu iou iɑŋ uɑŋ]儿变后，卷舌成分向左扩展，前移于主元音前介音后，语音形式为[ɻ]。例如表 5-12：

表 5-12　济源坡头方言的左扩展式儿变韵（1）

基本韵母	儿变实例
[iᴀ]	豆芽儿 tou^{34} iɻa^{41} | 衣架儿 i^{34} tɕiɻa^{21} | 搞价儿 kɑu^{55} tɕiɻa^{21} | 当家儿 tɑŋ^{34} tɕiɻa^{34}
[uᴀ]	画画儿 xuᴀ^{34} xuɻa^{21} | 马褂儿 mᴀ^{55} kuɻa^{21} | 韭花儿 tɕiou^{55} xuɻa^{34}
[iɑu]	纸条儿 tsɿ^{55} tʰiɻɑu^{41} | 裤腰儿 kʰu^{21} iɻɑu^{34} | 树苗儿 ʂʮ^{13} miɻɑu^{41}
[iou]	短袖儿 tuã^{55} ɕiɻou^{21} | 小皮球儿 siɑu^{55} pʰi^{34} tɕʰiɻou^{41}
[iɑŋ]	鞋样儿 ɕiɛ^{41} iɻa^{21}
[uɑŋ]	鸡蛋黄儿 tɕi^{34} tã^{34} xuɻa^{41} | 镜框儿 tɕiŋ^{34} kʰuɻa^{21} | 麦芒儿 mɐʔ^{13} vɻa^{41}

韵母[ᴀ ɑu ou ɑŋ]儿变后，卷舌成分左扩展，前移至声母与主元音之间。例如表 5-13：

表 5-13　济源坡头方言的左扩展式儿变韵（2）

基本韵母	儿变实例
[ᴀ]	刀把儿 tɑu^{34} pɻa^{21} | 裤衩儿 kʰu^{21} tsʰɻa^{55} | 洋码儿 iɑŋ^{21} mɻa^{55} | 出岔儿 tʂʰu^{41} tsʰɻa^{21}
[ɑu]	菜包儿 tsʰai^{21} pɻɑu^{34} | 羊羔儿 iɑŋ^{21} kɻɑu^{34} | 灯泡儿 təŋ^{21} pɻɑu^{34}
[ou]	网兜儿 uɑŋ^{21} tɻou^{34} | 山沟儿 sã^{21} kɻou^{34} | 小偷儿 siɑu^{21} tʰɻou^{34}
[ɑŋ]	一行儿 i^{41} xɻa^{21} | 肉汤儿 ʐou^{21} tʰɻa^{34} | 药方儿 yɑʔ^{3} fɻa^{34}

卷舌成分的左扩展，使得部分声母形式上与复辅音相同，如[pɻ mɻ fɻ tɻ kɻ xɻ]等。济源坡头与黄河对岸偃师的儿变较为接近（马克章

1990;张慧丽 2010),但偃师的“儿”与前一音节融合后,除了儿化特征左扩展影响到声母外,韵尾的卷舌色彩同样存在,例如:羔儿[kɻau^{r}]、兔儿[t^{h}ru^{r}]。我们推测,偃师方言部分儿变韵的前身与济源坡头相同,即现在韵尾的卷舌特征可能是后来叠加上去的。

(2)林州及其周边方言的儿变引起介音的变化,其原因就在于卷舌特征的左扩展。

汉语方言中存在不少儿变引起介音变化的例子,如山东金乡方言(马凤如 2000)、寿光北部方言(张树铮 1996)、山西平定方言(王洪君 1994),等等。这些方言都是儿变引起齐齿呼变开口呼、撮口呼变合口呼的。例如寿光北部方言:俩[lia^{55}]–俩儿[ʐʌr^{55}],节[tsiə^{213}]–节儿[tsɤr^{213}],蛆[ts^{h}y^{213}]–蛆儿[ts^{h}ur^{213}],雀[ts^{h}yə^{213}]–雀儿[ts^{h}uɤr^{213}],等等。

豫北晋语的林州城郊、林州任村、安阳马家、安阳铜冶等地,儿变也可以引起韵母介音的变化,且这种变化更具特色,更为少见。具体来说有两种情况:一种是基本韵没有介音(开口呼),儿变后增生了[u]介音(合口呼);另一种是基本韵为[i]介音(齐齿呼),儿变后成了[y]介音(撮口呼)。具体实例如表 5–14。

表 5–14　林州及其周边方言儿变引起的介音变化

	林州城郊	林州任村	安阳马家	安阳铜冶
小刀儿	siɑu^{44} tuor^{21}	siɑo^{55} tuor^{41}	ɕiɑu^{44} tor^{31}	ɕiɑu^{51} tɔr^{53}
羊羔儿	iɑŋ^{312} kuor^{41}	iɑŋ^{312} kuor^{41}	——	iɑŋ^{21} kuɛr^{53}
树梢儿	ʂu^{24} ʂuor^{41}	ʂu^{24} ʂuor^{41}	ʂu^{44} ʂor^{31}	ʂu^{21} ʂɔr^{53}
纸条儿	tʂʅ^{44} t^{h}yor^{312}	tʂʅ^{55} t^{h}yor^{312}	tʂʅ^{44} t^{h}yor^{21}	tʂʅ^{55} t^{h}yɔr^{42}
树苗儿	ʂu^{24} myor^{312}	ʂu^{24} myor^{312}	ʂu^{44} myor^{21}	ʂu^{21} myɔr^{42}
(材)料儿	ts^{h}ai^{312} lyor^{44}	lyor^{55}	ts^{h}ai^{42} lyor^{44}	ts^{h}ai^{42} lyɔr^{55}
山沟儿	ʂa^{44} kuʅ^{41}	ʂa^{55} kuʅ^{41}	ʂa^{44} kuʅ^{31}	ʂa^{55} kuʅ^{53}
小偷儿	siɑu^{44} t^{h}uʅ^{51}	siɑo^{55} t^{h}uʅ^{41}	ɕiɑu^{44} t^{h}uʅ^{31}	ɕiɑu^{51} t^{h}uʅ^{53}
门口儿	məŋ^{24} k^{h}uʅ^{51}	məŋ^{24} k^{h}uʅ^{31}	məŋ^{24} k^{h}uʅ^{51}	məŋ^{21} k^{h}uʅ^{51}
短袖儿	——	tua^{31} ɕyʅ^{55}	tua^{51} ɕyʅ^{31}	tua^{51} ɕyʅ^{55}
煤球儿	mei^{24} tɕ^{h}yʅ^{312}	mei^{24} tɕ^{h}yʅ^{312}	mei^{24} tɕ^{h}yʅ^{21}	mei^{24} tɕ^{h}yʅ^{42}

注:安阳马家、安阳铜冶的“小刀儿”“树梢儿”儿变后介音未发生变化,这里一并列出;安阳铜冶的“羊羔儿”与其他开口呼的儿变韵不同,其主元音也发生了变化。

以上两种现象发生的原因可以从获嘉亢村方言的儿变中找到线索。请先看获嘉亢村方言效摄细音字的儿变实例：

纸条儿 tsɿ^{55} t^{h}i^{ɾ}ɔr^{41}　　树苗儿 ʂu^{24} mi^{ɾ}ɔr^{41}

材料儿 ts^{h}ai^{41} li^{ɾ}ɔr^{21}　　小桥儿 ɕiɑo^{55} tɕ^{h}i^{ɾ}ɔr^{41}

从外人的听感上讲，这些词儿变后的介音音值极其接近[y]，但这不符合当地人将其认知为[i]的判断。造成这种偏差的原因在于儿变韵的介音后还存在一个闪音[ɾ]，这个闪音非常微弱，极易造成听辨上的缺失。由于介音[i]与闪音[ɾ]的融合作用，使得外人感觉似乎就是[y]。但仔细审听，这里的融合并未彻底完成，还可以辨析出来。

获嘉亢村的闪音[ɾ]就是卷舌特征左扩展的表现。而它很可能就是林州城郊等地儿变引起介音变化的线索，即这些方言的儿变音节中原先可能存在闪音，现在的介音正是闪音与原介音高度融合的结果。我们以林州城郊为例，解释介音演变的过程。先看基本韵为[i]介音、儿变后成了[y]介音的情况。效摄韵母儿变过程中，基本韵[iɑo]与儿尾[ər]逐步融合，随着融合程度的加深，卷舌特征左扩展，从而在[i]介音后产生了闪音[ɾ]，二者在语流的作用下慢慢融合为一，变为[y]。整个过程可以概括为：iɑo+ər→iɑor→i^{ɾ}or→yor。流摄韵母的儿变过程大体相同，可概括为：iou+ʅ→i^{ɾ}ʅ→yʅ。基本韵没有介音、儿变后增生了[u]介音的情况也是同样的道理。效摄韵母儿变的过程是：ɑo+r→ɑor→^{ɾ}or→uor；流摄韵母儿变的过程是：ou+ʅ→^{ɾ}ʅ→uʅ。两者都是闪音与韵腹共同作用产生了[u]介音。

概括来讲，豫北晋语中儿化使介音发生变化的现象可能与(潜在的)闪音有关，而介音的具体变化取决于闪音的前移位置。当闪音在介音后(开口呼视为零介音)可引起开口呼变合口呼、齐齿呼变撮口呼。而当闪音进一步前移至介音前，则很可能引起声母的变化。当然，讨论这种音变的前提是，必须确定儿变韵与基本韵有直接生成关系。如果参与儿变的韵母是一个层次，基本韵是另一个层次，那就成了另外一个问题。

5.4 儿变过程

5.4.1 合音过程

儿变是儿尾与前面音节合音的变化过程，儿变韵的形成是这个长期而渐进变化的结果。在这个过程的某个节点上，我们可以将不同方言不同韵母所处的儿变阶段联系起来，形成一个完整的发展过程。就豫北晋语四种儿变类型的形成过程而言，舌面元音式、鼻音韵尾式、边音韵尾式不太好考察，我们主要介绍元音卷舌式。要了解元音卷舌式儿变的形成过程，先得从儿尾说起。

5.4.1.1 儿尾

豫北晋语的安阳文峰、安阳吕村、汤阴城关三地方言的部分韵母没有儿变，只能后加儿尾，即处于儿变前的阶段。以汤阴城关方言为例，止摄[ɿ i]、遇摄[u y]、效摄[ɑo iɑo]、流摄[ou iou]、宕江摄[ɑŋ iɑŋ uɑŋ]、曾梗通摄[əŋ iŋ uŋ yŋ]等韵母只能后接儿尾。例如：

[ɿ]　写字儿 ɕiɛ^{44} tsɿ^{21} ər^{0} | 铁丝儿 tʰiɐʔ^{3} sɿ^{33} ər^{0} |
有事儿 iou^{44} sɿ^{21} ər^{0} | 刺儿 tsʰɿ^{21} ər^{0}

[i]　小鸡儿 ɕiɑo^{31} tɕi^{33} ər^{0} | 草席儿 tsʰɑo^{44} ɕi^{52} ər^{0} |
豆皮儿 tou^{24} pʰi^{52} ər^{0}

[u]　小兔儿 ɕiɑo^{44} tʰu^{21} ər^{0} | 后路儿 xou^{24} lu^{21} ər^{0} |
杂货铺儿 tsa^{52} xuo^{44} pʰu^{21} ər^{0}

[y]　金鱼儿 tɕin^{33} y^{52} ər^{0} | 小锯儿 ɕiɑo^{44} tɕy^{21} ər^{0} |
小毛驴儿 ɕiɑo^{44} mɑo^{52} ly^{52} ər^{0}

[ɑo]　菜包儿 tsʰai^{21} pɑo^{24} ər^{0} | 小刀儿 ɕiɑo^{31} tɑo^{33} ər^{0} |
灯泡儿 təŋ^{33} pʰɑo^{33} ər^{0}

[iɑo] 纸条儿 tsɿ^{44} t^{h}iɑo^{52} ər^{0} | 裤腰儿 k^{h}u^{21} iɑo^{33} ər^{0} |
树苗儿 su^{21} miɑo^{52} ər^{0}

[ou] 山沟儿 sãn^{33} kou^{33} ər^{0} | 小偷儿 ɕiɑo^{31} t^{h}ou^{33} ər^{0} |
门口儿 mən^{52} k^{h}ou^{31} ər^{0}

[iou] 短袖儿 tuãn^{44} ɕiou^{21} ər^{0} |
小皮球儿 ɕiɑo^{44} p^{h}i^{52} tɕ^{h}iou^{52} ər^{0}

[ɑŋ] 菜帮儿 ts^{h}ai^{21} pɑŋ^{24} ər^{0} | 一行儿 i^{44} xɑŋ^{52} ər^{0} |
药方儿 yʌʔ^{3} fɑŋ^{33} ər^{0}

[iɑŋ] 鞋样儿 ɕiɛ^{52} iɑŋ^{21} ər^{0} | 小箱儿 ɕiɑo^{31} ɕiɑŋ^{33} ər^{0} |
没想儿 mɛʔ^{3} ɕiɑŋ^{31} ər^{0}

[uɑŋ] 蛋黄儿 tãn^{21} xuɑŋ^{52} ər^{0} | 麦芒儿 mɐʔ^{3} vɑŋ^{52} ər^{0} |
镜框儿 tɕiŋ^{24} k^{h}uɑŋ^{21} ər^{0}

[əŋ] 信封儿 ɕin^{21} fəŋ^{24} ər^{0} | 九成儿 tɕiou^{44} tʂ^{h}əŋ^{52} ər^{0} |
线绳儿 ɕiãn^{21} ʂəŋ^{52} ər^{0}

[iŋ] 酒瓶儿 tɕiou^{44} p^{h}iŋ^{52} ər^{0} | 树影儿 su^{21} iŋ^{31} ər^{0} |
打铃儿 ta^{44} liŋ^{52} ər^{0}

[uŋ] 小虫儿 ɕiɑo^{44} ts^{h}uŋ^{31} ər^{0} | 鸟笼儿 ȵiɑo^{44} luŋ^{52} ər^{0} |
没空儿 məʔ^{3} k^{h}uŋ^{21} ər^{0}

[yŋ] 麦垄儿 mɐʔ^{3} lyŋ^{31} ər^{0} | 蚕蛹儿 ts^{h}ãn^{52} yŋ^{44} ər^{0} |
哭穷儿 k^{h}uɛʔ^{3} tɕ^{h}yŋ^{52} ər^{0}

以上儿尾的共同之处在于,原先严格意义上自成音节的儿尾都已轻声化,这是儿变的前提,也是儿变的准备阶段。

5.4.1.2 儿变中

轻声的儿尾很容易跟前面的语素合音成一个音节,但这个合音过程并不是一蹴而就的,往往要经历一个“长音节”的中间阶段。合音的长音节阶段往往由前一音节的声介音加上弱化的儿尾组成，整个音节中介音音长最长，听感上声母与介音关系紧密，与后半部分有间隙。长音节阶段是从儿尾到达与正常音节等长的儿变韵的中间阶段。这个中间阶段又可以细分为不同情况。

（1）安阳文峰、安阳吕村、汤阴城关等地儿尾、儿变韵并存，“长音节”儿变韵处于前后联系的中间阶段，说明这些方言的儿变正在进行中。我们以安阳吕村方言为例来说明。

安阳吕村方言的[ɿ ʅ i u y ɑu iɑu ou iou ɑŋ iɑŋ uɑŋ əŋ iŋ uŋ yŋ ɛʔ uɛʔ yɛʔ uoʔ]等韵母只能后接儿尾，其他韵母均有相应儿变韵或处于“长音节”阶段的儿变韵。具体特点有：

1）果摄[o uo]韵的儿变处于“长音节”的阶段。例如：

老婆儿 lɑu^{55} p^{huː}ɐr^{51}　　薄膜儿 po^{42} m^{uː}ɐr^{42}

小磨儿油 ɕiɑu^{55} m^{uː}ɐr^{21} iou^{42}　　走火儿 tsou^{55} xuːɐr^{42}

火锅儿 xuo^{42} kuːɐr^{55}　　有座儿 iou^{55} tʂuːɐr^{212}

单独说这些词时，“长音节”儿变韵的声母、介音与后半部分在听感上有间隙，语流中这种间隙感消失。

2）止摄[ei uei]韵的儿变处于“长音节”的阶段。例如：

几辈儿 tɕi^{55} p^{uː}ər^{212}　　酒杯儿 tɕiou^{42} p^{uː}ər^{55}

壶嘴儿 xu^{21} tʂuːər^{42}　　鸡腿儿 tɕi^{55} t^{h}uːər^{42}

衣柜儿 i^{55} kuːər^{212}　　配对儿 p^{h}ei^{13} tuːər^{212}

3）深臻摄[ən in uən yn]韵的儿变绝大多数处于“长音节”的阶段，少数[ən uən]韵的儿变读正常的一个音节。例如：

脸盆儿 liã^{55} p^{huː}ər^{51}　　刀刃儿 tɑu^{55} z^{ʅː}ər^{212}　　皮筋儿 p^{h}i^{51} tɕiːər^{55}

没劲儿 mɛʔ^{3} tɕiːər^{212}　　门墩儿 mən^{51} tuːər^{55}　　没准儿 mɛʔ^{3} tʂuːər^{42}

裙儿 tɕ^{h}yːər^{51}　　木头榫儿 mɛʔ^{3} t^{h}ou^{0} ɕyːər^{42}

树根儿 su^{21} kər^{55}　　　村儿 tʂ^{h}uər^{55}

从调查的实例看，安阳吕村方言变成一个音节的情况可能首先发生在发音部位靠后的声母中。

"长音节"要变为一个正常音节，除了语流的固化作用外，代际转换显得更为突出。随着时代的前进，年轻人的儿变韵会直接替代老年人的"长音节"儿变韵。汤阴城关[uən]韵的儿变可以很好地说明这一点，1942 年出生的发音人 L 将大部分词读为"长音节"，声介与后半部分有间隙感，1953 年出生的发音人 W 则完全读为一个音节。具体对比如表 5－15：

表 5－15　汤阴城关方言中的年龄差异与儿变异同

	嘴唇儿	驴打滚儿	门墩儿	村儿
1942 年出生	tsuei^{44} tʂ^{h}uːər^{52}	ly^{52} ta^{24} kuːər^{31}	mən^{52} tuːər^{33}	ts^{h}uər^{33}
1953 年出生	tsuei^{44} tʂ^{h}uər^{52}	ly^{52} ta^{24} kuər^{31}	mən^{52} tuər^{33}	

1953 年出生的发音人 W 在 1958 年以后入学，其儿变过程的彻底完成，在一定程度上可能与国家的推普工作有关。

（2）辉县上八里、济源坡头没有儿尾，只有儿变韵，部分韵母的儿变处于"长音节"阶段，表明这些方言即将完成儿变。

辉县上八里遇摄韵母的儿变都处于"长音节"阶段。例如：

小兔儿 ɕiɑu^{44} t^{h}uːər^{21}　　　杂货铺儿 tsɑ^{41} xuʌ^{21} p^{h}uːər^{21}

数数儿 ʂu^{53} ʂuːər^{21}　　　小锯儿 ɕiɑu^{44} tɕyːər^{21}

小毛驴儿 ɕiɑu^{21} mɑu^{13} lyːər^{41}　　　小闺女儿 ɕiɑu^{21} kuei^{44} ȵyːər^{212}

济源坡头的深臻摄韵母大部分完成了儿变，少部分为"长音节"。具体来说，[ei iei yei]韵的儿化读一个音节，[uei]韵的儿化为"长音节"。例如：

话音儿 xuᴀ^{21} iər^{34}　　捎信儿 sɑu^{34} siər^{21}　　后门儿 xou^{34} mər^{41}

刀刃儿 tɑu^{34} ʐər^{21}　树根儿 ʂʮ^{21} kər^{34}　小裙儿 siɑu^{55} tɕʰyər^{41}

门墩儿 mei^{41} tuːər^{34}　嘴唇儿 tsuei^{55} tʂʰuːər^{41}

拐棍儿 kuai^{55} kuːər^{21}　没准儿 mu^{21} tʂuːər^{55}

在调查中我们发现，安阳市、安阳县、林州市、汤阴县等地，老派及大多数人在日常生活中使用子尾词的频率更高，儿化多出现在新派中。结合上文论述可以看出，豫北晋语元音卷舌式儿化是后起形式，目前还处在形成过程中。

5.4.2　非同步发展

豫北晋语各方言的儿变韵形式多样，说明它们的发展并不同步，存在着很多层次。整个区域内最显著的非同步发展表现在修武岸上、辉县吴村、获嘉徐营、武陟詹店以西大部分方言没有元音卷舌式儿变韵，而辉县上八里、辉县城关、获嘉城关、获嘉亢村以东以北方言有元音卷舌式儿变。其次表现在林州全境及周边区域有边音韵尾式儿变韵，其他地区没有。请参看图 5－1。除此之外，还有以下一些微观的现象呈现出非同步发展的特点。

（1）方言之间［u］韵的元音卷舌式儿变非同步发展。

北京话［u］韵的儿变韵是［ur］，例如：壶儿［xur］。豫北晋语［u］韵的元音卷舌式儿变有两种读音，即［uər］和［ur］，前者如辉县城关、新乡平原、延津城关等，后者如汤阴五陵、卫辉城郊、获嘉城关等。举延津城关、汤阴五陵实例如下：

延津城关：小兔儿 siɑu^{55} tʰuər^{21}　水珠儿 ʂuei^{55} tʂuər^{35}

后路儿 xou^{35} luər^{21}　数数儿 ʂu^{55} ʂuər^{21}

汤阴五陵：小兔儿 ɕiɑu^{55} tʰur^{212}　水珠儿 suei^{21} tʂur^{24}

数数儿 ʂu^{55} ʂur^{21}

延津城关［u］与［uei］、［uən］三韵的儿变韵合流，同为［uər］。汤阴城关则只有后两者的儿变韵合流。

据马凤如(2000：55－56)报道,山东金乡方言中[u]韵有[ur]和[uer]两种儿变形式。读[ur]的例词如小屋儿、牛犊儿、白醭儿、饭橱儿;读[uer]的例词如小猪儿、老朱儿、小树儿、寻主儿。[ur]表示通常情况,[uer]表示特殊情况,一般属于老派语音。结合豫北晋语、金乡方言、北京话三地的情况看,[u]韵儿变的融合程度是逐步加深的。

(2) 方言内部同一基本韵的儿变韵不同,可视作非同步发展。

林州城郊、林州任村、林州东姚、林州临淇、安阳铜冶、安阳马家6个方言点,假开二非见组与假合二基本韵相同,读[ɔ]、[o]或[ɒ],它们的儿变韵以开合为条件非同步发展,即基本韵不区分开合,儿变韵却区分开合。以安阳铜冶为例,详见表5－16：

表5－16　安阳铜冶方言儿变韵的非同步发展

基本韵	儿变实例		
[ɒ]	刀把儿 tau^{53} pɛr^{55}	洋码儿 iaŋ^{42} mɛr^{51}	碎渣儿 suei^{24} tʂɛr^{53}
	画画儿 xɒ^{21} xuɛr^{55}	鸡爪儿 tɕi^{54} tʂuɛr^{51}	狗娃儿 kou^{51} uɛr^{42}

林州任村的非同步发展更明显,假摄字基本韵为[ɔ iɔ],开合口儿变韵的主元音也不相同。例如表5－17：

表5－17　林州任村方言儿变韵的非同步发展(1)

基本韵	儿变实例		
[ɔ]	洋字码儿 iaŋ^{312} tsɿ^{55} mɐr^{21}	出岔儿 tʂʰuʌʔ^{3} tʂʰɐr^{24}	裤衩儿新派 kʰu^{24} tʂʰɐr^{31}
[iɔ]	衣架儿 i^{55} tɕiɐr^{55}	搞价儿 kao^{31} tɕiɐr^{55}	当家儿 taŋ^{55} tɕiɐr^{41}
[ɔ]	画画儿 xɔ^{24} xuor^{55}	马褂儿 mɔ^{31} kuor^{24}	韭花儿 tɕiou^{31} xuor^{41}

(3) 少数方言部分韵母的儿变韵以开齐合撮为条件非同步发展。

汤阴城关咸山摄字的韵母为[ãn iãn uãn yãn],其儿变韵主元音在开齐合三呼中为[ɐ],在撮口呼中为[o]。具体如下例：

菜盘儿 tsʰai^{21} pʰɐr^{52}　小篮儿 ɕiao^{44} lɐr^{52}　猪肝儿 tsu^{33} kɐr^{33}

床单儿 tsʰuaŋ^{52} tɐr^{33}　小剪儿 ɕiao^{44} tɕiɐr^{31}　窗帘儿 tsʰuaŋ^{33} liɐr^{52}

西边儿 ɕi^{33} piɐr^{33}　冒烟儿 mao^{21} iɐr^{33}　几段儿 tɕi^{44} tuɐr^{213}

水管儿 suei^{44} kuɐr^{31}　小船儿 ɕiao^{44} tʂʰuɐr^{52}　圆圈儿 yãn^{52} tɕʰyor^{33}

后院儿 xou^{24} yor^{213}　汤圆儿 tʰaŋ^{33} yor^{52}　花卷儿 xua^{24} tɕyor^{31}

林州任村的情况则更进一步。咸山摄单字韵为[a ia ua ya]，宕江摄单字韵为[aŋ iaŋ uaŋ]，儿变韵以开齐、合撮条件两分为[ɐr iɐr]和[uor yor]。具体如表5-18：

表5-18　林州任村方言儿变韵的非同步发展(2)

基本韵	儿变实例		
[a]	小盘儿 siao^{55} pʰɐr^{24}	小篮儿 siao^{55} lɐr^{312}	猪肝儿 tʂu^{55} kɐr^{41}
[ia]	小剪儿 siao^{24} tɕiɐr^{31}	窗帘儿 tʂʰuaŋ^{24} liɐr^{312}	西边儿 si^{55} piɐr^{41}
[aŋ]	一行儿 i^{24} xɐr^{55}	肉汤儿 ʐou^{24} tʰɐr^{41}	药方儿 yɐʔ^{3} fɐr^{41}
[iaŋ]	小箱儿 siao^{55} siɐr^{41}	鞋样儿 ɕiɛ^{312} iɐr^{44}	没想儿 mʌʔ^{3} siɐr^{31}
[ua]	水管儿 ʂuei^{24} kuor^{31}	几段儿 tɕi^{55} tuor^{55}	小船儿 siao^{55} tʂʰuor^{24}
[ya]	后院儿 xou^{24} yor^{55}	圆圈儿 ya^{312} tɕʰyor^{41}	花卷儿 xɔ^{24} tɕyor^{31}
[uaŋ]	蛋黄儿 ta^{24} xuor^{312}	镜框儿 tɕiŋ^{24} kʰuor^{55}	天窗儿 tʰia^{55} tʂʰuor^{41}

类似的情况发生在博爱清化方言中，该方言曾梗通摄单字韵为[əŋ iŋ uŋ yŋ]，儿变韵以开合条件两分为[ə̃ŋ uə̃ŋ]和[ĩʏ ỹʏ]。具体如下例：

板凳儿 pæ̃^{51} tə̃ŋ^{24}　线绳儿 ɕiɛ̃^{24} ʂə̃ŋ^{323}　鸟笼儿 ȵiau^{44} luə̃ŋ^{323}

没空儿 məʔ^{4} kʰuə̃ŋ^{24}　点名儿 tiɛ̃^{44} mĩʏ^{323}　房顶儿 faŋ^{24} tĩʏ^{51}

蚕蛹儿 tsʰæ̃^{24} ỹʏ^{512}　麦垄儿 mɐʔ^{24} lỹʏ^{512}

两种儿变形式在语法上都有表小、表细等功能。

(4) 个别方言部分韵母的儿变韵以洪细为条件非同步发展。

济源下冶方言的咸山摄字异调分韵，逢阴平、上声为[æ̃ iæ̃ uæ̃ yæ̃]韵，逢阳平、去声为[ã iã uã yã]韵。而它们的儿变韵以洪细为条件分化为[ɐr uɐr]和[iɛr yɛr]。具体如表 5－19：

表 5－19 济源下冶方言儿变韵的洪细分化

洪	菜盘儿 tsʰæɛ^{24} pʰɐr^{52}	小篮儿 ɕiɑo^{24} lɐr^{52}	猪肝儿 tʂu^{44} kɐr^{44}	床单儿 tʂʰuɑŋ^{52} tɐr^{24}
	几段儿 tɕi^{44} tuɐr^{212}	拐弯儿 kuæɛ^{43} uɐr^{24}	小船儿 ɕiɑo^{43} tʂʰuɐr^{52}	水管儿 ʂuei^{43} kuɐr^{43}
细	小剪儿 ɕiɑo^{24} tɕiɛr^{43}	窗帘儿 tʂʰuɑŋ^{44} liɛr^{52}	西边儿 ɕi^{44} piɛr^{24}	纸钱儿 tsʅ^{44} tɕʰiɛr^{52}
	后院儿 xou^{24} yɛr^{212}	汤圆儿 tʰɑŋ^{44} yɛr^{52}	花卷儿 xua^{44} tɕyɛr^{43}	圆圈儿 yã^{21} tɕʰyɛr^{24}

（5）个别方言个别韵母的儿变韵以声母为条件非同步发展。

安阳铜冶果摄合口字都读[uʌ]韵，其儿变韵以“帮组-非帮组”分为两种形式。如下例：

薄膜儿 po^{24} mor^{42}　　小磨儿油 ɕiɑu^{21} mor^{24} iou^{42}

老婆儿老年妇女 lɑu^{55} pʰor^{42}

火锅儿 xuo^{51} kuɛr^{53}　　走火儿 tsou^{21} xuɛr^{51}

眼窝儿 ia^{51} uɛr^{53}　　有座儿 iou^{51} tsuɛr^{55}

（6）一些方言中个别韵母的儿变韵特立独行。

济源坡头咸山摄字的儿变有分化现象，大部分字的儿变韵以[ɤ]为主元音，少数字的儿变韵以[ɐ]为主元音。具体如下例：

[ɤr]类　小篮儿 siɑu^{55} lɤr^{41}　　小铲儿 siɑu^{21} tsʰɤr^{55}

西边儿 si^{34} piɤr^{34}　　窗帘儿 tʂʰuɑŋ^{34} liɤr^{41}

小剪儿 siɑu^{21} tsiɤr^{55}　　手腕儿 ʂou^{21} uɤr^{55}

水管儿 ʂuei^{21} kuɤr^{55}

[ɐr]类　菜盘儿 tsʰai^{34} pʰɐr^{41}　　猪肝儿 tʂʮ^{34} kɐr^{34}

（菜）单儿 tɐr^{34}

[ɐr]类韵仅处于起步阶段，以“小篮儿”为代表的[ɤr]类韵为底层形式。

与此情形相反，“小篮儿”在部分方言中脱离于其他咸山摄字的

儿变大规律,孤例滞后发展。具体例如:

卫辉狮豹头:小篮儿 ɕiɑu55 lɤr51　菜盘儿 tsʰai21 pʰɐr51

西边儿 ɕi24 piɐr24　后院儿 xou24 yɐr21

林州城郊:小篮儿 siɑo51 lɤr24　菜盘儿 tsʰai44 pʰɛr312

西边儿 si41 piɛr21　后院儿 xou24 yɛr44

结合辉县上八里[ɕiɑu44 lɤr41]、获嘉城关[ɕiɑu55 lɤr41]、修武城关[ɕiɑo44 lɤ312]等地的情况,可以看出卫辉狮豹头、林州城郊"小篮儿"的读法同济源坡头一样,代表着咸山摄儿变韵的底层形式。陈鹏飞(2007:18)描写林州方言有些词在不同的词语环境中有不同的儿化形式,如:粉面儿[miar]、东面儿[miər],这也说明林州方言的儿变韵存在两个层次,前者代表发展之大势,后者仅是底层之孑遗。

5.4.3　再演化

本部分主要从时间和地域等因素讨论两组儿变韵的演化,它们是[ø]→[ɤ]、[ə̃ʏ]→[ə̃ŋ]。

5.4.3.1　[ø]→[ɤ]

为了方便讨论,我们将主元音为[ø]、[ɤ]的儿变韵称为[ø]变韵、[ɤ]变韵,具体是不是由[ø]、[ɤ]参与合音变来的姑且不论。两者的分布情况如下:

[ø]变韵:

修武西村　修武岸上　沁阳常平　沁阳紫陵　辉县吴村

[ɤ]变韵:

修武城关　焦作王褚　武陟木城　武陟詹店　武陟小董
获嘉徐营　博爱清化　博爱寨豁　沁阳沁园　沁阳柏香
温县温泉　温县武德　温县番田　济源玉泉　济源王屋

从地域上看，[ø]变韵多分布于太行山里或近山地区，[ɤ]变韵则大部分位于县城及远山乡村。也就是说，前者的存在环境更为保守封闭。

我们认为[ɤ]变韵的前身是[ø]变韵，即[ø]变韵经过演化变成了[ɤ]变韵。原因有二：

第一，济源方言30年间的差异说明[ø]变韵与[ɤ]变韵存在着演化关系。

贺巍（1981）在《济源方言记略》中记录了一套儿变韵[ø iø uø yø]，而我们2011年的调查结果显示，现在这套儿变韵统一变成了[ɤ iɤ uɤ yɤ]。具体对比关系见表5－20。

表5－20　30年来济源方言儿变韵的变化

1981	基本韵	ə	iə	uə	yə	ai	uai	au	iau	an	ian	uan	yan	aʔ	iaʔ	uaʔ	yaʔ
	儿变韵	ø	iø	uø	yø	ø	uø	ø	iø	ø	iø	uø	yø	ø	iø	uø	—
2011	基本韵	ɤʌ	iɐ	uʌ	yɐ	æɛ	uæɛ	ɑo	iɑo	æn	iɛn	uæn	yɛn	ɐʔ	iɐʔ	uɐʔ	yɐʔ
	儿变韵	ɤ	iɤ	uɤ	—	ɤ	uɤ	ɤ	iɤ	ɤ	iɤ	uɤ	yɤ	ɤ	iɤ	uɤ	yɤ

[ɤ iɤ uɤ yɤ]中的[ɤ]实际发音很接近于[ə]，且无需拢圆嘴唇，因此从发音上讲，[ɤ]比[ø]更为省力，这是[ø]变为[ɤ]的主要原因。

第二，修武城乡三地的差异说明[ø]变韵与[ɤ]变韵存在着演化关系。

修武西村与修武岸上都有一套相同的儿变韵[ø iø uø yø]，修武城关与其对应的儿变韵变成了[ɤ iɤ uɤ yɤ]。实例对比如表5－21：

表5－21　修武城乡三地部分儿变韵的对比

	小孩儿	三角儿	走火儿	花卷儿
修武西村	ɕiɔ^{55} xø^{323}	sᴇ^{55} tɕiø^{55}	tsou^{24} xuø^{512}	xua^{55} tɕyø^{512}
修武岸上	ɕiɑu^{55} xø^{323}	sæɛ^{55} tɕiø^{55}	tsou^{13} xuø^{51}	xuᴀ^{13} tɕyø^{51}
修武城关	ɕiɑo^{44} xɤ^{212}	sɛ^{44} tɕiɤ^{44}	tsou^{24} xuɤ^{52}	xua^{44} tɕyɤ^{52}

另外，修武岸上的年青人也将这套儿变韵读作[ɤ iɤ uɤ yɤ]。

5.4.3.2 [ə̃ɤ]→[ə̃ŋ]

武陟小董、博爱清化、博爱寨豁、沁阳沁园、沁阳柏香等方言曾梗通摄韵母的小称变韵形式为[ə̃ŋ iə̃ŋ uə̃ŋ yə̃ŋ]。那它们到底是什么性质的小称变韵?

我们认为它们就是儿变韵,只不过是经过演变的儿变韵。

首先,系统上独立。焦作地区各方言的基本韵、儿变韵、子变韵、D变韵等同时共存于一个平面,韵母系统相当复杂。但复杂之处在于很难确定它们的来源形式与演变机制,而不在于无法辨析出各个系统。事实上,通过语法意义、使用环境等标准,这些系统还是可以分辨开来的。因此说,韵母虽多,但各成系统。例如表5-22中博爱寨豁方言曾梗通摄的基本韵、儿变韵、子变韵:

表5-22 博爱寨豁曾梗通摄各类韵母的对应关系

基本韵	əŋ	iŋ	uŋ	yŋ
儿变韵	ə̃ŋ	ĩɤ	uə̃ŋ	ỹɤ
子变韵	əŋ	iːŋ	uŋ	yːŋ

其次,语法上表小、语用上独立。变韵[ə̃ŋ iə̃ŋ uə̃ŋ yə̃ŋ]具有表小功能,并且与本韵[əŋ iŋ uŋ yŋ]使用的词汇环境不同。例如温县温泉方言:

大工 $kuŋ^{44}$　炮筒 $t^huŋ^{52}$　桶泛指 $t^huŋ^{52}$

虫 $tʂ^huŋ^{312}$　瓮 $uəŋ^{113}$

小工儿 $kuə̃ŋ^{44}$　瓦筒儿 $t^huə̃ŋ^{52}$　小桶儿 $t^huə̃ŋ^{52}$

小虫儿 $tʂ^huə̃ŋ^{312}$　小瓮儿 $uə̃ŋ^{113}$

小虫儿义指麻雀,在鸟类中相对较小;小瓮儿是用来放鸡蛋等的用具。

再次,语音上可以找到演化来源。鼻音韵尾式儿变韵的演化来源可以从时间和空间两个维度找到答案。时间上,以贺巍先生1981

年调查的济源城关为起点，30 年来济源城区的儿变韵由纯舌面元音式分化为鼻音韵尾式（洪音）和舌面元音式（细音）两种；空间上，以沁阳紫陵为中心，济源玉泉、济源王屋、沁阳沁园等方言由舌面元音式渐次演变为鼻音韵尾式。具体对比关系如表 5－23：

表 5－23　济源及其周边方言部分儿变韵的对比

济源城关	ə̃ʏ	ĩʏ	ũʏ	ỹʏ
沁阳紫陵	ə̃ʏ	ĩʏ	ũʏ	ỹʏ
济源玉泉	ə̃ŋ	ĩʏ	uə̃ŋ	ỹʏ
济源王屋	ə̃ŋ	ĩʏ	uə̃ŋ	yə̃ŋ
沁阳沁园	ə̃ŋ	iə̃ŋ	uə̃ŋ	yə̃ŋ

儿变韵由［ə̃ʏ ĩʏ ũʏ ỹʏ］变为［ə̃ŋ iə̃ŋ uə̃ŋ yə̃ŋ］是由于韵尾［ʏ］的不断弱化、鼻化色彩的后延等因素综合作用的结果。当韵尾［ʏ］弱化时，其音色极其接近于弱化的［ŋ］。因此人们在感知时就会将其认定为［ŋ］。这种认定也是弱化引起的重新分析。

第六章

豫北晋语的子变韵母

子变韵是汉语方言中一种特殊的语音语法变音现象，它以韵母或/和声调的变化表示北京话名词加子尾的语法意义。这种变音实质上是种合音现象，从合音的结果看，可以产生韵母变化、声调变化、调韵皆变三种情况，因此说子变韵只是个概括的说法。子变韵广泛分布于山西、河南、山东、河北及陕西等地，以山西中南部及河南北部地区较为集中。本章以实例介绍豫北晋语子变韵的分布情况及语音特点，提出寻找不同子变韵合音成分的方案，并以具体方言中的“子”缀读音证明：子变韵名副其实。

6.1 分布特点

豫北晋语大部分地区存在子变韵，少部分地区无子变韵、有子尾。具体来讲，子变韵分布于安阳市少部（林州最南端）、鹤壁市大部（鹤山、山城除外）、新乡市绝大部、焦作市全部及济源市的39个方言点，具体界线是：林州临淇（少量）、林州五龙（少量）、淇县黄洞、汤阴宜沟一线以南，济源邵原、济源下冶一线以东；无子变韵的方言点有：安阳文峰、安阳吕村、安阳铜冶、安阳马家、林州城郊、林州任村、林州东姚、汤阴城关、汤阴五陵、鹤壁山城、卫辉城郊等11个方言点。豫北晋语子变韵分布图见图6－1。

我们根据读音形式，将子尾分为三类。

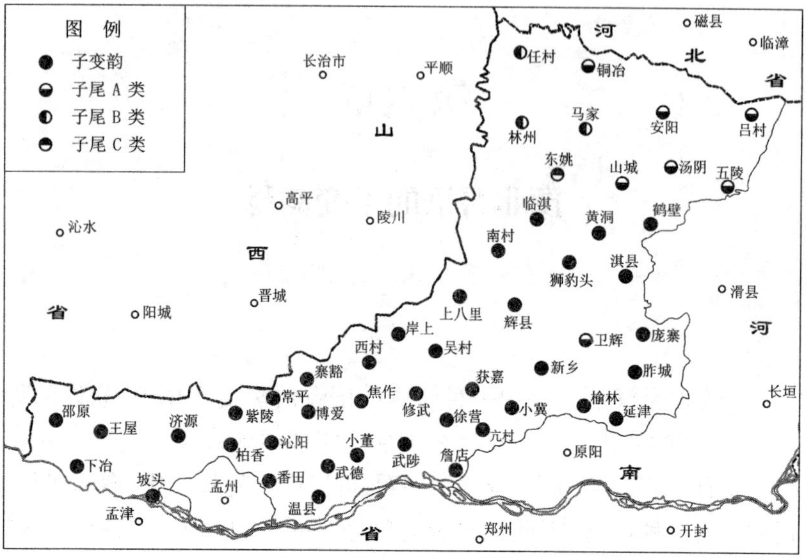

图 6-1 豫北晋语子变韵分布图

A 类：安阳文峰[tᴇ]、安阳吕村[tɐ]、安阳铜冶[tᴇ]、汤阴城关[tɤ]、汤阴五陵[tɜ]、鹤壁山城[tɛ]、卫辉城郊[tɐ]。

B 类：林州城郊[əʔ]/[iəʔ]/[ləʔ]、林州任村[ʌʔ]/[iʌʔ]/[lʌʔ]、安阳马家[əʔ]/[iəʔ]/[ləʔ]。

C 类：林州东姚[ɔ]/[lɔ]。

豫北晋语子变韵及相关子尾的主要分布特点如下：

（1）豫北晋语北部地区仅安阳市所辖的林州南部有少量子变韵，其他均为子尾分布区。需要特别指出，林州南部方言存在子尾子变韵并存现象。

如果以有无子变韵和子尾为条件，可将豫北晋语划分为三种类型：只有子变韵、只有子尾、子变韵子尾并存。前两者可以从图 6-1“豫北晋语子变韵分布图”中大致看出，但子尾子变韵并存的现象却没有在该图中得到展现。陈卫恒（2011b）认为，“林州南、汤阴南以及卫辉(拴马)等地区,正是子尾向子变韵转变的过渡区”。确实,如果以林州临淇为中心来看,其北的林州城郊、林州任村、林州东姚只有子尾,没有子变韵;其南的辉县南村只有子变韵,没有子尾;处于过渡区的林州临淇子尾子变韵并存,其中子变韵数量有限,子尾较多。

林州临淇的子尾子变韵并存有两层意思:第一,部分单字韵有相应子变韵,部分单字韵只能带子尾。其中,只有[ɿ ʅ i y ɭ əʔ]等韵母存在相应子变韵,具体实例如下:

子 tsɿ^{55}　～　枪子^{子} tɕʰiɑŋ^{24} tsou^{212}

柿 ʂʅ^{44}　～　□柿^{子}软柿子 xuŋ^{41} ʂou^{44}

梯 tʰi^{31}　～　梯^{子} tʰiou^{31}

女 ȵy^{55}　～　小闺女^{子} siɑo^{31} kuəʔ^{3} ȵyo^{212}

儿 ɭ^{412}　～　侄儿^{子} tʂəʔ^{3} ɭou^{44}

食 ʂəʔ^{31}　～　猪食^{子} tʂu^{24} ʂou^{212}

第二,部分单字韵既有相应子变韵形式,又有相应子尾形式。例如:“椅子”既可说[iou^{412}],又可说[i^{412} iəʔ^{0}];“大鸡子”即可说[to^{24} tɕiou^{31}],又可说[to^{24} tɕi^{212} iəʔ^{0}]。陈鹏飞(2007:27)描写的林州南区的两读现象还有:

铁丝^{子} səu～铁丝 sɿ 子 əʔ　　茅厕^{子} səu～茅厕 sɿ 子 əʔ

粉皮^{子} pʰiəu～粉皮 pʰi 子 əʔ　　鞋底^{子} tiəu～鞋底 ti 子 əʔ

子变韵和子尾两读兼有的现象,是由于过渡区内小方言间人口流动、通婚通商相互接触形成的。

此外,林州临淇方言还有子变韵后加子尾的现象,如:树圪枝^{子}子:ʂu^{21} kəʔ^{3} tʂou^{212} əʔ^{0} | 大鸡^{子}子 to^{24} tɕiou^{31} əʔ^{0}。子变韵后加子尾,与儿化叠加现象类似,如“温州话的‘麻将儿麻雀’其实就是‘麻雀儿儿’”(赵日新 2007)。

(2) 豫北晋语中部的卫辉城郊是子变韵分布区内的子尾方言岛。

卫辉城郊的子尾读音形式为[tɐ]，语流中轻而短，接近于[tə]。它东边淇县朝歌、卫辉庞寨、延津胙城、延津城关等地的子变韵整齐而丰富，西边北边辉县城关、新乡平原、卫辉狮豹头等地的子变韵较东边少。卫辉城郊方言各单字韵对应的子尾词如下：

[ɿ]	狮子 sɿ^{24} tɐ^{0}	[ei]	杯子 pei^{24} tɐ^{0}	[iɑŋ]	糨子 tɕiɑŋ^{313} tɐ^{0}
[ʅ]	池子 tʂ^{h}ʅ^{52} tɐ^{0}	[uei]	锥子 tʂuei^{24} tɐ^{0}	[uɑŋ]	幌子 xuɑŋ^{55} tɐ^{0}
[i]	椅子 i^{55} tɐ^{0}	[ɑu]	刀子 tɑu^{24} tɐ^{0}	[əŋ]	棚子 p^{h}əŋ^{52} tɐ^{0}
[u]	裤子 k^{h}u^{313} tɐ^{0}	[iɑu]	饺子 tɕiɑu^{55} tɐ^{0}	[iŋ]	亭子 t^{h}iŋ^{52} tɐ^{0}
[y]	半语子 pan^{313} y^{55} tɐ^{0}	[ou]	猴子 xou^{52} tɐ^{0}	[uŋ]	虫子 tʂ^{h}uŋ^{52} tɐ^{0}
[a]	傻子 sa^{55} tɐ^{0}	[iou]	袖子 ɕiou^{313} tɐ^{0}	[yŋ]	粽子 tɕyŋ^{313} tɐ^{0}
[ia]	架子 tɕia^{313} tɐ^{0}	[an]	竿子 kan^{24} tɐ^{0}	[ɐʔ]	虱子 sɐʔ^{13} tɐ^{0}
[ua]	褂子马~kua^{313} tɐ^{0}	[ian]	辫子 pian^{313} tɐ^{0}	[iɐʔ]	夹子 tɕiɐʔ^{13} tɐ^{0}
[ɤʌ]	个子 kɤ^{313} tɐ^{0}	[uan]	管子 kuan^{55} tɐ^{0}	[uɐʔ]	袜子 uɐʔ^{13} tɐ^{0}
[uʌ]	骡子 luo^{52} tɐ^{0}	[yan]	院子 yan^{313} tɐ^{0}	[yɐʔ]	发疟子 fɐʔ^{3} yɐʔ^{13} tɐ^{0}
[iɜ]	茄子 tɕ^{h}iɜ^{52} tɐ^{0}	[ən]	盆子 p^{h}ən^{52} tɐ^{0}	[əʔ]	尺子 tʂ^{h}əʔ^{13} tɐ^{0}
[yɜ]	靴子 ɕyɜ^{24} tɐ^{0}	[in]	金子 tɕin^{24} tɐ^{0}	[iəʔ]	栗子 liəʔ^{13} tɐ^{0}
[ʅɐ]	车子纺花~tʂ^{h}ɤ^{24} tɐ^{0}	[uən]	孙子 suən^{24} tɐ^{0}	[uəʔ]	竹子 tʂuəʔ^{13} tɐ^{0}
[æi]	孩子 xæi^{52} tɐ^{0}	[yn]	裙子花~tɕ^{h}yn^{52} tɐ^{0}	[yəʔ]	橘子 tɕyəʔ^{13} tɐ^{0}
[uæi]	筷子 k^{h}uæi^{313} tɐ^{0}	[ɑŋ]	厂子 tʂ^{h}ɑŋ^{55} tɐ^{0}	[l̩]	儿子l̩^{52} tɐ^{0}

该方言中另有单字韵[ʅɐ]，但未调查出相应子尾词。部分单字韵在语流中有细微变化，例如[ɤʌ]、[uʌ]、[ʅɐ]在语流中分别读为[ɤ]、[uo]、[ɤ]。

卫辉城郊子尾方言岛的具体成因有待探究。

(3) 豫北晋语西部地区的济源下冶、济源邵原等地子变韵较少，子尾也很少。

过了济源邵原再往西走，山西垣曲方言没有子变韵，只有子变调。（侯精一，温端政 1993；侯精一 1988）以济源下冶方言为例，较为肯定且容易判断的只有 3 个子变韵。另外可能会存在子变韵与单字韵同形的情况,但我们无从判断。济源下冶的子变韵实例如表 6－1:

表 6－1　济源下冶方言的子变韵

子变韵	单字韵	子变韵实例
ou	ʅ ʅ ɭ	铁丝^{子} tʰiɛ^{24} sou^{45} | 树圪枝^{子} ʂu^{212} kɯ^{44} tsou^{45} | 煤池^{子} mẽ^{24} tʂʰou^{52} | 侄儿^{子} tʂʅ^{52} ɭou^{212}
iou	i y	椅^{子} iou^{43} | 鸡^{子} tɕiou^{45} | 梯^{子} tʰiou^{45} | 鼻^{子} piou^{52} | 驴驹^{子} ly^{212} tɕiou^{24}
io	æɛ	孩^{子} xio^{52}

"孩^{子}[xio^{52}]"较少用,更常用的是"娃[ua^{52}]",在词汇使用上与山西方言相同。

需要说明,相比豫北晋语其他方言来说,济源下冶、济源邵原等地的同类词汇多以单音节形式表达。例如:"裤子"说"裤[kʰu^{212}]","架子"说"架[tɕia^{212}]","锥子"说"锥[tʂuei^{45}]","帽子"说"帽[mɑo^{212}]","绸子"说"绸[tʂʰou^{52}]","袖子"说"袖[ɕiou^{212}]","钳子"说"钳[tɕʰiã^{52}]","丸子"说"丸[uã^{52}]","婶子"说"婶[ʂə̃^{43}]","蝇子"说"蝇[iŋ^{52}]","虫子"说"虫[tʂʰuŋ^{52}]","袜子"说"袜[va^{45}]",等等。

当然,也存在单音节词与子尾词并说的情况。例如:"嫂子"既说"嫂[sɑo^{43}]",也说"嫂子[sɑo^{43} tsɿ^{0}]";"瘤子"既说"瘤[liou^{52}]",也说"瘤子[liou^{52} tsɿ^{0}]";"嗓子"既说"嗓[sɑŋ^{43}]",也说"嗓子[sɑŋ^{43} tsɿ^{0}]";"谷子"既说"谷[ku^{45}]",也说"谷子[ku^{45} tsɿ^{0}]"。但一般情况下,单音节词说的多,子尾词说的少。

还有少量词,只能用子尾形式表达。例如:疯子[fəŋ^{45} tsɿ^{0}]、聋子[luŋ^{52} tsɿ^{0}]、瞎子[ɕia^{45} tsɿ^{0}],等等。

总体来讲,当地方言子尾词非常少用。

(4) 沁阳境内分布着大量[o]收尾的子变韵。

从音值类型看,[o]收尾的子变韵在豫北晋南方言中较为有限,只有河南长垣方言中较为丰富，在 37 个单字韵中有 24 个对应的子变韵以［o］收尾。（参见王青锋 2007）豫北晋语的沁阳柏香、沁阳紫陵、沁阳常平等地没有河南长垣方言那么多，但从涉及的单字韵和数量上看，也相当可观。以沁阳柏香为例，该方言［ɿ ʅ i y ʅɜ iɜ yɜ uʌ æɛ uæɛ ei uei iəʔ yəʔ æʔ］等 15 个单字韵的子变韵以［o］收尾，具体对应关系及实例如表 6－2：

表 6－2　沁阳柏香方言的子变韵

子变韵	单字韵	子变韵实例
ɿːo	ɿ	铁丝^{子} tʰiæʔ^{3} sɿːo^{44} ｜舞狮^{子} u^{51} sɿːo^{44} ｜柿^{子} sɿːo^{13}
ʅːo	ʅ ʅɜ	树枝^{子} su^{13} tʂʅːo^{44} ｜六指^{子} luoʔ^{24} tʂʅːo^{323} ｜枪子^{子} tɕʰiɑŋ^{44} tʂʅːo^{512}
iːo	i iɜ ei iəʔ	席^{子} ɕiːo^{323} ｜茄^{子} tɕʰiːo^{323} ｜热痱^{子} zæʔ^{3} viːo^{13} ｜毛栗^{子} mɑu^{323} liːo^{44} ｜笛^{子} tiːo^{323}
yːo	yɜ	瘸^{子} tɕʰyːo^{323} ｜茓^{子} ɕyːo^{323}
o	uʌ	脖^{子} po^{323} ｜老婆^{子}妻子 lɑu^{44} pʰo^{323}
io	æɛ æʔ	孩^{子} xio^{13} ｜筛^{子} sio^{44} ｜虱^{子} sio^{44}
uo	uʌ	骡^{子} luo^{323}
yo	y uæɛ yəʔ	驴驹^{子} ly^{323} tɕyo^{44} ｜筷^{子} kʰyo^{13} ｜大麦麴^{子} tɑ^{21} mæʔ^{3} tɕʰyo^{44}
uːio	uei	锥^{子} tʂuːio^{44}

其中，筛^{子}＝虱^{子}［sio^{44}］，严式记音应为［sɿːio^{44}］，［ɿː］当为声母拖长的衍生结果。

沁阳境内三个方言以［o］收尾的子变韵涉及的单字韵比长垣方言少，一则显示出地域之别，二则可能与时间有关。我们 2011 年调查沁阳的三个方言时，选择的发音人多出生于 20 世纪四五十年代，而长垣方言记录的是王青锋先生（1907 年生）幼年时所学所用的语音，40 年的时间足以造成这样的差异。

［o］收尾的子变韵在音值类型上具有重要意义，详见下文合音成分的论述。

（5）［ɑu］型子变韵多出现在豫北晋语靠近中原官话的东部地区。

我们将以[ɑu]收尾的子变韵称作[ɑu]型子变韵(具体表现为[ɑu iɑu uɑu yɑu]、[ɑːu iɑːu uɑːu yɑːu]等形式),将以[ɔ]收尾的子变韵称作[ɔ]型子变韵(具体表现为[ɔ iɔ uɔ yɔ]、[o io uo yo]等形式),将以[ou]收尾的子变韵称作[ou]型子变韵(具体表现为[ɿou ou iou uou]、[ɿu u iːu yu]等形式),三者相对而言。豫北晋语的[ɑu]型子变韵多见于延津城关、延津胙城、延津榆林、卫辉庞寨、鹤壁淇滨,部分见于淇县朝歌、淇县黄洞,少量见于新乡小冀、新乡平原、卫辉狮豹头、获嘉亢村,极少量见于西部济源王屋、济源坡头。上述东部各点与浚县(辛永芬 2006)、封丘(夏俐萍 2012)、滑县(胡伟,焦磊 2017)等中原官话有[ɑu]型子变韵的方言连成一片。

以延津城关方言为例。该方言有单字韵 41 个,除去没有发生子变韵的,共有 22 个单字韵对应着 14 个子变韵,其中 11 个单字韵对应的是[ɑu]型子变韵。延津城关方言子变韵与单字韵的对应关系见表 6－3。

表 6－3　延津城关方言子变韵与单字韵的对应关系

ou(<ɿ ʅɤʌ)	iou(<i y ei)	uou(<uei)	
ɑu(<a ua ɤʌ uʌ ʅɜ ai)	iɑu(<ia iɜ uʌ yʌ ai uai)	uɑu(<ua uʌ uai)	yɑu(<yɜ yʌ)
		uːiou(<uei)	yu(<y)
æ(<an)	iæ(<ian yan)	uæ(<uan)	yæ(<yan)
○(<ʮ ɛ uɛ͡ə)	in(<ən)		

注:[ɑu]的实际音值是[ɑo];"○"表示未调查出相应子变韵。

[ɑu]型子变韵的具体实例如下:

裤衩^{子} kʰu^{21} tʂʰɑu^{55} | 大个^{子} ta^{35} kɑu^{21} | 锯末^{子} tɕy^{21} mɑu^{35} |
纺花车^{子} fɑŋ^{55} xua^{21} tʂʰɑu^{35} | 筛^{子} ʂɑu^{35}
豆芽^{子} tou^{21} iɑu^{52} | 茄^{子} tɕʰiɑu^{52} | 车脚^{子} tʂʰʅɜ^{55} tɕiɑu^{35} |
孩^{子} xiɑu^{52} | 筷^{子} kʰiɑu^{21}
马褂^{子} ma^{55} kuɑu^{21} | 桌^{子} tʂuɑu^{35} | 线拐^{子} sian^{21} kuɑu^{55}
瘸^{子} tɕʰyɑu^{52} | 豆角^{子} tou^{21} tɕyɑu^{35}

还有两个特例,子变韵和单字韵的四呼不同:牙花^{子} ia^{55} xɑu^{21} | 马尾鹊^{子} ma^{35} iɜ^{31} tɕʰiɑu^{21}。

[ɑu]型子变韵、[ɔ]型子变韵和[ou]型子变韵三者间的演化关系,以及各自内部长音节的消变,都是子变韵研究中需要深入讨论的问题。

6.2 语音特点

豫北晋语子变韵的特征很丰富,我们采取个案剖析和横向对比的方式进行介绍。个案剖析时选择新乡小冀方言作为观察个体方言子变韵特点的窗口,横向对比时择要考察豫北晋语所有子变韵的宏观特点。

6.2.1 个案分析

6.2.1.1 变韵实例介绍

新乡小冀方言位于豫北晋语的中部过渡地区,同时又处于豫北晋语和中原官话衔接的前沿地带,其子变韵具有多个层次,特点相当丰富,在整个豫北晋语中极具代表性。

新乡小冀方言中有单字韵 45 个(异调分韵的两个变体以 1 个韵母计,参看第四章),子变韵 31 个。下面是子变韵实例,如果有连读变调的,只标变调,不标本调。

子变韵	单字韵	子变韵实例
ʅu	ʅ	铁丝^{子} tʰiaʔ^{3} sʅu^{34} | 狮^{子} sʅu^{34} | 虱^{子} sʅu^{34}
ʅɑu	ʅ	软柿^{子} ʐuɛn^{55} sʅɑu^{212}
ʅo	ʅɐ	纺花车^{子} fɑŋ^{54} xuᴀ^{21} tʂʰʅo^{34}
iːu	i	椅^{子} iːu^{54} | 鸡^{子} tɕiːu^{34} | 梯^{子} tʰiːu^{34} | 席^{子} ɕiːu^{41}
	ei	砖坯^{子} tʂuɛn^{55} pʰiːu^{34}
u	uei	锥^{子} tʂu^{34}

uəʔ　谷^{子}ku^{55} | 秃^{子}t^{h}u^{55}

yu　y　驴驹^{子}ly^{41} tɕyu^{34} | 柳絮^{子}liou^{21} ɕyu^{35}

uei　玉蜀黍穗^{子}y^{35} ʂuəʔ^{31} ʂuəʔ^{0} ɕyu^{212}

yəʔ　大麦曲^{子}tᴀ^{21} mᴀʔ^{3} tɕ^{h}yu^{34} | 一掬^{子}柴火 i^{21} tɕyu^{34} ts^{h}æ^{41} xuɑ^{0}

iːo　iɐ　蝎^{子}ɕiːo^{212}

iaʔ　瞎^{子}ɕiːo^{212} | 老鼠夹^{子}lɑu^{55} ʂu^{21} tɕiːo^{34}

ɔ　ᴀ　菜耙^{子}ts^{h}æ^{35} p^{h}ɔ^{41} | 麻^{子}mɔ^{41}

ɑu　嫂^{子}sɔ^{54} | 刨^{子}pɔ^{212} | 羊羔^{子}iẽŋ^{41} kɔ^{34} | 帽^{子} mɔ^{212} | 菜包^{子}ts^{h}æ^{21} pɔ^{34}

iɔ　iᴀ　豆芽^{子}tɔu^{35} iɔ^{41} | 打两下^{子}tᴀ^{21} liɑŋ^{55} ɕiɔ^{212}

iɑu　肉膘^{子}ʐɔu^{21} piɔ^{34} | 菜挑^{子}ts^{h}æ^{21} t^{h}iɔ^{34} | 小^{子} ɕiɔ^{54} | 裤腰^{子}k^{h}u^{21} iɔ^{34} | 麦苗^{子}maʔ^{3} miɔ^{41}

uɔ　uᴀ　马褂^{子}mᴀ^{55} kuɔ^{212} | 韭花^{子}tɕiou^{55} xuɔ^{34}

o　ɯɑ　大个^{子}tᴀ^{35} ko^{212} | 麦蛾^{子}maʔ^{3} ɣo^{41}（音 1）| 下巴颏^{子}ɕia^{21} pᴀ^{0} k^{h}o^{35} | 扁食盒^{子} piɛn^{55} ʂəʔ^{31} xo^{212}

uɑ　老婆^{子}lɑu^{55} p^{h}o^{41}

aʔ　锯末^{子}tɕy^{21} mo^{34}

io　iɐ　撇斜^{子}p^{h}iaʔ^{3} ɕio^{41} | 镊^{子}ȵio^{34} | 一捏^{子}面 i^{21} ȵio^{34} miæ̃^{212} | 树叶^{子}ʂʮ^{21} io^{34}

ai　孩^{子}xio^{41} | 筛^{子}ɕio^{34} | 绑腿带^{子}pɑŋ^{21} t^{h}uei^{55} tio^{212}

uai　筷^{子}k^{h}io^{212}

iaʔ　油撇^{子}iou^{41} p^{h}io^{34}

yaʔ　麻尾雀^{子}mᴀ^{35} i^{54} tɕ^{h}io^{212}

uo	uɑ	骡^{子}luo^{41}｜烟袋锅^{子}iɛn^{55} tæ^{21} kuo^{34}
	uaʔ	墙豁^{子}tɕʰiɛ̃ŋ^{41} xuo^{34}｜桌^{子}tʂuo^{34}｜枪托^{子}tɕʰiɑŋ^{55} tʰuo^{34}
yo	yɐ	瘸^{子}tɕʰyo^{41}
	yaʔ	车脚^{子}tʂʰɤ^{55} tɕyo^{34}｜豆角^{子}tɔu^{21} tɕyo^{34}｜发疟^{子}faʔ^{3} yo^{34}｜坐月^{子}tsuɑ^{21} yo^{34}
ɑu	aʔ	袜^{子}vɑu^{34}（音 1）
iɑu	iᴀ	一家^{子}i^{21} tɕiɑu^{34}
	iɐ	茄^{子}tɕʰiɑu^{41}
	ei	痱^{子}fiɑu^{212}
uɑu	uᴀ	鸡爪^{子}tɕi^{21} tʂuɑu^{54}
	uaʔ	袜^{子}uɑu^{34}（音 2）
ou	ɿ	树枝^{子}ʂʯ^{21} tsou^{34}
	ʅ	煤池^{子}mei^{35} tʂʰou^{41}
	ɯɑ	麦蛾^{子}maʔ^{3} ɣou^{41}（音 2）
	ɭ‿ə	侄儿^{子}tʂəʔ^{31} ɭou^{212}
iou	i	鼻^{子}piou^{41}
	y	半语^{子}pæ̃^{21} iou^{54}
	ei	几辈^{子}tɕi^{55} piou^{212}
	iəʔ	毛栗^{子}mɔ^{41} liou^{34}｜一滴^{子}水 i^{21} tiou^{34} ʂuei^{54}
uːiou	uei	苇^{子}uːiou^{341}
ãŋ	ɛn	篮^{子}lãŋ^{41}｜扇^{子}ʂãŋ^{212}｜盘^{子}pʰãŋ^{41}｜簪^{子}tsãŋ^{34}
iãŋ	iɛn	辫^{子}piãŋ^{212}｜钳^{子}tɕʰiãŋ^{41}｜剪^{子}tɕiãŋ^{54}｜竹帘^{子}tʂuəʔ^{3} liãŋ^{41}
uãŋ	uɛn	缎^{子}tuãŋ^{212}｜椽^{子}tʂʰuãŋ^{41}

yãŋ	yɛn	院^{子}yãŋ^{212} | 鞋楦^{子}ɕiɛ^{41} ɕyãŋ^{212} | 菜园^{子}tsʰæ^{35} yãŋ^{41}
ɔ̃ŋ	ɑŋ	菜帮^{子}tsʰæ^{21} pɔ̃ŋ^{34} | 肠^{子}tʂʰɔ̃ŋ^{41} | 杠^{子}kɔ̃ŋ^{212}
iɔ̃ŋ	iɑŋ	箱^{子}ɕiɔ̃ŋ^{34}
uɔ̃ŋ	uɑŋ	筐^{子}kʰuɔ̃ŋ^{34} | 木头桩^{子}məʔ^{3} tʰou^{0} tʂuɔ̃ŋ^{34} | 天窗^{子}tʰiɛn^{55} tʂʰuɔ̃ŋ^{34}
əŋ	ən	婶^{子}ʂəŋ^{54}
iŋ	ən	玉蜀黍糁^{子}y^{21} ʂuəʔ^{31} suəʔ^{0} ɕiŋ^{34}
yŋ	uən	重孙^{子}tʂʰuŋ^{41} ɕyŋ^{34}
iːɑŋ	in	妗^{子}tɕiːɑŋ^{212}

子变韵和单字韵的具体对应关系见表 6-4。

表 6-4 新乡小冀方言子变韵与单字韵的对应关系

ɿu(<ɿ)	iːu(<i ei)	u(<uei uəʔ)	yu(<y uei yəʔ)
ɿɑu(<ɿ)			
ʅo(<ʅɐ)	iːo(<iɐ iaʔ)		
ɔ(<ᴀ ɑu)	iɔ(<iᴀ iɑu)	uɔ(<uᴀ)	
o(<ɯɑ uɑ aʔ)	io(<iɐ ai uai iaʔ yaʔ)	uo(<uɑ uaʔ)	yo(<yɐ yaʔ)
ɑu(<aʔ)	iɑu(<iᴀ iɐ ei)	uɑu(<uᴀ uaʔ)	
ou(<ɿ ʅ ɯɑ ɭə̯)	iou(<i y ei iəʔ)	uːiou(<uei)	
ãŋ(<ɛn)	iãŋ(<iɛn)	uãŋ(<uɛn)	yãŋ(<yɛn)
ɔ̃ŋ(<ɑŋ)	iɔ̃ŋ(<iɑŋ)	uɔ̃ŋ(<uɑŋ)	
əŋ(<ən)	iŋ(<ən)		yŋ(<uən)
○(<yn əʔ)	iːɑŋ(<in)		

注:"○"表示未调查出相应子变韵。

6.2.1.2 变韵具体特点

新乡小冀方言子变韵的特点主要有以下几个方面:

(1) 少部分单字韵没有子变韵

根据新乡小冀方言子变韵实例及其与单字韵的对应关系来看,除了我们未调查出[yn][əʔ]两个单字韵的子变韵外,还有[u]、[ou]、

[iou]、[əŋ]、[iŋ]、[uŋ]、[yŋ]等单字韵没有相应的子变韵。其中，[u]、[ou]、[iou]韵没有相应的子变韵，是新乡小冀与豫北晋语其他方言的共同特点。例如新乡小冀："裤子"说[kʰu^{212}]，"肚子"说[tu^{212}]，"钩子"说[kou^{34}]，"猴子"说[xou^{41}]，"肘子"说[tʂou^{54}]，"瘤子"说[liou^{41}]。[əŋ]、[iŋ]、[uŋ]、[yŋ]韵在新乡小冀没有相应的子变韵，在豫北晋语其他方言则情形各异，需具体看待。例如新乡小冀："绳子"说[ʂəŋ^{41}]，"棚子"说[pʰəŋ^{41}]，"钉子"说[tiŋ^{34}]，"瓶子"说[pʰiŋ^{41}]，"蝇子"说[iŋ^{41}]，"虫子"说[tʂʰuŋ^{41}]，等等。

我们可以从部分线索中判断出这些单字韵没有发生变韵。新乡小冀方言存在很多异调分韵现象，通常单字的异调分韵要服从于统一的子变韵规律。例如，咸山摄字因调类不同今读[ɛn iɛn uɛn yɛn]、[æ̃ iæ̃ uæ̃ yæ̃]两套韵母变体，它们对应的子变韵却只有[ãŋ iãŋ uãŋ yãŋ]一套。但是，从整个系统看，子变韵规律并没有使所有单字韵产生变化，或者说并没有涉及所有单字韵。例如，流摄字也因调类不同今读[ou iou]、[ɔu iɔu]两套变体，但该方言"豆子"说[tɔu^{212}]，"袖子"说[ɕiɔu^{212}]，"小舅子"说[ɕiɑu^{55} tɕiɔu^{212}]，它们的韵母与单字韵完全相同。同样，通摄字也存在异调分韵现象，"粽"字读[tɕyɑŋ^{212}]，但该方言的"粽子"也说[tɕyɑŋ^{212}]，二者完全相同。因此说，新乡小冀方言的少部分单字韵很可能是没有发生变韵的。

(2) 大部分子变韵是单字韵之外的语音形式

新乡小冀方言中的[u]、[ou]、[iou]、[ɑu]、[iɑu]、[əŋ]、[iŋ]、[yŋ]等8个子变韵与音系中部分单字韵完全同形，例如：婶^{子}=省[ʂəŋ^{54}]、(重)孙^{子}=兄[ɕyŋ^{34}]，等等；除此之外，其他子变韵都是单字音系中没有的语音形式。

个别子变韵与单字韵音色非常接近，但实际存在细微差别。例如：[i]韵对应的子变韵为[iːu]，其音色接近单字韵[iou]，但是椅^{子}[iːu^{54}]≠有[iou^{54}]、鸡^{子}[tɕiːu^{34}]≠纠[tɕiou^{34}]；[ɿ]韵对应的子变韵为[ɿu]，在声母影响下其音色接近单字韵[ou]，但是狮^{子}[sɿu^{34}]=

虱^{子}[sɿu^{34}]≠搜[sou^{34}]。

（3）部分单字韵对应不同发展阶段的多个子变韵

[ɿ]韵对应[ɿu]、[ou]、[ɿɑu]（属层次问题，另见下文）三个子变韵，例如：铁丝^{子}[t^{h}iaʔ^{3} sɿu^{34}]|狮^{子}[sɿu^{34}]|树枝^{子}[ʂʮ^{21} tsou^{34}]。[ɿu]、[ou]出现于不同的词汇环境中，它们代表了子变韵发展的不同阶段，[ɿu]应在先，[ou]应在后。

[y]韵对应[yu]、[iou]两个子变韵，同样体现了子变韵在不同词汇环境中的非同步发展特征。例如：驴驹^{子}[ly^{41} tɕyu^{34}]|柳絮^{子}[liou^{21} ɕyu^{35}]|半语^{子}说话不清的人[pæ̃^{21} iou^{54}]。以获嘉城关方言的"半语^{子}"来看，贺巍（1989）的描写是[pan^{13} yu^{53}]，我们的描写是[pɛ̃^{13} iːou^{52}]。两个材料相差近半个世纪（前者的材料主要是20世纪60年代调查所得），因此[yu]与[iou]可能存在演变关系。

[iaʔ]韵对应[iːo]、[io]两个子变韵。前者代表了合音的早期阶段，后者代表了合音的后期阶段。两个阶段的实例如下：

早期阶段：瞎^{子}[ɕiːo^{212}]|老鼠夹^{子}[lɑu^{55} ʂu^{21} tɕiːo^{34}]

后期阶段：油撇^{子}[iou^{41} p^{h}io^{34}]

（4）部分单字韵对应不同层次的多个子变韵

新乡小冀方言的[ɿ]韵对应[ɿu]、[ou]、[ɿɑu]三个子变韵，其中[ɿu]、[ou]出现的词汇环境较多，[ɿɑu]出现的词汇环境很少。[ɿɑu]的实例如：软柿^{子}[ʐuɛn^{55} sɿɑu^{212}]。[ɿ]韵对应的子变韵为[ɿɑu]，这在封丘赵岗方言中较为多见，例如：刺^{子}[ts^{h}ɿau^{34}]|萝卜丝^{子}[luɔ^{52} pu^{33} sɿau^{34}]|姜良籽^{子}[tɕiaŋ^{34} liaŋ^{0} tsɿau^{45}]，等等。（夏俐萍2012）以此推测看，新乡小冀的[ɿɑu]很可能是源自周边方言的外来层。

[ᴀ iᴀ uᴀ]韵对应着[ɔ iɔ uɔ]和[ɑu iɑu uɑu]两套子变韵（未调查出[ᴀ]韵的子变韵[ɑu]，但入声韵[aʔ]有此形式的变韵，形式上可以补齐），它们分别代表着两个来源不同的层次。其中[ɔ iɔ uɔ]分布于新乡小冀以西地区，[ɑu iɑu uɑu]分布于新乡小冀以东以南地区，两

者在新乡小冀方言中叠置存在。具体请看新乡小冀及其周边方言子变韵的对比情况，见表 6－5（原阳的材料来自李荣 1957）：

表 6－5 新乡小冀及其周边方言部分子变韵的对比

封丘赵岗	延津城关	原 阳	新乡小冀	获嘉城关	获嘉徐营
[aːu iaːu uaːu]	[ɑu iɑu uɑu]	[au iau uau]	[ɑu iɑu uɑu]	——	——
——	——	——	[ɔ iɔ uɔ]	[ɔ iɔ uɔ]	[ɔ iɔ uɔ]

[iɐ]韵也兼有两个层次的子变韵，例如：茄子[tɕʰiɑu⁴¹] | 撇斜子走斜路[pʰiaʔ³ ɕio⁴¹]。这两个层次同样可以从周边方言中离析出来。

（5）部分参与合音的单字韵层次较为古老

[ai uai]韵对应的子变韵在整个变韵中较为特殊。具体表现在单字韵为开口呼、合口呼，而子变韵为齐齿呼。这说明参与合音的单字韵层次比较古老。例如：孩子[xio⁴¹]（实际音值为[çio⁴¹]）| 筛子[ɕio³⁴] | 筷子[kʰio²¹²]（实际音值为[cʰio²¹²]）。"孩子"读[xio⁴¹]看不出来自本方言单字音"孩[xai⁴¹]"的迹象，反而可能与山西静乐[xi]（李建校 2005：131）、娄烦[xiɪ]（郭校珍等 2005：106）、中阳[ɕiɪ]（白静茹 2009：130）等方言的读音存在某种关系。"筛子"说[ɕio³⁴]，在豫北晋语中也难以找到单字音为[i]介音的情况，但山西离石方言中"筛"白读[ɕiɛ]（李小平 2004），可做演变线索。"筷子"在新乡小冀及周边的新乡平原、辉县城关、获嘉城关（贺巍 1989 记作[kʰyo]）都说[kʰio]。单字韵线索无从寻找。

[ei uei]韵对应的子变韵层次较为复杂，参与合音的单字韵也较为古老。先看实例：砖坯子[tʂuɛn⁵⁵ piːu³⁴] | 几辈子[tɕi⁵⁵ piou²¹²] | 痱子[fiɑu²¹²] | 锥子[tʂu³⁴] |（玉蜀黍）穗子[ɕyu²¹²]。"坯辈痱"的单字韵底层都为[i]，这从延津方言"飞非"读[fi]、临汾和洪洞方言"坯"读[pʰi]可以得到解释。"锥子"[tʂu³⁴]、"穗子"[ɕyu²¹²]的说法与新乡小冀乃至豫北晋语的单字韵毫无关系，与山西很多方言"锥"读[꜀tʂu]、"穗"读[ɕy꜄]关系明显。

(6) 很多子变韵的发展与周边方言并不同步

新乡小冀方言的咸山摄今读[ɛn iɛn uɛn yɛn]韵,它们对应的子变韵为[ãŋ iãŋ uãŋ yãŋ],例如:篮^{子}lãŋ^{41} | 盘^{子}p^{h}ãŋ^{41} | 辫^{子}piãŋ^{212} | 钳^{子}tɕ^{h}iãŋ^{41} | 缎^{子}tuãŋ^{212} | 椽^{子}tʂ^{h}uãŋ^{41} | 院^{子}yãŋ^{212} | 鞋楦^{子}ɕiɛ^{41} ɕyãŋ^{212},等等。听感上子变韵的鼻尾较弱,严格讲可记作[ã^{ŋ} iã^{ŋ} uã^{ŋ} yã^{ŋ}]。

新乡小冀周边方言咸山摄韵母对应的子变韵各不相同,延津城关读口元音韵,获嘉城关读鼻化韵,获嘉徐营鼻尾鼻化兼有,相对来说新乡小冀的后鼻尾韵处于较为保守的位置。请看表6-6的对比情况:

表6-6 新乡小冀及其周边方言咸山摄韵母对应的子变韵

延津城关	新乡平原	新乡小冀	获嘉城关	获嘉徐营	修武城关
æ iæ uæ yæ	ɐŋ iɐŋ uɐŋ yɐŋ	ãŋ iãŋ uãŋ yãŋ	ã iã uã yã	ɐ̃n iɐ̃n uɐ̃n yɐ̃n	æ̃ iːẽŋ uæ̃ yːẽŋ

以上各方言点的子变韵差异较大,说明了它们发展的非同步性与演化的剧烈性。

再如"苇^{子}"在新乡小冀说[uːiou],附近延津城关、延津榆林、获嘉亢村等地的说法与其完全相同,获嘉城关说[vːiou],差别也不大;但视野再放大,辉县南村的[viːou]、辉县吴村的[uiːu]就有所不同了。这种不同具体体现在长音的位置上,它应该是各方言的子变韵在时间上非同步发展的表现。

(7) 子变韵像单字韵一样也有特例

在方言研究中,常常会碰到不合总体语音规律的特字现象,它们或声调特殊,或声母特殊,或韵母特殊。新乡小冀方言的子变韵也存在特例。上文提到,该方言的单字韵存在异调分韵现象,一般情况下分韵的两个变体对应着相同的子变韵,如:"嫂"韵[ɑu],"帽"韵[ɔ],两者的子变韵都为[ɔ]。这可能与子变韵是高一级的语法规则有关。但我们发现新乡小冀方言的"妗^{子}"[tɕiːɑŋ^{212}]是个例外。该方言的单字韵[in]有[in][iɐn]两个变体,单字"妗"读[tɕiɐn^{212}]。虽然单字韵[in]再没有其他变韵词语,无法直接证明其特殊性。但从周边方言来看,“妗子”要么说[tɕiːŋ](例如获嘉城关[tɕiːŋ^{13}]、新乡平原[tɕiːŋ^{212}]、辉县城关[tɕiːŋ^{212}]、修武城关[tɕiːŋ^{24}]、获嘉徐营[tɕiːŋ^{13}]),要么说[tɕin](例如延津榆林[tɕin^{212}]、延津城关[tɕin^{21}]、卫辉庞寨[tɕin^{212}]),其间差异显而易见。这个例外很可能与该方言单字韵的异调分韵有关。若然,那新乡小冀方言的异调分韵现象很可能早于子变韵的形成。

6.2.2 横向对比

在微观分析单点方言子变韵特点的基础上,本部分侧重于概括介绍豫北晋语子变韵的宏观特点。

(1) 子变韵以韵母变化为主要形式,子变调较少

王洪君(2008)认为子变韵有两种不同的发展方向,“一种是韵母先向单字音靠拢,Z 变带来的后、圆唇特征失落,长调保留下来承担 Z 变义。另一种正好相反,声调先向单字调靠拢,不再保持长调,但后、圆的特征保留在韵母中承担 Z 变义”。晋南方言的子变韵多属于前者,豫北晋语的子变韵多属于后者。例如焦作王褚方言,单字调与子变调完全一致。实例如下:

慢 mɛ̃^{24} ~ 布慢^{子} pu^{24} mã^{24}	剪 tɕie^{523} ~ 剪^{子} tɕiã^{523}
缎 tuɛ̃^{24} ~ 缎^{子} tuã^{24}	冤 ye^{55} ~ 老冤^{子} lɑɔ^{52} yã^{55}
幛 tʂãŋ^{24} ~ 幛^{子} tʂɔ̃^{24}	箱 ɕiãŋ^{55} ~ 箱^{子} ɕiɔ̃^{55}
桩 tʂuãŋ^{55} ~ 木头桩^{子} mu^{13} t^{h}ou^{0} tʂuɔ̃^{55}	

(2) 鼻音韵对应的子变韵多与单字韵同模

鼻音韵对应的子变韵,大部分与单字韵同模,少部分主元音为长音,但共同点是都无法直接辨析出合音成分的具体形式。根据豫北晋语子变韵的整体特征来看,参与合音的子尾应该具有[+后][+圆]特征。而这个子尾会造成“音节的加长或再回复正常、单字韵腹韵尾特征的移位或失落、[+后][+圆]特征的添加及移位或失落等变化”

（王洪君 2008：217）。我们以具体实例来解释，请看鹤壁淇滨鼻音韵与子变韵的对应关系，详见表 6－7：

表 6－7　鹤壁淇滨方言鼻音韵对应的子变韵

鼻音韵	an ian uan yan	ən in uən yn	ɑŋ iɑŋ uɑŋ	əŋ iŋ uŋ yŋ
子变韵	ɛ̃ iɛ̃ uɛ̃ yɛ̃	ən in uən yn	ɑ̃ːŋ iɑ̃ːŋ uɑ̃ːŋ	əŋ iŋ uŋ yŋ

每组鼻音韵与［＋后］［＋圆］特征的子尾合音时，表现不同。［ɑŋ iɑŋ uɑŋ］的音节加长，变为［ɑ̃ːŋ iɑ̃ːŋ uɑ̃ːŋ］；［ən in uən yn］、［əŋ iŋ uŋ yŋ］的单字韵与子变韵同形，很可能没有发生变韵，但也可能是变韵后音节回复正常的结果；［an ian uan yan］在合音中，单字韵尾的特征移动了位置，变为［ɛ̃ iɛ̃ uɛ̃ yɛ̃］。

再如辉县城关、辉县上八里、新乡平原、新乡小冀、获嘉城关、获嘉亢村、获嘉徐营、修武城关、修武岸上、修武西村、焦作王褚、武陟詹店、沁阳沁园、沁阳紫陵等方言，宕江摄单字韵在合音时，通过将子尾［＋后］［＋圆］特征添加到原主元音上，形成［ɔ̃ŋ iɔ̃ŋ uɔ̃ŋ］、［ɔ̃ iɔ̃ uɔ̃］形式的子变韵。例如修武城关：

嗓^{子} sɔ̃ŋ^{52} | 肠^{子} tʂ^{h}ɔ̃ŋ^{312} | 杠^{子} kɔ̃ŋ^{24} | 菜帮^{子} ts^{h}æ^{21} pɔ̃ŋ^{44}
箱^{子} ɕiɔ̃ŋ^{44} | 糨^{子} tɕiɔ̃ŋ^{24}
框^{子} k^{h}uɔ̃ŋ^{44} | 天窗^{子} t^{h}iɛ^{44} tʂ^{h}uɔ̃ŋ^{44} | 木头桩^{子} məʔ^{3} t^{h}ou^{0} tʂuɔ̃ŋ^{44}

需要补充的是，无法从鼻音韵对应的子变韵中直接辨析出合音成分的语音形式，这是豫北晋语的总体特点。在我们的调查中仅发现一个例外，辉县上八里的“骗子”说［p^{h}io^{44}］。这个“骗子”耐人琢磨。

（3）塞尾韵对应的子变韵绝大部分不具有独立语音形式

豫北晋语塞尾韵对应的子变韵形式，绝大部分不会超出口元音韵所对应的子变韵形式，或者说塞尾韵往往与相应的口元音韵具有相同或近似的子变韵形式。例如：辉县城关方言中“柿”读［sɿ^{212}］，“柿^{子}”说［sɿou^{212}］；“食”读［səʔ^{4}］，“猪食^{子}”说［tsu^{44} sɿou^{42}］。［sɿ］与

[səʔ]对应的子变韵都为[sʅou]。辉县城关方言塞尾韵与子变韵的总体对应情况如表 6－8(列出相应口元音韵的情况以兹对比)：

表 6－8　辉县城关方言塞尾韵对应的子变韵

<table>
<tr><td>单字韵</td><td>ɐʔ iɐʔ uɐʔ yɐʔ</td><td>a ia ua</td><td>əʔ iəʔ uəʔ yəʔ</td><td>ʅ i u y</td></tr>
<tr><td>子变韵</td><td>o io uo yo</td><td>o io uo</td><td>ʅou iou u yu</td><td>ʅou iou u iːou</td></tr>
</table>

少数例外情况,如上表的[yu]与[iːou],一般可以从本方言找到相互间的演变关系或共同来源,或者可以从周边方言找到相应的读音层次。

(4) 部分单字韵对应不同层次的多个子变韵

豫北晋语很多方言中存在同一单字韵对应不同层次的多个子变韵的现象。我们在上文的新乡小冀方言中已有介绍,这里再补充一些材料。

沁阳常平[ʅ]韵对应[ʅo]、[ʅu]两个子变韵,[i]韵对应[iːo]、[iːu]两个子变韵。不同子变韵出现的词汇环境不同。具体如表6－9：

表 6－9　沁阳常平方言的子变韵

<table>
<tr><th>单字韵</th><th>子变韵</th><th>实　　例</th></tr>
<tr><td rowspan="2">[ʅ]</td><td>[ʅo]</td><td>煤池^{子} mei^{24} tʂʰʅo^{212}</td></tr>
<tr><td>[ʅu]</td><td>枪子^{子} tɕʰiɑŋ^{44} tʂʅu^{512} | 树圪枝^{子} ʂu^{21} kəʔ^{3} tʂʅu^{41} | 舞狮^{子} u^{51} ʂʅu^{41}</td></tr>
<tr><td rowspan="2">[i]</td><td>[iːo]</td><td>一畦^{子}(地)i^{44} ɕiːo^{212}</td></tr>
<tr><td>[iːu]</td><td>椅^{子} iːu^{512} | 鸡^{子} tɕiːu^{41} | 梯^{子} tʰiːu^{41}</td></tr>
</table>

武陟詹店也有类似情形,[y]韵对应[yu]、[iou]两个子变韵,前者如：驴驹^{子} ly^{212} tɕyu^{55} | 半语^{子} pæ^{13} yu^{41}；后者如：柳絮^{子}(菜)liou^{41} ɕiou^{55}。

(5) 很多不同的单字韵对应着相同的子变韵

这种现象在各方言中较为普遍。拿辉县南村方言来说,[ai iai uai yai]与[ən in uən yn]两组单字韵对应的子变韵都为[ɔ̃ŋ iɔ̃ŋ uɔ̃ŋ yɔ̃ŋ],具体实例如下：

篮^{子}lɔ̃ŋ^{53} | 簪^{子}tʂɔ̃ŋ^{42} | 辫^{子}piɔ̃ŋ^{13} | 剪^{子}tɕiɔ̃ŋ^{53} | 缎^{子}tuɔ̃ŋ^{13} |
后院^{子}xou^{13} yɔ̃ŋ^{53}
盆^{子}p^{h}ɔ̃ŋ^{53} | 婶^{子} ʂɔ̃ŋ^{53} | 妗^{子}tɕiɔ̃ŋ^{13} | 药引^{子}yʌʔ^{3} iɔ̃ŋ^{53} |
木头棍^{子}mu^{13} t^{h}ou^{0} kuɔ̃ŋ^{13}

这种现象类似于儿变，当较高规则作用于不同单字韵时，可以产生共同的结果。

(6) 部分子变韵的过渡特征在演变过程中得到显化

王福堂(2005：184)在分析“子”尾韵韵母时认为，闻喜话“刷^{子}[faːu^{ɔ}]”中的[u]和临猗的[əu]、运城的[ou]可以归为一类，后两者是“因 u 韵母前衍生出过渡音 ə、o 而成”。我们同意这个观点。豫北晋语中也存在这种现象。以[i]韵对应的子变韵来看，沁阳柏香为[iːo]、获嘉徐营为[iːʊ]、辉县吴村为[iːu]、博爱清化为[iː^{o}u]、武陟木城为[iːou]、新乡平原为[iou]。从“[iːu]→[iː^{o}u]→[iːou]→[iou]”的演变链来看，其中的[o]从无到有，它是过渡特征显化为过渡音的结果。另外，过渡特征显化的同时也是长音特征不断弱化短化的过程，当长音特征越弱化时，听起来就越接近于过渡音。过渡特征显化的现象提醒我们注意，在分析子变韵合音成分时不能直接将切入点放在[əu]、[ou]上。

另外，声韵母部分特征的不断显化会导致音节的冗长，个别单音节甚至会分裂为两个音节。例如沁阳柏香的“扇^{子}”和“婶^{子}”，一个发音人说[sʅːẽŋ^{13}]、[sʅːẽŋ^{512}]，另一个发音人说[sʅːiẽŋ^{13}]、[sʅːiẽŋ^{512}]。前一个人的[ʅ]已经是长化显化的结果，后一个人进一步将[ʅ]的音色继续后延，从而又增生了[i]。另外，沁阳常平的“盆^{子}[p^{h}uːiŋ^{212}]”“门^{子}[muːiŋ^{212}]”也属此类现象。最为极致的要数济源坡头，该方言中“筷子”一词有[k^{h}iɑu^{21}](严格讲应为[c^{h}iɑu^{21}])和[k^{h}ɤ^{41} liɑu^{21}]两种说法，后者可能是前者分音的结果。当然，以上现象与合音的大趋势相悖，属于少数特例。

通过以上个案分析与纵向对比，我们对豫北晋语子变韵的特点有了初步的了解。在分析子变韵的时候，首先应该注意的是它与单字韵不一定存在直接的生成关系。在前文的表述中，我们比较注重使用"对应的"三字，如"某某韵对应的子变韵"，这是因为很多子变韵并非现今共时平面的单字韵与子尾合音而成，如果直接说"某某韵的子变韵"有些欠妥。豫北晋语的子变韵是方言自身发展的产物，它通过原始单字韵与原始子尾拼合、融合而成，今天的单字韵有可能与原始单字韵相同，也有可能是原始单字韵发展演化的结果，还有可能是从权威语言中借入的；反过来看，今天的子变韵也有可能直接覆盖于单字韵之上，使人们无法辨析出单字韵的本来面目。例如修武岸上的发音人说"虱"为[꜀çiːo]，说"蝎"为[꜀çiːo]，说"鸽"为[꜀kᵚo]。本来这些都是子变音，但往往会被误认为是单字音。这是因为人们交流中重视的是指称事物的词语或相当于词的字，并不会追求方言研究者探究的字音。总之，豫北晋语子变韵与单字韵的关系比较复杂，分析处理时要谨慎对待。

6.3　合 音 成 分

自20世纪50年代汉语方言普查以来，子变韵现象已大量分见于河南（李荣 1957；贺巍 1989；陈卫恒 2011a；等）、山西（侯精一 1985；王洪君 2004；等）、山东（陈宁 2006）、河北（宗守云 2012）及陕西（韩承红 2010；王军虎 2012 等）等地①，其中以河南北部和山西中南部地区较为集中。"子变韵"实质上是种合音现象或者合音构词法（王福堂 2005：182；王洪君 2008：211），但其合音成分的确定一直是官话方言研究中的难题之一。起初发现郑州、原阳等地的子变韵现象时，

---

① 综合各家材料，目前发现或报道存在子变韵的方言分布于五个省份。河南省包括：林州（南部）、汤阴（南部）、鹤壁、淇县、卫辉（城区除外）、辉县、新乡市、新乡县、延津、获嘉、修武、焦作、武陟、博爱、沁阳、温县、济源、洛阳（吉利）、浚县、滑县、开封市、开封县、郑州、原阳、荥阳、长垣、封丘、孟州、兰考、尉氏、杞县、通许、新郑、中牟等；山西省包括：运城、闻喜、夏县、平陆、临猗、垣曲、昔阳、和顺、平定、左权、阳泉、阳城、晋城、陵川、泽州、高平（古寨）、原平、阳高（罗文皂）等；陕西省包括：眉县、太白、岐山、凤翔等；山东省：博山；河北省：涿鹿（县城）。

李荣先生(1957：142)就说道："我们还不能断定[-u]就从'子'来的，只能说[-u]尾相当于'子尾'就是了。"于此，后续研究者也因证据不足而无从定论。王福堂(2005：183)曾这样描述："由于这种变韵具有和'子'尾相同的语法功能，使名词如附后缀，因此人们倾向于把它看成是一种和儿化韵相似的变韵。又由于有这种变韵的方言一般就不再有通常的'子'尾，而且即使方言中发生这种变韵的名词后面并不写出'子'字，人们也仍然感到它是由某种'子'尾参与，采取和儿化韵相同的生成方式(合音)构成的，因此把它叫做'子化韵'或'子变韵'。后来因为一时难以肯定其中的构形语素是不是一定是'子'，人们又把它叫做 Z 变韵或 Z 变音。"目前，学界关于这个构形语素或合音成分的讨论，主要有四种观点：其一，由"子"合音而来。王福堂(2005：183)认为："因为其中的构形语素目前基本上可以认为仍然是'子'，所以也仍然把这部分变韵叫做子变韵。"对此观点表示明确支持并进行深入研究的有陈卫恒(2011a，2011b)、张慧丽(2011)、史艳锋(2013)等。其二，由"儿"合音而来。赵日新(2007)认为，"条条道路通央[ə]"，"所谓的'子变韵'很可能是'儿化韵'"。其三，由"头"合音而来。王临惠(2013)以临猗猗氏方言为根据，认为集中分布于河南北部、山西东南部及西南部的 Z 变音现象是从"头"尾演变来的。其四，待定论。王洪君(2008：212)说道："目前发现的方言中 Z 变词的演变链缺少一些环节，因此我们还不能完全确定它的本源字就是'子'。尽管从语法意义看，它很可能是'子'：出现在名词词根之后，没有明显的小称义；从语音上看，是'子'似也说得通，但演化链没有全接上。"由于缺少现实方言的佐证，部分学者持相对审慎的态度。

我们在系统调查豫北晋语 19 市县 56 个方言点的基础上①，结

① 为深入讨论子变韵的形成，我们后来又补充调查了林州桂林、合涧、原康、茶店、五龙、采桑等 6 个点。

合官话方言中子变韵的不同读音类型及特点，通过梳理已有研究观点，就如何分析子变韵合音成分提出自己的认识，同时报道子变韵研究中急于寻找的合音环节。我们认为：官话地区的子变韵是由[ə]类或[u]类子尾与前行音节合音而来的，子尾的演化链可能存在两条，在分析合音成分时应分而视之；[ə]类子变韵在现实方言中有正在发生演化的实例；林州中南部方言的子尾具有[+后]、[+圆]特征，是[u]类子变韵合音成分的现实方言来源。子变韵现象名副其实。

6.3.1　关于合音成分的认识问题

"'子'弱化为词缀后，语音弱化，的确有变为[ə]的可能，但变为[u](或[o])则几乎是不可能的。"(赵日新 2007)这应该代表了很多研究者的观点。由于缺乏现实方言材料的佐证，子变韵合音成分的讨论要想继续深入只有两种选择：其一，既然"子"路不通，不如转而寻求其他可能。于是，就有了"可能是'儿化韵'"和"'头'变音"的观点；其二，虽然"子"路不通，那也要守得云开见月明。可以先循着"子"的思路进行理论尝试，等待相关材料的发掘报道。

"儿"论的研究者认为"[u](或[o])乃至[ə]更可能是由'儿'变来的或者甚至就是'儿'的早期读音"。这种观点一半极有可能成立，一半则需要费力去论证。[ə]音来自"儿"极有可能成立，是因为山东平邑、江苏宝应、安徽和县、当涂及芜湖市等方言的"儿"音就是[ə]形式。(曹志耘 2008：205)此外，官话地区还存在大量"儿"读平舌音的现象，例如文水[e]、静乐[ɤ]、乡宁[æ]、固始[ai]、寿光[ɨ]、西宁[ɛ]、洛阳和涞源[ɯ]、淮南和宿迁[ɐ]等，它们在弱化条件下很容易央化为[ə]。[u](或[o])音来自"儿"需要费力论证，是缘于子变韵分布的地区乃至整个北方官话很少见到此种读音。因此假设"儿"早期曾有过[u]类的读音，其论证过程可能会因缺乏现实材料和相关文献的支撑而归于搁置，从而陷入新的等待与寻找当中。

“头”论论证的关键点有三个：第一，认为 Z 变韵周边方言的后缀[tə? tə lə? tei nei ɣə tɛ]并非“子”缀；第二，认为临猗猗氏方言的“都[·tou]”是“头”且形成了一条弱化链；第三，有开封方言的实例作为辅证。其中第二点是立论核心与基础。但我们必须注意：临猗方言中有“都”缀，例如：女都女子[$ȵy^{53}$ ·tou]、车都车子[$tʂ^hɤ^{31}$ ·tou]、个都个子[$kɤ^{44}$ ·tou]、孝都孝子[$ɕiau^{44}$ ·tou]；临猗方言中也有“头”缀，例如：木头[mu^{31-44} ·t^hou]、骨头[ku^{31-44} ·t^hou]、日头[$zʅ^{31-44}$ ·t^hou]、手指头[$ʂou^{53}$ $tsʅ^{53-44}$ ·t^hou]等。（王临惠 2007）这个“都”缀到底是什么？它与“头”缀是何关系？它们是不同的历史层次，还是不同词汇条件下的变体？只有解答清楚这些问题，才能有效讨论“[tou]→[ou]→合音变调”的弱化链条问题。

第二种选择坚持合音成分是“子”，目前的理论尝试主要有三种观点。

陈卫恒（2011b）对子尾与子变韵的衔接问题进行了探讨，认为[ə?]可以变成[əu]，还有可能经过[· ɯ]而变为[· -u]及[-o]/[-ɔ]，[· lə?]也还有可能经过[·l̩]而变成[-u]/[-o]/[-ɔ]。

张慧丽（2011）将调查的视野从豫北扩及湖北西北部宜城、荆门、襄樊等地，该地区的“后缀‘子’在一定条件下读作一个自成音节的边颤/闪音或边音”，即[lɾ]/[l]。张慧丽（2011：28）认为：“‘子’尾演变为一个边音，已经是 Z 变韵形成的前夜。‘子’尾经由边音演变为一个圆唇元音，并与前行音节融合，从而形成 Z 变韵。”

史艳锋（2013）认为：子变合音时“子”尾韵母的音值是多元的，除[u]外，还有可能是[ʊ/o/ə/ɤ/ɯ/ɛ]甚至[ŋ/ẽ/ə̃]等。

我们注意到，王福堂（2005：196－197）曾提出：“‘子’尾可以分为两类：ə 类和 u 类，两类都可以生成子变韵。ə 类‘子’尾生成的子变韵较为少见，目前只在山西原平、晋城等方言以及山东一些方言中发现。u 类‘子’尾生成的子变韵则分布在山西、河南许多方言里，是子变韵主要的语音形式。”因此说，以上陈、张的两种理论解释，其目标都是直指[u]类“子”尾生成的子变韵(下文以“[u]类子变韵”称说)而去的。显然,要想对子变韵的形成有一个系统完整的解释,我们还需要找到[ə]类“子”尾生成的子变韵(下文以“[ə]类子变韵”称说)在解释体系中处于何种位置。

既然[u]类子变韵与[ə]类子变韵不同,且“u类‘子’尾是比ə类‘子’尾更早出现的语音形式”(王福堂 2005: 197),那么“子”尾的演化链会不会是多链的呢?两类子变韵发展的路径会不会相互独立呢?我们认为有这种可能。因为,从地域分布上看,[ə]类子变韵多孤立分布,如原平、晋城、博山、涿鹿等,而[u]类子变韵则集中连片分布于豫北、晋南,两种类型没有呈现出连续分布的态势;从发展阶段上看,[ə]类子变韵多处在生成过程中,如原平、博山等,而[u]类子变韵则多处于兴旺和衰落阶段,兴旺的如获嘉、和顺等,衰落的如郑州、垣曲等。(王福堂 2005: 194 - 195)因此说,如果非要将两类子变韵并案破解,很可能因相互干扰而不得其要;如果非要将切入点放在[əʔ]变[əu]或[ɿ]变[u]上,很可能因求解心切而开错药方。但是,我们也得注意,跟官话方言中子变韵相关的“子”尾主要是两类,子变韵合音时的子尾并非泛泛的多元论。

基于以上观点,我们认为分析合音成分时将两类子变韵区别看待,问题将得到分解,原先试图统一解决的难题因而一分为三,即:(1) 寻找[ə]类子变韵的合音成分;(2) 寻找[u]类子变韵的合音成分;(3) 寻找以上两者合链的可能。下面我们来逐项回答以上三个问题。

6.3.2 [ə]类子变韵的合音成分

赵日新(2007)认为,“所谓‘子变韵’很可能是‘儿化韵’”,其研究的切入点应该是以[ə]类子变韵始,而后扩及[u]类子变韵,其论证的现实出发点之一是博山方言的名词后缀[ə]。因此,如果坚持认为参与合音的成分是“子”,那找到[ə]类子变韵的合音成分并不算完,还得确定其性质就是“子”，以排除“儿”的可能。问题说到关键处就是：需要论证博山方言的名词后缀[ə]是“子”不是“儿”。

从现有官话方言的材料不难得出，[ə]类子变韵的合音成分无需再去寻找。从地域上看，这类子变韵常常与[təʔ]、[tə]、[ləʔ]、[ə]等子尾形式呈连片分布态势，因此方言中[tsɿ]→[tsəʔ]→[təʔ]→[tə]→[lə]→[ə]的子尾演变链条可以对其做出有效解释。拿山西原平方言来说，子尾在大多情况下读轻声的[·ə]，如：钉子 ti$^{213-24}$ ·ə | 斧子 fu^{213} ·ə | 绳子 ʂʅ^{33} ·ə | 盖子 kæɛ$^{53-51}$ ·ə 等；当前字为鼻尾韵时，子尾[·ə]被同化为[ŋ̍]，如：银子 iəŋ^{33} ·ŋ̍ | 本子 pəŋ^{213} ·ŋ̍ | 疯子 fəŋ$^{213-24}$ ·ŋ̍ | 凳子 təŋ$^{53-31}$ ·ŋ̍ 等；当前字韵母为[ɑ iɑ uɑ ɑʔ iɑʔ uɑʔ]时，子尾融入前行音节，生成长音型子变韵。例如：砂^{子} sɑː$^{213-243}$ | 爪^{子} tsuɑː^{213} | 架^{子} tɕiɑː$^{53-51}$ | 夹^{子} tɕiɑː$^{4-243}$ | 刷^{子} suɑː$^{4-243}$ 等。原平方言的子尾[·ə]恰好处于周边静乐[tsəʔ]、定襄[təʔ]、忻州[tə]、五台[lə]子尾弱化链条的末端，当它成为一个音质单一、没有阻塞的弱音节时，合音会很容易发生。原平话正处在由子尾向子变韵过渡的阶段。（王福堂 2005：195）

那么博山方言的名词后缀[ə]究竟是什么呢？我们通过对比该方言 25 年间的变化来解答这个问题。钱曾怡先生 1981 年对博山 50 岁左右的发音人进行调查时，发现了使用面很宽的特殊语缀[ə]，其中作为名词后缀用得最多。（钱曾怡 1993）而陈宁（2006）对博山新老两派子变韵的调查结果是：“新派口中的子变韵一般是变长音为主，语气舒缓时收 ŋ 尾的韵母会延长，生出一个ŋ̍ 的音来。老派口中的子变韵除了变长音外，在末尾会有一个不很明显的 ə。如果语气舒缓，这个 ə 就会是一个独立的音节。”显然，在老派口中出现了“急言为一，慢声为二”的情况。据此可以推断，陈宁（2006）的老派在语气舒缓时[ə]为独立音节，很可能反映的是 1981 年正常语气时的状况。也就是说，原先“名词+后缀 ə”的情况在 25 年后已经合音了。综合以上两个研究成果，我们以部分单字韵对应的变韵为例，得出的演变过程如下：

1981 正常 = 2006 老派舒缓		2006 老派正常		2006 新派正常
a·ə/ia·ə/ua·ə	→	aː^{ə}/iaː^{ə}/uaː^{ə}	→	aː/iaː/uaː
əu·ə/iəu·ə	→	əːu^{ə}/iəːu^{ə}	→	əːu/iəːu
ã·ə/iã·ə/uã·ə/yã·ə	→	ãː^{ə}/iãː^{ə}/uãː^{ə}/yãː^{ə}	→	ãː/iãː/uãː/yãː
ə̃·ə/iə̃·ə/uə̃·ə/yə̃·ə	→	ə̃ː^{ə}/iə̃ː^{ə}/uə̃ː^{ə}/yə̃ː^{ə}	→	ə̃ː/iə̃ː/uə̃ː/yə̃ː
aŋ·ə/iaŋ·ə/uaŋ·ə	→	aːŋ^{ə}/iaːŋ^{ə}/uaːŋ^{ə}	→	aːŋ/iaːŋ/uaːŋ
əŋ·ə/iŋ·ə/uŋ·ə/yŋ·ə	→	əːŋ^{ə}/iːŋ^{ə}/uːŋ^{ə}/yːŋ^{ə}	→	əːŋ/iːŋ/uːŋ/yːŋ

对于以上后两种现象，陈宁(2006)直接将其认定为子变韵，并且认为："河北任县'子尾'有[ə]和[lə]两种自由变体"，"或可推测博山方言的子变韵是从任县这种状况弱化而来"。我们同意陈宁的观点，并将博山及其周边方言的子尾读音和小称形式进行了系统考察，具体情况如表 6－10①：

表 6－10 博山及其周边方言的子尾读音和小称形式

	博山 1981	博山 2006	临朐	章丘	邹平	莱芜	淄川
子尾读音	ə	(子变韵)	təɿ	tɿ/tɔ	tə/ə	tə/ə	ə
小称形式	变韵		卷舌儿化	变韵	变韵	变韵/儿化	变韵

邹平和莱芜方言的子尾有两个变体，前字韵母为口元音韵时读[tə]，前字韵母为鼻音韵时读[nə]，后者当是[ə]受前字鼻音韵尾影响所致。以这两个子尾变体为枢纽，博山及其周边方言的子尾读音形成了[təɿ]→[tɿ]→[tə]→[ə]的演变链条，这完全可以验证陈宁的判断与推测。如果认为博山的[ə]有可能是"儿"，首先要证明它与邹平、莱芜的子尾[tə]/[ə]完全没有关系；其次需理清这个"儿"化变

① 淄川方言的"子"单字音为[tsɿ^{55}]，但在做名词后缀时，音值受前字韵母的影响而有差别，听起来接近于[ə]、[ɤ]、[ɯ]等音素，孟庆泰、罗福腾(1994)以[ə]作为"子"的音变代表。小称形式中的"变韵"指功能相当于北京话儿化的变韵。莱芜的"儿化"指卷舌儿化，据亓海峰、曾晓渝(2008)，这种现象仅出现于30岁以下的新派中。

韵(即陈宁的子变韵)与该方言小称变韵的关系,为什么25年间新生的“儿”化变韵不具备小称义,而成因待考的早起变韵却具有小称义?这是“儿音说”目前很难解释周全的两个问题。

6.3.3　[u]类子变韵的合音成分

王洪君(2008:212)说道:“目前发现的Z变词有多种形式,但都是与后附o、ou、u或具有[+后]、[+圆]的特征有关,而前述的“-子”(笔者按:[tsɿ]、[tsəʔ]、[tsə]、[zəʔ]、[zə]、[təʔ]、[tə]、[ləʔ]、[ə]等)却都是不圆唇的前或央元音。”依此来看,目前学界急于寻找的链变环节,是就[u]类子变韵而言的,即合音的子尾需要具备[+后]、[+圆]两个特征。

根据56个方言点的调查材料,我们发现豫北晋语的子变韵分布于林州茶店、林州临淇、林州五龙、淇县黄洞、汤阴宜沟一线以南以西除卫辉城区以外的所有晋语区。① 其中,林州南部的茶店、临淇、五龙三乡镇既有子变韵又有子尾,子变韵较少,子尾较多,子尾形式为[əʔ iəʔ ləʔ]。再往北走,就只有子尾没有子变韵了。在林州中南部桂林、合涧、原康、东姚、采桑等乡镇的方言中,子尾读音具备[+后]、[+圆]两个特征,它可能就是[u]类子变韵演化链上急需寻找的衔接点。

我们以林州市桂林镇的子尾为例来介绍。桂林镇位于林州市区正南15公里处,该方言有声母25个(含零声母):p pʰ m f v t tʰ n l ts tsʰ s tʂ tʂʰ ʂ ʐ tɕ tɕʰ ȵ ɕ k kʰ ɣ x ø;韵母40个:ɿ ʅ i u y a ia ua ya ɔ iɔ ɯʌ uʌ ʅɜ iɜ yɜ ai uai ei uei ɑu iɑu ou iou ɑŋ iɑŋ uɑŋ əŋ iŋ uŋ yŋ æʔ iæʔ uoʔ yæʔ ɐʔ iɐʔ uɐʔ yɐʔ l̩ ;声调5个:阴平[21]、阳平[213]、上声[42]、去声[55]、入声[31](下文实例中有连读变调现象的,不再标

---

① 前文已述,卫辉城区是豫北晋语子变韵分布区内的子尾方言岛,子尾的读音形式为[tɐ]。

出本调）；“子”尾有［ɔ］和［lɔ］两种语音形式，读轻声。“子”尾读［ɔ］还是［lɔ］受前字韵母末位音素的直接影响。具体来说：

（1）当前字韵母为［ɿ ʅ i u y ai uai ei uei ɑu iɑu ou iou ɑŋ iɑŋ uɑŋ əŋ iŋ uŋ yŋ ɭ］，即末位音素具备［+高］［+浊］特征时，“子”尾读［ɔ］。例如：

［ɿ］ 铁丝子 tʰiɐʔ^{3} sɿ^{42} ɔ^{0}｜枪子子 tsʰiɑŋ^{55} tsɿ^{42} ɔ^{0}｜菜籽子 tsʰai^{55} tsɿ^{42} ɔ^{0}

［ʅ］ 树圪枝子 ʂu^{55} kæʔ^{3} tʂʅ^{21} ɔ^{0}｜煤池子 mei^{24} tʂʰʅ^{21} ɔ^{0}｜软柿子 ʐua^{42} ʂʅ^{55} ɔ^{0}｜狮子 ʂʅ^{21} ɔ^{0}

［i］ 椅子 i^{42} ɔ^{0}｜梯子 tʰi^{42} ɔ^{0}｜小鸡子 siɑu^{21} tɕi^{42} ɔ^{0}｜席子 si^{21} ɔ^{0}

［u］ 裤子 kʰu^{55} ɔ^{0}｜肚子 tu^{55} ɔ^{0}｜杌子 u^{55} ɔ^{0}

［y］ 驴驹子 ly^{55} tɕy^{21} ɔ^{0}｜柳圪絮子 liou^{55} ku^{0} ɕy^{21} ɔ^{0}｜半语子说话不清的人 pa^{55} y^{21} ɔ^{0}

［ai］ 孩子 xai^{21} ɔ^{0}｜盖子 kai^{24} ɔ^{0}｜筛子 ʂai^{21} ɔ^{0}｜鞋带子 ɕiɜ^{21} tai^{24} ɔ^{0}

［uai］ 筷子 kʰuai^{24} ɔ^{0}｜线拐子 ɕia^{24} kuai^{42} ɔ^{0}

［ei］ 砖坯子 tʂua^{55} pʰei^{42} ɔ^{0}｜一辈子 i^{21} pei^{24} ɔ^{0}｜痱子 fei^{55} ɔ^{0}｜水杯子 ʂuei^{55} pei^{42} ɔ^{0}

［uei］ 锥子 tʂuei^{42} ɔ^{0}｜玉蜀黍穗子 y^{24} ʂu^{21} ʂu^{0} suei^{55} ɔ^{0}

［ɑu］ 刨子 pɑu^{24} ɔ^{0}｜羊羔子 iɑŋ^{21} kɑu^{42} ɔ^{0}｜帽子 mɑu^{24} ɔ^{0}｜菜包子 tsʰai^{24} pɑu^{42} ɔ^{0}

［iɑu］ 肉膘子 ʐou^{55} piɑu^{42} ɔ^{0}｜小子 siɑu^{42} ɔ^{0}｜裤腰子 kʰu^{24} iɑu^{42} ɔ^{0}｜树苗子 ʂu^{24} miɑu^{21} ɔ^{0}

［ou］ 钩子 kou^{55} ɔ^{0}｜豆子 tou^{55} ɔ^{0}｜绸子 tʂʰou^{21} ɔ^{0}｜圪肘子 kæʔ^{3} tʂou^{42} ɔ^{0}

[iou] 瘤子 $liou^{21}$ $ɔ^{0}$ | 小舅子 $siɑu^{21}$ $tɕiou^{55}$ $ɔ^{0}$

[ɑŋ] 嗓子 $sɑŋ^{42}$ $ɔ^{0}$ | 肠子 $tʂ^{h}ɑŋ^{21}$ $ɔ^{0}$ | 杠子 $kɑŋ^{55}$ $ɔ^{0}$ | 肉汤子 $ʐou^{55}$ $t^{h}ɑŋ^{21}$ $ɔ^{0}$

[iɑŋ] 箱子 $siɑŋ^{42}$ $ɔ^{0}$ | 糨子 $tɕiɑŋ^{55}$ $ɔ^{0}$

[uɑŋ] 筐子 $k^{h}uɑŋ^{21}$ $ɔ^{0}$ | 木头桩子 $mæʔ^{3}$ $t^{h}ou^{0}$ $tʂuɑŋ^{42}$ $ɔ^{0}$ | 天窗子 $t^{h}ia^{55}$ $tʂ^{h}uɑŋ^{42}$ $ɔ^{0}$

[əŋ] 盆子 $p^{h}əŋ^{21}$ $ɔ^{0}$ | 门子 $məŋ^{21}$ $ɔ^{0}$ | 婶子 $ʂəŋ^{42}$ $ɔ^{0}$ | 绳子 $ʂəŋ^{21}$ $ɔ^{0}$ | 冷子 $ləŋ^{42}$ $ɔ^{0}$

[iŋ] 妗子 $tɕiŋ^{24}$ $ɔ^{0}$ | 银子 $iŋ^{21}$ $ɔ^{0}$ | 钉子 $tiŋ^{21}$ $ɔ^{0}$ | 镜子 $tɕiŋ^{55}$ $ɔ^{0}$ | 瓶子 $p^{h}iŋ^{21}$ $ɔ^{0}$ | 蝇子 $iŋ^{21}$ $ɔ^{0}$

[uŋ] 重孙子 $tʂ^{h}uŋ^{21}$ $suŋ^{42}$ $ɔ^{0}$ | 棍子 $kuŋ^{24}$ $ɔ^{0}$ | 虫子 $tʂ^{h}uŋ^{21}$ $ɔ^{0}$ | 聋子 $luŋ^{21}$ $ɔ^{0}$ | 粽子 $tsuŋ^{55}$ $ɔ^{0}$

[yŋ] 裙子 $tɕ^{h}yŋ^{21}$ $ɔ^{0}$

[ʅ] 侄儿子 $tʂæʔ^{3}$ $ʅ^{21}$ $ɔ^{0}$

（2）当前字韵母为[a ia ua ya ɔ iɔ ɯʌ uʌ ʅɜ iɜ yɜ æʔ iæʔ uoʔ yæʔ ɐʔ iɐʔ uɐʔ yɐʔ]，即末位音素具备[-高][+响]特征时，“子”尾读[lɔ]。例如：

[ɔ] 树杈子 $ʂu^{55}$ $tʂ^{h}ɔ^{21}$ $lɔ^{0}$ | 麻子 $mɔ^{21}$ $lɔ^{0}$ | 马褂子 $mɔ^{42}$ $kɔ^{55}$ $lɔ^{0}$ | 牙花子 $iɔ^{55}$ $xɔ^{42}$ $lɔ^{0}$

[iɔ] 卡子 $tɕ^{h}iɔ^{42}$ $lɔ^{0}$ | 豆芽子 tou^{24} $iɔ^{21}$ $lɔ^{0}$ | 架子 $tɕiɔ^{55}$ $lɔ^{0}$ | 一家子 i^{21} $tɕiɔ^{21}$ $lɔ^{0}$

[ɯʌ] 大个子 $tɔ^{55}$ $kɯʌ^{55}$ $lɔ^{0}$ | 扑灯蛾子 $p^{h}uoʔ^{3}$ $ləŋ^{55}$ $ɣɯʌ^{21}$ $lɔ^{0}$

[uʌ] 脖子 $puʌ^{21}$ $lɔ^{0}$ | 老婆子 $lɑu^{42}$ $p^{h}uʌ^{21}$ $lɔ^{0}$ | 骡子 $luʌ^{21}$ $lɔ^{0}$ | 烟袋锅子 ia^{21} tai^{55} $kuʌ^{21}$ $lɔ^{0}$

[ʅɜ] 纺花车子 $fɑŋ^{42}$ $xɔ^{55}$ $tʂ^{h}ʅɜ^{21}$ $lɔ^{0}$

[iɜ] 茄子 tɕʰiɜ^{21} lɔ^{0} | 碟子 tiɜ^{21} lɔ^{0}

[yɜ] 瘸子 tɕʰyɜ^{21} lɔ^{0} | 茓子 ɕyɜ^{21} lɔ^{0}

[a] 篮子 la^{21} lɔ^{0} | 扇子 ʂa^{55} lɔ^{0} | 盘子 pʰa^{21} lɔ^{0} | 簪子 tsa^{42} lɔ^{0} | 老汉子 lɑu^{21} xa^{55} lɔ^{0}

[ia] 辫子 pia^{55} lɔ^{0} | 钳子 tɕʰia^{21} lɔ^{0} | 骗子 pʰia^{55} lɔ^{0} | 剪子 tsia^{42} lɔ^{0} | 竹帘子 tʂuoʔ^{3} lia^{21} lɔ^{0}

[ua] 管子 kua^{42} lɔ^{0} | 缎子 tua^{55} lɔ^{0} | 小椽子 siɑu^{55} tʂʰua^{21} lɔ^{0} | 菜团子 tsʰai^{24} tʰua^{21} lɔ^{0}

[ya] 院子 ya^{55} lɔ^{0} | 鞋楦子 ɕiɜ^{21} ɕya^{55} lɔ^{0} | 菜园子 tsʰai^{24} ya^{21} lɔ^{0}

[æʔ] 尺子 tʂʰæʔ^{3} lɔ^{0} | 猪食子 tʂu^{21} ʂæʔ^{3} lɔ^{0} | 虱子 ʂæʔ^{3} lɔ^{0}

[iæʔ] 鼻子 piæʔ^{3} lɔ^{0}

[uoʔ] 谷子 kuoʔ^{3} lɔ^{0} | 秃子 tʰuoʔ^{3} lɔ^{0} | 竹子 tʂuoʔ^{3} lɔ^{0}

[yæʔ] 大麦麴子 tɔ^{24} mɐʔ^{3} tɕʰyæʔ^{3} lɔ^{0} | 一掬子柴火 i^{21} tɕyæʔ^{3} lɔ^{0} tʂʰai^{21} xuʌ^{21} | 橘子 tɕyæʔ$^{\underline{31}}$ lɔ^{0}

[ɐʔ] 鸽子 kɐʔ^{3} lɔ^{0} | 格子 kɐʔ^{3} lɔ^{0} | 锯末子 tɕy^{24} mɐʔ^{3} lɔ^{0} | 麦子 mɐʔ^{3} lɔ^{0} | 袜子 vɐʔ$^{\underline{31}}$ lɔ^{0}

[iɐʔ] 蝎子 ɕiɐʔ$^{\underline{31}}$ lɔ^{0} | 瞎子 ɕiɐʔ$^{\underline{31}}$ lɔ^{0} | 镊子 ȵiɐʔ$^{\underline{31}}$ lɔ^{0} | 油撇子 iou^{21} pʰiɐʔ$^{\underline{31}}$ lɔ^{0}

[uɐʔ] 桌子 tʂuɐʔ^{3} lɔ^{0} | 豁子 xuɐʔ$^{\underline{31}}$ lɔ^{0} | 刷子 ʂuɐʔ$^{\underline{31}}$ lɔ^{0} | 枪托子 tsʰiɑŋ^{55} tʰuɐʔ$^{\underline{31}}$ lɔ^{0}

[yɐʔ] 车脚子 tʂʰʅɜ^{55} tɕyɐʔ$^{\underline{31}}$ lɔ^{0} | 豆角子 tou^{55} tɕyɐʔ$^{\underline{31}}$ lɔ^{0} | 发疟子 fɐʔ^{3} yɐʔ$^{\underline{31}}$ lɔ^{0}

其中，部分单字韵在语流中的音色有所变化，[iɜ yɜ] 变作 [iɛ yɛ]，[uʌ] 变作 [uo] 或 [o]（唇音声母时），[ɯʌ] 变作 [ɤ]，[æʔ iæʔ yæʔ] 变作 [əʔ iəʔ yəʔ]，此处仍记作单字韵形式。[æʔ iæʔ

uoʔ yæʔ]组入声韵的合口呼音值特殊，这在周边林州东姚([æʔ iæʔ uoʔ yæʔ])、淇县黄洞([æʔ iæʔ uoʔ yæʔ])、鹤壁山城([ɛʔ iɛʔ uʌʔ yɛʔ])等方言中也有出现。

林州桂林方言“子”尾的两种语音形式互为条件变体，它们出现的核心条件是[+高]或[-高]。两者对比，子尾声母的消失首先发生在具备[+高]的区别特征的音素后。那么，这两个语音形式会不会是其他名词后缀的变体？我们认为不会。林州桂林方言的子尾及其周边语言环境具有以下三个特点：

第一，林州桂林与林州城区的子尾存在系统性的对应。林州城区方言的子尾有[əʔ]与[ləʔ]两个变体①，它们出现的条件同样是“以词根韵母中最后一个音素语音特征的‘高’、‘低’而定：‘低’的(-ʔ，-a，-ɔ，-ə)为 ləʔ，‘高’的(笔者按：-ɿ，-ʅ，-i，-u，-y，-ŋ)为 · əʔ”(陈卫恒 2003)。并且林州城区的这两个子尾变体恰好是长治[təʔ]、壶关[təʔ]、屯留[təʔ]等方言子尾发展的未来，又是河北任县方言子尾[lə]/[ə]的昨天。(陈宁 2006)

第二，在林州桂林方言内部，子尾与儿化②在语义功能上对比鲜明。子尾词常常表示事物粗大之义，多用于泛指和总称，语用上或无感情色彩，或表示消极嫌恶；儿化词常常表示事物细小之义，多用于小称或爱称，语用上多表示积极喜爱的色彩。例如：

1) 铁丝子(粗的)t^{h}iɐʔ^{3} sɿ^{42} ɔ^{0}　　铁丝儿(细的)t^{h}iɐʔ^{3} sʅ^{42}

2) 孩子(讨厌)xai^{21} ɔ^{0}　　小孩儿(喜爱)siɑu^{21} xɤr^{24}

3) 剪子(泛称)tsia^{42} lɔ^{0}　　小剪儿(小称)siɑu^{24} tɕiɛr^{42}

---

① 陈卫恒(2003)描写的林州城区子尾读音有[əʔ]和[ləʔ]两个，但说明“əʔ 在不同的词根音节后，还有些色彩上的差异，比如：在-i/y 后读音近 iəʔ，-u 后近 uəʔ，-ŋ 后近 ŋəʔ，在声化韵 ḷ 后近 ləʔ(注意 ḷəʔ 不同于 ləʔ)等。”我们调查的林州城郊、林州临淇、林州任村的子尾读音有三个，前两方言为[əʔ iəʔ ləʔ]，末一方言为[ʌʔ iʌʔ lʌʔ]。[iəʔ]与[iʌʔ]可能是前字韵母末位音素[i]最先最深影响子缀读音的结果。至于描写上的差异，首先在于地点有别，其次可能与被调查人的年龄差异有关。但这不影响我们对其“子”尾性质的认定。

② 前文已述，林州方言存在[r]式和[ʅ]式两种儿化，情形类似于山东寿光方言。

第三，林州城区方言的头尾存在[t^{h}əu]和[təu]两种语音形式。有的读送气声母，如枕头[tʂəŋ^{55} t^{h}əu^{0}]、笼头驴马嘴上防止吃食的器物[luŋ^{312} t^{h}əu^{0}]、木头棺材[məʔ^{5} t^{h}əu^{0}]；有的读不送气声母，如指头[tʂəʔ^{5} təu^{0}]、镢头[tɕyaʔ^{5} təu^{0}]、石头[ʂəʔ^{5} təu^{0}]。部分头尾词存在儿化现象，如山头儿[ʂa^{31} tər^{0}]、墙头儿[ts^{h}iaŋ^{312} tər^{0}]、天头儿[t^{h}ia^{31} tər^{0}]；部分头尾词后还可以加“子”，如炕头子[k^{h}aŋ^{25} t^{h}əu^{312} əʔ^{5}]、坟头子[fəŋ^{312} t^{h}əu^{312} əʔ^{0}]、二婚头子[l̩^{25} xuŋ^{31} t^{h}əu^{312} əʔ^{5}]。还有“子、头、儿”并存于同一个词中的现象，如桌子头儿[tʂuaʔ^{5} ləʔ^{5} tər^{0}]、椅子头儿[iəu^{312} tər^{0}]。（陈鹏飞 2007）这些语音现象说明，林州城区方言的“子”“儿”“头”存在不同的语音系统和语音形式，清晰可辨。

因此，从方言间的系统对比和方言内的功能担当上，都可以判定林州桂林等地的名词后缀[ɔ]和[lɔ]就是“子”的具体存在形式。

林州桂林等方言的“子”尾读音是[u]类子变韵合音成分的现实来源，它们具备[+后][+圆]特征，声母脱落或流音化，读轻声，符合参与子变合音的前提条件。同类型或音值接近的子尾还可以在山西闻喜方言中找到。据侯精一、温端政（1993：668）描写：“闻喜话子尾大都是念轻读的 u，由于受前一个音节元音韵尾的影响，有时也念成轻读的 o，没有因子尾而变韵，也没有特殊的变调。”例如：盘子 p^{h}ã$^{21-31}$ ·u|剪子 tɕiã^{55} ·u|扣子 k^{h}əu^{51} ·u|瞎子 xa^{51} ·o 等。由于子尾轻读，与前字界限很难确定，王洪君（2004）则将以上现象描写为 Z 变韵，并且说明 Z 变韵中的[u]实际上往往不到[u]那么高，特别是在低元音的后面，音值上更接近于[o]。这两种描写只是处理上的不同，实际现象可能是处于子尾和子变韵两者的中间状态，当研究者调查时，因为是进行定性描写，所以要么记成子尾形式，要么记成子变韵形式。而这两种记音恰恰反映的是音变连续统中两个紧密相连的阶段。同样的现象若按前者的方式处理（可认为是子变韵的前奏），可以判断出闻喜方言的子尾存在[o]、[u]两个变体。

林州中南部及闻喜方言的子尾[ɔ]、[o]、[u]能够从音理上充分解释豫北、晋南大多方言中子变韵收[o]、[u]尾的原因。这些子尾很可能在不同时期与前行音节合音，从而形成不同方言中的[u]类子变韵。至于“开封呼‘茄’为‘茄熬’合音；淇县呼‘麦’为‘密欧’合音”（民国25年再版本《河南》），则是合音后继续演变的结果。前者可以通过合音与裂化两个机制得到充分解释；而后者是“因u韵母前衍生出过渡音而成”（王福堂2005：184），如豫北晋语中的“梯子”，辉县吴村是[t^hiːu]，博爱清化称[t^hiː^{o}u]，获嘉城关说[t^hiːou]，下一步就发展为延津城关的[t^hiou]了。其中，长音的逐步弱化短化有利于过渡音的不断显化。关于子变韵具体的合音方式和演化过程，王福堂（2005）、王洪君（2008）已做了相关讨论，此不赘言。

6.3.4　小结

目前来看，[ə]类子尾的分布范围远远大于[u]类子尾，[ə]类子尾的源头形式可以追溯到[tsɿ]，而[u]类子尾的源头形式则不一定是[tsɿ]。同时，两类子变韵的发展也不平衡。[ə]类子变韵多处于生成过程中，规模小且分散；[u]类子变韵则多处于兴旺或衰落阶段，规模大而集中。鉴于以上事实，我们认为两个子尾读音的弱化链暂不具备合链的条件，如果非要在[ə]尾与[u]尾间寻找出个母子关系，不免有些生拉硬拽勉强为之的嫌疑。另外，不合链更便于对现有方言中的子变韵进行分类型分层次探讨，更利于对合音方式和演化过程得出较为全面科学的认识。

第七章

余　论

汉语方言的分区对方言研究的深入具有重要作用,而边界地区的方言系属是分区研究中的重点。本部分旨在讨论豫北晋语与中原官话交界地带的延津方言的系属问题。

7.1　相关概况

延津县位于河南省黄河以北地区,行政上隶属于新乡市管辖。该县西毗新乡市区和新乡县,东邻封丘,南连原阳,北与滑县、浚县、卫辉三市县接壤。全县现辖12个乡镇,总面积为886平方公里,人口约48万。

延津历史悠久。夏分九州,延津地属豫州;周时于其地置廪延邑;秦嬴政五年(前242)以县境多棘,置酸枣县;隋开皇五年(586)复置酸枣县。宋政和七年(1117)以黄河渡口改称延津县。清雍正五年(1727)胙城并入延津,遂沿袭至今。

延津方言处于豫北晋语与中原官话的交界地带。延津以北以西有入声的18市县方言属于晋语邯新片获济小片,延津以东以南无入声的广大地区属于中原官话郑开片。(参见沈明2006;贺巍2005)关于延津方言的研究,目前暂无系统性的成果问世。关于延津方言的系属问题,分别有两种对立的观点。目前学界的主流观点认为延津方言有入声,属于晋语。侯精一(1986)、《中国语言地图集》(1987:

B7)、沈明(2006)将其归入晋语邯新片获济小片,张启焕等(1993:58)将其归入河南话安阳片。非主流观点认为延津方言没有入声,应将其归入中原官话。《延津县志》(延津县志编纂委员会 1991:704,708)第七章"方言"部分这样描写道:"延津方言,在全国八大方言区中,属北方方言的一种;在中原官话中,属'郑曹片'开封话。""延津方言的单字调类和普通话一样,分阴平、阳平、上声、去声四声"。以上表述虽有问题,但编写者的观点却很明确。陈泓等(2006)考证了黄河故道与新乡市东西部方言的关系,认为延津方言应归入东部无入声区。孙修光(2001)、袁蕾(2005)也认为延津与原阳、长垣、封丘等方言同属四个调类的方言区。此外,辛永芬(2011)在描写延津方言单字韵与子变韵的对应关系时,没有列出入声韵的相应情况,可见作者也认为该方言没有入声或入声已消失。总体来看,河南当地学者多认为延津方言没有入声。那么,延津方言的归属为何会不一致呢?其关键点可能就在于两派学者对延津方言入声的今读和特点认识不同。

延津方言到底有没有入声韵和入声调,今读又有什么样的特点?我们选择延津城关、延津胙城、延津榆林及其周边的新乡平原、新乡小冀、卫辉城郊、卫辉庞寨、原阳城关、封丘王村等地方言作为考察对象,以期对该问题有个圆满的解释与回答。

7.2　延津方言的声韵调

我们以延津城关方言为代表,具体介绍其声韵调情况。

(1) 声母 24 个,包括零声母。它们分别为:p p^h m f t t^h n l ts ts^h s tʂ $tʂ^h$ ʂ ʐ tɕ $tɕ^h$ ȵ ɕ k k^h x ɣ Ø。其中[ȵ]的发音部位靠后,极近[ɲ],发音位置为舌面中。

(2) 韵母 41 个,不包括儿化韵。它们分别是:ɿ ʅ ʮ i u y a ia ua ɤʌ uʌ yʌ ɛ uɛ ʅɜ iɜ yɜ ai uai ei uei ɑo iɑo ou iou an ian uan yan ən in uən yn ɑŋ iɑŋ uɑŋ əŋ iŋ uŋ yŋ ḷ͜ə。其中,[ʅɜ iɜ yɜ]中后一元音的位

置略高，也可记为[ə]。

（3）单字调4个，分别为：阴平[35]、阳平[52]、上声[55]、去声[21]。

（4）主要音韵特点：

1）精组和见晓组在今细音前分尖团。古精组细音字今读声母[ts tsʰ s]，古见晓组细音字今读声母[tɕ tɕʰ ɕ]。例如：酒精[ᶜtsiou]≠九见[ᶜtɕiou]；清清[꜀tsʰiŋ]≠轻溪[꜀tɕʰiŋ]；需心[꜀sy]≠虚见[꜀ɕy]；

2）古知章庄组字无论开合今读声母[tʂ tʂʰ ʂ]，古精组洪音字今读声母[ts tsʰ s]，两者分立。例如：知知[꜀tʂʅ]=支章[꜀tʂʅ]；蒸章[꜀tʂəŋ]=争庄[꜀tʂəŋ]；春昌[꜀tʂʰuən]≠村清[꜀tsʰuən]；生生[꜀ʂəŋ]≠僧心[꜀səŋ]；

3）古影疑母开口一二等（包括三等"牛"）字今读[ɣ-]声母。例如：熬[꜁ɣɑo]、安[꜀ɣan]、硬[ɣəŋᵓ]、藕[ᶜɣou]、暗[ɣanᵓ]、牛[꜁ɣou]，等；

4）大部分蟹止摄合口三等非敷奉母字今读[i]韵。例如："匪肥废肺非费飞"读[fi]。中原官话"除信蚌片今[f]声母不拼[i]韵外，其他各片这类字的[f]声母大都拼[i]韵"；（贺巍2005）

5）古曾开一、曾开三庄组、梗开二入声字今读[ɛ]韵。例如："麦拆色白摘责策百拍"等；

6）入声消失，既无独立的入声韵，也无独立的入声调。下文详述。

7.3 延津及其周边方言的韵母特征

（1）以城关镇为代表的绝大部分延津方言的入声韵均已舒化

豫北晋语绝大多数方言的入声韵呈现出部分保留、部分舒化的格局。其中，部分方言大多数入声字舒化，少数保留喉塞尾，如鹤壁淇滨；部分方言多数入声字保留塞尾，少数舒化，如沁阳沁园、卫辉城郊等。入声韵在共时层面上呈现出的这种分化格局在晋语吕梁片、志延片与中原官话的交界地带也较为普遍，是晋语边缘区域的共有特征。

（乔全生 1990；沈明 2006；邢向东，孟万春 2006）从新乡平原、卫辉城郊往延津城关方向看，在 609 个入声字中，新乡平原保留入声读法的有 291 个，卫辉城郊有 375 个，前者入声舒化的略多，后者保留塞尾的略多；再往东南方向，延津西北邻近卫辉市、新乡市的东屯镇以及榆林乡西部北部少数村庄的方言也呈现部分保留入声、部分舒化的格局；从延津县榆林乡政府附近开始，以延津榆林、延津城关、延津胙城为代表的大部分区域的入声韵全部舒化。以延津城关为例，入声韵舒化后的基本归派规律如下：

1）咸山摄入声字舒化后与果假摄（含蟹开二见系）字合流，今读[ɤʌ uʌ]、[a ia ua]、[ʅɜ iɜ yɜ]等韵母。

2）深臻摄入声字舒化后多与蟹止摄、遇摄字合流，今读[ʅ i]、[uai]、[ʮ u y]等韵母。

3）宕江摄入声字舒化后多与果摄字合流，今读[ɤʌ uʌ yʌ]、[yɜ]等韵母。

4）曾梗摄入声字舒化后有两种情况，德韵、陌韵、麦韵、职韵（庄组）字舒化后独立成韵，今读[ɛ uɛ]韵母；其他入声字舒化后多与蟹止摄字合流，今读[ʅ i]、[ei]等韵母。

5）通摄入声字舒化后与遇摄、流摄字合流，今读[u y]、[ou iou]等韵母。

延津与周边方言古入声字的今读对比情况见表 7－1。

表 7－1　延津与周边方言古入声字的今读

	杀山开二	接咸开三	国曾合一	确江开二	十深开三	踢梗开四	骨臻合一	掬通合三
新乡平原	sɐʔ꜆	꜀tɕiɜ	kuɐʔ꜆	tɕʰyɐʔ꜆	sʅəʔ꜆	tʰiəʔ꜆	kuəʔ꜆	tɕyəʔ꜆
新乡小冀	saʔ꜆	tɕiaʔ꜆	kuaʔ꜆	tɕʰyaʔ꜆	ʂəʔ꜆	tʰiəʔ꜆	kuəʔ꜆	tɕyəʔ꜆
卫辉城郊	sɐʔ꜆	tɕiɐʔ꜆	kuɐʔ꜆	tɕʰyɐʔ꜆	səʔ꜆	tʰiəʔ꜆	kuəʔ꜆	tɕyəʔ꜆
卫辉庞寨	sᴀʔ꜆	tɕiᴀʔ꜆	kuᴀʔ꜆	tɕʰyᴀʔ꜆	səʔ꜆	tʰiəʔ꜆	kuəʔ꜆	tɕyəʔ꜆
延津榆林	꜀ʂa	꜀tɕiɜ	꜀kuɛ	꜀tɕʰyʌ	꜁ʂʅ	꜀tʰi	꜀ku	꜀tɕy
延津城关	꜀ʂa	꜀tsiɜ	꜀kuɛ	꜀tɕʰyʌ	꜁ʂʅᵊ	꜀tʰi	꜀kuᵊ	꜀tɕy

续 表

	杀山开二	接咸开三	国曾合一	确江开二	十深开三	踢梗开四	骨臻合一	掬通合三
延津胙城	꜀ʂᴀ	꜀tɕiɜ	꜀kuɛ	꜀tɕʰyʌ	꜁ʂʅ	꜀tʰi	꜀ku	꜀tɕy
原阳城关	꜀ʂa	꜀tsie	꜀kuai	꜀cʰye	꜁ʂʅ	꜀tʰi	꜀ku	꜀cy
封丘王村	꜀ʂa	꜀tsiə	꜀kuɛi	꜀tɕʰyo	꜁ʂʅ	꜀tʰi	꜀ku	꜀tɕy

新乡、卫辉等地的入声是弱塞尾,实际可记作[ˀ],这是入声舒化的前奏。到了延津等地,弱塞尾消失,韵母依音值相近原则并入相应舒声韵。从方言间的对比看,卫辉城郊的[ɐˀ iɐˀ yɐˀ]、[iəˀ uəˀ yəˀ]([ə]是过渡音,可以处理为[ᵊ])与延津城关的[a iɜ yʌ]和[iᵊ uᵊ yᵊ](详见下文)极其近似,容易造成听辨和认识上的混同。如果只调查入声字读音的话,那很可能认为该方言存在入声韵,尤其是将[iᵊ uᵊ yᵊ]认定为[iəˀ uəˀ yəˀ]。但如果全面调查后会发现,大批舒声字与入声字韵母相同,且不可能存在大规模的系统性的舒声促化,那韵母的真正特征便会得到揭示。

此外,从延津三点入声韵舒化后的音值看,宕江摄部分见系字如"脚确学药约钥角觉感~岳乐音~"等读[yʌ](有人直接记作[yo]),与中原官话郑州、封丘、内黄、信阳、运城乃至西安等很多方言的读音接近;曾开一、曾开三庄组、梗开二所辖字如"麦拆色白摘责侧策百拍"等都读[ɛ]韵,与中原官话郑开片"古入声曾摄开口一等、三等庄组字和梗摄开口二等字本片今大都读[ɛ]韵"(贺巍 2005)的特点完全相同。而后者恰恰是豫北晋语绝大多数方言(除安阳)没有的。

(2) 延津城关方言高元音韵母后存在衍音现象

延津城关方言的单元音韵母[ɿ ʅ i u y ʮ]在发音完毕后还会顺带出一个后衍音"[ə]",这个音色微弱的[ə],在记音过程中往往会被处理掉,本部分是专题讨论这个问题,因此全部将其记出。后衍音[ə]是发音器官从发音时的紧张状态回复到放松状态的过程中,自然带出的模糊音色,实际发音部位略高略后于[ə]。具体实例如下:

ɿ>ɿ^{ə} 资꜀tsɿ^{ə} | 刺 ts^{h}ɿ^{ə}꜄ | 丝꜀sɿ^{ə} | 自 tsɿ^{ə}꜄ | 私꜀sɿ^{ə}

ʅ>ʅ^{ə} 知꜀tʂʅ^{ə} | 质꜀tʂʅ^{ə} | 池꜁tʂ^{h}ʅ^{ə} | 诗꜀ʂʅ^{ə} | 食꜁ʂʅ^{ə} | 识꜂ʂʅ^{ə} | 吃꜀tʂ^{h}ʅ^{ə}

i>i^{ə} 泥꜁ȵi^{ə} | 谜 mi^{ə}꜄ | 弥꜂mi^{ə}

u>u^{ə} 武꜂u^{ə} | 毒꜁tu^{ə} | 租꜀tsu^{ə} | 绿꜀lu^{ə} | 奴꜁nu^{ə} | 熟꜁ʂu^{ə} | 箍꜀ku^{ə} | 骨꜀ku^{ə}

y>y^{ə} 雨꜂y^{ə} | 橘꜀tɕy^{ə}

ʮ>ʮ^{ə} 猪꜀tʂʮ^{ə} | 除꜁tʂ^{h}ʮ^{ə} | 煮꜂tʂʮ^{ə} | 鼠꜂ʂʮ^{ə} | 拄꜂ʐʮ^{ə} | 输运~꜁ʂʮ^{ə} | 出꜀tʂ^{h}ʮ^{ə}

总体来看,延津城关方言高元音韵母后增生衍音的现象有以下几个特点:

1) 衍音增生现象属于条件式变化,即高元音是其增生条件。也就是说,是否增生衍音,跟韵母主要元音的高低和开口度相关,开口度小的高元音容易增生衍音,开口度大的低元音(如[a ε])不容易增生衍音。

2) 根据调查情况看,各高元音后的衍音清晰度并不相同,[ʮ]后最明显。

3) 衍音增生现象出现于高元音韵母后,但元音相同的情况下并非每个字都有衍音,如"雨"有,"掬律"没有。这可能跟发音时发音器官是否放松有关。

4) [fi]音节(如"飞非肥匪废肺费")中没有衍音,因为该音节中[i]的实际音值近[ɪ]。

朱晓农(2004)将这个后衍音称作滑音,将汉语方言中的这种现象称作后显低裂化,是高顶出位的一种形式。后显低裂化与发音初始状态有关,"是一种回复到混元音这个调音初始态的回归变化"。其具体表现是"维持高元音到后来稍一松劲而发声依然未停,就拖上一个向中央滑动的滑音"。汉语方言中的后显低裂化实例不少,朱文援引曹志耘(1996,2000,2002a)、陈忠敏(1998)、秋谷裕幸(2001)等人的调查材料,得出以下链条:(1) ɿ>ɿᵊ(松阳)>ɿə(江山)>iɐ(淳安),(2) i>iə(江山),(3) u>uə(常山),等,“这些音变一开始时是前响式的,后面增生的是个滑音。但时间长了,后面的滑音有可能逐渐增强,最后变成后响式复元音也不是不可能”。显然,延津城关方言处于以上链条的初始阶段,即 ɿ>ɿᵊ、i>iᵊ、u>uᵊ的阶段。

延津城关方言的高元音后出现衍音在北方官话中并非孤例,延津榆林的[ʯ]韵实际也带后衍音,如“书树出除煮处相~厨住拄擩乳”等。根据我们的调查,武陟小董、修武岸上、辉县南村等豫北晋语中也有此类现象。例如:

武陟小董	y>yᵊ	驴꜁lyᵊ | 女꜂ȵyᵊ | 据 tɕyᵊ꜄ | 去 tɕʰyᵊ꜄ | 徐꜁ɕyᵊ | 鱼꜁yᵊ
	ʯ>ʯᵊ	猪꜀tʂʯᵊ | 除꜁tʂʰʯᵊ | 书꜀ʂʯᵊ | 主꜂tʂʯᵊ | 储꜁tʂʰʯᵊ | 舒꜀ʂʯᵊ
修武岸上	ʯ>ʯᵊ	朱꜀tʂʯᵊ | 除꜁tʂʰʯᵊ | 鼠꜂ʂʯᵊ | 住 tʂʯᵊ꜄ | 擩꜂ʐʯᵊ | 乳꜂ʐʯᵊ
	ʮ>ʮᵊ	猪꜀tsʮᵊ
辉县南村	ʯ>ʯᵊ	除꜁tʂʰʯᵊ | 煮꜂tʂʯᵊ | 鼠꜂ʂʯᵊ | 朱꜀tʂʯᵊ | 擩꜂ʐʯᵊ | 猪꜀tʂʯᵊ

从以上三点的情况看,后衍音最容易在圆唇的舌尖音后产生。与此相比,山东高密(田文静 2013)的后衍音音色有所增强,听感上更为明显,几近央[ə];而山西晋城(沈慧云 1983: 19;邹妍 2010: 82)后衍音的发展更进一步,整个韵母变成了后响式复元音。例如:

山东高密	ɿ>ɿə	紫꜂ðɿə | 刺 tθʰɿə꜄ | 知꜀zɿə | 食꜁sɿə | 尺꜂tsʰɿə
	ʅ>ʅə	纸꜂tʂʅə | 师꜀ʂʅə | 翅 tʂʰʅə꜄

	i>iə	挤꜂ziə|鸡꜀tɕiə|喜꜂ɕiə|急꜁tɕiə|日iə꜄|力liə꜄
山西晋城	i>iə	你꜂niə|胰꜁iə|椅꜂iə|鸡꜀tɕiə
	u>uə	伍꜂uə|武꜂uə|午꜂uə
	y>yə	女꜂nyə|吕꜂lyə|旅꜂lyə|率效~꜂lyə|律纪~꜂lyə

令人费解的是,山西晋城方言的韵母系统中另有[i u y]韵母,覆盖大多数止摄开口、遇摄字。而后衍音转变为后响式复元音的现象只发生在少数字中,且与是否是零声母、鼻边音声母没有必然关系。其中缘由有待考查。

了解了北方方言中的后衍音现象及其不同程度的演化后,我们将思路拉回到延津方言上。高元音后增生衍音(或滑音)与发音器官回归发音初始态有关,而衍音往往处于气流维持的最后阶段,会有种突然停止的感觉。这种感觉就像语流中弱化音节产生塞尾一样。因而,当高元音增生衍音形成[$i^{ə}$ $u^{ə}$ $y^{ə}$]后与入声韵[$i^{əʔ}$ $u^{əʔ}$ $y^{əʔ}$]的音色较为接近,这容易导致相互混淆而难以辨别。延津城关方言被误认为有入声韵的最大原因可能就在于此。但需要说明,两者难以辨别的情况一般发生在后衍音增生的初期阶段,并且是周边方言有入声存在的时候。等后衍音发展到山东高密、山西晋城的阶段,这种混淆会因音值差异较大而自动解除。

7.4 延津及其周边方言的声调特征

根据我们的调查,延津城关、延津胙城、延津榆林等方言的入声调消失,清入次浊入多派入阴平,全浊入多派入阳平。这种演变情况与中原官话“古入声清音声母和次浊声母字今读阴平,古入声全浊声母字今读阳平”(贺巍 2005)的特点完全一致。因此,从调类分合规律看,延津方言当属中原官话无疑。具体实例如表 7-2。

表 7-2　延津方言古入声字的声调归派

	北帮	节精	七清	塔透	麦明	绿来	白并	毒定	十禅
延津城关	꜀pei	꜀tsiɜ	꜀tsʰi	꜀tʰa	꜀mɛ	꜀lu/꜀ly	꜁pɛ	꜁tuᵊ	꜁ʂʅᵊ
延津胙城	꜀pei	꜀tɕiɜ	꜀tɕʰi	꜀tʰA	꜀mɛ	꜀ly	꜁pɛ	꜁tu	꜁ʂʅ
延津榆林	꜀pei	꜀tɕiɜ	꜀tɕʰi	꜀tʰa	꜀mɛ	꜀lu	꜁pɛ	꜁tu	꜁ʂʅ

再如延津城关：辣=拉[꜀la]，一=医[꜀iᵊ]，瞎=虾[꜀ɕia]，盒=河[꜁xɤʌ]；延津胙城：竹=猪[꜀tʂu]，织=知[꜀tʂʅ]，积=鸡[꜀tɕi]，笔=杯[꜀pei]，曲=区[꜀tɕʰy]；延津榆林：踢=梯[꜀tʰi]，识=食=时[꜁ʂʅ]，等等。

相比而言，除了“平分阴阳、全浊上归去”等共同特征外，豫北晋语入声调的演变则要略微复杂一些。前文已述，豫北晋语大部分方言，古清入字部分保留入声读法，部分舒化，舒化后的归向存在两种情况：其一，以归入阴平的最多。例如鹤壁淇滨、新乡平原、安阳文峰、卫辉城郊、获嘉城关、焦作王褚、修武城关、武陟木城、温县温泉、获嘉亢村、沁阳沁园、济源玉泉等。其二，以归入去声的最多。例如林州城郊、辉县城关等。同样，古次浊入在豫北晋语中的归派情况也可以分为两种类型：第一，鹤壁淇滨、新乡平原等方言的古次浊入声字舒化后多归入阴平，其发展方向与周边中原官话相同；第二，安阳文峰、林州城郊、卫辉城郊、辉县城关、获嘉城关、修武城关、焦作王褚、武陟木城、温县温泉、沁阳沁园、济源玉泉及获嘉亢村等方言古次浊入声字舒化后大部分归入去声，这种类型的舒化方向与周边中原官话大不相同，但却与冀鲁官话、胶辽官话及北京官话一致。但需要强调，次浊入的舒化目前尚在进行中，派入四声的最终结果和比例还无法判断。相比清入和次浊入而言，豫北晋语的全浊入舒化比例更高，且主要方向是派入阳平。依此来看，目前豫北晋语内部入声的演变方向并非齐头并进。延津方言声调格局的底层也许与豫北晋语相同，但它的演变速度和步伐明显较快。

但是，从调型调长角度看，豫北晋语确实会对判断延津方言是否存在入声调产生干扰。豫北晋语的入声调型大多为中平调和短升调，调长多介于典型的入声短调与长调之间，即处于短调拉长的中间阶段。其中，紧邻延津的淇县、卫辉、新乡一带，入声调与阴平调的调型一致，且调值接近。同时，这些方言的部分清入字正在通过“入声韵尾消失，短调逐步拉长，进而依据调型相同、调值接近原则归入相应舒声调”的方式实现舒化。这些因素极易给调查者造成延津方言也存在入声调的错觉。请看表 7－3 中延津及其周边方言声调的具体调值。

表 7－3　延津及其周边方言的调值对比

方言点	阴平	阳平	上声		去声		入声		
	清平	浊平	清上	次浊上	全浊上	去声	清入	次浊入	全浊入
淇县朝歌	35	52	55		212		24		
卫辉城郊	24	52	55		313		13		
卫辉庞寨	24	52	55		212		13		
新乡平原	24	52	44		212		24		
延津城关	35	52	55		21		35＝阴平		52＝阳平
延津胙城	35	51	55		212		35＝阴平		51＝阳平
延津榆林	35	51	55		212		35＝阴平		51＝阳平
原阳城关	35	42	33		312		35＝阴平		42＝阳平
封丘王村	24	53	44		423		24＝阴平		53＝阳平

另外，延津方言的古清入、次浊入声字舒化后今读阴平[35]调，与中原官话郑开片 24 个市县方言阴平清一色的读作[24]调连成一片。(参见张启焕等 1993：52－55)入声音类上的归派与阴平调值上的特征，都说明延津方言与中原官话的关系更为紧密。这些方言以开封、郑州为中心组成了区域性的方言联盟，独立于豫北晋语之外。据此来看，以往研究者认为延津方言也存在入声调的原因，可能在于误将高元音后增生衍音的现象等同于入声韵的前提下，受周边方言入声调与阴平调调型调值相近的干扰所致。

7.5　小　结

延津方言与中原官话的声调从调型到调值的相似度都极高,有其自然的和历史的双重因素。豫北晋语区毗连晋东南地区,主要处于太行山东麓南麓与黄河故道相夹地带。延津县恰好处于黄河故道沿线。据陈泓等(2006),自古黄河形成到1462年(明开顺六年)黄河故道断流,新乡东部(原阳、延津、封丘、长垣及卫辉东南部)与西部(辉县全部、获嘉大部、新乡县北部、卫辉西北部及新乡市区)地区受黄河阻隔长达2 000多年。另外,绪论中已述,据清人刘鹗《历代黄河变迁图考》,自周代至宋代,黄河故道基本以"武浚线"和"原滑线"为界自西南向东北流去,保持1 000多年不变:

武浚线:武陟—获嘉—新乡—卫辉—浚县
原滑线:原阳—武阳—延津—胙城—滑县

这段黄河故道恰好成为豫北山前的"护城河",也基本上成为豫北晋语与中原官话的分界线,其中武浚线以北以西为豫北晋语,原滑线以南以东为中原官话。在漫长的历史中,延津一直处于黄河南岸,与豫北晋语其他市县联系较少,其语言自然会有差异。另外,延津在春秋时为郑邑,秦属三川郡,汉为陈留郡。北齐省,隋初复置,沿袭至宋,元属汴梁路,明属开封府。清雍正二年(1724)以河限故,由开封府改属卫辉府。雍正五年(1727)胙城县并入延津县。因此,历史上延津长时间与原阳、封丘、长垣等地隶属相同,与卫辉等市县划归同一行政区不到300年的时间。据此看,河流和历史因素是新乡方言东西有别的深层客观原因。

另外,调查中我们得知,在当地人的意识中,延津方言与新乡方言有所差异,与滑县、封丘等方言比较接近。显然,当地人的母语感比较接近于语言事实本身。

综上而论,我们认为以延津城关、延津胙城、延津榆林为代表的延津绝大部分方言应归入中原官话郑开片，延津西北部邻近卫辉市、新乡市的东屯镇及榆林乡西部北部少数村庄保留入声，属于豫北晋语。

这样，豫北晋语的范围重新确定为：

安阳市 安阳县 汤阴 林州 鹤壁 淇县 卫辉 辉县
新乡市 新乡县 获嘉 焦作 修武 武陟 博爱 沁阳
温县 济源王屋以东

附录一

豫北晋语声调对照表

编号	方言点	阴平	阳平	上声		去声		入声		
		清平	浊平	清上	次浊上	全浊上	去声	清入	次浊入	全浊入
*01	安阳文峰	44	53	31		212		4		
02	安阳吕村	55	51	42		212		3		
03	安阳铜冶	53	42	51		24		$\underline{31}$		
04	安阳马家	31	42	51		44		$\underline{31}$		
05	汤阴城关	33	52	44		213		3		
06	汤阴五陵	24	51	55		212		$\underline{24}$		
*07	林州城郊	41	312	52		44		$\underline{31}$		
08	林州任村	41	312	213		55		$\underline{31}$		
09	林州东姚	31	41	54		55		$\underline{31}$		
10	林州临淇	31	412	55		44		$\underline{31}$		
*11	鹤壁淇滨	24	52	55		213		3		
12	鹤壁山城	44	41	55		212		3		
*13	淇县朝歌	35	52	55		212		$\underline{24}$		
14	淇县黄洞	44	51	55		212		5		
*15	卫辉城郊	24	52	55		313		$\underline{13}$		
16	卫辉狮豹头	24	51	55		21		$\underline{35}$		
17	卫辉庞寨	24	52	55		212		$\underline{13}$		
*18	辉县城关	44	42	52		213		4		

续 表

编号	方言点	阴平	阳平	上声		去声		入声		
		清平	浊平	清上	次浊上	全浊上	去声	清入	次浊入	全浊入
19	辉县南村	42	53	44		13		31		
20	辉县上八里	44	41	53		21		3		
21	辉县吴村	55	323	51		24		3		
22	延津城关	35	52	55		21		35		52
23	延津胙城	35	51	55		212		35		51
24	延津榆林	35	51	55		212		35		51
*25	新乡平原	24	52	44		212		24		
26	新乡小冀	34	41	54		212		3		
*27	获嘉城关	44	411	52		13		24		
28	获嘉亢村	44	41	53		21		3/13		
29	获嘉徐营	44	41	53		13		3		
*30	修武城关	44	312	52		24		4/24		
31	修武西村	55	323	512		24		4		
32	修武岸上	55	323	51		13		4		
*33	焦作王褚	55	213	523		24		13/3		
*34	武陟木城	44	323	53		13		4		
35	武陟詹店	55	412	41		13		3		
36	武陟小董	55	212	52		24		24		
37	博爱清化	44	323	512		24		24/3		
38	博爱寨豁	42	323	512		24		24/3		
*39	沁阳沁园	53	323	412		24		13/3		
40	沁阳常平	41	212	512		24		24		
41	沁阳紫陵	43	323	512		24		13		
42	沁阳柏香	43	323	512		24		13		
*43	温县温泉	55	312	52		113		3		
44	温县武德	55	323	51		13		3/24		

续 表

编号	方言点	阴平	阳平	上声		去声		入声		
		清平	浊平	清上	次浊上	全浊上	去声	清入	次浊入	全浊入
45	温县番田	55	412	51		212		3		
*46	济源玉泉	44	212	53		13		13		
47	济源坡头	34	41	55		21		3/13		
48	济源王屋	55	212	52		24		3		
49	济源下冶	45	52	43		212		45		52
50	济源邵原	51	423	44		24		44		423

说明：

（1）编号前带"*"号的对应"附录二　豫北晋语字音对照表"所选重点调查点。

（2）延津城关、延津胙城、延津榆林、济源下冶、济源邵原入声全部舒化。不再单列表格。

附录二

豫北晋语字音对照表

1. 本附录收录豫北晋语 14 个方言代表点的字音材料，它们是：安阳文峰、林州城郊、鹤壁淇滨、卫辉城郊、辉县城关、新乡平原、获嘉城关、淇县朝歌、修武城关、焦作王褚、武陟木城、沁阳沁园、温县温泉、济源玉泉。它们均代表各市县城区方言，故表格中使用简称，依次为：安阳、林州、鹤壁、卫辉、辉县、新乡、获嘉、淇县、修武、焦作、武陟、沁阳、温县、济源。

2. 本附录根据《方言调查字表》遴选单字 1 008 个，所选单字兼顾考虑中古音韵地位及豫北晋语的语音特点。排列顺序依据《方言调查字表》，字下注明中古音韵地位。

3. 具体体例如下：

（1）单字标调类不标调值。调值见附录一。

（2）如果所选字在某方言中只有儿化音、子变音，则直接标示其儿化音、子变音。

（3）一字多音现象，依实际情况全部收录。斜线前为常用音，斜线后次之。

（4）个别字因该方言不说或调查不出，以横线示之。

（5）部分方言的部分入声字存在两个调值变体，先标调类，后附两个调值。斜线前为常用调值，斜线后次之。如修武"百"标为[peʔ꜀$_{4/\underline{24}}$]。

（6）获嘉方言中存在异调分韵现象，本表与正文一致，不再做音位处理。

（7）有需要说明的地方，一律采用脚注形式。

1	多	拖	驮	大~小	挪	罗	左	搓
	果开一平歌端	果开一平歌透	果开一平歌定	果开一去箇定	果开一平歌泥	果开一平歌来	果开一上哿精	果开一平歌清
安阳	꜀tuo	꜀tʰuo	꜁tʰuo	ta꜄	꜁nuo	꜁luo	꜂tsuo	꜀tsʰuo
林州	꜀tuʌ①	꜀tʰuʌ	꜁tʰuʌ	tɔ꜄	꜁nuʌ	꜁luʌ	꜂tsuʌ	꜀tsʰuʌ
鹤壁	꜀tuɐ	꜀tʰuɐ	꜁tʰuɐ	ta꜄	꜁nuɐ	꜁luɐ	꜂tʂuɐ	꜀tʂʰuɐ
卫辉	꜀tuʌ	꜀tʰuʌ	꜁tʰuʌ	ta꜄	꜁nuʌ	꜁luʌ	꜂tʂuʌ	꜀tʂʰuʌ
辉县	꜀tuʌ	꜀tʰuʌ	꜁tʰuʌ	ta꜄	꜁nuʌ	꜁luʌ	꜂tsuʌ	꜀tsʰuʌ
新乡	꜀tuʌ	꜀tʰuʌ	꜁tʰuʌ	ta꜄	꜁nuʌ	꜁luʌ	꜂tsuʌ	꜀tsʰuʌ
获嘉	꜀tuʌ	꜀tʰuʌ	꜁tʰuʌ	tA꜄	꜁nuʌ	꜁luʌ	꜂tʂuʌ	꜀tʂʰuʌ
淇县	꜀tuʌ	꜀tʰuʌ	꜁tʰuʌ	tɑ꜄	꜁nuʌ	꜁luʌ	꜂tʂuʌ	꜀tʂʰuʌ
修武	꜀tuʌ	꜀tʰuʌ	꜁tʰuʌ	ta꜄	꜁nuʌ	꜁luʌ	꜂tsuʌ	꜀tsʰuʌ
焦作	꜀tuɑ	꜀tʰuɑ	꜁tʰuɑ	ta꜄	꜁nuɑ	꜁luɑ	꜂tsuɑ	꜀tsʰuɑ
武陟	꜀tuʌ	꜀tʰuʌ	꜁tʰuʌ	ta꜄	꜁nuʌ	꜁luʌ	꜂tsuʌ	꜀tsʰuʌ
沁阳	꜀tuɑ	꜀tʰuɑ	꜁tʰuɑ	ta꜄	꜁nuɑ	꜁luɑ	꜂tsuɑ	꜀tsʰuɑ
温县	꜀tuʌ	꜀tʰuʌ	꜁tʰuʌ	tA꜄	꜁nuʌ	꜁luʌ	꜂tsuʌ	꜀tsʰuʌ
济源	꜀tuʌ	꜀tʰuʌ	꜁tʰuʌ	ta꜄	꜁nuʌ	꜁luʌ	꜂tsuʌ	꜀tsʰuʌ

① 自林州以下 13 个方言点的[uʌ]、[uɑ]、[uɐ]，也可记为[uːʌ]、[uːɑ]、[uːɐ]。音节中声、"介"关系较紧密，听感上前重后轻。

2	哥	个	鹅	饿	河	贺	波	破
	果开一平歌见	果开一去箇见	果开一平歌疑	果开一去箇疑	果开一平歌匣	果开一去箇匣	果合一平戈帮	果合一去过滂
安　阳	꜁kɤ	kɤ꜄	꜁ɣɤ	ɣɤ꜄	꜁xɤ	xɤ꜄	꜀po	pʰo꜄
林　州	꜁kɯʌ	kɯʌ꜄	꜁ɣɯʌ	ɣɯʌ꜄	꜁xɯʌ	xɯʌ꜄	꜀puʌ	pʰuʌ꜄
鹤　壁	꜂kɤʌ	kɤʌ꜄	꜁ɣɤʌ	ɣɤʌ꜄	꜁xɤʌ	xɤʌ꜄	꜀puɐ	pʰuɐ꜄
卫　辉	꜂kɤʌ	kɤʌ꜄	꜁ɣɤʌ	ɣɤʌ꜄	꜁xɤʌ	xɤʌ꜄	꜀pʰuʌ	pʰuʌ꜄
辉　县	꜀kɯʌ	kɯʌ꜄	꜁ɣɯʌ	ɣɯʌ꜄	꜁xɯʌ	xɯʌ꜄	꜀puʌ	pʰuʌ꜄
新　乡	꜂kɤɐ	kɤɐ꜄	꜁ɣɤɐ	ɣɤɐ꜄	꜁xɤɐ	xɤɐ꜄	꜀pʰuʌ	pʰuʌ꜄
获　嘉	꜂kɤʌ	kɤʌ꜄	꜁ɣɤʌ	ɣɤʌ꜄	꜁xɤʌ	xɤʌ꜄	꜀puʌ	pʰuʌ꜄
淇　县	꜂kɤʌ	kɤʌ꜄	꜁ɣɤʌ	ɣɤʌ꜄	꜁xɤʌ	xɤʌ꜄	꜀puʌ	pʰuʌ꜄
修　武	꜂kɯʌ	kɯʌ꜄/kəʔ꜅	꜁ɣɯʌ	ɣɯʌ꜄	꜁xɯʌ	xɯʌ꜄	꜀puʌ	pʰuʌ꜄
焦　作	꜂kɤɑ	kʌʔ꜅	꜁ɣɤɑ	ɣɤɑ꜄	꜁xɤɑ	xɤɑ꜄	꜀puɑ	pʰuɑ꜄
武　陟	꜂kɤʌ	kɤʌ꜄	꜁ɣɤʌ	ɣɤʌ꜄	꜁xɤʌ	xɤʌ꜄	꜀pʰuʌ	pʰuʌ꜄
沁　阳	꜂kɤɑ	kɑʔ꜅	꜁ɣɤɑ	ɣɤɑ꜄	꜁xɤɑ	xɤɑ꜄	꜀puɑ/꜀pʰuɑ	pʰuɑ꜄
温　县	꜂kɤʌ	kɤʌ꜄	꜁ɣɤʌ	ɣɤʌ꜄	꜁xɤʌ	xɤʌ꜄	꜀pʰuʌ	pʰuʌ꜄
济　源	꜂kɤʌ	kɤʌ꜄	꜁ɣɤʌ	ɣɤʌ꜄	꜁xɤʌ	xɤʌ꜄	꜀puʌ	pʰuʌ꜄

3	婆	磨	躲	剁	椭	骡	摞	坐
	果合一平戈並	果合一平戈明	果合一上果端	果合一去过端	果合一上果透	果合一平戈来	果合一去过来	果合一上果从
安 阳	꜁pʰo	꜁mo	꜂tuo	tuo꜄	꜂tʰuo	꜁luo	luo꜄	tsuo꜄
林 州	꜁pʰuʌ	꜁muʌ	꜂tuʌ	tuʌ꜄	꜂tʰuʌ	꜁luʌ	luʌ꜄	tsuʌ꜄
鹤 壁	꜁pʰuɐ	꜁muɐ	꜂tuɐ	tuɐ꜄	꜁tʰuɐ	꜁luɐ	꜁luɐ	tʂuɐ꜄
卫 辉	꜁pʰuʌ	꜁muʌ	꜂tuʌ	tuʌ꜄	꜁tʰuʌ	꜁luʌ	luʌ꜄	tʂuʌ꜄
辉 县	꜁pʰuʌ	꜁muʌ	꜂tuʌ	tuʌ꜄	꜂tʰuʌ	꜁luʌ	luʌ꜄	tsuʌ꜄
新 乡	꜁pʰuʌ	꜁muʌ	꜂tuʌ	tuʌ꜄	꜁tʰuʌ	꜁luʌ	luʌ꜄	tsuʌ꜄
获 嘉	꜁pʰuʌ	꜁muʌ	꜂tuʌ	tuʌ꜄	꜁tʰuʌ	꜁luʌ	luʌ꜄	tʂuʌ꜄
淇 县	꜁pʰuʌ	꜁muʌ	꜂tuʌ	tuʌ꜄	꜂tʰuʌ	꜁luʌ	luʌ꜄	tʂuʌ꜄
修 武	꜁pʰuʌ	꜁muʌ	꜂tuʌ	tuʌ꜄	꜂tʰuʌ	꜁luʌ	luʌ꜄	tsuʌ꜄
焦 作	꜁pʰuɑ	꜁muɑ	꜂tuɑ	tuɑ꜄	꜂tʰuɑ	꜁luɑ	luɑ꜄	tsuɑ꜄
武 陟	꜁pʰuʌ	꜁muʌ	꜂tuʌ	tuʌ꜄	꜂tʰuʌ	꜁luʌ	luʌ꜄	tsuʌ꜄
沁 阳	꜁pʰuɑ	꜁muɑ	꜂tuɑ	tuɑ꜄	꜁tʰuɑ	꜁luɑ	luɑ꜄	tsuɑ꜄
温 县	꜁pʰuʌ	꜁muʌ	꜂tuʌ	tuʌ꜄	꜁tʰuʌ	꜁luʌ	luʌ꜄	tsuʌ꜄
济 源	꜁pʰuʌ	꜁muʌ	꜂tuʌ	tuʌ꜄	꜁tʰuʌ	꜁luʌ	luʌ꜄	tsuʌ꜄

4	锁	锅	果	过	科	课	讹	火
	果合一上果心	果合一平戈见	果合一上果见	果合一去过见	果合一平戈溪	果合一去过溪	果合一平戈疑	果合一上果晓
安阳	꜂suo	꜀kuo	꜂kuo	kuo꜄	꜀kʰɤ	kʰɤ꜄	꜁ɣɤ	꜂xuo
林州	꜂suʌ	꜀kuʌ	꜂kuʌ	kuʌ꜄	꜀kʰuʌ	kʰuʌ꜄	꜁ɣɯʌ	꜂xuʌ
鹤壁	꜂suɐ	꜀kuɐ	꜂kuɐ	kuɐ꜄	꜀kʰɤʌ	kʰɤʌ꜄	꜁ɣɤʌ	꜂xuɐ
卫辉	꜂suʌ	꜀kuʌ	꜂kuʌ	kuʌ꜄	꜀kʰuʌ	kʰuʌ꜄	꜁ɣɤʌ	꜂xuʌ
辉县	꜂suʌ	꜀kuʌ	꜂kuʌ	kuʌ꜄	꜀kʰuʌ	kʰuʌ꜄	꜁ɣɯʌ	꜂xuʌ
新乡	꜂suʌ	꜀kuʌ	꜂kuʌ	kuʌ꜄	꜀kʰuʌ	kʰuʌ꜄	꜁ɣɤɐ	꜂xuʌ
获嘉	꜂suʌ	꜀kuʌ	꜂kuʌ	kuʌ꜄	꜀kʰuʌ	kʰuʌ꜄	꜁ɣɤʌ	꜂xuʌ
淇县	꜂suʌ	꜀kuʌ	꜂kuʌ	kuʌ꜄	꜀kʰuʌ	kʰuʌ꜄	꜁ɣɤʌ	꜂xuʌ
修武	꜂suʌ	꜀kuʌ	꜂kuʌ	kuʌ꜄	꜀kʰuʌ	kʰuʌ꜄	꜁ɣɯʌ	꜂xuʌ
焦作	꜂suɑ	꜀kuɑ	꜂kuɑ	kuɑ꜄	꜀kʰuɑ	kʰuɑ꜄	꜁ɣɤɑ	꜂xuɑ
武陟	꜂suʌ	꜀kuʌ	꜂kuʌ	kuʌ꜄	꜀kʰuʌ	kʰuʌ꜄	꜁ɣɤʌ	꜂xuʌ
沁阳	꜂suɑ	꜀kuɑ	꜂kuɑ	kuɑ꜄	꜀kʰɤɑ	kʰɤɑ꜄	꜁ɣɤɑ	꜂xuɑ
温县	꜂suʌ	꜀kuʌ	꜂kuʌ	kuʌ꜄	꜀kʰuʌ	kʰuʌ꜄	꜁ɣɤʌ	꜂xuʌ
济源	꜂suʌ	꜀kuʌ	꜂kuʌ	kuʌ꜄	꜀kʰuʌ	kʰuʌ꜄	꜁ɣɤʌ	꜂xuʌ

5	货	和	窝	靴	霸	怕	爬	麻
	果合一去过晓	果合一平戈匣	果合一平戈影	果合三平戈晓	假开二去祃帮	假开二去祃滂	假开二平麻並	假开二平麻明
安 阳	xuo꜄	꜁xuo	꜀uo	꜀ɕyɛ	pa꜄	pʰa꜄	꜁pʰa	꜁ma
林 州	xuʌ꜄	꜁xuʌ	꜀uʌ	꜀ɕuʌ	pɔ꜄	pʰɔ꜄	꜁pʰɔ	꜁mɔ
鹤 壁	xuɐ꜄	꜁xɤʌ	꜀uɐ	꜀ɕyɜ	pa꜄	pʰa꜄	꜁pʰa	꜁ma
卫 辉	xuʌ꜄	꜁xuʌ	꜀uʌ	꜀ɕyɜ	pa꜄	pʰa꜄	꜁pʰa	꜁ma
辉 县	xuʌ꜄	꜁xɯʌ	꜀uʌ	꜀ɕyʌ	pa꜄	pʰa꜄	꜁pʰa	꜁ma
新 乡	xuʌ꜄	꜁xuʌ	꜀uʌ	꜀ɕyɜ	pa꜄	pʰa꜄	꜁pʰa	꜁ma
获 嘉	xuʌ꜄	꜁xuʌ	꜀uʌ	꜀ɕyʌ	pA꜄	pʰA꜄	꜁pʰA	꜁mA
淇 县	xuʌ꜄	꜁xuʌ	꜀uʌ	꜀ɕyʌ	pɑ꜄	pʰɑ꜄	꜁pʰɑ	꜁mɑ
修 武	xuʌ꜄	꜁xuʌ	꜀uʌ	꜀ɕyɜ	pa꜄	pʰa꜄	꜁pʰa	꜁ma
焦 作	xuɑ꜄	꜁xuɑ	꜀uɑ	꜀ɕyɜ	pa꜄	pʰa꜄	꜁pʰa	꜁ma
武 陟	xuʌ꜄	꜁xuʌ	꜀uʌ	꜀ɕyɜ	pa꜄	pʰa꜄	꜁pʰa	꜁ma
沁 阳	xuɑ꜄	꜁xuɑ/꜁xɤɑ	꜀uɑ	꜀ɕyɜ	pa꜄	pʰa꜄	꜁pʰa	꜁ma
温 县	xuʌ꜄	꜁xuʌ	꜀uɯ①	꜀ɕyɜ	pA꜄	pʰA꜄	꜁pʰA	꜁mA
济 源	xuʌ꜄	꜁xuʌ	꜀uʌ	꜀ɕyɐ	pa꜄	pʰa꜄	꜁pʰa	꜁ma

① 温县的“窝”读[꜀uɯ],是儿化音覆盖了单字音。

6	马	拿	茶	炸~弹	差~别	查调~	沙	家
	假开二上马明	假开二平麻泥	假开二平麻澄	假开二去祃庄	假开二平麻初	假开二平麻崇	假开二平麻生	假开二平麻见
安　阳	꜂ma	꜁na	꜁tsʰa	tsa꜄	꜀tsʰa	꜁tsʰa	꜀sa	꜀tɕia
林　州	꜂mɔ	꜁nɔ	꜁tʂʰɔ	tʂɔ꜄	꜀tʂʰɔ	꜁tʂʰɔ	꜀ʂɔ	꜀tɕiɔ
鹤　壁	꜂ma	꜁na	꜁tʂʰa	tʂa꜄	꜀tʂʰa	꜁tʂʰa	꜀sa／꜀ʂa	꜀tɕia
卫　辉	꜂ma	꜁na	꜁tʂʰa	tʂa꜄	꜀tʂʰa	꜁tʂʰa	꜀sa	꜀tɕia
辉　县	꜂ma	꜁na	꜁tsʰa	tsa꜄	꜀tsʰa	꜁tsʰa	꜀sa	꜀tɕia
新　乡	꜂ma	꜁na	꜁tsʰa	tsa꜄	꜀tsʰa	꜁tsʰa	꜀sa	꜀tɕia
获　嘉	꜂mA	꜁nA	꜁tʂʰA	tʂA꜄	꜀tʂʰA	꜁tʂʰA	꜀sA	꜀tɕiA
淇　县	꜂mɑ	꜁nɑ	꜁tʂʰɑ	tʂɑ꜄	꜀tʂʰɑ	꜁tʂʰɑ	꜀sɑ	꜀tɕiɑ
修　武	꜂ma	꜁na	꜁tsʰa	tsa꜄	꜀tsʰa	꜁tsʰa	꜀sa	꜀tɕia
焦　作	꜂ma	꜁na	꜁tsʰa	tsa꜄	꜀tsʰa	꜁tsʰa	꜀sa	꜀tɕia
武　陟	꜂ma	꜁na	꜁tsʰa	tsa꜄	꜀tsʰa	꜁tsʰa	꜀sa	꜀tɕia
沁　阳	꜂ma	꜁na	꜁tsʰa	tsa꜄	꜀tsʰa	꜁tsʰa	꜀sa	꜀tɕia
温　县	꜂mA	꜁nA	꜁tʂʰA	tsA꜄	꜀tsʰA	꜁tsʰA	꜀sA	꜀tɕiA
济　源	꜂ma	꜁na	꜁tsʰa	tsa꜄	꜀tsʰa	꜁tsʰa	꜀sa	꜀tɕia

7	假真~	价	牙	虾鱼~	夏~天	哑	姐	借
	假开二上马见	假开二去祃见	假开二平麻疑	假开二平麻晓	假开二去祃匣	假开二上马影	假开三上马精	假开三去祃精
安 阳	꜂tɕia	tɕia꜄	꜁ia	꜀ɕia	ɕia꜄	꜂ia	꜂tɕiɛ	tɕiɛ꜄
林 州	꜂tɕiɔ	tɕiɔ꜄	꜁iɔ	꜀ɕiɔ	ɕiɔ꜄	꜂iɔ	꜂tsiɛ	tsiɛ꜄
鹤 壁	꜂tɕia	tɕia꜄	꜁ia	꜀ɕia	ɕia꜄	꜂ia	꜂tɕiɜ①	tɕiɜ꜄
卫 辉	꜂tɕia	tɕia꜄	꜁ia	꜀ɕia	ɕia꜄	꜂ia	꜂tɕiɜ	tɕiɜ꜄
辉 县	꜂tɕia	tɕia꜄	꜁ia	꜀ɕia	ɕia꜄	꜂ia	꜂tɕiɐ	tɕiɐ꜄
新 乡	꜂tɕia	tɕia꜄	꜁ia	꜀ɕia	ɕia꜄	꜂ia	꜂tɕiɜ	tɕiɜ꜄
获 嘉	꜂tɕiᴀ	tɕiᴀ꜄	꜁iᴀ	꜀ɕiᴀ	ɕiᴀ꜄	꜂iᴀ	꜂tɕiɜ	tɕiɜ꜄
淇 县	꜂tɕiɑ	tɕiɑ꜄	꜁iɑ	꜀ɕiɑ	ɕiɑ꜄	꜂iɑ	꜂tɕiɜ	tɕiɜ꜄
修 武	꜂tɕia	tɕia꜄	꜁ia	꜀ɕia	ɕia꜄	꜂ia	꜂tɕiɜ	tɕiɜ꜄
焦 作	꜂tɕia	tɕia꜄	꜁ia	꜀ɕia	ɕia꜄	꜂ia	꜂tɕiɜ	tɕiɜ꜄
武 陟	꜂tɕia	tɕia꜄	꜁ia	꜀ɕia	ɕia꜄	꜂ia	꜂tɕiɜ	tɕiɜ꜄
沁 阳	꜂tɕia	tɕia꜄	꜁ia	꜀ɕia	ɕia꜄	꜂ia	꜂tɕiɜ	tɕiɜ꜄
温 县	꜂tɕiᴀ	tɕiᴀ꜄	꜁iᴀ	꜀ɕiᴀ	ɕiᴀ꜄	꜂iᴀ	꜂tɕiɜ	tɕiɜ꜄
济 源	꜂tɕia	tɕia꜄	꜁ia	꜀ɕia	ɕia꜄	꜂ia	꜂tɕiɐ	tɕiɐ꜄

① 自鹤壁以下 12 个方言点的[iɜ]、[iɐ]韵，也可以记为[iːɜ]、[iːɐ]韵。音节中声母与介音（应视为主元音）的关系比较紧密。

8	写	斜	谢	爹	遮	车	蛇	舍
	假开三上马心	假开三平麻邪	假开三去祃邪	假开三平麻知	假开三平麻章	假开三平麻昌	假开三平麻船	假开三上马书
安 阳	ᶜɕiɛ	꜁ɕiɛ	ɕiɛᵓ	꜀tiɛ	tsɐʔ꜆	꜀tsʰɤ	꜁sɤ	ᶜsɤ
林 州	ᶜsiɛ	꜁siɛ	siɛᵓ	꜀tiɛ	꜀tʂʅɜ	꜀tʂʰʅɜ	꜁ʂʅɜ	ᶜʂʅɜ
鹤 壁	ᶜɕiɜ	꜁ɕiɜ	ɕiɜᵓ	꜀tiɜ	꜀tʂʅɜ/꜀tsʅɜ	꜀tʂʰʅɜ/꜀tsʰʅɜ	꜁ʂʅɜ/꜁sʅɜ	ᶜʂʅɜ/ᶜsʅɜ
卫 辉	ᶜɕiɜ	꜁ɕiɜ	ɕiɜᵓ	꜀tiɜ	꜀tʂʅɐ	꜀tʂʰʅɐ	꜁sʅɐ	ᶜsʅɐ
辉 县	ᶜɕiɐ	꜁ɕiɐ	ɕiɐᵓ	꜀tiɐ	꜀tsʅɐ	꜀tsʰʅɐ	꜁sʅɐ	ᶜsʅɐ
新 乡	ᶜɕiɜ	꜁ɕiɜ	ɕiɜᵓ	꜀tiɜ	꜀tsʅɜ	꜀tsʰʅɜ	꜁sʅɜ	ᶜsʅɜ
获 嘉	ᶜɕiɜ	꜁ɕiɜ	ɕiɜᵓ	꜀tiɜ	ᶜtʂʅɜ	꜀tʂʰʅɜ	꜁ʂʅɜ	ᶜʂʅɜ
淇 县	ᶜɕiɜ	꜁ɕiɜ	ɕiɜᵓ	꜀tiɜ	꜀tʂʅɜ	꜀tʂʰʅɜ	꜁sʅɜ	ᶜsʅɜ
修 武	ᶜɕiɜ	꜁ɕiɜ	ɕiɜᵓ	꜀tiɜ	ᶜtʂʅɜ	꜀tʂʰʅɜ	꜁ʂʅɜ	ᶜʂʅɜ
焦 作	ᶜɕiɜ	꜁ɕiɜ	ɕiɜᵓ	꜀tiɜ	ᶜtʂʅɜ	꜀tʂʰʅɜ	꜁ʂʅɜ	ᶜʂʅɜ
武 陟	ᶜɕiɜ	꜁ɕiɜ	ɕiɜᵓ	꜀tiɜ	꜀tʂʅɜ	꜀tʂʰʅɜ	꜁ʂʅɜ	ᶜʂʅɜ
沁 阳	ᶜɕiɜ	꜁ɕiɜ	ɕiɜᵓ	꜀tiɜ	꜀tsʅɜ	꜀tsʰʅɜ	꜁sʅɜ	ᶜsʅɜ
温 县	ᶜɕiɜ	꜁ɕiɜ	ɕiɜᵓ	꜀tiɜ	꜀tʂʅɜ	꜀tʂʰʅɜ	꜁ʂʅɜ	ᶜʂʅɜ
济 源	ᶜɕiɐ	꜁ɕiɐ	ɕiɐᵓ	꜀tiɐ	꜀tʂʅɐ	꜀tʂʰʅɐ	꜁ʂʅɐ	ᶜʂʅɐ

9	社	惹	野	傻	耍	瓜	夸	瓦砖~
	假开三上马禅	假开三上马日	假开三上马以	假合二上马生	假合二上马生	假合二平麻见	假合二平麻溪	假合二上马疑
安　阳	sɤᵓ	ᶜzɤ	ᶜiɛ	ᶜsa	ᶜsua	꜀kua	꜀kʰua	ᶜva
林　州	ʂʅɜᵓ	ᶜʐʅɜ	ᶜiɛ	ᶜʂɔ	ᶜʂɔ	꜀kɔ	꜀kʰɔ	ᶜvɔ
鹤　壁	ʂʅɜᵓ/sʅɜᵓ	ᶜʐʅɜ/ᶜzʅɜ	ᶜiɜ	ᶜʂa/ᶜsa	ᶜʂua/ᶜsua	꜀kua	꜀kʰua	ᶜua
卫　辉	sʅɐᵓ	ᶜzʅɐ	ᶜiɜ	ᶜsa	ᶜsua	꜀kua	꜀kʰua	ᶜua
辉　县	sʅɐᵓ	ᶜzʅɐ	ᶜiɐ	ᶜsa	ᶜsua	꜀kua	꜀kʰua	ᶜva
新　乡	sʅɜᵓ	ᶜzʅɜ	ᶜiɜ	ᶜsa	ᶜsua	꜀kua	꜀kʰua	ᶜva
获　嘉	ʂʅɜᵓ	ᶜʐʅɜ	ᶜiɜ	ᶜʂA	ᶜʂuA	꜀kuA	꜀kʰuA	ᶜuA
淇　县	sʅɜᵓ	ᶜzʅɜ	ᶜiɜ	ᶜsɑ	ᶜsuɑ	꜀kuɑ	꜀kʰuɑ	ᶜuɑ
修　武	ʂʅɜᵓ	ᶜʐʅɜ	ᶜiɜ	ᶜʂa	ᶜʂua	꜀kua	꜀kʰua	ᶜua
焦　作	ʂʅɜᵓ	ᶜʐʅɜ	ᶜiɜ	ᶜʂa	ᶜʂua	꜀kua	꜀kʰua	ᶜua
武　陟	ʂʅɜᵓ	ᶜʐʅɜ	ᶜiɜ	ᶜʂa	ᶜʂua	꜀kua	꜀kʰua	ᶜua
沁　阳	sʅɜᵓ	ᶜzʅɜ	ᶜiɜ	ᶜsa	ᶜsua	꜀kua	꜀kʰua	ᶜua
温　县	ʂʅɜᵓ	ᶜʐʅɜ	ᶜiɜ	ᶜʂA	ᶜfA	꜀kuA	꜀kʰuA	ᶜuA
济　源	ʂʅɐᵓ	ᶜʐʅɐ	ᶜiɐ	ᶜʂa	ᶜʂua	꜀kua	꜀kʰua	ᶜua

10	花	注	谱	布	铺~床	步	墓	赌
	假合二平麻晓	假合二平麻影	遇合一上姥帮	遇合一去暮帮	遇合一平模滂	遇合一去暮並	遇合一去暮明	遇合一上姥端
安阳	꜀xua	꜀va	꜂p^hu	pu꜄	꜀p^hu	pu꜄	mu꜄	꜂tu
林州	꜀xɔ	꜀vɔ	꜂p^hu	pu꜄	꜀p^hu	pu꜄	mu꜄	꜂tu
鹤壁	꜀xua	ua꜄	꜂p^hu	pu꜄	꜀p^hu	pu꜄	mu꜄	꜁tu
卫辉	꜀xua	꜀ua	꜂p^hu	pu꜄	꜀p^hu	pu꜄	mu꜄	꜂tu
辉县	꜀xua	꜀va	꜂p^hu	pu꜄	꜀p^hu	pu꜄	mu꜄	꜂tu
新乡	꜀xua	va꜄	꜂p^hu	pu꜄	꜀p^hu	pu꜄	mu꜄	꜂tu
获嘉	꜀xuA	꜀uA	꜂pu	pu꜄	꜀p^hu	pu꜄	mu꜄	꜂tu
淇县	꜀xuɑ	꜀uɑ	꜂p^hu	pu꜄	꜀p^hu	pu꜄	mu꜄	꜂tu
修武	꜀xua	꜀ua	꜂p^hu	pu꜄	꜀p^hu	pu꜄	mu꜄	꜂tu
焦作	꜀xua	ua꜄	꜂p^hu	pu꜄	꜀p^hu	pu꜄	mu꜄	꜂tu
武陟	꜀xua	꜀ua	꜂p^hu	pu꜄	꜀p^hu	pu꜄	mu꜄	꜂tu
沁阳	꜀xua	꜀ua	꜂p^hu	pu꜄	꜀p^hu	pu꜄	mu꜄	꜂tu
温县	꜀xuA	꜀uA	꜂p^hu	pu꜄	꜀p^hu	pu꜄	mu꜄	꜂tu
济源	꜀xua	꜀ua	꜂pu	pu꜄	꜀p^hu	pu꜄	mu꜄	꜂tu

11	兔	图	肚~子	奴	努	路	租	做
	遇合一去暮透	遇合一平模定	遇合一上姥定	遇合一平模泥	遇合一上姥泥	遇合一去暮来	遇合一平模精	遇合一去暮精
安阳	t^hu꜄	꜁t^hu	tu꜄	꜁nu	꜂nu	lu꜄	꜀tsu	tsuɑʔ꜆
林州	t^hu꜄	꜁t^hu	tu꜄	꜁nu	꜂nu	lu꜄	꜀tsu	tsuəʔ꜆
鹤壁	t^hu꜄	꜁t^hu	tu꜄	꜁nu	꜁nu	lu꜄	꜀tʂu	tʂu꜄
卫辉	t^hu꜄	꜁t^hu	tu꜄	꜁nu	꜁nu	lu꜄	꜀tʂu	tʂu꜄
辉县	t^hu꜄	꜁t^hu	tu꜄	꜁nu	꜂nu	lu꜄	꜀tsu	tsu꜄
新乡	t^hu꜄	꜁t^hu	tu꜄	꜁nu	꜂nu	lu꜄	꜂tsu	tsu꜄
获嘉	t^hu꜄	꜁t^hu	tu꜄	꜁nu	꜂nu	lu꜄	꜂tʂu	tʂu꜄
淇县	t^hu꜄	꜁t^hu	tu꜄	꜁nu	꜂nu	lu꜄	꜀tʂu	tʂu꜄
修武	t^hu꜄	꜁t^hu	tu꜄	꜁nuŋ	꜂nuŋ	lu꜄	꜀tsu	tsu꜄
焦作	t^hu꜄	꜁t^hu	tu꜄	꜁nuŋ	꜂nuŋ	lu꜄	꜀tsu	tsu꜄
武陟	t^hu꜄	꜁t^hu	tu꜄	꜁nuŋ	꜂nuŋ	lu꜄	꜂tsu	tsu꜄/꜀tsuʌ
沁阳	t^hu꜄	꜁t^hu	tu꜄	꜁nuŋ	꜂nuŋ	lu꜄	꜀tsu	tsuɑʔ꜆/tsou꜄
温县	t^hu꜄	꜁t^hu	tu꜄	꜁nuŋ	꜂nuŋ	lu꜄	꜂tʂu	tsou꜄
济源	t^hu꜄	꜁t^hu	tu꜄	꜁nuŋ	꜂nuŋ	lu꜄	꜀tsu	tsou꜄

12	粗	错	苏	姑	苦	裤	五	虎
	遇合一平模清	遇合一去暮清	遇合一平模心	遇合一平模见	遇合一上姥溪	遇合一去暮溪	遇合一上姥疑	遇合一上姥晓
安　阳	꜀tsʰu	tsʰuo꜄	꜀su	꜀ku	꜂kʰu	kʰu꜄	꜂u	꜂xu
林　州	꜀tsʰu	tsʰuʌ꜄	꜀su	꜀ku	꜂kʰu	kʰu꜄	꜂u	꜂xu
鹤　壁	꜀tʂʰu	tʂʰuɐ꜄	꜀ʂu/꜀su	꜀ku	꜂kʰu	kʰu꜄	꜂u	꜂xu
卫　辉	꜀tʂʰu	tʂʰuʌ꜄	꜀su	꜁ku	꜂kʰu	kʰu꜄	꜂u	꜂xu
辉　县	꜀tsʰu	tsʰuʌ꜄	꜀su	꜀ku	꜂kʰu	kʰu꜄	꜂u	꜂xu
新　乡	꜀tsʰu	tsʰuʌ꜄	꜀su	꜀ku	꜂kʰu	kʰu꜄	꜂u	꜂xu
获　嘉	꜀tʂʰu	tʂʰuʌ꜄	꜀su	꜀ku	꜂kʰu	kʰu꜄	꜂u	꜂xu
淇　县	꜀tʂʰu	tʂʰuʌ꜄	꜀su	꜀ku	꜂kʰu	kʰu꜄	꜂u	꜂xu
修　武	꜀tsʰu	tsʰuʌ꜄	꜀su	꜀ku	꜂kʰu	kʰu꜄	꜂u	꜂xu
焦　作	꜀tsʰu	tsʰuɑ꜄	꜀su	꜀ku	꜂kʰu	kʰu꜄	꜂u	꜂xu
武　陟	꜀tsʰu	tsʰuʌ꜄	꜀su	꜀ku	꜂kʰu	kʰu꜄	꜂u	꜂xu
沁　阳	꜀tsʰu	tsʰuɑ꜄/tʂʰuɑ꜄	꜀su	꜀ku	꜂kʰu	kʰu꜄	꜂u	꜂xu
温　县	꜀tʂʰu	tsʰuʌ꜄	꜀su	꜀ku	꜂kʰu	kʰu꜄	꜂u	꜂xu
济　源	꜀tsʰu	tʂʰuʌ꜄	꜀su	꜀ku	꜂kʰu	kʰu꜄	꜂u	꜂xu

13	湖	乌	女	驴	蛆	徐	猪	除
	遇合一平模匣	遇合一平模影	遇合三上语泥	遇合三平鱼来	遇合三平鱼清	遇合三平鱼邪	遇合三平鱼知	遇合三平鱼澄
安　阳	꜁xu	꜀u	꜂ȵy	꜁ly	꜀tɕʰy	꜁ɕy	꜀tsu	꜁tsʰu
林　州	꜁xu	꜀u	꜂ȵy	꜁ly	꜀tsʰy	꜁sy	꜀tʂu	꜁tʂʰu
鹤　壁	꜁xu	꜀u	꜂ȵy	꜁ly	꜀tɕʰy	꜁ɕy	꜀tʂu	꜁tʂʰu
卫　辉	꜁xu	꜀u	꜂ȵy	꜁ly	꜀tɕʰy	꜁ɕy	꜀tʂu	꜁tʂʰu
辉　县	꜁xu	꜀u	꜂ȵy	꜁ly	꜀tɕʰy	꜁ɕy	꜀tsu	꜁tsʰu
新　乡	꜁xu	꜀u	꜂ȵy	꜁ly	꜀tɕʰy	꜁ɕy	꜀tsu	꜁tsʰu
获　嘉	꜁xu	꜀u	꜂ȵy	꜁ly	꜀tɕʰy	꜁ɕy	꜀tʂu	꜁tʂʰu
淇　县	꜁xu	꜀u	꜂ȵy	꜁ly	꜀tɕʰy	꜁ɕy	꜀tʂu	꜁tʂʰu
修　武	꜁xu	꜀u	꜂ȵy	꜁ly	꜀tɕʰy	꜂ɕy	꜀tʂʮ	꜁tʂʰʮ
焦　作	꜁xu	꜀u	꜂ȵy	꜁ly	꜀tɕʰy	꜁ɕy	꜀tʂʮ	꜁tʂʰʮ
武　陟	꜁xu	꜀u	꜂ȵy	꜁ly	꜀tɕʰy	꜁ɕy	꜀tʂʮ	꜁tʂʰʮ
沁　阳	꜁xu	꜀u	꜂ȵy	꜁ly	꜀tɕʰy	꜁ɕy	꜀tsu	꜁tsʰu
温　县	꜁xu	꜀u	꜂ȵy	꜁ly	꜀tɕʰy	꜁ɕy	꜀tʂu	꜁tʂʰu
济　源	꜁xu	꜀u	꜂ȵy	꜁ly	꜀tɕʰy	꜁ɕy	꜀tʂʮ	꜁tʂʰʮ

14	初	锄	梳	煮	书	鼠	举	去
	遇合三平鱼初	遇合三平鱼崇	遇合三平鱼生	遇合三上语章	遇合三平鱼书	遇合三上语书	遇合三上语见	遇合三去御溪
安　阳	꜀tsʰu/꜀tʂʰu	꜁tsʰu	꜀su	꜂tsu	꜀su	꜂su	꜂tɕy	tɕʰy꜄
林　州	꜀tʂʰu	꜁tʂʰu	꜀ʂu	꜂tʂu	꜀ʂu	꜂ʂu	꜂tɕy	tɕʰy꜄/tɕʰi꜄
鹤　壁	꜀tʂʰu	꜁tʂʰu	꜀ʂu	꜂tʂu	꜀ʂu	ʂu꜄	꜂tɕy	tɕʰy꜄
卫　辉	꜀tʂʰu	꜁tʂʰu	꜀su	꜂tʂu	꜀su	꜂su	꜂tɕy	tɕʰy꜄
辉　县	꜀tsʰu	꜁tsʰu	꜀su	꜂tsu	꜀su	꜂su	꜂tɕy	tɕʰy꜄
新　乡	꜀tsʰu	꜁tsʰu	꜀su	꜂tsu	꜀su	su꜄	꜂tɕy	tɕʰy꜄
获　嘉	꜀tʂʰu	꜁tʂʰu	꜀ʂu	꜂tʂu	꜀ʂu	꜂ʂu	꜂tɕy	tɕʰy꜄
淇　县	꜀tʂʰu	꜁tʂʰu	꜀su	꜂tʂu	꜀su	꜂su	꜂tɕy	tɕʰy꜄
修　武	꜀tʂʰu	꜁tʂʰu	꜀ʂu	꜂tʂʮ	꜀ʂʮ	꜂ʂʮ	꜂tɕy	tɕʰy꜄
焦　作	꜀tʂʰu	꜁tʂʰu	꜀ʂu	꜂tʂʮ	꜀ʂʮ	꜂ʂʮ①	꜂tɕy	tɕʰy꜄
武　陟	꜀tʂʰu	꜁tʂʰu	꜀ʂu	꜂tʂʮ	꜀ʂʮ	꜂ʂʮ	꜂tɕy	tɕʰy꜄
沁　阳	꜀tsʰu	꜁tsʰu	꜀su	꜂tsu	꜀su	꜂su	꜂tɕy	tɕʰy꜄
温　县	꜀tʂʰu	꜁tʂʰu	꜀ʂu	꜂tʂu	꜀fu	꜂ʂʮ②	꜂tɕy	tɕʰy꜄
济　源	꜀tʂʰu	꜁tʂʰu	꜀ʂu	꜂tʂʮ	꜀ʂʮ	꜂ʂʮ	꜂tɕy	tɕʰy꜄

①②“鼠”的文读为[꜂ʂʮ]；用于“老鼠”时，焦作说[·tʂʰʮəʔ]，温县说[tʂʰuəʔ꜆]。

15	距	鱼	虚	预	斧	俘	父	雾
	遇合三上语群	遇合三平鱼疑	遇合三平鱼晓	遇合三去御以	遇合三上麌非	遇合三平虞敷	遇合三上麌奉	遇合三去遇微
安　阳	tɕy꜄	꜁y	꜀ɕy	y꜄	꜂fu	꜁fu	fu꜄	u꜄
林　州	tɕy꜄	꜁y	꜀ɕy	y꜄	꜂fu	꜁fu	fu꜄	u꜄
鹤　壁	tɕy꜄	꜁y	꜀ɕy	y꜄	꜂fu	꜀fu	fu꜄	u꜄
卫　辉	tɕy꜄	꜁y	꜀ɕy	y꜄	꜂fu	꜁fu	fu꜄	u꜄
辉　县	tɕy꜄	꜁y	꜀ɕy	y꜄	꜂fu	꜁fu	fu꜄	u꜄
新　乡	tɕy꜄	꜁y	꜀ɕy	y꜄	꜂fu	꜁fu	fu꜄	u꜄
获　嘉	tɕy꜄	꜁y	꜀ɕy	y꜄	꜂fu	꜁fu	fu꜄	u꜄
淇　县	tɕy꜄	꜁y	꜀ɕy	y꜄	꜂fu	꜁fu	fu꜄	u꜄
修　武	tɕy꜄	꜁y	꜀ɕy	y꜄	꜂fu	꜁fu	fu꜄	u꜄
焦　作	tɕy꜄	꜁y	꜀ɕy	y꜄	꜂fu	꜁fu	fu꜄	vu꜄
武　陟	tɕy꜄	꜁y	꜀ɕy	y꜄	꜂fu	꜁fu	fu꜄	vu꜄
沁　阳	tɕy꜄	꜁y	꜀ɕy	y꜄	꜂fu	꜁fu	fu꜄	u꜄
温　县	tɕy꜄	꜁y	꜀ɕy	y꜄	꜂fu	꜁fu	fu꜄	vu꜄
济　源	tɕy꜄	꜁y	꜀ɕy	y꜄	꜂fu	꜁fu	fu꜄	vu꜄

16	取	聚	须必~	柱	数动	珠	输~赢	殊
	遇合三上麌清	遇合三上麌从	遇合三平虞心	遇合三上麌澄	遇合三上麌生	遇合三平虞章	遇合三平虞书	遇合三平虞禅
安　阳	ᶜtɕʰy	tɕyᵓ	꜀ɕy	tsuᵓ	ᶜsu	꜀tsu	꜀zu	ᶜtsʰu
林　州	ᶜtsʰy	tsyᵓ	꜀sy	tʂuᵓ	ᶜʂu	꜀tʂu	꜀ʐu	꜀tʂʰu
鹤　壁	ᶜtɕʰy	tɕyᵓ	꜀ɕy	tʂuᵓ	ᶜʂu	꜀tʂu	꜀ʂu	꜀ʂu
卫　辉	ᶜtɕʰy	tɕyᵓ	ɕyəʔ꜆	tʂuᵓ	ᶜsu	꜀tʂu	꜀zu	꜁tʂʰu
辉　县	ᶜtɕʰy	tɕyᵓ	꜀ɕy	tsuᵓ	ᶜsu	꜀tsu	꜀zu/꜀su	꜀su
新　乡	ᶜtɕʰy	tɕyᵓ	ɕyəʔ꜆	tsuᵓ	ᶜsu	꜀tsu	꜀zu	꜁tsʰu
获　嘉	ᶜtɕʰy	tɕyᵓ	ɕyəʔ꜆	tʂuᵓ	ᶜʂu	꜀tʂu	꜀ʐu	꜁tʂʰu
淇　县	ᶜtɕʰy	tɕyᵓ	꜀ɕy	tʂuᵓ	ᶜsu	꜀tʂu	꜀zu	꜀tʂu
修　武	ᶜtɕʰy	tɕyᵓ	ɕyəʔ꜆	tʂuᵓ	ᶜʂʮ	꜀tʂʮ	꜀ʐʮ	꜁tʂʰʮ
焦　作	ᶜtɕʰy	tɕyᵓ	꜀ɕy	tʂuᵓ	ᶜʂu	꜀tʂʮ	꜀ʐʮ/꜀ʂʮ	꜁tʂʰʮ
武　陟	ᶜtɕʰy	tɕyᵓ	꜀ɕy	tʂuᵓ	ᶜʂu	꜀tʂʮ	꜀ʂʮ	ᶜtʂʰʮ/꜀ʂʮ
沁　阳	ᶜtɕʰy	tɕyᵓ	꜀ɕy	tsuᵓ/tʂuᵓ	ᶜsu	꜀tsu	꜀zu/꜀su	tʂʰuəʔ꜆
温　县	ᶜtɕʰy	tɕyᵓ	꜀ɕy	tʂuᵓ	ᶜfu	꜀tʂu	vuᵓ	꜁tʂʰu
济　源	ᶜtɕʰy	tɕyᵓ	ɕyəʔ꜆	tʂuᵓ	ᶜʂu	꜀tʂʮ	꜀ʐʮ	꜀tʂʰʮ/꜀ʂʮ

17	树	擩	句	区	雨	戴	台戏~	代
	遇合三去遇蝉	遇合三上麌日	遇合三去遇见	遇合三平虞溪	遇合三上麌云	蟹开一去代端	蟹开一平咍定	蟹开一去代定
安 阳	suᵓ	ᶜzu	tɕyᵓ	꜀tɕʰy	ᶜy	taiᵓ	꜁tʰai	taiᵓ
林 州	ʂuᵓ	ᶜʐu	tɕyᵓ	꜀tɕʰy	ᶜy	taiᵓ	꜁tʰai	taiᵓ
鹤 壁	ʂuᵓ	ᶜʐu	tɕyᵓ	꜀tɕʰy	ᶜy	taiᵓ	꜁tʰai	taiᵓ
卫 辉	suᵓ	ᶜzu	tɕyᵓ	꜀tɕʰy	ᶜy	tæiᵓ	꜁tʰæi	tæiᵓ
辉 县	suᵓ	ᶜzu	tɕyᵓ	꜀tɕʰy	ᶜy	tæᵓ	꜁tʰæ	tæᵓ
新 乡	suᵓ	ᶜzu	tɕyᵓ	꜀tɕʰy	ᶜy	taiᵓ	꜁tʰai	taiᵓ
获 嘉	ʂuᵓ	ᶜʐu	tɕyᵓ	꜀tɕʰy	ᶜy	tɐᵓ	꜁tʰɐ	tɐᵓ
淇 县	suᵓ	ᶜzu/ᶜlu	tɕyᵓ	꜀tɕʰy	ᶜy	taiᵓ	꜁tʰai	taiᵓ
修 武	ʂʮᵓ	ᶜʐʮ	tɕyᵓ	꜁tɕʰy	ᶜy	tæᵓ	꜁tʰæ	tæᵓ
焦 作	ʂʮᵓ	ᶜʐʮ	tɕyᵓ	꜀tɕʰy	ᶜy	tæᵓ	꜁tʰæ	tæᵓ
武 陟	ʂʮᵓ	ᶜʐʮ	tɕyᵓ	꜀tɕʰy	ᶜy	tæɛᵓ	꜁tʰæɛ	tæɛᵓ
沁 阳	suᵓ	ᶜzu	tɕyᵓ	꜀tɕʰy	ᶜy	tæiᵓ	꜁tʰæi	tæiᵓ
温 县	fuᵓ	ᶜvu	tɕyᵓ	꜁tɕʰy	ᶜy	taiᵓ	꜁tʰai	taiᵓ
济 源	ʂʮᵓ	ᶜʐʮ	tɕyᵓ	꜀tɕʰy	ᶜy	tæɛᵓ	꜁tʰæɛ	tæɛᵓ

18	耐	来	栽	猜	采	财	在	赛
	蟹开一去代泥	蟹开一平咍来	蟹开一平咍精	蟹开一平咍清	蟹开一上海清	蟹开一平咍从	蟹开一上海从	蟹开一去代心
安　阳	nai꜃	꜁lai	꜀tsai	꜀tsʰai	꜂tsʰai	꜁tsʰai	tsai꜃	sai꜃
林　州	nai꜃	꜁lai	꜀tsai	꜀tsʰai	꜂tsʰai	꜁tsʰai	tsai꜃	sai꜃
鹤　壁	nai꜃	꜁lai	꜀tʂai	꜀tʂʰai	꜀tʂʰai	꜁tʂʰai	tʂai꜃/tai꜃	sai꜃
卫　辉	næi꜃	꜁læi	꜀tʂæi	꜀tʂʰæi	꜂tʂʰæi	꜁tʂʰæi	tʂæi꜃/tæi꜃	sæi꜃
辉　县	næ꜃	꜁læ	꜀tsæ	꜀tsʰæ	꜂tsʰæ	꜁tsʰæ	tsæ꜃	sæ꜃
新　乡	nai꜃	꜁lai	꜀tsai	꜀tsʰai	꜂tsʰai	꜁tsʰai	tsai꜃	sai꜃
获　嘉	nɐ꜃	꜁lɐ	꜀tʂɐ	꜀tʂʰɐ	꜂tʂʰɐ	꜁tʂʰɐ	tʂɐ꜃	ʂɐ꜃
淇　县	nai꜃	꜁lai	꜀tʂai	꜀tʂʰai	꜂tʂʰai	꜁tʂʰai	tʂai꜃	sai꜃
修　武	næ꜃	꜁læ	꜀tsæ	꜀tsʰæ	꜂tsʰæ	꜁tsʰæ	tsæ꜃	sæ꜃
焦　作	næ꜃	꜁læ	꜀tsæ	꜀tsʰæ	꜂tsʰæ	꜁tsʰæ	tsæ꜃	sæ꜃
武　陟	næɛ꜃	꜁læɛ	꜀tsæɛ	꜀tsʰæɛ	꜂tsʰæɛ	꜁tsʰæɛ	tsæɛ꜃	sæɛ꜃
沁　阳	næi꜃	꜁læi	꜀tsæi	꜀tsʰæi	꜂tsʰæi	꜁tsʰæi	tsæi꜃	sæi꜃
温　县	nai꜃	꜁lai	꜀tsai	꜀tsʰai	꜂tsʰai	꜁tsʰai	tsai꜃	sai꜃
济　源	næɛ꜃	꜁læɛ	꜀tsæɛ	꜀tsʰæɛ	꜂tsʰæɛ	꜁tsʰæɛ	tsæɛ꜃	sæɛ꜃

19	改	开	碍	海	爱	贝	带	蔡
	蟹开一上海见	蟹开一平咍溪	蟹开一去代疑	蟹开一上海晓	蟹开一去代影	蟹开一去泰帮	蟹开一去泰端	蟹开一去泰清
安　阳	ᶜkai	꜀kʰai	ɣaiᵓ	ᶜxai	ɣaiᵓ	peiᵓ	taiᵓ	tsʰaiᵓ
林　州	ᶜkai	꜀kʰai	ɣaiᵓ	ᶜxai	ɣaiᵓ	peiᵓ	taiᵓ	tsʰaiᵓ
鹤　壁	ᶜkai	꜀kʰai	ɣaiᵓ	ᶜxai	ɣaiᵓ	peiᵓ	taiᵓ	tʂʰaiᵓ
卫　辉	ᶜkæi	꜀kʰæi	ɣæiᵓ	ᶜxæi	ɣæiᵓ	peiᵓ	tæiᵓ	tʂʰæiᵓ
辉　县	ᶜkæ	꜀kʰæ	ɣæᵓ	ᶜxæ	ɣæᵓ	peiᵓ	tæᵓ	tsʰæᵓ
新　乡	ᶜkai	꜀kʰai	ɣaiᵓ	ᶜxai	ɣaiᵓ	peiᵓ	taiᵓ	tsʰaiᵓ
获　嘉	ᶜkɐ	꜀kʰɐ	ɣɐᵓ	ᶜxɐ	ɣɐᵓ	pæɛᵓ	tɐᵓ	tʂʰɐᵓ
淇　县	ᶜkai	꜀kʰai	ɣaiᵓ	ᶜxai	ɣaiᵓ	peiᵓ	taiᵓ	tʂʰaiᵓ
修　武	ᶜkæ	꜀kʰæ	ɣæᵓ	ᶜxæ	ɣæᵓ	peiᵓ	tæᵓ	tsʰæᵓ
焦　作	ᶜkæ	꜀kʰæ	ɣæᵓ	ᶜxæ	ɣæᵓ	peiᵓ	tæᵓ	tsʰæᵓ
武　陟	ᶜkæɛ	꜀kʰæɛ	ɣæɛᵓ	ᶜxæɛ	ɣæɛᵓ	peiᵓ	tæɛᵓ	꜁tsʰæɛ
沁　阳	ᶜkæi	꜀kʰæi	ɣæiᵓ	ᶜxæi	ɣæiᵓ	peiᵓ	tæiᵓ	tsʰæiᵓ
温　县	ᶜkai	꜀kʰai	ɣaiᵓ	ᶜxai	ɣaiᵓ	peiᵓ	taiᵓ	tsʰaiᵓ
济　源	ᶜkæɛ	꜀kʰæɛ	ɣæɛᵓ	ᶜxæɛ	ɣæɛᵓ	peiᵓ	tæɛᵓ	tsʰæɛᵓ

20	盖	害	排	斋	阶	械	摆	派
	蟹开一去泰见	蟹开一去泰匣	蟹开二平皆並	蟹开二平皆庄	蟹开二平皆见	蟹开二去怪匣	蟹开二上蟹帮	蟹开二去卦滂
安　阳	kai꜄	xai꜄	꜁pʰai	꜀tsai	꜀tɕiɛ	tɕiɛ꜄	꜂pai	pʰai꜄
林　州	kai꜄	xai꜄	꜁pʰai	꜀tʂai	꜀tɕiɛ	tɕiɐʔ꜅	꜂pai	pʰai꜄
鹤　壁	kai꜄	xai꜄	꜁pʰai	꜀tʂai	꜀tɕiɜ	tɕiɜ꜄	꜂pai	pʰai꜄
卫　辉	kæi꜄	xæi꜄	꜁pʰæi	꜀tʂæi	꜀tɕiɜ	tɕiɜ꜄	꜂pæi	pʰæi꜄
辉　县	kæ꜄	xæ꜄	꜁pʰæ	꜀tsæ	꜀tɕiɐ	tɕiɐ꜄/ɕiɐ꜄	꜂pæ	pʰæ꜄
新　乡	kai꜄	xai꜄	꜁pʰai	꜀tsai/꜀tʂai	꜁tɕiɜ	tɕiɜ꜄	꜂pai	pʰai꜄
获　嘉	kɐ꜄	xɐ꜄	꜁pʰɐ	꜀tʂɐ	꜀tɕiɜ	tɕiɜ꜄	꜂pɐ	pʰɐ꜄
淇　县	kai꜄	xai꜄	꜁pʰai	꜁tʂai	꜀tɕiɜ	tɕiɜ꜄	꜂pai	pʰai꜄
修　武	kæ꜄	xæ꜄	꜁pʰæ	꜀tʂæ	꜁tɕiɜ	tɕiɜ꜄	꜂pæ	pʰæ꜄
焦　作	kæ꜄	xæ꜄	꜁pʰæ	꜁tsæ	꜀tɕiɜ	tɕiɜ꜄	꜂pæ	pʰæ꜄
武　陟	kæɛ꜄	xæɛ꜄	꜁pʰæɛ	꜀tsæɛ	꜁tɕiɜ	tɕiɜ꜄	꜂pæɛ	pʰæɛ꜄
沁　阳	kæi꜄	xæi꜄	꜁pʰæi	꜀tsæi	꜀tɕiɜ/꜂tɕiɜ	tɕiɜ꜄	꜂pæi	pʰæi꜄
温　县	kai꜄	xai꜄	꜁pʰai	꜀tsai	꜀tɕiɜ	tɕiɜ꜄	꜂pai	pʰai꜄
济　源	kæɛ꜄	xæɛ꜄	꜁pʰæɛ	꜀tsæɛ	꜀tɕiɐ	tɕiɐ꜄	꜂pæɛ	pʰæɛ꜄

21	买	奶	柴	晒	街	捱	鞋	矮
	蟹开二上蟹明	蟹开二上蟹泥	蟹开二平佳崇	蟹开二去卦生	蟹开二平佳见	蟹开二平佳疑	蟹开二平佳匣	蟹开二上蟹影
安阳	ᶜmai	ᶜnai	꜁tsʰai	saiᵓ	꜀tɕiɛ	꜁ɣai	꜁ɕiɛ	ᶜɣai
林州	ᶜmai	ᶜnai	꜁tʂʰai	ʂaiᵓ	꜀tɕiɛ	꜁ɣai	꜁ɕiɛ	ᶜɣai
鹤壁	ᶜmai	ᶜnai	꜁tʂʰai	ʂaiᵓ/saiᵓ	꜀tɕiɜ	꜁ɣai	꜁ɕiɜ	ᶜɣai
卫辉	ᶜmæi	ᶜnæi	꜁tʂʰæi	sæiᵓ	꜀tɕiɜ	꜁ɣæi	꜁ɕiɜ	ᶜɣæi
辉县	ᶜmæ	ᶜnæ	꜁tsʰæ	sæᵓ	꜀tɕiɐ	꜁ɣæ	꜁ɕiɐ	ᶜɣæ
新乡	ᶜmai	ᶜnai	꜁tsʰai	saiᵓ	꜀tɕiɜ	꜁ɣai	꜁ɕiɜ	꜀ɣai
获嘉	ᶜmɐ	ᶜnɐ	꜁tʂʰɐ	ʂɐᵓ	꜀tɕiɜ	꜁ɣɐ	꜁ɕiɜ	꜀ɣɐ
淇县	ᶜmai	ᶜnai	꜁tʂʰai	saiᵓ	꜀tɕiɜ	꜀ɣai	꜁ɕiɜ	ᶜɣai
修武	ᶜmæ	ᶜnæ	꜁tsʰæ	sæᵓ	꜀tɕiɜ	꜁ɣæ	꜁ɕiɜ	ᶜɣæ
焦作	ᶜmæ	ᶜnæ	꜁tsʰæ	sæᵓ	꜀tɕiɜ	꜁ɣæ	꜁ɕiɜ	꜀ɣæ/ᶜɣæ
武陟	ᶜmæɛ	ᶜnæɛ	꜁tsʰæɛ	sæɛᵓ	꜀tɕiɜ	꜁ɣæɛ	꜁ɕiɜ	ᶜɣæɛ
沁阳	ᶜmæi	ᶜnæi	꜁tsʰæi	sæiᵓ	꜀tɕiɜ	꜁ɣæi	꜁ɕiɜ	ᶜɣæi
温县	ᶜmai	ᶜnai/꜀nai①	꜁tsʰai	saiᵓ	꜀tɕiɜ	꜁ɣai	꜁ɕiɜ	ᶜɣai
济源	ᶜmæɛ	ᶜnæɛ	꜁tsʰæɛ	sæɛᵓ	꜀tɕiɐ	꜁ɣæɛ	꜁ɕiɛ②	ᶜɣæɛ

① [ᶜnai],用于“喝奶”;[꜀nai],用于称呼祖母。
② [iɛ]韵只辖“鞋”一个字,可能是普通话影响的结果。

22	败	寨	制	势	闭	批	米	低
	蟹开二去夬並	蟹开二去夬崇	蟹开三去祭章	蟹开三去祭书	蟹开四去霁帮	蟹开四平齐滂	蟹开四上荠明	蟹开四平齐端
安　阳	paiᵓ	tsaiᵓ	tsɿᵓ	sɿᵓ	piᵓ	꜀pʰi	ᶜmi	꜀ti
林　州	paiᵓ	tʂaiᵓ	tʂʅᵓ	ʂʅᵓ	piᵓ	꜀pʰi	ᶜmi	꜀ti
鹤　壁	paiᵓ	tʂaiᵓ	tʂʅᵓ/tsɿᵓ	ʂʅᵓ/sɿᵓ	piᵓ	꜀pʰi	ᶜmi	꜀ti
卫　辉	pæiᵓ	tʂæiᵓ	tʂʅᵓ	sɿᵓ	piᵓ	꜀pʰi	ᶜmi	꜀ti
辉　县	pæᵓ	tsæᵓ	tsɿᵓ	sɿᵓ	piᵓ	꜀pʰi	ᶜmi	꜀ti
新　乡	paiᵓ	tsaiᵓ	tsɿᵓ	sɿᵓ	piᵓ	꜀pʰi	ᶜmi	꜀ti
获　嘉	pɐᵓ	tʂɐᵓ	tʂʅᵓ	ʂʅᵓ	piᵓ	꜀pʰi	ᶜmi	꜀ti
淇　县	paiᵓ	tʂaiᵓ	tʂʅᵓ	sɿᵓ	piᵓ	꜀pʰi	ᶜmi	꜀ti
修　武	pæᵓ	tsæᵓ	tʂʅᵓ	ʂʅᵓ	piᵓ	꜀pʰi	ᶜmi	꜀ti
焦　作	pæᵓ	tsæᵓ	tʂʅᵓ	ʂʅᵓ	piᵓ	꜀pʰi	ᶜmi	꜀ti
武　陟	pæɛᵓ	tsæɛᵓ	tʂʅᵓ	ʂʅᵓ	piᵓ	꜀pʰi	ᶜmi	꜀ti
沁　阳	pæiᵓ	tsæiᵓ	tsɿᵓ	sɿᵓ	piᵓ	꜀pʰi	ᶜmi	꜀ti
温　县	paiᵓ	tsaiᵓ	tʂʅᵓ	ʂʅᵓ	piᵓ	꜀pʰi	ᶜmi	꜀ti
济　源	pæɛᵓ	tsæɛᵓ	tʂʅᵓ	ʂʅᵓ	piᵓ	꜀pʰi	ᶜmi	꜀ti

23	体	提	弟	泥	礼	挤	齐	西
	蟹开四上荠透	蟹开四平齐定	蟹开四上荠定	蟹开四平齐泥	蟹开四上荠来	蟹开四上荠精	蟹开四平齐从	蟹开四平齐心
安阳	꜀tʰi	꜁tʰi	ti꜄	꜁ȵi	꜂li	꜂tɕi	꜁tɕʰi	꜀ɕi
林州	꜂tʰi	꜁tʰi	ti꜄	꜁ȵi	꜂li	꜂tsi	꜁tsʰi	꜀si
鹤壁	꜂tʰi	꜁tʰi	ti꜄	꜁ȵi	꜂li	꜂tɕi	꜁tɕʰi	꜀ɕi
卫辉	꜂tʰi	꜁tʰi	ti꜄	꜁ȵi	꜂li	꜂tɕi	꜁tɕʰi	꜀ɕi
辉县	꜂tʰi	꜁tʰi	ti꜄	꜁ȵi	꜂li	꜂tɕi	꜁tɕʰi	꜀ɕi
新乡	꜂tʰi	꜁tʰi	ti꜄	꜁ȵi	꜂li	꜂tɕi	꜁tɕʰi	꜀ɕi
获嘉	꜂tʰi	꜁tʰi	ti꜄	꜁ȵi	꜂li	꜂tɕi	꜁tɕʰi	꜀ɕi
淇县	꜂tʰi	꜁tʰi	ti꜄	꜁ȵi	꜂li	꜂tɕi	꜁tɕʰi	꜀ɕi
修武	꜂tʰi	꜁tʰi	ti꜄	꜁ȵi	꜂li	꜂tɕi	꜁tɕʰi	꜀ɕi
焦作	꜂tʰi	꜁tʰi	ti꜄	꜁ȵi	꜂li	꜂tɕi	꜁tɕʰi	꜀ɕi
武陟	꜂tʰi	꜁tʰi	ti꜄	꜁ȵi	꜂li	꜂tɕi	꜁tɕʰi	꜀ɕi
沁阳	꜂tʰi	꜁tʰi	ti꜄	꜁ȵi	꜂li	꜂tɕi	꜁tɕʰi	꜀ɕi
温县	꜂tʰi	꜁tʰi	ti꜄	꜁ȵi	꜂li	꜂tɕi	꜁tɕʰi	꜀ɕi
济源	꜂tʰi	꜁tʰi	ti꜄	꜁ȵi	꜂li	꜂tɕi	꜁tɕʰi	꜀ɕi

24	计	溪	倪	杯	配	赔	煤	妹
	蟹开四去霁见	蟹开四平齐溪	蟹开四平齐疑	蟹合一平灰帮	蟹合一去队滂	蟹合一平灰並	蟹合一平灰明	蟹合一去队明
安 阳	tɕi⊃	⊂ɕi	⊆ȵi	⊂pei	pʰei⊃	⊆pʰei	⊆mei	mei⊃
林 州	tɕi⊃	⊂ɕi	⊆ȵi	⊂pei	pʰei⊃	⊆pʰei	⊆mei	mei⊃
鹤 壁	tɕi⊃	⊂ɕi	⊆ȵi	⊂pei	pʰei⊃	⊆pʰei	⊆mei	mei⊃
卫 辉	tɕi⊃	⊂ɕi	⊆i	⊂pei	pʰei⊃	⊆pʰei	⊆mei	mei⊃
辉 县	tɕi⊃	⊂ɕi	⊆ȵi	⊂pei	pʰei⊃	⊆pʰei	⊆mei	mei⊃
新 乡	tɕi⊃	⊂ɕi	⊆ȵi	⊂pei	pʰei⊃	⊆pʰei	⊆mei	mei⊃
获 嘉	tɕi⊃	⊂ɕi	⊆i	⊂pei	pʰæɛ⊃	⊆pʰei	⊆mei	mæɛ⊃
淇 县	tɕi⊃	⊂ɕi	⊆i	⊂pei	pʰei⊃	⊆pʰei	⊆mei	mei⊃
修 武	tɕi⊃	⊂ɕi	⊆ȵi	⊂pei	pʰei⊃	⊆pʰei	⊆mei	mei⊃
焦 作	tɕi⊃	⊂ɕi	⊆i/⊆ȵi	⊂pei	pʰei⊃	⊆pʰei	⊆mei	mei⊃
武 陟	tɕi⊃	⊂ɕi	⊆ȵi	⊂pei	pʰei⊃	⊆pʰei	⊆mei	mei⊃
沁 阳	tɕi⊃	⊂ɕi	⊆i	⊂pei	pʰei⊃	⊆pʰei	⊆mẽ	mẽ⊃
温 县	tɕi⊃	⊂ɕi	⊆ȵi	⊂pei	pʰei⊃	⊆pʰei	⊆mən	mən⊃
济 源	tɕi⊃	⊂ɕi	⊆i	⊂pei	pʰei⊃	⊆pʰei	⊆mẽ	mẽ⊃

25	堆	对	腿	队	内	雷	罪	灰
	蟹合一平灰端	蟹合一去队端	蟹合一上贿透	蟹合一去队定	蟹合一去队泥	蟹合一平灰来	蟹合一上贿从	蟹合一平灰晓
安阳	꜀tuei	tuei꜄	꜂tʰuei	tuei꜄	nei꜄	꜁luei	tsuei꜄	꜀xuei
林州	꜀tuei	tuei꜄	꜂tʰuei	tuei꜄	nei꜄	꜁luei	tsuei꜄	꜀xuei
鹤壁	꜀tuei	tuei꜄	꜂tʰuei	tuei꜄	nei꜄	꜁luei	tʂuei꜄	꜀xuei
卫辉	꜀tuei	tuei꜄	꜂tʰuei	tuei꜄	nei꜄	꜁luei	tʂuei꜄	꜀xuei
辉县	꜀tuei	tuei꜄	꜂tʰuei	tuei꜄	nei꜄	꜁luei/꜁lei	tsuei꜄	꜀xuei
新乡	꜀tuei	tuei꜄	꜂tʰuei	tuei꜄	nei꜄	꜁luei	tsuei꜄	꜀xuei
获嘉	꜀tuei	tuæɛ꜄	꜂tʰuei	tuæɛ꜄	næɛ꜄	꜁luei	tʂuæɛ꜄	꜀xuei
淇县	꜀tuei	tuei꜄	꜂tʰuei	tuei꜄	nei꜄	꜁luei	tʂuei꜄	꜀xuei
修武	꜀tuei	tuei꜄	꜂tʰuei	tuei꜄	nei꜄	꜁luei	tsuei꜄	꜀xuei
焦作	꜀tuei	tuei꜄	꜂tʰuei	tuei꜄	nei꜄	꜁luei	tsuei꜄	꜀xuei
武陟	꜀tuei	tuei꜄	꜂tʰuei	tuei꜄	nei꜄	꜁luei	tsuei꜄	꜀xuei
沁阳	꜀tuei	tuei꜄	꜂tʰuei	tuei꜄	nei꜄	꜁luei	tsuei꜄/tʂuei꜄	꜀xuei
温县	꜀tuei	tuei꜄	꜂tʰuei	tuei꜄	nei꜄	꜁luei	tsuei꜄	꜀xuei
济源	꜀tuei	tuei꜄	꜂tʰuei	tuei꜄	nei꜄	꜁luei	tsuei꜄	꜀xuei

26	回	外	会开~	怪	块	怀	挂	歪
	蟹合一平灰匣	蟹合一去泰疑	蟹合一去泰匣	蟹合二去怪见	蟹合二去怪溪	蟹合二平皆匣	蟹合二去卦见	蟹合二平佳晓
安　阳	꜁xuei	vai꜄	xuei꜄	kuai꜄	kʰuai꜄	꜁xuai	kua꜄	꜀vai
林　州	꜁xuei	vai꜄	xuei꜄	kuai꜄	kʰuai꜄	꜁xuai	kɔ꜄	꜀vai
鹤　壁	꜁xuei	uai꜄	xuei꜄	kuai꜄	kʰuai꜄	꜁xuai	kua꜄	꜀uai
卫　辉	꜁xuei	uæi꜄	xuei꜄	kuæi꜄	kʰuæi꜄	꜁xuæi	kua꜄	꜀uæi
辉　县	꜁xuei	væ꜄	xuei꜄	kuæ꜄	kʰuæ꜄	꜁xuæ	kua꜄	꜀væ
新　乡	꜁xuei	vai꜄	xuei꜄	kuai꜄	kʰuai꜄	꜁xuai	kua꜄	꜀vai
获　嘉	꜁xuei	uɐ꜄	xuæɛ꜄	kuɐ꜄	kʰuɐ꜄	꜁xuɐ	kuA꜄	꜀vɐ
淇　县	꜁xuei	uai꜄	xuei꜄	kuai꜄	kʰuai꜄	꜁xuai	kuɑ꜄	꜀uai
修　武	꜁xuei	uæ꜄	xuei꜄	kuæ꜄	kʰuæ꜄	꜁xuæ	kua꜄	꜀uæ
焦　作	꜁xuei	uæ꜄	xuei꜄	kuæ꜄	kʰuæ꜄	꜁xuæ	kua꜄	꜀uæ
武　陟	꜁xuei	uæɛ꜄	xuei꜄	kuæɛ꜄	kʰuæɛ꜄	꜁xuæɛ	kua꜄	꜀uæɛ
沁　阳	꜁xuei	uæi꜄	xuei꜄	kuæi꜄	——	꜁xuæi	kua꜄	꜀uæi
温　县	꜁xuei	uai꜄	xuei꜄	kuai꜄	kʰuai꜄	꜁xuai	kuA꜄	꜀uai
济　源	꜁xuei	uæɛ꜄	xuei꜄	kuæɛ꜄	kʰuæɛ꜄	꜁xuæɛ	kua꜄	꜀uæɛ

27	画	快	话	脆	岁	税	卫	废
	蟹合二去卦匣	蟹合二去夬溪	蟹合二去夬匣	蟹合三去祭清	蟹合三去祭心	蟹合三去祭书	蟹合三去祭云	蟹合三去废非
安阳	xuaᵓ	kʰuaiᵓ	xuaᵓ	tsʰueiᵓ	sueiᵓ	sueiᵓ	veiᵓ	feiᵓ
林州	xɔᵓ	kʰuaiᵓ	xɔᵓ	tsʰueiᵓ	sueiᵓ	ʂueiᵓ	veiᵓ	feiᵓ
鹤壁	xuaᵓ	kʰuaiᵓ	xuaᵓ	tʂʰueiᵓ	sueiᵓ	ʂueiᵓ/sueiᵓ	ueiᵓ	feiᵓ
卫辉	xuaᵓ	kʰuæiᵓ	xuaᵓ	tʂʰueiᵓ	sueiᵓ	sueiᵓ	ueiᵓ	feiᵓ
辉县	xuaᵓ	kʰuæᵓ	xuaᵓ	tsʰueiᵓ	sueiᵓ	sueiᵓ	veiᵓ	feiᵓ
新乡	xuaᵓ	kʰuaiᵓ	xuaᵓ	tsʰueiᵓ	sueiᵓ	sueiᵓ	veiᵓ	feiᵓ
获嘉	xuAᵓ	kʰuɐᵓ	xuAᵓ	tʂʰuæɛᵓ	suæɛᵓ	ʂuæɛᵓ	uæɛᵓ	fæɛᵓ
淇县	xuɑᵓ	kʰuaiᵓ	xuɑᵓ	tʂʰueiᵓ	sueiᵓ	sueiᵓ	ueiᵓ	feiᵓ
修武	xuaᵓ	kʰuæᵓ	xuaᵓ	tsʰueiᵓ	sueiᵓ	ʂueiᵓ	ueiᵓ	feiᵓ
焦作	xuaᵓ	kʰuæᵓ	xuaᵓ	tsʰueiᵓ	sueiᵓ	ʂueiᵓ	ueiᵓ	feiᵓ
武陟	xuaᵓ	kʰuæɛᵓ	xuaᵓ	tsʰueiᵓ	sueiᵓ	ʂueiᵓ	ueiᵓ	feiᵓ
沁阳	xuaᵓ	kʰuæiᵓ	xuaᵓ	tsʰueiᵓ/tʂʰueiᵓ	sueiᵓ	sueiᵓ	ueiᵓ	feiᵓ
温县	xuAᵓ	kʰuaiᵓ	xuAᵓ	tsʰueiᵓ	sueiᵓ	feiᵓ	ueiᵓ	feiᵓ
济源	xuaᵓ	kʰuæɛᵓ	xuaᵓ	tsʰueiᵓ	sueiᵓ	ʂueiᵓ	ueiᵓ	fiᵓ

28	桂	碑	披	避	离	刺	知	池
	蟹合四去霁见	止开三平支帮	止开三平支滂	止开三去寘並	止开三平支来	止开三去寘清	止开三平支知	止开三平支澄
安　阳	kuei꜄	꜀pei	꜀pʰei	pi꜄	꜁li	tsʰɿ꜄	꜀tsɿ	꜁tsʰɿ
林　州	kuei꜄	꜀pei	꜀pʰei	pi꜄	꜁li	tsʰɿ꜄	꜀tʂʅ	꜁tʂʰʅ
鹤　壁	kuei꜄	꜀pei	꜀pʰei	pi꜄	li꜄	tʂʰʅ꜄	꜀tʂʅ	꜁tʂʰʅ
卫　辉	kuei꜄	꜀pei	꜀pʰei	pi꜄	li꜄	tʂʰʅ꜄	꜀tʂʅ	꜁tʂʰʅ
辉　县	kuei꜄	꜀pei	꜀pʰi	pi꜄	꜁li	tsʰɿ꜄	꜀tsɿ	꜁tsʰɿ
新　乡	kuei꜄	꜀pei	꜀pʰei	pi꜄	li꜄	tsʰɿ꜄	꜀tsɿ	꜁tsʰɿ
获　嘉	kuæɛ꜄	꜀pei	꜀pʰei	pi꜄	꜁li	tʂʰʅ꜄	꜀tʂʅ	꜁tʂʰʅ
淇　县	kuei꜄	꜀pei	꜀pʰei	pi꜄	꜁li	tʂʰʅ꜄	꜀tʂʅ	꜁tʂʰʅ
修　武	kuei꜄	꜀pei	꜀pʰei/꜀pʰi	pi꜄	꜁li	tsʰɿ꜄	꜀tʂʅ	꜁tʂʰʅ
焦　作	kuei꜄	꜀pei	꜀pʰei	pi꜄	li꜄	tsʰɿ꜄	꜀tʂʅ	꜁tʂʰʅ
武　陟	kuei꜄	꜀pei	꜀pʰei	pi꜄	꜁li	tsʰɿ꜄	꜀tʂʅ	꜁tʂʰʅ
沁　阳	kuei꜄	꜀pei	꜀pʰei	pi꜄	li꜄	tsʰɿ꜄	꜀tsɿ	꜁tsʰɿ
温　县	kuei꜄	꜀pei	꜀pʰei	pei꜄/pi꜄	li꜄	tsʰɿ꜄	꜀tʂʅ	꜁tʂʰʅ
济　源	kuei꜄	꜀pei	꜀pʰei	pi꜄	꜁li	tsʰɿ꜄	꜀tʂʅ	꜁tʂʰʅ

29	纸	眵	儿	骑	技	义	戏	移
	止开三上纸章	止开三平支昌	止开三平支日	止开三平支群	止开三上纸群	止开三去寘疑	止开三去寘晓	止开三平支以
安　阳	ᶜtsɿ	꜀tsʰɿ	꜀ɭ	꜀tɕʰi	tɕiᵓ	iᵓ	ɕiᵓ	꜀i
林　州	ᶜtʂʅ	꜀tʂʰʅ	꜀ɭ	꜀tɕʰi	tɕiᵓ	iᵓ	ɕiᵓ	꜀i
鹤　壁	ᶜtʂʅ	꜀tʂʰʅ/꜀tsʰɿ	꜀ɭ	꜀tɕʰi	tɕiᵓ	iᵓ	ɕiᵓ	꜀i
卫　辉	ᶜtʂʅ	꜀tʂʰʅ	꜀ɭ	꜀tɕʰi	tɕiᵓ	iᵓ	ɕiᵓ	꜀i
辉　县	ᶜtsɿ	꜀tsʰɿ	꜀ɭə	꜀tɕʰi	tɕiᵓ	iᵓ	ɕiᵓ	꜀i
新　乡	ᶜtsɿ	꜀tsʰɿ	꜀ɭə	꜀tɕʰi	tɕiᵓ	iᵓ	ɕiᵓ	꜀i
获　嘉	ᶜtʂʅ	꜀tʂʰʅ	꜀ɭə	꜀tɕʰi	tɕiᵓ	iᵓ	ɕiᵓ	꜀i
淇　县	ᶜtʂʅ	꜀tʂʰʅ	꜀ɭ	꜀tɕʰi	tɕiᵓ	iᵓ	ɕiᵓ	꜀i
修　武	ᶜtsɿ	꜀tsʰɿ	꜀ɭə	꜀tɕʰi	tɕiᵓ	iᵓ	ɕiᵓ	꜀i
焦　作	ᶜtsɿ	꜀tsʰɿ	꜀ɭə	꜀tɕʰi	tɕiᵓ	iᵓ	ɕiᵓ	꜀i
武　陟	ᶜtsɿ	꜀tsʰɿ	꜀ɭ	꜀tɕʰi	tɕiᵓ	iᵓ	ɕiᵓ	꜀i
沁　阳	ᶜtsɿ	꜀tsʰɿ	꜀ɭə	꜀tɕʰi	tɕiᵓ	iᵓ	ɕiᵓ	꜀i
温　县	ᶜtsɿ	꜀tsʰɿ	꜀ɭə	꜀tɕʰi	tɕiᵓ	iᵓ	ɕiᵓ	꜀i
济　源	ᶜtsɿ	꜀tsʰɿ	꜀ɭə	꜀tɕʰi	tɕiᵓ	iᵓ	ɕiᵓ	꜀i

30	比	鼻	眉	腻	梨	瓷	四	迟
	止开三上旨帮	止开三去至並	止开三平脂明	止开三去至泥	止开三平脂来	止开三平脂从	止开三去至心	止开三平脂澄
安阳	ᶜpi	꜀pi	꜀mei	ȵiᵓ	꜀li	꜀tsʰɿ	sɿᵓ	꜀tsʰɿ
林州	ᶜpi	piəʔ꜆	꜀mei	ȵiᵓ	꜀li	꜀tsʰɿ	sɿᵓ	꜀tʂʰʅ
鹤壁	ᶜpi	꜀pi	꜀mei	ȵiᵓ	꜀li	꜀tʂʰʅ／꜀tsʰɿ	sɿᵓ	꜀tsʰɿ
卫辉	ᶜpi	꜀pi	꜀mei	ȵiᵓ	꜀li	꜀tʂʰʅ	sɿᵓ	꜀tʂʰʅ
辉县	ᶜpi	꜀pi	꜀mei	ȵiᵓ	꜀li	꜀tsʰɿ	sɿᵓ	꜀tsʰɿ
新乡	ᶜpi	꜀pi	꜀mei	ȵiᵓ	꜀li	꜀tsʰɿ	sɿᵓ	꜀tsʰɿ
获嘉	ᶜpi	꜀pi	꜀mei	ȵiᵓ	꜀li	꜀tʂʰʅ	ʂʅᵓ	꜀tʂʰʅ
淇县	ᶜpi	꜀pi	꜀mei	ȵiᵓ	꜀li	꜀tʂʰʅ	sɿᵓ	꜀tʂʰʅ
修武	ᶜpi	꜀pi	꜀mei	ȵiᵓ	꜀li	꜀tsʰɿ	sɿᵓ	꜀tʂʰʅ
焦作	ᶜpi	꜀pi	꜀mei	ȵiᵓ	꜀li	꜀tsʰɿ	sɿᵓ	꜀tʂʰʅ
武陟	ᶜpi	꜀pi	꜀mei	ȵiᵓ	꜀li	꜀tsʰɿ	sɿᵓ	꜀tʂʰʅ
沁阳	ᶜpi	꜀pi	꜀mẽ	ȵiᵓ	꜀li	꜀tsʰɿ	sɿᵓ	꜀tsʰɿ
温县	ᶜpi	꜀pi	꜀mən	ȵiᵓ	꜀li	꜀tsʰɿ	sɿᵓ	꜀tʂʰʅ
济源	ᶜpi	꜀pi	꜀mẽ	ȵiᵓ	꜀li	꜀tsʰɿ	sɿᵓ	꜀tʂʰʅ

31	师	视	二	姨	你	李	子	字
	止开三平脂生	止开三去至禅	止开三去至日	止开三平脂以	止开三上止泥	止开三上止来	止开三上止精	止开三去志从
安　阳	꜀sɿ	sɿ꜄	ɭ꜄	꜁i	꜂ȵi	꜂li	꜂tsɿ	tsɿ꜄
林　州	꜀ʂʅ	ʂʅ꜄	ɭ꜄	꜁i	꜂ȵi	꜂li	꜂tsɿ	tsɿ꜄
鹤　壁	꜀sɿ	sɿ꜄	ɭ꜄	꜁i	꜂ȵi	꜂li	꜂tʂʅ/꜂tsɿ	tʂʅ꜄
卫　辉	꜀sɿ	sɿ꜄	ɭ꜄	꜁i	꜂ȵi	꜂li	꜂tʂʅ	tʂʅ꜄
辉　县	꜀sɿ	sɿ꜄	ɭə꜄	i꜄	꜂ȵi	꜂li	꜂tsɿ	tsɿ꜄
新　乡	꜀sɿ	sɿ꜄	ɭə꜄	꜁i	꜂ȵi	꜂li	꜂tsɿ	tsɿ꜄
获　嘉	꜀ʂʅ	ʂʅ꜄	ɭə꜄	i꜄	꜂ȵi	꜂li	꜂tʂʅ	tʂʅ꜄
淇　县	꜀sɿ	sɿ꜄	ɭ꜄	꜁i	꜂ȵi	꜂li	꜂tʂʅ	tʂʅ꜄
修　武	꜀sɿ	sɿ꜄	ɭə꜄	i꜄	꜂ȵi	꜂li	꜂tsɿ	tsɿ꜄
焦　作	꜀sɿ	sɿ꜄	ɭə꜄	꜁i/i꜄	꜂ȵi	꜂li	꜂tsɿ	tsɿ꜄
武　陟	꜀sɿ	sɿ꜄	ɭ꜄	꜁i	꜂ȵi	꜂li	꜂tsɿ	tsɿ꜄
沁　阳	꜀sɿ	sɿ꜄	ɭə꜄	꜁i	꜂ȵi	꜂li	꜂tsɿ	tsɿ꜄
温　县	꜀sɿ	sɿ꜄	ɭə꜄	꜁i	꜂ȵi	꜂li	꜂tsɿ	tsɿ꜄
济　源	꜀sɿ	sɿ꜄	ɭə꜄	i꜄	꜂ȵi	꜂li	꜂tsɿ	tsɿ꜄

32	丝	词	痴	治	事	志~气	齿	试
	止开三平之心	止开三平之邪	止开三平之彻	止开三去志澄	止开三去志崇	止开三去志章	止开三上止昌	止开三去志书
安　阳	꜀sɿ	꜁tsʰɿ	꜀tsʰɿ	tsɿ꜄	sɿ꜄	tsɿ꜄	꜂tsʰɿ	sɿ꜄
林　州	꜀sɿ	꜁tsʰɿ	꜀tʂʰʅ	tʂʅ꜄	ʂʅ꜄	tʂʅ꜄	꜂tʂʰʅ	ʂʅ꜄
鹤　壁	꜀sɿ	꜁tsʰɿ	꜀tsʰɿ	tsɿ꜄	sɿ꜄	tʂʅ꜄	꜁tʂʰʅ	ʂʅ꜄/sɿ꜄
卫　辉	꜀sɿ	꜁tʂʰʅ	꜂tʂʰʅ	tʂʅ꜄	sɿ꜄	tʂʅ꜄	꜁tʂʰʅ	sɿ꜄
辉　县	꜀sɿ	꜁tsʰɿ	꜀tsʰɿ	tsɿ꜄	sɿ꜄	tsɿ꜄	꜂tsʰɿ	sɿ꜄
新　乡	꜀sɿ	꜁tsʰɿ	꜀tsʰɿ	tsɿ꜄	sɿ꜄	tsɿ꜄	꜁tsʰɿ	sɿ꜄
获　嘉	꜀ʂʅ	꜁tʂʰʅ	꜀tʂʰʅ	tʂʅ꜄	ʂʅ꜄	tʂʅ꜄	꜁tʂʰʅ	ʂʅ꜄
淇　县	꜀sɿ	꜁tʂʰʅ	꜁tʂʰʅ	tʂʅ꜄	sɿ꜄	tʂʅ꜄	꜂tʂʰʅ	sɿ꜄
修　武	꜀sɿ	꜁tsʰɿ	꜀tʂʰʅ	tʂʅ꜄	sɿ꜄	tsɿ꜄	꜂tsʰɿ	sɿ꜄
焦　作	꜀sɿ	꜁tsʰɿ	꜀tʂʰʅ	tʂʅ꜄	sɿ꜄	tsɿ꜄	꜁tsʰɿ	sɿ꜄
武　陟	꜀sɿ	꜁tsʰɿ	꜀tʂʰʅ	tʂʅ꜄	sɿ꜄	tsɿ꜄	꜁tsʰɿ	sɿ꜄
沁　阳	꜀sɿ	꜁tsʰɿ	꜀tsʰɿ/꜀tsɿ	tsɿ꜄	sɿ꜄	tsɿ꜄	꜂tsʰɿ	sɿ꜄
温　县	꜀sɿ	꜁tsʰɿ	꜀tʂʰʅ	tʂʅ꜄	sɿ꜄	tsɿ꜄	꜁tsʰɿ	sɿ꜄
济　源	꜀sɿ	꜁tsʰɿ	꜀tʂʰʅ	tʂʅ꜄	sɿ꜄	tsɿ꜄	꜁tsʰɿ	sɿ꜄

33	时	耳	记	起	疑	喜	医	机
	止开三平之禅	止开三上止日	止开三去志见	止开三上止溪	止开三平之疑	止开三上止晓	止开三平之影	止开三平微见
安　阳	꜁sɿ	ᶜʅ	tɕiᵓ	ᶜtɕʰi	꜁i	ᶜɕi	꜀i	꜀tɕi
林　州	꜁ʂʅ	ᶜʅ	tɕiᵓ	ᶜtɕʰi	꜁i	ᶜɕi	꜀i	꜀tɕi
鹤　壁	꜁sɿ	ᶜʅ	tɕiᵓ	ᶜtɕʰi	꜁i	ᶜɕi	꜀i	꜀tɕi
卫　辉	꜁sɿ	ᶜʅ	tɕiᵓ	ᶜtɕʰi	꜁i	ᶜɕi	꜀i	꜀tɕi
辉　县	꜁sɿ	ᶜʅə	tɕiᵓ	ᶜtɕʰi	꜁i	ᶜɕi	꜀i	꜀tɕi
新　乡	꜁sɿ	ᶜʅə	tɕiᵓ	ᶜtɕʰi	꜁i	ᶜɕi	꜀i	꜀tɕi
获　嘉	꜁ʂʅ	ᶜʅə	tɕiᵓ	ᶜtɕʰi	꜁i	ᶜɕi	꜀i	꜀tɕi
淇　县	꜁sɿ	ᶜʅ	tɕiᵓ	ᶜtɕʰi	꜁i	ᶜɕi	꜀i	꜀tɕi
修　武	꜁sɿ	ᶜʅə	tɕiᵓ	ᶜtɕʰi	꜁i	ᶜɕi	꜀i	꜀tɕi
焦　作	꜁sɿ	ᶜʅə	tɕiᵓ	ᶜtɕʰi	꜁i	ᶜɕi	꜀i	꜀tɕi
武　陟	꜁sɿ	ᶜʅ	tɕiᵓ	ᶜtɕʰi	꜁i	ᶜɕi	꜀i	꜀tɕi
沁　阳	꜁sɿ	ᶜʅə	tɕiᵓ	ᶜtɕʰi	꜁i	ᶜɕi	꜀i	꜀tɕi
温　县	꜁sɿ	ᶜʅə	tɕiᵓ	ᶜtɕʰi	꜁i	ᶜɕi	꜀i	꜀tɕi
济　源	꜁sɿ	ᶜʅə	tɕiᵓ	ᶜtɕʰi	꜁i	ᶜɕi	꜀i	꜀tɕi

34	气	稀	衣	嶲	随	吹	睡	亏
	止开三去未溪	止开三平微晓	止开三平微影	止合三上纸精	止合三平支邪	止合三平支昌	止合三去寘禅	止合三平支溪
安　阳	tɕʰi꜃	꜀ɕi	꜀i	꜂tsuei	꜁suei/꜁ʂuei	꜀tsʰuei	sei꜃	꜀kʰuei
林　州	tɕʰi꜃	꜀ɕi	꜀i	꜂tsuei	꜁suei	꜀tʂʰuei	ʂuei꜃	꜀kʰuei
鹤　壁	tɕʰi꜃	꜀ɕi	꜀i	꜂tʂuei	꜁suei	꜀tʂʰuei	sei꜃	꜀kʰuei
卫　辉	tɕʰi꜃	꜀ɕi	꜀i	꜂tʂuei	꜁suei	꜀tʂʰuei	sei꜃	꜀kʰuei
辉　县	tɕʰi꜃	꜀ɕi	꜀i	꜂tsuei	꜁suei	꜀tsʰuei	sei꜃/suei꜃	꜀kʰuei
新　乡	tɕʰi꜃	꜀ɕi	꜀i	꜂tsuei	꜁suei	꜀tsʰuei	sei꜃	꜀kʰuei
获　嘉	tɕʰi꜃	꜀ɕi	꜀i	꜂tʂuei	꜁ʂuei	꜀tʂʰuei	ʂʒn꜃①	꜀kʰuei
淇　县	tɕʰi꜃	꜀ɕi	꜀i	꜂tʂuei	꜁suei	꜀tʂʰuei	sei꜃	꜀kʰuei
修　武	tɕʰi꜃	꜀ɕi	꜀i	꜂tsuei	꜁suei	꜀tʂʰuei	ʂuei꜃	꜀kʰuei
焦　作	tɕʰi꜃	꜀ɕi	꜀i	꜂tsuei	꜁suei	꜀tʂʰuei	sẽ꜃	꜀kʰuei
武　陟	tɕʰi꜃	꜀ɕi	꜀i	꜂tsuei	꜁suei	꜀tʂʰuei	sei꜃	꜀kʰuei
沁　阳	tɕʰi꜃	꜀ɕi	꜀i	꜂tsuei/꜂tʂuei	꜁suei	꜀tsʰuei	sẽ꜃/suẽ꜃	꜀kʰuei
温　县	tɕʰi꜃	꜀ɕi	꜀i	꜂tsuei	꜁suei	꜀tsʰuei	sei꜃	꜀kʰuei
济　源	tɕʰi꜃	꜀ɕi	꜀i	꜂tsuei	꜁suei	꜀tʂʰuei	sei꜃	꜀kʰuei

① 古阴声字今读鼻音韵，特例。

35	跪	危	毁	垒	泪	醉	追	锤
	止合三上纸群	止合三平支疑	止合三上纸晓	止合三上旨来	止合三去至来	止合三去至精	止合三平脂知	止合三平脂澄
安 阳	kuei꜄	꜀vei	꜂xuei	꜂luei	luei꜄	tsuei꜄	꜀tsuei	꜁tsʰuei
林 州	kuei꜄	꜀vei	꜂xuei	꜂luei	luei꜄	tsuei꜄	꜀tʂuei	꜁tʂʰuei
鹤 壁	kuei꜄	꜂uei	꜂xuei	꜂luei	luei꜄	tʂuei꜄	꜀tʂuei	꜁tʂʰuei
卫 辉	kuei꜄	꜂uei	꜂xuei	꜂luei	luei꜄	tʂuei꜄	꜀tʂuei	꜁tʂʰuei
辉 县	kuei꜄	꜀vei	꜂xuei	꜂luei/꜂lei	luei꜄/lei꜄	tsuei꜄	꜀tsuei	꜁tsʰuei
新 乡	kuei꜄	꜂uei	꜂xuei	꜂luei	luei꜄	tsuei꜄	꜀tsuei	꜁tsʰuei
获 嘉	kuæɛ꜄	꜀uei	꜂xuei	꜂luei	luæɛ꜄	tʂuæɛ꜄	꜀tʂuei	꜁tʂʰuei
淇 县	kuei꜄	꜀uei	꜂xuei	꜂luei	luei꜄	tʂuei꜄	꜀tʂuei	꜁tʂʰuei
修 武	kuei꜄	꜁uei	꜂xuei	꜂luei	luei꜄	tsuei꜄	꜀tʂuei	꜁tʂʰuei
焦 作	kuei꜄	꜀uei	꜂xuei	꜂luei	luei꜄	tsuei꜄	꜀tʂuei	꜁tʂʰuei
武 陟	kuei꜄	꜀uei	꜂xuei	꜂luei	luei꜄	tsuei꜄	꜀tʂuei	꜁tʂʰuei
沁 阳	kuei꜄	꜀uei	꜂xuei	꜂luei	luei꜄	tsuei꜄/tʂuei꜄	꜀tsuei	꜁tsʰuei
温 县	kuei꜄	꜁uei	꜂xuei	꜂luei	luei꜄	tsuei꜄	꜀tʂuei	꜁tʂʰuei
济 源	kuei꜄	꜀uei	꜂xuei	꜂luei	luei꜄	tsuei꜄	꜀tʂuei	꜁tʂʰuei

36	帅	水	谁	龟	柜	位	飞	费
	止合三去至生	止合三上旨书	止合三平脂禅	止合三平脂见	止合三去至群	止合三去至云	止合三平微非	止合三去未敷
安　阳	suaiᵓ	ᶜsuei	꜁sei	꜀kuei	kueiᵓ	veiᵓ	꜀fei	feiᵓ
林　州	ʂuaiᵓ	ᶜʂuei	꜁ʂei	꜀kuei	kueiᵓ	veiᵓ	꜀fei	feiᵓ
鹤　壁	suaiᵓ	ᶜʂuei/ᶜsuei	꜁ʂuei/꜁suei	꜀kuei	kueiᵓ	ueiᵓ	꜀fei	feiᵓ
卫　辉	suæiᵓ	ᶜsuei	꜁sei	꜀kuei	kueiᵓ	ueiᵓ	꜀fei	feiᵓ
辉　县	suæᵓ	ᶜsuei	꜁sei	꜀kuei	kueiᵓ	veiᵓ	꜀fei	feiᵓ
新　乡	suaiᵓ	ᶜsuei	꜁sei	꜀kuei	kueiᵓ	ueiᵓ	꜀fei	feiᵓ
获　嘉	ʂuɐᵓ	ᶜʂuei	꜁ʂei	꜀kuei	kuæɛᵓ	uæɛᵓ	꜀fei	fæɛᵓ
淇　县	suaiᵓ	ᶜsuei	꜁sei	꜀kuei	kueiᵓ	ueiᵓ	꜀fei	feiᵓ
修　武	ʂuæᵓ	ᶜʂuei	꜁sei/꜁suei	꜀kuei	kueiᵓ	ueiᵓ	꜀fei	feiᵓ
焦　作	suæᵓ	ᶜʂuei	꜁sei	꜀kuei	kueiᵓ	ueiᵓ	꜀fei	feiᵓ
武　陟	ʂuæɛᵓ	ᶜʂuei	꜁sei	꜀kuei	kueiᵓ	ueiᵓ	꜀fei	feiᵓ
沁　阳	suæiᵓ	ᶜsuei	꜁sei	꜀kuei	kueiᵓ	ueiᵓ	꜀fei	feiᵓ
温　县	faiᵓ	ᶜfei	꜁ʂei/꜁sei	꜀kuei	kueiᵓ	ueiᵓ	꜀fei	feiᵓ
济　源	ʂuæɛᵓ	ᶜʂuei	꜁sei	꜀kuei	kueiᵓ	ueiᵓ	꜀fi	fiᵓ

37	肥	尾	贵	威	围	宝	抱	毛
	止合三平微奉	止合三上尾微	止合三去未见	止合三平微影	止合三平微云	效开一上晧帮	效开一上晧並	效开一平豪明
安　阳	꜁fei	꜂i/꜂vei	kuei꜄	꜀vei	꜁vei	꜂pɑu	pɑu꜄	꜁mɑu
林　州	꜁fei	꜂i	kuei꜄	꜀vei	꜁vei	꜂pɑu	pɑu꜄	꜁mɑu
鹤　壁	꜁fei	꜂uei	kuei꜄	꜂uei	꜁uei	꜂pɑu	pɑu꜄	꜁mɑu
卫　辉	꜁fei	꜂i/꜂uei	kuei꜄	꜀uei	꜁uei	꜂pɑu	pɑu꜄	꜁mɑu
辉　县	꜁fei	꜂vei	kuei꜄	꜀vei	꜁vei	꜂pɑu	pɑu꜄	꜁mɑu
新　乡	꜁fei	꜂i/꜂uei	kuei꜄	꜀uei	꜁uei	꜂pɑo	pɑo꜄	꜁mɑo
获　嘉	꜁fei	꜂uei	kuæɛ꜄	꜀uei	꜀uei	꜂pɔ	꜀pɔ	꜁mɔ
淇　县	꜁fei	꜂i/꜂uei	kuei꜄	꜀uei	꜁uei	꜂pɑu	pɑu꜄	꜁mɑu
修　武	꜁fei	꜂uei	kuei꜄	꜀uei	꜀uei	꜂pɔ	꜀pɔ	꜁mɔ
焦　作	꜁fei	꜂i	kuei꜄	꜀uei	꜀uei	꜂pɑɔ	pɑɔ꜄	꜁mɑɔ
武　陟	꜁fei	꜂i	kuei꜄	꜀uei	꜀uei	꜂pɑɔ	꜀pɑɔ	꜁mɑɔ
沁　阳	꜁fei	꜂i/꜂uei	kuei꜄	꜀uei	꜁uei	꜂pɑo	꜀pɑo	꜁mɑo
温　县	꜁fei	꜂i	kuei꜄	꜀uei	꜁uei	꜂pɑu	꜀pɑu	꜁mɑu
济　源	꜁fi	꜂vi	kuei꜄	꜀uei	꜁uei	꜂pɑo	꜀pɑo	꜁mɑo

38	刀	掏	讨	套	桃	稻	脑	老
	效开一平豪端	效开一平豪透	效开一上晧透	效开一去号透	效开一平豪定	效开一上晧定	效开一上晧泥	效开一上晧来
安　阳	꜀tɑu	꜀tʰɑu	꜂tʰɑu	tʰɑu꜄	꜁tʰɑu	tɑu꜄	꜂nɑu	꜂lɑu
林　州	꜀tɑu	꜀tʰɑu	꜂tʰɑu	tʰɑu꜄	꜁tʰɑu	tɑu꜄	꜂nɑu	꜂lɑu
鹤　壁	꜀tɑu	꜀tʰɑu	꜁tʰɑu	tʰɑu꜄	꜁tʰɑu	tɑu꜄	꜂nɑu	꜂lɑu
卫　辉	꜀tɑu	꜀tʰɑu	꜂tʰɑu	tʰɑu꜄	꜁tʰɑu	tɑu꜄	꜂nɑu	꜂lɑu
辉　县	꜀tɑu	꜀tʰɑu	꜂tʰɑu	tʰɑu꜄	꜁tʰɑu	tɑu꜄	꜂nɑu	꜂lɑu
新　乡	꜀tɑo	꜀tʰɑo	꜂tʰɑo	tʰɑo꜄	꜁tʰɑo	tɑo꜄	꜂nɑo	꜂lɑo
获　嘉	꜀tɔ	꜀tʰɔ	꜂tʰɔ	tʰɔ꜄	꜁tʰɔ	tɔ꜄	꜂nɔ	꜂lɔ
淇　县	꜀tɑu	꜀tʰɑu	꜂tʰɑu	tʰɑu꜄	꜁tʰɑu	tɑu꜄	꜂nɑu	꜂lɑu
修　武	꜀tɔ	꜀tʰɔ	꜂tʰɔ	tʰɔ꜄	꜁tʰɔ	tɔ꜄	꜂nɔ	꜂lɔ
焦　作	꜀tɑɔ	꜀tʰɑɔ	꜂tʰɑɔ	tʰɑɔ꜄	꜁tʰɑɔ	tɑɔ꜄	꜂nɑɔ	꜂lɑɔ
武　陟	꜀tɑɔ	꜀tʰɑɔ	꜂tʰɑɔ	tʰɑɔ꜄	꜁tʰɑɔ	tɑɔ꜄	꜂nɑɔ	꜂lɑɔ
沁　阳	꜀tɑo	꜀tʰɑo	꜂tʰɑo	tʰɑo꜄	꜁tʰɑo	tɑo꜄	꜂nɑo	꜂lɑo
温　县	꜀tɑu	꜀tʰɑu	꜂tʰɑu	tʰɑu꜄	꜁tʰɑu	tɑu꜄	꜂nɑu	꜂lɑu
济　源	꜀tɑo	꜀tʰɑo	꜂tʰɑo	tʰɑo꜄	꜁tʰɑo	tɑo꜄	꜂nɑo	꜂lɑo

39	早	操	草	曹	造	扫~地	高	靠
	效开一上晧精	效开一平豪清	效开一上晧清	效开一平豪从	效开一上晧从	效开一上晧心	效开一平豪见	效开一去号溪
安阳	꜂tsɑu	꜀tsʰɑu	꜂tsʰɑu	꜁tsʰɑu	tsɑu꜄	꜂sɑu	꜀kɑu	kʰɑu꜄
林州	꜂tsɑu	꜀tsʰɑu	꜂tsʰɑu	꜁tsʰɑu	tsʰɑu꜄	꜂sɑu	꜀kɑu	kʰɑu꜄
鹤壁	꜂tʂɑu	꜀tʂʰɑu	꜂tʂʰɑu	꜁tʂʰɑu	tʂɑu꜄	꜂ʂɑu/꜂sɑu	꜀kɑu	kʰɑu꜄
卫辉	꜂tʂɑu	꜀tʂʰɑu	꜂tʂʰɑu	꜁tʂʰɑu	tʂɑu꜄	꜂sɑu	꜀kɑu	kʰɑu꜄
辉县	꜂tsɑu	꜀tsʰɑu	꜂tsʰɑu	꜁tsʰɑu	tsɑu꜄	꜂sɑu	꜀kɑu	kʰɑu꜄
新乡	꜂tsɑo	꜀tsʰɑo	꜂tsʰɑo	꜁tsʰɑo	tsɑo꜄	꜂sɑo	꜀kɑo	kʰɑo꜄
获嘉	꜂tsɔ	꜀tsʰɔ	꜂tsʰɔ	꜁tsʰɔ	tsʰɔ꜄	꜂sɔ	꜀kɔ	kʰɔ꜄
淇县	꜂tʂɑu	꜀tʂʰɑu	꜂tʂʰɑu	꜁tʂʰɑu	tʂʰɑu꜄	꜂sɑu	꜀kɑu	kʰɑu꜄
修武	꜂tsɔ	꜀tsʰɔ	꜂tsʰɔ	꜁tsʰɔ	tsɔ꜄	꜂sɔ	꜀kɔ	kʰɔ꜄
焦作	꜂tsɑɔ	꜀tsʰɑɔ	꜂tsʰɑɔ	꜁tsʰɑɔ	tsʰɑɔ꜄	꜂sɑɔ	꜀kɑɔ	kʰɑɔ꜄
武陟	꜂tsɑɔ	꜀tsʰɑɔ	꜂tsʰɑɔ	꜁tsʰɑɔ	tsɑɔ꜄	꜂sɑɔ	꜀kɑɔ	kʰɑɔ꜄
沁阳	꜂tsɑo	꜀tsʰɑo	꜂tsʰɑo	꜁tsʰɑo/꜁tʂʰɑo	tsɑo꜄	꜂sɑo	꜀kɑo	kʰɑo꜄
温县	꜂tsɑu	꜀tsʰɑu	꜂tsʰɑu	꜁tsʰɑu	tsɑu꜄	꜂sɑu	꜀kɑu	kʰɑu꜄
济源	꜂tsɑo	꜀tsʰɑo	꜂tsʰɑo	꜁tsʰɑo	tsʰɑo꜄	꜂sɑo	꜀kɑo	kʰɑo꜄

40	熬	薅	好~坏	豪	号~码	袄	包	炮
	效开一平豪疑	效开一平豪晓	效开一上晧晓	效开一平豪匣	效开一去号匣	效开一上晧影	效开二平肴帮	效开二去效滂
安　阳	꜁ɣɑu	꜀xɑu	꜂xɑu	꜁xɑu	xɑu꜄	꜂ɣɑu	꜀pɑu	pʰɑu꜄
林　州	꜁ɣɑu	꜀xɑu	꜂xɑu	꜁xɑu	xɑu꜄	꜂ɣɑu	꜀pɑu	pʰɑu꜄
鹤　壁	꜁ɣɑu	꜀xɑu	꜂xɑu	꜁xɑu	xɑu꜄	꜂ɣɑu	꜀pɑu	pʰɑu꜄
卫　辉	꜁ɣɑu	꜀xɑu	꜂xɑu	꜁xɑu	xɑu꜄	꜂ɣɑu	꜀pɑu	pʰɑu꜄
辉　县	꜁ɣɑu	꜀xɑu	꜂xɑu	꜁xɑu	xɑu꜄	꜂ɣɑu	꜀pɑu	pʰɑu꜄
新　乡	꜁ɣɑo	꜀xɑo	꜂xɑo	꜁xɑo	xɑo꜄	꜂ɣɑo	꜀pɑo	pʰɑo꜄
获　嘉	꜁ɣɔ	꜀xɔ	꜂xɔ	꜁xɔ	xɔ꜄	꜂ɣɔ	꜀pɔ	pʰɔ꜄
淇　县	꜁ɣɑu	꜀xɑu	꜂xɑu	꜁xɑu	xɑu꜄	꜂ɣɑu	꜀pɑu	pʰɑu꜄
修　武	꜁ɣɔ	꜀xɔ	꜂xɔ	꜁xɔ	xɔ꜄	꜂ɣɔ	꜀pɔ	pʰɔ꜄
焦　作	꜁ɣɑɔ	꜀xɑɔ	꜂xɑɔ	꜁xɑɔ	xɑɔ꜄	꜂ɣɑɔ	꜀pɑɔ	pʰɑɔ꜄
武　陟	꜀ɣɑɔ	꜀xɑɔ	꜂xɑɔ	꜁xɑɔ	xɑɔ꜄	꜂ɣɑɔ	꜀pɑɔ	pʰɑɔ꜄
沁　阳	꜁ɣɑo	꜀xɑo	꜂xɑo	꜁xɑo	xɑo꜄	꜂ɣɑo	꜀pɑo	pʰɑo꜄
温　县	꜁ɣɑu	꜀xɑu	꜂xɑu	꜁xɑu	xɑu꜄	꜂ɣɑu	꜀pɑu	pʰɑu꜄
济　源	꜁ɣɑo	꜀xɑo	꜂xɑo	꜁xɑo	xɑo꜄	꜂ɣɑo	꜀pɑo	pʰɑo꜄

41	跑	猫	闹	罩	抓	炒	捎	交
	效开二平肴並	效开二平肴明	效开二去效泥	效开二去效知	效开二平肴庄	效开二上巧初	效开二平肴生	效开二平肴见
安　阳	꜂pʰɑu	꜁mɑu	nɑu꜄	tsɑu꜄	꜀tsua	꜂tsʰɑu	꜀sɑu	꜀tɕiɑu
林　州	꜂pʰɑu	꜁mɑu	nɑu꜄	tʂɑu꜄	꜀tʂɔ	꜂tʂʰɑu	꜀ʂɑu	꜀tɕiɑu
鹤　壁	꜂pʰɑu	꜁mɑu	nɑu꜄	tʂɑu꜄	꜀tʂua	꜂tʂʰɑu	꜀ʂɑu	꜀tɕiɑu
卫　辉	꜂pʰɑu	꜁mɑu	nɑu꜄	tʂɑu꜄	꜀tʂua	꜂tʂʰɑu	꜀sɑu	꜀tɕiɑu
辉　县	꜂pʰɑu	꜁mɑu	nɑu꜄	tsɑu꜄	꜀tsua	꜂tsʰɑu	꜀sɑu	꜀tɕiɑu
新　乡	꜂pʰɑo	꜁mɑo	nɑo꜄	tsɑo꜄	꜀tsua	꜂tsʰɑo	꜀sɑo	꜀tɕiɑo
获　嘉	꜂pʰɔ	꜁mɔ	nɔ꜄	tʂɔ꜄	꜀tʂuᴀ	꜂tʂʰɔ	꜀sɔ	꜀tɕiɔ
淇　县	꜂pʰɑu	꜁mɑu	nɑu꜄	tʂɑu꜄	꜀tʂuɑ	꜂tʂʰɑu	꜀sɑu	꜀tɕiɑu
修　武	꜁pʰɔ	꜁mɔ	nɔ꜄	tʂɔ꜄	꜀tsua	꜂tsʰɔ	꜀sɔ	꜀tɕiɔ
焦　作	꜂pʰɑɔ	꜁mɑɔ/꜀mɑɔ	nɑɔ꜄	tsɑɔ꜄	꜀tʂua	꜂tsʰɑɔ	꜀sɑɔ	꜀tɕiɑɔ
武　陟	꜂pʰɑɔ	꜁mɑɔ/꜀mɑɔ	nɑɔ꜄	tsɑɔ꜄	꜀tʂua	꜂tsʰɑɔ	꜀sɑɔ	꜀tɕiɑɔ
沁　阳	꜂pʰɑo	꜁mɑo	nɑo꜄	tsɑo꜄/tʂɑo꜄	꜀tʂua	꜂tsʰɑo	꜀sɑo	꜀tɕiɑo
温　县	꜁pʰɑu	꜁mɑu	nɑu꜄	tsɑu꜄	꜀tʂuᴀ	꜂tsʰɑu	꜀ʂɑu	꜀tɕiɑu
济　源	꜂pʰɑo	꜁mɑo	nɑo꜄	tsɑo꜄	꜀tʂua	꜂tsʰɑo	꜀sɑo	꜀tɕiɑo

42	敲	巧	咬	效	表手~	票	瓢	庙
	效开二平肴溪	效开二上巧溪	效开二上巧疑	效开二去效匣	效开三上小帮	效开三去笑滂	效开三平宵並	效开三去笑明
安　阳	꜀tɕʰiɑu	꜂tɕʰiɑu	꜂iɑu	ɕiɑu꜄	꜂piɑu	pʰiɑu꜄	꜁pʰiɑu	miɑu꜄
林　州	꜀tɕʰiɑu	꜂tɕʰiɑu	꜂iɑu	ɕiɑu꜄	꜂piɑu	pʰiɑu꜄	꜁pʰiɑu	miɑu꜄
鹤　壁	꜀tɕʰiɑu	꜂tɕʰiɑu	꜂iɑu	ɕiɑu꜄	꜂piɑu	pʰiɑu꜄	꜁pʰiɑu	miɑu꜄
卫　辉	꜀tɕʰiɑu	꜂tɕʰiɑu	꜂iɑu	ɕiɑu꜄	꜂piɑu	pʰiɑu꜄	꜁pʰiɑu	miɑu꜄
辉　县	꜀tɕʰiɑu	꜂tɕʰiɑu	꜂iɑu	ɕiɑu꜄	꜂piɑu	pʰiɑu꜄	꜁pʰiɑu	miɑu꜄
新　乡	꜀tɕʰiɑo	꜂tɕʰiɑo	꜂iɑo	ɕiɑo꜄	꜂piɑo	pʰiɑo꜄	꜁pʰiɑo	miɑo꜄
获　嘉	꜀tɕʰiɔ	꜂tɕʰiɔ	꜂iɔ	ɕiɔ꜄	꜂piɔ	pʰiɔ꜄	꜁pʰiɔ	miɔ꜄
淇　县	꜀tɕʰiɑu	꜂tɕʰiɑu	꜂iɑu	ɕiɑu꜄	꜂piɑu	pʰiɑu꜄	꜁pʰiɑu	miɑu꜄
修　武	꜀tɕʰiɔ	꜂tɕʰiɔ	꜂iɔ	ɕiɔ꜄	꜂piɔ	pʰiɔ꜄	꜁pʰiɔ	miɔ꜄
焦　作	꜀tɕʰiɑɔ	꜂tɕʰiɑɔ	꜂iɑɔ	ɕiɑɔ꜄	꜂piɑɔ	pʰiɑɔ꜄	꜁pʰiɑɔ	miɑɔ꜄
武　陟	꜀tɕʰiɑɔ	꜂tɕʰiɑɔ	꜂iɑɔ	ɕiɑɔ꜄	꜂piɑɔ	pʰiɑɔ꜄	꜁pʰiɑɔ	miɑɔ꜄
沁　阳	꜀tɕʰiɑo	꜂tɕʰiɑo	꜂iɑo	ɕiɑo꜄	꜂piɑo	pʰiɑo꜄	꜁pʰiɑo	miɑo꜄
温　县	꜀tɕʰiɑu	꜂tɕʰiɑu	꜂iɑu	ɕiɑu꜄	꜂piɑu	pʰiɑu꜄	꜁pʰiɑu	miɑu꜄
济　源	꜀tɕʰiɑo	꜂tɕʰiɑo	꜂iɑo	ɕiɑo꜄	꜂piɑo	pʰiɑo꜄	꜁pʰiɑo	miɑo꜄

43	焦	小	笑	超	赵	招	烧	扰
	效开三平宵精	效开三上小心	效开三去笑心	效开三平宵彻	效开三上小澄	效开三平宵章	效开三平宵书	效开三上小日
安 阳	꜀tɕiɑu	꜂ɕiɑu	ɕiɑu꜄	꜀tsʰɑu	tsɑu꜄	꜀tsɑu	꜀sɑu	꜂zɑu
林 州	꜀tsiɑu	꜂siɑu	siɑu꜄	꜀tʂʰɑu	tʂɑu꜄	꜀tʂɑu	꜀ʂɑu	꜂ʐɑu
鹤 壁	꜀tɕiɑu	꜂ɕiɑu	ɕiɑu꜄	꜀tʂʰɑu	tʂɑu꜄	꜀tʂɑu	꜀ʂɑu	꜁ʐɑu
卫 辉	꜀tɕiɑu	꜂ɕiɑu	ɕiɑu꜄	꜀tʂʰɑu	tʂɑu꜄	꜀tʂɑu	꜀sɑu	꜂zɑu
辉 县	꜀tɕiɑu	꜂ɕiɑu	ɕiɑu꜄	꜀tsʰɑu	tsɑu꜄	꜀tsɑu	꜀sɑu	꜂zɑu
新 乡	꜀tɕiɑo	꜂ɕiɑo	ɕiɑo꜄	꜀tsʰɑo	tsɑo꜄	꜀tsɑo	꜀sɑo	꜂zɑo
获 嘉	꜀tɕiɔ	꜂ɕiɔ	ɕiɔ꜄	꜀tʂʰɔ	tʂɔ꜄	꜀tʂɔ	꜀ʂɔ	꜂ʐɔ
淇 县	꜀tɕiɑu	꜂ɕiɑu	ɕiɑu꜄	꜀tʂʰɑu	tʂɑu꜄	꜀tʂɑu	꜀sɑu	꜂zɑu
修 武	꜀tɕiɔ	꜂ɕiɔ	ɕiɔ꜄	꜀tʂʰɔ	tʂɔ꜄	꜀tʂɔ	꜀ʂɔ	꜂ʐɔ
焦 作	꜀tɕiɑɔ	꜂ɕiɑɔ	ɕiɑɔ꜄	꜀tʂʰɑɔ	tʂɑɔ꜄	꜀tʂɑɔ	꜀ʂɑɔ	꜂ʐɑɔ
武 陟	꜀tɕiɑɔ	꜂ɕiɑɔ	ɕiɑɔ꜄	꜀tʂʰɑɔ	tʂɑɔ꜄	꜀tʂɑɔ	꜀ʂɑɔ	꜂ʐɑɔ
沁 阳	꜀tɕiɑo	꜂ɕiɑo	ɕiɑo꜄	꜀tsʰɑo	tsɑo꜄	꜀tsɑo	꜀sɑo	꜂zɑo
温 县	꜀tɕiɑu	꜂ɕiɑu	ɕiɑu꜄	꜀tʂʰɑu	tʂɑu꜄	꜀tʂɑu	꜀ʂɑu	꜂ʐɑu
济 源	꜀tɕiɑo	꜂ɕiɑo	ɕiɑo꜄	꜀tʂʰɑo	tʂɑo꜄	꜀tʂɑo	꜀ʂɑo	꜂ʐɑo

44	桥	轿	妖	舀	雕	跳	条	尿
	效开三平宵群	效开三去笑群	效开三平宵影	效开三上小以	效开四平萧端	效开四去啸透	效开四平萧定	效开四去啸泥
安阳	꜁tɕʰiɑu	tɕiɑu꜄	꜀iɑu	꜂iɑu	꜀tiɑu	tʰiɑu꜄	꜁tʰiɑu	ȵiɑu꜄
林州	꜁tɕʰiɑu	tɕiɑu꜄	꜀iɑu	꜂iɑu	꜀tiɑu	tʰiɑu꜄	꜁tʰiɑu	ȵiɑu꜄
鹤壁	꜁tɕʰiɑu	tɕiɑu꜄	꜀iɑu	꜂iɑu	꜀tiɑu	tʰiɑu꜄	꜁tʰiɑu	ȵiɑu꜄
卫辉	꜁tɕʰiɑu	tɕiɑu꜄	꜀iɑu	꜂iɑu	꜀tiɑu	tʰiɑu꜄	꜁tʰiɑu	ȵiɑu꜄
辉县	꜁tɕʰiɑu	tɕiɑu꜄	꜀iɑu	꜂iɑu	꜀tiɑu	tʰiɑu꜄	꜁tʰiɑu	ȵiɑu꜄
新乡	꜁tɕʰiɑo	tɕiɑo꜄	꜀iɑo	꜂iɑo	꜀tiɑo	tʰiɑo꜄	꜁tʰiɑo	ȵiɑo꜄
获嘉	꜁tɕʰiɔ	tɕiɔ꜄	꜀iɔ	꜂iɔ	꜀tiɔ	tʰiɔ꜄	꜁tʰiɔ	ȵiɔ꜄
淇县	꜁tɕʰiɑu	tɕiɑu꜄	꜀iɑu	꜂iɑu	꜀tiɑu	tʰiɑu꜄	꜁tʰiɑu	ȵiɑu꜄
修武	꜁tɕʰiɔ	tɕiɔ꜄	꜀iɔ	꜂iɔ	꜀tiɔ	tʰiɔ꜄	꜁tʰiɔ	ȵiɔ꜄
焦作	꜁tɕʰiɑɔ	tɕiɑɔ꜄	꜀iɑɔ	꜂iɑɔ	꜀tiɑɔ	tʰiɑɔ꜄	꜁tʰiɑɔ	ȵiɑɔ꜄
武陟	꜁tɕʰiɑɔ	tɕiɑɔ꜄	꜀iɑɔ	꜂iɑɔ	꜀tiɑɔ	tʰiɑɔ꜄	꜁tʰiɑɔ	ȵiɑɔ꜄
沁阳	꜁tɕʰiɑo	tɕiɑo꜄	꜀iɑo	꜂iɑo	꜀tiɑo	tʰiɑo꜄	꜁tʰiɑo	ȵiɑo꜄
温县	꜁tɕʰiɑu	tɕiɑu꜄	꜀iɑu	꜂iɑu	꜀tiɑu	tʰiɑu꜄	꜁tʰiɑu	ȵiɑu꜄
济源	꜁tɕʰiɑo	tɕiɑo꜄	꜀iɑo	꜂iɑo	꜀tiɑo	tʰiɑo꜄	꜁tʰiɑo	ȵiɑo꜄

45	料	浇	晓	某	母	茂	抖	偷
	效开四去啸来	效开四平萧见	效开四上筱晓	流开一上厚明	流开一上厚明	流开一去候明	流开一上厚端	流开一平侯透
安　阳	liɑu꜄	꜀tɕiɑu	꜂ɕiɑu	꜂mu	꜂mu	mɑu꜄	꜂tou	꜀tʰou
林　州	liɑu꜄	꜀tɕiɑu	꜂ɕiɑu	꜂mu	꜂mu	mɑu꜄	꜂tou	꜀tʰou
鹤　壁	liɑu꜄	꜀tɕiɑu	꜀ɕiɑu	꜂mu	꜂mu	mɑu꜄	꜂tou	꜀tʰou
卫　辉	liɑu꜄	꜀tɕiɑu	꜂ɕiɑu	꜂mu	꜂mu	mɑu꜄	꜂tou	꜀tʰou
辉　县	liɑu꜄	꜀tɕiɑu	꜂ɕiɑu	꜂mu	꜂mu	mɑu꜄	꜂tou	꜀tʰou
新　乡	liɑo꜄	꜀tɕiɑo	꜂ɕiɑo	꜂mu	꜂mu	mɑo꜄	꜂tou	꜀tʰou
获　嘉	liɔ꜄	꜀tɕiɔ	꜂ɕiɔ	꜂mu	꜂mu	mɔ꜄	꜂tou	꜀tʰou
淇　县	liɑu꜄	꜀tɕiɑu	꜂ɕiɑu	꜂mu	꜂mu	mɑu꜄	꜂tou	꜀tʰou
修　武	liɔ꜄	꜀tɕiɔ	꜀ɕiɔ	꜂mu	꜂mu	mɔ꜄	꜂tou	꜀tʰou
焦　作	liɑɔ꜄	꜀tɕiɑɔ	꜀ɕiɑɔ	꜂mu	꜂mu	mɑɔ꜄	꜂tou	꜀tʰou
武　陟	liɑɔ꜄	꜀tɕiɑɔ	꜀ɕiɑɔ	꜂mu	꜂mu	mɑɔ꜄	꜂tou	꜀tʰou
沁　阳	liɑo꜄	꜀tɕiɑo	꜀ɕiɑo	꜂mu	꜂mu	mɑo꜄	꜂tou	꜀tʰou
温　县	liɑu꜄	꜀tɕiɑu	꜀ɕiɑu	꜂mu	꜂mu	mɑu꜄	꜂tou	꜀tʰou
济　源	liɑo꜄	꜀tɕiɑo	꜀ɕiɑo	꜂mu	꜂mu	mɑo꜄	꜂tou	꜀tʰou

46	头	豆	楼	走	凑	狗	口	藕
	流开一平侯定	流开一去候定	流开一平侯来	流开一上厚精	流开一去候清	流开一上厚见	流开一上厚溪	流开一上厚疑
安　阳	꜁tʰou	tou꜄	꜁lou	꜂tsou	tsʰou꜄	꜂kou	꜂kʰou	꜂ɣou
林　州	꜁tʰou	tou꜄	꜁lou	꜂tsou	tsʰou꜄	꜂kou	꜂kʰou	꜂ɣou
鹤　壁	꜁tʰou	tou꜄	꜁lou	꜂tʂou	tʂʰou꜄	꜂kou	꜂kʰou	꜂ɣou
卫　辉	꜁tʰou	tou꜄	꜁lou	꜂tʂou	tʂʰou꜄	꜂kou	꜂kʰou	꜂ɣou
辉　县	꜁tʰou	tou꜄	꜁lou	꜂tsou	tsʰou꜄	꜂kou	꜂kʰou	꜂ɣou
新　乡	꜁tʰou	tou꜄	꜁lou	꜂tsou	tsʰou꜄	꜂kou	꜂kʰou	꜂ɣou
获　嘉	꜁tʰou	tɔo꜄	꜁lou	꜂tsou	tʂʰɔo꜄	꜂kou	꜂kʰou	꜂ɣou
淇　县	꜁tʰou	tou꜄	꜁lou	꜂tʂou	tʂʰou꜄	꜂kou	꜂kʰou	꜂ɣou
修　武	꜁tʰou	tou꜄	꜁lou	꜂tsou	tsʰou꜄	꜂kou	꜂kʰou	꜂ɣou
焦　作	꜁tʰou	tou꜄	꜁lou	꜂tsou	tsʰou꜄	꜂kou	꜂kʰou	꜂ɣou
武　陟	꜁tʰou	tou꜄	꜁lou	꜂tsou	tsʰou꜄	꜂kou	꜂kʰou	꜂ɣou
沁　阳	꜁tʰou	tou꜄	꜁lou	꜂tsou	tsʰou꜄	꜂kou	꜂kʰou	꜂ɣou
温　县	꜁tʰou	tou꜄	꜁lou	꜂tsou	tsʰou꜄	꜂kou	꜂kʰou	꜂ɣou
济　源	꜁tʰou	tou꜄	꜁lou	꜂tsou	tsʰou꜄	꜂kou	꜂kʰou	꜂ɣou

47	厚	否	浮	谋	矛	扭	流	酒
	流开一上厚匣	流开三上有非	流开三平尤奉	流开三平尤明	流开三平尤明	流开三上有泥	流开三平尤来	流开三上有精
安 阳	xouᵓ	ᶜfu	꜀fu	꜀mu	꜀mɑu	ᶜȵiou	꜀liou	ᶜtɕiou
林 州	xouᵓ	ᶜfu	꜀fu	꜀mu	꜀mɑu	ᶜȵiou	꜀liou	ᶜtsiou
鹤 壁	xouᵓ	꜀fu	꜀fu	muᵓ	꜀mɑu	ᶜȵiou	꜀liou	ᶜtɕiou
卫 辉	xouᵓ	꜀fu	꜀fu	꜀mu	꜀mɑu	ᶜȵiou	꜀liou	ᶜtɕiou
辉 县	xouᵓ	ᶜfu／ᶜfou	꜀fu	꜀mu	꜀mɑu	ᶜȵiou	꜀liou	ᶜtɕiou
新 乡	xouᵓ	ᶜfu	꜀fu	꜀mu	꜀mɑo	ᶜȵiou	꜀liou	ᶜtɕiou
获 嘉	xɔoᵓ	ᶜfu	꜀fu	꜀mu	꜀mɔ	ᶜȵiou	꜀liou	ᶜtɕiou
淇 县	xouᵓ	ᶜfu	꜀fu	꜀mu	꜀mɑu	ᶜȵiou	꜀liou	ᶜtɕiou
修 武	xouᵓ	ᶜfu	꜀fu	muᵓ	꜀mɔ	ᶜȵiou	꜀liou	ᶜtɕiou
焦 作	xouᵓ	ᶜfu	꜀fu	꜀mu	꜀mɑɔ	ᶜȵiou	꜀liou	ᶜtɕiou
武 陟	xouᵓ	ᶜfu	꜀fu	꜀mu	꜀mɑɔ	ᶜȵiou	꜀liou	ᶜtɕiou
沁 阳	xouᵓ	ᶜfu	꜀fu	꜀mu	꜀mɑo	ᶜȵiou	꜀liou	ᶜtɕiou
温 县	xouᵓ	ᶜfu	꜀fu	ᶜmu	꜀mɑu	ᶜȵiou	꜀liou	ᶜtɕiou
济 源	xouᵓ	ᶜfu	꜀fu	꜀mu	꜀mɑo	ᶜȵiou	꜀liou	ᶜtɕiou

48	秋	修	袖	肘	抽	稠	愁	搜
	流开三平尤清	流开三平尤心	流开三去宥邪	流开三上有知	流开三平尤彻	流开三平尤澄	流开三平尤崇	流开三平尤生
安　阳	꜀tɕʰiou	꜀ɕiou	ɕiou꜄	꜂tsou	꜀tsʰou	꜁tsʰou	꜁tsʰou	꜀sou
林　州	꜀tsʰiou	꜀siou	siou꜄	꜂tʂou	꜀tʂʰou	꜁tʂʰou	꜁tʂʰou	꜀sou
鹤　壁	꜀tɕʰiou	꜀ɕiou	ɕiou꜄	꜂tʂou	꜀tʂʰou	꜁tʂʰou	꜁tʂʰou	꜀ʂou
卫　辉	꜀tɕʰiou	꜀ɕiou	ɕiou꜄	꜂tʂou	꜀tʂʰou	꜁tʂʰou	꜁tʂʰou	꜀sou
辉　县	꜀tɕʰiou	꜀ɕiou	ɕiou꜄	꜂tsou	꜀tsʰou	꜁tsʰou	꜁tsʰou	꜀sou
新　乡	꜀tɕʰiou	꜀ɕiou	ɕiou꜄	꜂tʂou	꜀tsʰou	꜁tsʰou	꜁tsʰou	꜀sou
获　嘉	꜀tɕʰiou	꜀ɕiou	ɕiou꜄①	꜂tʂou	꜀tʂʰou	꜁tʂʰou	꜁tʂʰou	꜀ʂou
淇　县	꜀tɕʰiou	꜀ɕiou	ɕiou꜄	꜂tʂou	꜀tʂʰou	꜁tʂʰou	꜁tʂʰou	꜀sou
修　武	꜀tɕʰiou	꜀ɕiou	ɕiou꜄	꜂tʂou	꜀tʂʰou	꜁tʂʰou	꜁tsʰou	꜀sou
焦　作	꜀tɕʰiou	꜀ɕiou	ɕiou꜄	꜂tʂou	꜀tʂʰou	꜁tʂʰou	꜁tsʰou	꜀sou
武　陟	꜀tɕʰiou	꜀ɕiou	ɕiou꜄	tʂou꜄	꜀tʂʰou	꜁tʂʰou	꜁tsʰou	꜀sou
沁　阳	꜀tɕʰiou	꜀ɕiou	ɕiou꜄	꜂tsou/꜂tʂou	꜀tsʰou	꜁tsʰou	꜁tsʰou	꜀sou
温　县	꜀tɕʰiou	꜀ɕiou	ɕiou꜄	꜂tʂou	꜀tʂʰou	꜁tʂʰou	꜁tsʰou	꜀sou
济　源	꜀tɕʰiou	꜀ɕiou	ɕiou꜄	꜂tʂou	꜀tʂʰou	꜁tʂʰou	꜁tsʰou	꜀sou

① 该方言异调分韵，这里是子变韵，没有本韵。

49	瘦	周	丑	臭	手	寿	揉	九
	流开三去宥生	流开三平尤章	流开三上有昌	流开三去宥昌	流开三上有书	流开三去宥禅	流开三平尤日	流开三上有见
安 阳	souᵓ	꜀tsou	ᶜtsʰou	tsʰouᵓ	ᶜsou	souᵓ	꜁zou	ᶜtɕiou
林 州	ʂouᵓ	꜀tʂou	ᶜtʂʰou	tʂʰouᵓ	ᶜʂou	ʂouᵓ	꜁ʐou	ᶜtɕiou
鹤 壁	ʂouᵓ	꜀tʂou	ᶜtʂʰou	tʂʰouᵓ	ᶜʂou	souᵓ	꜁ʐou	ᶜtɕiou
卫 辉	souᵓ	꜀tʂou	ᶜtʂʰou	tʂʰouᵓ	ᶜsou	souᵓ	꜁zou	ᶜtɕiou
辉 县	souᵓ	꜀tsou	ᶜtsʰou	tsʰouᵓ	ᶜsou	souᵓ	꜁zou	ᶜtɕiou
新 乡	souᵓ	꜀tsou	ᶜtsʰou	tsʰouᵓ	ᶜsou	souᵓ	꜁zou	ᶜtɕiou
获 嘉	ʂɔoᵓ	꜀tʂou	ᶜtʂʰou	tʂʰɔoᵓ	ᶜʂou	ʂɔoᵓ	꜁ʐou	ᶜtɕiou
淇 县	souᵓ	꜀tʂou	ᶜtʂʰou	tʂʰouᵓ	ᶜsou	souᵓ	꜁zou	ᶜtɕiou
修 武	souᵓ	꜀tʂou	ᶜtʂʰou	tʂʰouᵓ	ᶜʂou	ʂouᵓ	꜁ʐou	ᶜtɕiou
焦 作	souᵓ	꜀tʂou	ᶜtʂʰou	tʂʰouᵓ	ᶜʂou	ʂouᵓ	꜁ʐou	ᶜtɕiou
武 陟	souᵓ	꜀tʂou	ᶜtʂʰou	tʂʰouᵓ	ᶜʂou	ʂouᵓ	꜁ʐou	ᶜtɕiou
沁 阳	souᵓ	꜀tsou	ᶜtsʰou	tsʰouᵓ	ᶜsou	souᵓ	꜁zou	ᶜtɕiou
温 县	souᵓ	꜀tʂou	ᶜtʂʰou	tʂʰouᵓ	ᶜʂou	ʂouᵓ	꜁ʐou	ᶜtɕiou
济 源	souᵓ	꜀tʂou	ᶜtʂʰou	tʂʰouᵓ	ᶜʂou	ʂouᵓ	꜁ʐou	ᶜtɕiou

50	舅	旧	牛	休	有	油	谬	幼
	流开三上有群	流开三去宥群	流开三平尤疑	流开三平尤晓	流开三上有云	流开三平尤以	流开三去幼明	流开三去幼影
安　阳	tɕiou꜄	tɕiou꜄	꜁ȵiou	꜀ɕiou	꜂iou	꜁iou	ȵiou꜄	iou꜄
林　州	tɕiou꜄	tɕiou꜄	꜁ɣou	꜀ɕiou	꜂iou	꜁iou	ȵiou꜄	iou꜄
鹤　壁	tɕiou꜄	tɕiou꜄	꜁ɣou	꜀ɕiou	꜂iou	꜁iou	ȵiou꜄	iou꜄
卫　辉	tɕiou꜄	tɕiou꜄	꜁ɣou	꜀ɕiou	꜂iou	꜁iou	ȵiou꜄	iou꜄
辉　县	tɕiou꜄	tɕiou꜄	꜁ɣou / ꜁ȵiou	꜀ɕiou	꜂iou	꜁iou	miou꜄	iou꜄
新　乡	tɕiou꜄	tɕiou꜄	꜁ɣou	꜀ɕiou	꜂iou	꜁iou	ȵiou꜄	iou꜄
获　嘉	tɕiɔo꜄	tɕiɔo꜄	꜁ɣou	꜀ɕiou	꜂iou	꜁iou	ȵiɔo꜄	iɔo꜄
淇　县	tɕiou꜄	tɕiou꜄	꜁ɣou / ꜁ȵiou	꜀xou / ꜀ɕiou	꜂iou	꜁iou	ȵiou꜄	iou꜄
修　武	tɕiou꜄	tɕʰiou꜄	꜁ɣou / ꜁ȵiou	꜀ɕiou	꜂iou	꜁iou	ȵiou꜄	iou꜄
焦　作	tɕiou꜄	tɕiou꜄	꜁ɣou / ꜁ȵiou	꜀ɕiou	꜂iou	꜁iou	ȵiou꜄	iou꜄
武　陟	tɕiou꜄	tɕiou꜄	꜁ɣou	꜀ɕiou	꜂iou	꜁iou	ȵiou꜄	iou꜄
沁　阳	tɕiou꜄	tɕiou꜄	꜁ɣou	꜀ɕiou	꜂iou	꜁iou	ȵiou꜄	iou꜄
温　县	tɕiou꜄	tɕiou꜄	꜁ɣou	꜀ɕiou	꜂iou	꜁iou	ȵiou꜄	꜀iou
济　源	tɕiou꜄	tɕiou꜄	꜁ɣou / ꜁ȵiou	꜀ɕiou	꜂iou	꜁iou	ȵiou꜄	iou꜄

51	贪	南	参	蚕	砍	含	暗	答
	咸开一平覃透	咸开一平覃泥	咸开一平覃清	咸开一平覃从	咸开一上感溪	咸开一平覃匣	咸开一去勘影	咸开一入合端
安 阳	꜀tʰæ̃	꜁næ̃	꜀tsʰæ̃	꜁tsʰæ̃	꜂kʰæ̃	꜁xæ̃	ɣæ̃꜄	꜀ta
林 州	꜀tʰa	꜁na	꜀tsʰa	꜁tsʰa	꜂kʰa	꜁xa	ɣa꜄	tɐʔ꜆
鹤 壁	꜀tʰan	꜁nan	꜀tʂʰan	꜁tʂʰan	꜂kʰan	꜁xan	ɣan꜄	꜀ta
卫 辉	꜀tʰan	꜁nan	꜀tʂʰan	꜁tʂʰan	꜂kʰan	꜁xan	ɣan꜄	tɐʔ꜆
辉 县	꜀tʰæ̃	꜁næ̃	꜀tsʰæ̃	꜁tsʰæ̃	꜂kʰæ̃	꜁xæ̃	ɣæ̃꜄	tɐʔ꜆
新 乡	꜀tʰãn	꜁nãn	꜀tsʰãn	꜁tsʰãn	꜂kʰãn	꜁xãn	ɣãn꜄	tɐʔ꜆
获 嘉	꜀tʰɛ̃	꜁nɛ̃	꜀tsʰɛ̃	꜁tsʰɛ̃	꜂kʰɛ̃	꜁xɛ̃	ɣɛ̃꜄	taʔ꜆
淇 县	꜀tʰan	꜁nan	꜀tʂʰan	꜁tʂʰan	꜂kʰan	꜁xan	ɣan꜄	tɐʔ꜆
修 武	꜀tʰɛ	꜁nɛ	꜀tsʰɛ	꜁tʂʰɛ	꜂kʰɛ	꜁xɛ	ɣɛ꜄	tɐʔ꜆
焦 作	꜀tʰɛ̃	꜁nɛ̃	꜀tsʰɛ̃	꜁tsʰɛ̃	꜂kʰɛ̃	꜁xɛ̃	ɣɛ̃꜄	tʌʔ꜆
武 陟	꜀tʰæ̃①	꜁næ̃	꜀tsʰæ̃	꜁tsʰæ̃	꜂kʰæ̃	꜁xæ̃	ɣæ̃꜄	tʌʔ꜆
沁 阳	꜀tʰæ̃	꜁næ̃	꜀tsʰæ̃	꜁tsʰæ̃	꜂kʰæ̃	꜁xæ̃	ɣæ̃꜄	tɑʔ꜆
温 县	꜀tʰan	꜁nan	꜀tsʰan	꜁tsʰan	꜂kʰan	꜁xan	ɣan꜄	tɑʔ꜆
济 源	꜀tʰæn	꜁næn	꜀tsʰæn	꜁tsʰæn	꜂kʰæn	꜁xæn	ɣæn꜄	tɐʔ꜆

① 武陟的鼻化极弱，几近于无。

52	纳	杂	喝	胆	谈	淡	蓝	三
	咸开一入合泥	咸开一入合从	咸开一入合晓	咸开一上敢端	咸开一平谈定	咸开一上敢定	咸开一平谈来	咸开一平谈心
安　阳	nɐʔ꜆	꜁tsa	xɑʔ꜆	꜂tæ̃	꜁tʰæ̃	tæ̃꜄	꜁læ̃	꜀sæ̃
林　州	nɐʔ꜆	꜁tsɔ	xɐʔ꜆	꜂ta	꜁tʰa	ta꜄	꜁la	꜀sa
鹤　壁	꜀na	꜁tʂa	꜀xɤʌ	꜂tan	꜁tʰan	tan꜄	꜁lan	꜀ʂan／꜀san
卫　辉	nɐʔ꜆	꜁tʂa	xɐʔ꜆	꜂tan	꜁tʰan	tan꜄	꜁lan	꜀san
辉　县	nɐʔ꜆	꜁tsa	xɐʔ꜆	꜂tæ̃	꜁tʰæ̃	tæ̃꜄	꜁læ̃	꜀sæ̃
新　乡	nɐʔ꜆	꜁tsa	xɐʔ꜆	꜂tãn	꜁tʰãn	tãn꜄	꜁lãn	꜀sãn
获　嘉	naʔ꜆	꜁tʂA	xaʔ꜆	꜂tɛ̃	꜁tʰɛ̃	tɛ̃꜄	꜁lɛ̃	꜀sɛ̃
淇　县	nɐʔ꜆	꜁tʂɑ	xɐʔ꜆	꜂tan	꜁tʰan	tan꜄	꜁lan	꜀san
修　武	nɐʔ꜆	꜁tsa	xɐʔ꜆	꜂tɛ	꜁tʰɛ	tɛ꜄	꜁lɛ	꜀sɛ
焦　作	nAʔ꜆	꜁tsa	xAʔ꜆	꜂tɛ̃	꜁tʰɛ̃	tɛ̃꜄	꜁lɛ̃	꜀sɛ̃
武　陟	nʌʔ꜆	꜁tsa	xʌʔ꜆	꜂tæ̃	꜁tʰæ̃	tæ̃꜄	꜁læ̃	꜀sæ̃
沁　阳	nɑʔ꜆ 13/3	꜁tsa	xɑʔ꜆	꜂tæ̃	꜁tʰæ̃	tæ̃꜄	꜁læ̃	꜀sæ̃
温　县	nɑʔ꜆	꜁tsA	xɑʔ꜆	꜂tan	꜁tʰan	tan꜄	꜁lan	꜀san
济　源	nɐʔ꜆	꜁tsa	xɐʔ꜆	꜂tæn	꜁tʰæn	tæn꜄	꜁læn	꜀sæn

53	敢	喊	塔	腊	磕	站车~	蘸	馋
	咸开一上敢见	咸开一上敢晓	咸开一入盍透	咸开一入盍来	咸开一入盍溪	咸开二去陷澄	咸开二去陷庄	咸开二平咸崇
安阳	ᶜkæ̃	ᶜxæ̃	tʰɑʔ꜆	lɐʔ꜆	kʰɑʔ꜆	tsæ̃ᵓ/tʂæ̃ᵓ	tsæ̃ᵓ	꜀tsʰæ̃
林州	ᶜka	ᶜxa	tʰɐʔ꜆	lɐʔ꜆	kʰɐʔ꜆	tʂaᵓ	tʂaᵓ	꜀tʂʰa
鹤壁	ᶜkan	ᶜxan	꜀tʰa	꜀la	kʰɐʔ꜆/꜀kʰɤʌ	tʂanᵓ	tʂanᵓ	꜀tʂʰan
卫辉	ᶜkan	ᶜxan	tʰɐʔ꜆	lɐʔ꜆	kʰɐʔ꜆	tʂanᵓ	tʂanᵓ	꜀tʂʰan
辉县	ᶜkæ̃	ᶜxæ̃	tʰɐʔ꜆	lɐʔ꜆	kʰɐʔ꜆	tsæ̃ᵓ	tsæ̃ᵓ	꜀tsʰæ̃
新乡	ᶜkãn	ᶜxãn	tʰɐʔ꜆	lɐʔ꜆	kʰɐʔ꜆	tsãnᵓ	tsãnᵓ	꜀tsʰãn
获嘉	ᶜkɛ̃	ᶜxɛ̃	tʰaʔ꜆	laʔ꜆	kʰaʔ꜆	tʂɛ̃ᵓ	tʂɛ̃ᵓ	꜀tʂʰɛ̃
淇县	ᶜkan	ᶜxan	tʰɐʔ꜆	lɐʔ꜆	kʰɐʔ꜆	tʂanᵓ	tʂanᵓ	꜀tʂʰan
修武	ᶜkɛ	ᶜxɛ	tʰɐʔ꜆	lɐʔ꜆	kʰɐʔ꜆	tsɛᵓ	tsɛᵓ	꜀tsʰɛ
焦作	ᶜkɛ̃	ᶜxɛ̃	tʰᴀʔ꜆	lᴀʔ꜆	kʰᴀʔ꜆	tsɛ̃ᵓ	tsɛ̃ᵓ	꜀tsʰɛ̃
武陟	ᶜkæ̃	ᶜxæ̃	tʰʌʔ꜆	lʌʔ꜆	kʰʌʔ꜆	tsæ̃ᵓ	tsæ̃ᵓ	꜀tsʰæ̃
沁阳	ᶜkæ̃	ᶜxæ̃	tʰɑʔ꜆13/3	lɑʔ꜆	kʰɑʔ꜆	tsæ̃ᵓ	tsæ̃ᵓ	꜀tsʰæ̃
温县	ᶜkan	ᶜxan	tʰɑʔ꜆	lɑʔ꜆	kʰɑʔ꜆	tsanᵓ	tsanᵓ	꜀tsʰan
济源	ᶜkæn	ᶜxæn	tʰɐʔ꜆	lɐʔ꜆	kʰɐʔ꜆	tsænᵓ	tsænᵓ	꜀tsʰæn

54	减	鹹	插	掐	衫	甲	匣	鸭
	咸开二上豏见	咸开二平咸匣	咸开二入洽初	咸开二入洽溪	咸开二平衔生	咸开二入狎见	咸开二入狎匣	咸开二入狎影
安　阳	ᶜtɕiæ̃	꜁ɕiæ̃	tsʰɑʔ꜆	tɕʰiɐʔ꜆	꜀sæ̃	tɕiɐʔ꜆	꜁ɕia	iɐʔ꜆/꜀ia
林　州	ᶜtɕia	꜁ɕia	tʂʰɐʔ꜆	tɕʰiɐʔ꜆	꜀ʂa	tɕiɐʔ꜆	꜁ɕiɔ	iɐʔ꜆
鹤　壁	ᶜtɕian	꜁ɕian	꜀tʂʰa	꜀tɕʰia	꜀ʂan/꜀san	꜀tɕia	꜁ɕia	꜀ia
卫　辉	ᶜtɕian	꜁ɕian	tʂʰɐʔ꜆	tɕʰiɐʔ꜆	꜀san	tɕiɐʔ꜆	꜁ɕia	iɐʔ꜆
辉　县	ᶜtɕiæ̃	꜁ɕiæ̃	tsʰɐʔ꜆	tɕʰiɐʔ꜆	꜀sæ̃	tɕiɐʔ꜆	꜁ɕia	꜀ia
新　乡	ᶜtɕiãn	꜁ɕiãn	tʂʰɐʔ꜆	tɕʰiɐʔ꜆	꜀sãn	꜀tɕia	꜁ɕia	꜀ia
获　嘉	ᶜtɕiɛ̃	꜁ɕiɛ̃	tʂʰaʔ꜆	tɕʰiaʔ꜆	꜀sɛ̃	tɕiaʔ꜆	꜁ɕiA	꜀iA
淇　县	ᶜtɕian	꜁ɕian	tʂʰɐʔ꜆	tɕʰiɐʔ꜆	꜀san	tɕiɐʔ꜆	꜁ɕiɑ	iɐʔ꜆
修　武	ᶜtɕiɛ	꜁ɕiɛ	tsʰɐʔ꜆	tɕʰiɐʔ꜆	꜀sɛ	tɕiɐʔ꜆	꜁ɕia	꜀ia
焦　作	ᶜtɕie	꜁ɕie	tsʰAʔ꜆	tɕʰiAʔ꜆	꜀sɛ̃	tɕiAʔ꜆	꜁ɕia	꜀ia
武　陟	ᶜtɕiɛ̃	꜁ɕiɛ̃	tsʰʌʔ꜆	tɕʰiʌʔ꜆	꜀sæ̃	tɕiʌʔ꜆	꜁ɕia	꜀ia
沁　阳	ᶜtɕiæ̃	꜁ɕiæ̃	tsʰɑʔ꜆	tɕʰiɑʔ꜆	꜀sæ̃	tɕiɑʔ꜆ 13/3	꜁ɕia	꜀ia
温　县	ᶜtɕian	꜁ɕian	tsʰɑʔ꜆	tɕʰiɑʔ꜆	꜀san	tɕiɑʔ꜆	꜁ɕiA	꜀iA
济　源	ᶜtɕiɛn	꜁ɕiɛn	tsʰɐʔ꜆	tɕʰiɐʔ꜆	꜀sæn	tɕiɐʔ꜆	꜁ɕia	꜀ia

55	贬	帘	尖	占~领	闪	染	验	险
	咸开三上琰帮	咸开三平盐来	咸开三平盐精	咸开三去艳章	咸开三上琰书	咸开三上琰日	咸开三去艳疑	咸开三上琰晓
安 阳	ᶜpiæ̃	꜁liæ̃	꜀tɕiæ̃	tsæ̃ᵓ	ᶜsæ̃	ᶜzæ̃	iæ̃ᵓ	ᶜɕiæ̃
林 州	ᶜpia	꜁lia	꜀tsia	tʂaᵓ	ᶜʂa	ᶜʐa	iaᵓ	ᶜɕia
鹤 壁	ᶜpian	꜁lian	꜀tɕian	tʂanᵓ	ᶜʂan/ᶜsan	ᶜʐan	ianᵓ	ᶜɕian
卫 辉	ᶜpian	꜁lian	꜀tɕian	tʂanᵓ	ᶜsan	ᶜzan	ianᵓ	ᶜɕian
辉 县	ᶜpiæ̃	꜁liæ̃	꜀tɕiæ̃	tsæ̃ᵓ	ᶜsæ̃	ᶜzæ̃	iæ̃ᵓ	ᶜɕiæ̃
新 乡	ᶜpiãn	꜁liãn	꜀tɕiãn	tsãnᵓ	ᶜsãn	ᶜzãn	iãnᵓ	ᶜɕiãn
获 嘉	ᶜpiɛ̃	꜁liɛ̃	꜀tɕiɛ̃	tʂɛ̃ᵓ	ᶜʂɛ̃	ᶜʐɛ̃	iɛ̃ᵓ	ᶜɕiɛ̃
淇 县	ᶜpian	꜁lian	꜀tɕian	tʂanᵓ	ᶜsan	ᶜzan	ianᵓ	ᶜɕian
修 武	ᶜpiɛ	꜁liɛ	꜀tɕiɛ	tʂɛᵓ	ᶜʂɛ	ᶜʐɛ	ᶜiɛ	ᶜɕiɛ
焦 作	ᶜpie	꜁lie	꜀tɕie	tʂɛ̃ᵓ	ᶜʂɛ̃	ᶜʐɛ̃	ieᵓ	ᶜɕie
武 陟	ᶜpiɛ̃	꜁liɛ̃	꜀tɕiɛ̃	tʂæ̃ᵓ	ᶜʂæ̃	ᶜʐæ̃	iɛ̃ᵓ	ᶜɕiɛ̃
沁 阳	ᶜpiæ̃	꜁liæ̃	꜀tɕiæ̃	tsæ̃ᵓ	ᶜsæ̃	ᶜzæ̃	iæ̃ᵓ	ᶜɕiæ̃
温 县	ᶜpian	꜁lian	꜀tɕian	tʂanᵓ	ᶜʂan	ᶜʐan	ianᵓ	ᶜɕian
济 源	ᶜpiɛn	꜁liɛn	꜀tɕiɛn	tʂænᵓ	ᶜʂæn	ᶜʐæn	iɛnᵓ	ᶜɕiɛn

56	厌	盐	聂	猎	接	涉	欠	业
	咸开三去艳影	咸开三平盐以	咸开三入叶泥	咸开三入叶来	咸开三入叶精	咸开三入叶禅	咸开三去酽溪	咸开三入业疑
安　阳	iæ̃꜄	꜁iæ̃	ȵiɐʔ꜆	lɐʔ꜆	tɕiɐʔ꜆	sɐʔ꜆	tɕʰiæ̃꜄	iɐʔ꜆
林　州	ia꜄	꜁ia	ȵiɐʔ꜆	liɐʔ꜆	tsiɐʔ꜆	ʂɐʔ꜆	tɕʰia꜄	iɐʔ꜆
鹤　壁	ian꜄	꜁ian	꜀ȵiɜ	꜀lɛ	tɕiɐʔ꜆	꜂ʂʅɜ	tɕʰian꜄	iɐʔ꜆/꜀iɜ
卫　辉	ian꜄	꜁ian	ȵiɐʔ꜆	lɐʔ꜆/liɐʔ꜆	tɕiɐʔ꜆	sɐʔ꜆	tɕʰian꜄	iɐʔ꜆
辉　县	iæ̃꜄	꜁iæ̃	ȵiɐʔ꜆	liɐʔ꜆	tɕiɐʔ꜆	sɐʔ꜆	tɕʰiæ̃꜄	iɐʔ꜆
新　乡	iãn꜄	꜁iãn	꜀ȵiɜ	꜀liɜ	꜀tɕiɜ	꜂sʅɜ	tɕʰiãn꜄	꜀iɜ
获　嘉	iɛ̃꜄	꜁iɛ̃	ȵiaʔ꜆	liaʔ꜆	tɕiaʔ꜆	ʂaʔ꜆	tɕʰiɛ̃꜄	iaʔ꜆
淇　县	ian꜄	꜁ian	꜀ȵiɜ	lɐʔ꜆	tɕiɐʔ꜆	sɐʔ꜆	tɕʰian꜄	iɐʔ꜆/꜁iɜ
修　武	꜂iɛ	꜁iɛ	ȵiɐʔ꜆	liɐʔ꜆	tɕiɐʔ꜆	ʂɐʔ꜆	tɕʰiɛ꜄	iɐʔ꜆
焦　作	ie꜄	꜁ie	ȵiɐʔ꜆	liɐʔ꜆	tɕiɐʔ꜆	ʂɐʔ꜆	tɕʰie꜄	iɐʔ꜆
武　陟	iɛ̃꜄	꜁iɛ̃	ȵiɐʔ꜆	liɐʔ꜆	tɕiɐʔ꜆	ʂʅɐʔ꜆	tɕʰiɛ̃꜄	iɐʔ꜆
沁　阳	iæ̃꜄	꜁iæ̃	ȵiɐʔ꜆	liɐʔ꜆	tɕiɐʔ꜆	sɐʔ꜆	tɕʰiæ̃꜄	iɐʔ꜆
温　县	ian꜄	꜁ian	ȵiɐʔ꜆	liɐʔ꜆	tɕiɐʔ꜆	ʂʅɐʔ꜆	tɕʰian꜄	iɐʔ꜆
济　源	iɛn꜄	꜁iɛn	ȵiɐʔ꜆	lɐʔ꜆	tɕiɐʔ꜆	ʂɐʔ꜆	tɕʰiɛn꜄	iɐʔ꜆

57	劫	店	舔	甜	念	嫌	跌	贴
	咸开三入业见	咸开四去掭端	咸开四上忝透	咸开四平添定	咸开四去掭泥	咸开四平添匣	咸开四入帖端	咸开四入帖透
安　阳	꜁tɕiɛ	tiæ̃꜄	꜂tʰiæ̃	꜁tʰiæ̃	ȵiæ̃꜄	꜁ɕiæ̃	tiɐʔ꜅	tʰiɐʔ꜅
林　州	tɕiɐʔ꜅	tia꜄	꜂tʰia	꜁tʰia	ȵia꜄	꜁ɕia	tiɐʔ꜅	tʰiɐʔ꜅
鹤　壁	꜁tɕiɜ	tian꜄	꜂tʰian	꜁tʰian	ȵian꜄	꜁ɕian	꜀tiɜ	꜀tʰiɜ
卫　辉	꜁tɕiɜ	tian꜄	꜂tʰian	꜁tʰian	ȵian꜄	꜁ɕian	tiɐʔ꜅	tʰiɐʔ꜅
辉　县	꜁tɕiɐ	tiæ̃꜄	꜂tʰiæ̃	꜁tʰiæ̃	ȵiæ̃꜄	꜁ɕiæ̃	tiɐʔ꜅	tʰiɐʔ꜅
新　乡	꜁tɕiɜ	tiãn꜄	꜂tʰiãn	꜁tʰiãn	ȵiãn꜄	꜁ɕiãn	tiɐʔ꜅	tʰiɐʔ꜅
获　嘉	꜁tɕiɜ	tiɛ̃꜄	꜂tʰiɛ̃	꜁tʰiɛ̃	ȵiɛ̃꜄	꜁ɕiɛ̃	tiaʔ꜅	tʰiaʔ꜅
淇　县	꜁tɕiɜ	tian꜄	꜂tʰian	꜁tʰian	ȵian꜄	꜁ɕian	tiɐʔ꜅	꜀tʰiɜ
修　武	꜁tɕiɜ	tiɛ꜄	꜂tʰiɛ	꜁tʰiɛ	ȵiɛ꜄	꜁ɕiɛ	tiɐʔ꜅	tʰiɐʔ꜅
焦　作	꜁tɕiɜ	tie꜄	꜂tʰie	꜁tʰie	ȵie꜄	꜁ɕie	tiɐʔ꜅	tʰiɐʔ꜅
武　陟	꜁tɕiɜ	tiɛ̃꜄	꜂tʰiɛ̃	꜁tʰiɛ̃	ȵiɛ̃꜄	꜁ɕiɛ̃	tiɐʔ꜅	tʰiɐʔ꜅
沁　阳	꜁tɕiɜ	tiæ̃꜄	꜂tʰiæ̃	꜁tʰiæ̃	ȵiæ̃꜄	꜁ɕiæ̃	tiɐʔ꜅	tʰiɐʔ꜅
温　县	꜁tɕiɜ	tian꜄	꜂tʰian	꜁tʰian	ȵian꜄	꜂ɕian	tiɐʔ꜅	tʰiɐʔ꜅
济　源	tɕʰiɐʔ꜅	tiɛn꜄	꜂tʰiɛn	꜁tʰiɛn	ȵiɛn꜄	꜂ɕiɛn	tiɐʔ꜅	tʰiɐʔ꜅

58	叠	犯	法	品	淋	心	寻	沉
	咸开四入帖定	咸合三上范奉	咸合三入乏非	深开三上寑滂	深开三平侵来	深开三平侵心	深开三平侵邪	深开三平侵澄
安　阳	꜁tiɛ	fæ̃꜄	fɑʔ꜆	꜂pʰiə̃	꜁liə̃	꜀ɕiə̃	꜁ɕyə̃	꜁tsʰə̃
林　州	꜁tiɜ	fa꜄	fɐʔ꜆	꜂pʰiŋ	꜁lyŋ	꜀siŋ	꜁siŋ	꜁tʂʰəŋ
鹤　壁	꜁tiɜ	fan꜄	꜀fa	꜂pʰin	꜁lyn/꜁lin	꜀ɕin	꜂ɕyn	꜁tʂʰən
卫　辉	꜁tiɜ	fan꜄	fɐʔ꜆	꜂pʰin	꜁lin	꜀ɕin	꜁ɕyn	꜁tʂʰən
辉　县	꜁tiɐ	fæ̃꜄	fɐʔ꜆	꜂pʰiə̃n	꜁liə̃n	꜀ɕiə̃n	꜁ɕiə̃n	꜁tsʰə̃n
新　乡	꜁tiɜ	fæ̃n꜄	fɐʔ꜆	꜂pʰin	꜁lin	꜀ɕin	꜁ɕyn	꜁tsʰən
获　嘉	꜁tiɜ	fɛ̃꜄	faʔ꜆	꜂pʰiẽ①	꜁luẽ	꜀ɕiẽ	꜁ɕiẽ	꜁tʂʰẽ
淇　县	꜁tiɜ	fan꜄	fɐʔ꜆	꜂pʰin	꜁lin	꜀ɕin	꜁ɕyn	꜁tʂʰən
修　武	꜁tiɜ	fɛ꜄	fɐʔ꜆	꜂pʰiə̃	꜁liə̃	꜀ɕiə̃	꜁ɕyə̃/꜁ɕiə̃	꜁tʂʰə̃
焦　作	꜁tiɜ	fɛ̃꜄	fʌʔ꜆	꜂pʰiẽ	꜁luẽ	꜀ɕiẽ	꜁ɕiẽ	꜁tʂʰẽ
武　陟	꜁tiɜ	fæ̃꜄	fʌʔ꜆	꜂pʰiə̃	꜁liə̃	꜀ɕiə̃	꜁ɕiə̃	꜁tʂʰə̃
沁　阳	꜁tiɜ	fæ̃꜄	fɑʔ꜆	꜂pʰiẽ	꜁liẽ	꜀ɕiẽ	꜁ɕiẽ	꜁tsʰẽ
温　县	꜁tiɜ	fan꜄	fɑʔ꜆	꜂pʰin	꜁lin	꜀ɕin	꜁ɕin	꜁tʂʰən
济　源	꜁tiɐ	fæn꜄	fɐʔ꜆	꜂pʰiẽ	liẽ꜄	꜀ɕiẽ	꜁ɕiẽ	꜁tʂʰẽ

① 主元音的发音位置略低于[e]但高于[ə]，记作[e]。

59	参人~	针	深	任~务	金	琴	音	立
	深开三平侵生	深开三平侵章	深开三平侵书	深开三去沁日	深开三平侵见	深开三平侵群	深开三平侵影	深开三入缉来
安 阳	꜀sə̃	꜀tsə̃	꜀tsʰə̃	zə̃꜄	꜀tɕiə̃	꜁tɕʰiə̃	꜀iə̃	liɛʔ꜆
林 州	꜀ʂəŋ	꜀tʂəŋ	꜀tʂʰəŋ/꜀ʂəŋ	ʐəŋ꜄	꜀tɕiŋ	꜁tɕʰiŋ	꜀iŋ	liəʔ꜆
鹤 壁	꜀sən	꜀tʂən	꜀ʂən	ʐən꜄/zən꜄	꜀tɕin	꜁tɕʰin	꜀in	꜀li
卫 辉	꜀sən	꜀tʂən	꜀tʂʰən	zən꜄	꜀tɕin	꜁tɕʰin	꜀in	liəʔ꜆
辉 县	꜀sə̃n	꜀tsə̃n	꜀tsʰə̃n/꜀sə̃n	zə̃n꜄	꜀tɕiə̃n	꜁tɕʰiə̃n	꜀iə̃n	liəʔ꜆
新 乡	꜀sən	꜀tsən	꜀tsʰən/꜀sən	ʐən꜄	꜀tɕin	꜁tɕʰin	꜀in	liəʔ꜆
获 嘉	꜀ʂẽ	꜀tʂẽ	꜀tʂʰẽ	ʐɜn꜄	꜀tɕiẽ	꜁tɕʰiẽ	꜀iẽ	liəʔ꜆
淇 县	꜀sən	꜀tʂən	꜀tʂʰən	zən꜄	꜀tɕin	꜁tɕʰin	꜀in	꜀li
修 武	꜀sə̃	꜀tʂə̃	꜀tʂʰə̃/꜀ʂə̃	ʐə̃꜄	꜀tɕiə̃	꜁tɕʰiə̃	꜀iə̃	liəʔ꜆
焦 作	꜀sẽ	꜀tʂẽ	꜀tʂʰẽ	ʐẽ꜄	꜀tɕiẽ	꜁tɕʰiẽ	꜀iẽ	liəʔ꜆
武 陟	꜀sə̃	꜀tʂə̃	꜀tʂʰə̃	ʐə̃꜄	꜀tɕiə̃	꜁tɕʰiə̃	꜀iə̃/꜀iŋ	liəʔ꜆
沁 阳	꜀sẽ	꜀tsẽ	꜀tsʰẽ/꜀sẽ	zẽ꜄	꜀tɕiẽ	꜁tɕʰiẽ	꜀iẽ	liəʔ꜆
温 县	꜀sən	꜀tʂən	꜀tʂʰən	ʐən꜄	꜀tɕin	꜁tɕʰin	꜀in/꜀iŋ	liəʔ꜆
济 源	꜀sẽ	꜀tʂẽ	꜀tʂʰẽ	ʐẽ꜄	꜀tɕiẽ	꜁tɕʰiẽ	꜀iẽ	liəʔ꜆

60	集	涩	执	十	入	急	吸	单简~
	深开三入缉从	深开三入缉生	深开三入缉章	深开三入缉禅	深开三入缉日	深开三入缉见	深开三入缉晓	山开一平寒端
安　阳	tɕiɛʔ꜆	sɐʔ꜆	tsɛʔ꜆	sɛʔ꜆	zuoʔ꜆	tɕiɛʔ꜆/꜁tɕi	ɕiɛʔ꜆	꜀tæ̃
林　州	tsiəʔ꜆	sɐʔ꜆	tʂəʔ꜆	ʂəʔ꜆	ʐuəʔ꜆	tɕiəʔ꜆	ɕiəʔ꜆	꜀ta
鹤　壁	꜀tɕi	꜀sai	꜀tʂʅ	꜁sʅ	꜀ʐu	꜁tɕi	꜀ɕi	꜀tan
卫　辉	tɕiəʔ꜆	sɐʔ꜆	tʂəʔ꜆	səʔ꜆	zuəʔ꜆	꜁tɕi	ɕiəʔ꜆	꜀tan
辉　县	tɕiəʔ꜆	sɐʔ꜆	tsəʔ꜆	səʔ꜆	zuəʔ꜆	tɕiəʔ꜆	ɕiəʔ꜆	꜀tæ̃
新　乡	tɕiəʔ꜆	sɐʔ꜆	tsʅəʔ꜆/tʂʅəʔ꜆	sʅəʔ꜆	ʐuəʔ꜆	꜁tɕi	ɕiəʔ꜆	꜀tãn
获　嘉	tɕiəʔ꜆	ʂaʔ꜆	tʂəʔ꜆	ʂəʔ꜆	ʐuəʔ꜆	tɕiəʔ꜆/꜁tɕi	ɕiəʔ꜆	꜀tɛ̃
淇　县	tɕiəʔ꜆	sɐʔ꜆	꜀tʂʅ	səʔ꜆	zuəʔ꜆/꜀zu	꜁tɕi	ɕiəʔ꜆	꜀tan
修　武	tɕiəʔ꜆	sɐʔ꜆	tʂəʔ꜆	ʂəʔ꜆	ʐuəʔ꜆	꜁tɕi	ɕiəʔ꜆	꜀tɛ
焦　作	tɕiəʔ꜆	sɐʔ꜆	tʂʅəʔ꜆	ʂʅəʔ꜆	ʐuəʔ꜆	꜁tɕi	ɕiəʔ꜆	꜀tɛ̃
武　陟	tɕiəʔ꜆	sʅɐʔ꜆	tʂʅəʔ꜆	ʂʅəʔ꜆	ʐuəʔ꜆	tɕiəʔ꜆	ɕiəʔ꜆	꜀tæ̃
沁　阳	tɕiəʔ꜆	sɐʔ꜆	tsəʔ꜆	səʔ꜆	zuəʔ꜆	tɕiəʔ꜆	ɕiəʔ꜆ 13/3	꜀tæ̃
温　县	tɕiəʔ꜆	sɐʔ꜆	tʂʅəʔ꜆	ʂʅəʔ꜆	vəʔ꜆	꜁tɕi	ɕiəʔ꜆	꜀tan
济　源	tɕiəʔ꜆	sɐʔ꜆	tʂəʔ꜆	ʂəʔ꜆	ʐuəʔ꜆	tɕiəʔ꜆	ɕiəʔ꜆	꜀tæn

61	炭	蛋	难~易	拦	残	伞	赶	岸
	山开一去翰透	山开一去翰定	山开一平寒泥	山开一平寒来	山开一平寒从	山开一上旱心	山开一上旱见	山开一去翰疑
安阳	tʰæ̃꜄	tæ̃꜄	꜁næ̃	꜁læ̃	꜁tsʰæ̃	꜂sæ̃	꜂kæ̃	ɣæ̃꜄
林州	tʰa꜄	ta꜄	꜁na	꜁la	꜁tsʰa	꜂sa	꜂ka	ɣa꜄
鹤壁	tʰan꜄	tan꜄	꜁nan	꜁lan	꜁tʂʰan	꜂ʂan/꜂san	꜂kan	ɣan꜄
卫辉	tʰan꜄	tan꜄	꜁nan	꜁lan	꜁tʂʰan	꜂san	꜂kan	ɣan꜄
辉县	tʰæ̃꜄	tæ̃꜄	꜁næ̃	꜁læ̃	꜁tsʰæ̃	꜂sæ̃	꜂kæ̃	ɣæ̃꜄
新乡	tʰãn꜄	tãn꜄	꜁nãn	꜁lãn	꜁tsʰãn	꜂sãn	꜂kãn	ɣãn꜄
获嘉	tʰɛ̃꜄	tɛ̃꜄	꜁nɛ̃	꜁lɛ̃	꜁tsʰɛ̃	꜂sɛ̃	꜂kɛ̃	ɣɛ̃꜄
淇县	tʰan꜄	tan꜄	꜁nan	꜁lan	꜁tʂʰan	꜂san	꜂kan	ɣan꜄
修武	tʰɛ꜄	tɛ꜄	꜁nɛ	꜁lɛ	꜁tsʰɛ	꜂sɛ	꜂kɛ	꜁ɣɛ
焦作	tʰɛ̃꜄	tɛ̃꜄	꜁nɛ̃	꜁lɛ̃	꜁tsʰɛ̃	꜂sɛ̃	꜂kɛ̃	ɣɛ̃꜄
武陟	tʰæ̃꜄	tæ̃꜄	꜁næ̃	꜁læ̃	꜁tsʰæ̃	꜂sæ̃	꜂kæ̃	ɣæ̃꜄
沁阳	tʰæ̃꜄	tæ̃꜄	꜁næ̃	꜁læ̃	꜁tsʰæ̃	꜂sæ̃	꜂kæ̃	ɣæ̃꜄
温县	tʰan꜄	tan꜄	꜁nan	꜁lan	꜁tsʰan	꜂san	꜂kan	ɣan꜄
济源	tʰæn꜄	tæn꜄	꜁næn	꜁læn	꜁tsʰæn	꜂sæn	꜂kæn	ɣæn꜄

62	汉	旱	安	达	辣	擦	割	渴
	山开一去翰晓	山开一上旱匣	山开一平寒影	山开一入曷定	山开一入曷来	山开一入曷清	山开一入曷见	山开一入曷溪
安　阳	xæ̃꜄	xæ̃꜄	꜀ɣæ̃	꜁ta	lɐʔ꜆	tsʰɐʔ꜆	kɑʔ꜆	kʰɑʔ꜆
林　州	xa꜄	xa꜄	꜀ɣa	tɐʔ꜆	lɐʔ꜆	tsʰɐʔ꜆	kɐʔ꜆	kʰɐʔ꜆
鹤　壁	xan꜄	xan꜄	꜀ɣan	꜁ta	꜀la	꜀tʂʰa	kɐʔ꜆/꜀kɤʌ	kʰɐʔ꜆
卫　辉	xan꜄	xan꜄	꜀ɣan	꜁ta	lɐʔ꜆	tʂʰɐʔ꜆	kɐʔ꜆	kʰɐʔ꜆
辉　县	xæ̃꜄	xæ̃꜄	꜀ɣæ̃	tɐʔ꜆	lɐʔ꜆	tsʰɐʔ꜆	kɐʔ꜆	kʰɐʔ꜆
新　乡	xãn꜄	xãn꜄	꜀ɣãn	tɐʔ꜆	꜀la	tsʰɐʔ꜆/tʂʰɐʔ꜆	kɐʔ꜆	kʰɐʔ꜆
获　嘉	xɛ̃꜄	xɛ̃꜄	꜀ɣɛ̃	taʔ꜆	laʔ꜆	tsʰaʔ꜆	kaʔ꜆	kʰaʔ꜆
淇　县	xan꜄	xan꜄	꜀ɣan	tɐʔ꜆	lɐʔ꜆	tʂʰɐʔ꜆	kɐʔ꜆	kʰɐʔ꜆
修　武	xɛ꜄	xɛ꜄	꜀ɣɛ	tɐʔ꜆	lɐʔ꜆	tsʰɐʔ꜆	kɐʔ꜆	kʰɐʔ꜆
焦　作	xɛ̃꜄	xɛ̃꜄	꜀ɣɛ̃	tᴀʔ꜆	lᴀʔ꜆	tsʰᴀʔ꜆	kᴀʔ꜆	kʰᴀʔ꜆
武　陟	xæ̃꜄	xæ̃꜄	꜀ɣæ̃	tʌʔ꜆	lʌʔ꜆	tsʰʌʔ꜆	kʌʔ꜆	kʰʌʔ꜆
沁　阳	xæ̃꜄	xæ̃꜄	꜀ɣæ̃	tɑʔ꜆	lɑʔ꜆	tsʰɑʔ꜆	kɑʔ꜆	kʰɑʔ꜆
温　县	xan꜄	xan꜄	꜀ɣan	tɑʔ꜆	lɑʔ꜆	tsʰɑʔ꜆	kɑʔ꜆	kʰɑʔ꜆
济　源	xæn꜄	xæn꜄	꜀ɣæn	tɐʔ꜆	lɐʔ꜆	tsʰɐʔ꜆	kɐʔ꜆	kʰɐʔ꜆

63	盼	办	山	产	眼	闲	八	拔
	山开二去裥滂	山开二去裥並	山开二平山生	山开二上产生	山开二上产疑	山开二平山匣	山开二入黠帮	山开二入黠並
安 阳	pʰæ̃ᵓ	pæ̃ᵓ	꜀sæ̃	ᶜtsʰæ̃	ᶜiæ̃	꜁ɕiæ̃	pɑʔ꜆	꜁pa
林 州	pʰaᵓ	paᵓ	꜀ʂa	ᶜtʂʰa	ᶜia	꜁ɕia	pɐʔ꜆	pɐʔ꜆
鹤 壁	pʰanᵓ	panᵓ	꜀san	ᶜtʂʰan	ᶜian	꜁ɕian	꜀pa	꜁pa
卫 辉	pʰanᵓ	panᵓ	꜀san	ᶜtʂʰan	ᶜian	꜁ɕian	pɐʔ꜆	꜁pa
辉 县	pʰæ̃ᵓ	pæ̃ᵓ	꜀sæ̃	ᶜtsʰæ̃	ᶜiæ̃	꜁ɕiæ̃	pɐʔ꜆	pɐʔ꜆
新 乡	pʰãnᵓ	pãnᵓ	꜀sãn	ᶜtsʰãn	ᶜiãn	꜁ɕiãn	pɐʔ꜆	꜁pa
获 嘉	pʰɛ̃ᵓ	pɛ̃ᵓ	꜀sɛ̃	ᶜtsʰɛ̃	ᶜiɛ̃	꜁ɕiɛ̃	paʔ꜆	paʔ꜆
淇 县	pʰanᵓ	panᵓ	꜀san	ᶜtʂʰan	ᶜian	꜁ɕian	꜀pɑ	꜁pɑ
修 武	pʰɛᵓ	pɛᵓ	꜀sɛ	ᶜtsʰɛ	ᶜiɛ	꜁ɕiɛ	pɐʔ꜆	꜁pa
焦 作	pʰɛ̃ᵓ	pɛ̃ᵓ	꜀sɛ̃	ᶜtsʰɛ̃	ᶜie	꜁ɕie	pAʔ꜆	꜁pa
武 陟	pʰæ̃ᵓ	pæ̃ᵓ	꜀sæ̃	ᶜtsʰæ̃	ᶜiɛ̃	꜁ɕiɛ̃	pʌʔ꜆	꜁pa
沁 阳	pʰæiᵓ	pæ̃ᵓ	꜀sæ̃	ᶜtsʰæ̃	ᶜiæ̃	꜁ɕiæ̃	pɑʔ꜆	꜁pa
温 县	pʰanᵓ	panᵓ	꜀san / ꜀ʂan	ᶜtsʰan	ᶜian	꜁ɕian	pɑʔ꜆	꜁pA
济 源	pʰænᵓ	pænᵓ	꜀sæn	ᶜtsʰæn	ᶜiɛn	꜁ɕiɛn	pɐʔ꜆	꜁pa

64	抹~布	杀	板	慢	奸	铡	瞎	变
	山开二入黠明	山开二入黠生	山开二上潸帮	山开二去谏明	山开二平删见	山开二入辖崇	山开二入辖晓	山开三去线帮
安　阳	mɑʔ꜆	sɑʔ꜆	꜂pæ̃	mæ̃꜄	꜀tɕiæ̃	꜁tsa	ɕiɐʔ꜆/꜀ɕia	piæ̃꜄
林　州	mɐʔ꜆	ʂɐʔ꜆	꜂pa	ma꜄	꜀tɕia	꜁tʂɔ	ɕiɐʔ꜆	pia꜄
鹤　壁	꜀ma	꜀ʂa	꜂pan	man꜄	꜀tɕian	꜁tʂa	꜀ɕia	pian꜄
卫　辉	mɐʔ꜆	sɐʔ꜆	꜂pan	man꜄	꜀tɕian	꜁tʂa	ɕiɐʔ꜆	pian꜄
辉　县	mɐʔ꜆	sɐʔ꜆	꜂pæ̃	mæ̃꜄	꜀tɕiæ̃	꜁tsa	ɕiɐʔ꜆	piæ̃꜄
新　乡	mɐʔ꜆	sɐʔ꜆	꜂pãn	mãn꜄	꜀tɕiãn	꜁tsa	ɕiɐʔ꜆	piãn꜄
获　嘉	maʔ꜆	saʔ꜆	꜂pɛ̃	mɛ̃꜄	꜀tɕiɛ̃	꜁tʂA	ɕiaʔ꜆	piɛ̃꜄
淇　县	mɐʔ꜆	sɐʔ꜆	꜂pan	man꜄	꜀tɕian	꜁tʂɑ	ɕiɐʔ꜆	pian꜄
修　武	mɐʔ꜆	sɐʔ꜆	꜂pɛ	mɛ꜄	꜀tɕiɛ	꜁tsa	ɕiɐʔ꜆	piɛ꜄
焦　作	mAʔ꜆	sAʔ꜆	꜂pɛ̃	mɛ̃꜄	꜀tɕie	꜁tsa	ɕiAʔ꜆	pie꜄
武　陟	mʌʔ꜆	sʌʔ꜆	꜂pæ̃	mæ̃꜄	꜀tɕiɛ̃	꜁tsa	ɕiʌʔ꜆	piɛ̃꜄
沁　阳	mɑʔ꜆	sɑʔ꜆	꜂pæ̃	mæ̃꜄	꜀tɕiæ̃	꜁tsa	ɕiɑʔ꜆ 13/3	piæ̃꜄
温　县	mɑʔ꜆	sɑʔ꜆	꜂pan	man꜄	꜀tɕian	꜁tsA	ɕiɑʔ꜆	pian꜄
济　源	mɐʔ꜆	sɐʔ꜆	꜂pæn	mæn꜄	꜀tɕiɛn	꜁tsa	ɕiɐʔ꜆	piɛn꜄

65	偏	便方~	棉	连	剪	钱	线	展
	山开三平仙滂	山开三去线並	山开三平仙明	山开三平仙来	山开三上狝精	山开三平仙从	山开三去线心	山开三上狝知
安　阳	꜀pʰiæ̃	piæ̃꜄	꜁miæ̃	꜁liæ̃	꜂tɕiæ̃	꜁tɕʰiæ̃	ɕiæ̃꜄	꜂tsæ̃
林　州	꜀pʰia	pia꜄	꜁mia	꜁lia	꜂tsia	꜁tsʰia	sia꜄	꜂tʂa
鹤　壁	꜀pʰian	pian꜄	꜁mian	꜁lian	꜂tɕian	꜁tɕʰian	ɕian꜄	꜂tʂan
卫　辉	꜀pʰian	pian꜄	꜁mian	꜁lian	꜂tɕian	꜁tɕʰian	ɕian꜄	꜂tʂan
辉　县	꜀pʰiæ̃	piæ̃꜄	꜁miæ̃	꜁liæ̃	꜂tɕiæ̃	꜁tɕʰiæ̃	ɕiæ̃꜄	꜂tsæ̃
新　乡	꜀pʰiãn	piãn꜄	꜁miãn	꜁liãn	꜂tɕiãn	꜁tɕʰiãn	ɕiãn꜄	꜂tsãn
获　嘉	꜀pʰiɛ̃	piɛ̃꜄	꜁miɛ̃	꜁liɛ̃	꜂tɕiɛ̃	꜁tɕʰiɛ̃	ɕiɛ̃꜄	꜂tʂɛ̃
淇　县	꜀pʰian	pian꜄	꜁mian	꜁lian	꜂tɕian	꜁tɕʰian	ɕian꜄	꜂tʂan
修　武	꜀pʰiɛ	piɛ꜄	꜁miɛ	꜁liɛ	꜂tɕiɛ	꜁tɕʰiɛ	ɕiɛ꜄	꜂tʂɛ
焦　作	꜀pʰie	pie꜄	꜁mie	꜁lie	꜂tɕie	꜁tɕʰie	ɕie꜄	꜂tʂɛ̃
武　陟	꜀pʰiɛ̃	piɛ̃꜄	꜁miɛ̃	꜁liɛ̃	꜂tɕiɛ̃	꜁tɕʰiɛ̃	ɕiɛ̃꜄	꜂tʂæ̃
沁　阳	꜀pʰiæ̃	piæ̃꜄	꜁miæ̃	꜁liæ̃	꜂tɕiæ̃	꜁tɕʰiæ̃	ɕiæ̃꜄	꜂tsæ̃
温　县	꜀pʰian	pian꜄	꜁mian	꜁lian／꜁lyan	꜂tɕian	꜁tɕʰian	ɕian꜄	꜂tʂan
济　源	꜀pʰiɛn	piɛn꜄	꜁miɛn	꜁liɛn	꜂tɕiɛn	꜁tɕʰiɛn	ɕiɛn꜄	꜂tʂæn

66	缠	战	扇~风	善	件	演	别~人	灭
	山开三平仙澄	山开三去线章	山开三平仙书	山开三上狝禅	山开三上狝群	山开三上狝以	山开三入薛帮	山开三入薛明
安　阳	꜁tsʰæ̃	tsæ̃꜄	꜀sæ̃	sæ̃꜄	tɕiæ̃꜄	꜂iæ̃	꜁piɛ	miɛʔ꜆
林　州	꜁tʂʰa	tʂa꜄	꜀ʂa	ʂa꜄	tɕia꜄	꜂ia	꜁piɛ	miɐʔ꜆
鹤　壁	꜁tʂʰan	tʂan꜄	꜀ʂan	ʂan꜄	tɕian꜄	꜂ian	꜁piɜ	꜀miɜ
卫　辉	꜁tʂʰan	tʂan꜄	꜀san	san꜄	tɕian꜄	꜂ian	꜁piɜ	miɐʔ꜆
辉　县	꜁tsʰæ̃	tsæ̃꜄	꜀sæ̃	sæ̃꜄	tɕiæ̃꜄	꜂iæ̃	꜁piɐ	miɐʔ꜆
新　乡	꜁tsʰãn	tsãn꜄	꜀sãn	sãn꜄	tɕiãn꜄	꜂iãn	꜁piɜ	miɐʔ꜆
获　嘉	꜁tʂʰɛ̃	tʂɛ̃꜄	꜀ʂɛ̃	ʂɛ̃꜄	tɕiɛ̃꜄	꜂iɛ̃	꜁piɜ	miaʔ꜆
淇　县	꜁tʂʰan	tʂan꜄	꜀san	san꜄	tɕian꜄	꜂ian	꜁piɜ	miɐʔ꜆
修　武	꜁tʂʰɛ	tʂɛ꜄	꜀ʂɛ	ʂɛ꜄	tɕiɛ꜄	꜂iɛ	꜁piɜ	miɐʔ꜆
焦　作	꜁tʂʰɛ̃	tʂɛ̃꜄	꜀ʂɛ̃	ʂɛ̃꜄	tɕie꜄	꜂ie	꜁piɜ	miɐʔ꜆
武　陟	꜁tʂʰæ̃	tʂæ̃꜄	꜀ʂæ̃	ʂæ̃꜄	tɕiɛ̃꜄	꜂iɛ̃	꜁piɜ	miɐʔ꜆
沁　阳	꜁tsʰæ̃	tsæ̃꜄	꜀sæ̃	sæ̃꜄	tɕiæ̃꜄	꜂iæ̃	꜁piɜ	miɐʔ꜆
温　县	꜁tʂʰan	tʂan꜄	꜀ʂan	ʂan꜄	tɕian꜄	꜂ian	꜁piɜ	miɐʔ꜆
济　源	꜁tʂʰæn	tʂæn꜄	꜀ʂæn	ʂæn꜄	tɕiɛn꜄	꜂iɛn	꜁piɐ	miɐʔ꜆

67	裂	薛	撤	舌	热	孽	言	掀
	山开三入薛来	山开三入薛心	山开三入薛彻	山开三入薛船	山开三入薛日	山开三入薛疑	山开三平元疑	山开三平元晓
安　阳	lɐʔ꜆	ɕyɐʔ꜆	tsʰɐʔ꜆	꜁sɤ	zɐʔ꜆	iɐʔ꜆	꜁iæ̃	꜀ɕiæ̃
林　州	liɐʔ꜆	ɕyɐʔ꜆	tʂʰɐʔ꜆	꜁ʂʅɜ	ʐɐʔ꜆	iɐʔ꜆	꜁ia	꜀ɕia
鹤　壁	꜀lɛ/꜀liɜ	꜀ɕyɜ	tʂʰʅɜ꜄	꜁ʂʅɜ	ʐɐʔ꜆/꜀ʐʅɜ	꜀ȵiɜ	꜁ian	꜀ɕian
卫　辉	liɐʔ꜆	ɕyɐʔ꜆	tʂʰʅɐ꜄	꜁sʅɐ	zɐʔ꜆	꜀iɜ	꜁ian	꜀ɕian
辉　县	liɐʔ꜆	ɕyɐʔ꜆	tsʰɐʔ꜆	꜁sʅɜ	zɐʔ꜆	ȵiɐʔ꜆	꜁iæ̃	꜀ɕiæ̃
新　乡	liɐʔ꜆	ɕyɐʔ꜆	tsʰɐʔ꜆/tsʰʅɜ꜄	꜁sʅɜ	zɐʔ꜆	ȵiɐʔ꜆	꜁iãn	꜀ɕiãn
获　嘉	liaʔ꜆	ɕiaʔ꜆	tʂʰaʔ꜆	ʂəʔ꜆	ʐaʔ꜆	iaʔ꜆	꜁iɛ̃	꜀ɕiɛ̃
淇　县	liɐʔ꜆	ɕyɐʔ꜆	tʂʰʅɜ꜄	꜁sʅɜ	zɐʔ꜆	ȵiɐʔ꜆/꜀ȵiɜ	꜁ian	꜀ɕian
修　武	liɐʔ꜆	ɕiɐʔ꜆/ɕyɐʔ꜆	tʂʰɐʔ꜆	꜁ʂʅɜ	ʐɐʔ꜆	ȵiɐʔ꜆	꜁iɛ	꜀ɕiɛ
焦　作	liɐʔ꜆	ɕiɐʔ꜆/ɕyɐʔ꜆	tʂʰɐʔ꜆	꜁ʂʅɜ	ʐɐʔ꜆	iɐʔ꜆/ȵiɐʔ꜆	꜁ie	꜀ɕie
武　陟	liɐʔ꜆	ɕiɐʔ꜆/ɕyɐʔ꜆	tʂʰʅɐʔ꜆	ʂʅəʔ꜆	ʐʅɐʔ꜆	ȵiɐʔ꜆	꜁iɛ̃	꜀ɕiɛ̃
沁　阳	liɐʔ꜆	ɕyɐʔ꜆	tsʰɑʔ꜆	꜁sʅɜ	zɐʔ꜆	ȵiɐʔ꜆	꜁iæ̃	꜀ɕiæ̃
温　县	liɐʔ꜆/꜂liɜ	ɕyɐʔ꜆	tʂʰɑʔ꜆	ʂʅəʔ꜆	ʐʅɐʔ꜆	iɐʔ꜆	꜁ian	꜀ɕian
济　源	liɐʔ꜆	ɕiɐʔ꜆	tʂʰɐʔ꜆	ʂəʔ꜆	ʐɐʔ꜆	iɐʔ꜆	꜁iɛn	꜀ɕiɛn

68	歇	边	片	辫	面~粉	颠	天	电
	山开三入月晓	山开四平先帮	山开四去霰滂	山开四上铣並	山开四去霰明	山开四平先端	山开四平先透	山开四去霰定
安　阳	ɕiɐʔ꜅	꜀piæ̃	pʰiæ̃꜃	piæ̃꜃	miæ̃꜃	꜀tiæ̃	꜀tʰiæ̃	tiæ̃꜃
林　州	ɕiɐʔ꜅	꜀pia	pʰia꜃	pia꜃	mia꜃	꜀tia	꜀tʰia	tia꜃
鹤　壁	꜀ɕiɜ	꜀pian	pʰian꜃	pian꜃	mian꜃	꜀tian	꜀tʰian	tian꜃
卫　辉	꜀ɕiɜ	꜀pian	pʰian꜃	pian꜃	mian꜃	꜀tian	꜀tʰian	tian꜃
辉　县	꜀ɕiɐ	꜀piæ̃	pʰiæ̃꜃	piæ̃꜃	miæ̃꜃	꜀tiæ̃	꜀tʰiæ̃	tiæ̃꜃
新　乡	꜀ɕiɜ	꜀piãn	pʰiãn꜃	piãn꜃	miãn꜃	꜀tiãn	꜀tʰiãn	tiãn꜃
获　嘉	꜀ɕiɜ	꜀piɛ̃	pʰiɛ̃꜃	piɛ̃꜃	miɛ̃꜃	꜀tiɛ̃	꜀tʰiɛ̃	tiɛ̃꜃
淇　县	꜀ɕiɜ	꜀pian	pʰian꜃	pian꜃	mian꜃	꜀tian	꜀tʰian	tian꜃
修　武	ɕiɐʔ꜅	꜀piɛ	pʰiɛ꜃	piɛ꜃	miɛ꜃	꜀tiɛ	꜀tʰiɛ	tiɛ꜃
焦　作	ɕiɐʔ꜅	꜀pie	pʰie꜃	pie꜃	mie꜃	꜂tie	꜀tʰie	tie꜃
武　陟	ɕiɐʔ꜅	꜀piɛ̃	pʰiɛ̃꜃	piɛ̃꜃	miɛ̃꜃	꜀tiɛ̃	꜀tʰiɛ̃	tiɛ̃꜃
沁　阳	ɕiɐʔ꜅13/3	꜀piæ̃	pʰiæ̃꜃	piæ̃꜃	miæ̃꜃	꜀tiæ̃	꜀tʰiæ̃	tiæ̃꜃
温　县	ɕiɐʔ꜅	꜀pian	pʰian꜃	pian꜃	mian꜃	꜀tian	꜀tʰian	tian꜃
济　源	ɕiɐʔ꜅	꜀piɛn	pʰiɛn꜃	piɛn꜃	miɛn꜃	꜀tiɛn	꜀tʰiɛn	tiɛn꜃

69	年	练	千	先	见	牵	现	烟
	山开四平先泥	山开四去霰来	山开四平先清	山开四平先心	山开四去霰见	山开四平先溪	山开四去霰匣	山开四平先影
安　阳	꜁ȵiæ̃	lyæ̃꜄	꜀tɕʰiæ̃	꜀ɕiæ̃	tɕiæ̃꜄	꜀tɕʰiæ̃	ɕiæ̃꜄	꜀iæ̃
林　州	꜁ȵia	lia꜄	꜀tsʰia	꜀sia	tɕia꜄	꜀tɕʰia	ɕia꜄	꜀ia
鹤　壁	꜁ȵian	lian꜄	꜀tɕʰian	꜀ɕian	tɕian꜄	꜀tɕʰian	ɕian꜄	꜀ian
卫　辉	꜁ȵian	lian꜄	꜀tɕʰian	꜀ɕian	tɕian꜄	꜀tɕʰian	ɕian꜄	꜀ian
辉　县	꜁ȵiæ̃	liæ̃꜄	꜀tɕʰiæ̃	꜀ɕiæ̃	tɕiæ̃꜄	꜀tɕʰiæ̃	ɕiæ̃꜄	꜀iæ̃
新　乡	꜁ȵiãn	liãn꜄	꜀tɕʰiãn	꜀ɕiãn	tɕiãn꜄	꜀tɕʰiãn	ɕiãn꜄	꜀iãn
获　嘉	꜁ȵiɛ̃	liɛ̃꜄	꜀tɕʰiɛ̃	꜀ɕiɛ̃	tɕiɛ̃꜄	꜀tɕʰiɛ̃	ɕiɛ̃꜄	꜀iɛ̃
淇　县	꜁ȵian	lian꜄	꜀tɕʰian	꜀ɕian	tɕian꜄	꜀tɕʰian	ɕian꜄	꜀ian
修　武	꜁ȵiɛ	liɛ꜄	꜀tɕʰiɛ	꜀ɕiɛ	tɕiɛ꜄	꜀tɕʰiɛ	ɕiɛ꜄	꜀iɛ
焦　作	꜁ȵie	lie꜄	꜀tɕʰie	꜀ɕie	tɕie꜄	꜀tɕʰie	ɕie꜄	꜀ie
武　陟	꜁ȵiɛ̃	liɛ̃꜄	꜀tɕʰiɛ̃	꜀ɕiɛ̃	tɕiɛ̃꜄	꜀tɕʰiɛ̃	ɕiɛ̃꜄	꜀iɛ̃
沁　阳	꜁ȵiæ̃	liæ̃꜄	꜀tɕʰiæ̃	꜀ɕiæ̃	tɕiæ̃꜄	꜀tɕʰiæ̃	ɕiæ̃꜄	꜀iæ̃
温　县	꜁ȵian	lian꜄	꜀tɕʰian	꜀ɕian	tɕian꜄	꜀tɕʰian	ɕian꜄	꜀ian
济　源	꜁ȵiɛn	liɛn꜄	꜀tɕʰiɛn	꜀ɕiɛn	tɕiɛn꜄	꜀tɕʰiɛn	ɕiɛn꜄	꜀iɛn

70	憋	铁	捏	节	切	结	噎	搬
	山开四入屑帮	山开四入屑透	山开四入屑泥	山开四入屑精	山开四入屑清	山开四入屑见	山开四入屑影	山合一平桓帮
安　阳	pieʔ꜆	tʰieʔ꜆	ȵieʔ꜆	tɕieʔ꜆	tɕʰieʔ꜆	tɕieʔ꜆	ieʔ꜆	꜀pæ̃
林　州	pieʔ꜆	tʰieʔ꜆	ȵieʔ꜆	tsieʔ꜆	tsʰieʔ꜆	tɕieʔ꜆	ieʔ꜆	꜀pa
鹤　壁	꜀piɜ	tʰieʔ꜆	꜀ȵiɜ	tɕieʔ꜆/꜀tɕiɜ	꜀tɕʰiɜ	꜀tɕiɜ	꜀iɜ	꜀pan
卫　辉	pieʔ꜆	tʰieʔ꜆	ȵieʔ꜆	tɕieʔ꜆	tɕʰieʔ꜆	tɕieʔ꜆	ieʔ꜆	꜀pan
辉　县	pieʔ꜆	tʰieʔ꜆	ȵieʔ꜆	tɕieʔ꜆	tɕʰieʔ꜆	tɕieʔ꜆	ieʔ꜆	꜀pæ̃
新　乡	pieʔ꜆	tʰieʔ꜆	꜀ȵiɜ	tɕieʔ꜆	tɕʰieʔ꜆	tɕieʔ꜆	ieʔ꜆	꜀pãn
获　嘉	piaʔ꜆	tʰiaʔ꜆	ȵiaʔ꜆	tɕiaʔ꜆	tɕʰiaʔ꜆	tɕiaʔ꜆	iaʔ꜆	꜀pɛ̃
淇　县	pieʔ꜆	tʰieʔ꜆	ȵieʔ꜆	tɕieʔ꜆	tɕʰieʔ꜆	꜀tɕiɜ	ieʔ꜆	꜀pan
修　武	pieʔ꜆	tʰieʔ꜆	ȵieʔ꜆	tɕieʔ꜆	tɕʰieʔ꜆	tɕieʔ꜆	ieʔ꜆	꜀pɛ
焦　作	pieʔ꜆	tʰieʔ꜆	ȵieʔ꜆	tɕieʔ꜆	tɕʰieʔ꜆	tɕieʔ꜆	ieʔ꜆	꜀pɛ̃
武　陟	pieʔ꜆	tʰieʔ꜆	ȵieʔ꜆	tɕieʔ꜆	tɕʰieʔ꜆	tɕieʔ꜆	ieʔ꜆	꜀pæ̃
沁　阳	pieʔ꜆	tʰieʔ꜆	ȵieʔ꜆	tɕieʔ꜆	tɕʰieʔ꜆	tɕieʔ꜆	ieʔ꜆	꜀pæ̃
温　县	pieʔ꜆	tʰieʔ꜆	ȵieʔ꜆	tɕieʔ꜆	tɕʰieʔ꜆	tɕieʔ꜆	ieʔ꜆	꜀pan
济　源	pieʔ꜆	tʰieʔ꜆	ȵieʔ꜆	tɕieʔ꜆	tɕʰieʔ꜆	tɕieʔ꜆	ieʔ꜆	꜀pæn

71	盘	伴	满	短	断~绝	暖	乱	钻电~
	山合一平桓並	山合一上缓並	山合一上缓明	山合一上缓端	山合一上缓定	山合一上缓泥	山合一去换来	山合一去换精
安　阳	꜁pʰæ̃	pæ̃꜄	꜂mæ̃	꜂tuæ̃	tuæ̃꜄	꜂nuæ̃	luæ̃꜄	tsuæ̃꜄
林　州	꜁pʰa	pa꜄	꜂ma	꜂tua	tua꜄	꜂nua/꜂na	lua꜄	tsua꜄
鹤　壁	꜁pʰan	pan꜄	꜂man	꜂tuan	tuan꜄	꜂nuan	luan꜄	tʂuan꜄
卫　辉	꜁pʰan	pan꜄	꜂man	꜂tuan	tuan꜄	꜂nuan	luan꜄	tʂuan꜄
辉　县	꜁pʰæ̃	pæ̃꜄	꜂mæ̃	꜂tuæ̃	tuæ̃꜄	꜂nuæ̃	luæ̃꜄	tsuæ̃꜄
新　乡	꜁pʰãn	pãn꜄	꜂mãn	꜂tuãn	tuãn꜄	꜂nuãn	luãn꜄	tsuãn꜄
获　嘉	꜁pʰɛ̃	pɛ̃꜄	꜂mɛ̃	꜂tuɛ̃	tuɛ̃꜄	꜂nuɛ̃	luɛ̃꜄	tsuɛ̃꜄
淇　县	꜁pʰan	pan꜄	꜂man	꜂tuan	tuan꜄	꜂nuan	luan꜄	tʂuan꜄
修　武	꜁pʰɛ	pɛ꜄	꜂mɛ	꜂tuɛ	tuɛ꜄	꜂nuɛ	luɛ꜄	tsuɛ꜄
焦　作	꜁pʰɛ̃	pɛ̃꜄	꜂mɛ̃	꜂tuɛ̃	tuɛ̃꜄	꜂nuɛ̃	luɛ̃꜄	tsuɛ̃꜄
武　陟	꜁pʰæ̃	pæ̃꜄	꜂mæ̃	꜂tuæ̃	tuæ̃꜄	꜂nuæ̃	luæ̃꜄	tsuæ̃꜄
沁　阳	꜁pʰæ̃	pæ̃꜄	꜂mæ̃	꜂tuæ̃	tuæ̃꜄	꜂nuæ̃	luæ̃꜄	tsuæ̃꜄
温　县	꜁pʰan	pan꜄	꜂man	꜂tuan	tuan꜄	꜂nuan	luan꜄	tsuan꜄/tʂuan꜄
济　源	꜁pʰæn	pæn꜄	꜂mæn	꜂tuæn	tuæn꜄	꜂nuæn	luæn꜄	tsuæn꜄

72	酸	管	宽	欢	换	碗	拨	脱
	山合一平桓心	山合一上缓见	山合一平桓溪	山合一平桓晓	山合一去换匣	山合一上缓影	山合一入末帮	山合一入末透
安　阳	꜀suæ̃	꜂kuæ̃	꜀kʰuæ̃	꜀xuæ̃	xuæ̃꜄	꜂væ̃	pɑʔ꜆	tʰuɑʔ꜆
林　州	꜀sua	꜂kua	꜀kʰua	꜀xua	xua꜄	꜂va	pɐʔ꜆	tʰuɐʔ꜆
鹤　壁	꜀suan	꜂kuan	꜀kʰuan	꜀xuan	xuan꜄	꜂uan	꜀puɐ	꜀tʰuɐ
卫　辉	꜀suan	꜂kuan	꜀kʰuan	꜀xuan	xuan꜄	꜂uan	pɐʔ꜆	tʰuɐʔ꜆
辉　县	꜀suæ̃	꜂kuæ̃	꜀kʰuæ̃	꜀xuæ̃	xuæ̃꜄	꜂væ̃	pɐʔ꜆	tʰuɐʔ꜆
新　乡	꜀suãn	꜂kuãn	꜀kʰuãn	꜀xuãn	xuãn꜄	꜂vãn	pɐʔ꜆	tʰuɐʔ꜆
获　嘉	꜀suɛ̃	꜂kuɛ̃	꜀kʰuɛ̃	꜀xuɛ̃	xuɛ̃꜄	꜂uɛ̃	paʔ꜆	tʰuaʔ꜆
淇　县	꜀suan	꜂kuan	꜀kʰuan	꜀xuan	xuan꜄	꜂uan	pɐʔ꜆	tʰuɐʔ꜆
修　武	꜀suɛ	꜂kuɛ	꜀kʰuɛ	꜀xuɛ	xuɛ꜄	꜂uɛ	pɐʔ꜆	tʰuɐʔ꜆
焦　作	꜀suɛ̃	꜂kuɛ̃	꜀kʰuɛ̃	꜀xuɛ̃	xuɛ̃꜄	꜂uɛ̃	pᴀʔ꜆	tʰuᴀʔ꜆
武　陟	꜀suæ̃	꜂kuæ̃	꜀kʰuæ̃	꜀xuæ̃	xuæ̃꜄	꜂uæ̃	pʌʔ꜆	꜀tʰuʌ
沁　阳	꜀suæ̃	꜂kuæ̃	꜀kʰuæ̃	꜀xuæ̃	xuæ̃꜄	꜂uæ̃	pɑʔ꜆	tʰuɑʔ꜆
温　县	꜀suan	꜂kuan	꜀kʰuan	꜀xuan	xuan꜄	꜂uan	pɑʔ꜆	tʰuɑʔ꜆
济　源	꜀suæn	꜂kuæn	꜀kʰuæn	꜀xuæn	xuæn꜄	꜂uæn	pɐʔ꜆	tʰuɐʔ꜆

73	夺	阔	活	滑	挖	拴	关	还~钱
	山合一入末定	山合一入末溪	山合一入末匣	山合二入黠匣	山合二入黠影	山合二平删生	山合二平删见	山合二平删匣
安阳	꜁tuo	kʰuɑʔ꜆	꜁xuo	꜁xua	꜀va	꜀suæ̃	꜀kuæ̃	꜁xuæ̃
林州	꜁tuʌ	kʰuɐʔ꜆	꜁xuʌ	꜁xɔ	꜀vɔ	꜀ʂua	꜀kua	꜁xua
鹤壁	꜁tuɐ	kʰuɐ꜄	꜁xuɐ	꜁xua	꜀ua	꜀ʂuan/꜀suan	꜀kuan	꜁xuan
卫辉	꜁tuʌ	kʰuɐʔ꜆	꜁xuʌ	꜁xua	꜀ua	꜀suan	꜀kuan	꜁xuan
辉县	꜁tuʌ	kʰuɐʔ꜆	꜁xuʌ	꜁xua	꜀va	꜀suæ̃	꜀kuæ̃	꜁xuæ̃
新乡	꜁tuʌ	kʰuʌ꜄	꜁xuʌ	꜁xua	꜀ua	꜀suãn	꜀kuãn	꜁xuãn
获嘉	꜁tuʌ	kʰuaʔ꜆	꜁xuʌ	꜁xuA	꜀uA	꜀ʂuɛ̃	꜀kuɛ̃	꜁xuɛ̃
淇县	꜁tuʌ	kʰuɐʔ꜆	꜁xuʌ	꜁xuɑ	꜀uɑ	꜀suan	꜀kuan	꜁xuan
修武	꜁tuʌ	kʰuɐʔ꜆/kʰuʌ꜄	꜁xuʌ	꜁xua	꜀ua	꜀ʂuɛ	꜀kuɛ	꜁xuɛ
焦作	꜁tuɑ	kʰuAʔ꜆	꜁xuɑ	꜁xua	꜀ua	꜀ʂuɛ̃	꜀kuɛ̃	꜁xuɛ̃
武陟	꜁tuʌ	kʰuʌʔ꜆	꜁xuʌ	꜁xua	꜀ua	꜀ʂuæ̃	꜀kuæ̃	꜁xuæ̃
沁阳	꜁tuɑ	kʰuɑʔ꜆	꜁xuɑ	꜁xua	꜀ua	꜀suæ̃	꜀kuæ̃	꜁xuæ̃
温县	꜁tuʌ	kʰuɑʔ꜆	꜁xuʌ	꜁xuA	꜀uA	꜀fan	꜀kuan	꜁xuan
济源	꜁tuʌ	kʰuɐʔ꜆	꜁xuʌ	꜁xua	꜀ua	꜀ʂuæn	꜀kuæn	꜁xuæn

74	弯	刷	刮	恋	全	选	转~圈	砖
	山合二平删影	山合二入辖生	山合二入辖见	山合三去线来	山合三平仙从	山合三上狝心	山合三去线知	山合三平仙章
安　阳	꜀vǣ	꜀sua	kuɑʔ꜆/꜀kua	liǣ꜄	꜁tɕʰyǣ	꜂ɕyǣ	tsuǣ꜄	꜀tsuǣ
林　州	꜀va	ʂuɐʔ꜆	kuɐʔ꜆	lia꜄	꜁tsʰya	꜂sya	tʂua꜄	꜀tʂua
鹤　壁	꜀uan	꜀ʂua	꜀kua	꜁luan	꜁tɕʰyan	꜂ɕyan	tʂuan꜄	꜀tʂuan
卫　辉	꜀uan	suɐʔ꜆	kuɐʔ꜆	꜁luan	꜁tɕʰyan	꜂ɕyan	tʂuan꜄	꜀tʂuan
辉　县	꜀vǣ	suɐʔ꜆	kuɐʔ꜆	liǣ꜄	꜁tɕʰyǣ	꜂ɕyǣ	tsuǣ꜄	꜀tsuǣ
新　乡	꜀vãn	꜀sua	kuɐʔ꜆	꜁luãn	꜁tɕʰyãn	꜂ɕyãn	tsuãn꜄	꜀tsuãn
获　嘉	꜀uɛ̃	ʂuaʔ꜆	kuaʔ꜆	liɛ̃꜄	꜁tɕʰyɛ̃	꜂ɕyɛ̃	tʂuɛ̃꜄	꜀tʂuɛ̃
淇　县	꜀uan	suɐʔ꜆	kuɐʔ꜆/꜂kuɑ	lyan꜄	꜁tɕʰyan	꜂ɕyan	tʂuan꜄	꜀tʂuan
修　武	꜀uɛ	ʂuɐʔ꜆	kuɐʔ꜆/꜂kua	lyɛ꜄	꜁tɕʰyɛ	꜀ɕyɛ	tʂuɛ꜄	꜀tʂuɛ
焦　作	꜀uɛ̃	ʂuᴀʔ꜆	kuᴀʔ꜆	lye꜄	꜁tɕʰye	꜂ɕye	tʂuɛ̃꜄	꜀tʂuɛ̃
武　陟	꜀uǣ	꜀ʂua	kuʌʔ꜆	liɛ̃꜄	꜁tɕʰyɛ̃	꜂ɕyɛ̃	tʂuǣ꜄	꜀tʂuǣ
沁　阳	꜀uǣ	suɑʔ꜆	kuɑʔ꜆	liǣ꜄	꜁tɕʰyǣ	꜂ɕyǣ	tsuǣ꜄	꜀tsuǣ
温　县	꜀uan	fɑʔ꜆	kuɑʔ꜆/꜂kuᴀ	꜁luan	꜁tɕʰyan	꜂ɕyan	tʂuan꜄	꜀tʂuan
济　源	꜀uæn	ʂuɐʔ꜆	kuɐʔ꜆	lyɛn꜄	꜁tɕʰyɛn	꜂ɕyɛn	tʂuæn꜄	꜀tʂuæn

75	穿	船	软	卷~起	权	圆	缘	沿
	山合三平仙昌	山合三平仙船	山合三上狝日	山合三上狝见	山合三平仙群	山合三平仙云	山合三平仙以	山合三平仙以
安　阳	꜀tsʰuæ̃	꜁tsʰuæ̃	꜂zuæ̃	꜂tɕyæ̃	꜁tɕʰyæ̃	꜁yæ̃	꜁yæ̃	꜁iæ̃
林　州	꜀tʂʰua	꜁tʂʰua	꜂ʐua	꜂tɕya	꜂tɕʰya	꜁ya	꜁ya	꜁ia
鹤　壁	꜀tʂʰuan	꜁tʂʰuan	꜂ʐuan	꜂tɕyan	꜂tɕʰyan	꜁yan	꜁ian	꜁ian
卫　辉	꜀tʂʰuan	꜁tʂʰuan	꜂zuan	꜂tɕyan	꜂tɕʰyan	꜁yan	꜁ian	꜁ian
辉　县	꜀tsʰuæ̃	꜁tsʰuæ̃	꜂zuæ̃	꜂tɕyæ̃	꜁tɕʰyæ̃	꜁yæ̃	꜁yæ̃	꜁iæ̃
新　乡	꜀tsʰuãn	꜁tsʰuãn	꜂zuãn／꜂ʐuãn	꜂tɕyãn	꜂tɕʰyãn	꜁yãn	꜁iãn	꜁iãn
获　嘉	꜀tʂʰuɛ̃	꜁tʂʰuɛ̃	꜂ʐuɛ̃	꜂tɕyɛ̃	꜂tɕʰyɛ̃	꜁yɛ̃	꜁iɛ̃	꜁iɛ̃
淇　县	꜀tʂʰuan	꜁tʂʰuan	꜂zuan	꜂tɕyan	꜂tɕʰyan	꜁yan	꜁ian	꜁ian
修　武	꜀tʂʰuɛ	꜁tʂʰuɛ	꜂ʐuɛ	꜂tɕyɛ	꜁tɕʰyɛ	꜁yɛ	꜁yɛ	꜁iɛ
焦　作	꜀tʂʰuɛ̃	꜁tʂʰuɛ̃	꜂ʐuɛ̃	꜂tɕye	꜂tɕʰye	꜁ye	꜁ie	꜁ie
武　陟	꜀tʂʰuæ̃	꜁tʂʰuæ̃	꜂zuæ̃	꜂tɕyɛ̃	꜂tɕʰyɛ̃	꜁yɛ̃	꜁iɛ̃	꜁iɛ̃
沁　阳	꜀tsʰuæ̃	꜁tsʰuæ̃	꜂zuæ̃	꜂tɕyæ̃	꜂tɕʰyæ̃	꜁yæ̃	꜁yæ̃	꜁iæ̃
温　县	꜀tʂʰuan	꜁tʂʰuan	꜂van	꜂tɕyan	꜂tɕʰyan	꜁yan	꜁ian	꜁ian
济　源	꜀tʂʰuæn	꜁tʂʰuæn	꜂ʐuæn	꜂tɕyɛn	꜂tɕʰyɛn	꜁yɛn	꜁iɛn	꜁iɛn

76	铅	捐	绝	雪	说	翻	饭	万
	山合三平仙以	山合三平仙以	山合三入薛从	山合三入薛心	山合三入薛书	山合三平元敷	山合三去愿奉	山合三去愿微
安 阳	꜀tɕʰiæ̃	꜀tɕyæ̃	꜁tɕyɛ	ɕyɐʔ꜆	suɐʔ꜆	꜀fæ̃	fæ̃꜄	væ̃꜄
林 州	꜀tɕʰia	꜀tɕya	꜁tsyʌ	syɐʔ꜆	ʂuɐʔ꜆	꜀fa	fa꜄	va꜄
鹤 壁	꜀tɕʰian	꜀tɕyan	꜁tɕyɜ	꜀ɕyɜ	ʂuɐʔ꜆/꜀ʂuɐ	꜀fan	fan꜄	uan꜄
卫 辉	꜀tɕʰian	꜀tɕyan	꜁tɕyɜ	ɕyɐʔ꜆	suɐʔ꜆	꜀fan	fan꜄	uan꜄
辉 县	꜀tɕʰiæ̃	꜀tɕyæ̃	꜁tɕyɐ	ɕyɐʔ꜆	suɐʔ꜆	꜀fæ̃	fæ̃꜄	væ̃꜄
新 乡	꜀tɕʰiãn	꜀tɕyãn	꜁tɕyɜ	ɕyɐʔ꜆	suɐʔ꜆/ʂuɐʔ꜆	꜀fãn	fãn꜄	vãn꜄
获 嘉	꜀tɕʰiɛ̃	꜀tɕyɛ̃	tɕyaʔ꜆	ɕyaʔ꜆	ʂuaʔ꜆	꜀fɛ̃	fɛ̃꜄	uɛ̃꜄
淇 县	꜀tɕʰian	꜂tɕyan	꜁tɕyɜ	ɕyɐʔ꜆	suɐʔ꜆	꜀fan	fan꜄	uan꜄
修 武	꜀tɕʰiɛ	꜀tɕyɛ	꜁tɕyʌ	ɕyɐʔ꜆	ʂuɐʔ꜆	꜀fɛ	fɛ꜄	uɛ꜄
焦 作	꜀tɕʰie	꜀tɕye	꜁tɕyɜ	ɕyɐʔ꜆	ʂuɐʔ꜆	꜀fɛ̃	fɛ̃꜄	vɛ̃꜄
武 陟	꜀tɕʰiɛ̃	꜀tɕyɛ̃	tɕyɐʔ꜆	ɕyɐʔ꜆	ʂuʌʔ꜆	꜀fæ̃	fæ̃꜄	væ̃꜄/uæ̃꜄
沁 阳	꜀tɕʰiæ̃	꜀tɕyæ̃	꜁tɕyɜ	ɕyɐʔ꜆	suɐʔ꜆	꜀fæ̃	fæ̃꜄	væ̃꜄
温 县	꜀tɕʰian	꜀tɕyan	꜁tɕyɜ	ɕyɐʔ꜆	fɐʔ꜆	꜀fan	fan꜄	van꜄
济 源	꜀tɕʰiɛn	꜀tɕyɛn	꜁tɕyɐ	ɕyɐʔ꜆	ʂuɐʔ꜆	꜀fæn	fæn꜄	væn꜄

77	劝	元	冤	远	发~财	月	越	玄
	山合三去愿溪	山合三平元疑	山合三平元影	山合三上阮云	山合三入月非	山合三入月疑	山合三入月云	山合四平先匣
安　阳	tɕʰyæ̃꜄	꜁yæ̃	꜀yæ̃	꜂yæ̃	fɑʔ꜆	yɐʔ꜆	yɐʔ꜆	꜁ɕyæ̃
林　州	tɕʰya꜄	꜁ya	꜀ya	꜂ya	fɐʔ꜆	yɐʔ꜆	yɐʔ꜆	꜁ɕya
鹤　壁	tɕʰyan꜄	꜁yan	꜀yan	꜂yan	꜀fa	yɐʔ꜆	yɐʔ꜆	꜁ɕyan
卫　辉	tɕʰyan꜄	꜁yan	꜀yan	꜂yan	fɐʔ꜆	yɐʔ꜆	yɐʔ꜆	꜁ɕyan
辉　县	tɕʰyæ̃꜄	꜁yæ̃	꜀yæ̃	꜂yæ̃	fɐʔ꜆	yɐʔ꜆	yɐʔ꜆	꜁ɕyæ̃
新　乡	tɕʰyãn꜄	꜁yãn	꜀yãn	꜂yãn	fɐʔ꜆	yɐʔ꜆	yɐʔ꜆	꜁ɕyãn
获　嘉	tɕʰyɛ̃꜄	꜁yɛ̃	꜀yɛ̃	꜂yɛ̃	faʔ꜆	yaʔ꜆	yaʔ꜆	꜁ɕyɛ̃
淇　县	tɕʰyan꜄	꜁yan	꜀yan	꜂yan	fɐʔ꜆	yɐʔ꜆	yɐʔ꜆	꜁ɕyan
修　武	tɕʰyɛ꜄	꜁yɛ	꜀yɛ	꜂yɛ	fɐʔ꜆	yɐʔ꜆	yɐʔ꜆	꜁ɕyɛ
焦　作	tɕʰye꜄	꜁ye	꜀ye	꜂ye	fᴀʔ꜆	yɐʔ꜆	yɐʔ꜆	꜁ɕye
武　陟	tɕʰyɛ̃꜄	꜁yɛ̃	꜀yɛ̃	꜂yɛ̃	fʌʔ꜆	yɐʔ꜆	yɐʔ꜆	꜁ɕyɛ̃
沁　阳	tɕʰyæ̃꜄	꜁yæ̃	꜀yæ̃	꜂yæ̃	fɑʔ꜆	yɐʔ꜆	yɐʔ꜆	꜁ɕyæ̃
温　县	tɕʰyan꜄	꜁yan	꜀yan	꜂yan	fɑʔ꜆	yɐʔ꜆	yɐʔ꜆	꜁ɕyan
济　源	tɕʰyɛn꜄	꜁yɛn	꜀yɛn	꜂yɛn	fɐʔ꜆	yɐʔ꜆	yɐʔ꜆	꜁ɕyɛn

78	县	决	缺	血	吞	根	啃	恨
	山合四去霰匣	山合四入屑见	山合四入屑溪	山合四入屑晓	臻开一平痕透	臻开一平痕见	臻开一上很溪	臻开一去恨匣
安 阳	ɕiæ̃꜄	tɕyɐʔ꜅	tɕʰyɐʔ꜅	ɕiɐʔ꜅	꜀tʰə̃	꜀kə̃	꜂kʰə̃	xə̃꜄
林 州	ɕia꜄	tɕyɐʔ꜅	tɕʰyɐʔ꜅	ɕyɐʔ꜅	꜀tʰəŋ	꜀kəŋ	꜂kʰəŋ	xəŋ꜄
鹤 壁	ɕian꜄	tɕyɐʔ꜅	tɕʰyɐʔ꜅/꜀tɕʰyɜ	꜀ɕiɜ	꜀tʰuən	꜀kən	꜂kʰən	xən꜄
卫 辉	ɕian꜄	tɕyɐʔ꜅	tɕʰyɐʔ꜅	ɕiɐʔ꜅	꜀tʰən	꜀kən	꜂kʰən	xən꜄
辉 县	ɕiæ̃꜄	tɕyɐʔ꜅	tɕʰyɐʔ꜅	ɕiɐʔ꜅	꜀tʰə̃n	꜀kə̃n	꜂kʰə̃n	xə̃n꜄
新 乡	ɕiãn꜄	tɕyɐʔ꜅	tɕʰyɐʔ꜅	ɕiɐʔ꜅	꜀tʰən	꜀kən	꜂kʰən	xən꜄
获 嘉	ɕiɛ̃꜄	tɕyaʔ꜅	tɕʰyaʔ꜅	ɕiaʔ꜅	꜀tʰẽ	꜀kẽ	꜂kʰẽ	xɜn꜄
淇 县	ɕian꜄	tɕyɐʔ꜅	tɕʰyɐʔ꜅	ɕiɐʔ꜅	꜀tʰən	꜀kən	꜂kʰən	xən꜄
修 武	ɕiɛ꜄	tɕyɐʔ꜅	tɕʰyɐʔ꜅	ɕiɐʔ꜅/ɕyɐʔ꜅	꜀tʰə̃	꜀kə̃	꜂kʰə̃	xə̃꜄
焦 作	ɕie꜄	tɕyɐʔ꜅	tɕʰyɐʔ꜅	ɕiɐʔ꜅	꜀tʰẽ	꜀kẽ	꜂kʰẽ	xẽ꜄
武 陟	ɕiɛ̃꜄	tɕyɐʔ꜅	tɕʰyɐʔ꜅	ɕiɐʔ꜅/ɕyɐʔ꜅	꜀tʰə̃	꜀kə̃	꜂kʰə̃	xə̃꜄
沁 阳	ɕiæ̃꜄	tɕyɐʔ꜅	tɕʰyɐʔ꜅	ɕiɐʔ꜅	꜀tʰẽ	꜀kẽ	꜂kʰẽ	xẽ꜄
温 县	ɕian꜄	tɕyɐʔ꜅	tɕʰyɐʔ꜅	ɕiɐʔ꜅	꜀tʰən	꜀kən	꜂kʰən	xən꜄
济 源	ɕiɛn꜄	tɕyɐʔ꜅	tɕʰyɐʔ꜅	ɕiɐʔ꜅	꜀tʰuẽ	꜀kẽ	꜂kʰẽ	xẽ꜄

79	恩	宾	贫	民	邻	进	亲	秦
	臻开一平痕影	臻开三平真帮	臻开三平真並	臻开三平真明	臻开三平真来	臻开三去震精	臻开三平真清	臻开三平真从
安 阳	꜀ɣə̃	꜀piə̃	꜁pʰiə̃	꜁miə̃	꜁liə̃	tɕiə̃꜄	꜀tɕʰiə̃	꜁tɕʰiə̃
林 州	꜀ɣəŋ	꜀piŋ	꜁pʰiŋ	꜁miŋ	꜁liŋ	tsiŋ꜄	꜀tsʰiŋ	꜁tsʰiŋ
鹤 壁	꜀ɣən	꜀pin	꜁pʰin	꜁min	꜁lin	tɕin꜄	꜀tɕʰin	꜁tɕʰin
卫 辉	꜀ɣən	꜀pin	꜁pʰin	꜁min	꜁lin	tɕin꜄	꜀tɕʰin	꜁tɕʰin
辉 县	꜀ɣə̃n	꜀piə̃n	꜁pʰiə̃n	꜁miə̃n	꜁liə̃n	tɕiə̃n꜄	꜀tɕʰiə̃n	꜁tɕʰiə̃n
新 乡	꜀ɣən	꜀pin	꜁pʰin	꜁min	꜁lin	tɕin꜄	꜀tɕʰin	꜁tɕʰin
获 嘉	꜀ɣẽ	꜀piẽ	꜁pʰiẽ	꜁mi	꜁liẽ	tɕiẽ꜄	꜀tɕʰiẽ	꜁tɕʰiẽ
淇 县	꜀ɣən	꜀pin	꜁pʰin	꜁min	꜁lin	tɕin꜄	꜀tɕʰin	꜁tɕʰin
修 武	꜀ɣə̃	꜀piə̃	꜁pʰiə̃	꜁mi	꜁liə̃	tɕiə̃꜄	꜀tɕʰiə̃	꜁tɕʰiə̃
焦 作	꜀ɣẽ	꜀piẽ	꜁pʰiẽ	꜁mi	꜁liẽ	tɕiẽ꜄	꜀tɕʰiẽ	꜁tɕʰiẽ
武 陟	꜀ɣə̃	꜀piə̃	꜁pʰiə̃	꜁mi	꜁liə̃	tɕiə̃꜄	꜀tɕʰiə̃	꜁tɕʰiə̃
沁 阳	꜀ɣẽ	꜀piẽ	꜁pʰiẽ	꜁miẽ	꜁liẽ	tɕiẽ꜄	꜀tɕʰiẽ	꜁tɕʰiẽ
温 县	꜀ɣən	꜀pin	꜁pʰin	꜁mi	꜁lin	tɕin꜄	꜀tɕʰin	꜁tɕʰin
济 源	꜀ɣẽ	꜀piẽ	꜁pʰiẽ	꜁mi	꜁liẽ	tɕiẽ꜄	꜀tɕʰiẽ	꜁tɕʰiẽ

80	新	珍	阵	衬	真	神	身	肾
	臻开三平真心	臻开三平真知	臻开三去震澄	臻开三去震初	臻开三平真章	臻开三平真船	臻开三平真书	臻开三上轸禅
安　阳	꜀ɕiə̃	꜀tsə̃	tsə̃꜄	tsʰə̃꜄	꜀tsə̃	꜁sə̃	꜀sə̃	sə̃꜄
林　州	꜀siŋ	꜀tʂəŋ	tʂəŋ꜄	tʂʰəŋ꜄	꜀tʂəŋ	꜁ʂəŋ	꜀ʂəŋ	ʂəŋ꜄
鹤　壁	꜀ɕin	꜀tʂən	tʂən꜄	tʂʰən꜄	꜀tʂən	꜁sən	꜀ʂən/꜀sən	ʂən꜄/sən꜄
卫　辉	꜀ɕin	꜀tʂən	tʂən꜄	tʂʰən꜄	꜀tʂən	꜁sən	꜀sən	sən꜄
辉　县	꜀ɕiə̃n	꜀tsə̃n	tsə̃n꜄	tsʰə̃n꜄	꜀tsə̃n	꜁sə̃n	꜀sə̃n	sə̃n꜄
新　乡	꜀ɕin	꜀tsən	tsʰən꜄	tsʰən꜄	꜀tsən	꜁sən	꜀sən	sən꜄
获　嘉	꜀ɕiẽ	꜀tʂẽ	tʂẽ꜄	tsʰẽ꜄	꜀tʂẽ	꜁ʂẽ	꜀ʂẽ	ʂɜn꜄
淇　县	꜀ɕin	꜀tʂən	tʂən꜄	tʂʰən꜄	꜀tʂən	꜁sən	꜀sən	sən꜄
修　武	꜀ɕiə̃	꜀tʂə̃	tʂə̃꜄	tsʰə̃꜄	꜀tsə̃	꜁ʂə̃	꜀ʂə̃	ʂə̃꜄
焦　作	꜀ɕiẽ	꜀tʂẽ	tʂẽ꜄	tsʰẽ꜄	꜀tʂẽ	꜁ʂẽ	꜀ʂẽ	ʂẽ꜄
武　陟	꜀ɕiə̃	꜀tʂə̃	tʂə̃꜄	tsʰə̃꜄	꜀tʂə̃	꜁ʂə̃	꜀ʂə̃	ʂə̃꜄
沁　阳	꜀ɕiẽ	꜀tsẽ	tsẽ꜄	tsʰẽ꜄	꜀tsẽ	꜁sẽ	꜀sẽ	sẽ꜄
温　县	꜀ɕin	꜀tʂən/꜂tʂən①	tʂən꜄	tsʰən꜄	꜀tʂən	꜁ʂən	꜀ʂən	ʂəŋ꜄
济　源	꜀ɕiẽ	꜀tʂẽ	tʂẽ꜄	tsʰẽ꜄	꜀tʂẽ	꜁ʂẽ	꜀ʂẽ	ʂẽ꜄

① [꜀tʂən]用于“珍珠”，[꜂tʂən]用于“珍贵”。

81	认	紧	银	印	引	笔	密	七
	臻开三去震日	臻开三上轸见	臻开三平真疑	臻开三去震影	臻开三上轸以	臻开三入质帮	臻开三入质明	臻开三入质清
安 阳	zã꜄	꜂tɕiã	꜁iã	iã꜄	꜂iã	piɛʔ꜆	miɛʔ꜆	tɕʰiɛʔ꜆
林 州	ʐəŋ꜄	꜂tɕiŋ	꜁iŋ	iŋ꜄	꜂iŋ	piəʔ꜆	miəʔ꜆	tsʰiəʔ꜆
鹤 壁	ʐən꜄/zən꜄	꜂tɕin	꜁in	in꜄	꜂in	꜀pei/꜀pi	꜀mi	꜂tɕʰi
卫 辉	zən꜄	꜂tɕin	꜁in	in꜄	꜂in	꜀pei	miəʔ꜆	tɕʰiəʔ꜆
辉 县	zə̃n꜄	꜂tɕiə̃n	꜁iə̃n	iə̃n꜄	꜂iə̃n	piəʔ꜆	miəʔ꜆	tɕʰiəʔ꜆
新 乡	zən꜄	꜂tɕin	꜁in	in꜄	꜂in	꜀pei	miəʔ꜆	tɕʰiəʔ꜆
获 嘉	ʐɜn꜄/ʐẽ꜄	꜂tɕiẽ	꜁iẽ	iẽ꜄	꜂iẽ	piəʔ꜆	miəʔ꜆	tɕʰiəʔ꜆
淇 县	zən꜄	꜂tɕin	꜁in	in꜄	꜂in	꜀pei	miəʔ꜆	tɕʰiəʔ꜆
修 武	ʐə̃꜄	꜂tɕiə̃	꜁iə̃	iə̃꜄	꜂iə̃	piəʔ꜆	miəʔ꜆	tɕʰiəʔ꜆
焦 作	ʐẽ꜄	꜂tɕiẽ	꜁iẽ	iẽ꜄	꜂iẽ	piəʔ꜆	miəʔ꜆	tɕʰiəʔ꜆
武 陟	ʐə̃꜄	꜂tɕiə̃	꜁iə̃	iə̃꜄	꜂iə̃	piəʔ꜆	miəʔ꜆	tɕʰiəʔ꜆
沁 阳	zẽ꜄	꜂tɕiẽ	꜁iẽ	iẽ꜄	꜂iẽ	piəʔ꜆	miəʔ꜆	tɕʰiəʔ꜆
温 县	ʐən꜄	꜂tɕin	꜁in	in꜄	꜂in	piəʔ꜆	miəʔ꜆	tɕʰiəʔ꜆
济 源	ʐẽ꜄	꜂tɕiẽ	꜁iẽ	iẽ꜄	꜂iẽ	piəʔ꜆	miəʔ꜆	tɕʰiəʔ꜆

82	侄	质	实	日	吉	一	勤	近
	臻开三入质澄	臻开三入质章	臻开三入质船	臻开三入质日	臻开三入质见	臻开三入质影	臻开三平殷群	臻开三上隐群
安 阳	꜁tsɿ	tsɛʔ꜆	sɛʔ꜆	zɿ꜄	tɕiɛʔ꜆	iɛʔ꜆	꜁tɕʰiã	tɕiã꜄
林 州	tʂəʔ꜆	tʂəʔ꜆	ʂəʔ꜆	zʅ꜄	tɕiəʔ꜆	iəʔ꜆	꜁tɕʰiŋ	tɕiŋ꜄
鹤 壁	꜁tʂʅ	꜀tʂʅ	꜁ʂʅ	zʅ꜄/zɿ꜄	꜀tɕi	꜀i	꜁tɕʰin	tɕin꜄
卫 辉	꜁tʂʅ	tʂəʔ꜆	səʔ꜆	zəʔ꜆	tɕiəʔ꜆	iəʔ꜆	꜁tɕʰin	tɕin꜄
辉 县	tsəʔ꜆	tsəʔ꜆	səʔ꜆	zɿ꜄	tɕiəʔ꜆	iəʔ꜆	꜁tɕʰiə̃n	tɕiə̃n꜄
新 乡	꜁tsɿ	tʂəʔ꜆	ʂəʔ꜆	zɿ꜄	꜀tɕi	iəʔ꜆	꜁tɕʰin	tɕin꜄
获 嘉	tʂəʔ꜆	tʂəʔ꜆	ʂəʔ꜆	zəʔ꜆	tɕiəʔ꜆	iəʔ꜆	꜁tɕʰiẽ	tɕiẽ꜄
淇 县	꜁tʂʅ	tʂəʔ꜆	səʔ꜆	zɿ꜄	tɕiəʔ꜆	iəʔ꜆/꜀i	꜁tɕʰin	tɕin꜄
修 武	tʂəʔ꜆	tʂəʔ꜆	ʂəʔ꜆	zʅ꜄	tɕiəʔ꜆	iəʔ꜆/꜀i	꜁tɕʰiã	tɕiã꜄
焦 作	tʂʅəʔ꜆	tʂʅəʔ꜆	ʂʅəʔ꜆	zʅəʔ꜆	tɕiəʔ꜆	iəʔ꜆	꜁tɕʰiẽ	tɕiẽ꜄
武 陟	꜁tʂʅ	tʂʅəʔ꜆	ʂʅəʔ꜆	zʅ꜄	tɕiəʔ꜆	iəʔ꜆	꜁tɕʰiã	tɕiã꜄
沁 阳	꜁tsɿ	tsəʔ꜆	səʔ꜆	zəʔ꜆	tɕiəʔ꜆	iəʔ꜆	꜁tɕʰiẽ	tɕiẽ꜄
温 县	꜁tʂʅ	tʂʅəʔ꜆	ʂʅəʔ꜆/꜁ʂʅ	zʅəʔ꜆	tɕiəʔ꜆	iəʔ꜆	꜁tɕʰin	tɕin꜄
济 源	꜁tʂʅ	tʂəʔ꜆	꜁ʂʅ	zəʔ꜆	tɕiəʔ꜆	꜀i	꜁tɕʰiẽ	tɕiẽ꜄

83	欣	本	笨	门	顿	屯	嫩	村
	臻开三平殷晓	臻合一上混帮	臻合一上混並	臻合一平魂明	臻合一去恩端	臻合一平魂定	臻合一去恩泥	臻合一平魂清
安　阳	꜀ɕiə̃	꜂pə̃	pə̃꜄	꜁mə̃	tuə̃꜄	꜁tʰuə̃	luə̃꜄	꜀tsʰuə̃
林　州	꜀ɕiŋ	꜂pəŋ	pəŋ꜄	꜁məŋ	tuŋ꜄	꜁tʰuŋ	luŋ꜄	꜀tsʰuŋ
鹤　壁	꜀ɕin	꜂pən	pən꜄	꜁mən	tuən꜄	꜁tʰuən	luən꜄	꜀tʂʰuən
卫　辉	꜀ɕin	꜂pən	pən꜄	꜁mən	tuən꜄	꜁tʰuən	luən꜄	꜀tʂʰuən
辉　县	꜀ɕiə̃n	꜂pə̃n	pə̃n꜄	꜁mə̃n	tuə̃n꜄	꜁tʰuə̃n	luə̃n꜄	꜀tsʰuə̃n
新　乡	꜀ɕin	꜂pən	pən꜄	꜁mən	tuən꜄	꜁tʰuən	luən꜄	꜀tsʰuən
获　嘉	꜀ɕiẽ	꜂pẽ	pɜn꜄	꜁mẽ	tuɜn꜄	꜁tʰuẽ	luɜn꜄	꜀tʂʰuẽ
淇　县	꜀ɕin	꜂pən	pən꜄	꜁mən	tuən꜄	꜁tʰuən	luən꜄	꜀tʂʰuən
修　武	꜀ɕiə̃	꜂pei	pei꜄	꜁mei	tuei꜄	꜁tʰuei	luei꜄	꜀tsʰuei
焦　作	꜀ɕiẽ	꜂pẽ	pẽ꜄	꜁mei	tuẽ꜄	꜁tʰuẽ	luẽ꜄	꜀tsʰuẽ
武　陟	꜀ɕiə̃	꜂pə̃	pə̃꜄	꜁mei	tuə̃꜄	꜁tʰuə̃	luə̃꜄	꜀tsʰuə̃
沁　阳	꜀ɕiẽ	꜂pẽ	pẽ꜄	꜁mẽ	tuẽ꜄	꜁tʰuẽ	꜂luẽ	꜀tsʰuẽ/꜀tʂʰuẽ
温　县	꜀ɕin	꜂pən	pən꜄	꜁mən	tuən꜄	꜁tʰuən	luən꜄/꜂luən	꜀tsʰuən
济　源	꜀ɕiẽ	꜂pẽ	pẽ꜄	꜁mẽ	tuẽ꜄	꜁tʰuẽ	꜂luẽ	꜀tɕʰyẽ/꜀tʂʰuẽ

84	存	孙	滚	困	昏	魂	稳	不
	臻合一平魂从	臻合一平魂心	臻合一上混见	臻合一去恩溪	臻合一平魂晓	臻合一平魂匣	臻合一上混影	臻合一入没帮
安　阳	꜁tsʰuə̃	꜀suə̃	꜂kuə̃	kʰuə̃꜄	꜀xuə̃	꜁xuə̃	꜂və̃	pɑʔ꜆/꜀pu
林　州	꜁tsʰuŋ	꜀suŋ	꜂kuŋ	kʰuŋ꜄	꜀xuŋ	꜁xuŋ	꜂vəŋ	pəʔ꜆
鹤　壁	꜁tʂʰuən	꜀suən	꜂kuən	kʰuən꜄	꜀xuən	꜁xuən	꜂uən	puəʔ꜆
卫　辉	꜁tʂʰuən	꜀suən	꜂kuən	kʰuən꜄	꜀xuən	꜁xuən	꜂uən	puəʔ꜆
辉　县	꜁tsʰuə̃n	꜀suə̃n	꜂kuə̃n	kʰuə̃n꜄	꜀xuə̃n	꜁xuə̃n	꜂və̃n	pəʔ꜆
新　乡	꜁tsʰuən	꜀suən	꜂kuən	kʰuən꜄	꜀xuən	꜁xuən	꜂uən/꜂vən	puəʔ꜆
获　嘉	꜁tʂʰuẽ	꜀ʂuẽ	꜂kuẽ	kʰuɜn꜄	꜀xuẽ	꜁xuẽ	꜂uẽ	pəʔ꜆
淇　县	꜁tʂʰuən	꜀suən	꜂kuən	kʰuən꜄	꜀xuən	꜁xuən	꜂uən	puəʔ꜆
修　武	꜁tsʰuei	꜀suei	꜂kuei	kʰuei꜄	꜀xuei	꜁xuei	꜂uei	pəʔ꜆
焦　作	꜁tsʰuẽ	꜀suẽ	꜂kuẽ	kʰuẽ꜄	꜀xuẽ	꜁xuẽ	꜂uẽ	pəʔ꜆
武　陟	꜁tsʰuə̃	꜀suə̃	꜂kuə̃	kʰuə̃꜄	꜀xuə̃	꜁xuə̃	꜂uə̃	pəʔ꜆
沁　阳	꜁tsʰuẽ/꜁tʂʰuẽ	꜀suẽ	꜂kuẽ	kʰuẽ꜄	꜀xuẽ	꜁xuẽ	꜂uẽ	pəʔ꜆
温　县	꜁tsʰuən	꜀suən	꜂kuən	kʰuən꜄	꜀xuən	꜁xuən	꜂uən	pəʔ꜆
济　源	꜁tsʰuẽ	꜀suẽ	꜂kuẽ	kʰuẽ꜄	꜀xuẽ	꜁xuẽ	꜂uẽ	pəʔ꜆

85	突	骨	轮	遵	巡	准	春	顺
	臻合一入没定	臻合一入没见	臻合三平谆来	臻合三平谆精	臻合三平谆邪	臻合三上准章	臻合三平谆昌	臻合三去稕船
安　阳	tʰuoʔ꜆	kuoʔ꜆	꜁lyə̃	꜀tsuə̃	꜁ɕyə̃	꜂tsuə̃	꜀tsʰuə̃	suə̃꜄/ʂuə̃꜄
林　州	tʰuəʔ꜆	kuəʔ꜆	꜁lyŋ	꜀tsuŋ	꜁syŋ	꜂tʂuŋ	꜀tʂʰuŋ	ʂuŋ꜄
鹤　壁	꜀tʰu	꜀ku	꜁luən	꜂tʂuən	꜂ɕyn	꜂tʂuən	꜀tʂʰuən	ʂuən꜄
卫　辉	tʰuəʔ꜆	kuəʔ꜆	꜁luən	꜂tʂuən	꜁ɕyn	꜂tʂuən	꜀tʂʰuən	suən꜄
辉　县	tʰuəʔ꜆	kuəʔ꜆	꜁luə̃n	꜀tsuə̃n	꜁ɕyə̃n	꜂tsuə̃n	꜀tsʰuə̃n	suə̃n꜄
新　乡	tʰuəʔ꜆	kuəʔ꜆	꜁luən	꜂tsuən	꜁ɕyn	꜂tsuən	꜀tsʰuən	suən꜄
获　嘉	tʰuəʔ꜆	kuəʔ꜆	꜁luẽ	꜀tʂuẽ	꜁ɕyẽ	꜂tʂuẽ	꜀tʂʰuẽ	ʂuɜn꜄
淇　县	tʰuəʔ꜆	kuəʔ꜆	꜁luən	꜀tʂuən	꜁ɕyn	꜂tʂuən	꜀tʂʰuən	suən꜄
修　武	tʰuəʔ꜆	kuəʔ꜆	꜁luei	꜀tsuei	꜁ɕyə̃	꜂tʂuei	꜀tʂʰuei	ʂuei꜄
焦　作	tʰuəʔ꜆	kuəʔ꜆	꜁luẽ	꜀tsuẽ	꜁ɕyẽ	꜂tʂuẽ	꜀tʂʰuẽ	ʂuẽ꜄
武　陟	tʰuəʔ꜆	kuəʔ꜆	꜁luə̃	꜀tsuə̃	꜁ɕyə̃	꜂tʂuə̃	꜀tʂʰuə̃	ʂuə̃꜄
沁　阳	tʰuəʔ꜆	kuəʔ꜆	꜁luẽ	꜀tsuei	꜁ɕyẽ	꜂tsuẽ	꜀tsʰuẽ/꜀tʂʰuẽ	suẽ꜄
温　县	tʰuəʔ꜆	kuəʔ꜆	꜁luən	꜀tsuən	꜁ɕyn	꜂tʂuən	꜀tʂʰuən	fən꜄
济　源	tʰuəʔ꜆	kuəʔ꜆	꜁luẽ	꜀tsuẽ	꜁ɕyẽ	꜂tʂuẽ	꜀tʂʰuẽ	ʂuẽ꜄

86	纯	闰	均	匀	律	率	出	术
	臻合三平谆禅	臻合三去稕日	臻合三平谆见	臻合三平谆以	臻合三入术来	臻合三入术生	臻合三入术昌	臻合三入术船
安 阳	꜁tsʰuã	yã꜄	꜀tɕyã	꜁yã	lyɛʔ꜆	suai꜄	tsʰuoʔ꜆	suoʔ꜆
林 州	꜁tʂʰuŋ	ʐuŋ꜄	꜀tɕyŋ	꜁yŋ	lyəʔ꜆	ʂuai꜄	tʂʰuəʔ꜆	ʂuəʔ꜆
鹤 壁	꜁tʂʰuən	yn꜄	꜀tɕyn	꜁yn	꜀ly	ʂuai꜄	꜀tʂʰu	꜁ʂu
卫 辉	꜁tʂʰuən	yn꜄	꜀tɕyn	꜁yn	lyəʔ꜆	suæi꜄	tʂʰuəʔ꜆	suəʔ꜆
辉 县	꜁tsʰuə̃n	zuə̃n꜄	꜀tɕyə̃n	꜁yə̃n	lyəʔ꜆	suæ꜄	tsʰuəʔ꜆	suəʔ꜆
新 乡	꜁tsʰuən	yn꜄	꜀tɕyn	꜁yn	꜀ly	suai꜄	tʂʰuəʔ꜆	꜀ʂu
获 嘉	꜁tʂʰuẽ	yẽ꜄	꜀tɕyẽ	꜁yẽ	lyəʔ꜆	ʂuaʔ꜆	tʂʰuəʔ꜆	ʂuəʔ꜆
淇 县	꜁tʂʰuən	yən꜄	꜀tɕyən	꜁yən	lyəʔ꜆	suai꜄	tʂʰuəʔ꜆	suəʔ꜆
修 武	꜁tʂʰuei	ʐuei꜄	꜀tɕyã	꜁yã	lyəʔ꜆	ʂuæ꜄	tʂʰuəʔ꜆	ʂuəʔ꜆
焦 作	꜁tʂʰuẽ	ʐuẽ꜄	꜀tɕyẽ	꜁yẽ	lyəʔ꜆	ʂuæ꜄	tʂʰuəʔ꜆	ʂuəʔ꜆
武 陟	꜁tʂʰuã	ʐuã꜄	꜀tɕyã	꜁yã	lyəʔ꜆	ʂuæɛ꜄	tʂʰuəʔ꜆	ʂuəʔ꜆
沁 阳	꜁tsʰuẽ	zuẽ꜄	꜀tɕyẽ	꜁yẽ	lyəʔ꜆	suæi꜄	tʂʰuəʔ꜆	su꜄
温 县	꜁tʂʰuən	vən꜄	꜀tɕyn	꜁yn	lyəʔ꜆	fai꜄	tʂʰuəʔ꜆	fəʔ꜆
济 源	꜁tʂʰuẽ	ʐuẽ꜄	꜀tɕyẽ	꜁yẽ	lyəʔ꜆	ʂuæɛ꜄	tʂʰuəʔ꜆	ʂuəʔ꜆

87	橘	分	粉	粪	坟	文	问	军
	臻合三入术见	臻合三平文非	臻合三上吻非	臻合三去问非	臻合三平文奉	臻合三平文微	臻合三去问微	臻合三平文见
安 阳	tɕyɛʔ꜆	꜀fə̃	꜂fə̃	fə̃꜄	꜁fə̃	꜁və̃	və̃꜄	꜀tɕyə̃
林 州	tɕyəʔ꜆	꜀fəŋ	꜂fəŋ	fəŋ꜄	꜁fəŋ	꜁vəŋ	vəŋ꜄	꜀tɕyŋ
鹤 壁	꜀tɕy	꜀fən	꜂fən	fən꜄	꜁fən	꜁uən	uən꜄	꜀tɕyn
卫 辉	tɕyəʔ꜆	꜀fən	꜂fən	fən꜄	꜁fən	꜁uən	uən꜄	꜀tɕyn
辉 县	tɕyəʔ꜆	꜀fə̃n	꜂fə̃n	fə̃n꜄	꜁fə̃n	꜁və̃n	və̃n꜄	꜀tɕyə̃n
新 乡	tɕyəʔ꜆	꜀fən	꜂fən	fən꜄	꜁fən	꜁vən/꜁uən	vən꜄/uən꜄	꜀tɕyn
获 嘉	tɕyəʔ꜆	꜀fẽ	꜂fẽ	fɜn꜄	꜁fẽ	꜁uẽ	uɜn꜄	꜀tɕyẽ
淇 县	tɕyəʔ꜆	꜀fən	꜂fən	fən꜄	꜁fən	꜁uən	uən꜄	꜀tɕyən
修 武	tɕyəʔ꜆	꜀fei	꜂fei	fei꜄	꜁fə̃	꜁və̃	uei꜄	꜀tɕyə̃
焦 作	tɕyəʔ꜆	꜀fẽ	꜂fẽ	fẽ꜄	꜁fẽ	꜁vẽ	vẽ꜄	꜀tɕyẽ
武 陟	tɕyəʔ꜆	꜀fə̃	꜂fə̃	fə̃꜄	꜁fə̃	꜁və̃	və̃꜄	꜀tɕyə̃
沁 阳	tɕyəʔ꜆	꜀fẽ	꜂fẽ	fẽ꜄	꜁fẽ	꜁vẽ	vẽ꜄	꜀tɕyẽ
温 县	tɕyəʔ꜆	꜀fən	꜂fən	fən꜄	꜁fən	꜁vən	vən꜄	꜀tɕyn
济 源	tɕyəʔ꜆	꜀fẽ	꜂fẽ	fẽ꜄	꜁fẽ	꜁vẽ	vẽ꜄	꜀tɕyẽ

88	群	训	云白~	物	屈	帮	忙	挡
	臻合三平文群	臻合三去问晓	臻合三平文云	臻合三入物微	臻合三入物溪	宕开一平唐帮	宕开一平唐明	宕开一上荡端
安　阳	꜁tɕʰyã	ɕyã꜄	꜁yã	u꜄	tɕʰyɛʔ꜆	꜀paŋ	꜁maŋ	꜂taŋ
林　州	꜁tɕʰyŋ	ɕyŋ꜄	꜁yŋ	u꜄	tɕʰyəʔ꜆	꜀paŋ	꜁maŋ	꜂taŋ
鹤　壁	꜁tɕʰyn	ɕyn꜄	꜁yn	u꜄	꜀tɕʰy	꜀paŋ	꜁maŋ	꜂taŋ
卫　辉	꜁tɕʰyn	ɕyn꜄	꜁yn	u꜄	tɕʰyəʔ꜆	꜀paŋ	꜁maŋ	꜂taŋ
辉　县	꜁tɕʰyə̃n	ɕyə̃n꜄	꜁yə̃n	vəʔ꜆	tɕʰyəʔ꜆	꜀paŋ	꜁maŋ	꜂taŋ
新　乡	꜁tɕʰyn	ɕyn꜄	꜁yn	꜀u	tɕʰyəʔ꜆	꜀paŋ	꜁maŋ	꜂taŋ
获　嘉	꜁tɕʰyẽ	ɕyẽ꜄	꜁yẽ	uəʔ꜆	tɕʰyəʔ꜆	꜀pɐŋ	꜁mɐŋ	꜂tɐŋ
淇　县	꜁tɕʰyən	ɕyən꜄	꜁yən	u꜄	tɕʰyəʔ꜆	꜀paŋ	꜁maŋ	꜂taŋ
修　武	꜁tɕʰyã	ɕyã꜄	꜁yã	vəʔ꜆/uəʔ꜆	tɕʰyəʔ꜆	꜀paŋ	꜁maŋ	꜂taŋ
焦　作	꜁tɕʰyẽ	ɕyẽ꜄	꜁yẽ	vəʔ꜆	tɕʰyəʔ꜆	꜀pãŋ	꜁mãŋ	꜂tãŋ
武　陟	꜁tɕʰyã	ɕyã꜄	꜁yã	vəʔ꜆	tɕʰyəʔ꜆	꜀paŋ	꜁maŋ	꜂taŋ
沁　阳	꜁tɕʰyẽ	ɕyẽ꜄	꜁yẽ	uəʔ꜆	tɕʰyəʔ꜆	꜀paŋ	꜁maŋ	꜂taŋ
温　县	꜁tɕʰyn	ɕyn꜄	꜁yn	vəʔ꜆	tɕʰyəʔ꜆	꜀paŋ	꜁maŋ	꜂taŋ
济　源	꜁tɕʰyẽ	ɕyẽ꜄	꜁yẽ	vəʔ꜆	tɕʰyəʔ꜆	꜀pɐŋ	꜁mɐŋ	꜂tɐŋ

89	汤	躺	烫	糖	囊	狼	赃	仓
	宕开一平唐透	宕开一上荡透	宕开一去宕透	宕开一平唐定	宕开一平唐泥	宕开一平唐来	宕开一平唐精	宕开一平唐清
安阳	꜀tʰɑŋ	꜂tʰɑŋ	tʰɑŋ꜄	꜁tʰɑŋ	꜁nɑŋ	꜁lɑŋ	꜀tsɑŋ	꜀tsʰɑŋ
林州	꜀tʰɑŋ	꜂tʰɑŋ	tʰɑŋ꜄	꜁tʰɑŋ	꜁nɑŋ	꜁lɑŋ	꜀tsɑŋ	꜀tsʰɑŋ
鹤壁	꜀tʰɑŋ	꜂tʰɑŋ	tʰɑŋ꜄	꜁tʰɑŋ	꜀nɑŋ	꜁lɑŋ	꜀tʂɑŋ	꜀tʂʰɑŋ
卫辉	꜀tʰɑŋ	꜂tʰɑŋ	tʰɑŋ꜄	꜁tʰɑŋ	꜁nɑŋ	꜁lɑŋ	꜀tʂɑŋ	꜀tʂʰɑŋ
辉县	꜀tʰɑŋ	꜂tʰɑŋ	tʰɑŋ꜄	꜁tʰɑŋ	꜁nɑŋ	꜁lɑŋ	꜀tsɑŋ	꜀tsʰɑŋ
新乡	꜀tʰɑŋ	tʰɑŋ꜄	tʰɑŋ꜄	꜁tʰɑŋ	꜀nɑŋ	꜁lɑŋ	꜀tsɑŋ	꜀tsʰɑŋ
获嘉	꜀tʰɐŋ	꜂tʰɐŋ	tʰɐŋ꜄	꜁tʰɐŋ	꜂nɐŋ	꜁lɐŋ	꜀tʂɐŋ	꜀tʂʰɐŋ
淇县	꜀tʰɑŋ	꜂tʰɑŋ	tʰɑŋ꜄	꜁tʰɑŋ	꜁nɑŋ	꜁lɑŋ	꜀tʂɑŋ	꜀tʂʰɑŋ
修武	꜀tʰɑŋ	꜂tʰɑŋ	tʰɑŋ꜄	꜁tʰɑŋ	꜁nɑŋ	꜁lɑŋ	꜀tsɑŋ	꜀tsʰɑŋ
焦作	꜀tʰɑ̃ŋ	꜂tʰɑ̃ŋ	tʰɑ̃ŋ꜄	꜁tʰɑ̃ŋ	꜂nɑ̃ŋ	꜁lɑ̃ŋ	꜀tsɑ̃ŋ	꜀tsʰɑ̃ŋ
武陟	꜀tʰɑŋ	꜂tʰɑŋ	tʰɑŋ꜄	꜁tʰɑŋ	꜂nɑŋ	꜁lɑŋ	꜀tsɑŋ	꜀tsʰɑŋ
沁阳	꜀tʰɑŋ	꜂tʰɑŋ	tʰɑŋ꜄	꜁tʰɑŋ	꜂nɑŋ	꜁lɑŋ	꜀tsɑŋ	꜀tsʰɑŋ
温县	꜀tʰɑŋ	꜂tʰɑŋ	tʰɑŋ꜄	꜁tʰɑŋ	꜁nɑŋ	꜁lɑŋ	꜀tsɑŋ	꜀tsʰɑŋ
济源	꜀tʰɐŋ	꜂tʰɐŋ	tʰɐŋ꜄	꜁tʰɐŋ	꜀nɐŋ	꜁lɐŋ	꜀tsɐŋ	꜀tsʰɐŋ

90	脏心~	桑	缸	炕	行银~	薄~厚	摸	托~起
	宕开一去宕从	宕开一平唐心	宕开一平唐见	宕开一去宕溪	宕开一平唐匣	宕开一入铎並	宕开一入铎明	宕开一入铎透
安　阳	tsɑŋ꜄	꜀sɑŋ	꜀kɑŋ	kʰɑŋ꜄	꜁xɑŋ	꜁po	꜀mo	tʰuɑʔ꜆
林　州	tsɑŋ꜄	꜀sɑŋ	꜀kɑŋ	kʰɑŋ꜄	꜁xɑŋ	꜁puʌ	mɐʔ꜆	tʰuɐʔ꜆
鹤　壁	tʂɑŋ꜄	꜀ʂɑŋ	꜀kɑŋ	kʰɑŋ꜄	꜁xɑŋ	꜁puɐ	꜀muɐ	꜀tʰuɐ
卫　辉	tʂɑŋ꜄	꜀sɑŋ	꜀kɑŋ	kʰɑŋ꜄	꜁xɑŋ	꜁puʌ	꜀muʌ	tʰuɐʔ꜆
辉　县	tsɑŋ꜄	꜀sɑŋ	꜀kɑŋ	kʰɑŋ꜄	꜁xɑŋ	꜁puʌ	mɐʔ꜆	tʰuɐʔ꜆
新　乡	tsɑŋ꜄	꜀sɑŋ	꜀kɑŋ	kʰɑŋ꜄	꜁xɑŋ	꜁puʌ	mɐʔ꜆	tʰuɐʔ꜆
获　嘉	tʂɐŋ꜄	꜀ʂɐŋ	꜀kɐŋ	kʰɐŋ꜄	꜁xɐŋ	꜁puʌ	maʔ꜆	tʰuaʔ꜆
淇　县	tʂɑŋ꜄	꜀sɑŋ	꜀kɑŋ	kʰɑŋ꜄	꜁xɑŋ	꜁puʌ	꜀muʌ	tʰuɐʔ꜆
修　武	tsɑŋ꜄	꜀sɑŋ	꜀kɑŋ	kʰɑŋ꜄	꜁xɑŋ	꜁puʌ	mɐʔ꜆	tʰuɐʔ꜆
焦　作	tsɑ̃ŋ꜄	꜀sɑ̃ŋ	꜀kɑ̃ŋ	kʰɑ̃ŋ꜄	꜁xɑ̃ŋ	꜁puɑ	mᴀʔ꜆	tʰuᴀʔ꜆
武　陟	tsɑŋ꜄	꜀sɑŋ	꜀kɑŋ	kʰɑŋ꜄	꜁xɑŋ	꜁puʌ	mʌʔ꜆	tʰuʌʔ꜆
沁　阳	tsɑŋ꜄	꜀sɑŋ	꜀kɑŋ	kʰɑŋ꜄	꜁xɑŋ	꜁puɑ	mɑʔ꜆	꜀tʰuɑ
温　县	tsɑŋ꜄	꜀sɑŋ	꜀kɑŋ	kʰɑŋ꜄	꜁xɑŋ	꜁puʌ	mɑʔ꜆	tʰuɑʔ꜆
济　源	tsɐŋ꜄	꜀sɐŋ	꜀kɐŋ	kʰɐŋ꜄	꜁xɐŋ	꜁puʌ	mɐʔ꜆	tʰuɐʔ꜆

91	落	作	索	搁	恶善~	娘	亮	酱
	宕开一入铎来	宕开一入铎精	宕开一入铎心	宕开一入铎见	宕开一入铎影	宕开三平阳泥	宕开三去漾来	宕开三去漾精
安 阳	luɑʔ꜆	tsuɑʔ꜆	꜂suo	kɑʔ꜆	ɣɑʔ꜆	꜀ȵiɑŋ	liɑŋ꜄	tɕiɑŋ꜄
林 州	luɐʔ꜆	tsuɐʔ꜆	suɐʔ꜆	kɐʔ꜆	ɣɐʔ꜆	꜀ȵiɑŋ	liɑŋ꜄	tsiɑŋ꜄
鹤 壁	꜀luɐ	꜀tʂuɐ	꜀ʂuɐ	꜀kɤʌ	꜀ɣɤʌ	꜀ȵiɑŋ	liɑŋ꜄	tɕiɑŋ꜄
卫 辉	luɐʔ꜆	tʂuɐʔ꜆	suɐʔ꜆	kɐʔ꜆	ɣɐʔ꜆	꜀ȵiɑŋ	liɑŋ꜄	tɕiɑŋ꜄
辉 县	luɐʔ꜆	tsuɐʔ꜆	꜂suʌ	kɐʔ꜆	ɣɯʌ꜄	꜀ȵiɑŋ	liɑŋ꜄	tɕiɑŋ꜄
新 乡	luɐʔ꜆	tʂuɐʔ꜆	ʂuɐʔ꜆	kɐʔ꜆	꜀ɣɤɐ	꜀ȵiɑŋ	liɑŋ꜄	tɕiɑŋ꜄
获 嘉	luaʔ꜆	tʂuaʔ꜆	꜂ʂuʌ	kaʔ꜆	ɣaʔ꜆	꜀ȵiɐŋ	liɐŋ꜄	tɕiɐŋ꜄
淇 县	luɐʔ꜆	tʂuɐʔ꜆	suɐʔ꜆	kɐʔ꜆	ɣɐʔ꜆	꜀ȵiɑŋ	liɑŋ꜄	tɕiɑŋ꜄
修 武	luɐʔ꜆	tsuɐʔ꜆	suɐʔ꜆	kɐʔ꜆	ɣɐʔ꜆	꜀ȵiɑŋ	liɑŋ꜄	tɕiɑŋ꜄
焦 作	luᴀʔ꜆	tsuᴀʔ꜆	suᴀʔ꜆	kᴀʔ꜆	ɣᴀʔ꜆	꜀ȵiɑ̃ŋ	liɑ̃ŋ꜄	tɕiɑ̃ŋ꜄
武 陟	luʌʔ꜆	tsuʌʔ꜆	꜂suʌ	kʌʔ꜆	ɣʌʔ꜆	꜀ȵiɑŋ	liɑŋ꜄	tɕiɑŋ꜄
沁 阳	luɑʔ꜆	tsuɑʔ꜆	꜀suɑ	kɑʔ꜆	ɣɑʔ꜆	꜀ȵiɑŋ	liɑŋ꜄	tɕiɑŋ꜄
温 县	luɑʔ꜆	tsuɑʔ꜆	suɑʔ꜆/꜀suʌ①	kɑʔ꜆	ɣɑʔ꜆	꜀ȵiɑŋ	liɑŋ꜄	tɕiɑŋ꜄
济 源	luɐʔ꜆	tsuɐʔ꜆	suɐʔ꜆	kɐʔ꜆	ɣɐʔ꜆	꜀ȵiɐŋ	liɐŋ꜄	tɕiɐŋ꜄

① ［suɑʔ꜆］用于“索要”，［꜀suʌ］用于“绳索”。

92	抢	匠	箱	像	张	长~短	丈	装
	宕开三上养清	宕开三去漾从	宕开三平阳心	宕开三上养邪	宕开三平阳知	宕开三平阳澄	宕开三上养澄	宕开三平阳庄
安 阳	꜂tɕʰiɑŋ	tɕiɑŋ꜄	꜀ɕiɑŋ	ɕiɑŋ꜄	꜀tsɑŋ	꜁tsʰɑŋ	tsɑŋ꜄	꜀tsuɑŋ
林 州	꜂tsʰiɑŋ	tsiɑŋ꜄	꜀siɑŋ	siɑŋ꜄	꜀tʂɑŋ	꜁tʂʰɑŋ	tʂɑŋ꜄	꜀tʂuɑŋ
鹤 壁	꜂tɕʰiɑŋ	tɕiɑŋ꜄	꜀ɕiɑŋ	ɕiɑŋ꜄	꜀tʂɑŋ	꜁tʂʰɑŋ	tʂɑŋ꜄	꜀tʂuɑŋ
卫 辉	꜂tɕʰiɑŋ	tɕiɑŋ꜄	꜀ɕiɑŋ	ɕiɑŋ꜄	꜀tʂɑŋ	꜁tʂʰɑŋ	tʂɑŋ꜄	꜀tʂuɑŋ
辉 县	꜂tɕʰiɑŋ	tɕiɑŋ꜄	꜀ɕiɑŋ	ɕiɑŋ꜄	꜀tsɑŋ	꜁tsʰɑŋ	tsɑŋ꜄	꜀tsuɑŋ
新 乡	꜂tɕʰiɑŋ	tɕiɑŋ꜄	꜀ɕiɑŋ	ɕiɑŋ꜄	꜀tsɑŋ	꜁tsʰɑŋ	tsɑŋ꜄	꜀tʂuɑŋ/꜀tsuɑŋ
获 嘉	꜂tɕʰiɐŋ	tɕiɐŋ꜄	꜀ɕiɐŋ	ɕiɐŋ꜄	꜀tʂɐŋ	꜁tʂʰɐŋ	tʂɐŋ꜄	꜀tʂuɐŋ
淇 县	꜂tɕʰiɑŋ	tɕiɑŋ꜄	꜀ɕiɑŋ	ɕiɑŋ꜄	꜀tʂɑŋ	꜁tʂʰɑŋ	tʂɑŋ꜄	꜀tʂuɑŋ
修 武	꜂tɕʰiɑŋ	tɕiɑŋ꜄	꜀ɕiɑŋ	ɕiɑŋ꜄	꜀tʂɑŋ	꜁tʂʰɑŋ	tʂɑŋ꜄	꜀tʂuɑŋ
焦 作	꜂tɕʰiɑ̃ŋ	tɕiɑ̃ŋ꜄	꜀ɕiɑ̃ŋ	ɕiɑ̃ŋ꜄	꜀tʂɑ̃ŋ	꜁tʂʰɑ̃ŋ	tʂɑ̃ŋ꜄	꜀tʂuɑ̃ŋ
武 陟	꜂tɕʰiɑŋ	tɕiɑŋ꜄	꜀ɕiɑŋ	ɕiɑŋ꜄	꜀tʂɑŋ	꜁tʂʰɑŋ	tʂɑŋ꜄	꜀tʂuɑŋ
沁 阳	꜂tɕʰiɑŋ	tɕiɑŋ꜄	꜀ɕiɑŋ	ɕiɑŋ꜄	꜀tsɑŋ/꜀tʂɑŋ	꜁tsʰɑŋ	tsɑŋ꜄	꜀tsuɑŋ
温 县	꜂tɕʰiɑŋ	tɕiɑŋ꜄	꜀ɕiɑŋ	ɕiɑŋ꜄	꜀tʂɑŋ	꜁tʂʰɑŋ	tʂɑŋ꜄	꜀tʂuɑŋ
济 源	꜂tɕʰiɐŋ	tɕiɐŋ꜄	꜀ɕiɐŋ	ɕiɐŋ꜄	꜀tʂɐŋ	꜁tʂʰɐŋ	tʂɐŋ꜄	꜀tʂuɐŋ

93	闯	床	状	霜	掌	唱	伤	常
	宕开三上养初	宕开三平阳崇	宕开三去漾崇	宕开三平阳生	宕开三上养章	宕开三去漾昌	宕开三平阳书	宕开三平阳禅
安 阳	ᶜtsʰuaŋ	꜁tsʰuaŋ	tsuaŋᵓ	꜀suaŋ	ᶜtsaŋ	tsʰaŋᵓ	꜀saŋ	꜁tsʰaŋ
林 州	ᶜtʂʰuaŋ	꜁tʂʰuaŋ	tʂuaŋᵓ	꜀ʂuaŋ	ᶜtʂaŋ	tʂʰaŋᵓ	꜀ʂaŋ	꜁tʂʰaŋ
鹤 壁	ᶜtʂʰuaŋ	꜁tʂʰuaŋ	tʂuaŋᵓ	꜀ʂuaŋ	ᶜtʂaŋ	tʂʰaŋᵓ	꜀ʂaŋ	꜁tʂʰaŋ
卫 辉	ᶜtʂʰuaŋ	꜁tʂʰuaŋ	tʂuaŋᵓ	꜀suaŋ	ᶜtʂaŋ	tʂʰaŋᵓ	꜀saŋ	꜁tʂʰaŋ
辉 县	ᶜtsʰuaŋ	꜁tsʰuaŋ	tsuaŋᵓ	꜀suaŋ	ᶜtsaŋ	tsʰaŋᵓ	꜀saŋ	꜁tsʰaŋ
新 乡	ᶜtʂʰuaŋ	꜁tʂʰuaŋ	tʂuaŋᵓ	꜀ʂuaŋ/꜀suaŋ	ᶜtsaŋ	tsʰaŋᵓ	꜀saŋ	꜁tsʰaŋ
获 嘉	ᶜtʂʰuɐŋ	꜁tʂʰuɐŋ	tʂuɐŋᵓ	꜀ʂuɐŋ	ᶜtʂɐŋ	tʂʰɐŋᵓ	꜀ʂɐŋ	꜁tʂʰɐŋ/꜁ʂɐŋ①
淇 县	ᶜtʂʰuaŋ	꜁tʂʰuaŋ	tʂuaŋᵓ	꜀suaŋ	ᶜtʂaŋ	tʂʰaŋᵓ	꜀saŋ	꜁tʂʰaŋ
修 武	ᶜtʂʰuaŋ	꜁tʂʰuaŋ	tʂuaŋᵓ	꜀ʂuaŋ	ᶜtʂaŋ	tʂʰaŋᵓ	꜀ʂaŋ	꜁tʂʰaŋ/꜁ʂaŋ
焦 作	ᶜtʂʰuãŋ	꜁tʂʰuãŋ	tʂuãŋᵓ	꜀ʂuãŋ	ᶜtʂãŋ	tʂʰãŋᵓ	꜀ʂãŋ	꜁tʂʰãŋ/꜁ʂãŋ
武 陟	ᶜtʂʰuaŋ	꜁tʂʰuaŋ	tʂuaŋᵓ	꜀ʂuaŋ	ᶜtʂaŋ	tʂʰaŋᵓ	꜀ʂaŋ	꜁tʂʰaŋ/꜁ʂaŋ
沁 阳	ᶜtsʰuaŋ	꜁tsʰuaŋ	tʂuaŋᵓ	꜀suaŋ	ᶜtsaŋ/ᶜtʂaŋ	tsʰaŋᵓ	꜀saŋ	꜁tsʰaŋ/꜁saŋ
温 县	ᶜtʂʰuaŋ	꜁tʂʰuaŋ	tʂuaŋᵓ	꜀faŋ	ᶜtʂaŋ	tʂʰaŋᵓ	꜀ʂaŋ	꜁tʂʰaŋ/꜁ʂaŋ
济 源	ᶜtʂʰuɐŋ	꜁tʂʰuɐŋ	tʂuɐŋᵓ	꜀ʂuɐŋ	ᶜtʂɐŋ	tʂʰɐŋᵓ	꜀ʂɐŋ	꜁tʂʰɐŋ/꜁ʂɐŋ

① “常”作姓氏时读[ʂ-]/[s-]母。下面各点情况相同。

94	上~山	让	姜生~	强	香	秧	羊	样
	宕开三上养禅	宕开三去漾日	宕开三平阳见	宕开三平阳群	宕开三平阳晓	宕开三平阳影	宕开三平阳以	宕开三去漾以
安　阳	saŋ꜄	zaŋ꜄	꜀tɕiaŋ	꜁tɕʰiaŋ	꜀ɕiaŋ	꜀iaŋ	꜁iaŋ	iaŋ꜄
林　州	ʂaŋ꜄	ʐaŋ꜄	꜀tɕiaŋ	꜁tɕʰiaŋ	꜀ɕiaŋ	꜀iaŋ	꜁iaŋ	iaŋ꜄
鹤　壁	saŋ꜄	ʐaŋ꜄	꜀tɕiaŋ	꜁tɕʰiaŋ	꜀ɕiaŋ	꜀iaŋ	꜁iaŋ	iaŋ꜄
卫　辉	saŋ꜄	zaŋ꜄	꜀tɕiaŋ	꜁tɕʰiaŋ	꜀ɕiaŋ	꜀iaŋ/꜀zaŋ	꜁iaŋ	iaŋ꜄
辉　县	saŋ꜄	zaŋ꜄	꜀tɕiaŋ	꜁tɕʰiaŋ	꜀ɕiaŋ	꜀iaŋ	꜁iaŋ	iaŋ꜄
新　乡	saŋ꜄	ʐaŋ꜄	꜀tɕiaŋ	꜁tɕʰiaŋ	꜀ɕiaŋ	꜀iaŋ	꜁iaŋ	iaŋ꜄
获　嘉	ʂɐŋ꜄	ʐɐŋ꜄	꜀tɕiɐŋ	꜁tɕʰiɐŋ	꜀ɕiɐŋ	꜀iɐŋ	꜁iɐŋ	iɐŋ꜄
淇　县	saŋ꜄	zaŋ꜄	꜀tɕiaŋ	꜁tɕʰiaŋ	꜀ɕiaŋ	꜀zaŋ	꜁iaŋ	iaŋ꜄
修　武	ʂaŋ꜄	ʐaŋ꜄	꜀tɕiaŋ	꜁tɕʰiaŋ	꜀ɕiaŋ	꜀iaŋ	꜁iaŋ	iaŋ꜄
焦　作	ʂãŋ꜄	ʐãŋ꜄	꜀tɕiãŋ	꜁tɕʰiãŋ	꜀ɕiãŋ	꜀ʐãŋ	꜁iãŋ	iãŋ꜄
武　陟	ʂaŋ꜄	ʐaŋ꜄	꜀tɕiaŋ	꜁tɕʰiaŋ	꜀ɕiaŋ	꜀iaŋ	꜁iaŋ	iaŋ꜄
沁　阳	saŋ꜄	zaŋ꜄	꜀tɕiaŋ	꜁tɕʰiaŋ	꜀ɕiaŋ	꜀iaŋ	꜁iaŋ	iaŋ꜄
温　县	ʂaŋ꜄	꜁ʐaŋ	꜀tɕiaŋ	꜁tɕʰiaŋ	꜀ɕiaŋ	꜀iaŋ	꜁iaŋ	iaŋ꜄
济　源	ʂɐŋ꜄	ʐɐŋ꜄	꜀tɕiɐŋ	꜁tɕʰiɐŋ	꜀ɕiɐŋ	꜀iɐŋ	꜁iɐŋ	iɐŋ꜄

95	略	雀	嚼	弱	脚	药	光	荒
	宕开三入药来	宕开三入药精	宕开三入药从	宕开三入药日	宕开三入药见	宕开三入药以	宕合一平唐见	宕合一平唐晓
安　阳	lyɛʔ꜆	tɕʰyɑʔ꜆	꜁tsuo	zuoʔ꜆	tɕyɑʔ꜆	yɑʔ꜆	꜀kuɑŋ	꜀xuɑŋ
林　州	lyɐʔ꜆	tsʰyɐʔ꜆	꜁tsuʌ	ʐuɐʔ꜆	tɕyɐʔ꜆	yɐʔ꜆	꜀kuɑŋ	꜀xuɑŋ
鹤　壁	꜀lyɜ	tɕʰyɐʔ꜆	꜁tɕyɜ	꜀ʐuɐ	tɕyɐʔ꜆	yɐʔ꜆	꜀kuɑŋ	꜀xuɑŋ
卫　辉	lyɐʔ꜆	tɕʰyɐʔ꜆	꜁tɕyɜ	zɐʔ꜆	tɕyɐʔ꜆	yɐʔ꜆	꜀kuɑŋ	꜀xuɑŋ
辉　县	lyɐʔ꜆	tɕʰyɐʔ꜆	꜁tɕyɐ	zuɐʔ꜆	tɕyɐʔ꜆	yɐʔ꜆	꜀kuɑŋ	꜀xuɑŋ
新　乡	꜀lyɜ	tɕʰyɐʔ꜆	꜁tɕyɜ	ʐuɐʔ꜆	tɕyɐʔ꜆	yɐʔ꜆	꜀kuɑŋ	꜀xuɑŋ
获　嘉	lyaʔ꜆	tɕʰyaʔ꜆	꜁tɕyʌ	ʐuaʔ꜆	tɕyaʔ꜆	yaʔ꜆	꜀kuɐŋ	꜀xuɐŋ
淇　县	lyɐʔ꜆	tɕʰyɐʔ꜆	꜁tɕyʌ	zɐʔ꜆	tɕyɐʔ꜆	yɐʔ꜆	꜀kuɑŋ	꜀xuɑŋ
修　武	liɐʔ꜆	tɕʰyɐʔ꜆	꜁tsuʌ	ʐuɐʔ꜆	tɕiɐʔ꜆	iɐʔ꜆	꜀kuɑŋ	꜀xuɑŋ
焦　作	liɐʔ꜆	tɕʰiᴀʔ꜆	꜁tɕiɜ	ʐᴀʔ꜆	tɕiɐʔ꜆	iᴀʔ꜆	꜀kuɑ̃ŋ	꜀xuɑ̃ŋ
武　陟	liɐʔ꜆	tɕʰyɐʔ꜆	꜁tɕyɐ	ʐuʌʔ꜆	tɕiʌʔ꜆	iʌʔ꜆	꜀kuɑŋ	꜀xuɑŋ
沁　阳	liɐʔ꜆	tɕʰyɐʔ꜆	꜁tɕiɜ	zɐʔ꜆	tɕiɑʔ꜆	iɑʔ꜆	꜀kuɑŋ	꜀xuɑŋ
温　县	lyɐʔ꜆	tɕʰyɑʔ꜆	꜁tɕiɜ	ʐʅɑʔ꜆	tɕiɑʔ꜆	iɑʔ꜆	꜀kuɑŋ	꜀xuɑŋ
济　源	liɐʔ꜆	tɕʰiɐʔ꜆	꜁tɕiɐ	ʐɐʔ꜆	tɕiɐʔ꜆	iɐʔ꜆	꜀kuɐŋ	꜀xuɐŋ

96	黄	郭	扩	霍	方	放	纺	房
	宕合一平唐匣	宕合一入铎见	宕合一入铎溪	宕合一入铎晓	宕合三平阳非	宕合三去漾非	宕合三上养敷	宕合三平阳奉
安　阳	꜁xuɑŋ	kuɑʔ꜇	kʰuɑʔ꜇	xuɑʔ꜇	꜀fɑŋ	fɑŋ꜄	꜂fɑŋ	꜁fɑŋ
林　州	꜁xuɑŋ	kuɐʔ꜇	kʰuɐʔ꜇	xuɐʔ꜇	꜀fɑŋ	fɑŋ꜄	꜂fɑŋ	꜁fɑŋ
鹤　壁	꜁xuɑŋ	꜀kuɐ	꜀kʰuɐ	꜀xuɐ	꜀fɑŋ	fɑŋ꜄	꜂fɑŋ	꜁fɑŋ
卫　辉	꜁xuɑŋ	kuɐʔ꜇	kʰuɐʔ꜇	xuɐʔ꜇	꜀fɑŋ	fɑŋ꜄	꜂fɑŋ	꜁fɑŋ
辉　县	꜁xuɑŋ	kuɐʔ꜇	kʰuɐʔ꜇	xuɐʔ꜇	꜀fɑŋ	fɑŋ꜄	꜂fɑŋ	꜁fɑŋ
新　乡	꜁xuɑŋ	kuɐʔ꜇	kʰuɐʔ꜇	xuɐʔ꜇	꜀fɑŋ	fɑŋ꜄	꜂fɑŋ	꜁fɑŋ
获　嘉	꜁xuɐŋ	kuaʔ꜇	kʰuaʔ꜇	xuaʔ꜇	꜀fɐŋ	fɐŋ꜄	꜂fɐŋ	꜁fɐŋ
淇　县	꜁xuɑŋ	kuɐʔ꜇	kʰuɐʔ꜇	xuɐʔ꜇	꜀fɑŋ	fɑŋ꜄	꜂fɑŋ	꜁fɑŋ
修　武	꜁xuɑŋ	kuɐʔ꜇	kʰuɐʔ꜇	xuɐʔ꜇	꜀fɑŋ	fɑŋ꜄	꜂fɑŋ	꜁fɑŋ
焦　作	꜁xuɑ̃ŋ	kuAʔ꜇	kʰuAʔ꜇	xuAʔ꜇	꜀fɑ̃ŋ	fɑ̃ŋ꜄	꜂fɑ̃ŋ	꜁fɑ̃ŋ
武　陟	꜁xuɑŋ	kuʌʔ꜇	kʰuʌʔ꜇	xuʌʔ꜇	꜀fɑŋ	fɑŋ꜄	꜂fɑŋ	꜁fɑŋ
沁　阳	꜁xuɑŋ	kuɑʔ꜇	kʰuɑʔ꜇	xuɑʔ꜇	꜀fɑŋ	fɑŋ꜄	꜂fɑŋ	꜁fɑŋ
温　县	꜁xuɑŋ	kuɑʔ꜇	kʰuɑʔ꜇	xuɑʔ꜇	꜀fɑŋ	fɑŋ꜄	꜂fɑŋ	꜁fɑŋ
济　源	꜁xuɐŋ	kuɐʔ꜇	kʰuɐʔ꜇	xuɐʔ꜇	꜀fɐŋ	fɐŋ꜄	꜂fɐŋ	꜁fɐŋ

97	忘	筐	狂	王	镬	绑	胖	棒
	宕合三去漾微	宕合三平阳溪	宕合三平阳群	宕合三平阳云	宕合三入药见	江开二上讲帮	江开二去绛滂	江开二上讲並
安阳	vaŋ꜄	꜀kʰuaŋ	꜁kʰuaŋ	꜁vaŋ	tɕyaʔ꜆	꜂paŋ	pʰaŋ꜄	paŋ꜄
林州	vaŋ꜄	꜀kʰuaŋ	꜁kʰuaŋ	꜁vaŋ	tɕyɐʔ꜆	꜂paŋ	pʰaŋ꜄	paŋ꜄
鹤壁	uaŋ꜄	꜀kʰuaŋ	꜁kʰuaŋ	꜁uaŋ	tɕyɐʔ꜆	꜂paŋ	pʰaŋ꜄	paŋ꜄
卫辉	uaŋ꜄	꜀kʰuaŋ	꜁kʰuaŋ	꜁uaŋ	tɕyɐʔ꜆	꜂paŋ	pʰaŋ꜄	paŋ꜄
辉县	vaŋ꜄	꜀kʰuaŋ	꜁kʰuaŋ	꜁vaŋ	tɕyɐʔ꜆	꜂paŋ	pʰaŋ꜄	paŋ꜄
新乡	uaŋ꜄	꜀kʰuaŋ	꜁kʰuaŋ	꜁uaŋ	——	꜂paŋ	pʰaŋ꜄	꜁paŋ
获嘉	uɐŋ꜄	꜀kʰuɐŋ	꜁kʰuɐŋ	꜁uɐŋ	tɕyaʔ꜆	꜂pɐŋ	pʰɐŋ꜄	pɐŋ꜄
淇县	uaŋ꜄	꜀kʰuaŋ	꜁kʰuaŋ	꜁uaŋ	tɕyɐʔ꜆	꜂paŋ	pʰaŋ꜄	paŋ꜄
修武	uaŋ꜄	꜀kʰuaŋ	꜁kʰuaŋ	꜁uaŋ	tɕyɐʔ꜆	꜂paŋ	pʰaŋ꜄	paŋ꜄
焦作	uãŋ꜄	꜀kʰuãŋ	꜁kʰuãŋ	꜁uãŋ	tɕyɐʔ꜆	꜂pãŋ	pʰãŋ꜄	pãŋ꜄
武陟	uaŋ꜄	꜀kʰuaŋ	꜁kʰuaŋ	꜁uaŋ	tɕyɐʔ꜆	꜂paŋ	pʰaŋ꜄	paŋ꜄
沁阳	uaŋ꜄	꜀kʰuaŋ	꜁kʰuaŋ	꜁uaŋ	tɕyɐʔ꜆	꜂paŋ	pʰaŋ꜄	paŋ꜄
温县	uaŋ꜄	꜀kʰuaŋ	꜂kʰuaŋ	꜁uaŋ	tɕyɐʔ꜆	꜂paŋ	pʰaŋ꜄	paŋ꜄
济源	uɐŋ꜄	꜀kʰuɐŋ	꜁kʰuɐŋ	꜁uɐŋ	tɕyɐʔ꜆	꜂pɐŋ	pʰɐŋ꜄	pɐŋ꜄

98	桩	撞	窗	双	江	虹	腔	降投~
	江开二平江知	江开二去绛澄	江开二平江初	江开二平江生	江开二平江见	江开二去绛见	江开二平江溪	江开二平江匣
安　阳	꜀tsuaŋ	tsuaŋ꜄	꜀tsʰuaŋ	꜀suaŋ/꜀ʂuaŋ	꜀tɕiaŋ	tɕiaŋ꜄	꜀tɕʰiaŋ	꜁ɕiaŋ
林　州	꜀tʂuaŋ	tʂʰuaŋ꜄	꜀tʂʰuaŋ	꜀ʂuaŋ	꜀tɕiaŋ	tɕiaŋ꜄	꜀tɕʰiaŋ	꜁ɕiaŋ
鹤　壁	꜀tʂuaŋ	tʂuaŋ꜄	꜀tʂʰuaŋ	꜀ʂuaŋ	꜀tɕiaŋ	tɕiaŋ꜄	꜀tɕʰiaŋ	꜁ɕiaŋ
卫　辉	꜀tʂuaŋ	tʂuaŋ꜄	꜀tʂʰuaŋ	꜀suaŋ	꜀tɕiaŋ	tɕiaŋ꜄	꜀tɕʰiaŋ	꜁ɕiaŋ
辉　县	꜀tsuaŋ	tsuaŋ꜄	꜀tsʰuaŋ	꜀suaŋ	꜀tɕiaŋ	tɕiaŋ꜄	꜀tɕʰiaŋ	꜁ɕiaŋ
新　乡	꜀tʂuaŋ	tʂuaŋ꜄	꜀tʂʰuaŋ	꜀ʂuaŋ	꜀tɕiaŋ	tɕiaŋ꜄	꜀tɕʰiaŋ	꜁ɕiaŋ
获　嘉	꜀tʂuɐŋ	tʂʰuɐŋ꜄	꜀tʂʰuɐŋ	꜀ʂuɐŋ	꜀tɕiɐŋ	tɕiɐŋ꜄	꜀tɕʰiɐŋ	꜁ɕiɐŋ
淇　县	꜀tʂuaŋ	tʂʰuaŋ꜄	꜀tʂʰuaŋ	꜀suaŋ	꜀tɕiaŋ	tɕiaŋ꜄	꜀tɕʰiaŋ	꜁ɕiaŋ
修　武	꜀tʂuaŋ	tʂuaŋ꜄	꜀tʂʰuaŋ	꜀ʂuaŋ	꜀tɕiaŋ	tɕiaŋ꜄	꜀tɕʰiaŋ	꜁ɕiaŋ
焦　作	꜀tʂuãŋ	tʂuãŋ꜄	꜀tʂʰuãŋ	꜀ʂuãŋ	꜀tɕiãŋ	tɕiãŋ꜄	꜀tɕʰiãŋ	꜁ɕiãŋ
武　陟	꜀tʂuaŋ	tʂuaŋ꜄	꜀tʂʰuaŋ	꜀ʂuaŋ	꜀tɕiaŋ	tɕiaŋ꜄	꜀tɕʰiaŋ	꜁ɕiaŋ
沁　阳	꜀tsuaŋ/꜀tʂuaŋ	tsʰuaŋ꜄/tsuaŋ꜄	꜀tsʰuaŋ	꜀suaŋ	꜀tɕiaŋ	tɕiaŋ꜄	꜀tɕʰiaŋ	꜁ɕiaŋ
温　县	꜀tʂuaŋ	tʂʰuaŋ꜄	꜀tʂʰuan	꜀faŋ	꜀tɕiaŋ	tɕiaŋ꜄	꜀tɕʰiaŋ	꜁ɕiaŋ
济　源	꜀tʂuɐŋ	tʂuɐŋ꜄	꜀tʂʰuɐŋ	꜀ʂuɐŋ	꜀tɕiɐŋ	tɕiɐŋ꜄	꜀tɕʰiɐŋ	꜁ɕiɐŋ

99	剥	雹	戳	捉	觉知~	确	乐音~	崩
	江开二入觉帮	江开二入觉並	江开二入觉彻	江开二入觉庄	江开二入觉见	江开二入觉溪	江开二入觉疑	曾开一平登帮
安阳	pɑʔ꜆	꜀pɑu	tsʰuɑʔ꜆	tsuɑʔ꜆	tɕyɑʔ꜆	tɕʰyɑʔ꜆	yɑʔ꜆	꜀pəŋ
林州	pɐʔ꜆	꜀pʰɑu	tʂʰuɐʔ꜆	tʂuɐʔ꜆	tɕyɐʔ꜆	tɕʰyɐʔ꜆	yɐʔ꜆	꜀pəŋ
鹤壁	꜀puɐ	꜀pɑu	tʂʰuɐʔ꜆	tʂuɐʔ꜆/꜀tʂuɐ	tɕyɐʔ꜆	tɕʰyɐʔ꜆	yɐʔ꜆	꜀pəŋ
卫辉	pɐʔ꜆	꜀pɑu	tʂʰuɐʔ꜆	tʂuɐʔ꜆	tɕyɐʔ꜆	tɕʰyɐʔ꜆	yɐʔ꜆	꜀pəŋ
辉县	pɐʔ꜆	꜀pɑu	tsʰuɐʔ꜆	tsuɐʔ꜆	tɕyɐʔ꜆	tɕʰyɐʔ꜆	yɐʔ꜆	꜀pəŋ
新乡	pɐʔ꜆	꜀pɑo	꜀tʂʰuʌ	tʂuɐʔ꜆	tɕyɐʔ꜆	tɕʰyɐʔ꜆	yɐʔ꜆	꜀pəŋ
获嘉	paʔ꜆	꜀pɔ	tʂʰuaʔ꜆	tʂuaʔ꜆	tɕyaʔ꜆	tɕʰyaʔ꜆	yaʔ꜆	꜀pəŋ
淇县	pɐʔ꜆	꜀pɑu	tʂʰuɐʔ꜆	tʂuɐʔ꜆	tɕyɐʔ꜆	tɕʰyɐʔ꜆	yɐʔ꜆	꜀pəŋ
修武	pɐʔ꜆	꜀pɔ	tʂʰuɐʔ꜆	tʂuɐʔ꜆	tɕyɐʔ꜆	tɕʰyɐʔ꜆	iɐʔ꜆	꜀pəŋ
焦作	pᴀʔ꜆	꜀pɑɔ	tʂʰuᴀʔ꜆	tʂuᴀʔ꜆	tɕiᴀʔ꜆	tɕʰiɐʔ꜆	iᴀʔ꜆	꜀pəŋ
武陟	pʌʔ꜆	꜀pɑɔ	tʂʰuʌʔ꜆	tʂuʌʔ꜆	tɕyɐʔ꜆	tɕʰyɐʔ꜆	yɐʔ꜆	꜀pəŋ
沁阳	pɑʔ꜆	꜀pɑo	tsʰuɑʔ꜆	tsuɑʔ꜆	tɕyɐʔ꜆	tɕʰyɐʔ꜆	iɑʔ꜆	꜀pəŋ
温县	pɑʔ꜆	꜀pʰɑu	tʂʰuɑʔ꜆	tʂuɑʔ꜆	tɕyɑʔ꜆	tɕʰiɑʔ꜆/tɕʰyɑʔ꜆	yɑʔ꜆	꜀pəŋ
济源	pɐʔ꜆	꜀pɑo	tʂʰuɐʔ꜆	tʂuɐʔ꜆	tɕiɐʔ꜆	tɕʰyɐʔ꜆	iɐʔ꜆	꜀pəŋ

100	朋	灯	疼	邓	能	增	层	僧
	曾开一平登並	曾开一平登端	曾开一平登定	曾开一去嶝定	曾开一平登泥	曾开一平登精	曾开一平登从	曾开一平登心
安　阳	꜁pʰəŋ	꜀təŋ	꜁tʰəŋ	təŋ꜄	꜁nəŋ	꜀tsəŋ	꜁tsʰəŋ	꜀tsəŋ/꜀səŋ①
林　州	꜁pʰəŋ	꜀təŋ	꜁tʰəŋ	təŋ꜄	꜁nəŋ	꜀tsəŋ	꜁tsʰəŋ	꜀səŋ
鹤　壁	꜁pʰəŋ	꜀təŋ	꜁tʰəŋ	təŋ꜄	꜁nəŋ	꜀tʂəŋ	꜁tʂʰəŋ	꜀ʂəŋ
卫　辉	꜁pʰəŋ	꜀təŋ	꜁tʰəŋ	təŋ꜄	꜁nəŋ	꜀tʂəŋ	꜁tʂʰəŋ	꜀səŋ
辉　县	꜁pʰəŋ	꜀təŋ	꜁tʰəŋ	təŋ꜄	꜁nəŋ	꜀tsəŋ	꜁tsʰəŋ	꜀səŋ
新　乡	꜁pʰəŋ	꜀təŋ	꜁tʰəŋ	təŋ꜄	꜁nəŋ	꜀tsəŋ	꜁tsʰəŋ	꜀səŋ
获　嘉	꜁pʰəŋ	꜀təŋ	꜁tʰəŋ	tʌŋ꜄	꜁nəŋ	꜀tʂəŋ	꜁tʂʰəŋ	꜀ʂəŋ
淇　县	꜁pʰəŋ	꜀təŋ	꜁tʰəŋ	təŋ꜄	꜁nəŋ	꜀tʂəŋ	꜁tʂʰəŋ	꜀səŋ
修　武	꜁pʰəŋ	꜀təŋ	꜁tʰəŋ	təŋ꜄	꜁nəŋ	꜀tsəŋ	꜁tsʰəŋ	꜀səŋ
焦　作	꜁pʰəŋ	꜀təŋ	꜁tʰəŋ	təŋ꜄	꜁nəŋ	꜀tsəŋ	꜁tsʰəŋ	꜀tsəŋ/꜀səŋ②
武　陟	꜁pʰəŋ	꜀təŋ	꜁tʰəŋ	təŋ꜄	꜁nəŋ	꜀tsəŋ	꜁tsʰəŋ	꜀səŋ
沁　阳	꜁pʰəŋ	꜀təŋ	꜁tʰəŋ	təŋ꜄	꜁nəŋ	꜀tsəŋ	꜁tsʰəŋ	꜀səŋ
温　县	꜁pʰəŋ	꜀təŋ	꜁tʰəŋ	təŋ꜄	꜁nəŋ	꜀tsəŋ	꜁tsʰəŋ	꜀səŋ
济　源	꜁pʰəŋ	꜀təŋ	꜁tʰəŋ	təŋ꜄	꜁nəŋ	꜀tsəŋ	꜁tsʰəŋ	꜀səŋ

①② 安阳、焦作的情况一致：[꜀səŋ]用于“唐僧”，[꜀tsəŋ]用于“僧人”。

101	肯	北	墨	德	特	肋	贼	塞
	曾开一上等溪	曾开一入德帮	曾开一入德明	曾开一入德端	曾开一入德定	曾开一入德来	曾开一入德从	曾开一入德心
安　阳	꜂kʰə̃	pɐʔ꜁	mei꜃	tɐʔ꜁	tʰɐʔ꜁	lɐʔ꜁	꜁tsei	sɐʔ꜁
林　州	꜂kʰəŋ	pɐʔ꜁	mɐʔ꜁	tɐʔ꜁	tʰɐʔ꜁	lɐʔ꜁	꜁tsei	sɐʔ꜁
鹤　壁	꜂kʰən	꜀pei	꜀mei	tɐʔ꜁	tʰɐʔ꜁	lɐʔ꜁	꜁tʂei	sɐʔ꜁/꜀sai
卫　辉	꜂kʰən	pɐʔ꜁/꜀pei	꜀mei	tɐʔ꜁	tʰɐʔ꜁	lɐʔ꜁	꜁tʂei	sɐʔ꜁
辉　县	꜂kʰə̃n	pɐʔ꜁	mɐʔ꜁	tɐʔ꜁	tʰɐʔ꜁	lɐʔ꜁	꜁tsei	sɐʔ꜁
新　乡	꜂kʰən	pɐʔ꜁	mɐʔ꜁	tɐʔ꜁	tʰɐʔ꜁	lɐʔ꜁	꜁tsei	sɐʔ꜁
获　嘉	꜂kʰẽ	paʔ꜁	maʔ꜁	taʔ꜁	tʰaʔ꜁	laʔ꜁	꜁tʂẽ	saʔ꜁
淇　县	꜂kʰən	꜀pei	mɐʔ꜁	tɐʔ꜁	tʰɐʔ꜁	lɐʔ꜁	꜁tʂei	sɐʔ꜁
修　武	꜂kʰə̃	pɐʔ꜁/꜀pei	mɐʔ꜁	tɐʔ꜁	tʰɐʔ꜁	lɐʔ꜁	꜁tsə̃	sɐʔ꜁
焦　作	꜂kʰẽ	pɐʔ꜁	mɐʔ꜁	tɐʔ꜁	tʰAʔ꜁	lɐʔ꜁	꜁tsei	sɐʔ꜁
武　陟	꜂kʰə̃	pɐʔ꜁	mɐʔ꜁	tɐʔ꜁	tʰʌʔ꜁	lɐʔ꜁	꜁tsə̃	sɐʔ꜁
沁　阳	꜂kʰẽ	pɐʔ꜁	mɐʔ꜁	tɐʔ꜁	tʰɑʔ꜁	lɐʔ꜁	꜁tsei	sɐʔ꜁
温　县	꜂kʰən	pɐʔ꜁	mɐʔ꜁	tɐʔ꜁	tʰɐʔ꜁	lɐʔ꜁	꜁tsei	sɐʔ꜁
济　源	꜂kʰẽ	pəʔ꜁	mɐʔ꜁	tɐʔ꜁	tʰɐʔ꜁	lɐʔ꜁	꜁tsei	sɐʔ꜁

102	克	黑	冰	陵	征~求	瞪	蒸	秤
	曾开一入德溪	曾开一入德晓	曾开三平蒸帮	曾开三平蒸来	曾开三平蒸知	曾开三去证澄	曾开三平蒸章	曾开三去证昌
安　阳	kʰɑʔ꜆	xɑʔ꜆	꜀piŋ	꜁liŋ	꜀tsəŋ	təŋ꜄	꜀tsəŋ	tsʰəŋ꜄
林　州	kʰɐʔ꜆	xɐʔ꜆	꜀piŋ	꜁liŋ	꜀tʂəŋ	təŋ꜄	꜀tʂəŋ	tʂʰəŋ꜄
鹤　壁	kʰɐʔ꜆	xɐʔ꜆	꜀piŋ	꜁liŋ	꜀tʂəŋ	təŋ꜄	꜀tʂəŋ	tʂʰəŋ꜄
卫　辉	kʰɐʔ꜆	xɐʔ꜆	꜀piŋ	꜁liŋ	꜀tʂəŋ	təŋ꜄	꜀tʂəŋ	tʂʰəŋ꜄
辉　县	kʰɐʔ꜆	xɐʔ꜆	꜀piŋ	꜁liŋ	꜀tsəŋ	təŋ꜄	꜀tsəŋ	tsʰəŋ꜄
新　乡	kʰɐʔ꜆	xɐʔ꜆	꜀piŋ	꜁liŋ	꜀tsəŋ	təŋ꜄	꜀tsəŋ	tsʰəŋ꜄
获　嘉	kʰaʔ꜆	xaʔ꜆	꜀piŋ	꜁liŋ	꜀tʂəŋ	tʌŋ꜄	꜀tʂəŋ	tʂʰʌŋ꜄
淇　县	kʰɐʔ꜆	xɐʔ꜆	꜀piŋ	꜁liŋ	꜀tʂəŋ	təŋ꜄	꜀tʂəŋ	tʂʰəŋ꜄
修　武	kʰɐʔ꜆	xɐʔ꜆	꜀piŋ	꜁liŋ	꜀tʂəŋ	təŋ꜄	꜀tʂəŋ	tʂʰəŋ꜄
焦　作	kʰᴀʔ꜆	xᴀʔ꜆	꜀piŋ	꜁liŋ	꜀tʂəŋ	təŋ꜄	꜀tʂəŋ	tʂʰəŋ꜄
武　陟	kʰɐʔ꜆	xəʔ꜆	꜀piŋ	꜁liŋ	꜀tʂəŋ	təŋ꜄	꜀tʂəŋ	tʂʰəŋ꜄
沁　阳	kʰɑʔ꜆ $_{\underline{13}/3}$	xəʔ꜆	꜀piŋ	꜁liŋ	꜀tsəŋ	təŋ꜄	꜀tsəŋ	tsʰəŋ꜄
温　县	kʰɐʔ꜆	xəʔ꜆	꜀piŋ	꜁liŋ	꜀tʂəŋ	təŋ꜄	꜀tʂəŋ	tʂʰəŋ꜄
济　源	kʰɐʔ꜆	xɐʔ꜆/xəʔ꜆	꜀piŋ	꜁liŋ	꜀tʂəŋ	təŋ꜄	꜀tʂəŋ	tʂʰəŋ꜄

103	乘	胜~败	扔	兴高~	鹰	蝇	逼	力
	曾开三平蒸船	曾开三去证书	曾开三平蒸日	曾开三去证晓	曾开三平蒸影	曾开三平蒸以	曾开三入职帮	曾开三入职来
安阳	꜁tsʰəŋ	səŋ꜄	꜀zəŋ	ɕiŋ꜄	꜀iŋ	꜁iŋ	piɛʔ꜆	liɛʔ꜆
林州	꜁tʂʰəŋ	ʂəŋ꜄	꜀ʐəŋ	ɕiŋ꜄	꜀iŋ	꜁iŋ	piəʔ꜆	liəʔ꜆
鹤壁	꜁tʂʰəŋ	ʂəŋ꜄	꜀ʐəŋ	ɕiŋ꜄	꜀iŋ	꜁iŋ	꜀pi	꜀li
卫辉	꜁tʂʰəŋ	səŋ꜄	꜀zəŋ	ɕiŋ꜄	꜀iŋ	꜁iŋ	piəʔ꜆	liəʔ꜆
辉县	꜁tsʰəŋ	səŋ꜄	꜀zəŋ	ɕiŋ꜄	꜀iŋ	꜁iŋ	piəʔ꜆	liəʔ꜆
新乡	꜁tsʰəŋ	səŋ꜄	꜀zəŋ	ɕiŋ꜄	꜀iŋ	꜁iŋ	piəʔ꜆	liəʔ꜆
获嘉	꜁tʂʰəŋ	ʂʌŋ꜄	꜀ʐəŋ	ɕiʌŋ꜄	꜀iŋ	꜁iŋ	piəʔ꜆	liəʔ꜆
淇县	꜁tʂʰəŋ	səŋ꜄	꜀zəŋ	ɕiŋ꜄	꜀iŋ	꜁iŋ	piəʔ꜆	liəʔ꜆
修武	꜁tʂʰəŋ	ʂəŋ꜄	꜀ʐəŋ	ɕiŋ꜄	꜀iŋ	꜁iŋ	piəʔ꜆	liəʔ꜆4/24
焦作	꜁tʂʰəŋ	ʂəŋ꜄	꜀zəŋ	ɕiŋ꜄	꜀iŋ	꜁iŋ	piəʔ꜆	liəʔ꜆
武陟	꜁tʂʰəŋ	ʂəŋ꜄	꜀ʐəŋ	ɕiŋ꜄	꜀iŋ	꜁iŋ	piəʔ꜆	liəʔ꜆
沁阳	꜁tsʰəŋ/꜁səŋ①	səŋ꜄	꜀zəŋ	ɕiŋ꜄	꜀iŋ	꜁iŋ	piəʔ꜆	liəʔ꜆
温县	꜁tʂʰəŋ	ʂəŋ꜄	꜀ʐəŋ	ɕiŋ꜄	꜀iŋ	꜁iŋ	piəʔ꜆	liəʔ꜆
济源	꜁ʂəŋ	ʂəŋ꜄	꜀zəŋ/꜀ləŋ	ɕiŋ꜄	꜀iŋ	꜁iŋ	piəʔ꜆	liəʔ꜆

① [꜁tsʰəŋ]用于“乘车”，[꜁səŋ]用于“乘除”。

104	熄	直	色	织	食	识	极	国
	曾开三入职心	曾开三入职澄	曾开三入职生	曾开三入职章	曾开三入职船	曾开三入职书	曾开三入职群	曾合一入德见
安 阳	ɕiɛʔ꜆	tsɛʔ꜆/꜁tsɿ	sɐʔ꜆	tsɛʔ꜆	sɛʔ꜆	sɛʔ꜆	tɕiɛʔ꜆	kuɑʔ꜆
林 州	siəʔ꜆	tʂəʔ꜆	sɐʔ꜆	tʂəʔ꜆	ʂəʔ꜆	ʂəʔ꜆	tɕiəʔ꜆	kuɐʔ꜆
鹤 壁	꜀ɕi	꜁tʂʅ	sɐʔ꜆	꜀tʂʅ	꜁ʂʅ	꜀ʂʅ	꜀tɕi	kuɐʔ꜆
卫 辉	ɕiəʔ꜆	꜁tʂʅ	sɐʔ꜆	tʂəʔ꜆	səʔ꜆	səʔ꜆	tɕiəʔ꜆	kuɐʔ꜆
辉 县	ɕiəʔ꜆	tsəʔ꜆	sɐʔ꜆	tsəʔ꜆	səʔ꜆	səʔ꜆	tɕiəʔ꜆	kuɐʔ꜆
新 乡	ɕiəʔ꜆	tʂəʔ꜆	sɐʔ꜆	tsəʔ꜆/tʂəʔ꜆	səʔ꜆/ʂəʔ꜆	ʂəʔ꜆	tɕiəʔ꜆	kuɐʔ꜆
获 嘉	ɕiəʔ꜆	tʂəʔ꜆	ʂaʔ꜆	tʂəʔ꜆	ʂəʔ꜆	ʂəʔ꜆	tɕiəʔ꜆	kuaʔ꜆
淇 县	ɕiəʔ꜆	꜁tʂʅ	sɐʔ꜆	tʂəʔ꜆	səʔ꜆	səʔ꜆	tɕiəʔ꜆	kuɐʔ꜆
修 武	ɕiəʔ꜆	tʂəʔ꜆	sɐʔ꜆	tʂəʔ꜆	ʂəʔ꜆	ʂəʔ꜆4/24	tɕiəʔ꜆4/24	kuɐʔ꜆
焦 作	ɕiəʔ꜆	tʂʅəʔ꜆	sɐʔ꜆	tʂʅəʔ꜆	ʂʅəʔ꜆	ʂʅəʔ꜆	tɕiəʔ꜆	kuʌʔ꜆
武 陟	ɕiəʔ꜆	tʂʅəʔ꜆	sɐʔ꜆	tʂʅəʔ꜆	ʂʅəʔ꜆	ʂʅəʔ꜆	tɕiəʔ꜆	kuʌʔ꜆
沁 阳	ɕiəʔ꜆	tsəʔ꜆	sɐʔ꜆	tsəʔ꜆	səʔ꜆	səʔ꜆	tɕiəʔ꜆	kuɑʔ꜆
温 县	ɕiəʔ꜆	꜁tʂʅ	sɐʔ꜆	tʂʅəʔ꜆	ʂʅəʔ꜆	ʂʅəʔ꜆	tɕiəʔ꜆	kuɑʔ꜆
济 源	ɕiəʔ꜆	tʂəʔ꜆	sɐʔ꜆	tʂəʔ꜆	ʂəʔ꜆	ʂəʔ꜆	tɕiəʔ꜆	kuɐʔ꜆

105	或	猛	打	冷	撑	生	更~加	坑
	曾合一入德匣	梗开二上梗明	梗开二上梗端	梗开二上梗来	梗开二平庚彻	梗开二平庚生	梗开二去映见	梗开二平庚溪
安　阳	xuɑʔ꜆	꜂məŋ	꜂ta	꜂ləŋ	꜀tsʰəŋ	꜀səŋ	kəŋ꜄	꜀kʰəŋ
林　州	xuɐʔ꜆	꜂məŋ	꜂tɔ	꜂ləŋ	꜀tʂʰəŋ	꜀ʂəŋ	kəŋ꜄	꜀kʰəŋ
鹤　壁	xuɐʔ꜆	꜂məŋ	꜂ta	꜂ləŋ	꜀tʂʰəŋ	꜀ʂəŋ	kəŋ꜄	꜀kʰəŋ
卫　辉	xuɐʔ꜆	꜂məŋ	꜂ta	꜂ləŋ	꜀tʂʰəŋ	꜀səŋ	kəŋ꜄	꜀kʰəŋ
辉　县	xuɐʔ꜆	꜂məŋ	꜂ta	꜂ləŋ	꜀tsʰəŋ	꜀səŋ	kəŋ꜄	꜀kʰəŋ
新　乡	xuɐʔ꜆	꜂məŋ	꜂ta	꜂ləŋ	꜀tsʰəŋ	꜀səŋ	kəŋ꜄	꜀kʰəŋ
获　嘉	xuaʔ꜆	꜂məŋ	꜂tᴀ	꜂ləŋ	꜀tʂʰəŋ	꜀ʂəŋ	kʌŋ꜄	꜀kʰəŋ
淇　县	xuɐʔ꜆	꜂məŋ	꜂tɑ	꜂ləŋ	꜀tʂʰəŋ	꜀səŋ	kəŋ꜄	꜀kʰəŋ
修　武	xuɐʔ꜆	꜂məŋ	꜂ta	꜂ləŋ	꜀tʂʰəŋ	꜀səŋ	kəŋ꜄	꜀kʰəŋ
焦　作	xuᴀʔ꜆	꜂məŋ	꜂ta	꜂ləŋ	꜀tsʰəŋ	꜀səŋ	kəŋ꜄	꜀kʰəŋ
武　陟	xuʌʔ꜆	꜂məŋ	꜂ta	꜂ləŋ	꜀tsʰəŋ	꜀səŋ	kəŋ꜄	꜀kʰəŋ
沁　阳	xuɑʔ꜆	꜂məŋ	꜂ta	꜂ləŋ	꜀tsʰəŋ	꜀səŋ	kəŋ꜄	꜀kʰəŋ
温　县	xuɑʔ꜆	꜂məŋ	꜂tᴀ	꜂ləŋ	꜀tsʰəŋ	꜀səŋ	kəŋ꜄	꜀kʰəŋ
济　源	xuɐʔ꜆	꜂məŋ	꜂ta	꜂ləŋ	꜀tsʰəŋ/꜀tʂʰəŋ	꜀səŋ	kəŋ꜄	꜀kʰəŋ

106	硬	行~为	杏	百	拍	白	拆	窄
	梗开二去映疑	梗开二平庚匣	梗开二上梗匣	梗开二入陌帮	梗开二入陌滂	梗开二入陌並	梗开二入陌彻	梗开二入陌庄
安　阳	iŋ꜄	꜀ɕiŋ	ɕiŋ꜄	pɛʔ꜆	pʰɛʔ꜆	꜀pai	tsʰɐʔ꜆	tsɐʔ꜆
林　州	iŋ꜄	꜀ɕiŋ	ɕiŋ꜄	pɐʔ꜆	pʰɐʔ꜆	꜀pai	tʂʰɐʔ꜆	tʂɐʔ꜆
鹤　壁	ɣəŋ꜄/iŋ꜄	꜀ɕiŋ	ɕiŋ꜄	꜀pɛ	꜀pʰɛ	꜀pɛ	tʂʰɐʔ꜆	tʂɐʔ꜆
卫　辉	ɣəŋ꜄	꜀ɕiŋ	ɕiŋ꜄	pɐʔ꜆	pʰɐʔ꜆	꜀pæi	tʂʰɐʔ꜆	tʂɐʔ꜆
辉　县	ɣəŋ꜄/iŋ꜄	꜀ɕiŋ	ɕiŋ꜄	pɐʔ꜆	pʰɐʔ꜆	꜀pæ	tsʰɐʔ꜆	tsɐʔ꜆
新　乡	iŋ꜄	꜀ɕiŋ	xəŋ꜄	pɐʔ꜆	pʰɐʔ꜆	꜀pai	tʂʰɐʔ꜆	tʂɐʔ꜆
获　嘉	ɣʌŋ꜄	꜀ɕiŋ	xʌŋ꜄	paʔ꜆	pʰaʔ꜆	paʔ꜆	tsʰaʔ꜆	tsaʔ꜆
淇　县	ɣəŋ꜄/iŋ꜄	꜀ɕiŋ	xəŋ꜄/ɕiŋ꜄	pɐʔ꜆	pʰɐʔ꜆	꜀pɛ	tʂʰɐʔ꜆	tʂɐʔ꜆
修　武	ɣəŋ꜄	꜀ɕiŋ	xəŋ꜄/ɕiŋ꜄	pɐʔ꜆4/24	pʰɐʔ꜆	꜀pæ	tsʰɐʔ꜆	tsɐʔ꜆
焦　作	ɣəŋ꜄	꜀ɕiŋ	xəŋ꜄/ɕiŋ꜄	pɐʔ꜆	pʰɐʔ꜆	꜀pæ	tsʰɐʔ꜆	tsɐʔ꜆
武　陟	ɣəŋ꜄	꜀ɕiŋ	xəŋ꜄	pɐʔ꜆	pʰɐʔ꜆	꜀pæɛ	tsʰɐʔ꜆	tsɐʔ꜆
沁　阳	ɣəŋ꜄	꜀ɕiŋ	xəŋ꜄	pɐʔ꜆	pʰɐʔ꜆	꜀pæi	tsʰɐʔ꜆	tsɐʔ꜆
温　县	ɣəŋ꜄	꜀ɕiŋ	xəŋ꜄	pɐʔ꜆	pʰɐʔ꜆	꜀pai	tsʰɐʔ꜆	tsɐʔ꜆
济　源	ɣəŋ꜄	꜀ɕiŋ	xəŋ꜄	pɐʔ꜆	pʰɐʔ꜆	꜀pæɛ	tsʰɐʔ꜆	tsɐʔ꜆

107	格	客	额	棚	争	耕	掰	麦
	梗开二入陌见	梗开二入陌溪	梗开二入陌疑	梗开二平耕並	梗开二平耕庄	梗开二平耕见	梗开二入麦帮	梗开二入麦明
安 阳	kɑʔ꜆	kʰɑʔ꜆	ɣɑʔ꜆	꜁pʰəŋ	꜀tsəŋ	꜀kəŋ	pɐʔ꜆	mɐʔ꜆
林 州	kɐʔ꜆	kʰɐʔ꜆	ɣɐʔ꜆	꜁pʰəŋ	꜀tʂəŋ	꜀kəŋ	pɐʔ꜆	mɐʔ꜆
鹤 壁	꜀kɤʌ	꜀kʰɤʌ	꜁ɣɤʌ	꜁pʰəŋ	꜀tʂəŋ	꜀kəŋ	꜀pɛ	꜀mɛ
卫 辉	kɐʔ꜆	kʰɐʔ꜆	꜁ɣɤʌ	꜁pʰəŋ	꜀tʂəŋ	꜀kəŋ	pɐʔ꜆	mɐʔ꜆
辉 县	kɐʔ꜆	kʰɐʔ꜆	꜁ɣɯʌ	꜁pʰəŋ	꜀tsəŋ	꜀kəŋ	pɐʔ꜆	mɐʔ꜆
新 乡	kɐʔ꜆	kʰɐʔ꜆	꜁ɣɤɐ	꜁pʰəŋ	꜀tsəŋ	꜀kəŋ	pɐʔ꜆	mɐʔ꜆
获 嘉	kaʔ꜆	kʰaʔ꜆	ɣaʔ꜆	꜁pʰəŋ	꜀tʂəŋ	꜀kəŋ	paʔ꜆	maʔ꜆
淇 县	kɐʔ꜆	kʰɐʔ꜆	ɣɤʌ꜄	꜁pʰəŋ	꜀tʂəŋ	꜀kəŋ	pɐʔ꜆	mɐʔ꜆
修 武	kɐʔ꜆	kʰɐʔ꜆	ɣɐʔ꜆	꜁pʰəŋ	꜀tsəŋ	꜀kəŋ	pɐʔ꜆	mɐʔ꜆
焦 作	kᴀʔ꜆	kʰᴀʔ꜆	ɣᴀʔ꜆	꜁pʰəŋ	꜀tsəŋ	꜀kəŋ	pɐʔ꜆	mɐʔ꜆
武 陟	kʌʔ꜆	kʰɐʔ꜆	ɣʌʔ꜆	꜁pʰəŋ	꜀tsəŋ	꜀kəŋ	pɐʔ꜆	mɐʔ꜆
沁 阳	kɑʔ꜆	kʰɑʔ꜆	——	꜁pʰəŋ	꜀tsəŋ	꜀kəŋ	pɐʔ꜆	mɐʔ꜆
温 县	kɐʔ꜆	kʰɐʔ꜆	ɣɐʔ꜆	꜁pʰəŋ	꜀tsəŋ	꜀kəŋ	pɐʔ꜆	mɐʔ꜆
济 源	kɐʔ꜆	kʰɐʔ꜆	ɣɐʔ꜆	꜁pʰəŋ	꜀tsəŋ	꜀kəŋ	pɐʔ꜆	mɐʔ꜆

108	摘	责	策	隔	兵	平	病	明
	梗开二入麦知	梗开二入麦庄	梗开二入麦初	梗开二入麦见	梗开三平庚帮	梗开三平庚並	梗开三去映並	梗开三平庚明
安　阳	tsɐʔ꜆	tsɐʔ꜆	tsʰɐʔ꜆	kɑʔ꜆	꜀piŋ	꜁pʰiŋ	piŋ꜄	꜁miŋ
林　州	tʂɐʔ꜆	tsɐʔ꜆	tsʰɐʔ꜆	kɐʔ꜆	꜀piŋ	꜁pʰiŋ	piŋ꜄	꜁miŋ
鹤　壁	tʂɐʔ꜆	꜁tʂɤʌ	꜀tʂʰɤʌ	kɐʔ꜆	꜀piŋ	꜁pʰiŋ	piŋ꜄	꜁miŋ
卫　辉	tʂɐʔ꜆	tʂɐʔ꜆	tʂʰɐʔ꜆	kɐʔ꜆	꜀piŋ	꜁pʰiŋ	piŋ꜄	꜁miŋ
辉　县	tsɐʔ꜆	tsɐʔ꜆	tsʰɐʔ꜆	kɐʔ꜆	꜀piŋ	꜁pʰiŋ	piŋ꜄	꜁miŋ
新　乡	tʂɐʔ꜆	tʂɐʔ꜆	tʂʰɐʔ꜆	kɐʔ꜆	꜀piŋ	꜁pʰiŋ	piŋ꜄	꜁miŋ
获　嘉	tʂaʔ꜆	tʂaʔ꜆	tʂʰaʔ꜆	kaʔ꜆	꜀piŋ	꜁pʰiŋ	piʌŋ꜄	꜁miŋ
淇　县	tʂɐʔ꜆	tʂɐʔ꜆	tʂʰɐʔ꜆	kɐʔ꜆	꜀piŋ	꜁pʰiŋ	piŋ꜄	꜁miŋ
修　武	tsɐʔ꜆	tsɐʔ꜆	tsʰɐʔ꜆	kɐʔ꜆	꜀piŋ	꜁pʰiŋ	piŋ꜄	꜁miŋ
焦　作	tsɐʔ꜆	tsɐʔ꜆	tsʰɐʔ꜆	kʌʔ꜆	꜀piŋ	꜁pʰiŋ	piŋ꜄	꜁miŋ
武　陟	tsɐʔ꜆	tsɐʔ꜆	tsʰɐʔ꜆	kʌʔ꜆	꜀piŋ	꜁pʰiŋ	piŋ꜄	꜁miŋ
沁　阳	tsɐʔ꜆	tsɐʔ꜆	tsʰɐʔ꜆	kɑʔ꜆	꜀piŋ	꜁pʰiŋ	piŋ꜄	꜁miŋ
温　县	tsɐʔ꜆	tsɐʔ꜆	tsʰɐʔ꜆	kɑʔ꜆	꜀piŋ	꜁pʰiŋ	piŋ꜄	꜁miŋ
济　源	tsɐʔ꜆	tsɐʔ꜆	tsʰɐʔ꜆	kɐʔ꜆	꜀piŋ	꜁pʰiŋ	piŋ꜄	꜁miŋ

109	镜	庆	迎	影	剧戏~	逆	饼	名
	梗开三去映见	梗开三去映溪	梗开三平庚疑	梗开三上梗影	梗开三入陌群	梗开三入陌疑	梗开三上静帮	梗开三平清明
安　阳	tɕiŋᵓ	tɕʰiŋᵓ	꜀iŋ	ᶜiŋ	tɕyᵓ	iᵓ	ᶜpiŋ	꜀miŋ
林　州	tɕiŋᵓ	tɕʰiŋᵓ	꜀iŋ	ᶜiŋ	tɕyᵓ	iᵓ	ᶜpiŋ	꜀miŋ
鹤　壁	tɕiŋᵓ	tɕʰiŋᵓ	꜀iŋ	ᶜiŋ	tɕyᵓ	꜀ȵi	ᶜpiŋ	꜀miŋ
卫　辉	tɕiŋᵓ	tɕʰiŋᵓ	꜀iŋ	ᶜiŋ	tɕyᵓ	꜀i	ᶜpiŋ	꜀miŋ
辉　县	tɕiŋᵓ	tɕʰiŋᵓ	꜀iŋ	ᶜiŋ	tɕyᵓ	ȵiᵓ	ᶜpiŋ	꜀miŋ
新　乡	tɕiŋᵓ	tɕʰiŋᵓ	꜀iŋ	ᶜiŋ	tɕyᵓ	꜀i	ᶜpiŋ	꜀miŋ
获　嘉	tɕiʌŋᵓ	tɕʰiʌŋᵓ	꜀iŋ	ᶜiŋ	tɕyᵓ	꜀i	ᶜpiŋ	꜀miŋ
淇　县	tɕiŋᵓ	tɕʰiŋᵓ	꜀iŋ	ᶜiŋ	tɕyᵓ	iᵓ	ᶜpiŋ	꜀miŋ
修　武	tɕiŋᵓ	tɕʰiŋᵓ	꜀iŋ	ᶜiŋ	tɕyᵓ	꜀i/꜀ȵi	ᶜpiŋ	꜀miŋ
焦　作	tɕiŋᵓ	tɕʰiŋᵓ	꜀iŋ	ᶜiŋ	tɕyᵓ	niᵓ	ᶜpiŋ	꜀miŋ
武　陟	tɕiŋᵓ	tɕʰiŋᵓ	꜀iŋ	ᶜiŋ	tɕyᵓ	꜀i	ᶜpiŋ	꜀miŋ
沁　阳	tɕiŋᵓ	tɕʰiŋᵓ	꜀iŋ	ᶜiŋ	tɕyᵓ	꜀i	ᶜpiŋ	꜀miŋ
温　县	tɕiŋᵓ	tɕʰiŋᵓ	꜀iŋ	ᶜiŋ	꜀tɕy	꜀i	ᶜpiŋ	꜀miŋ
济　源	tɕiŋᵓ	tɕʰiŋᵓ	꜀iŋ	ᶜiŋ	tɕyᵓ	꜀i	ᶜpiŋ	꜀miŋ

110	领	井	清	请	晴	静	姓	程
	梗开三上静来	梗开三上静精	梗开三平清清	梗开三上静清	梗开三平清从	梗开三上静从	梗开三去劲心	梗开三平清澄
安　阳	ᶜliŋ	ᶜtɕiŋ	꜀tɕʰiŋ	ᶜtɕʰiŋ	꜁tɕʰiŋ	tɕiŋᵓ	ɕiŋᵓ	꜁tsʰəŋ
林　州	ᶜliŋ	ᶜtsiŋ	꜀tsʰiŋ	ᶜtsʰiŋ	꜁tsʰiŋ	tsiŋᵓ	siŋᵓ	꜁tʂʰəŋ
鹤　壁	ᶜliŋ	ᶜtɕiŋ	꜀tɕʰiŋ	ᶜtɕʰiŋ	꜁tɕʰiŋ	tɕiŋᵓ	ɕiŋᵓ	꜁tʂʰəŋ
卫　辉	ᶜliŋ	ᶜtɕiŋ	꜀tɕʰiŋ	ᶜtɕʰiŋ	꜁tɕʰiŋ	tɕiŋᵓ	ɕiŋᵓ	꜁tʂʰəŋ
辉　县	ᶜliŋ	ᶜtɕiŋ	꜀tɕʰiŋ	ᶜtɕʰiŋ	꜁tɕʰiŋ	tɕiŋᵓ	ɕiŋᵓ	꜁tsʰəŋ
新　乡	ᶜliŋ	ᶜtɕiŋ	꜀tɕʰiŋ	ᶜtɕʰiŋ	꜁tɕʰiŋ	tɕiŋᵓ	ɕiŋᵓ	꜁tsʰəŋ
获　嘉	ᶜliŋ	ᶜtɕiŋ	꜀tɕʰiŋ	ᶜtɕʰiŋ	꜁tɕʰiŋ	tɕiʌŋᵓ	ɕiʌŋᵓ	꜁tʂʰəŋ
淇　县	ᶜliŋ	ᶜtɕiŋ	꜀tɕʰiŋ	ᶜtɕʰiŋ	꜁tɕʰiŋ	tɕiŋᵓ	ɕiŋᵓ	꜁tʂʰəŋ
修　武	ᶜliŋ	ᶜtɕiŋ	꜀tɕʰiŋ	ᶜtɕʰiŋ	꜁tɕʰiŋ	tɕiŋᵓ	ɕiŋᵓ	꜁tʂʰəŋ
焦　作	ᶜliŋ	ᶜtɕiŋ	꜀tɕʰiŋ	ᶜtɕʰiŋ	꜁tɕʰiŋ	tɕiŋᵓ	ɕiŋᵓ	꜁tʂʰəŋ
武　陟	ᶜliŋ	ᶜtɕiŋ	꜀tɕʰiŋ	ᶜtɕʰiŋ	꜁tɕʰiŋ	tɕiŋᵓ	ɕiŋᵓ	꜁tʂʰəŋ
沁　阳	ᶜliŋ	ᶜtɕiŋ	꜀tɕʰiŋ	ᶜtɕʰiŋ	꜁tɕʰiŋ	tɕiŋᵓ	ɕiŋᵓ	꜁tsʰəŋ
温　县	ᶜliŋ	ᶜtɕiŋ	꜀tɕʰiŋ	ᶜtɕʰiŋ	꜁tɕʰiŋ	tɕiŋᵓ	ɕiŋᵓ	꜁tʂʰəŋ
济　源	ᶜliŋ	ᶜtɕiŋ	꜀tɕʰiŋ	ᶜtɕʰiŋ	꜁tɕʰiŋ	tɕiŋᵓ	ɕiŋᵓ	꜁tʂʰəŋ

111	郑	整	声	成	轻	赢	脊	惜
	梗开三去劲澄	梗开三上静章	梗开三平清书	梗开三平清禅	梗开三平清溪	梗开三平清以	梗开三入昔精	梗开三入昔心
安阳	tsəŋᵓ	ᶜtsəŋ	꜀səŋ	꜁tsʰəŋ	꜀tɕʰiŋ	꜁iŋ	tɕiɛʔ꜆	ɕiɛʔ꜆
林州	tʂəŋᵓ	ᶜtʂəŋ	꜀ʂəŋ	꜁tʂʰəŋ	꜀tɕʰiŋ	꜁iŋ	tsiəʔ꜆	siəʔ꜆
鹤壁	tʂəŋᵓ	ᶜtʂəŋ	꜀ʂəŋ	꜁tʂʰəŋ	꜀tɕʰiŋ	꜁iŋ	꜀tɕi	꜀ɕi
卫辉	tʂəŋᵓ	ᶜtʂəŋ	꜀səŋ	꜁tʂʰəŋ	꜀tɕʰiŋ	꜁iŋ	tɕiəʔ꜆	ɕiəʔ꜆
辉县	tsəŋᵓ	ᶜtsəŋ	꜀səŋ	꜁tsʰəŋ	꜀tɕʰiŋ	꜁iŋ	tɕiəʔ꜆	ɕiəʔ꜆
新乡	tsəŋᵓ	ᶜtsəŋ	꜀səŋ	꜁tsʰəŋ	꜀tɕʰiŋ	꜁iŋ	꜀tɕi	ɕiəʔ꜆
获嘉	tʂʌŋᵓ	ᶜtʂəŋ	꜀ʂəŋ	꜁tʂʰəŋ	꜀tɕʰiŋ	꜁iŋ	tɕiəʔ꜆	ɕiəʔ꜆
淇县	tʂəŋᵓ	ᶜtʂəŋ	꜀səŋ	꜁tʂʰəŋ	꜀tɕʰiŋ	꜁iŋ	tɕiəʔ꜆	ɕiəʔ꜆
修武	tʂəŋᵓ	꜀tʂəŋ	꜀ʂəŋ	꜁tʂʰəŋ	꜀tɕʰiŋ	꜁iŋ	tɕiəʔ꜆	ɕiəʔ꜆
焦作	tʂəŋᵓ	ᶜtʂəŋ	꜀ʂəŋ	꜁tʂʰəŋ	꜀tɕʰiŋ	꜁iŋ	tɕiəʔ꜆	ɕiəʔ꜆
武陟	tʂəŋᵓ	tʂəŋᵓ	꜀ʂəŋ	꜁tʂʰəŋ	꜀tɕʰiŋ	꜁iŋ	tɕiəʔ꜆	ɕiəʔ꜆
沁阳	tsəŋᵓ	ᶜtsəŋ	꜀səŋ	꜁tsʰəŋ	꜀tɕʰiŋ	꜁iŋ	tɕiəʔ꜆	ɕiəʔ꜆
温县	tʂəŋᵓ	ᶜtʂəŋ	꜀ʂəŋ	꜁tʂʰəŋ	꜀tɕʰiŋ	꜁iŋ	tɕiəʔ꜆	ɕiəʔ꜆
济源	tʂəŋᵓ	ᶜtʂəŋ	꜀ʂəŋ	꜁tʂʰəŋ	꜀tɕʰiŋ	꜁iŋ	tɕiəʔ꜆	ɕiəʔ꜆

112	席	尺	石	益	瓶	顶	听	停
	梗开三入昔邪	梗开三入昔昌	梗开三入昔禅	梗开三入昔影	梗开四平青並	梗开四上迥端	梗开四平青透	梗开四平青定
安　阳	꜁ɕi	tsʰɛʔ꜆	sɛʔ꜆	i꜄	꜁pʰiŋ	꜂tiŋ	꜀tʰiŋ	꜁tʰiŋ
林　州	siəʔ꜆	tʂʰəʔ꜆	ʂəʔ꜆	i꜄	꜁pʰiŋ	꜂tiŋ	꜀tʰiŋ	꜁tʰiŋ
鹤　壁	꜁ɕi	꜀tʂʰʅ	꜁ʂʅ	i꜄	꜁pʰiŋ	꜂tiŋ	꜀tʰiŋ	꜁tʰiŋ
卫　辉	꜁ɕi	tʂʰəʔ꜆	səʔ꜆	꜁i	꜁pʰiŋ	꜂tiŋ	꜀tʰiŋ	꜁tʰiŋ
辉　县	꜁ɕi	tsʰəʔ꜆	səʔ꜆	i꜄	꜁pʰiŋ	꜂tiŋ	꜀tʰiŋ	꜁tʰiŋ
新　乡	꜁ɕi	tʂʰəʔ꜆	ʂəʔ꜆/sʅəʔ꜆	꜁i	꜁pʰiŋ	꜂tiŋ	꜀tʰiŋ	꜁tʰiŋ
获　嘉	ɕiəʔ꜆/꜁ɕi	tʂʰəʔ꜆	ʂəʔ꜆	꜁i	꜁pʰiŋ	꜂tiŋ	꜀tʰiŋ	꜁tʰiŋ
淇　县	ɕiəʔ꜆	tʂʰəʔ꜆	səʔ꜆	i꜄	꜁pʰiŋ	꜂tiŋ	꜀tʰiŋ	꜁tʰiŋ
修　武	ɕiəʔ꜆	tʂʰəʔ꜆	ʂəʔ꜆	i꜄	꜁pʰiŋ	꜂tiŋ	꜀tʰiŋ	꜁tʰiŋ
焦　作	꜁ɕi	tʂʰʅəʔ꜆	ʂʅəʔ꜆	iəʔ꜆	꜁pʰiŋ	꜂tiŋ	꜀tʰiŋ	꜁tʰiŋ
武　陟	ɕiəʔ꜆	tʂʰʅəʔ꜆	ʂʅəʔ꜆	i꜄	꜁pʰiŋ	꜂tiŋ	꜀tʰiŋ	꜁tʰiŋ
沁　阳	꜁ɕi	tsʰəʔ꜆	səʔ꜆	i꜄	꜁pʰiŋ	꜂tiŋ	꜀tʰiŋ	꜁tʰiŋ
温　县	꜁ɕi	tʂʰʅəʔ꜆	ʂʅəʔ꜆/꜁ʂʅ	i꜄	꜁pʰiŋ	꜂tiŋ	꜀tʰiŋ	꜁tʰiŋ
济　源	꜁ɕi	tʂʰəʔ꜆	ʂəʔ꜆	iəʔ꜆	꜁pʰiŋ	꜂tiŋ	꜀tʰiŋ	꜁tʰiŋ

113	定	宁~静	灵	青	醒	经	刑	壁
	梗开四去径定	梗开四平青泥	梗开四平青来	梗开四平青清	梗开四上迥心	梗开四平青见	梗开四平青匣	梗开四入锡帮
安　阳	tiŋ꜄	꜁ȵiŋ	꜁liŋ	꜀tɕʰiŋ	꜂ɕiŋ	꜀tɕiŋ	꜁ɕiŋ	pi꜄
林　州	tiŋ꜄	꜁ȵiŋ	꜁liŋ	꜀tsʰiŋ	꜂siŋ	꜀tɕiŋ	꜁ɕiŋ	piəʔ꜆
鹤　壁	tiŋ꜄	ȵiŋ꜄	꜁liŋ	꜀tɕʰiŋ	꜂ɕiŋ	꜀tɕiŋ	꜁ɕiŋ	pi꜄
卫　辉	tiŋ꜄	ȵiŋ꜄	꜁liŋ	꜀tɕʰiŋ	꜂ɕiŋ	꜀tɕiŋ	꜁ɕiŋ	pi꜄
辉　县	tiŋ꜄	꜁ȵiŋ	꜁liŋ	꜀tɕʰiŋ	꜂ɕiŋ	꜀tɕiŋ	꜁ɕiŋ	pi꜄
新　乡	tiŋ꜄	꜁ȵiŋ	꜁liŋ	꜀tɕʰiŋ	꜂ɕiŋ	꜀tɕiŋ	꜁ɕiŋ	pi꜄
获　嘉	tiʌŋ꜄	꜁ȵiŋ	꜁liŋ	꜀tɕʰiŋ	꜂ɕiŋ	꜀tɕiŋ	꜁ɕiŋ	piəʔ꜆
淇　县	tiŋ꜄	꜁ȵiŋ	꜁liŋ	꜀tɕʰiŋ	꜂ɕiŋ	꜀tɕiŋ	꜁ɕiŋ	pi꜄
修　武	tiŋ꜄	꜁ȵiŋ	꜁liŋ	꜀tɕʰiŋ	꜂ɕiŋ	꜀tɕiŋ	꜁ɕiŋ	pi꜄
焦　作	tiŋ꜄	꜁ȵiŋ	꜁liŋ	꜀tɕʰiŋ	꜂ɕiŋ	꜀tɕiŋ	꜁ɕiŋ	piəʔ꜆
武　陟	tiŋ꜄	꜁ȵiŋ	꜁liŋ	꜀tɕʰiŋ	꜂ɕiŋ	꜀tɕiŋ	꜁ɕiŋ	piəʔ꜆
沁　阳	tiŋ꜄	꜁ȵiŋ	꜁liŋ	꜀tɕʰiŋ	꜂ɕiŋ	꜀tɕiŋ	꜁ɕiŋ	piəʔ꜆
温　县	tiŋ꜄	꜁ȵiŋ	꜁liŋ	꜀tɕʰiŋ	꜂ɕiŋ	꜀tɕiŋ	꜁ɕiŋ	piəʔ꜆
济　源	tiŋ꜄	꜁ȵiŋ	꜁liŋ	꜀tɕʰiŋ	꜂ɕiŋ	꜀tɕiŋ	꜁ɕiŋ	piəʔ꜆

114	劈	滴	踢	敌	历日~	戚	击	吃
	梗开四入锡滂	梗开四入锡端	梗开四入锡透	梗开四入锡定	梗开四入锡来	梗开四入锡清	梗开四入锡见	梗开四入锡溪
安　阳	pʰiɛʔ꜆	tiɛʔ꜆	tʰiɛʔ꜆	꜁ti	liɛʔ꜆	tɕʰiɛʔ꜆	tɕiɛʔ꜆	tsʰɛʔ꜆
林　州	pʰiəʔ꜆	tiəʔ꜆	tʰiəʔ꜆	tiəʔ꜆	liəʔ꜆	tsʰiəʔ꜆	tɕiəʔ꜆	tʂʰəʔ꜆
鹤　壁	꜀pʰi	꜀ti	꜀tʰi	꜁ti	꜀li	꜂tɕʰi	꜀tɕi	꜀tʂʰʅ
卫　辉	pʰiəʔ꜆	tiəʔ꜆	tʰiəʔ꜆	꜁ti	li꜄	tɕʰiəʔ꜆	tɕiəʔ꜆	tʂʰəʔ꜆
辉　县	pʰiəʔ꜆	tiəʔ꜆	tʰiəʔ꜆	tiəʔ꜆	liəʔ꜆	tɕʰiəʔ꜆	tɕiəʔ꜆	tsʰəʔ꜆
新　乡	pʰiəʔ꜆	tiəʔ꜆	tʰiəʔ꜆	꜁ti	li꜄	꜁tɕʰi	tɕiəʔ꜆	tʂʰəʔ꜆/tsʰəʔ꜆
获　嘉	pʰiəʔ꜆	tiəʔ꜆	tʰiəʔ꜆	tiəʔ꜆	liəʔ꜆	tɕʰiəʔ꜆	tɕiəʔ꜆	tʂʰəʔ꜆
淇　县	pʰiəʔ꜆	tiəʔ꜆	tʰiəʔ꜆	꜁ti	liəʔ꜆	꜀tɕʰi	tɕiəʔ꜆	tʂʰəʔ꜆
修　武	pʰiəʔ꜆	tiəʔ꜆	tʰiəʔ꜆	tiəʔ꜆	liəʔ꜆	tɕʰiəʔ꜆	tɕiəʔ꜆	tʂʰəʔ꜆
焦　作	pʰiəʔ꜆	tiəʔ꜆	tʰiəʔ꜆	tiəʔ꜆	liəʔ꜆	tɕʰiəʔ꜆	tɕiəʔ꜆	tʂʰʅəʔ꜆
武　陟	pʰiəʔ꜆	tiəʔ꜆	tʰiəʔ꜆	tiəʔ꜆	liəʔ꜆	꜁tɕʰi	tɕiəʔ꜆	tʂʰʅəʔ꜆
沁　阳	pʰiəʔ꜆	tiəʔ꜆	tʰiəʔ꜆	꜁ti	liəʔ꜆	tɕʰiəʔ꜆	tɕiəʔ꜆	tsʰəʔ꜆
温　县	pʰiəʔ꜆	tiəʔ꜆	tʰiəʔ꜆	꜁ti	liəʔ꜆	tɕʰiəʔ꜆	tɕiəʔ꜆	tʂʰʅəʔ꜆
济　源	pʰiəʔ꜆	tiəʔ꜆	tʰiəʔ꜆	꜁ti	liəʔ꜆	tɕʰiəʔ꜆	tɕiəʔ꜆	tʂʰəʔ꜆

115	横~直	获	兄	荣	永	倾	营	役
	梗合二平庚匣	梗合二入麦匣	梗合三平庚晓	梗合三平庚云	梗合三上梗云	梗合三平清溪	梗合三平清以	梗合三入昔以
安阳	xuŋ꜄	xuɑʔ꜆	꜀ɕyŋ	꜁zuŋ	꜂yŋ	꜂tɕʰiŋ/꜀tɕʰyŋ	꜁iŋ	i꜄
林州	xuŋ꜄	xuɐʔ꜆	꜀ɕyŋ	꜁ʐuŋ	꜂yŋ	꜂tɕʰiŋ	꜁iŋ	i꜄
鹤壁	xuŋ꜄/xəŋ꜄	xuɐʔ꜆	꜀ɕyŋ	꜁ʐuŋ	꜂yŋ	꜂tɕʰiŋ	꜁iŋ	꜁i
卫辉	xuŋ꜄	xuɐʔ꜆	꜀ɕyŋ	꜁zuŋ	꜂yŋ	꜀tɕʰyŋ	꜁iŋ	꜁i
辉县	xəŋ꜄	xuɐʔ꜆	꜀ɕyŋ	꜁zuŋ	꜂yŋ	꜀tɕʰiŋ	꜁iŋ	i꜄
新乡	xuŋ꜄	xuɐʔ꜆	꜀ɕyŋ	꜁ʐuŋ	꜂yŋ	꜀tɕʰyŋ	꜁iŋ	꜁i
获嘉	xuʌŋ꜄	xuaʔ꜆	꜀ɕyŋ	꜁ʐuŋ	꜂yŋ	꜂tɕʰyŋ/꜀tɕʰyŋ	꜁iŋ	꜁i
淇县	xuŋ꜄	xuɐʔ꜆	꜀ɕyŋ	꜁zuŋ	꜂yŋ	꜂tɕʰyŋ	꜁iŋ	i꜄
修武	xuŋ꜄/xəŋ꜄	xuɐʔ꜆	꜀ɕyŋ	꜁ʐuŋ	꜂yŋ	꜀tɕʰyŋ	꜁iŋ	i꜄
焦作	xəŋ꜄	xuʌʔ꜆	꜀ɕyŋ	꜁ʐuŋ	꜂yŋ	꜀tɕʰyŋ	꜁iŋ	꜁i
武陟	xuŋ꜄/xəŋ꜄	xuʌʔ꜆	꜀ɕyŋ	꜁ʐuŋ	꜂yŋ	꜀tɕʰiŋ	꜁iŋ	꜁i
沁阳	xəŋ꜄	xuɑʔ꜆	꜀ɕyŋ	꜁zuŋ	꜂yŋ	꜀tɕʰiŋ	꜁iŋ	i꜄
温县	xuŋ꜄	xuɑʔ꜆	꜀ɕyŋ	꜁vəŋ	꜂yŋ	꜀tɕʰyŋ/꜀tɕʰiŋ	꜁iŋ	꜁i
济源	xuŋ꜄	xuɐʔ꜆	꜀ɕyŋ	꜁ʐuŋ	꜂yŋ	꜀tɕʰyŋ/꜂tɕʰiŋ	꜁iŋ	꜁i

116	篷	蒙	东	冻	通	桶	同	动
	通合一平东並	通合一平东明	通合一平东端	通合一去送端	通合一平东透	通合一上董透	通合一平东定	通合一上董定
安 阳	꜁pʰəŋ	꜀məŋ/꜁məŋ	꜀tuŋ	tuŋ꜄	꜀tʰuŋ	꜂tʰuŋ	꜁tʰuŋ	tuŋ꜄
林 州	꜁pʰəŋ	꜀məŋ/꜁məŋ	꜀tuŋ	tuŋ꜄	꜀tʰuŋ	꜂tʰuŋ	꜁tʰuŋ	tuŋ꜄
鹤 壁	꜁pʰəŋ	꜀məŋ	꜀tuŋ	tuŋ꜄	꜀tʰuŋ	꜂tʰuŋ	꜁tʰuŋ	tuŋ꜄
卫 辉	꜁pʰəŋ	꜁məŋ	꜀tuŋ	tuŋ꜄	꜀tʰuŋ	꜂tʰuŋ	꜁tʰuŋ	tuŋ꜄
辉 县	꜁pʰəŋ	꜁məŋ	꜀tuŋ	tuŋ꜄	꜀tʰuŋ	꜂tʰuŋ	꜁tʰuŋ	tuŋ꜄
新 乡	꜁pʰəŋ	꜀məŋ	꜀tuŋ	tuŋ꜄	꜀tʰuŋ	꜂tʰuŋ	꜁tʰuŋ	tuŋ꜄
获 嘉	꜁pʰəŋ	꜁məŋ	꜀tuŋ	tuʌŋ꜄	꜀tʰuŋ	꜂tʰuŋ	꜁tʰuŋ	tuʌŋ꜄
淇 县	꜁pʰəŋ	꜁məŋ	꜀tuŋ	tuŋ꜄	꜀tʰuŋ	꜂tʰuŋ	꜁tʰuŋ	tuŋ꜄
修 武	꜁pʰəŋ	꜁məŋ	꜀tuŋ	tuŋ꜄	꜀tʰuŋ	꜂tʰuŋ	꜁tʰuŋ	tuŋ꜄
焦 作	꜁pʰəŋ	꜁məŋ	꜀tuŋ	tuŋ꜄	꜀tʰuŋ	꜂tʰuŋ	꜁tʰuŋ	tuŋ꜄
武 陟	꜁pʰəŋ	꜁məŋ	꜀tuŋ	tuŋ꜄	꜀tʰuŋ	꜂tʰuŋ	꜁tʰuŋ	tuŋ꜄
沁 阳	꜁pʰəŋ	꜁məŋ	꜀tuŋ	tuŋ꜄	꜀tʰuŋ	꜂tʰuŋ	꜁tʰuŋ	tuŋ꜄
温 县	꜁pʰəŋ	꜁məŋ	꜀tuŋ	tuŋ꜄	꜀tʰuŋ	꜂tʰuŋ	꜁tʰuŋ	tuŋ꜄
济 源	꜁pʰəŋ	꜁məŋ	꜀tuŋ	tuŋ꜄	꜀tʰuŋ	꜂tʰuŋ	꜁tʰuŋ	tuŋ꜄

117	笼	弄	总	葱	送	公	空有~	烘
	通合一平东来	通合一去送来	通合一上董精	通合一平东清	通合一去送心	通合一平东见	通合一去送溪	通合一平东晓
安 阳	꜁luŋ	nəŋ꜄	꜂tsuŋ	꜀tsʰuŋ	suŋ꜄/ʂuŋ꜄	꜀kuŋ	kʰuŋ꜄	꜀xuŋ
林 州	꜁luŋ	luŋ꜄	꜂tsuŋ	꜀tsʰuŋ	suŋ꜄	꜀kuŋ	kʰuŋ꜄	꜀xuŋ
鹤 壁	꜁luŋ	nuŋ꜄	꜂tʂuŋ	꜀tʂʰuŋ	ʂuŋ꜄	꜀kuŋ	kʰuŋ꜄	꜀xuŋ
卫 辉	꜁luŋ	nəŋ꜄	꜂tʂuŋ	꜀tʂʰuŋ	suŋ꜄	꜀kuŋ	kʰuŋ꜄	꜀xuŋ
辉 县	꜁luŋ	nəŋ꜄	꜂tsuŋ	꜀tsʰuŋ	suŋ꜄	꜀kuŋ	kʰuŋ꜄	꜀xuŋ
新 乡	꜁luŋ	nəŋ꜄/nuŋ꜄	꜂tʂuŋ/꜂tsuŋ	꜀tʂʰuŋ	suŋ꜄	꜀kuŋ	kʰuŋ꜄	꜀xuŋ
获 嘉	꜁luŋ	nʌŋ꜄	꜂tʂuŋ	꜀tʂʰuŋ	ʂuʌŋ꜄	꜀kuŋ	kʰuʌŋ꜄	꜀xuŋ
淇 县	꜁luŋ	nuŋ꜄	꜂tsuŋ	꜀tʂʰuŋ	suŋ꜄	꜀kuŋ	kʰuŋ꜄	꜀xuŋ
修 武	꜁luŋ	nuŋ꜄	꜂tsuŋ	꜀tsʰuŋ	suŋ꜄	꜀kuŋ	kʰuŋ꜄	꜀xuŋ
焦 作	꜁luŋ	nuŋ꜄	꜂tsuŋ	꜀tsʰuŋ	suŋ꜄	꜀kuŋ	kʰuŋ꜄	꜀xuŋ
武 陟	꜁luŋ	nuŋ꜄/nou꜄	꜂tsuŋ	꜀tsʰuŋ	suŋ꜄	꜀kuŋ	kʰuŋ꜄	꜀xuŋ
沁 阳	꜁luŋ	nuŋ꜄	꜂tsuŋ	꜀tsʰuŋ	suŋ꜄	꜀kuŋ	kʰuŋ꜄	꜀xuŋ
温 县	꜁luŋ	nəŋ꜄	꜂tsuŋ	꜀tsʰuŋ	suŋ꜄	꜀kuŋ	kʰuŋ꜄	꜀xuŋ
济 源	꜁luŋ	nuŋ꜄	꜂tsuŋ	꜀tsʰuŋ	suŋ꜄	꜀kuŋ	kʰuŋ꜄	꜀xuŋ

118	红	瓮	扑	木	秃	独	鹿	族
	通合一平东匣	通合一去送影	通合一入屋滂	通合一入屋明	通合一入屋透	通合一入屋定	通合一入屋来	通合一入屋从
安　阳	꜁xuŋ	vəŋ꜄	꜀pʰu	mɑʔ꜆	tʰuoʔ꜆	tuoʔ꜆	luoʔ꜆	tsuoʔ꜆
林　州	꜁xuŋ	꜀vəŋ	pʰəʔ꜆	məʔ꜆	tʰuəʔ꜆	tuəʔ꜆	luəʔ꜆	tsuəʔ꜆
鹤　壁	꜁xuŋ	uəŋ꜄	꜀pʰu	꜀mu	꜀tʰu	꜁tu	꜀lu	꜁tʂu
卫　辉	꜁xuŋ	uəŋ꜄	pʰuəʔ꜆	muəʔ꜆	tʰuəʔ꜆	tuəʔ꜆	luəʔ꜆	tʂuəʔ꜆
辉　县	꜁xuŋ	vəŋ꜄	pʰəʔ꜆	məʔ꜆	tʰuəʔ꜆	tuəʔ꜆	luəʔ꜆	tsuəʔ꜆
新　乡	꜁xuŋ	꜀uəŋ	pʰuəʔ꜆	muəʔ꜆	tʰuəʔ꜆	tuəʔ꜆	luəʔ꜆	tʂuəʔ꜆
获　嘉	꜁xuŋ	uʌŋ꜄	pʰəʔ꜆	məʔ꜆	tʰuəʔ꜆	tuəʔ꜆	luəʔ꜆	tʂuəʔ꜆
淇　县	꜁xuŋ	uəŋ꜄	pʰuəʔ꜆	məʔ꜆	tʰuəʔ꜆	tuəʔ꜆	luəʔ꜆	tʂuəʔ꜆
修　武	꜁xuŋ	uəŋ꜄	pʰəʔ꜆	məʔ꜆	tʰuəʔ꜆	tuəʔ꜆	luəʔ꜆	tsuəʔ꜆
焦　作	꜁xuŋ	vəŋ꜄	pʰəʔ꜆	məʔ꜆	tʰuəʔ꜆	tuəʔ꜆	luəʔ꜆	tsuəʔ꜆
武　陟	꜁xuŋ	uəŋ꜄	pʰəʔ꜆	məʔ꜆	tʰuəʔ꜆	tuəʔ꜆	luəʔ꜆	tsuəʔ꜆
沁　阳	꜁xuŋ	uəŋ꜄	pʰəʔ꜆	məʔ꜆	tʰuəʔ꜆	tuəʔ꜆	luəʔ꜆	tsuəʔ꜆
温　县	꜁xuŋ	uəŋ꜄	pʰəʔ꜆	məʔ꜆	tʰuəʔ꜆	tuəʔ꜆	luəʔ꜆	tsuəʔ꜆
济　源	꜁xuŋ	uəŋ꜄	pʰəʔ꜆	məʔ꜆	tʰuəʔ꜆	tuəʔ꜆	luəʔ꜆	tsuəʔ꜆

119	速	谷山~	哭	冬	统	农	松~紧	督
	通合一入屋心	通合一入屋见	通合一入屋溪	通合一平冬端	通合一去宋透	通合一平冬泥	通合一平冬心	通合一入沃端
安　阳	suoʔ꜆	kuoʔ꜆	kʰuoʔ꜆	꜀tuŋ	꜂tʰuŋ	꜁nuŋ	꜀suŋ	꜀tu
林　州	suəʔ꜆/syəʔ꜆	kuəʔ꜆	kʰuəʔ꜆	꜀tuŋ	꜂tʰuŋ	꜁nuŋ	꜀suŋ	tuəʔ꜆
鹤　壁	꜀ʂu	꜀ku	꜀kʰu	꜀tuŋ	꜀tʰuŋ	꜁nuŋ	꜀ʂuŋ	꜀tu
卫　辉	suəʔ꜆	kuəʔ꜆	kʰuəʔ꜆	꜀tuŋ	꜀tʰuŋ	꜁nuŋ	꜀suŋ	꜀tu
辉　县	suəʔ꜆	kuəʔ꜆	kʰuəʔ꜆	꜀tuŋ	꜂tʰuŋ	꜁nuŋ	꜀suŋ	tuəʔ꜆
新　乡	ʂuəʔ꜆	꜀ku	kʰuəʔ꜆	꜀tuŋ	꜂tʰuŋ	꜁nuŋ	꜀suŋ	tuəʔ꜆
获　嘉	suəʔ꜆	kuəʔ꜆	kʰuəʔ꜆	꜀tuŋ	꜀tʰuŋ/꜂tʰuŋ	꜁nuŋ	꜀ʂuŋ	tuəʔ꜆
淇　县	suəʔ꜆	kuəʔ꜆	kʰuəʔ꜆	꜀tuŋ	꜂tʰuŋ	꜁nuŋ	꜀suŋ	tuəʔ꜆
修　武	suəʔ꜆	kuəʔ꜆	kʰuəʔ꜆	꜀tuŋ	꜂tʰuŋ	꜁nuŋ	꜀suŋ	꜀tu
焦　作	suəʔ꜆	kuəʔ꜆	kʰuəʔ꜆	꜀tuŋ	꜀tʰuŋ	꜁nuŋ	꜀suŋ	tuəʔ꜆
武　陟	suəʔ꜆	kuəʔ꜆	kʰuəʔ꜆	꜀tuŋ	꜂tʰuŋ	꜁nuŋ	꜀suŋ	tuəʔ꜆
沁　阳	suəʔ꜆	kuəʔ꜆	kʰuəʔ꜆	꜀tuŋ	꜂tʰuŋ	꜁nuŋ	꜀suŋ	tuəʔ꜆
温　县	suəʔ꜆	kuəʔ꜆/ku꜄	kʰuɑʔ꜆	꜀tuŋ	꜀tʰuŋ	꜁nuŋ	꜀suŋ	tuəʔ꜆
济　源	suəʔ꜆	kuəʔ꜆	kʰuəʔ꜆	꜀tuŋ	꜀tʰuŋ/꜂tʰuŋ	꜁nuŋ	꜀suŋ	tuəʔ꜆

120	毒	风	丰	冯	梦	中~间	虫	众
	通合一入沃定	通合三平东非	通合三平东敷	通合三平东奉	通合三去送明	通合三平东知	通合三平东澄	通合三去送章
安 阳	꜁tu	꜀fəŋ	꜀fəŋ	꜁fəŋ	məŋ꜄	꜀tsuŋ	꜁tsʰuŋ	tsuŋ꜄
林 州	꜁tu	꜀fəŋ	꜀fəŋ	꜁fəŋ	məŋ꜄	꜀tʂuŋ	꜁tʂʰuŋ	tʂuŋ꜄
鹤 壁	꜁tu	꜀fəŋ	꜀fəŋ	꜁fəŋ	məŋ꜄	꜀tʂuŋ	꜁tʂʰuŋ	tʂuŋ꜄
卫 辉	꜁tu	꜀fəŋ	꜀fəŋ	꜁fəŋ	məŋ꜄	꜀tʂuŋ	꜁tʂʰuŋ	tʂuŋ꜄
辉 县	꜁tu	꜀fəŋ	꜀fəŋ	꜁fəŋ	məŋ꜄	꜀tsuŋ	꜁tsʰuŋ	tsuŋ꜄
新 乡	꜁tu	꜀fəŋ	꜀fəŋ	꜁fəŋ	məŋ꜄	꜀tʂuŋ	꜁tʂʰuŋ	tʂuŋ꜄
获 嘉	tuəʔ꜇	꜀fəŋ	꜀fəŋ	꜁fəŋ	mʌŋ꜄	꜀tʂuŋ	꜁tʂʰuŋ	tʂuʌŋ꜄
淇 县	꜁tu	꜀fəŋ	꜀fəŋ	꜁fəŋ	məŋ꜄	꜀tʂuŋ	꜁tʂʰuŋ	tʂuŋ꜄
修 武	tuəʔ꜇	꜀fəŋ	꜀fəŋ	꜁fəŋ	məŋ꜄	꜀tʂuŋ	꜁tʂʰuŋ	tʂuŋ꜄
焦 作	꜁tu	꜀fəŋ	꜀fəŋ	꜁fəŋ	məŋ꜄	꜀tʂuŋ	꜁tʂʰuŋ	tʂuŋ꜄
武 陟	tuəʔ꜇	꜀fəŋ	꜀fəŋ	꜁fəŋ	məŋ꜄	꜀tʂuŋ	꜁tʂʰuŋ	tʂuŋ꜄
沁 阳	꜁tu	꜀fəŋ	꜀fəŋ	꜁fəŋ	məŋ꜄	꜀tsuŋ	꜁tsʰuŋ	tsuŋ꜄
温 县	꜁tu	꜀fəŋ	꜀fəŋ	꜁fəŋ	məŋ꜄	꜀tʂuŋ	꜁tʂʰuŋ	tʂuŋ꜄
济 源	꜁tu	꜀fəŋ	꜀fəŋ	꜁fəŋ	məŋ꜄	꜀tʂuŋ	꜁tʂʰuŋ	tʂuŋ꜄

121	充	绒	弓	穷	熊	福	服	目
	通合三平东昌	通合三平东日	通合三平东见	通合三平东群	通合三平东云	通合三入屋非	通合三入屋奉	通合三入屋明
安 阳	꜀tsʰuŋ	꜁zuŋ	꜀kuŋ	꜁tɕʰyŋ	꜁ɕyŋ	foʔ꜆	foʔ꜆	mu꜄
林 州	꜀tʂʰuŋ	꜁ʐuŋ	꜀kuŋ	꜁tɕʰyŋ	꜁ɕyŋ	fəʔ꜆	fəʔ꜆	mu꜄
鹤 壁	꜀tʂʰuŋ	꜁ʐuŋ	꜀kuŋ	꜁tɕʰyŋ	꜁ɕyŋ	꜀fu	꜁fu	mu꜄
卫 辉	꜀tʂʰuŋ	꜁zuŋ	꜀kuŋ	꜁tɕʰyŋ	꜁ɕyŋ	fuəʔ꜆	fuəʔ꜆	mu꜄
辉 县	꜀tsʰuŋ	꜁zuŋ	꜀kuŋ	꜁tɕʰyŋ	꜁ɕyŋ	fəʔ꜆	fəʔ꜆	məʔ꜆
新 乡	꜀tʂʰuŋ	꜁ʐuŋ	꜀kuŋ	꜁tɕʰyŋ	꜁ɕyŋ	fuəʔ꜆	fuəʔ꜆	mu꜄
获 嘉	꜀tʂʰuŋ	꜁ʐuŋ	꜀kuŋ	꜁tɕʰyŋ	꜁ɕyŋ	fəʔ꜆	fəʔ꜆	məʔ꜆
淇 县	꜀tʂʰuŋ	꜁zuŋ	꜀kuŋ	꜁tɕʰyŋ	꜁ɕyŋ	fəʔ꜆	fəʔ꜆	mu꜄
修 武	꜀tʂʰuŋ	꜁ʐuŋ	꜀kuŋ	꜁tɕʰyŋ	꜁ɕyŋ	fəʔ꜆	fəʔ꜆	məʔ꜆4/24
焦 作	꜀tʂʰuŋ	꜁ʐuŋ	꜀kuŋ	꜁tɕʰyŋ	꜁ɕyŋ	fəʔ꜆	fəʔ꜆	məʔ꜆
武 陟	꜀tʂʰuŋ	꜁ʐuŋ	꜀kuŋ	꜁tɕʰyŋ	꜁ɕyŋ	fəʔ꜆	fəʔ꜆	məʔ꜆
沁 阳	꜀tsʰuŋ	꜁zuŋ	꜀kuŋ	꜁tɕʰyŋ	꜁ɕyŋ	fəʔ꜆	fəʔ꜆	məʔ꜆
温 县	꜀tʂʰuŋ	꜁ʐuŋ	꜀kuŋ	꜁tɕʰyŋ	꜁ɕyŋ	fəʔ꜆	fəʔ꜆	məʔ꜆
济 源	꜀tʂʰuŋ	꜁ʐuŋ	꜀kuŋ	꜁tɕʰyŋ	꜁ɕyŋ	fəʔ꜆	fəʔ꜆	məʔ꜆

122	六	肃	竹	轴	缩	粥	叔	熟
	通合三入屋来	通合三入屋心	通合三入屋知	通合三入屋澄	通合三入屋生	通合三入屋章	通合三入屋书	通合三入屋禅
安　阳	liou꜄	ɕy꜄	tsuoʔ꜆	꜁tsu	suoʔ꜆	꜀tsou	꜂su	꜁su
林　州	luəʔ꜆	syəʔ꜆/suəʔ꜆	tʂuəʔ꜆	꜁tʂu	ʂuəʔ꜆	tʂuəʔ꜆	ʂuəʔ꜆	꜁ʂu
鹤　壁	liou꜄	ɕy꜄	꜀tʂu	꜁tʂu	꜀ʂuɐ	꜀tʂou	꜂ʂu	꜁ʂu
卫　辉	luəʔ꜆	ɕyəʔ꜆	tʂuəʔ꜆	꜁tʂu	suɐʔ꜆	꜀tʂou	꜀su	꜁su
辉　县	liou꜄	suəʔ꜆	tsuəʔ꜆	꜁tsu/꜁tsou	suɐʔ꜆	꜀tsou	꜀su	꜁su
新　乡	luəʔ꜆	ɕy꜄/su꜄	tʂuəʔ꜆	꜁tʂu	ʂuɐʔ꜆	꜀tʂou	꜀ʂu	꜁ʂu
获　嘉	liɔo꜄	꜀ɕy	tʂuəʔ꜆	꜁tʂu	ʂuaʔ꜆	꜀tʂou	꜀ʂu	꜁ʂu
淇　县	liou꜄	ɕyəʔ꜆	tʂuəʔ꜆	꜁tʂu	suəʔ꜆	꜀tʂou	꜂su	꜁su
修　武	luəʔ꜆/liou꜄	ɕyəʔ꜆	tʂuəʔ꜆	꜁tʂu	ʂuɐʔ꜆4/24	꜀tʂou	꜀ʂu	꜁ʂu
焦　作	luəʔ꜆	ɕyəʔ꜆	tʂuəʔ꜆	꜁tʂu	ʂuʌʔ꜆	꜀tʂou	꜀ʂu	꜁ʂu
武　陟	liou꜄	ɕyəʔ꜆	tʂuəʔ꜆	꜁tʂu	꜀ʂuʌ	꜀tʂou	꜀ʂu	꜁ʂu
沁　阳	luəʔ꜆	ɕyəʔ꜆	tsuəʔ꜆	꜁tsu	suɑʔ꜆	꜀tsou	꜀su	꜁su
温　县	luəʔ꜆	ɕyəʔ꜆	tʂuəʔ꜆	꜁tʂu	suɑʔ꜆	꜀tʂou	꜀fu	꜁fu
济　源	luəʔ꜆	ɕyəʔ꜆	tʂuəʔ꜆	꜁tʂu	ʂuɐʔ꜆	tʂuəʔ꜆	ʂuəʔ꜆	꜁ʂu

123	肉	菊	畜~牧	育	封	缝~衣	浓	龙
	通合三入屋日	通合三入屋见	通合三入屋晓	通合三入屋以	通合三平钟非	通合三平钟奉	通合三平钟泥	通合三平钟来
安阳	zou꜄	tɕyɛʔ꜆	ɕyɛʔ꜆	yɛʔ꜆	꜀fəŋ	꜁fəŋ	꜁nuŋ	꜁luŋ
林州	ʐou꜄	tɕyəʔ꜆	ɕyəʔ꜆	yəʔ꜆	꜀fəŋ	꜁fəŋ	꜁nuŋ	꜁lyŋ
鹤壁	ʐou꜄	꜀tɕy	꜀ɕy	y꜄	꜀fəŋ	꜁fəŋ	꜁nuŋ	꜁luŋ
卫辉	zou꜄	tɕyəʔ꜆	ɕyəʔ꜆	y꜄	꜀fəŋ	꜁fəŋ	꜁nuŋ	꜁luŋ
辉县	zou꜄	tɕyəʔ꜆	ɕyəʔ꜆	y꜄	꜀fəŋ	꜁fəŋ	꜁nuŋ	꜁luŋ／꜁lyŋ
新乡	zou꜄	tɕyəʔ꜆	ɕyəʔ꜆	y꜄	꜀fəŋ	꜁fəŋ	꜁nuŋ	꜁lyŋ
获嘉	ʐɔo꜄	tɕyəʔ꜆	ɕyəʔ꜆	y꜄	꜀fəŋ	꜁fəŋ	nuʌŋ꜄	꜁lyŋ
淇县	zou꜄	꜀tɕy	ɕyəʔ꜆	y꜄	꜀fəŋ	꜁fəŋ	꜁nuŋ	꜁lyŋ
修武	ʐou꜄	tɕyəʔ꜆$_{4/\underline{24}}$	ɕyəʔ꜆	y꜄	꜀fəŋ	꜁fəŋ	꜁nuŋ	꜁luŋ
焦作	ʐuəʔ꜆	tɕyəʔ꜆	ɕyəʔ꜆	y꜄	꜀fəŋ	꜁fəŋ	꜁nuŋ	꜁lyŋ
武陟	ʐou꜄	tɕyəʔ꜆	ɕyəʔ꜆	y꜄	꜀fəŋ	꜁fəŋ	nuŋ꜄	꜁lyŋ
沁阳	zou꜄	tɕyəʔ꜆	ɕyəʔ꜆	y꜄	꜀fəŋ	꜁fəŋ	꜁nuŋ	꜁lyŋ
温县	ʐou꜄	tɕyəʔ꜆	ɕyəʔ꜆	y꜄	꜀fəŋ	꜁fəŋ	꜁nuŋ	꜁lyŋ
济源	ʐuəʔ꜆	tɕyəʔ꜆	ɕyəʔ꜆	y꜄	꜀fəŋ	꜁fəŋ	꜀nuŋ／꜁nuŋ	꜁lyŋ

124	从服~	松~树	重轻~	钟~表	种~地	冲	供上~	共
	通合三平钟从	通合三平钟邪	通合三上肿澄	通合三平钟章	通合三去用章	通合三平钟昌	通合三去用见	通合三去用群
安　阳	꜁tsʰuŋ	꜀suŋ	tsuŋ꜄	꜀tsuŋ	tsuŋ꜄	꜀tsʰuŋ	kuŋ꜄	kuŋ꜄
林　州	꜁tsʰuŋ	꜀syŋ	tʂuŋ꜄	꜀tʂuŋ	tʂuŋ꜄	꜀tʂʰuŋ	kuŋ꜄	kuŋ꜄
鹤　壁	꜁tʂʰuŋ	꜀ɕyŋ／꜀ʂuŋ①	tʂuŋ꜄	꜀tʂuŋ	tʂuŋ꜄	꜀tʂʰuŋ	kuŋ꜄	kuŋ꜄
卫　辉	꜁tʂʰuŋ	꜀ɕyŋ／꜀suŋ	tʂuŋ꜄	꜀tʂuŋ	tʂuŋ꜄	꜀tʂʰuŋ	kuŋ꜄	kuŋ꜄
辉　县	꜁tsʰuŋ	꜀suŋ	tsuŋ꜄	꜀tsuŋ	tsuŋ꜄	꜀tsʰuŋ	kuŋ꜄	kuŋ꜄
新　乡	꜁tʂʰuŋ	꜀ɕyŋ／꜀suŋ	tʂuŋ꜄	꜀tʂuŋ	tʂuŋ꜄	꜀tʂʰuŋ	kuŋ꜄	kuŋ꜄
获　嘉	꜁tɕʰyŋ	꜀ɕyŋ	tʂuʌŋ꜄	꜀tʂuŋ	tʂuʌŋ꜄	꜀tʂʰuŋ	kuʌŋ꜄	kuʌŋ꜄
淇　县	꜁tʂʰuŋ	꜀ɕyŋ	tʂuŋ꜄	꜀tʂuŋ	tʂuŋ꜄	꜀tʂʰuŋ	kuŋ꜄	kuŋ꜄
修　武	꜁tɕʰyŋ	꜀ɕyŋ	tʂuŋ꜄	꜀tʂuŋ	tʂuŋ꜄	꜀tsʰuŋ	kuŋ꜄	kuŋ꜄
焦　作	꜁tɕʰyŋ	꜀ɕyŋ	tʂuŋ꜄	꜀tʂuŋ	tʂuŋ꜄	꜀tʂʰuŋ	kuŋ꜄	kuŋ꜄
武　陟	꜁tsʰuŋ	꜀suŋ	tʂuŋ꜄	꜀tʂuŋ	tʂuŋ꜄	꜀tʂʰuŋ	kuŋ꜄	kuŋ꜄
沁　阳	꜁tsʰuŋ	꜀suŋ	tsuŋ꜄	꜀tsuŋ	tsuŋ꜄	꜀tsʰuŋ	kuŋ꜄	kuŋ꜄
温　县	꜁tɕʰyŋ	꜀ɕyŋ／꜀suŋ	tʂuŋ꜄	꜀tʂuŋ	tʂuŋ꜄	꜀tʂʰuŋ	kuŋ꜄	kuŋ꜄
济　源	꜁tɕʰyŋ	꜀ɕyŋ	tʂuŋ꜄	꜀tʂuŋ	tʂuŋ꜄	꜀tʂʰuŋ	kuŋ꜄	kuŋ꜄

① [꜀ɕyŋ]为白读，[꜀ʂuŋ]为文读。卫辉、新乡、温县的情况也是如此。

125	胸	拥	容	用	绿	足	粟	俗
	通合三平钟晓	通合三上肿影	通合三平钟以	通合三去用以	通合三入烛来	通合三入烛精	通合三入烛心	通合三入烛邪
安阳	꜀ɕyŋ	꜂yŋ/꜀yŋ	꜁zuŋ	yŋ꜄	luoʔ꜆	tɕyɛʔ꜆	su꜄	꜁su
林州	꜀ɕyŋ	꜂yŋ	꜁ʐuŋ	yŋ꜄	luəʔ꜆	tsyəʔ꜆	꜀su	syəʔ꜆/suəʔ꜆
鹤壁	꜀ɕyŋ	꜂yŋ	꜁ʐuŋ	yŋ꜄	꜀ly	꜀tɕy	ʂu꜄	꜀ɕy
卫辉	꜀ɕyŋ	꜂yŋ	꜁zuŋ	yŋ꜄	luəʔ꜆	tɕyəʔ꜆/tʂuəʔ꜆	꜁su	ɕyəʔ꜆
辉县	꜀ɕyŋ	꜀yŋ	꜁zuŋ	yŋ꜄	luəʔ꜆/lyəʔ꜆	tsuəʔ꜆	suəʔ꜆	suəʔ꜆/꜁ɕy
新乡	꜀ɕyŋ	꜂yŋ	꜁ʐuŋ	yŋ꜄	luəʔ꜆	tɕyəʔ꜆/tʂuəʔ꜆	꜂su/꜂ʂu	ɕyəʔ꜆
获嘉	꜀ɕyŋ	꜂yŋ	꜁yŋ	yʌŋ꜄	luəʔ꜆	tɕyəʔ꜆	꜀ʂu	ɕyəʔ꜆
淇县	꜀ɕyŋ	꜂yŋ	꜁zuŋ	yŋ꜄	luəʔ꜆	tɕyəʔ꜆	——	ɕyəʔ꜆
修武	꜀ɕyŋ	꜂yŋ/꜀yŋ	꜁yŋ	yŋ꜄	luəʔ꜆	tɕyəʔ꜆	suəʔ꜆	ɕyəʔ꜆
焦作	꜀ɕyŋ	꜂yŋ/꜀yŋ	꜁yŋ	yŋ꜄	luəʔ꜆	tɕyəʔ꜆	꜂ʂu	ɕyəʔ꜆
武陟	꜀ɕyŋ	꜂yŋ	꜁yŋ/꜁ʐuŋ①	yŋ꜄	luəʔ꜆	tɕyəʔ꜆	꜀su	ɕyəʔ꜆
沁阳	꜀ɕyŋ	꜀yŋ	꜁zuŋ	yŋ꜄	luəʔ꜆	tsuəʔ꜆	su꜄	ɕyəʔ꜆
温县	꜀ɕyŋ	꜀yŋ	꜁yŋ	yŋ꜄	luəʔ꜆	tɕyəʔ꜆/tsuəʔ꜆	꜂su	ɕyəʔ꜆
济源	꜀ɕyŋ	꜀yŋ	꜁yŋ	yŋ꜄	luəʔ꜆	tɕyəʔ꜆	suəʔ꜆	ɕyəʔ꜆

① [꜁yŋ]用于“容易”，[꜁ʐuŋ]用于“内容”。

126	嘱	触	赎	束	属	曲	局	玉
	通合三入烛章	通合三入烛昌	通合三入烛船	通合三入烛书	通合三入烛禅	通合三入烛溪	通合三入烛群	通合三入烛疑
安　阳	tsuoʔ꜆	tsuoʔ꜆	꜁su	suoʔ꜆	suoʔ꜆	tɕʰyɛʔ꜆	꜁tɕy	y꜄
林　州	tʂuəʔ꜆	tʂʰuəʔ꜆	꜁ʂu	ʂuəʔ꜆①	ʂuəʔ꜆	tɕʰyəʔ꜆	꜁tɕy	y꜄
鹤　壁	꜀tʂu	꜀tʂu	꜀ʂu	꜀ʂu	ʂu꜄	꜀tɕʰy	꜁tɕy	y꜄
卫　辉	tʂuəʔ꜆	tʂuəʔ꜆	꜀su	suəʔ꜆	suəʔ꜆	tɕʰyəʔ꜆	꜁tɕy	y꜄
辉　县	tsuəʔ꜆	tsuəʔ꜆	꜁su	suəʔ꜆	suəʔ꜆	tɕʰyəʔ꜆	꜁tɕy	y꜄
新　乡	꜂tʂu	tʂuəʔ꜆	ɕy꜄	ʂuəʔ꜆	꜂ʂu	tɕʰyəʔ꜆	꜁tɕy	y꜄
获　嘉	tʂuəʔ꜆	tʂuəʔ꜆	꜀ʂu	ʂuəʔ꜆	ʂuəʔ꜆	tɕʰyəʔ꜆	꜁tɕy	y꜄
淇　县	tʂuəʔ꜆	tʂʰuəʔ꜆	꜁su	suəʔ꜆	suəʔ꜆	tɕʰyəʔ꜆	꜁tɕy	y꜄
修　武	tʂuəʔ꜆	tʂuəʔ꜆	꜁ʂu	ʂuəʔ꜆	ʂuəʔ꜆	tɕʰyəʔ꜆	꜁tɕy	y꜄
焦　作	tʂuəʔ꜆	tʂuəʔ꜆	꜁ʂu	ʂuəʔ꜆	ʂuəʔ꜆	tɕʰyəʔ꜆	꜁tɕy	y꜄
武　陟	tʂuəʔ꜆	tʂuəʔ꜆	ʂuəʔ꜆	ʂuəʔ꜆	ʂuəʔ꜆	tɕʰyəʔ꜆	꜁tɕʰy	y꜄
沁　阳	tsuəʔ꜆	tsuəʔ꜆	꜁su	suəʔ꜆	suəʔ꜆	tɕʰyəʔ꜆	꜁tɕy	y꜄
温　县	tʂuəʔ꜆	tʂʰuəʔ꜆	꜀ʂu	fəʔ꜆/ ʂuəʔ꜆	fəʔ꜆/ ʂuəʔ꜆	tɕʰyəʔ꜆	꜁tɕy	y꜄
济　源	tʂuəʔ꜆	tʂuəʔ꜆	꜁ʂu	ʂuəʔ꜆/tʂʰuəʔ꜆	ʂuəʔ꜆	tɕʰyəʔ꜆	꜁tɕy	y꜄

① 另有[tʂʰuəʔ꜆]音,用于“束腰带”。

附录三

豫北晋语发音人简况

编号	调查点	发音人	性别	出生时间	文化程度	籍　贯	职业
01	安阳文峰	申天顺	男	1948 年	初中	安阳市文峰区二道街	木工
02	安阳吕村	李宏春	男	1949 年	高中	安阳县吕村镇牛寨村	司机
03	安阳铜冶	马广德	男	1945 年	初中	安阳县铜冶镇南铜冶	农民
04	安阳马家	马改明	男	1945 年	初中	安阳县马家乡马家村	农民
05	汤阴城关	李贵生	男	1942 年	初中	汤阴县城关镇文化街	工人
		王连明	男	1953 年	高小	汤阴县城关镇北关村	干部
06	汤阴五陵	党中信	男	1955 年	初中	汤阴县五陵镇五三街	农民
07	林州城郊	谢伏锁	男	1947 年	初中	林州市城郊乡付水洼	教师
08	林州任村	傅振江	男	1949 年	高中	林州市任村镇任村村	干部
09	林州东姚	梁金莲	女	1945 年	小学	林州市东姚镇东姚村	农民
		郝用生	男	1945 年	初中	林州市东姚镇东姚村	干部
10	林州临淇	万启林	男	1954 年	中专	林州市临淇镇孔峪村	教师
		陈记拴	男	1948 年	初中	林州市临淇镇孔峪村	农民
11	鹤壁淇滨	赵树贵	男	1950 年	函授大专	鹤壁市淇滨区大赉店	干部
12	鹤壁山城	刘运喜	男	1952 年	初中	鹤壁市鹿楼乡铜家庄	医生
13	淇县朝歌	王尚华	男	1939 年	初中	淇县朝歌镇东街	电工
14	淇县黄洞	杨培绿	男	1939 年	初中	淇县黄洞乡黄洞村	农民
15	辉县城关	孙　英	男	1935 年	初小	辉县市城关镇西关村	工人
16	辉县南村	路　文	男	1948 年	高中	辉县市南村镇金王庙	工人

续　表

编号	调查点	发音人	性别	出生时间	文化程度	籍　贯	职业
17	辉县上八里	尚万龙	男	1946 年	高小	辉县上八里镇上八里村	农民
18	辉县吴村	李德生	男	1943 年	高小	辉县市吴村镇三街村	农民
19	卫辉城郊	姚金泉	男	1938 年	高中	卫辉市城郊乡东天平村	干部
20	卫辉狮豹头	孔庆颇	男	1942 年	初中	卫辉市狮豹头乡砂掌村	干部
21	卫辉庞寨	庞希夏	男	1942 年	高中	卫辉市庞寨乡庞寨村	干部
22	延津城关	张炳岳	男	1945 年	初中	延津县城关镇北大街	农民
23	延津胙城	周世春	男	1949 年	初中	延津县胙城乡胙城村	医生
24	延津榆林	娄元乾	男	1949 年	高小	延津县榆林乡大榆林	农民
25	新乡平原	宋金吾	男	1945 年	高中	新乡市平原乡唐庄	工人
		刘玉山	男	1945 年	初中	新乡市卫滨区石榴园	干部
26	新乡小冀	梁金台	男	1936 年	大专	新乡县小冀镇高村	教师
27	获嘉城关	何禄亮	男	1950 年	初中	获嘉县城关镇二街村	农民
		李同明	男	1951 年	初中	获嘉县城关镇东城后	干部
28	获嘉亢村	张志良	男	1948 年	函授大专	获嘉县亢村镇亢西村	教师
29	获嘉徐营	浮俊古	男	1946 年	初中	获嘉县徐营镇东浮庄	干部
30	修武城关	王进财	男	1942 年	初中	修武县城关镇南关村	农民
31	修武西村	崔记来	男	1945 年	初中	修武县西村乡柿园村	农民
32	修武岸上	王景礼	男	1952 年	初中	修武县岸上乡五家台	农民
33	焦作王褚	王洪清	男	1936 年	初师	焦作市解放区东王褚	教师
34	武陟木城	李公平	男	1950 年	大专	武陟县木城镇三里庄	教师
		李敬波	男	1949 年	高中	武陟县木城镇三里庄	农民
35	武陟小董	王延荣	男	1944 年	函授本科	武陟县小董乡小董村	教师
		孙秀海	男	1940 年	函授本科	武陟县小董乡小董村	教师
36	武陟詹店	何少禄	男	1935 年	师专	武陟县詹店镇何营村	教师
37	博爱清化	乔怀真	男	1933 年	小学	博爱县清化镇建设街	干部
38	博爱寨豁	王章有	男	1945 年	初中	博爱县寨豁乡寨豁村	农民
39	沁阳沁园	魏庆元	男	1952 年	高中	沁阳沁园办事处肖庄	农民
40	沁阳常平	张战成	男	1946 年	初中	沁阳市常平乡后河湾	干部

续 表

编号	调查点	发音人	性别	出生时间	文化程度	籍 贯	职业
41	沁阳紫陵	任思梦	男	1942 年	高中	沁阳市紫陵镇紫陵村	教师
42	沁阳柏香	杨介堂	男	1937 年	高小	沁阳市柏香镇柏香村	农民
43	温县温泉	张友谊	男	1948 年	函授本科	温县温泉镇	教师
		朱振武	男	1945 年	函授本科	温县温泉镇	干部
44	温县武德	王时清	男	1948 年	中专	温县武德镇西街村	会计
45	温县番田	李平天	男	1944 年	高小	温县番田镇番田村	农民
46	济源玉泉	阎国仁	男	1939 年	初中	济源市玉泉街办亚桥	工人
47	济源坡头	郑吉根	男	1946 年	初中	济源市坡头镇坡头村	农民
48	济源王屋	张瑞义	男	1947 年	高中	济源市王屋镇五星桥	干部
49	济源下冶	吴　川	男	1947 年	初中	济源市下冶镇石槽村	医生
50	济源邵原	任继东	男	1947 年	高中	济源市邵原镇北寨村	教师

调查期间，诸位发音人花费了大量的时间和精力，不厌其烦地满足了笔者反复地询问和要求。谨向各位先生致以衷心的谢意和美好的祝愿！

参考文献

白涤洲(1954)《关中方音调查报告》,北京:中国科学院。

白静茹(2005)《高平方言研究》,太原:山西人民出版社。

白静茹(2009)《吕梁方言语音研究》,北京大学博士学位论文。

包旭玲(2006)《河洛地区方言音韵研究》,北京大学博士学位论文。

北京大学中国语言文学系语言学教研室编(2003)《汉语方音字汇》(第二版重排本),北京:语文出版社。

闭克朝(1991)《横县平话中的韵随调转现象》,《华中师范大学学报》第1期。

波多野太郎(1972)《中国方志所录方言汇编》(第九编),横滨:横滨市立大学纪要。

博爱县志编纂委员会总编辑室(1994)《博爱县志》,北京:中国国际广播出版社。

曹树基(1997)《中国移民史》(第5卷),福州:福建人民出版社。

曹志耘(1996)《严州方言研究》,东京:好文出版。

曹志耘(2002a)《南部吴语语音研究》,北京:商务印书馆。

曹志耘(2002b)《吴徽语入声演变的方式》,《中国语文》第5期。

曹志耘(2004)《汉语方言中的韵尾分调现象》,《中国语文》第1期。

曹志耘主编(2008)《汉语方言地图集·语音卷》,北京:商务印书馆。

曹志耘(2009a)《汉语方言中的调值分韵现象》,《中国语文》第2期。

曹志耘(2009b)《湘西方言里的特殊语音现象》,《方言》第1期。

曹志耘,秋谷裕幸,太田斋,赵日新(2000)《吴语处衢方言研究》,东京:好文出版。

陈泓,李海洁(2006)《黄河故道与新乡方言》,《韶关学院学报》第4期。

陈宁(2006)《山东博山方言的子变韵及相关问题》,《方言》第4期。

陈鹏飞(2004)《豫北晋语语音演变研究》,延边:延边大学出版社。

陈鹏飞(2005)《林州方言"了"的语音变体及其语义分工》,载南开大学文学院、汉语言文化学院编《南开语言学刊》第1期,北京:商务印书馆。

陈鹏飞(2007)《林州方言志》,天津:天津社会科学院出版社。

陈卫恒(2003)《林州方言"子"尾读音研究》,《语文研究》第3期。

陈卫恒(2010)《儿化音对于单字音的影响——辉县、淇县方言卷舌声母的产生过程》,《语言研究》第4期。

陈卫恒(2011a)《音节与意义暨音系与词汇化、语法化、主观化的关联:豫北方言变音的理论研究》,北京:北京语言大学出版社。

陈卫恒(2011b)《林州方言"子"尾读音暨子尾、子变韵两条演变链的衔接》,载北京大学中国语言学研究中心《语言学论丛》编委会编《语言学论丛》第44辑,北京:商务印书馆。

陈泽平(1984)《福州话的韵母结构及其演变模式》,载北京大学中国语言学研究中心《语言学论丛》编委会编《语言学论丛》第13辑,北京:商务印书馆。

陈泽平(2012)《福安话韵母的历史音变及其共时分析方法》,《中国语文》第1期。

陈章太,李行健主编(1996)《普通话基础方言基本词汇集》,北京:语文出版社。

陈忠敏(1998)《吴语及邻近方言鱼韵的读音层次——兼论"金陵切韵"鱼韵的音值》,《第6届中国境内语言暨语言学国际研讨会论文集》。
丁邦新(1987)《论官话方言研究中的几个问题》,载"中央研究院"历史语言研究所编《"中央研究院"历史语言研究所集刊》第五十八本第四分。
董绍克(1996)《元曲"说"读"佛"例》,《中国语文》第1期。
方婷婷(2010)《山东莱芜方言语音研究》,浙江大学硕士学位论文。
冯 隆(1985)《北京话语流中声韵调的时长》,载林焘、王理嘉等《北京语音实验录》,北京:北京大学出版社。
高本汉(2003[1940])《中国音韵学研究》,赵元任等合译,北京:商务印书馆。
高晓虹(2011)《章丘方言志》,济南:齐鲁书社。
耿振生(1991)《〈青郊杂著〉音系简析》,《中国语文》第5期。
谷向伟(2007a)《林州方言的"V来/V上来"和"V来了/V上来了"》,《语文研究》第2期。
谷向伟(2007b)《河南林州方言的"动"和"动了"》,《方言》第2期。
郭校珍,张宪平(2005)《娄烦方言研究》,太原:山西人民出版社。
韩承红(2010)《太白、岐山一带方言的子变韵》,《陕西教育学院学报》第1期。
河北省昌黎县县志编纂委员会,中国社会科学院语言研究所合编(1960)《昌黎方言志》,北京:科学出版社。
河北省地方志编纂委员会编(2005)《河北省志·方言志》,北京:方志出版社。
河南省地方史志编纂委员会编纂(1995)《河南省志》第11卷《方言志》,郑州:河南人民出版社。
河南省卫辉市政府地方史志办公室编,乾隆乙亥重修《汲县志》。
河南省卫辉市政府地方史志办公室编,魏青铓撰《汲县今志》民国二十四年十一月刊行本。
河南省温县地方志编纂委员会(1986)《温县志稿》(1933年纂修),郑州轻工技校印刷厂。
贺　巍（1981）《济源方言记略》，《方言》第 1 期。
贺　巍（1984）《洛阳方言记略》，《方言》第 4 期。
贺　巍（1989）《获嘉方言研究》，北京：商务印书馆。
贺　巍（1993）《洛阳方言研究》，北京：社会科学文献出版社。
贺　巍（2003）《官话方言研究》，北京：方志出版社。
贺　巍（2005）《中原官话分区（稿）》，《方言》第 2 期。
黑维强（1997）《陕北话果假摄字读鼻尾韵例》，《中国语文》第 4 期。
侯精一（1985）《晋东南地区的子变韵母》，《中国语文》第 2 期。
侯精一（1986）《晋语的分区（稿）》，《方言》第 4 期。
侯精一（1999）《现代晋语的研究》，北京：商务印书馆。
侯精一（2011）《〈中国音韵学研究〉与现代山西方言音韵》，《方言》第 3 期。
侯精一，温端政主编（1993）《山西方言调查研究报告》，太原：山西高校联合出版社。
胡　伟，焦　磊（2017）《河南滑县半坡店方言的 Z 变音》，第四届韵律语法研究国际研讨会论文。
黄伯荣，廖序东主编（1979）《现代汉语》（试用本），兰州：甘肃人民出版社。
济源市交通志编纂委员会编（2002）《济源交通志》，郑州：中州古籍出版社。
江海燕（2000）《河北迁西方言的儿化》，《徐州师范大学学报》第 1 期。
金梦茵（1983）《陵川方言志》，太原：山西高校联合出版社。
李国正（1984）《四川话流、蟹两摄读鼻音尾字的分析》，《中国语文》第 6 期。
李建校（2005）《静乐方言研究》，太原：山西人民出版社。
李建校（2006）《陕北晋语语音研究》，北京语言大学博士学位论文。
李　蓝（2003）《论“做”字的音》，《中国语文》第 2 期。

李　荣(1957)《汉语方言调查手册》,北京:科学出版社。
李　荣(1985)《官话方言的分区》,《方言》第1期。
李如龙(1996)《声韵调的演变是互制互动的》,载《方言与音韵论集》,香港:香港中文大学中国文化研究所吴多泰中国语文研究中心。
李小平(2004)《山西离石方言音系》,《吕梁教育学院学报》第4期。
李新魁(1984)《近代汉语介音的发展》,载中国音韵学研究会编《音韵学研究》第一辑,北京:中华书局。
李　旭(2008)《河北省中部南部方言语音研究》,山东大学博士学位论文。
李学军(2012)《河南内黄方言音系》,《方言》第1期。
李宇明(1996)《泌阳方言的儿化及儿化闪音》,《方言》第4期。
梁玉璋,冯爱珍(1996)《福州话音档》,上海:上海教育出版社。
林茂灿(1997)《声调、音高与基频》,载中国语文编辑部编《庆祝中国社会科学院语言研究所45周年学术论文集》,北京:商务印书馆。
林县志编纂委员会编(1989)《林县志》,郑州:河南人民出版社。
凌　峰,李葆怡(2009)《声调五度值的感知分布初探》,载《中国语音学报》编委会编《中国语音学报》第2辑,北京:商务印书馆。
刘冬冰(1997)《开封方言记略》,《方言》第4期。
刘俐李(2004)《汉语声调论》,南京:南京师范大学出版社。
刘淑学(2000)《中古入声字在河北方言中的读音研究》,保定:河北大学出版社。
刘勋宁(1995)《再论汉语北方话的分区》,《中国语文》第6期。
刘育林(1990)《陕西省志·方言志(陕北部分)》,西安:陕西人民出版社。
卢甲文(1992)《郑州方言志》,北京:语文出版社。
罗常培,王　均(2009)《普通语音学纲要》(修订本),北京:商务印书馆。
罗昕如(2012)《湖南方言古阴声韵、入声韵字今读鼻韵现象》,《方言》第3期。
雒 鹏(2001)《兰州方言的pf、pf^h》,全国汉语方言学会第十一届学术年会论文。
马凤如(2000)《金乡方言志》,济南:齐鲁书社。
马克章(1990)《偃师方言儿化初探》,《开封教育学院学报》第4期。
孟庆泰,罗福腾(1994)《淄川方言志》,北京:语文出版社。
米 青(侯精一)(1988)《垣曲方言用变调表示“子”尾》,《中国语文》第4期。
亓海峰,曾晓渝(2008)《莱芜方言儿化韵初探》,《语言科学》第4期。
淇县志编纂委员会编(1996)《淇县志》,郑州:中州古籍出版社。
钱曾怡(1993)《博山方言研究》,北京:社会科学文献出版社。
钱曾怡(1995)《论儿化》,《中国语言学报》第5期,北京:商务印书馆。
钱曾怡主编(2001)《山东方言研究》,济南:齐鲁书社。
钱曾怡(2008)《临朐方言简记》,载钱曾怡《钱曾怡汉语方言研究文选》,济南:山东大学出版社。
钱曾怡主编(2010)《汉语官话方言研究》,济南:齐鲁书社。
乔全生(1990)《山西汾西方言的归属》,《方言》第2期。
乔全生(2008)《晋方言语音史研究》,北京:中华书局。
秋谷裕幸(2001)《吴语江山广丰方言研究》,日本爱媛大学法学部。
瞿建慧(2009)《湘语辰溆片异调变韵现象》,《中国语文》第2期。
瞿建慧(2010)《湘语辰溆片语音研究》,北京:中国社会科学出版社。
冉启斌(2005)《汉语鼻音韵尾的实验研究》,载南开大学文学院、汉语言文化学院编《南开语言学刊》第1期,北京:商务印书馆。
桑宇红(2008)《知庄章组声母在现代南方方言的读音类型》,《河北师范大学学报》第3期。

桑宇红(2010)《中古知庄章组字在现代方言中的擦音游离现象》,《语言科学》第4期。

山东省邹平县地方史志编纂委员会编(1992)《邹平县志》,北京:中华书局。

邵文杰主编(1991)《河南省志》第4卷《黄河志》,郑州:河南人民出版社。

沈慧云(1983)《晋城方言志》,太原:山西高校联合出版社。

沈 明(1995)《山西晋语的入声韵研究》,中国社会科学院博士学位论文。

沈 明(2006)《晋语的分区》(稿),《方言》第4期。

沈 明(2011)《晋语果摄字今读鼻音韵的成因》,《方言》第4期。

石 锋,冉启斌(2011)《普通话上声的本质是低平调——对〈汉语平调的声调感知研究〉的再分析》,《中国语文》第6期。

石 锋,王 萍(2006)《北京话单字音声调的统计分析》,《中国语文》第1期。

石绍浪(2011)《黄孝片及周边方言非阳声韵今读鼻音尾现象分析》,第八届中国地域文化与语言国际学术研讨会论文。

时秀娟(2010)《北京话响音鼻化度的初步分析》,《当代语言学》第4期。

史艳锋(2013)《子变韵和子变韵的形成构拟——以孟州方言为例》,《语言暨语言学》第14卷第5期。

宋恩泉(2005)《汶上方言志》,济南:齐鲁书社。

宋玉柱(1982)《林县方言的几个语法特点》,载南开大学中文系《语言研究论丛》编辑部编《语言研究论丛》第二辑,天津:天津人民出版社。

孙修光(2001)《豫北方言与普通话语音的比较分析》,《焦作工学院学报》第3期。

孙玉文(2007)《试释湖北黄冈话中“模母幕木”等字读[moŋ]的现

象》,《长江学术》第1期。
谭其骧主编(1982)《中国历史地图集》,北京:中国地图出版社。
汤阴县志编纂委员会编(1987)《汤阴县志》,郑州:河南人民出版社。
田文静(2013)《山东高密(西乡)方言音系》,《中国语学研究·开篇》第32卷。
王福堂(1999/2005)《汉语方言语音的演变和层次》(修订本),北京:语文出版社。
王洪君(1990)《入声韵在山西方言中的演变》,《语文研究》第1期。
王洪君(1994)《汉语常用的两种语音构词法——从平定儿化和太原嵌1词谈起》,《语言研究》第1期。
王洪君(1999/2008)《汉语非线性音系学:汉语的音系格局与单字音》(增订版),北京:北京大学出版社。
王洪君(2004)《从山西闻喜的小方言差异看Z变音的衰变》,《语文研究》第1期。
王洪君(2007)《〈中原音韵〉知庄章声母的分合及其在山西方言中的演变》,《语文研究》第1期。
王军虎(2012)《凤翔方言的子变韵和D变韵》,《咸阳师范学院学报》第3期。
王 力(1955)《汉语讲话》,载王力《王力文集》第三卷(1985),济南:山东教育出版社。
王 力(1979)《现代汉语语音分析中的几个问题》,《中国语文》第4期。
王 力(2004)《汉语史稿》,北京:中华书局。
王 利(2008a)《晋东南晋语语音研究》,山东大学博士学位论文。
王 利(2008b)《晋东南晋语的入声舒化现象》,《语文研究》第3期。
王临惠(2003)《汾河流域方言的语音特点及其流变》,北京:中国社会科学出版社。
王临惠(2007)《临猗方言研究》,天津:天津社会科学院出版社。

王临惠(2011)《秦晋沿黄河方言声调的演变及其自然人文背景》,《方言》第3期。
王临惠(2013)《晋豫一带方言Z变音源于"头"后缀试证》,《中国语文》第4期。
王　萍(2009)《北京话声调和元音的实验与统计》,天津:南开大学出版社。
王青锋(2007)《长垣方言志语音篇》,郑州:中州古籍出版社。
王荣陛修,方履钱纂(1976)道光九年《武陟县志》影印本,台北:成文出版社有限公司。
王　森(1994)《荥阳(广武)方言的分音词和合音词》,《语言研究》第1期。
王　森(1996)《济源方言形容词的级》,《语言研究》第2期。
王　森(1998)《郑州荥阳(广武)方言的变韵》,《中国语文》第4期。
王淑霞,张艳华(2005)《定陶方言志》,长春:时代文艺出版社。
王文胜(2008)《处州方言的地理语言学研究》,北京:中国社会科学出版社。
王兴亚(2000)《明初迁山西民到河南考述》,《洪洞大槐树移民志》,太原:山西古籍出版社。
王兴亚,马怀云(2005)《博爱发现明末李岩李牟的重要资料——唐村〈李氏家谱〉历史价值探析》,《中原文物》第5期。
卫辉市地方史志编纂委员会编(1993)《卫辉市志》,北京:生活·读书·新知三联书店。
吴宗济(1986)《汉语普通话单音节语图册》,北京:中国社会科学出版社。
毋　荆(2011)《博爱方音概况》,云南师范大学硕士学位论文。
夏俐萍(2012)《河南封丘赵岗方言的子变韵》,《方言》第3期。
项梦冰,曹　晖(2005)《汉语方言地理学——入门与实践》,北京:中国文史出版社。

萧应植纂修(1976)乾隆26年《济源县志》影印本,台北:成文出版社有限公司。
谢建猷(2007)《广西汉语方言研究》,南宁:广西人民出版社。
辛永芬(2006)《河南浚县方言的子变韵》,《方言》第3期。
辛永芬(2011)《豫北方言的子尾和子变韵》,中国语言学会第十五届学术年会论文。
邢向东(1996)《神木方言的儿化变调》,《方言》第1期。
邢向东(2002)《神木方言研究》,北京:中华书局。
邢向东,孟万春(2006)《陕北甘泉、延长方言入声字读音研究》,《中国语文》第5期。
邢向东(2009a)《秦晋两省黄河沿岸方言词汇中的语音变异》,《方言》第1期。
邢向东(2009b)《秦晋两省黄河沿岸方言的关系及其形成原因》,《中国语文》第2期。
徐世荣(1980)《普通话语音知识》,北京:文字改革出版社。
徐通锵(2008)《历史语言学》,北京:商务印书馆。
延津县志编纂委员会编(1991)《延津县志》,北京:三联书店。
杨潮观纂修(1752)乾隆壬申年新镌《林县志》,黄华书院藏板。
余跃龙,乔全生(2009)《文水方言声母百年来的演变》,《语言研究》第4期。
袁　蕾(2005)《豫北方言与普通话语音比较研究》,《中州学刊》第3期。
远藤光晓(1994)《元音与声调》,《中国境内语言暨语言学》第二辑,“中央研究院”历史语言研究所。
远藤光晓(2001)《中国音韵学论集》,东京:白帝社。
翟时雨(1986)《汉语方言与方言调查》,重庆:西南师范大学出版社。
詹伯慧(1985)《现代汉语方言》,武汉:湖北教育出版社。
张　楚,王为民(2011)《百年来兴县方言声母的演变》,《山西大学学报》第6期。

张凤台修,李见荃等纂(1968)民国21年《林县志》影印本,台北:成文出版社有限公司。

张慧丽(2010)《儿化中间音、特征扩展与F3的两种走势——偃师儿化与北京儿化之比较》,《语言科学》第4期。

张慧丽(2011)《汉语方言变韵的语音格局》,北京大学博士学位论文。

张　娟(2005)《河南和山西方言中的Z变韵研究》,北京大学硕士学位论文。

张启焕,陈天福,程　仪(1983)《河南方音概况》,开封:河南师范大学科研处。

张启焕,陈天福,程　仪(1993)《河南方言研究》,开封:河南大学出版社。

张　青主编(2000)《洪洞大槐树移民志》,太原:山西古籍出版社。

张世方(2003)《从周边方言看北京话儿化韵的形成和发展》,《语言教学与研究》第4期。

张树铮(1996)《山东寿光北部方言的儿化》,《方言》第4期。

张树铮(2005)《清代山东方言语音研究》,济南:山东大学出版社。

张燕芬(2010)《现代方言中读鼻尾的古阴声韵字》,《方言》第3期。

赵日新(2007)《中原地区官话方言弱化变韵现象探析》,载北京大学中国语言学研究中心《语言学论丛》编委会编《语言学论丛》第三十六辑,北京:商务印书馆。

中国大百科全书出版社编辑部编(1988)《中国大百科全书·语言文字》,北京:中国大百科全书出版社。

中国社会科学院,澳大利亚人文科学院合编(1987)《中国语言地图集》,香港:香港朗文出版(远东)有限公司。

中国社会科学院语言研究所(2004)《方言调查字表》,北京:商务印书馆。

中国社会科学院语言研究所,中国社会科学院民族学与人类学研究所，香港城市大学语言资讯科学研究中心（2012）《中国语言地图集》（第2版），北京：商务印书馆。

周祖谟（1942）《宋代汴洛语音考》，载《问学集》（1966），北京：中华书局。

周祖谟（1993）《敦煌变文与唐代语音》，《周祖谟学术论著自选集》，北京：北京师范学院出版社。

朱晓农（2004）《汉语元音的高顶出位》，《中国语文》第5期。

宗守云（2012）《河北涿鹿县城话的子变韵现象》，《燕赵学术》春之卷，成都：四川辞书出版社。

邹古愚纂修（1976）民国24年《河南获嘉县志》影印本，台北：成文出版社有限公司。

邹　妍（2010）《汉语方言名词后缀研究》，北京语言大学博士学位论文。

左玉瑢（2008）《河南鹤壁方言的现在和过去进行体》，《方言》第3期。

Karlgren K B.（1915－1926）Etudes sur la Phonologie Chinoise. *Archives D'Etudes Orientales*, Vol.15. Archives D'etudes Orientales.

Moll K L.（1962）Velopharyngeal Closure on Vowels. *Journal of Speech and Hearing Research* 5(1)：30－37.

Ohala J J.（1975）Phonetic Explanations for Nasal Sound Patterns. // Ferguson H, Ohala J J.（eds.）*Nasalfest: Papers from a Symposium on Nasals and Nasalization*. Stanford：Language Universals Project：289－316.

后　　记

（一）

由于时间所限与个性所制，论文实际上并没有按设想写完，也未及认真打磨修饰。用河南话来说，“还［xai^{42}］不中［$tʂuŋ^{24}$］啊”！但整个调查和写作过程带来的收获与成长，我还是“如人饮水、冷暖自知”的。

我的博士生活，第一年心情全花在胃上了，第二年脚步都印在路上了，第三年屁股净摁在凳上了。三年的博士生活教给我很多东西，最重要的是性子要收起来、心要沉下来。心浮气躁、眼高手低、言行无畏，怎么看怎么是个孬［$nɑu^{55}$］孩子［$çio^{42}$］，那是不适应社会要求与科研工作的。曹志耘老师平时总在说“做学问就是做人”“说话做事要严谨”，而我总在暗自庆幸自己是个谨小慎微的好人。其实，只有人的心境到了一定阶段，才能参悟到言语中的真谛。三年的博士学习教给我很多东西，最重要的是搞科研要博采众长又要有自己的价值观。科研取向的日趋多元，专业规范的层出不穷，各家成果的千姿百态，无不诱惑着我们敞开心扉、张开双眼。但要做好学问，最重要的是你选择什么样的路子。何九盈先生在《明清皖南方音研究》一书的“序”中谈及时下学术界治学途径的选择时问道：“你是选择‘满炉煨榾柮’呢？还是选择‘蓦地烧天蓦地空’呢？”

这问题问得好！

我的博士生活，遇见了很多人，经历了很多事。这些人，这些事，就是我的生命记忆。

2009 年 6 月 12 日上午，我接到曹志耘老师的第一封邮件，这是我们师生情缘的开始。三年里，曹老师教给我三个法宝：严谨、创新、高效。可惜我一个没学到手；三年里，曹老师为我做了两件事：上火和救火。培养个博士倒像欠了债似的！曹老师是高效率的典范，而我是磨洋工的“楷模”；曹老师是高铁，而我是驴车，并且还是贪恋沿路风景的慢驴车。可以想象两人在一起抓狂的绝对不是我。曹老师很上火，说只给我三次机会，但不知道他已经给我特批了第几个三次机会了。曹老师很“吝啬”，他从不允许我们轻易犯错，逮住机会就严打；曹老师又很慷慨，会想方设法帮我们搜集博论材料，然后轻描淡写地来一句“给你”。论文进入修改阶段，曹老师顶着繁杂的行政事务，依然及时回复每一封邮件，认真提出每一个意见。这让我常常感慨，读博未到过瘾处，要是长时间被这样熏陶着，那进步该有多大！希望未来不再让曹老师上火，而让他看到学生放出的冲天焰火！

2005 年的春天，我很不情愿地选择了方言学作为自己的研究方向，没想到后来对这个玩意儿竟然如痴如醉、乐此不疲，促使我做出这个决定的是王临惠老师精彩的语音课。王老师是位威严而又慈爱的长者，总在我最忘形时轻轻敲一下，常在我最关键处轻轻点一下。他不但把我领进了方言学的门，还把我扶上马送一程。本文的写作过程中，王老师不但提供了部分思路，而且提供了大量调查经费。我曾经给王老师发过一条短信：“师生一笔糊涂账啊！”实际上账并不糊涂，学生脑子糊涂。

读博士的第二年，我有幸赴日本跟随岩田礼老师学习地理语言学。地理语言学没学好，跟岩田老师处得却很好。岩田老师曾在大雨天载我去金泽大学附属医院做胃镜检查，排队等候时他比我还紧张，回程中他深深地舒了一口气，说道："要是你在日本出了事，我该如何是好？"离别金泽的那天，岩田老师送我上了开往机场的大巴，等了一会儿又隔窗把我叫下去，红着眼圈儿非要把手机塞给我，说是以防路上出了什么事儿。我很想给他一个深深的拥抱，但害怕自己控制不住，赶紧扭头逃离。我喜欢这个充满人情味儿的小老头儿。

博士入学前，我就认识了赵日新老师。他总是那么随和可亲，让人有种很想黏上去的感觉。每当调查中遇到难记的语音现象时，我会下意识地拨通赵老师的电话，他总是耐心地反复核听并给出建议；每当写作中遇到具体的音变原理时，我就径直敲开语言所302的房门，赵老师总是乐呵呵地详细解答。"别急，细水长流"，这是他反复告诫我的话。我喜欢赵老师那种平和的处事心态。

论文开题前，研究豫北晋语的专家贺巍先生曾提出过高屋建瓴的意见，使得我的调查和写作思路豁然开朗；论文开题时，侯精一、张振兴、张双庆、沈明诸位前辈提出过许多中肯建议，到了写作过程中我才深刻体味到每句话的绝妙与精到。俗话说，"家有一老如有一宝"，这半年我的感受是越来越深了。

方言调查中，有很多师长朋友的倾力相助值得记住。社科院语言所的夏俐萍师姐发动河南师大中文系所有师生帮我联系发音人；焦作师专的程敏敏于生产前20多天内还在友情协助调查，生产前三天内还在关心调查情况；平顶山学院的卓俊科专程赶回家乡辉县，帮助介绍发音人；沁阳市文化广播局的韩毅主任，在39度的高温天陪着我满街寻找发音人，到零下10度的太行山里帮我牵线搭桥；济源日报社的阎雅琴夫妇，全程接送我往返于济源境内各调查点之间；天津师大文学院的陈鹏飞老师，多次从土耳其致电国内好友，托付联系发音人的事宜；老乡王红娟更是亲自上阵，协助调查修武城关方言；各市县及乡镇政府相关人员也给予了调查工作诸多便利。此外，已过花甲的各位发音人每天不厌其烦、“费尽唇舌”大干七八个小时，现在回想起来，心中生出许多愧疚。

论文写作中，语言所的所有师生及其他朋友提供过各种帮助。王正刚老师因为我的随便一问，帮我到处打听四库全书；张世方师兄一直关注论文的整体进度，并且不时帮我打打气；高晓虹老师处是我常去的地方，那里不但有知识，还有零食；黄晓东师兄平时对我这个小弟多有关照，他总是有求必应，常常放下自己手中的事情尽力帮助解决我的疑惑；王莉宁师姐每次给出的专业解答都是深中肯綮。贾坤老师的很多想法常常跟曹老师不谋而合，她总能帮我把一些问题实打实解决，论文临近交稿时她还花费了很多时间通读全文，提出了许多修改意见。黄师兄笑称她是我的副导师，我说那赶紧把名字加进博士生培养计划里吧。我的同届刘晓海兄，每有数据与地图等方面的问题，总是极力相协，这个“小伙儿”内在和外在一样“帅”。此外，李旭、杨璧菀、李斌、栗华益、张勇生、张滢、田文静、杨慧君、舍秀存、汪高文诸君也提供过各种形式的帮助，我会将各位的生活轶事一并记于心间。

自从1993年开始离家读书，我就像断了线儿的风筝，越飘越远，越远越飘。精心制作我这个风筝的父母断不曾想到会这样，于是他们由期望变成奢望，由奢望变成失望，由失望变成不再指望，现在的心愿成了“只要你在外好好地好好地飘着就行”。20年来我不曾给家里做出过什么贡献，10年来我回家陪伴双亲的时间越来越少。虽为人子，无以身边行孝，无以倾听父母心声，我欠他们的实在太多太多了。

此外,我还要对自己说些话。三年来,除了去国子监拜访过孔老先生外,除了为治胃病徘徊在各大医院和马路上外,我不曾游玩过北京的任何一个地方。三年里,除了去日本留学一年外,除了正常的上课和论文写作外,我还在豫北大地上度过了204个日日夜夜。我很感动自己能有这份专注与坚持!

谨以此博论纪念将我养大的祖父、祖母。十年生死两茫茫,自难忘,常思量!

支建刚

2012年春夏之交

记于北京语言大学学五楼301室

(二)

2014年5月31日,承蒙岩田礼和王临惠两位老师的热情推荐,我以博士学位论文申报了《清华语言学博士丛书》。11月9日,曹志耘老师告知,“你的书稿通过了(评审),大家评价很高”,同时提醒“要按时完成任务”。两三年来,书稿在时断时续、磨磨蹭蹭中修修补补,现在不得不打住,也好,算是辞旧迎新了。

博士学位论文外审和答辩环节,《清华语言学博士丛书》评审阶段,侯精一、张振兴、贺巍、邢向东、王临惠、乔全生、沈明、赵日新、张双庆等先生提出了很好的修改意见,本书绝大部分都已吸收采纳。除此以外,结合自己的写作感受,对部分不足也进行了修改和充实。全书主要变动有以下几处:

(1) 对2.3.2古微母字的今读进行了更细致的分类。

(2) 对3.2.2.2中温县温泉、温县武德、博爱清化的擦音游离现象进行了补充扩展,重点介绍了它们的个性特点。

(3) 关于知庄章合一型与周边方言的关系,我们重新梳理和论证了 3.2.3.2 一节,结论有所变动。

(4) 扩充和修改了 6.1,增加了卫辉城郊的子尾词例和济源西部地区的单音节词例。相对豫北晋语其他方言的子变韵来说,济源西部地区的同类词汇多以单音节形式表达。

(5) 在 6.2.1 个案分析中单列出 6.2.1.1,系统补充了新乡小冀方言的子变韵实例,便于读者更全面地了解整体与细节。

(6) 整体充实提高了 6.3 合音成分一节,尤其是大量介绍了林州桂林方言具有后圆特征的子尾词例。

(7) 对第七章余论部分进行了整体扩充,系统介绍了延津城关方言的声韵调特征和入声韵舒化后的归派规律。

(8) 论文外审专家和著作出版评审专家提出的其他问题。

此外,书中还有很多遗憾和不足。比如声调,除了入声外,豫北晋语的其他声调缺少调类分合演变,而调值研究目前尚缺乏成熟的模式可资借鉴,因此总是感觉稍显不足,只能权且如此;又如儿变韵和子变韵,都是非常大又非常复杂的课题,单列的话可以写出多篇专题性博士论文,限于时间和学力等原因,不想如此也只能至此,等待后续升华吧;再如对历史文献的发掘亦有不足。鲁国尧先生称赞《晋方言语音史研究》是一部"囊括性"著作,该书在文献考证方面极为扎实,每次读来都觉得"心情颇好"。不过,豫北晋语与山西晋语的研究不在同一阶段,唯有把共时材料描写好,才能为以后的方言史研究打好基础。这些不足,都有待更多的时间和积累去弥补。幸运的是,我们以博士学位论文为基础申报获得了教育部社科青年基金项目"官话方言中 Z 变韵的类型及其演变研究"(项目编号:13YJC740151)和国家社会科学基金青年项目"晋冀豫三省交界地带晋语的地理格局与历史演变研究"(项目编号:14CYY007)。来日方长,慢慢努力。

本书的修改和出版得到了多位老师的指导与帮助。毕业多年,曹志耘老师严肃的外表下，惜字如金的话语里，依然浸透着对学生默默的呵护与关爱。久未与岩田礼老师谋面，但我们却不时分享着彼此生活中的小快乐，听到他说“我当姥爷了”，我的内心是满满的幸福。两位老师于千忙百忙之中慷慨赐序，最终让这本书得以风光出嫁。平日里，无论治学还是生活，王临惠老师提点最多，关心最多，包容也最多，而且近来是愈加宽仁慈爱。沈明、邢向东两位师长对后学亦多有支持和鼓励，每次碰面，都询问书稿的修改情况。王洪君老师曾就子变韵问题多次予以指导，真是字字珠玑，让人豁然顿悟。此外，还有陈燕、顾黔、麦耘、石锋、钟英华、温锁林、陈卫恒、王琼、邱闯仙、李咸菊、艾景峰、孙志波、沈恒娟等学界前辈和师友在不同阶段给予过各种形式的支持与帮助。这些我都默默谨记在心！

本书有幸得到清华大学语言研究中心和《清华语言学博士丛书》编委会的厚爱，这是对我莫大的鼓励与肯定。

爱人耿青女士理解我的学术梦想，支持我的科研工作。有她操持家务，提供后勤保障，我才得以免却柴米油盐之近扰，静心于学问与远方。

傅斯年先生(1928)在《历史语言研究所工作之旨趣》中谈到衡量中国历史学和语言学进步与否的三个标准，我们结合近几年的调查和思考，再补充一点，以作为今后努力的四大方向：

第一，凡能直接研究材料，便进步，凡间接地研究前人所研究或前人所创造之系统，而不繁丰细密地参照所包含的事实，便退步。

第二，凡一种学问能扩张他所研究的材料便进步，不能的便退步。

第三，凡一种学问能扩充他做研究时应用的工具的，则进步，不能的，则退步。

第四，凡一种学问能激发出新观念或新理论，便进步，不能的，则退步。

李荣先生(1984)曾打比方说“山西的方言跟山西的煤炭一样”丰富。作为一个老西儿，每次想到低层次开发的山西煤炭，我都感到痛心疾首。同样,每次看到很多中国语言资源仅仅作为外国语言理论的原材料,其中滋味亦很难受。中国语言学界(即便是朴学界)讲求"例不十,法不立"。可见,我们追寻的也是由具体到抽象的研究路径,只不过没有西方语言学界迈的步子大罢了。理论有大有小,生命有长有短,只要立足于充分的材料基础上,只要在某个阶段承担起相应的历史使命,为后续研究奠过基、试过错,为提升语言学界的整体认知水平贡献过智慧,即使其个头有限,即便其生命短暂,那它也是河里那块值得摸着的石头。

每次想到爱因斯坦利用相对论就能预测出引力波,就不免感叹理论的强大。中国有着大量的语言和方言资源,它们是鉴定理论优劣和推进理论升级的神器,这里理应成为语言理论研究的试验场和主阵地。

思之!勉之!

支建刚

2017年8月15日

记于天津华苑素简斋

专家评审意见(一)

近30年来,晋语的研究经久不衰,成果颇丰。但多数成果集中在山西境内的晋语研究上,周边省份的晋语研究相对薄弱一些,支建刚博士的《豫北晋语语音研究》无疑对河南省境内的晋语研究起到了积极的推动作用,也将会丰富豫北方言研究的成果。

在豫北晋语所辖的19个县市中,沁阳是最早接受过方言调查的县,1910—1911年瑞典学者高本汉首次调查了沁阳方言的字音,收入《中国音韵学研究·方言字汇》中。高本汉共调查了晋语8个点的方言,山西境内6个,内蒙古境内1个,河南境内1个,沁阳是其中之一,这些材料均成为研究晋语百年来演变的珍贵文献。到了20世纪80年代,比较有影响的是贺巍先生的《获嘉方言研究》,该著作对获嘉方言的语音、词汇、语法诸现象进行了全面研究,可谓是对豫北方言单点研究的奠基之作。近年有陈鹏飞的博士论文《豫北晋语语音演变研究》问世,专题讨论了豫北晋语的几种语音现象,有一定的深度。支建刚博士的《豫北晋语语音研究》可谓后出转精,与以上成果相比,有以下几个突出的特点。

一,选点丰富全面。在19个县市方言中选取了50个方言点,且均为作者实地调查所得,其中重点调查15个点,一般调查35个点。作者的辛苦可见一斑。

二,研究思路清晰。作者在经过预调查、重点调查、一般调查之后，总结单字音的规律，确定了语音特点、语音演变、异调分韵、儿变韵母、子变韵母的研究思路。

三，特点鲜明突出。在与山西、陕西的晋语比较后总结出豫北晋语的几个特点比较鲜明突出。如：入声韵中的四组型入声韵、曾开一入的主流不归入高元音组、阴声韵变读阳声韵的现象、异调分韵现象、子变韵现象等均呈现出豫北晋语不同于山西晋语的突出特点。

四，结论中肯可信。作者对有关突出现象能够做出细致的观察和分析，其结论中肯可信。如：豫北晋语阴声韵变读阳声韵的现象是元音韵尾弱化后经过重新分析的结果。清入字舒化是调值拉长后的自主舒化，次浊入舒化归去声是冀鲁官话施以影响的结果。百年来沁阳方言古知庄章由两分型变为合一型是方言自主演变的结果，半世纪中获嘉方言由两分型变为合一型是受中原官话影响的结果。有些现象作者一时拿不准的不硬性下结论，而是留有余地。如对异调分韵的具体原因，作者认为还有待继续深入探索。

有一个问题在这里与作者提出来讨论。关于子变韵母的合音问题，作者据前人分析将[ə]类韵母与[u]类韵母分别对待是对的，但在对[u]类韵母的探讨上，一方面作者认为林州方言的“子”缀读音是[u]类子变韵合韵成分的现实来源，达到了参与子变合音的前提条件，实际上已经认为是子变韵的合音成分。另一方面在余论中又说[u]类子缀的源头形式则不一定是[tsʅ]。此处似应进一步论证，让人对此结论能有一个更清晰的认识。此外，台湾学者曹逢甫先生近年有对全国汉语方言小称变韵的考察和论著，请作者予以关注并参考之。

本人认为该著作是一部高质量的学术专著，作者再作适当修改后可以出版。

乔全生

专家评审意见(二)

豫北晋语处在晋语的边缘地带,与中原官话相毗连。演变中既有晋语的方式,又有官话方言的影响,呈现出一些复杂而独特的现象。就晋语的整体研究来看,豫北晋语的调查研究最为薄弱,单点的调查报告主要有《获嘉方言研究》和《济源方言记略》,专题研究则多集中在子变韵上。因此,全面调查豫北晋语的语音系统,研究其规律及特点,无疑具有重要的学术价值。其成果不仅有助于语言学相关领域的研究,还可以为相关学科的研究提供语言学证据,因而具有重要的应用价值。

《豫北晋语语音研究》有三个突出的特点:

第一,语料翔实。作者实地调查了50个乡镇的方言语音系统,全面反映了该片晋语的语音面貌和整体特点。附录一"豫北晋语声调对照表"所列50个方言点的声调系统、附录二"豫北晋语字音对照表"所列14个方言点1 008个常用字的字音对照,是非常宝贵的第一手材料。

第二,研究方法实事求是。作者继承了汉语方言研究"摆事实、讲道理"的优良传统,采用了演变与层次的研究方法。事实描写充分细致,研究注重系统性,个案分析以小见大。比如,用演变和层次解释豫北晋语的子变韵和儿变韵;用生成音系学的相关理论解释异调分韵;根据韵尾解释古阴声韵今读鼻音韵的成因。论据充分,论证有逻辑性，结论有分寸、有说服力。

第三，文献综述全面客观，评介恰当，理解到位。全书行文清楚，详略得当。

该著作可以进一步提高的地方是：有些章节还可以更概括一些。比如，第 2.4 节“韵母的特点”，似可从韵类分合关系、等是否有别和古开合口今读三个角度做概括性介绍。有些问题还可以进一步深入研究，比如，古微母字今读零声母或[v]声母还是能从今音找到条件的。

该著作可能引起讨论的观点是关于子变韵今读[u]或[ɔ]的来源问题。这个问题一直是学术界讨论的热点。

该著作达到了出版水平。

沈　明

《清华语言学博士丛书》章程

（一）《清华语言学博士丛书》是清华大学语言研究中心主持编辑的一套丛书，选择海峡两岸暨香港、澳门地区及国外语言学博士高质量的学术著作，经同行专家匿名评审和编委会审定后，由上海中西书局出版。每年出版1至5种。

（二）《清华语言学博士丛书》旨在使优秀的语言学博士的著作得以较快出版，并在学界传播，扩大影响。一方面帮助语言学领域的优秀青年学者迅速成长，另一方面也为语言学的发展注入新的活力。

（三）《清华语言学博士丛书》坚持学术的高标准。其学术定位是：

1. 以扎实的语言材料为基础，有较深入的分析和理论思考。

2. 具有学术前沿性和创新性。

3. 符合学术规范。

（四）《清华语言学博士丛书》编委会由海峡两岸暨香港、澳门地区的学者组成，名单如下：

主编：蒋绍愚（清华大学）。

副主编：张美兰（清华大学）。

编委：蔡维天（新竹清华大学），曹志耘（北京语言大学），陈保亚（北京大学），方一新（浙江大学），冯胜利（香港中文大学），何大安（台湾中研院），邢向东（陕西师范大学），张伯江（中国社科院语言所），张赪（清华大学），张敏（香港科技大学）。

《清华语言学博士丛书》编委会聘请丁邦新先生和陆俭明先生为顾问。

《清华语言学博士丛书》编委会负责邀请同行专家进行匿名评审，并召开编委会审阅和评定入选《清华语言学博士丛书》的著作。

（五）申报《清华语言学博士丛书》的著作必须具备如下条件：

1. 作者为海峡两岸暨香港、澳门地区已获得语言学博士学位的青年学者（年龄在45周岁以下），国外同等条件的青年学者撰写的中国语言学的著作亦可申报。

2. 著作可以在博士论文或博士后出站报告的基础上修改而成，已获得语言学博士学位的青年学者的其他著作也可以申报。著作用中、英文撰写均可。

3. 著作内容符合本章程第（三）条所规定的学术定位。

4. 作者从取得博士学位的次年起即可申报，申报者需填写《申报表》，并有两位专家（不包括《丛书》编委和顾问）推荐。

（六）申报时间为每年4月1日至5月31日。6至8月份由同行专家匿名评审。9、10月份编委会开会评定，10月31日前公布评定结果。申报和评审的具体办法另定。

（七）申报著作通过评定后，作者应根据编委会的意见进行修改，并在两年内将定稿送交上海中西书局，逾期视同放弃出版。

《清华语言学博士丛书申报表》可登录网站下载，网址：http://www.tsinghua.edu.cn/publish/cll/index.html

地　址：清华大学人文学院新斋332

联系人：赵晓英　电话：010—62773018

电子信箱：zwlxs@ tsinghua.edu.cn

（2011年11月10日《丛书》第一次编委会讨论通过

2015年11月第五次编委会讨论修改

2017年11月第七次编委会讨论修改）